LE NETTOYAGE ETHNIQUE

ASPECTS DE DROIT INTERNATIONAL

Sébastien MARMIN

LE NETTOYAGE ETHNIQUE

ASPECTS DE DROIT INTERNATIONAL

Préface de Syméon KARAGIANNIS
Professeur à l'Université de Strasbourg

L'Harmattan

5-7, rue de l'École-Polytechnique ; 75005 Paris
http://www.harmattan.fr
diffusion.harmattan@wanadoo.fr
harmattan1@wanadoo.fr
ISBN : 978-2-343-00032-9
EAN : 9782343000329

SOMMAIRE

PREFACE

Si cet ouvrage tombe dans des mains innocentes ou profanes, il risque fort de déconcerter. Du moins de par son titre. On peut parier que ce qui va retenir l'attention du lecteur non familier avec ces problématiques sera l'expression « nettoyage ethnique ». Et, dans cette dernière, le mot le plus parlant sera le mot « nettoyage ». Les mots concrets, d'essence quotidienne, le fameux « sens ordinaire » de la Convention de Vienne sur le droit des traités, parleront toujours davantage que les mots un peu plus sophistiqués, souvent d'origine grecque ou renvoyant au substrat latin de la langue française. L'étonnement du lecteur profane viendra de l'association, dans cette expression, d'un mot quotidien d'une trivialité absolue, en même temps que fortement valorisé (car qui peut ne pas aimer la propreté ?), avec un terme « ethnos », certes pas inconnu mais demeurant toujours un peu obscur et se distinguant mal, même pour les spécialistes, de termes tels que nation, groupe, tribu, minorité, etc.

On saura gré à l'auteur de cet ouvrage qui est issu d'une thèse universitaire d'avoir privilégié l'expression de « nettoyage ethnique » aux dépens de celles, également admises en français, de « épuration » ou de « purification ethnique »[1]. « Nettoyage » détonne, frappe l'imagination, alerte bien plus que « épuration » ou « purification ». A la limite même, il joue un tour au lecteur : et si c'était bien de nettoyer ethniquement ? Tant il est vrai que l'on est habitué à voir nettoyer ce qui est sale, malpropre, impropre. Et, inversement, à penser que si l'on procède à un nettoyage, à moins d'être une ménagère obsédée par la moindre trace de poussière, c'est parce qu'il doit y avoir une saleté, une vraie impureté quelque part.

Justement, cette ambiguïté et cette provocation inhérentes au titre de l'ouvrage ici présenté ne sont point gratuites. Elles renvoient, au contraire, à un passé, pas si lointain, où ce qui apostrophe et révolte aujourd'hui faisait l'objet d'un relatif (à moins que celui-ci ne fût large ?) consensus autant dans telle ou telle communauté nationale que dans la communauté internationale en son entier. Nombre de traités d'échange de populations, souvent officiellement avalisés en son temps par la SDN, ont organisé en bonne et due forme une épuration ethnique. Ce qui est ironique est le fait que leurs Etats auteurs en même temps que destinataires de ces traités, la Grèce, la Turquie, la Bulgarie étant les plus connus, ont pu connaître depuis l'échange de populations (elles-

[1] La langue française, que l'on décrit parfois comme pauvre par rapport à certaines de ses consœurs, dénote ici une richesse qui tranche avec l'unicité d'expression que l'on trouve dans bon nombre d'autres langues européennes : « ethnic cleansing », « ethnische Säuberung », « limpieza étnica », « pulizia etnica », « etnische zuivering », « purificare etnică », « etnisk rensning », « czystka etniczna », « этническая чистка », « εθνοκάθαρση », sans oublier, bien sûr, « etničko čišćenje ». Il est vrai que les expressions dans ces autres langues, souvent assez abstraites, ne semblent pas aussi puissantes que celle de « nettoyage ethnique ». Seule cette dernière semble contenir ce mélange déconcertant, caustique et tragique entre publicité pour détergents et politique – devenue – abominable.

mêmes nullement interrogées sur le bien fondé des souffrances qu'elles allaient subir) un relatif développement économique, culturel et, parfois, démocratique. L'homogénéisation nationale de l'Etat au service de sa démocratisation et modernisation donc ? De Giuseppe Mazzini à Mustafa Kemal et aux résistants antinazis polonais ou tchèques, nombreux ont été les intellectuels et politiciens à avoir caressé cette idée par le passé.

Certes, le « nettoyage ethnique » n'était pas encore forgé comme expression dans les siècles passés[2], mais avait-on besoin d'une expression concrète pour décrire quelque chose qui n'était point interdit ? Si le code pénal invente des noms pour des actions répréhensibles c'est parce qu'il entend bien les réprimer. Ce qui n'est pas interdit, réprimé ou reprouvé n'a pas besoin d'être nommé.

A cet égard, le nettoyage ethnique rappelle le génocide. Lui non plus n'avait pas de nom jusqu'à ce que le juriste américain d'origine juive polonaise Raphael Lemkin ne lui en forge un en 1944 et que des traités internationaux, puis des lois nationales s'emploient à le criminaliser[3]. Sauf que l'inventeur de l'expression « nettoyage ethnique » n'est pas forcément aussi bien identifié que Lemkin ne l'est pour « génocide ». Au-delà, il est vrai que le « nettoyage ethnique » a rejoint le « génocide », depuis déjà un petit bout de temps, dans la même bande criminelle. Ce qui ne fait pas forcément des deux compères des amis sincères poursuivant exactement les mêmes objectifs en dépit d'une affirmation expéditive de l'Assemblée générale des Nations Unies selon laquelle « l'ignoble politique de ''nettoyage ethnique'' est une forme de génocide » (rés. 47/121 de 1993). Certes, si un génocide « réussit », il entraînera immanquablement une épuration ethnique en grande échelle. Mais une

[2] En tout cas, pas en français ou bien, à la connaissance du préfacier, dans d'autres langues de l'Europe de l'Ouest. Certains prétendent que c'est un Serbe, Vuk Karadžić, qui le premier a imaginé, dans sa propre langue, l'expression incriminée (« etničko čišćenje ») dans les années 1860. Or, Vuk Karadžić, patriote et démocrate, souvent opposé à la tyrannique dynastie des Obrenović à Belgrade, est le grand refondateur de la langue serbe et le vénérable pilier de la renaissance culturelle serbe après des siècles d'occupation ottomane. Attribuer à ce père de la Nation, qui ne fut pas moins vénéré en Croatie et au Monténégro qu'en Serbie, une expression devenue criminelle c'est aussi, quelque part, insinuer que le crime du nettoyage ethnique est congénital aux Serbes, voire aux autres Slaves du Sud. Ce qui est bien sûr infondé et inacceptable.

[3] Toutefois, la Convention sur le génocide ne se voulant pas une convention portant spécifiquement sur le génocide des Juifs et des Tsiganes commis par l'Allemagne nazie, même si c'est indéniablement celui-ci qui en constitue la source matérielle d'inspiration, elle prend soin de noter dans son préambule qu'elle « reconna[ît] qu'à toutes les périodes de l'histoire le génocide a infligé de grandes pertes à l'humanité ». Il est cependant discutable que cette Convention puisse recevoir une application rétroactive. Cela heurterait nombre de traités de protection des droits de l'homme et l'immense majorité des codes pénaux qui n'admettent point la rétroactivité des lois répressives. On notera aussi que, suivant l'article 28 de la Convention de Vienne du 1969, « les dispositions d'un traité ne lient pas une partie en ce qui concerne un acte ou fait antérieur à la date d'entrée en vigueur de ce traité au regard de cette partie ou une situation qui avait cessé d'exister à cette date » mais, ultime complication, cela ne vaut, suivant la même disposition, qu' « à moins qu'une intention différente ne ressorte du traité ou ne soit par ailleurs établie ».

épuration n'est pas réductible au génocide. Quitte à déconcerter un peu plus le profane, qui avait tout juste commencé à comprendre que le « nettoyage » n'est pas forcément une bonne chose, bien au contraire, on dira que « nettoyage ethnique » et « génocide » sont plutôt de faux amis.

Le génocide (*génos + caedere*) est (ou vise à[4]) l'extermination d'un groupe humain forcément obéissant à certaines caractéristiques[5] qui l'isolent et l'identifient par rapport à d'autres groupes et, à tout le moins, par rapport au groupe auquel appartient le génocidaire. L'idée d'un génocide commis contre son propre groupe ne peut être facilement étayée sur la base de la Convention sur le génocide du 9 décembre 1948. Or, la différenciation du groupe « génocidé » par rapport au groupe du « génocidaire » (voire par rapport à d'autres groupes) ne sera pas toujours facile à établir. Il faudra, par exemple, des trésors d'inventivité au Tribunal pénal international pour le Rwanda pour prouver que les Tutsis, victimes du génocide, étaient franchement différents des Hutus au groupe desquels appartenaient les responsables du génocide. On peut, le cas échéant, se montrer dubitatif quant au caractère convainquant de la démonstration du vénérable Tribunal. Quelque peu méchamment, on retiendra seulement que, sans différentiation des Tutsis et des Hutus, aucun acte de génocide n'aurait pu facilement se constituer juridiquement. Et sans acte de génocide reconnu le Tribunal d'Arusha se serait retrouvé avec une mission singulièrement amoindrie[6]. Ce qui retiendra l'attention sera toujours le génocide

---

[4] Et l'on connaît, d'abord, la difficile question de savoir s'il faut une extermination ou, du moins, un début d'extermination pour que l'on se trouve face à un crime de génocide ou si, au contraire, l'intention d'exterminer peut s'avérer suffisante même si elle n'a pas pu se mettre véritablement en exécution. Les juridictions internationales, à la suite de l'*understanding* auquel a soumis le Sénat américain sa ratification de la Convention sur le génocide, penchent en faveur d'une destruction substantielle du groupe par rapport à un territoire donné. On connaît bien d'ailleurs la redoutable question relative à la preuve de l'intention d'exterminer. Avec, parfois, à la clef une simplification réductrice fruit, soit de paresse intellectuelle, soit d'un sentiment subjectif, soit, enfin, de l'impossibilité de rassembler de « vraies » preuves de l'intention : si une partie substantielle du groupe a été exterminé, c'est parce que sûrement il y a une intention d'exterminer une partie substantielle du groupe.

[5] La Convention de 1948 relative à la prévention et la suppression du crime du génocide et, dans son sillage, plusieurs lois pénales nationales se réfèrent à « un groupe national, ethnique, racial ou religieux ». A noter que ces critères sur la base desquels s'identifie le groupe victime d'un génocide semblent bien être exhaustivement énumérés. Vouloir ajouter de nouveaux critères (comme, parfois, le critère d'appartenance politique, pourtant explicitement écarté lors des travaux préparatoires de la Convention) est un non-sens. Il faudrait pour cela réviser au préalable la Convention sur le génocide.

[6] Mais ce n'est pas sa faute si sa mission était assez étroitement circonscrite par la résolution n° 955 (1994) du Conseil de sécurité. Les machiavéliques pourront toujours spéculer sur un espoir secret, vite déçu néanmoins, de certains membres du Conseil de sécurité de voir le Tribunal pour le Rwanda se heurter à une (quasi-)impasse juridique. Il est vrai, néanmoins, que, en dehors des personnes présumées coupables de génocide, le Tribunal peut également juger des personnes présumées coupables de violations graves du droit international humanitaire et de crimes contre l'humanité.

souffert par les Tutsis, point les massacres soufferts par les Hutus dits modérés qui, souvent par pure solidarité et devoir humaniste, ont cherché à empêcher l'extermination de leurs voisins, amis et compatriotes tutsis.

Le nettoyage ethnique apparaît d'emblée comme une abomination se trouvant aux antipodes de l'abomination du génocide. L'objectif du « nettoyeur » n'est pas, à proprement parler, l'extermination d'un groupe humain encore que, bien évidemment, celui-ci peut, lentement (ou rapidement), glisser vers le rôle d'un génocidaire. Toutefois, si ce glissement se produit, il cesse d'être « nettoyeur » pour se transformer en génocidaire. On peut difficilement être les deux en même temps par rapport à un même groupe humain. On ne peut vouloir à la fois l'extermination de ce dernier et se contenter de le déplacer alors que l'occasion de l'exterminer était présente ; à moins bien sûr que l'organisation pratique du déplacement en masse des membres d'un groupe ne soit intentionnellement conçue pour l'exterminer[7].

Un cynique pensera ainsi que le nettoyage ethnique est une abomination gentille par rapport à l'abomination tout court que constitue le génocide. On se débarrasse du groupe qui gêne, par hypothèse irréductible à toute assimilation à court terme, en l'envoyant ailleurs au lieu et place de l'exterminer. Il n'en est évidemment rien cependant que tenter d'assimiler nettoyage ethnique et génocide peut induire gravement en erreur et provoquer une confusion lourde de conséquences. Le crime du génocide ne doit absolument pas être galvaudé comme c'est malheureusement parfois le cas dans certains articles de presse ou dans l'optique militante de certaines associations. Politiquement – et « médiatiquement » – de telles confusions voulues se comprennent. Qualifier une politique donnée de génocidaire c'est automatiquement la couvrir de l'opprobre qui pèse sur un « fléau aussi odieux » que le génocide (pour reprendre les termes du préambule de la Convention sur le génocide). Mais, ce faisant, on risque d'affaiblir l'opprobre lié au « vrai » génocide. En quelque sorte, si tout est génocide rien ne sera plus tout à fait génocide.

Un des grands mérites de l'ouvrage de Monsieur Marmin est justement d'éviter que le juriste (et, a fortiori, le non-juriste) ne soit tenté par une expéditive et, à terme, désastreuse assimilation du nettoyage ethnique au génocide. Toutefois, si l'arme suprême que fournit la Convention de 1948 n'est plus disponible, comment faire pour sanctionner des actes aussi révoltants que ceux que l'on peut qualifier de nettoyage ethnique ? C'est là un autre grand mérite de l'ouvrage préfacé. Systématiquement, son auteur passe en revue les instruments – essentiellement – internationaux qui peuvent appréhender de tels actes. Le droit international humanitaire, spécialement le droit de l'occupation militaire, mais aussi le droit international des droits de l'Homme sont bien

---

[7] Pour l'article 2, *litt.* c de la Convention sur le génocide est, entre autres, acte de génocide la « soumission intentionnelle du groupe à des conditions d'existence devant entraîner sa destruction physique totale ou partielle ».

entendu particulièrement en honneur. A eux seuls, séparément ou, encore mieux, en association, ils permettent de réprimer bon nombre d'actes composant un nettoyage ethnique. Le droit international des minorités, à supposer que ce droit puisse être nettement distingué du droit international des droits de l'Homme, fournit également des bases juridiques non négligeables aux fins de l'appréhension et répression du nettoyage ethnique.

En définitive, les bonnes âmes risquent d'être frustrées en apprenant que point n'est besoin d'élaborer une convention internationale punissant (ou prévenant) spécifiquement le nettoyage ethnique dont déjà la définition précise et rigoureuse semblerait hors portée. En même temps, elles seront pourtant réconfortées d'apprendre que de multiples et puissants arsenaux sont déjà disponibles pour la punition d'actes se ramenant peu ou prou à la notion de nettoyage ethnique. Ce qui a un avantage non négligeable. On ne se poscra pas de vaines questions sur la possibilité d'appliquer aux « nettoyeurs ethniques » les dispositions d'une convention conçue ex post au risque d'enfreindre le principe de nullum crimen sine lege, principe qui est à la base de tout régime démocratique épris des droits de l'homme.

Et c'est une autre affaire, bien plus compliquée, que celle de savoir comment traiter les nettoyages ethniques déjà intervenus dans les faits, de manière unilatérale ou de manière conventionnelle et collective. Va-t-on devoir un jour déclarer hors la loi internationale les accords de paix de Dayton / Paris du 14 décembre 1995 qui ont, dans les faits, entériné le nettoyage ethnique de part et d'autre de la frontière entre la Republika srpska et la Confédération croato-musulmane, cette dernière elle-même « nettoyée », dans la plupart de ses cantons de populations musulmanes ou bien de populations croates ? Et que dire de la Convention de Lausanne du 24 juillet 1923 qui a « épuré » quelque deux millions de personnes mais qui a permis la paix entre la Grèce et la Turquie ? Et que faire des Allemands expulsés par millions des pays d'Europe centrale et de l'Est après ? Et des Palestiniens d'Israël ? Et des Juifs de tous les pays arabes ?

Syméon KARAGIANNIS
Professeur à l'Université de Strasbourg

SIGLES ET ABREVIATIONS UTILISES

ABIH : *Armija Bosne i Hercegovine*, Armée de la République de Bosnie et d'Herzégovine

AFDI : Annuaire Français de Droit International

AGNU : Assemblée Générale des Nations Unies

BEL : Bureau des Elections Libres

BIDDH : Bureau pour les Institutions Démocratiques et les Droits de l'Homme

CADH : Convention Américaine des Droits de l'Homme

CAHMIN : Comité *Ad Hoc* pour la protection des Minorités nationales

CDI : Commission du Droit International

CE : Communauté Européenne

CEDH : Convention Européenne des Droits de l'Homme

CES : Conseil Economique et Social de l'ONU

CG : Conventions de Genève

CICR : Comité International de la Croix-Rouge

CIEDR : Convention Internationale sur l'Elimination de toutes les formes de Discrimination Raciale

CIJ : Cour Internationale de Justice

CJCE : Cour de Justice des Communautés Européennes

CJUE : Cour de Justice de l'Union Européenne

CPI : Cour Pénale Internationale

CPJI : Cour Permanente de Justice Internationale

CSCE : Conférence pour la Coopération et la Sécurité en Europe

DC CAM : Documentation Center of Cambodia

DFAE : Département Fédéral des Affaires Etrangères (Suisse)

DIH : Droit International Humanitaire

Dir. : Directeur

Doc. : Document

DUDH : Déclaration Universelle des Droits de l'Homme

Ed. : Editor

EJIL : European Journal of International Law

ENMOD : Environnemental Modification

ERYM : Ex-République Yougoslave de Macédoine

FCNM : Convention Cadre pour la protection des Minorités Nationales, acronyme anglais

FORPRONU : Force de Protection des Nations Unies

FPR : Front Patriotique Rwandais

HDZ : *Hrvatska Demokratska Zajenica*, Parti nationaliste croate

HRLJ : Human Rights Law Journal

HVO : *Hrvatsko Vijece Obrane,* Conseil de défense de la Communauté croate d'Herceg-Bosna

IDEH : Institut de Droit Européen des droits de l'Homme

IDP : Internal Displaced People

JNA : *Jugoslavenska Narodna Armija,* Armée populaire yougoslave

LGDJ : Librairie Générale de Droit et de Jurisprudence

OAS : Organization of American States

OEA : Organisation des Etats Américains

Off. : Officiel

OI : Organisation Internationale

OIR : Organisation Internationale des Réfugiés

OIT : Organisation Internationale du Travail

ONG : Organisation Non Gouvernementale

ONU : Organisation des Nations Unies

ONUSOM : Mission des Nations Unies pour la Somalie

OSCE : Organisation pour la Coopération et la Sécurité en Europe

OTAN : Organisation du Traité de l'Atlantique Nord

PA : Protocole Additionnel aux Conventions de Genève

PECO : Pays d'Europe Centrale et Orientale

PESC : Politique Etrangère et de Sécurité Commune

PIDCP : Pacte International relatif aux Droits Civils et Politiques

PIDESC : Pacte International relatif aux Droits Economiques, Sociaux et Culturels

PUF : Presses Universitaires de France

RAF : Royal Air Force

RBDI : Revue Belge de Droit International

RCADI : Recueil des Cours de l'Académie de Droit International de La Haye

RDC : République Démocratique du Congo

RDP : Revue de Droit Public

RES : Résolution

RFA : République Fédérale Allemande

RFY : République Fédérale de Yougoslavie
RGDIP : Revue Générale de Droit International Public
RICR : Revue Internationale de la Croix-Rouge
RSA : Recueil des Sentences Arbitrales
RTCN : République Turque de Chypre Nord
RTDH : Revue Trimestrielle des Droits de l'Homme
RUDH : Revue Universelle des Droits de l'Homme
SDA : *Stranka Demokratske Akcije*, Parti des Musulmans de Bosnie
SDN : Société des Nations
SDS : *Srpska Demokratska Stranka,* Partie démocrate serbe
TCE : Traité établissant la Communauté Européenne
TUE : Traité sur l'Union européenne
TFUE : Traité sur le Fonctionnement de l'Union Européenne
TMI : Tribunal Militaire International
TPIY : Tribunal Pénal International pour l'ex-Yougoslavie
TRIAL : Track Impunity Always
TSSL : Tribunal Spécial pour la Sierra Leone
UE : Union Européenne
UN : United Nations
UNESCO : Organisation des Nations Unies pour l'Education, la Science et la Culture
UNHCR : Haut Commissariat aux Réfugiés des Nations Unies
UNRWA : United Nations Relief and Works Agency, Office de Secours et de Travaux des Nations Unies pour les Réfugiés de la Palestine
URSS : Union des Républiques Socialistes Soviétiques
US : United States
Vol. : Volume
VRS : *Vojska Republike Srpske,* Armée des Serbes de Bosnie

INTRODUCTION

« Autant qu'est large la plaine de Cetinje
Pas un œil ni un témoin turc ne se sauva,
Même pour dire comment cela arriva,
Sans que nous les mettions sous nos sabres,
Tous ceux qui ne voulurent pas être baptisés.
Nous incendiâmes les maisons turques,
Que notre terre ne garde ni habitants
Ni trace de l'infidèle, domestique du diable !
De Cetinje nous allâmes à Ceklici,
Les Turcs de Ceklici se sauvèrent.
Nous en égorgeâmes très peu,
Mais nous incendiâmes leurs maisons ;
Du foyer des derviches et de la mosquée turque
Nous fîmes un tas maudit,
Qu'il reste pour le serment au peuple. »[8]

L'expression « nettoyage ethnique » s'est répandue dans les langages journalistique, politique et juridique au début des années 1990. Elle est la traduction littérale du jargon serbe « *etnicko ciscenje* », employé par les forces de la JNA[9], l'Armée populaire yougoslave, durant les conflits croate et bosniaque[10]. Il est difficile de déterminer avec précision l'origine de cette formule[11] mais elle correspond à une idéologie et à une pratique anciennes. Un historien belgradois, Andrej Mitrovic, écrivait que « le concept de « nettoyage ethnique » et la politique qui en découle sont apparus dans la région pendant la seconde guerre mondiale sous le régime pro-nazi d'Ante Pavelic en Croatie. Il ajoute toutefois que cette idéologie a appartenu « par nature » à tous les grands mouvements nationaux qui ont existé dans les Balkans, que ce soit en Grèce en

---

8 Récit d'un carnage par le Voïvode Batric à l'évêque Danilo et à l'igoumane Stéfan tiré du *Gorski vijenac*, poème classique de la littérature serbe de Petar II Petrovic Njegos (1813-1851). Cet extrait est tiré de la version française du texte, publiée en 1917 sous le titre *Les Lauriers de la montagne*. Il est cité dans Mirko Grmek, Marc Gjidara et Neven Simac, *Le nettoyage ethnique – Documents historiques sur une idéologie serbe*, Fayard, Paris, 2002, p. 55.

9 *Jugoslavenska Narodna Armija.*

10 Voir Jennifer Jackson Preece, « Ethnic Cleansing as an Instrument of Nation-State Creation : Changing State Practices and Evolving Legal Norms », *Human Rights Quarterly*, vol. 20, 1998, pp. 817-842, spéc. p. 820.

11 Le verbe « *ocistiti* », nettoyer, se retrouve déjà dans la littérature serbe du XIXe siècle pour décrire la politique d'expulsion et d'extermination des populations non serbes menée durant l'insurrection de 1805 contre l'occupant turc. D'illustres auteurs contemporains de ces événements, tels que Vuk Stefanovic Karadzic ou Konstantin N.Nenadovic (biographe officiel de Karadjordje), relatent le « nettoyage » de Belgrade et des territoires libérés des Turcs, des Serbes islamisés, des Aroumains et des Juifs.

1830, en Serbie, au Monténégro ou en Bulgarie. Pour lui, il s'agissait alors d'une option « normale » visant à rétablir la structure ethnique après les diverses invasions, et cela se faisait « sans douleur ». Ce n'est qu'à la veille de la seconde guerre mondiale que cette politique devient violente, trouvant ses racines dans le racisme du dix-neuvième siècle réactualisé par Hitler »[12]. On peut considérer que la pratique du nettoyage ethnique est apparue lors des guerres de libération dans les Balkans au XIXe siècle. Elle est liée à l'avènement du concept d'« Etat-nation » dans la région dont elle constitue un instrument de réalisation.

1. Nation et principe des nationalités

Le principe (ou théorie) des nationalités postule que chaque nation a le droit de se constituer en Etat. Pour Pasquale Mancini, chaque nation possède « la souveraineté (*signoria*) d'elle-même et de tout son territoire, qui lui donne la faculté de se constituer et de s'ordonner, de se choisir un gouvernement conforme à ses besoins, qui lui donne le droit de transmuer de nation en un Etat »[13]. Selon le Professeur Robert Redslob, cette théorie signifie que « les frontières des gouvernements doivent s'identifier avec les limites des nations. C'est un : *Cuius natio, eius regio* »[14].

Le principe des nationalités est une théorie politique mais n'a jamais correspondu à une véritable règle de droit international[15]. Il trouve ses racines dans la philosophie des Lumières qui entreprit de repenser l'Etat en s'interrogeant sur ses origines et sa légitimité. Pendant longtemps, l'Etat avait été perçu comme un dogme, « un ordre des choses dicté par la Providence ». Le pouvoir venait de Dieu[16] et ce postulat justifiait un devoir d'obéissance absolu. Mais cette situation préétablie a été remise en question. Les penseurs des XVIIe et XVIIIe siècles, s'employant à analyser le phénomène étatique, vont procéder

---

[12] Florence Hartmann, « La genèse du « nettoyage ethnique », *Le Monde* du 30 août 1992, p. 1.

[13] Pasquale Stanislao Mancini, « *Discorisi parlamentari sulla questione romana* », Florence, 1871, p. 9. Cité dans Henri Hauser, *Le Principe des Nationalités - Ses origines historiques*, Librairie Felix Alcan, Paris, 1916, p. 27. Vidan Blagoyévitch écrivait que : « Nationalité est la tendance d'un groupement d'hommes, possédant les qualités d'une nation, à la constitution d'un corps politique distinct des autres à lui semblables. Le principe des nationalités a pour but de réaliser cette tendance, de lui donner une forme concrète », dans *Le principe des nationalités et son application dans les Traités de Paix de Versailles et de Saint-Germain*, Thèse, Paris, 1922, p. 87.

[14] Robert Redslob, *Le principe des nationalités*, Librairie du Recueil Sirey, Paris, 1930, p. 32. Le Professeur strasbourgeois paraphrasait ainsi le principe consacré à la paix d'Augsbourg du 25 septembre 1555 permettant aux princes de choisir eux-mêmes la religion de leurs sujets : *cuius regio, eius religio* (tel prince, tel religion).

[15] Et ce, contrairement au principe qu'il inspirera : le droit des peuples à disposer d'eux-mêmes. Il est intéressant de lire à ce propos l'article de Mme Chantal Carpentier, « Le principe mythique des nationalités : tentative de dénonciation d'un prétendu principe », *RBDI*, 1992/2, pp. 351-389.

[16] Saint Paul fut le premier à poser ce principe : *nulla potestas nisi a Deo* (il n'y a pas d'autorité qui ne vienne de Dieu), dans *Epitre aux Romains*, Chapitre XIII verset 7.

à sa reconstruction scientifique. La nouvelle conception de l'Etat qu'ils développèrent repose sur un axiome : la liberté individuelle. Avant l'apparition du pouvoir politique, l'homme vivait à « l'état de nature ». Il n'était rattaché à ses semblables par aucun lien et dès lors était libre. Sur cette base, des auteurs tels que Thomas Hobbes, John Locke ou Jean-Jacques Rousseau ont fondé les théories du contrat social selon lesquelles l'Etat résulte d'un accord de volonté entre individus. La formation de l'Etat est le fruit de la volonté des hommes et c'est d'elle qu'il tire sa légitimité. Dans la pensée de Jean-Jacques Rousseau, l'ensemble des individus qui pactisent pour créer l'Etat constitue le peuple. Chacun reçoit le titre de citoyen du fait qu'en acceptant le contrat social il s'engage à se soumettre à la volonté générale. Il n'en perd pas pour autant sa liberté puisqu'il participe à l'élaboration de cette volonté. Pour les théoriciens des Lumières le peuple est le titulaire de la souveraineté.

La Révolution française de 1789 marquera le triomphe de ces idées libérales. Les révolutionnaires proclamèrent le principe de la souveraineté nationale. Selon Emmanuel-Joseph Sieyès, la souveraineté appartient au peuple qui, dans son ensemble, constitue une entité abstraite : la nation. Cette nation souveraine est une personne morale distincte des individus qui la composent. Elle agira et s'exprimera par l'intermédiaire d'organes représentatifs établis par une constitution. Cette conception sera inscrite dans la Constitution du 3 septembre 1791 dont l'article 1er du Titre III dispose que : « La souveraineté est une, indivisible, inaliénable et imprescriptible. Elle appartient à la nation »[17]. Pour Karl Renner, « cela signifie en d'autres termes : la nation, et elle seule, a le droit et le pouvoir d'agir dans le monde de sa propre initiative. Il n'existe aucun pouvoir au-dessus d'elle, aucun pouvoir spirituel et temporel. Et ce qui se trouve en dessous d'elle ne tient son autorité que par délégation ou tolérance de la nation. La nation forme l'Etat »[18]. Le peuple souverain dispose donc d'un droit à l'autodétermination politique. Il crée l'Etat et peut librement décider de son organisation. Les individus peuvent également délimiter la collectivité dans laquelle ils souhaitent se grouper et donc tracer les frontières de leur Etat. Ce principe de droit des nations à disposer d'elles-mêmes implique que l'on ne puisse disposer de la population d'un territoire sans son consentement, à moins de rompre le contrat social. En vertu de cette conception, la France déclara renoncer aux conquêtes en 1790. Ainsi, un décret de l'Assemblée constituante du 22 mai 1790 proclama que : « La nation française renonce à entreprendre aucune guerre dans la vue de faire des conquêtes et n'emploiera jamais ses

[17] Cette conception s'oppose ainsi à la théorie de la souveraineté populaire développée par Rousseau selon laquelle chaque individu composant le peuple est titulaire d'une parcelle de souveraineté.

[18] Karl Renner, *La nation, mythe et réalité*, traduit de l'allemand par Stéphane Pierré-Caps et Claude Tixador, Presses universitaires de Nancy, Nancy, 1998, p. 36.

forces contre la liberté d'aucun peuple »[19]. Le principe de droit des nations à disposer d'elles-mêmes, consacré par la Révolution française, est ainsi à l'origine du principe des nationalités.

Le substrat du principe des nationalités est la nation[20]. Celle-ci n'est pas clairement définie en droit. Karl Renner écrivait que « la nation est une pluralité d'hommes qui semble maintenue par un lien mystérieux et mystique »[21].

De très nombreux auteurs se sont attachés à interpréter le concept de nation. Parmi les différentes vues doctrinales sur le sujet, deux thèses dominantes doivent être relevées : la théorie « objective » ou « autoritaire » et la théorie « subjective » ou « libérale ». Les tenants de la première, pour la plupart des auteurs allemands, considèrent que le fondement de la nation réside dans des éléments objectifs tels que la race, la langue, la religion, la culture, la géographie. La nation est préétablie par ces phénomènes empiriques. Ainsi, par exemple, Johann Bluntschli écrivait que : « La nationalité[22] se caractérise par une communauté d'esprit, de sentiment, de race, devenue héréditaire dans un groupe d'hommes de profession et de classes diverses, communauté qui, abstraction faite du lien politique, se sent unie par la culture et l'origine, spécialement par la langue et les mœurs qui la rendent étrangère aux autres communautés de ce genre »[23]. En revanche, les partisans de la thèse subjective,

---

[19] La Convention est même allée plus loin en promettant le soutien de la France aux peuples désireux de se libérer d'une subjugation étrangère. Le décret du 15 décembre 1792 disposait ainsi que : « Dans les pays qui seront occupés par les armées, les généraux proclameront la souveraineté du peuple et la suppression des autorités établies. Ils aviseront le peuple, qu'ils apportent la liberté, l'égalité et la fraternité et les convoqueront dans les comices pour s'organiser. Ils traiteront en ennemi tout peuple, voulant rappeler ses princes ; ils ne poseront les armes que lorsque le peuple aura établi un gouvernement libéré ». Ce texte a pu apparaître, en réalité, comme un prétexte à des conquêtes déguisées : « Il s'agit ici d'imposer la liberté aux peuples, sous peine de les traiter en ennemis de la République, et non pas de leur laisser le libre choix du gouvernement. C'est le droit à l'intervention, si féconde par ces buts autoritaires, dont le Congrès de Vienne s'inspirera et tirera le maximum de profit possible, pour les gouvernants aux dépens naturellement des gouvernés », Vidan Blagoyévitch, *Le principe des nationalités et son application dans les Traités de Paix de Versailles et de Saint-Germain*, op.cit., p. 47.

[20] Des auteurs perçoivent même le concept de nation comme une création artificielle qui ne trouve son sens qu'en rapport avec celui d'Etat-nation. Ainsi, M. Eric Hobsbawn ne considère pas la nation comme une entité sociale fondamentale. L'auteur écrit qu'elle « appartient exclusivement à une période particulière, et historiquement récente. Ce n'est une entité sociale que pour autant qu'elle est liée à un certain type d'Etat territorial moderne, l'Etat-nation, et parler de nation ou de nationalité dans rattacher ces deux notions à cette réalité n'a pas de sens », dans *Nations et nationalisme depuis 1780*, Gallimard, Paris, 1992, p. 27. Voir également Ernest Gellner, *Nations and Nationalisme* (traduit de l'anglais *Nations and Nationalism*), Payot, Paris, 1989, pp. 48-49.

[21] *Idem*, p. 25.

[22] Il convient de préciser que dans la littérature juridique classique les termes « nation » et « nationalité » sont souvent confondus. Le vocable « nationalité » a donc un double sens, il désigne à la fois la « nation » et le lien juridique qui rattache l'individu à l'Etat.

[23] Johann Kaspar Bluntschli, *Théorie générale de l'Etat*, Berlin, 1870, p. 17. Dans ce sens, Barthold Niebuhr considérait que « la nationalité commune est plus haute que l'union politique qui lie et sépare les hommes. Elle fait naître entre eux par la grammaire, la langue, les mœurs, les

surtout des auteurs français, fondent le concept de nation sur la volonté de vivre ensemble des individus qui la composent. Ernest Renan a qualifié cette volonté de « vouloir-vivre collectif »[24]. Il définissait la nation en ces termes : « Une nation est donc une grande solidarité, constituée par le sentiment des sacrifices qu'on a fait et de ceux qu'on est disposé à faire encore. Elle suppose un passé ; elle se résume pourtant dans le présent par un fait tangible, le consentement, le désir exprimé de continuer la vie ensemble »[25].

Plutôt que d'opposer éléments objectif et subjectif, la meilleure façon d'appréhender la nation est dans leur combinaison. Chacun pris isolément est, en effet, insuffisant à la fonder. C'est cette conception qu'ont défendu des auteurs italiens parmi lesquels, notamment, Ferrero-Gola qui considérait que « la nationalité est la société naturelle des hommes, basée sur la communauté de race, de territoire, de langue, de mœurs, de traditions et sur la conscience de sa prédestination à la suprême union sociale dans l'Etat »[26]. Pour reprendre le Professeur Redslob, « il faut voir la quintessence de la nation dans la conscience d'un génie commun, sentiment qui fait naître une volonté de convergence politique »[27]. L'auteur précise que « génie commun » doit être entendu dans le sens où un groupe humain « a un même idéal de civilisation et des qualités spirituelles concordantes pour le réaliser »[28]. Toutefois, ce sentiment ne naît pas seul. Une nation est avant tout un produit de l'histoire et le sentiment sera généré par différents facteurs. A défaut de bases solides[29], le phénomène national risquerait de n'être qu'éphémère.

---

traditions, la littérature, une confraternité qui les sépare des souches étrangères et leur rend odieux le lien qui les attache à un peuple qui n'est pas le leur », *Le droit de la Prusse contre la Cour de Saxe*, brochure citée dans Pierre de Roquette-Buisson, *Du principe des nationalités, étude de droit international public*, Thèse, Université de Bordeaux, 1895, p. 83.

24 Ernest Renan, *Qu'est ce qu'une nation ?* , Conférence prononcée en 1882 à la Sorbonne, cité dans Pierre de Roquette Buisson, *Du principe des nationalités, étude de droit international public*, op.cit., p. 43.

25 *Idem*. Pour Georg Jellinek, la nation « rentre plutôt dans la catégorie de ces grandes manifestations sociales qu'on ne saurait déterminer à l'aide de mesures et de moyens d'appréciation extérieurs. Elle est quelque chose d'essentiellement subjectif et comme la résultante d'un certain « état de conscience » », dans *L'Etat moderne et son Droit*, p. 207. Pour Philippe Buchez, « ce qui constitue essentiellement la nationalité, c'est le but commun d'activité. C'est par lui que s'engendre dans une masse d'hommes, divers par l'intelligence, par l'origine, et quelquefois par le langage et les habitudes, *l'unité de volonté*, l'unité de désirs, l'unité de tendances, l'unité d'action qui caractérisent une société véritable », dans *Politique et Science sociale*, tome 1, p. 77, cité dans André Bohn, *Essai sur la notion de nationalité dans le principe des nationalités*, thèse, Université de Nancy, 1923, p. 40.

26 Andrea Ferroro-Gola, *Corso di diritto internazionale pubblico, privato et maritimo*, cité dans Pierre de Roquette-Buisson, *Du principe des nationalités, étude de droit international public*, op.cit., p. 83.

27 Robert Redslob, *Le principe des nationalités*, op.cit., p. 43.

28 *Idem*, p.42. Ernest Renan présentait la nation comme une « famille spirituelle ».

29 Emile Giraud écrivait que la théorie subjective, « trop détachée des contingences, perd de vue l'enchaînement des effets et des causes ; elle ne considère que l'effet : la volonté nationale, elle

Un premier élément générateur du sentiment national est la mémoire. Ernest Renan considérait que la nation est « un principe spirituel résultant des complications de l'histoire », elle résulte d'un « passé de sacrifices, de souvenirs, de gloires »[30]. Le passé commun permet d'envisager un avenir commun. C'est ainsi que le souvenir d'événements, heureux ou douloureux, rapproche les hommes. Par exemple, la bataille de Kosovo Polje du 28 juin 1389 a scellé l'unité de la nation serbe. Le culte commun de quelques figures emblématiques du passé, d'institutions, ou la survivance dans les mémoires d'un Etat disparu ont également pu contribuer à forger la conscience d'une unité. La mémoire est une composante incontournable de toute conscience nationale qui se développe avec le temps et l'expérience commune. D'une manière générale, les autres facteurs générateurs du sentiment national, héritages des générations passées, participeront du souvenir collectif.

Le patrimoine culturel est un autre lien solide entre les hommes. La littérature, les arts primitifs, la poésie, les chansons populaires, le folklore de même que les traditions qui se partagent et se transmettent affermissent la cohésion d'un groupe social autour d'une identité.

Un autre élément générant l'unité nationale est la langue. Henri Hauser écrivait qu' « elle n'est pas seulement un ensemble de mots ; par la morphologie, par la syntaxe, c'est un mécanisme mental particulier »[31]. L'idiome que chaque groupe humain s'élabore au cours des siècles reflète ses particularités et sa sensibilité. La langue unit des individus parce qu'elle leur permet de s'exprimer de la même manière et qu'elle reflète, dans une certaine mesure, leur sensibilité commune. Elle les unit aussi par l'attachement qu'ils lui portent. Elle est un patrimoine qui permet à une collectivité d'affirmer sa spécificité et qu'elle tend à préserver et à perpétuer. D'ailleurs, la langue a été dans l'histoire un conservateur de l'existence nationale : elle a, par exemple, permis aux Polonais, de conserver leur individualité quand leur Etat a été démembré et qu'ils ont été partagés dans les Empires russe, allemand et austro-hongrois. Toutefois, si la langue est une base sur laquelle peut reposer un vouloir vivre collectif, elle ne fonde pas, à elle seule, la nation. Le fait que des individus parlent la même langue ne signifie pas qu'ils appartiennent à une même nation[32]. Les Brésiliens parlent portugais sans être Portugais, les

---

l'isole artificiellement, elle en fait une sorte de principe métaphysique qui, ayant toujours en lui-même sa raison suffisante, échapperait à toute critique et imposerait un religieux respect », dans « Le droit des nationalités – sa valeur, son application », *RGDIP*, 1924, pp. 17-71, spéc. p. 33.

[30] Ernest Renan, « *Qu'est ce qu'une nation ?* », op.cit.

[31] Henri Hauser, *Le Principe des Nationalités – Ses origines historiques*, op.cit., p. 3.

[32] C'est cependant le raisonnement tenu par les théoriciens allemands qui firent de la langue allemande l'élément d'identification de la race germanique et donc de la nation allemande. Henri IV, lors de la cession de la Bresse, dit aux députés bressans : « Je veux bien que la langue espagnole demeure à l'Espagnol, l'allemande à l'Allemand, mais toute la française doit être à moi ».

Libériens parlent anglais sans être Anglais. D'autre part, une nation peut exister bien que ses membres parlent des langues différentes. Un exemple significatif est celui des Suisses qui parlent quatre langues : le Français, l'Italien, le Romanche ainsi que des dialectes alémaniques. Pour que la langue soit un facteur constitutif de la nation, il faut que ses locuteurs se sentent appartenir à une nation par elle.

La religion a également pu jouer un rôle déterminant dans la formation d'une conscience nationale. Elle dispose d'un grand pouvoir unificateur. La Réforme, par exemple, a été une étape importante dans la formation de certaines nations. Les schismes protestants ont permis à certains groupes d'affirmer leur spécificité au travers de croyances particularistes. Ce fut le cas du mouvement luthérien qui a contribué à l'émergence d'une identité allemande, du calvinisme par lequel les Hollandais se sont révoltés contre l'occupant espagnol. Les églises autocéphales orthodoxes sont une autre manifestation de l'individualisation nationale des cultes[33]. Les Juifs sont un exemple topique de nation dont le vouloir vivre collectif repose sur la religion. Toutefois, là encore, la religion peut être un facteur constitutif du sentiment national, mais elle ne fonde pas, à elle seule, la nation. D'une manière générale la religion a progressivement perdu son caractère fédérateur, elle est surtout devenue une affaire personnelle, « confinée au for intérieur » de chacun. Cependant, elle n'a pas complètement perdu son influence sur le phénomène national comme il sera vu plus loin avec la situation yougoslave[34].

La race était considérée par la plupart des auteurs de l'école allemande comme l'élément principal et caractéristique d'une nation. Cette conception s'explique par le fait qu'à l'époque où les idées libérales des révolutionnaires français se sont répandues en Europe, il n'existait pas d'unité du peuple allemand. L'Empire était un agglomérat de Royaumes attachés à leur autonomie. Face à une telle situation qui empêchait le développement d'une conscience nationale, il a fallu chercher dans des bases matérielles l'unité qui faisait défaut. C'est pourquoi les penseurs allemands virent dans la race le facteur permettant d'assurer la cohésion de la nation allemande. La race désigne un ensemble d'individus qui possèdent les mêmes caractéristiques physiques et biologiques. Cet élément est impropre à fonder la nation. En effet, outre le fait

[33] L'Exarchat bulgare a, par exemple, revêtu une dimension nationale forte. La reconstitution de l'Eglise bulgare en 1871 a permis aux Bulgares d'affirmer leur spécificité en se détachant de l'Eglise grecque de Phanar.

[34] André Bohn écrivait en 1923, d'une manière presque prémonitoire : « De nos jours, en Bosnie-Herzégovine, sur une population de 1 900 000 Serbes, il en est 800 000 qui se disent Turcs : ils ne sont pas des Turcs, ils ne savent pas un mot de la langue turque, ils ne savent pas non plus un seul mot d'arabe, mais ce sont des Serbes islamisés ; le seul fait qu'ils se disent Turcs produit un acheminement qui, au bout de quelques siècles, pourrait apparaître comme une modification de la race. En certaines heures de crise, ils se sont dressés contre les Serbes orthodoxes », *Essai sur la notion de nationalité dans le principe des nationalités*, op.cit., p. 37.

que les ethnologues n'ont pu s'accorder sur un critère précis permettant d'établir les divisions, il ne semble plus exister de groupe humain correspondant à cette notion physiologique depuis longtemps. Les migrations, les guerres, les échanges sociaux et commerciaux sont autant de facteurs qui ont mêlé les hommes. André Bohn estimait en 1923 qu'« il faudrait remonter dans le passé au moins d'une vingtaine ou d'une trentaine de milliers d'années, c'est-à-dire au moins jusqu'aux temps paléolithiques, pour découvrir des groupes humains approximativement homogènes, répondant à la définition théorique de la race. Et encore, si nos connaissances étaient plus étendues, les découvrirait-on ? »[35]. D'ailleurs, la théorie des auteurs allemands est en ce sens paradoxale qu'ils identifient l'appartenance à la race germanique, non pas sur des critères physiologiques, mais sur d'autres éléments et notamment la langue avec Fichte. Par ailleurs, fonder la nation sur le concept de race est un raisonnement dangereux. Il développe une conviction de supériorité dans un groupe qui prétend avoir conservé toute sa pureté. L'exaltation de la race a ainsi inspiré le pangermanisme et mené aux pires heures de l'histoire sous le IIIe Reich. Mais cette exaltation, même si elle repose sur une base inexacte ou un enseignement tendancieux, rapproche les hommes et développe le sentiment national. Cependant, pour le Professeur Redslob, cette illusion ne durera guère : « une thèse entachée d'erreur, surtout quand elle n'est pas étayée par un semblant de preuve, peut entraîner pour un temps, mais elle est inapte à façonner les esprits d'une manière définitive et à les discipliner dans une action méthodique »[36]. La volonté nationale pourra néanmoins perdurer, mais elle trouvera sa source ailleurs, notamment dans un passé commun ou dans la langue.

Enfin, la géographie est un facteur qui a pu contribuer à la formation des groupes nationaux. La configuration des espaces a pu favoriser le rapprochement entre les hommes en les regroupant au sein de frontières naturelles, de même qu'avec le climat elle a pu influer sur leur mode de vie. Mais l'impact de cet élément sur le développement d'une conscience nationale n'a été qu'indirect. Cette influence a, de plus, été variable : les zones de montagne créent un cadre plus propice au développement du particularisme que les plaines immenses qui favorisent le mélange entre les hommes. Ceux-ci ont, par ailleurs, très vite réalisé que les frontières naturelles, notamment les chaînes montagneuses et les fleuves, n'étaient pas infranchissables et de fait ne constituaient pas un obstacle aux échanges ou aux invasions. Il faut néanmoins souligner que certains auteurs ont développé une théorie dite « des frontières naturelles » selon laquelle les limites des nations correspondraient aux limites territoriales qui leurs ont été assignées par la nature. Ce principe trouve son origine à l'époque romaine et a été repris par Richelieu dans son *Testament politique* dans lequel il conseillait à la France de se tenir à ses frontières

---

[35] *Idem*, p. 18.

[36] Robert Redslob, *Le principe des nationalités*, op.cit., p. 74.

naturelles, particulièrement le Rhin. Jean-Jacques Rousseau notait que « la situation des montagnes d'Europe, la situation des mers et des fleuves qui servent de bornes aux nations qui l'habitent semblent avoir décidé du nombre et de la grandeur de ces nations, et l'on peut dire que l'ordre politique de cette partie du monde, est, à certains égards, l'ouvrage de la nature »[37]. En vertu d'une telle conception, les nations ne seraient finalement que le fait d'une volonté divine ou du hasard de la nature qui a dessiné la carte du monde. Il suffit de reprendre ces mots d'Ernest Renan pour mettre en exergue l'absurdité de pareille théorie : « Sont-ce les montagnes ou sont-ce les rivières qui forment ces prétendues frontières naturelles ? Il est incontestable que les montagnes séparent, mais les fleuves réunissent plutôt. Et puis, toutes les montagnes ne sauraient découper les Etats. Quelles sont celles qui séparent et celles qui ne séparent pas ? De Biarritz à Tornea, il n'y a pas une embouchure de fleuve, qui ait plus qu'une autre un caractère bornal. Si l'histoire l'avait voulu, la Loire, la Seine, la Meuse, l'Elbe, l'Oder auraient, autant que le Rhin, ce caractère de frontière naturelle, qui a fait commettre tant d'infractions au droit fondamental qu'est la liberté de l'homme »[38]. En vertu d'une telle conception, chaque nation aurait le droit de s'adjuger les portions de territoire qui lui manquent pour atteindre telle montagne ou tel fleuve. Ce serait alors la guerre sans fin. La théorie des frontières naturelles n'est, tout compte fait, qu'un prétexte à conquête.

Pour louables que soient ses inspirations initiales, la théorie des nationalités n'en est pas moins une idée dangereuse comme l'a révélé son application. Pour André Bohn, « le principe des nationalités est d'une application difficile et dangereuse, parce que c'est un principe trop « spirituel » qui plane au dessus du domaine de la réalité »[39].

En effet, la théorie, abstraite, des nationalités a vocation à être appliquée dans un monde réel dans lequel coexistent déjà des Etats. Les différentes migrations et conquêtes ont, au fil du temps, éparpillé les membres des nations dans ces Etats. Ces derniers peuvent être rangés en deux catégories selon qu'ils regroupent une population homogène qui présente toute entière les mêmes caractéristiques génératrices d'un sentiment national, ou selon qu'ils regroupent une population hétérogène, dont les membres présentent des caractéristiques différentes générant plusieurs sentiments nationaux.

Dans le premier cas, l'Etat-nation est réalisé. La seule conséquence du principe des nationalités sera la prise de conscience par la collectivité nationale de son droit à l'autodétermination politique qui pourra, si nécessaire, entraîner des modifications dans l'organisation interne de l'Etat et la structure du

[37] Jean-Jacques Rousseau, *Extrait du projet de paix perpétuelle de l'abbé de Saint-Pierre*, 1760, cité dans Robert Redslob, *Le principe des nationalités*, op.cit., p. 97.
[38] Ernest Renan, *Qu'est ce qu'une nation ?* , op.cit..
[39] André Bohn, *Essai sur la notion de nationalité dans le principe des nationalités*, op.cit., p. 6.

pouvoir. C'est ce qui s'est passé avec la Révolution française. L'Angleterre, favorisée par sa situation insulaire, correspondait également à cette hypothèse au moment où le principe des nationalités s'est développé au XIXe siècle.

Dans le second cas, la mise en œuvre du principe des nationalités requerra un bouleversement de l'ordre établi. Plus précisément, deux voies s'offriront à réaliser la correspondance entre l'Etat et la nation : soit une mutation territoriale, soit une recomposition démographique.

2. La réalisation de l'Etat-nation par des adaptations territoriales

Une première modalité de réalisation de l'Etat-nation consiste à adapter l'Etat à la nation, c'est-à-dire à tracer ses limites de telle manière qu'elles incluent l'ensemble des individus appartenant à la même nation. Cette adaptation passera par la séparation d'un territoire, sur lequel vivent des membres d'un groupe national, de son ancienne allégeance, soit pour qu'il forme un nouvel Etat-nation indépendant, soit pour qu'il soit intégré au territoire d'un autre Etat de telle manière que ce dernier englobe la totalité du groupe national considéré. Ces modifications territoriales peuvent, dans les deux hypothèses, être le fait des populations habitant les territoires en question, on les qualifiera alors en droit de « sécessions ». Elles pourront aussi, dans la seconde hypothèse, résulter d'une conquête par l'Etat prétendant à devenir « national », on parlera alors de *debellatio*.

La sécession se définit comme « la séparation d'une partie du territoire d'un Etat préexistant, qui laisse subsister celui-ci »[40]. Une telle scission étant réalisée contre la volonté des autorités au pouvoir, désireuses de maintenir l'unité de l'Etat, elle nécessite généralement une guerre de libération. C'est là que réside le principal danger du principe des nationalités : il entraîne la guerre. Si le droit international contemporain condamne la sécession en tant qu'elle porte atteinte à l'intégrité du territoire d'un Etat souverain, le droit international classique la considérait avec plus de souplesse. Plusieurs mouvements d'émancipation apparus dans des Empires multinationaux dans le courant du XIXe et au début du XXe siècle ont ainsi pu être considérés comme légitimes et recevoir la faveur des Puissances européennes. Ce fut notamment le cas pour l'indépendance de la Grèce, obtenue en 1830, qui est considérée comme la première concrétisation du principe des nationalités[41].

---

[40] Jean Salmon (Dir.), *Dictionnaire de droit international public*, Bruylant, Bruxelles, 2001, p. 526.

[41] Il faut préciser que les Serbes s'étaient déjà soulevés contre la domination ottomane en 1804. Les insurgés menés par Djordje Petrovic, dit Karadjordje, parvinrent dans un premier temps à libérer de vastes régions peuplées de Serbes de la domination de la Porte. Le 20 novembre 1806, les Serbes prirent Belgrade. Les Turcs s'enfuirent de la ville, nombre d'entre eux furent massacrés. Cependant, les révoltés serbes ne purent bénéficier du soutien de la Russie ni de celui de l'Autriche-Hongrie sur lesquels ils comptaient. Ces Empires étaient à l'époque trop occupés à faire face aux entreprises napoléoniennes. De plus, le mouvement insurrectionnel fut affaibli par des dissensions internes. Finalement, les armées de la Porte triomphèrent de cette première révolte

Les idées nouvelles des philosophes des Lumières et de la Révolution française se propagèrent parmi le peuple grec, soumis à la domination ottomane, par le fait d'étudiants expatriés et d'écrivains tels que Rhigas Velestinlis[42] ou Adamantios Korais[43]. Elles furent aussi véhiculées par les commerçants et les marins, qui, dans les ports français, s'imprégnaient des pensées révolutionnaires et les diffusaient parmi le peuple. Il faut ajouter le rôle d'instigation à la révolte joué par l'Hétairie, société secrète fondée à Odessa en 1814, qui visait à provoquer un soulèvement général des Chrétiens des Balkans qui aurait entraîné l'intervention des armées russes. La Société s'installa en 1818 à Istanbul et diffusa ses idées dans l'ensemble de l'Empire ottoman par le relais de notables et de marchands.

La Révolution grecque ou *epanastasis*, encouragée par la position favorable de la Russie[44], éclata en 1821 avec l'insurrection de la Morée. L'année 1821 vit le soulèvement des îles de la Mer Egée, la libération des villes de Missolonghi, Thèbes puis Athènes d'où furent chassées les armées turques. Mais par la suite, la situation militaire va s'enliser jusqu'en 1825. Pendant cette période, le mouvement insurrectionnel doit faire face à des luttes intestines : les dissensions sur l'organisation du futur Etat grec conduisirent à la mise en place de deux autorités hostiles : un gouvernement soutenu par les Grecs des îles[45] et un autre reposant sur les paysans du Péloponnèse[46]. Les désaccords vont mener à une véritable guerre civile entre les deux camps à partir de 1824 dont vont profiter les Ottomans pour mener une reconquête des territoires libérés, le Sultan en appelant à son vassal égyptien Mehmet Ali en 1825.

---

serbe qui s'acheva dans le sang en octobre 1813. Les Serbes furent victimes de cruelles représailles. Lire sur cette révolte Georges Castellan, *Histoire des Balkans (XIVe-XXe siècle)*, Fayard, Paris, 1991, pp. 239-253.

[42] Rhigas Velestinlis a notamment écrit le célébre « *Thourios* » ou « hymne guerrier », qui devint une sorte d'hymne national pour les combattants révolutionnaires. Cette œuvre a été d'autant plus fédératrice qu'elle était écrite en démotique, la langue populaire, donc accessible à tous. Installé à Vienne il a participé à des cercles helléniques de soulèvement. Il a traduit la Déclaration des droits de l'homme et du citoyen de 1789 ainsi que les Constitutions françaises.

[43] Celui-ci publia un pamphlet en 1798 (qu'il a daté de l'an I de la liberté), qui appelait les Grecs à la révolte. Il réédita les grands auteurs de l'Antiquité dans sa *Bibliothèque grecque* afin de remémorer aux Grecs leur passé glorieux et raviver le sentiment national.

[44] Celle-ci avait réaffirmé durant le Congrès de Vienne de 1815 son rôle de protectrice des sujets orthodoxes de la Porte.

[45] Une assemblée à vocation constituante, composée en grande partie de notables, avait été réunie à Epidaure en décembre 1821. Elle a élaboré une Constitution inspirée du modèle français de 1795 qui confiait le pouvoir exécutif à cinq membres, chacun représentant une région. Ce gouvernement, dirigé par Mavrocardato, s'établit à Missolonghi et proclama l'indépendance de la Grèce le 13 janvier 1822. Voir Georges Castellan, *Histoire des Balkans (XIVe-XXe siècle)*, Fayard, Paris, 1991, p. 265.

[46] Les guérilleros du Péloponnèse quant à eux, établirent un gouvernement à Kranidi, dirigé par G. Kountouriotes. Voir Georges Castellan, *Histoire des Balkans (XIVe-XXe siècle)*, op.cit., p. 266.

C'est l'intervention des Puissances européennes qui va sauver la Révolution grecque. Déjà en 1822, le massacre perpétré par les Ottomans sur l'île de Chios avait ému l'Europe. Victor Hugo l'avait dénoncé dans « l'enfant grec », Eugène Delacroix l'avait peint en 1824. Cet événement a marqué le début du philhellénisme. Le soulèvement grec incarnait la lutte pour la liberté et la justice. Il bénéficiait d'autant plus d'une estime particulière qu'il était celui d'un peuple au passé glorieux dont la culture et la littérature avaient fondé le génie latin. En outre, le facteur religieux a été un élément déterminant de l'intervention étrangère. Il s'agissait d'un peuple chrétien qu'il convenait de soustraire à l'arbitraire d'un despote musulman. La Russie était la première intéressée, elle qui s'était faite la protectrice des chrétiens orthodoxes de l'Empire ottoman. Cependant, la réaction de Saint Pétersbourg au début du mouvement fut timide, le Tsar se limitant à adresser à la Porte des notes en appelant au respect de l'Eglise et de ses sujets. L'Angleterre profita des atermoiements russes pour développer son influence auprès des Grecs en apportant un soutien financier aux insurgés. En 1826, Nicolas 1er succéda à son frère Alexandre 1er à la tête de l'Empire russe. La Russie et l'Angleterre convinrent de proposer une médiation entre Grecs et Turcs. La France de Charles X, gagnée au philhellénisme, se joignit en 1827 aux deux Puissances dans le règlement du conflit. Il est intéressant de relever qu'à l'époque, ces gouvernements n'avaient pas pour but la création d'un Etat grec indépendant mais proposaient plutôt une médiation reposant sur la création d'un Etat grec autonome dans le cadre de l'Empire ottoman. Mais la volonté d'émancipation des Grecs l'emportera finalement. Le « malentendu »[47] qui provoqua la bataille de Navarin le 20 octobre 1827 précipita les trois Puissances et la Porte dans la guerre. Suite à la défaite des forces turques, la paix fut signée à Andrinople le 14 septembre 1829. Le Traité d'Andrinople reconnaît l'existence de la Grèce et fixe ses limites. L'Etat grec fut officiellement reconnu sur la scène internationale par le Traité de Londres du 3 février 1830. Cependant, le nouvel Etat restait vassal du Sultan par le paiement d'un tribut. De plus, son gouvernement devait être confié à un roi choisi par les trois Puissances. Le Prince Otto, second fils de Louis 1er de Bavière, bientôt rebaptisé Othon, reçut la couronne en 1832. En juillet de la même année, le Sultan accepta l'indépendance de la Grèce contre le versement d'une indemnité de 13 millions de francs-or.

Il convient de préciser que les Puissances européennes, à l'époque, n'étaient pas spécialement favorables aux mouvements nationaux. Au contraire, à

---

[47] Une flotte combinée anglo-franco-russe s'était présentée dans la rade de Navarin le 20 octobre 1827 où mouillait la flotte turco-égyptienne d'Ibrahim Pacha. Les Puissances avaient convenu d'envoyer cette flotte afin d'intimider les troupes égyptiennes et les obliger à évacuer la Morée. La manœuvre effectuée à cette fin a dégénéré et a débouché sur une conflagration générale se soldant par une cuisante défaite de la flotte turque. C'est le Roi d'Angleterre Georges IV qui a qualifié l'événement de « malentendu déplorable ».

l'occasion du Congrès de Vienne de 1815, elles avaient clairement affirmé leur opposition aux mouvements sécessionnistes et leur détermination à ce que soient préservés les Empires dynastiques. Pour soutenir ce système, les souverains de Russie, d'Autriche et de Prusse ont signé à Paris, les 14-26 septembre 1815 la Sainte-Alliance ayant pour but de combattre la propagation des idées de la Révolution française et d'étouffer les aspirations des peuples à la liberté (la France les rejoindra en 1818). Par ailleurs, désireuses de maintenir la stabilité sur le Vieux continent, les Puissances européennes avaient établi le « Concert européen » en 1815, qui reposait sur une concertation permanente et l'organisation de conférences en cas de crise. Le Concert européen était une réaction « aussi bien contre les excès de la « politique de cabinet » purement égoïste du XVIIIe siècle que contre les excès idéologiques de la Révolution et de l'Empire »[48]. Les Puissances tâchaient ainsi de gérer les problèmes du continent par un jeu subtil d'équilibre entre leurs intérêts. C'est dans ce cadre qu'elles furent amenées à peser sur la question des nationalités. Pour le Professeur Soutou, l'idée essentielle qui se dégage de la politique des grandes puissances vis-à-vis de la question des nationalités à l'époque est que : « Le mouvement des nationalités doit être contrôlé et canalisé par les grandes puissances, en fonction de leurs intérêts mais aussi d'une prise en compte prudente et progressive des réalités nationales (...). Le principe fondamental n'est pas le droit des peuples à disposer d'eux-mêmes mais la reconnaissance des nations par l'Europe »[49].

Au moment de son accession à l'indépendance, l'Etat grec s'est trouvé enserré dans des limites étroites de telle sorte qu'une grande partie de l'hellénisme était demeurée sous domination ottomane. Le nouvel Etat va alors aspirer à regrouper au sein des mêmes frontières tous les individus appartenant à la nation grecque. En Grèce, cette ambition portera le nom de « *Mégali Idéa* » (Grande Idée)[50]. Une telle idée conduit à la revendication de territoires soumis à une autre souveraineté. Cette convoitise trouvera un nom après le *Risorgimento* italien : l'irrédentisme[51].

---

[48] Georges-Henri Soutou, « Les grandes puissances et la question des nationalités en Europe centrale et orientale pendant et après la Première Guerre mondiale : actualité du passé ? », *Politique étrangère,* 1993/3, pp. 697-711, spéc. p. 698.

[49] *Idem*, p. 699.

[50] Le Professeur Karagiannis écrivait que « ce fut une hantise (et un défi) permanente pour le jeune royaume de Grèce que de savoir que des Grecs, qualifiés comme tels sur la base d'un critère linguistique et religieux, pouvaient vivre (et même prospérer), d'ailleurs dans leur immense majorité, en dehors de la Grèce. Un Etat grec n'avait de sens que s'il pouvait, à terme, regrouper l'essentiel de l'hellénisme.(...) Cette idée a prospéré au point de devenir pendant un siècle la ligne directrice pratiquement unique de la politique tant intérieure qu'extérieure du pays ». Tiré de « Des traités d'échange de populations au nettoyage ethnique », *Miskolc Journal of International Law*, Volume 1, n° 8, pp. 198-237, spéc. p. 201.

[51] Le mot *Risorgimento* est issu de l'italien *risorgere* (resurgir), il peut se traduire par renaissance ou résurrection. Ce terme désigne le mouvement unitaire qui a présidé à la réalisation de l'Etat-

L'irrédentisme est un appel à la conquête, il mène à la guerre. Les autres Etats-nations des Balkans qui, à l'instar de la Grèce, se sont émancipés de la domination ottomane, cultiveront tout autant ces visées expansionnistes. Ce fut notamment le cas de la Serbie, devenue indépendante en 1834, de la Roumanie devenue souveraine en 1878 ou encore de la Bulgarie qui obtint son indépendance complète en 1908. Les guerres balkaniques qui émaillèrent le début du XXe siècle sont de parfaites illustrations des velléités irrédentistes de ces Etats : La première (octobre 1912-mai 1913) fut menée par les Etats chrétiens libérés de l'Empire ottoman pour récupérer les territoires balkaniques restés sous domination de la Porte. La seconde (juin-juillet 1913) éclata parce que les alliés balkaniques vainqueurs de l'Empire ottoman n'ont pu s'accorder sur le partage des territoires libérés. La Bulgarie qui s'était montrée la plus gourmande s'est retrouvée isolée face à ses anciens alliés et à l'Empire ottoman. Le bilan de ces guerres fut désastreux. Les belligérants ont perpétré des atrocités à l'encontre des populations. Les guerres balkaniques ont généré l'antagonisme entre les différents Etats-nations des Balkans. Le Professeur Castellan écrivait ainsi que : « Politiquement, elles furent un prélude à la Grande Guerre : d'un côté, une Bulgarie irrédentiste voulant récupérer contre les Serbes la Macédoine, contre les Grecs Thessalonique et la Thrace toute entière, contre les Roumains la Dobrudja du Sud, tandis que ces peuples qui ne s'aimaient point devenaient des alliés naturels pour la défense du *statu quo* »[52].

La seconde modalité de réalisation de l'Etat-nation consiste à adapter la nation à l'Etat en homogénéisant sa population de telle manière qu'elle soit exclusivement nationale. C'est ce qu'il convient désormais d'appeler le nettoyage ethnique.

---

nation italien entre 1818 et 1871. A l'été 1871, cet Etat-nation était quasiment finalisé. Le Royaume d'Italie épousait les contours de la péninsule et avait Rome pour capitale. Toutefois, il demeurait encore un obstacle à l'achèvement de l'unité italienne : en dehors du royaume vivaient des populations de langue italienne. Celles-ci étaient principalement réparties dans le Tyrol méridional avec la ville de Trente, en Istrie avec la ville de Trieste et le long de la côte dalmate. Ces territoires étaient sous l'autorité de l'Autriche-Hongrie. (Sur la formation de l'Etat italien, il est intéressant de se référer à l'ouvrage de Jean-Claude Caron et Michel Vernus, *L'Europe au XIXe siècle, Des nations au nationalisme 1815-1914*, Armand Colin, Paris, 1996, spéc. pp. 121-147 et pp. 312-319).

Dans le courant des années 1870 va se développer en Italie le mouvement irrédentiste (mot dérivé de l'italien *irredento* qui signifie « irrédent », « non libéré », voir Dictionnaire Français-Italien/Italien-Français, Le Robert et Signorelli, Paris, 1994, p. 2057), mouvement nationaliste qui revendiquait l'annexion des territoires sur lesquels vivaient des populations de langue italienne. L'irrédentisme va pousser l'Italie à rejoindre l'Entente au début de la Première guerre mondiale contre la promesse de récupérer les territoires qu'elle considérait comme devant lui revenir. A l'issue de la Grande guerre, elle obtiendra Trieste, l'Istrie et le Trentin-Tyrol du Sud .

Par extension, le terme irrédentisme est utilisé pour désigner les mouvements nationaux de revendication territoriale.

[52] Georges Castellan, *Histoire des Balkans (XIVe-XXe siècle)*, op.cit., p. 375.

3. La réalisation de l'Etat-nation par des recompositions démographiques

Cette manière de réaliser la correspondance entre la nation et l'Etat s'éloigne de l'inspiration initiale du principe des nationalités. Il ne s'agit plus vraiment ici d'une nation qui décide de disposer d'elle-même en se constituant en Etat indépendant. Si l'homogénéisation permet de réaliser l'Etat-nation, ce n'est pas tant en vertu d'un principe de libre autodétermination de la nation que sur la base d'un « ultranationalisme » et du rejet de la différence.

Les deux procédés de réalisation de l'Etat-nation peuvent être combinés. L'annexion de nouveaux territoires par l'Etat pourra être suivie d'une campagne d'homogénéisation de ceux-ci. Une telle pratique, en plus d'affiner l'Etat-nation, permettra de consolider l'intégration des nouveaux territoires à celui de l'Etat. En effet, en les vidant des individus qui ne présentent pas d'affinités avec le reste de la population, l'homogénéisation annihile les risques de sécession.

L'homogénéisation de la population d'un Etat peut être opérée de diverses façons. Il est intéressant de souligner que l'homogénéisation de certaines populations étatiques a pu être organisée par la voie conventionnelle. Plusieurs accords, pour la plupart bilatéraux, ont ainsi été conclus dans la première moitié du XXe siècle qui prévoyaient, soit un échange de populations, soit une émigration sur une base volontaire.

Au sortir de la première guerre mondiale, il fut entrepris de réaliser, par la voie conventionnelle, l'homogénéisation démographique de certains Etats des Balkans. Ce procédé avait déjà été envisagé un peu plus tôt à l'occasion de deux accords conclus, l'un en 1913 et l'autre en 1914, qui ne furent jamais ratifiés.

Le premier de ces accords est un prolongement du Traité de Constantinople des 16-29 septembre 1913 entre la Bulgarie et la Turquie qui mit fin à la guerre balkanique entre ces deux Etats. Ce traité contenait une clause d'option[53] en son article 7, en vertu de laquelle les Musulmans habitant les territoires cédés par la Porte à la Bulgarie les quittèrent et vinrent s'installer dans des régions demeurées sous domination ottomane. Cependant, rien n'avait été prévu par les autorités turques pour les accueillir et ces émigrants, à leur arrivée, s'attaquèrent aux sujets turcs d'origine bulgare afin de s'approprier leurs habitations de telle sorte que ces derniers se retrouvèrent bientôt sans abri. Pour remédier à cette situation, les deux Etats contractants conclurent un second accord, dit des « réfugiés de Thrace », du 2-15 novembre 1913 en vertu duquel les Bulgares

---

[53] La clause d'option peut être entendue, « dans le cas d'un traité contenant des cessions réciproques de territoires, comme accordant aux populations y habitant le droit : soit a) de continuer à y demeurer, étant censées, dans ce cas, abandonner la nationalité du pays cédant pour accepter celle de l'annexant ; soit b) de quitter le pays, en conservant leur première nationalité ; mais c) dans l'une ou l'autre hypothèse, de conserver la libre disposition de leurs biens meubles ou immeubles », dans Stelio Sériadès, « L'échange des populations », *RCADI*, 1928/IV, Tome 24, pp. 307-439, spéc. p. 351. Ce type de clause sera analysée plus loin.

privés de leurs foyers devaient s'établir dans les villages de Thrace, cédés à la Bulgarie par la Turquie, qui avaient été abandonnés par leurs habitants musulmans. Ce second traité a eu pour effet de créer une situation manifestement inégalitaire : les Musulmans occupant des territoires cédés à la Bulgarie ont pu bénéficier pleinement du droit d'option tandis que les Bulgares présents sur les territoires cédés à l'Empire ottoman étaient transplantés de force. Il s'agissait là d'une procédure d'homogénéisation à la régularité discutable qui augura le triste épisode de Lausanne[54]. D'ailleurs, la Bulgarie n'a jamais ratifié ce second accord qui n'a, sur le plan juridique, jamais revêtu de caractère obligatoire.

Le deuxième accord fait suite au Traité d'Athènes du 1-14 novembre 1913 entre la Grèce et la Turquie. Celui-ci contenait également une clause d'option en son article 4. Peu de Turcs habitant les territoires cédés à la Grèce exploitèrent cette clause. Ils bénéficiaient, en effet, d'un traitement favorable de la part des autorités helléniques. Leur culture, leur religion étaient respectées de même que le clergé musulman avait conservé ses prérogatives. Ils jouissaient des mêmes droits civils et politiques que les Grecs. Le fait que, jusqu'en 1922, le maire de Salonique ait été un Musulman en est une illustration parfaite. En revanche, la situation était très différente pour les Grecs des territoires passés sous domination ottomane. Ceux-ci étaient persécutés et contraints à l'exode. Beaucoup d'entre eux fuirent vers la Grèce en abandonnant leurs biens. Face à cette situation, les deux Etats contractants engagèrent des négociations dans le but d'organiser un échange des populations. La Grèce souhaitait ainsi endiguer le flot des réfugiés déracinés de force du territoire turc. Pour la partie hellénique, cet échange ne pouvait être que volontaire. De plus, les propriétés abandonnées par les émigrants devaient être évaluées, et échangées réciproquement. Le gouvernement grec tint bon sur ses positions jusqu'à ce qu'un accord soit finalisé le 5 juillet 1914. Il organisait ainsi l'échange des populations grecques de Thrace et du Vilayet de Smyrne et des populations musulmanes de la Macédoine et de l'Empire hellénique qui auraient manifesté un désir d'émigrer (il est intéressant de relever que les Grecs sont identifiés sur une base linguistique, la langue grecque, tandis que les Turcs le sont sur une base religieuse, la confession musulmane). Cet accord ne fut jamais ratifié et les événements qui le précédèrent se poursuivirent après sa signature. Peu après, les deux Etats se trouvèrent de nouveau opposés dans le cadre de la première guerre mondiale et l'exode des Grecs de Turquie s'amplifia encore. Puis, après qu'un

[54] Le Professeur Séfériadès écrivait à propos de cet accord : « Il peut être défini comme un accord stipulant le transfert de la population hétérogène habitant un pays, hors du territoire qu'elle habite, population ayant pourtant jusqu'à son transfert la nationalité du pays quitté, et sans qu'on s'inquiète de demander aux expatriés leur avis », dans « L'échange des populations », op.cit., p. 353.

nouveau conflit ait opposé les deux Etats en 1922[55], il fut entrepris de régler définitivement le problème des populations grecque de Turquie et turque de Grèce.

C'est ainsi que fut signée la VIe Convention de Lausanne entre la Grèce et la Turquie le 30 janvier 1923. Cet accord avait été avancé par ses promoteurs comme un moyen de réconcilier les deux ennemis[56]. « L'échange des populations grecques et turques enlève ainsi, dans la douleur et la désillusion (du moins en ce qui concerne la Grèce), la justification majeure, sinon carrément la raison d'être de l'irrédentisme « megaloidéate ». La paix devient possible puisque la guerre n'a plus aucun objectif visible »[57]. Les Etats contractants faisaient d'une pierre deux coups puisqu'ils se débarrassaient d'éléments indésirables parmi leur population et obtenaient le regroupement des membres de leur nation constitutive au sein de leurs frontières.

L'article 1er de la Convention dispose donc qu' « il sera procédé dès le 1er mai 1923 à l'échange obligatoire des ressortissants turcs de religion grecque orthodoxe, établis sur les territoires turcs, et des ressortissants grecs de religion musulmane, établis sur les territoires grecs ». Il est intéressant de relever que le paragraphe c) de l'Accord préserve une présence grecque à Constantinople et une présence turque en Thrace occidentale. Ainsi, sont exceptés de l'échange « les habitants grecs de Constantinople établis avant le 30 octobre 1918 dans les circonscriptions de la préfecture de la ville telles qu'elles sont délimitées par la loi de 1912 » et les « habitants musulmans de la Thrace occidentale établis dans la région de l'Est de la ligne-frontière établie en 1913 par le traité de Bucarest »[58].

A ce stade, plusieurs remarques méritent d'être formulées. Tout d'abord, l'échange est obligatoire, il est opéré sans le consentement des personnes visées. L'accord autorise chacun des Etats contractants à expulser des personnes de sa

---

55 Ce conflit éclata suite au refus des autorités kemalistes de ratifier le Traité de Sèvres du 10 août 1920 qui rendait à la Grèce les territoires de la Thrace orientale, l'ensemble des îles de la mer Egée ainsi que la ville de Smyrne et sa région, peuplés en majorité de Grecs. L'Etat hellénique, privé du soutien de ses Alliés européens, s'inclina devant les forces turques, et perdit définitivement les régions convoitées.

56 Le Docteur Fridjof Nansen, mandaté par les Grandes Puissances de l'époque pour régler la question, déclarait que celles-ci étaient favorables au principe de l'échange de populations : « Parce qu'elles croient que la séparation des populations dans le Proche-Orient tendra à assurer la pacification effective du pays et parce qu'elles pensent que l'échange des populations constitue le moyen le plus rapide et le plus efficace de donner une solution aux graves problèmes économiques issus du grand déplacement ethnique qui a déjà eu lieu », ainsi, « la proposition d'un échange est hautement désirable, tant dans l'intérêt des pays principalement intéressés que dans l'intérêt de la paix européenne », cité dans Stelio Séfériadès, « L'échange des populations », op.cit., p. 381.

57 Syméon Karagiannis, « Des traités d'échange de populations au nettoyage ethnique », op.cit., p. 202.

58 Sixième Convention de Lausanne du 30 janvier 1923, article 2.

propre nationalité[59] ! Ensuite, il est intéressant de relever que les Grecs et les Turcs sont identifiés sur la base de leur religion. Les premiers sont de religion grecque orthodoxe tandis que les seconds sont musulmans[60]. Enfin, les personnes échangées perdront la nationalité de l'Etat qu'ils quittent et acquérront celle de l'Etat de destination.

Comme il a été vu précédemment, la Convention a surtout régularisé une situation déjà bien accomplie au moment de sa signature puisque d'importantes populations grecques avaient fui le territoire turc à la fin de la guerre[61].

Outre les souffrances subies par les personnes déplacées dans des conditions des plus précaires et les conséquences préjudiciables qu'il eut sur la situation économique des Etats, c'est sur son principe même que ce traité est contestable. La Convention de Lausanne a sacrifié à l'Etat-nation la liberté individuelle des personnes échangées ainsi que leur droit de propriété. Les plénipotentiaires ont ainsi décidé le déplacement des Grecs de Turquie et des Turcs de Grèce sans se soucier du fait que ceux-ci aient pu vouloir rester sur le territoire sur lequel ils étaient établis. Les Grecs étaient présents en Asie mineure depuis 3000 ans ! Les Turcs étaient établis en Grèce depuis 500 ans. D'ailleurs, le Professeur Ténékidès relevait que les réfugiés de Grèce « ont littéralement criblé la Conférence de Lausanne, la Société des Nations et les gouvernements alliés de suppliques protestatives »[62]. Il faut préciser qu'une commission mixte a été

---

[59] Le Professeur Séfériadès présentait la Convention de Lausanne comme : « Une convention par laquelle il est reconnu à chacun des Etats contractants le droit de procéder à l'expulsion forcée de personnes de sa propre nationalité, mais unies à l'autre partie par des liens à la fois de religion et de race ; expulsion reconnue conventionnellement comme légitime, malgré les droits de l'homme et la reconnaissance de ces droits aussi bien par le droit public interne des Etats civilisés que par le droit commun international », dans « L'échange des populations », op.cit., p. 372.

[60] Le Professeur Karagiannis écrivait à ce propos que « cette homogénéité religieuse a, néanmoins, quelque chose de cocasse dans le cas surtout de la Turquie kemaliste qui se veut strictement laïque et qui prendra même de sévères mesures à l'encontre des autorités religieuses musulmanes récalcitrantes à l'idée de laïcisation et modernisation du pays », dans « Des traités d'échange de populations au nettoyage ethnique », op.cit, p. 203.

[61] On a estimé à 189 916 le nombre de Grecs orthodoxes déplacés d'Anatolie en application de la Convention. Mais plus d'un million d'entre eux avaient déjà fui vers la Grèce entre 1912 et 1923. Durant cette même période, 355 635 Turcs musulmans avaient quitté la Grèce.

[62] Georges Ténékidès, « Le statut des minorités et l'échange obligatoire des populations greco-turque », *RGDIP*, 1924, pp. 72-86, spéc. p. 86. Il est intéressant à ce propos de citer la protestation des réfugiés grecs adressée à M. Venizelos, qui fut également publiée dans la presse mondiale : « Les réfugiés d'Asie mineure, de la Thrace orientale et du Pont-Euxin, réunis ce jour d'hui à Athènes, place de la Concorde : considérant que l'échange des populations hellénique de Turquie (au nombre de un million deux cent mille contre trois cent mille musulmans de Grèce) décidé en principe par la Conférence de Lausanne blesse la conscience et la morale universelles ; qu'il est contraire aux droits les plus sacrés de l'homme, la liberté et la propriété ; qu'en effet un pareil échange n'est qu'une forme détournée et nouvelle d'expatriation forcée et d'expropriation et qu'il n'appartient à aucun Etat d'y procéder contre le gré des populations ; considérant que les populations helléniques d'Asie mineure autochtones sur un sol qu'elles ont habité de date immémoriale et où leurs droits sont inaliénables et imprescriptibles n'ont pas volontairement émigré , mais furent chassés de leurs foyers par la peur des massacres ; que ce sol leur doit sa

instituée par la Convention de Lausanne qui était chargée de liquider les biens des individus soumis à l'échange. Ainsi, il était prévu que les biens que les personnes déplacées n'avaient pu emporter avec elles seraient liquidés par la Commission et que les intéressés recevraient, en contrepartie, une déclaration constatant le montant de leur créance. Sur la base de cette déclaration, l'Etat d'accueil devait remettre aux émigrants des biens d'égale valeur et de même nature que ceux qu'ils auraient abandonnés[63]. En vérité, il semble que les personnes déplacées n'aient pu réellement bénéficier de ces dispositions.

Cette Convention a été une véritable aberration au regard du droit international. Elle fut vivement condamnée par les délégations présentes à Lausanne ainsi que par l'opinion publique internationale. Il est d'ailleurs symptomatique que la délégation turque, dont on prétend qu'elle fut à l'origine de l'échange obligatoire[64], ait refusé d'en assumer la paternité. Le délégué américain à la Conférence, M. Child, déclara après coup : « Nous croyons que de nouveaux précédents tendant à établir le droit des nations d'expulser des groupes importants de leurs citoyens, destinés à tomber à la charge des autres nations, doivent être examinés attentivement avant d'être favorablement accueillis, afin d'éviter qu'un principe nouveau et malsain ne vienne contredire la justice et le droit international »[65]. Tout compte fait, malgré l'apparente régularité que confère à cette pratique d'échange obligatoire de populations son caractère conventionnel, elle s'avère inacceptable au nom de la liberté individuelle.

---

civilisation et sa prospérité indéniablement éteintes depuis qu'elles ont dû le quitter ; qu'au demeurant les Hellènes irrédimés furent sans reproche à l'égard des Alliés, ayant toujours uni leur sort à leur cause ; que l'injustice qui leur est faite est d'autant plus flagrante qu'on leur a promis de la façon la plus solennelle de les affranchir ou tout au moins d'améliorer leur condition ; considérant que leurs frères d'exil se trouvant dans les autres villes et îles de la Grèce assemblés aujourd'hui en des meetings similaires s'unissent à eux dans le même sentiment de douleur et de protestation : De demander la possibilité de réintégrer leur patrie avec garanties effectives rendant cette réintégration pratiquement possible. S'insurgeant dans le cas contraire de toute la force de leur être contre l'injustice dont ils seraient l'objet. La dénoncent, s'ils sont impuissants à la conjurer, comme un attentat sans précédent à l'humanité et à la civilisation. Déclarent qu'en pareil cas ils resteront éternellement protestataires, eux et leurs enfants, léguant ce même sentiment de révolte et d'indignation aux générations futures ». Cette protestation est citée dans Stelio Séféradès, « L'échange des populations », op.cit., p. 376.

[63] Ce régime est établi par les articles 8, 9, 13 et 14 notamment de la Convention.

[64] Pour le Professeur Séfériadès, l'idée de l'échange, comme principe, revenait au Docteur Nansen, mais l'échange obligatoire aurait été défendu par Hamid Bey, représentant du gouvernement turc à Constantinople (voir « L'échange des populations », op.cit., spéc.pp. 374-376). *A contrario*, le Professeur Ténékidès écrivait que « l'échange obligatoire des populations est due à Nansen. Il l'a formulée, avant même la réunion de la Conférence de Lausanne, comme un pis-aller, estimant que la séparation des populations mutuellement tendrait à la pacification du Proche-Orient. Le gouvernement hellénique adhéra au principe, les Turcs firent des réserves », dans « Le statut des minorités et l'échange obligatoire des populations gréco-turques », op.cit., p. 83.

[65] *Idem*, p. 377.

Peu avant l'adoption de la Convention de Lausanne, une autre convention organisant l'homogénéisation démographique avait été conclue entre la Grèce et la Bulgarie. Celle-ci s'avérait moins attentatoire à la liberté des individus puisqu'au lieu d'établir un échange obligatoire, elle prévoyait l'émigration réciproque de manière volontaire : c'est la Convention de Neuilly-sur-Seine du 27 novembre 1919[66]. L'article 1er de ce Traité, qui en comprenait 17, disposait que : « Les Hautes Parties contractantes reconnaissent à leurs ressortissants appartenant à des minorités ethniques, de race ou de langue, le droit d'émigrer librement dans leur territoire respectif ». Les Etats parties devaient faciliter cette émigration réciproque et ne pas porter atteinte aux droits pécuniaires des émigrants. La Convention a prévu la mise en place d'un organe chargé de prendre les mesures nécessaires à son exécution : la Commission mixte, composée de deux personnes nommées par les Etats contractants et de deux nommées par le Conseil de la Société des Nations (SDN). Celle-ci recevait notamment, les déclarations d'émigration et gérait la liquidation des biens abandonnés par les émigrants. Les personnes qui choisissaient d'émigrer perdaient la nationalité du pays qu'elles abandonnaient et recevaient celle du pays de destination. Elles pouvaient emporter leurs biens mobiliers. Les biens immobiliers qu'elles laissaient étaient donc liquidés par la Commission mixte, et les émigrants recevaient un remboursement de leur valeur suivant un plan de paiement élaboré par la Commission.

La Convention pose, donc, un droit d'émigration pour les personnes appartenant à des « minorités ethniques, de religion ou de langue ». Celui-ci devait être exercé dans un délai de deux ans à compter de la constitution de la Commission mixte. Cette dernière s'est réunie pour la première fois le 18 septembre 1920, mais elle a prolongé le délai d'exercice du droit d'émigration jusqu'au 31 décembre 1924. La reconnaissance de ce droit implique le droit à la liberté d'installation dans l'Etat de destination, et en cela, il faut considérer avec le Professeur Karagiannis que la Convention se rapproche, « toute proportion gardée », d'un traité de protection des droits de l'homme[67]. Elle prévoit, en

---

[66] Celle-ci constituait un prolongement du Traité de paix conclu le même jour entre les Alliés et la Bulgarie dont l'article 56-2 était ainsi rédigé : « la Bulgarie s'engage à reconnaître les dispositions que les Principales Puissances alliées et associées jugeront opportunes relativement à l'émigration réciproque et volontaire des minorités ethnique ».

[67] Syméon Karagiannis, « Des traités d'échange de populations au nettoyage ethnique », op.cit., p. 206. Mais il ne faut pas s'y tromper, le but principal du Traité restait malgré tout de réaliser l'homogénéité démographique des deux Etats afin d'assurer la paix entre eux. La Cour Permanente de Justice Internationale (plus loin CPJI) a confirmé ce but premier du traité dans son avis consultatif rendu le 31 juillet 1930 dans l'affaire *des Communautés gréco-bulgares* : « Le but général de l'Acte est ainsi, par une émigration réciproque aussi large que possible, d'éliminer ou de réduire dans les Balkans les foyers d'agitation irrédentiste, que l'histoire des périodes précédentes démontrait avoir été si fréquemment la cause de douloureux incidents ou de graves conflits, et d'assurer mieux que par le passé l'œuvre de pacification des pays d'orient. », voir Série B, n° 17, p. 32.

outre, un droit à acquérir la nationalité de l'Etat de destination. A la différence de la Convention de Lausanne, les personnes visées par la Convention de Neuilly pouvaient librement décider de rester dans l'Etat où elles vivaient. Par contre, pour celles qui décidaient de partir, la Convention ne prévoyait pas un droit de retour. Le Professeur Karagiannis y voyait d'ailleurs un obstacle de taille en ce que les personnes qui choisissaient l'émigration perdaient, de fait, la nationalité de l'Etat de départ. Ce dernier pouvait alors s'opposer à l'entrée de ces « étrangers » sur son sol.

Dans la réalité des faits, l'émigration qui suivit la conclusion de cet accord ne fut pas exactement « volontaire ». Il semble que les Bulgares de Grèce aient été peu enclins à partir alors que les Grecs de Bulgarie, pour la plupart des paysans, voyaient d'un bon œil la possibilité de rejoindre les terres fertiles de la Thrace occidentale. Un premier bilan établi en juin 1923 révèle que seulement 197 familles grecques et 166 familles bulgares avaient demandé à émigrer[68]. C'est alors que les deux gouvernements ont fait pression sur leurs minorités respectives pour les contraindre au départ. En outre, suite à l'échec de la campagne grecque menée en Anatolie en 1923-1924, la Grèce dut accueillir un nombre important de réfugiés grecs anatoliens. Les autorités helléniques déportèrent alors les Bulgares présents en Thrace occidentale vers les îles de la Mer Egée et la Thessalie. Les Grecs arrivant d'Anatolie furent installés dans les foyers abandonnés par les Bulgares et y demeurèrent après la fin des hostilités. Les Bulgares déplacés, à leur retour, n'eurent pas d'autre choix que de demander à émigrer vers la Bulgarie. Un nombre important de Bulgares furent également contraints à choisir l'émigration afin d'échapper à une situation économique rendue précaire par l'arrivée de cette main d'œuvre excédentaire en provenance d'Anatolie. Les émigrants, à leur arrivée en Bulgarie, « envahirent » les villages peuplés de Grecs dans le sud du pays, ce qui occasionna des tensions entre les deux Etats.

La Convention de Neuilly a également pu avoir un effet rétroactif en ce qu'un nombre important de Grecs et de Bulgares qui avaient émigré avant sa signature ont cependant pu s'en prévaloir grâce à l'article 7 du Règlement du 18 juin 1922 élaboré par la Commission mixte. Selon les statistiques de la Commission, 46 000 Grecs ont quitté le territoire de la Bulgarie en application de la Convention (dont environ 16 000 avant son entrée en vigueur), et 92 000 Bulgares ont quitté la Grèce (dont 39 000 avant son entrée en vigueur). Si la quasi-totalité de la minorité grecque a quitté la Bulgarie, une importante

---

[68] Chiffres énoncés dans *Les transferts de populations, y compris l'implantation de colons et de colonies, considérés sous l'angle des droits de l'homme*, Rapport préliminaire établi par MM. Awn Shawkat Al-Khasawneh et Ribot Hatano, Commission des droits de l'homme, Sous-Commission de la lutte contre les mesures discriminatoires et de la protection des minorités, 6 juillet 1993, Doc.off.UN E/CN.4/Sub.2/1993/17, p. 31.

population d'origine bulgare est demeurée en Grèce. Selon un recensement effectué en 1928, il restait toujours 82 000 Bulgares sur le sol grec[69].

Enfin, il est intéressant de souligner que la Convention contenait une clause qui ouvrait l'adhésion à celle-ci aux Etats ayant une frontière commune avec l'un des Etats signataires. Ainsi, elle organisait potentiellement l'homogénéisation d'autres Etats de la région des Balkans. D'ailleurs, l'article 1er précise bien que ce sont les individus appartenant à des « minorités ethniques, de religion ou de langue » qui bénéficient du droit à l'émigration. La formule est large et ne se limite pas aux Grecs de Bulgarie et aux Bulgares présents sur le sol hellénique. Cependant, aucun Etat n'a adhéré à la Convention[70].

On peut considérer que le procédé de l'émigration réciproque volontaire trouve son origine dans la pratique de la clause d'option[71]. Classiquement, ce type de clause était inséré dans des traités stipulant des cessions de territoire. Pour reprendre le Professeur Schetmann, « the so-called « option » was only the alternative, in legal form, given to each inhabitant of a region which had changed sovereignty, either to accept a new allegiance and all that went with it, or to emigrate »[72]. La technique de la clause d'option peut apparaître comme une modalité d'homogénéisation démographique des territoires cédés. En effet, elle permet aux individus concernés de choisir d'être rattachés à la collectivité avec laquelle ils possèdent le plus d'affinités et donc d'opter pour leur rattachement à leur groupe national d'origine. De plus, en tant qu'elle permet le départ des individus n'acceptant pas une nouvelle allégeance, la clause d'option consolide l'acquisition des territoires cédés par l'Etat bénéficiaire puisqu'elle limite les risques de sécession et l'irrédentisme du voisin cédant.

La Convention de Neuilly-sur-Seine du 27 novembre 1919 se démarque de la pratique traditionnelle de la clause d'option puisqu'elle ne prévoit pas de cession de territoire. Elle a cependant offert un droit d'option aux membres des minorités grecques de Bulgarie et bulgare de Grèce qui a entrainé une émigration réciproque.

Par la suite, d'autres accords seront conclus qui organiseront le rapatriement de certaines minorités vers leur « Nation-mère » sur la base d'un droit d'option.

---

69 Ces chiffres sont tirés de l'ouvrage de M. Stephen P. Ladas, *The Exchange of Minorities - Bulgaria, Greece and Turkey*, MacMillan, New York, 1932, pp. 122-123.

70 Il peut néanmoins être signalé qu'un accord greco-serbe intervenu en 1925 a permis à certaines familles slavonnes de quitter la Macédoine grecque et de rentrer en Serbie dans des conditions similaires à celles posées par le Traité de Neuilly. 1500 Roumains coutzo-valaques ont également quitté la Macédoine grecque en 1926, dans les mêmes conditions, pour venir s'installer à la Nouvelle Dobroutza. (voir Stelio Séféradès, « L'échange des populations », op.cit., p. 368).

71 Historiquement, ce type de clause semble être apparue dans le Traité de capitulation de la ville d'Arras signé à Saint-Laurent Blangy le 9 août 1640.

72 Joseph. B. Schechtmann, « The Option Clause in the Reich's Treaties on the Transfer of Population », *American Journal of International Law*, 1944, vol. 38, pp. 356-374, spéc. p. 368.

Ce procédé servait doublement la réalisation de l'Etat-nation : D'une part, il permettait à l'Etat rapatriant de regrouper au sein de ses frontières les individus appartenant à sa nation constitutive qui étaient dispersés dans les Etats voisins, d'autre part, son cocontractant était, par voie de conséquence, débarrassé d'éléments hétérogènes parmi sa population.

C'est ainsi que la Turquie a entrepris, dans le courant des années 1930, de rapatrier les Turcs de l'extérieur (*Dis Turkler*) qui se trouvaient notamment en Bulgarie et en Roumanie. Elle conclut un accord avec la Roumanie à Bucarest le 4 septembre 1936 en application duquel 67 000 Turcs quittèrent la Dobroudja.

La Turquie ne fut pas le seul Etat à avoir mené une telle politique de « rapatriement ». Ainsi, entre 1939 et 1942, l'Allemagne nazie a conclu une série d'accords bilatéraux avec des Etats possédant d'importantes minorités allemandes visant au retour de ces Allemands de souche (*Volkdeutschen*) vers le Reich. Ces traités s'inscrivaient dans le cadre de la politique de l'*Umsiedlung*[73] menée par Hitler tendant à regrouper tous les membres de la nation allemande au sein des mêmes frontières[74] et à consolider la domination du Reich sur les territoires annexés en y implantant des Allemands. En parallèle était menée une vaste campagne d'expulsion des non-Allemands des territoires sous domination du Reich[75]. La mise en œuvre de ces accords eut pour effet de vider les Etats

[73] Le terme « *Umsiedlung* » signifie transplantation, transfert, voir Dictionnaire Allemand-Français/Français-Allemand, Harrap's Weis Mattutat, Edinburgh, Paris, Stuttgart, 1995, p. 590.

[74] On peut lire dans l'article du Professeur Schechtmann, « The Option Clause in the Reich's Treaties on the Transfer of Population », des extraits, traduits en anglais, d'un discours prononcé le 6 octobre 1939 par Hitler relatif au partage de la Pologne entre l'Allemagne et l'URSS. Le dictateur allemand y avait ainsi exposé les fondements de sa politique de « réinstallation » : « The aims and tasks which emerge from the collapse of the Polish State are, in so far as the German sphere of interest is concerned, roughly and follows : (...) 5- As to the most important task, however, to establish a new order of ethnographical conditions, that is to say, resettlement of nationalities in such a manner that the process ultimately results in obtaining better dividing lines than is the case at present. In this sense, however, it is not a case of the problem being restricted to this particular sphere, but of a task with far wider implications, for the East and South of Europe is to a large extent filled with splinters of the German nationality whose existence they cannot maintain. In their very existence lies a reason and cause for continual international disturbances. In this age of the principle of nationalities and of racial ideas it is utopian to believe that members of a highly developed people can be assimilated without trouble. It is therefore essential for a far-sighted ordering of the life of Europe that a resettlement should be undertaken here so as to remove at least part of the material for European conflict. Germany and the Union of Sovietic Republics have come to an agreement to support each other in this matter ». Voir « The Option Clause in the Reich's Treaties on the Transfer of Population », op.cit., p. 356.

[75] Ainsi, 100 000 Français furent déportés d'Alsace-Lorraine vers la France de Vichy. De même, un million de Polonais ont été déportés de l'ouest de la Pologne vers les territoires administrés par le « Gouvernement Général » sous protectorat allemand. Lire à ce propos, Alfred Maurice De Zayas, « Population, Expulsion and Transfert », dans Bernhardt Rudolf (Dir.), *Encyclopedia of Public International Law*, published under the auspices of the Max Planckt Institute for Comparative Public Law and International Law, North Holland, Amsterdam, 1992, Vol. 4, pp. 1062-1067, spéc. p. 1063.

cocontractants de l'Allemagne d'une partie importante de leurs populations allemandes.

Le premier traité, entrant dans ce cadre, qui peut être mentionné est celui conclu avec l'Italie le 21 octobre 1939[76] sur le transfert obligatoire des *Reichsdeutsche* (nationaux allemands expatriés) et le transfert volontaire des *Volksdeutschen* (Allemands de souche) du Sud-Tyrol vers le Reich. Il semble que cet accord ait été conclu à l'initiative de l'Italie qui souhaitait se débarrasser de l'importante minorité allemande occupant le Sud-Tyrol. Cet accord est remarquable par son caractère mixte : il prévoyait ainsi l'émigration obligatoire pour les *Reichsdeutsche*, qui disposaient d'un délai de trois mois suivant la conclusion de l'accord pour retourner vers le Reich, tandis que les *Volkdeutschen* pouvaient choisir librement jusqu'au 31 décembre 1942, soit d'émigrer vers l'Allemagne et devenir des citoyens allemands de droit, soit de rester en Italie.

Un bilan officiel nazi fait état de 237 802 personnes transférées dans le cadre de cet accord dont 10 000 *Reichsdeutsche*[77]. La fiabilité de ces chiffres est toutefois discutable. On sait peu de chose sur le sort des migrants. Il semblerait que nombre d'entre eux aient été réinstallés en Bohême, en Moravie et en Pologne occidentale. Par ailleurs, Himmler avait insisté en 1942 pour que les populations en provenance du Sud-Tyrol soient réimplantées au Luxembourg, en Lorraine et dans les Sudètes orientales. Il faut noter qu'une Commission mixte avait été instituée pour liquider les biens des émigrants et que les Etats étaient convenus d'une indemnisation des personnes concernées.

L'Allemagne a conclu en octobre 1939 deux autres accords relatifs au rapatriement de populations d'origine allemande, l'un avec l'Estonie[78], l'autre avec la Lettonie[79]. Ces traités proposaient aux membres des minorités allemandes de ces Etats baltes une émigration volontaire. En cela, ils ont été présentés comme établissant un droit d'option. Chaque *Volkdeutscher* des Etats concernés pouvait choisir, soit de retourner vers le Reich, soit de rester. Il

---

[76] Il existe peu d'informations sur ce traité qui n'a jamais été rendu public. Hitler avait voulu que cet accord demeurât secret en raison de l'impopularité qu'il aurait soulevé dans le Reich. Ainsi, il est difficile de le dater avec précision. Le Professeur Schechtmann a retenu la date du 21 octobre 1939, annoncée dans le Bulletin of International News du 6 avril 1940 (voir « The Option Clause in the Reich's Treaties on the Transfer of Population », op.cit., p. 357). Il semble que cette date soit, en réalité, celle d'un accord additionnel venant préciser les conditions de l'opération. L'accord de transfert aurait été conclu au terme d'une réunion germano-italienne tenue à Berlin du 15 au 23 juin 1939. Voir sur cette question la thèse du Professeur Alain Fenet, *La question du Tyrol du Sud, un problème de droit international*, LGDJ, Paris, 1968, spéc. pp. 52-66.

[77] Cité dans *Les transferts de populations, y compris l'implantation de colons et de colonies, considérés sous l'angle des droits de l'homme*, Rapport op.cit., p. 103.

[78] Protocole concernant la réinstallation en Allemagne de la population d'origine allemande du 15 octobre 1939.

[79] Traité concernant la réinstallation en Allemagne de ressortissants lettons de nationalité allemande du 30 octobre 1939.

pouvait même décider de ne pas exercer ce droit d'option en ne se prononçant pas. Le silence était interprété comme une volonté de rester.

Les traités conclus avec l'Estonie, la Lettonie ainsi que celui conclu avec l'Italie différent des traités classiques contenant une clause d'option puisqu'ils ne s'inscrivaient pas dans le cadre d'un échange ou d'un transfert de territoire[80].

En application de ces accords, sur les 78 500 individus d'origine allemande que comptaient les deux Etats, 12 900 Allemands d'Estonie et 48 600 Allemands de Lettonie optèrent pour l'émigration. Sans parler de transfert « forcé », le Professeur Schechtmann relevait toutefois : « It is true that strong moral and psychological pressure was exercised on the German groups affected which as a matter of fact left the great majority of the optants with but a doubtful freedom of choice »[81].

Les Allemands qui choisirent l'émigration furent privés de leur nationalité lettone ou estonienne et reçurent la nationalité allemande. Ils furent réinstallés en Pologne occidentale, en Haute-Silésie et en Prusse orientale, les habitants polonais de ces régions ayant été préalablement expulsés. Il est intéressant de relever qu'en vertu de ces accords, l'Allemagne prit à sa charge les frais de départ et l'indemnisation des biens laissés par les émigrants.

L'Allemagne poursuivit sa politique de l'*Umsiedlung* en signant trois nouveaux accords avec l'Union soviétique après que celle-ci ait annexé la Pologne orientale, la Bessarabie roumaine, la Bukovine du Nord et les Etats baltes. Ces traités organisaient le rapatriement des Allemands de souche présents sur ces territoires en leur proposant, là encore, un droit d'option. Il semble que les deux cocontractants aient ainsi entendu délimiter leurs sphères d'influence respectives en débarrassant la zone soviétique d'une forte présence allemande.

Le premier de ces accords est le Traité germano-soviétique du 3 novembre 1939 qui fit suite à la partition de la Pologne entre les deux Etats[82]. L'URSS avait ainsi incorporé les régions de la Volhynie, de la Galice de l'Est et le district de la rivière Narev qui comportaient une importante population d'origine allemande[83]. Le Traité conclu le 3 novembre 1939 proposait un droit

---

80 Le Professeur Schechtmann relevait ainsi : « There had been no war between the three states (Allemagne, Estonie et Lettonie), no treaty of peace had been concluded, and their territorial frontiers had remained the same. These agreements between the Reich and Estonia and Latvia, therefore, in a category by themselves, differing not only from the treaties of option concluded prior to 1939 but also from all later transfer treaties signed by the Reich itself and involving the right of option », dans « The Option Clause in the Reich's Treaties on the Transfer of Population », op.cit., pp. 363-364.

81 *Idem*, p. 358.

82 Cette partition a été officiellement entérinée par un accord du 28 septembre 1939 entre les deux Etats.

83 Les estimations de cette population d'origine allemande varient entre 90 000 (source polonaise) et 120 000 (source allemande) personnes.

d'option au bénéfice des personnes d'origine allemande résidant dans les territoires polonais incorporés à l'Union soviétique ainsi qu'aux personnes d'origine ukrainienne, biélorusse et russe présentes dans les régions polonaises annexées par l'Allemagne. Ceux-ci pouvaient choisir, soit de rester sur le territoire où ils étaient établis, soit d'émigrer respectivement vers le Reich ou l'URSS tout en acquérant la nationalité de l'Etat de destination. Le Traité n'a pas été rendu public. Les seules informations y relatives résultent des déclarations des Etats parties qui ont souligné le caractère volontaire de l'émigration qu'il proposait. Ce traité germano-soviétique, en tant qu'il s'adressait à la fois aux Allemands de souche mais aussi aux Ukrainiens, Russes ou Biélorusses de souche s'apparente à un traité d'émigration réciproque volontaire comme le Traité de Neuilly-sur-Seine du 27 novembre 1919[84]. En application de ce traité, 100 000 Allemands et environ 40 000 Ukrainiens, Biélorusses et Russes choisirent d'émigrer.

En 1940, l'URSS « annexa »[85] les provinces roumaines de la Bukovine du Nord et de la Bessarabie qui abritaient une forte minorité allemande. Un deuxième accord fut signé entre l'URSS et l'Allemagne le 5 septembre 1940 sur le rapatriement de ces Allemands de souche vers le Reich. Cette fois encore, une émigration volontaire était organisée sur la base d'un droit d'option. En revanche, il est intéressant de souligner que les Roumains vivant sur les territoires en question ne bénéficièrent pas d'un droit de retour vers la Roumanie. Ils devinrent automatiquement des nationaux de l'URSS. En application de cet accord, 135 959 Allemands optèrent pour l'émigration.

Enfin, après l'annexion des Etats baltes par l'URSS, un nouvel accord germano-soviétique fut signé le 10 janvier 1941 sur le rapatriement des Allemands de souche vivant en Lituanie ainsi que de ceux restés en Estonie et en Lettonie après les accords d'octobre 1939. On dispose de peu d'informations sur ce traité qui n'a pas été publié. Un communiqué conjoint des deux cocontractants informait que l'émigration reposait sur une base volontaire : « German citizens and persons of German (ethnic) nationality residing in the Latvian, Estonian, and Lithuanian Soviet Socialist Republics, who expressed the desire to resettle (in the Reich), declare their desire in the course of two and one half months after the conclusion of the agreement in the manner provided for by that agreement »[86]. Cet accord organisait, en réalité, une émigration réciproque puisqu'il offrait aux individus d'origine lituanienne,

---

[84] Le Professeur Schechtmann considérait pour sa part que « the treaty provided for an exchange of populations », dans « The Option Clause in the Reich's Treaties on the Transfer of Population », op.cit., p. 365.

[85] En réalité l'URSS a adressé un ultimatum à la Roumanie le 26 juin 1940 lui demandant la cession de ces territoires. La Roumanie accéda à la demande soviétique, sans véritablement avoir le choix de refuser.

[86] Cité dans Joseph B. Schechtmann, « The Option Clause in the Reich's Treaties on the Transfer of Population », op.cit., p. 373.

russe ou biélorusse, se trouvant dans les régions de Memel et de Suwalski annexées par le Reich, le droit d'opter pour un retour vers l'Union soviétique. Seules 21 343 personnes firent le choix de rentrer en URSS. Par contre, nombreux sont les Allemands de Lituanie qui optèrent pour un retour vers le Reich : ils ont été estimés à 50 471[87].

Il est regrettable que l'expérience douloureuse de la seconde guerre mondiale n'ait pas servi à mettre un terme aux politiques de déplacement massif de populations. Au contraire, non seulement le triste précédent de la VIe Convention de Lausanne a généré des émules[88], mais encore, les vainqueurs de la guerre ont approuvé certaines « réadaptations » démographiques au détriment, principalement, des populations d'origine allemande. Ainsi, au terme de la Conférence des Alliés sur l'Allemagne, tenue à Potsdam du 17 juillet au 2 août 1945, fut adopté un Protocole dont l'article XIII autorisait le transfert forcé des populations d'origine allemande présentes en Europe centrale et orientale vers ce qui restait du Reich. Cet article disposait ainsi : « Les trois gouvernements, après avoir examiné la question sous tous ses aspects, reconnaissent que l'on devra procéder au transfert en Allemagne des populations allemandes demeurées *en Pologne, en Tchécoslovaquie et en Hongrie.* Ils sont d'accord sur le fait que ces transferts doivent être effectués de façon *ordonnée et humaine,* étant donné que l'arrivée d'un grand nombre d'Allemands déversés en Allemagne accroîtrait la charge qui pèse déjà sur les autorités d'occupation ». A cette époque, près de trois millions d'Allemands de souche vivaient dans la région des Sudètes, réincorporée par la Tchécoslovaquie. La Pologne, la Hongrie mais aussi la Roumanie et la Yougoslavie possédaient également d'importantes minorités allemandes. L'expulsion de ces minorités, considérées comme déloyales, avait été envisagée comme un moyen d'assurer la paix et la sécurité des Etats dans lesquels elles se trouvaient. En Tchécoslovaquie et en Pologne, les minorités allemandes avaient été rendues responsables de l'invasion nazie et de la période d'occupation qui s'ensuivit. Leur expulsion avait été préconisée en agitant le spectre de la « cinquième colonne ». Dans une perspective plus large, ce procédé aurait permis d'éliminer de façon permanente le problème des minorités. Le Président du gouvernement tchécoslovaque en exil, Edouard Benes, avait préconisé dès 1941 que les *Volkdeutschen* de Tchécoslovaquie soient déplacés à la fin de la guerre. En septembre 1941, il déclarait ainsi : « I accept the principle of the transfer of populations... If the problem is carefully considered and wide measures are adopted in good time, the transfer can be made amicably under

87 Cependant, la plupart d'entre eux durent rebrousser chemin car il s'agissait en fait de Lituaniens fuyant le régime soviétique et non de véritables Allemands de souche.

88 Ainsi, la Tchécoslovaquie et la Hongrie conclurent, le 27 février 1946, un accord prévoyant l'échange obligatoire de 200 000 Magyars et de 200 000 Slovaques. La Hongrie signa quelques mois plus tard un autre accord du même type, cette fois avec la Yougoslavie, qui a organisé l'échange de 10 000 Magyars et de 40 000 Serbes et Croates.

decent human conditions, under international control and with international support »[89].

L'idée a été accueillie favorablement par les Hauts dirigeants des Etats alliés, ce qui lui conféra une certaine respectabilité. Le Premier ministre britannique, Winston Churchill déclarait à ce propos, dans un discours prononcé le 5 décembre 1944 devant la Chambre des Communes : « A clean sweep will be made. I am not alarmed by the prospect of the disentanglement of populations, nor even by these large transferences, which are more possible in modern conditions than they ever were before. The disentanglement of populations which took place between Greece and Turkey after the last war – my noble Friend opposite may remember – was in many ways a success, and has produced friendly relations between Greece and Turkey ever since... »[90]. En plus de recevoir l'aval des éminentes personnalités politiques de l'époque, le projet de déplacement des populations d'origine allemande devait se réaliser dans des conditions humaines et de manière progressive, sa légitimité s'en trouvait ainsi renforcée. Le principe du déplacement forcé avait été approuvé non seulement concernant les Allemands de Tchécoslovaquie, mais aussi pour ceux qui se trouvaient en Pologne[91], et, en grand nombre dans les autres Etats d'Europe centrale et orientale. Par ailleurs, si le procédé de l'expulsion des populations allemandes fut largement accepté, c'est aussi en raison d'un désir sous-jacent de punir la nation allemande pour les souffrances causées par le régime nazi.

On estime à environ seize millions le nombre d'Allemands de souche expulsés de Tchécoslovaquie, de Pologne, de Hongrie, mais aussi de Roumanie et de Yougoslavie entre 1944 et 1949. Les migrations forcées avaient commencé déjà avant la Conférence de Potsdam. De nombreux Allemands avaient fui devant l'avancée de l'Armée rouge tandis que d'autres avaient été contraints à émigrer par les Etats libérés sur lesquels ils se trouvaient.

---

[89] Cité dans Alfred De Zayas, *Nemesis at Potsdam. The Anglo-Americans and the Expulsion of the Germans, Background, Execution, consequences,*Routledge and Kegan Paul, London, Henley and Boston, 1972, p. 7. Le Président Tchécoslovaque a adopté une série de décrets, dits décrets-Benes, pendant son exil à Londres dont plusieurs étaient relatifs à la question des minorités allemande et hongroise et à leur déloyauté envers l'Etat tchécoslovaque. Ces textes prévoyaient notamment l'expropriation sans indemnisation, la dénationalisation et l'expulsion pour les Allemands et les Hongrois de souche qui avaient collaborés avec l'occupant nazi. Sur la question de l'expulsion massive des Allemands des Sudètes après la seconde guerre mondiale et l'évocation de cet événement au moment de l'adhésion de la République Tchèque à l'Union européenne, il faut lire l'article de M.Timothy V. Waters, « On the Legal Construction of Ethnic Cleansing », *Bepress Legal Series* (The Berkeley Electronic Press), Year 2006, Paper 951, 89p.

[90] Cité dans Alfred De Zayas, *Nemesis at Potsdam*, op.cit., p. 11.

[91] La Pologne a incorporé à la fin de la guerre les provinces allemandes situées à l'Est de l'Oder-Neisse. L'expulsion des populations allemandes installées sur ces territoires apparaissait comme un moyen de consolider les nouvelles frontières de l'Etat polonais en débarrassant les territoires nouvellement acquis d'une minorité potentiellement subversive.

Si l'article XIII du Protocole de Potsdam prévoyait que le transfert des populations allemandes devaient être opéré « de façon ordonnée et humaine », les personnes déplacées le furent, en réalité, dans des conditions abominables. Le Professeur De Zayas dénonçait la cruauté avec laquelle il fut procédé à ces expulsions dans son ouvrage, au titre particulièrement évocateur, « Nemesis at Potsdam ». Ainsi écrivait-il : « The revenge taken upon the simple German peasant of East Prussia or the Sudentenland was no less abominable than the Nazi crimes that had provoked it. Acts of incredible cruelty and sadism were commited. Helpless civilians were evicted from their homes with clubs, women were raped, men were circonscripted into slave labour, thousands were interned in camps awaiting expulsion... appalled, one asks whether the western democracies fought a war against Hitler in order to permit the erection of more Buchenwalds and more Belsens, to authorize an expulsion policy that would claim hundreds of thousands of innocent victims »[92]. Près de deux millions d'Allemands périrent durant ces transferts forcés qui sont difficiles à justifier en droit. Se pose notamment la question de la compétence des Alliés pour « autoriser » ces déplacements de populations[93]. Il faut souligner avec le Professeur Karagiannis que les Etats-Unis d'Amérique, l'Union soviétique et le Royaume-Uni se considéraient, à l'époque, comme dépositaires de l'autorité en Allemagne. Aussi pourrait-on considérer qu'il fut procédé aux transferts de populations sur la base d'un accord conclu entre l'Etat de destination, auquel se seraient substituées les Puissances occupantes, et les Etats visés par l'article XIII du Protocole de Potsdam[94]. Au demeurant, cette expulsion massive des populations allemandes a permis aux Etats concernés d'homogénéiser en grande partie leur population. Par exemple, après avoir procédé au transfert de près de 6,8 millions d'Allemands de souche et de la plus grande partie de sa population d'origine ukrainienne[95], la Pologne est devenue, sur le plan démographique, l'un des Etats les plus homogènes d'Europe.

---

[92] Alfred De Zayas, *Nemesis at Potsdam*, op.cit., p. XXII de l'introduction.

[93] Il faut lire l'analyse développée par le Professeur De Zayas sur la régularité de ces opérations de transfert dans « International Law and Mass Population Transfers », *Harvard International Law Journal*, vol. 16, n° 1, Winter 1975, pp. 207-258, spéc. pp. 228-246.

[94] Voir Syméon Karagiannis, « Des traités d'échange de populations au nettoyage ethnique », op.cit., p. 206.

[95] Après que l'Armée rouge ait bouté les forces allemandes hors de Pologne en juin 1944, un accord secret fut signé, le 27 juillet de la même année, entre l'Union soviétique et la Pologne qui redéfinissait les frontières entre les deux Etats. Ce traité fut complété par un accord d'« évacuation », conclu le 9 septembre 1944 par les deux Etats, qui organisait le retour volontaire des Ukrainiens de souche présents sur le territoire polonais vers l'Ukraine soviétique, ainsi que des Polonais de souche et des Juifs installés sur le territoire de l'Ukraine soviétique vers la Pologne. Les autorités polonaises ont exercé des pressions sur les Ukrainiens afin de les contraindre au départ. Le rapatriement des Ukrainiens qui devait à la base s'opérer sur une base volontaire s'est ainsi rapidement transformé en rapatriement forcé. Entre octobre 1944 et juin 1946, 482 000 Ukrainiens quittèrent la Pologne pour retourner en Ukraine parmi lesquels on a estimé que 400 000 avaient été contraints au départ. Il faut lire sur cette question l'article très

On relèvera encore deux épisodes de déplacement massif de populations que leurs instigateurs ont entendu fonder sur des engagements conventionnels.

Le premier s'est déroulé au moment de la partition de l'Inde et du Pakistan en 1947. Cet événement a donné lieu à d'importants mouvements de populations qui fuyaient les persécutions religieuses dont elles étaient victimes dans leur Etat d'origine. Près de dix millions d'Hindous et de Musulmans quittèrent respectivement le Pakistan et l'Inde pour rejoindre leur « Etat national ». Les gouvernements indien et pakistanais conclurent un accord à New Dehli le 8 avril 1950 relatif à ces migrations qui n'a eu d'autre utilité que d'entériner un fait déjà accompli et qui « ne saurait témoigner que ces transferts se soient déroulés selon le droit »[96].

Le second épisode résulte des rivalités communautaires qui ont opposé les Chypriotes grecs et turcs et qui ont mené à la partition de l'île d'Aphrodite en 1974. Cette scission, consolidée par l'invasion du nord de l'île par les forces turques, a occasionné des déplacements massifs de populations (160 000 Chypriotes grecs ont quitté le nord de l'île tandis que 40 000 Chypriotes turcs ont fui la partie sud). Les autorités de la République Turque de Chypre Nord (plus loin RTCN), république sécessionniste proclamée en 1983, soutiennent que les mouvements de populations qui ont lieu sur l'île résultaient, en fait, d'un accord d'échange de populations entre les deux communautés. L'existence d'un tel accord est peu vraisemblable, au mieux il s'agirait d'un accord tacite, mais la partie grecque n'a jamais confirmé son existence. En outre, dans la mesure où la RTCN n'existe que depuis 1983 et qu'elle n'est reconnue que par la seule Turquie, il est difficilement envisageable qu'elle ait pu conclure un accord international avec la République Chypriote à l'époque des déplacements de populations.

L'émigration organisée sur une base conventionnelle et volontaire, qui permet une homogénéisation démographique spontanée et « en douceur », est une situation exceptionnelle. En règle générale, l'homogénéisation est opérée par la contrainte exercée sur les individus jugés indésirables pour qu'ils quittent le territoire. La violence et l'intimidation en sont les procédés normaux de même que ce type de campagne pourra occasionner de véritables massacres. L'histoire des Etats-nations regorge ainsi d'épisodes funestes d'épuration de leur population. Mais le support incontournable de toute analyse relative au nettoyage ethnique est assurément le processus de dissolution de l'ex-

---

intéressant de M. Timothy Snider intitulé « To Resolve the Ukrainian Problem Once and for All : The Ethnic Cleansing of Ukrainians in Poland, 1943-1947 ». L'auteur confronte les revendications de la Pologne et de l'Ukraine, durant et au sortir de la seconde guerre mondiale, sur les régions de la Galice de l'Est et de la Volhynie. Il relate également les exactions perpétrées par les nationalistes ukrainiens à l'encontre des Polonais durant la guerre. Cet article est publié dans la revue Journal of Cold War Studies, 1.2 (1999), pp. 86-120.

[96] *Les transferts de populations, y compris l'implantation de colons et de colonies, considérés sous l'angle des droits de l'homme*, Rapport op.cit., p. 37.

Yougoslavie, et particulièrement les événements tragiques survenus en Bosnie-Herzégovine et un peu plus tard au Kosovo. Les conflits qui ont émaillé ces territoires ont offert un cadre à des entreprises d'homogénéisation des populations d'une ampleur considérable, tant par le nombre de victimes que par l'intensité des violences et leur caractère organisé et méthodique. Ces faits, survenus en plein cœur du Vieux Continent, ont été l'objet d'une importante couverture médiatique qui a permis à l'opinion publique internationale de découvrir avec indignation cette dérive du principe des nationalités et de lui donner un nom : nettoyage ethnique. Les événements survenus en ex-Yougoslavie ont eu un impact conséquent sur le droit international. Outre le fait que l'expression « nettoyage ethnique » fut introduite dans le vocabulaire juridique, c'est le système de sécurité collective tout entier qui a été mis en branle et qui a connu quelques évolutions d'importance, et notamment la création d'un tribunal pénal international *ad hoc* par décision du Conseil de sécurité des Nations Unies : le Tribunal Pénal International pour l'ex-Yougoslavie (plus loin TPIY). La jurisprudence de ce tribunal a considérablement enrichi le droit international humanitaire et le droit international pénal.

Il importe de rappeler dans les grandes lignes le contexte de survenance de ces événements yougoslaves afin de situer au mieux les références qui y seront faites par la suite.

Le processus de dissolution[97] de l'ex-Yougoslavie s'est amorcé en juin 1991, avec les proclamations d'indépendance de la Slovénie et de la Croatie.

La République Populaire Fédérative de Yougoslavie (rebaptisée en 1963 République Socialiste Fédérative de Yougoslavie) a été proclamée officiellement le 29 novembre 1945. Elle était la reconstitution du Royaume de Yougoslavie, disloqué pendant la Seconde Guerre Mondiale, par le Parti communiste yougoslave dirigé par Tito. Sa première constitution fut promulguée le 31 janvier 1946 et Tito fut déclaré Chef de l'Etat. Il le restera jusqu'à sa mort en mai 1980.

Cet Etat était composé de six Républiques fédérées : la Serbie, la Croatie, la Slovénie, le Monténégro, la Bosnie-Herzégovine et la Macédoine. La Serbie comprenait deux provinces autonomes : le Kosovo et la Vojvodine. Six nations constitutives, ou *narodi*, étaient reconnues constitutionnellement : les Serbes, les Croates, les Slovènes, les Monténégrins, les Macédoniens et les Musulmans (reconnus comme tels en 1968). A côté de celles-ci existaient des nationalités (minorités reconnues) ou *narodnosti*, elles aussi ayant un statut constitutionnel, telles que les Ruthènes, les Valaques, les Roms (Tziganes), les Albanais, les Hongrois, les Tchèques, les Roumains ou encore les Turcs.

---

[97] La dissolution se définit en droit comme : « La disparition d'un Etat à la suite de sa scission en deux ou plusieurs Etats nouveaux », Jean Salmon (Dir.), *Dictionnaire du droit international public*, op.cit., p. 350.

A chaque République correspondait une nation constitutive[98] à l'exception de la Bosnie-Herzégovine qui elle, en avait trois : les Musulmans, les Serbes et les Croates. Ces nations constitutives, toute d'origine slave, s'étaient repliées sur elles-mêmes durant les siècles de domination ottomane ou austro-hongroise et avaient développé une identité nationale propre.

Tito a su, jusqu'à sa mort, contenir les élans nationalistes au sein de la Fédération. Il imposa un régime fortement centralisé, en dépit de la structure fédérale de l'Etat, reposant sur un parti unique : le Parti communiste yougoslave (rebaptisé en 1952 Ligue des communistes de Yougoslavie). Le régime réprimait les mouvements nationalistes et décourageait la pratique religieuse, important facteur de cohésion nationale. A titre d'exemple, le *Preporod*[99] et les tribunaux islamiques en Bosnie-Herzégovine furent dissous en 1946. Les *madrasas*[100] ont été fermées en 1947. Par ailleurs, l'érection en Républiques de la Macédoine et du Monténégro d'une part, et des Macédoniens et Monténégrins en nations constitutives d'autre part, avait établi un équilibre entre les nations et affaibli la prédominance des Serbes[101]. Les Musulmans seront, dans le même sens, reconnu comme nation constitutive en 1968. L'idéologie communiste et un projet de modernisation fondée sur l'autogestion devaient, en fin de compte, unifier toute la population et effacer les particularismes nationaux. Mais le régime titiste ne parvint cependant pas à gommer les communautarismes. Au contraire, ils se sont progressivement ravivés. Certaines nations se sont « cristallisées »[102] : les Musulmans, les Macédoniens, les Monténégrins.

La résurgence des nationalismes a été favorisée par plusieurs facteurs. Dans les années 1960 et au début des années 1970, le pouvoir central a délégué de plus en plus de prérogatives aux Républiques fédérées et aux provinces autonomes. Par ailleurs, le développement économique de l'Etat s'est accompagné d'importants déséquilibres entre les Républiques du Nord et du Sud. Au début des années 1980, la Yougoslavie plonge dans une grave crise économique. Celle-ci a conduit à la remise en cause de l'idéologie communiste à laquelle était imputée cette situation. Le système du parti unique était critiqué. Cette crise économique a nourri la montée des nationalismes. C'est ce que M. Bougarel décrivait comme « un phénomène de conversion nationaliste des frustrations d'ordre économique et politique »[103]. La montée des nationalismes a

---

[98] De même qu'à chacune des deux provinces autonomes correspondait une « nationalité » : les Albanais pour le Kosovo et les Hongrois pour la Vojvodine.

[99] Association culturelle des Musulmans de Bosnie.

[100] Ecoles religieuses musulmanes.

[101] Voir Stevan K. Pavlowitch, « L'héritage titiste. Des mythes de Tito au démons de la nation », dans Jacques Rupnik (Dir.), *De Sarajevo à Sarajevo, L'échec yougoslave*, Editions Complexe, Paris, 1992, p. 55.

[102] Xavier Bougarel, *Bosnie- Anatomie d'un conflit*, La Découverte, Paris, 1996, p. 38.

[103] *Idem*, p. 42.

été d'autant plus facilitée que la mort de Tito avait privé la Fédération de son arbitrage politique.

Après la mort de Tito, fut mis en place un système de direction collective prévu par la Constitution de 1974. L'exécutif était confié par rotation pour un an à un membre de la présidence collective. Dans les Républiques fédérées, où les anciens dirigeants communistes nommés par Tito étaient restés en place, le nationalisme se substitua progressivement au communisme. Afin de se maintenir au pouvoir, les autorités transigèrent avec les forces qui, jusque là, avaient été muselées car jugées incompatibles avec le communisme, telles les élites religieuses ou l'opposition nationaliste. Chaque République connut une évolution politique différente[104].

Les manifestations nationalistes éclatèrent au Kosovo en avril 1981. La province autonome était peuplée en majorité d'Albanais qui revendiquaient pour le Kosovo un statut de République à part entière au sein de la Fédération. La Serbie voyait d'un mauvais œil cette aspiration qu'elle considérait comme une étape vers la sécession de la région et son rattachement à l'Albanie[105]. Le Kosovo occupe une place importante dans le sentiment national serbe : la région était serbe au Moyen-âge, la bataille de Kosovo Polje du 28 juin 1389 a scellé l'unité nationale serbe et le siège spirituel de l'Eglise orthodoxe serbe est le patriarcat de Pec. Les Albanais du Kosovo, quant à eux, voyaient dans l'érection de la province en République la solution au sous-développement économique de la région. Par ailleurs, les Albanais n'acceptaient plus la position privilégiée des Serbes dans les domaines politique, administratif et dans les services alors que ces derniers ne représentaient en 1981 que 13,2 % de la population de la province.

Ces événements furent à l'origine du réveil national serbe. Ils attisèrent un sentiment de peur et de frustration chez les Serbes ainsi que la rancœur à ne trouver aucune sympathie dans les autres communautés. Ce ressentiment de l'opinion publique serbe fut alimenté par la publication dans les médias serbes, à l'automne 1986, d'un mémorandum de l'Académie des Sciences et des Arts de Serbie intitulé « Mémorandum sur les questions sociales actuelles dans notre pays ». Ce texte inachevé[106] dénonçait le découpage des Républiques par Tito

---

[104] M. Stevan K. Pavlowitch écrivait, en tenant compte de la situation des provinces autonomes, que « huit modèles différents de communisme yougoslave s'étaient ainsi développés au cours des années quatre-vingt », dans « L'héritage titiste. Des mythes de Tito au démons de la nation », op.cit., p. 67.

[105] Comme l'écrivait M. Krulic, « la Yougoslavie titiste se méfie des allogènes qui ont des frères ethniques de l'autre côté de la frontière : les Albanais de Yougoslavie constituent une minorité dont la nation se trouve en république d'Albanie », dans Joseph Krulic, *Histoire de la Yougoslavie*, Editions Complexe, Bruxelles, 1993, p. 142.

[106] Ce rapport avait été commandé en mai 1985 par l'Académie à l'une de ses commissions. Il fut publié suite à une fuite, dont les responsables sont restés dans l'ombre, qui a permis aux médias serbes d'en diffuser des extraits.Voir pour une présentation et des extraits de ce mémorandum,

comme antiserbe ainsi que les menaces qui pesaient sur les Serbes dans les autres Républiques et au Kosovo. Il préconisait un nouveau projet politique pour la Fédération yougoslave recentré sur la Serbie. Slobodan Milosevic exploita le ressentiment serbe afin de se faire porter à la tête de la Ligue des communistes de Serbie à la faveur d'un putsch à l'automne 1987. Il a fondé son succès sur ce thème que les Serbes étaient menacés, au Kosovo et dans le reste de la Fédération. Il multiplia les manifestations populaires durant lesquelles il se présentait comme le protecteur de la nation serbe. Slobodan Milosevic parvint à ce que la Constitution de la République de Serbie soit modifiée le 27 mars 1989 de façon à supprimer l'autonomie de la Vojvodine et du Kosovo. Cette réforme a engendré des émeutes albanaises qui furent réprimées par l'armée. L'état d'urgence fut proclamé au Kosovo. Le 28 juin de la même année, Slobodan Milosevic organisait au Kosovo la célébration du six centième anniversaire de la bataille de Kosovo Polje. Devant des centaines de milliers de Serbes amenés sur place, il tint des propos belliqueux et alimenta encore l'hostilité des Serbes à l'égard des autres communautés de la Fédération.

Dans le courant des années 1980, les ligues communistes au pouvoir dans les différentes Républiques yougoslaves vont ainsi progressivement évoluer vers le nationalisme, ou être remplacées par des partis nationalistes. Ce processus sera définitivement entériné durant le 14e Congrès de la Ligue des communistes de Yougoslavie, tenu en janvier 1990, qui décida le principe du pluripartisme. Les délégués de la Ligue des communistes slovènes ont proposé, à cette occasion, une organisation de type confédérale de la Ligue des communistes de Yougoslavie qui aurait favorisé l'autonomie des différentes Républiques. Le rejet de cette proposition a provoqué le départ des délégués slovènes du Congrès dans la nuit du 22 au 23 janvier 1990

La Slovénie a été la première République yougoslave à vouloir son indépendance. Le sentiment national slovène s'est considérablement ravivé à la fin des années 1980 en même temps que la montée du mouvement Milosevic en Serbie laissait craindre un risque d'hégémonie autoritaire serbe sur l'ensemble de la Fédération[107]. Le 4 février 1990, suite au 14e Congrès de la Ligue des communistes de Yougoslavie, la Ligue des communistes slovènes se déclara

---

Mirko Grmek, Marc Gjidara et Neven Simac, *Le nettoyage ethnique – Documents historiques sur une idéologie serbe*, op.cit., pp. 245-282.

[107] Plusieurs événements survenus à la fin des années 1980 et au début de 1990 ont alimenté cette crainte en Slovénie. Ainsi, en juin 1988, plusieurs revues étudiantes distribuées à Ljubljana révélèrent l'existence d'un plan d'intervention militaire de l'armée fédérale en cas d'application de l'état d'urgence en Slovénie. L'auteur présumé de ces informations était un militaire slovène qui fut jugé à Ljubljana par un tribunal militaire composé de Serbes. Le procès se déroula en serbo-croate alors que la langue officielle en Slovénie était le Slovène. Plus tard, durant le 14e Congrès de la Ligue des communistes de Yougoslavie tenu en janvier 1990, les délégués serbes voulurent amender le principe constitutionnel de l'égalité des voix entre toutes les Républiques pour lui substituer le principe « une personne, une voix ». La Serbie étant la République la plus peuplée, une telle réforme lui aurait garanti le contrôle de la Fédération.

totalement indépendante. En avril de la même année eurent lieu les premières élections multipartites présidentielles et législatives en Slovénie : le docteur Kucan, membre d'un parti communiste rénové fut élu président tandis qu'une coalition de centre-droit, dénommée Demos, l'emporta aux législatives et fut chargée de former un gouvernement. Le leitmotiv de la nouvelle équipe dirigeante était la souveraineté. Elle organisa un référendum le 23 décembre 1990 appelant la population slovène à lui donner mandat, soit pour négocier la participation de la Slovénie à une Confédération renouvelée dans laquelle elle disposerait de pouvoirs accrus, soit pour engager la République slovène dans la voie de l'indépendance. Une majorité écrasante de la population slovène se prononça favorablement[108]. Le 20 février 1991, le Parlement slovène déclara que les lois fédérales étaient suspendues. La Slovénie proclama officiellement sa souveraineté et son indépendance le 25 juin 1991.

En Croatie, les élections multipartites organisées en mai 1990 ont amené au pouvoir le docteur Franjo Tudjman et son parti nationaliste, le HDZ (*Hrvatska Demokratska Zajenica*). L'une des premières mesures prises par M. Tudjman dès son arrivée au pouvoir fut de réviser la Constitution de manière à refaire de la Croatie l'Etat-nation des Croates, les autres groupes démographiques étant relégués au rang de minorités. Pour le dirigeant nationaliste, en Croatie, seuls les Croates étaient souverains. Le HDZ avait axé sa campagne sur la nécessité de mettre fin au rôle excessif des Serbes en Croatie, particulièrement dans les administrations. La montée du HDZ a généré un climat de tension entre Serbes et Croates. Les Serbes de Croatie se sont alors engagés dans une voie sécessionniste. Ils proclamèrent l'autonomie des régions bordant la frontière bosniaque où ils étaient majoritaires : l'une de ces régions était la Krajina, une autre se situait à l'est de la Slavonie orientale. Des heurts ont opposé les gardes territoriaux croates aux milices serbes dans ces régions. Par ailleurs, il faut noter que la Serbie et le Monténégro, aidés par les voix du Kosovo et de la Vojvodine ont bloqué la rotation de la présidence collégiale de la Fédération, le 15 mai 1991, et empêché la nomination du représentant croate, Stipe Mesic, dont le tour était venu. Dans ce contexte, les autorités croates organisèrent une consultation populaire sur la souveraineté de la Croatie le 19 mai 1991 à laquelle 90 % de la population croate répondit favorablement.

En Bosnie-Herzégovine, les premières élections multipartites se tinrent en novembre 1990. Elles opposèrent principalement trois partis, chacun représentant un groupe national : le HDZ, le SDS et le SDA. Les deux premiers avaient été créés, respectivement le 12 juillet et le 18 août 1990, sur le modèle de leurs homonymes en Croatie. Le SDA (*Stranka Demokratske Akcije*) a été constitué le 27 mars 1990 comme « alliance politique des citoyens de

108 On estime qu'environ 88% de la population de la République a répondu « oui » au référendum.

Yougoslavie appartenant à la sphère historico-culturelle musulmane »[109]. Les résultats des élections reflétèrent la composition démographique de la République : le SDA a recueilli 30,4 % des suffrages exprimés, le SDS 25,2% et le HDZ 15,5% sachant qu'à l'époque, la population de la République de Bosnie Herzégovine comprenait 43,7% de Musulmans, 31,4% de Serbes et 17,3% de Croates[110].

En Bosnie-Herzégovine, le partage du pouvoir entre les trois partis nationalistes s'est révélé source de tensions, notamment pour le contrôle des institutions et particulièrement au niveau local. Ces luttes d'intérêt ont mené à un véritable morcellement municipal : des municipalités « nationales » apparaissaient, certains villages, voire des quartiers de villes étaient rattachés à des municipalités voisines dominées par le même groupe national. A l'échelle de la République, les événements de Slovénie et de Croatie se répercutèrent également sur les rapports entre les partis au pouvoir.

Après le 14e Congrès de la Ligue des communistes de Yougoslavie, l'enjeu au sein de la Fédération était de redéfinir les rapports entre la Fédération et les Républiques fédérées. Aux Républiques qui souhaitaient une autonomie et des pouvoirs accrus au sein d'un système de type confédéral (comme la Slovénie et la Croatie), était opposé un projet fédéral défendu par la Serbie et le Monténégro, basé sur un renforcement des institutions, dans lequel la Serbie dominerait la Fédération. Cette divergence se retrouvait entre les partis au pouvoir en Bosnie-Herzégovine : Ainsi le SDS défendait-il le modèle fédéral renforcé tandis que le HDZ poursuivait un objectif confédéral. Dans un premier temps, le SDA n'était partisan ni de l'un ni de l'autre projet, il privilégiait seulement le maintien de la Bosnie-Herzégovine comme une entité spécifique. Au lendemain des proclamations d'indépendance de la Slovénie et de la Croatie, le SDS réclama le maintien de la République de Bosnie-Herzégovine au sein d'une Fédération réduite ou alors la sécession des régions à majorité serbe de la République[111]. Le SDA, quant à lui, défendit la souveraineté et l'intégrité territoriale de la République. Après plusieurs mois de paralysie, le Parlement bosniaque adopta une déclaration de souveraineté le 15 octobre 1991 présentée par le SDA et défendue par le HDZ.

---

[109] SDA, *Programska Deklaracija*, dans *Muslimanski glas*, Sarajevo, n° 1/1, novembre 1990, cité dans Xavier Bougarel, *Bosnie, anatomie d'un conflit*, op.cit., p. 45.

[110] Statistiques tirées de Xavier Bougarel, *Bosnie, anatomie d'un conflit*, op.cit., p. 141.

[111] Un ministre du SDS, David Balaban, avait ainsi déclaré en mai 1991 : « Au cas où la Bosnie-Herzégovine se constituerait en Etat indépendant et souverain, la nation serbe ne sera pas une minorité nationale dans cet Etat. Dans ce cas, les communes serbes associées se sépareront pour constituer une province autonome, indépendante, avec tous les attributs d'un Etat (...). En vingt-quatre heures sera constituée dans chaque commune serbe une unité militaire au moins, car les Serbes ne se laisseront pas surprendre comme en 1941 », tiré de Borba (quotidien serbe d'opposition), 14 mai 1991, Belgrade, cité dans Xavier Bougarel, *Bosnie, anatomie d'un conflit*, op.cit., p. 51.

En réaction, le SDS mit à exécution sa menace de territorialisation : les Serbes préféraient la sécession et le recours aux armes plutôt que de vivre en tant que minorité dans un Etat dominé par des Musulmans. Entre septembre et novembre 1991, six provinces autonomes serbes furent proclamées en Bosnie-Herzégovine. Le SDS y prit le contrôle des institutions. Le 26 octobre 1991 a été constitué le Parlement de la nation serbe en Bosnie-Herzégovine. Slobodan Milosevic en Serbie et le SDS œuvrèrent, grâce à leur contrôle des médias, à créer un climat de peur et d'hostilité chez les Serbes envers les populations non-serbes. Les dirigeants serbes ravivèrent les souvenirs des atrocités commises par les Oustachis durant la seconde guerre mondiale contre les Serbes[112]. La communauté musulmane était perçue comme « intégriste et politisée ». Les Croates et les Musulmans étaient présentés comme les ennemis du peuple serbe qui fomentaient son extermination[113]. Dès lors, le salut des Serbes résidait dans leur union au sein d'une grande Serbie. C'est durant cette période que commença une campagne de terreur et de persécution des populations non-serbes dans ces provinces autonomes. En novembre 1991, un plébiscite fut organisé par le SDS dans ces territoires, qui portait sur la question de leur rattachement à l'Etat yougoslave. Une majorité écrasante se prononça en faveur de ce rattachement. C'est ainsi que fut proclamée, le 9 janvier 1992, la République du peuple serbe de Bosnie-Herzégovine (ou *Republika Srpska*).

La politique menée par le HDZ en Bosnie-Herzégovine après la déclaration de souveraineté adoptée par le Parlement a été assez ambiguë. Le parti croate s'est, en effet, prononcé en faveur de l'indépendance de la République et a

[112] Après que l'armée yougoslave ait été écrasée par les forces allemandes en 1941, le territoire de la Yougoslavie fut annexé par les Etats de l'Axe à l'exception de la Croatie, de la Bosnie-Herzégovine et de la Sirmie qui constituèrent un ensemble nommé *Nezavisna Drzava Hrvatska* (Etat indépendant croate). La direction de cet Etat fut confiée par les Allemands au mouvement oustachi d'Ante Pavelic, mouvement nationaliste croate extrémiste et fascisant. Le régime d'Ante Pavelic a mené une politique d'élimination des Serbes, des Juifs et des Tziganes. En plus de massacrer ces populations (des camps de concentration ont été établis à cette époque en Croatie, dont le tristement célèbre camp de Jasenovac où près de 300 000 personnes ont trouvé la mort), le régime oustachi a adopté des mesures visant à effacer l'identité serbe telles que l'interdiction de l'alphabet cyrillique ou la suppression des écoles confessionnelles orthodoxes.

[113] Cette propagande se poursuivit jusqu'en 1993. Dans un discours prononcé le 6 août 1993, M. Simo Viskovic, alors Président du SDS déclarait : « Le peuple serbe a instinctivement senti le danger émanant du SDA et du HDZ et décidé à temps de créer la Republika Srpska ... Il y a deux ans, le peuple serbe, ayant instinctivement senti qu'il était de nouveau en danger par les mêmes scélérats qui, en 1941, ont entamé le processus de son extermination, a fondé son propre parti. Le 2 août 1991, nous avons créé le SDS dans le district de Prijedor...Avant cela, nous avions tout fait pour nous entendre avec le parti musulman et croate quant à l'avenir de notre coexistence. Tout en y consentant dans les mots, ils ont continué à s'armer dans le but de nous détruire (...) », cité dans un article paru dans le journal *Kozarski Vjesnik*, reproduit dans le jugement rendu le 27 septembre 2006 par la Chambre de première instance I du TPIY dans l'affaire *Le Procureur contre Momcilo Krajisnik*, § 94.

constitué, à son tour, en novembre 1991 deux régions autonomes peuplées en majorité de Croates : Herceg-Bosna et Posavina[114].

La Bosnie-Herzégovine proclama officiellement son indépendance après qu'un référendum sur sa souveraineté ait été organisé le 1er mars 1992 qui fut boycotté par les Serbes.

L'ancienne République yougoslave de Macédoine proclama son indépendance suite à un référendum organisé le 8 septembre 1991. A la différence de la Croatie et de la Bosnie-Herzégovine, la République macédonienne ne comprenait qu'une faible population d'origine serbe et fut épargnée par la guerre au moment de son émancipation[115].

Le 27 avril 1992 était adoptée la Constitution de la République Fédérale de Yougoslavie (plus loin RFY), petite Yougoslavie regroupant la Serbie, ses deux provinces autonomes et le Monténégro[116].

Durant le processus de dissolution de la Fédération yougoslave, la JNA fut exploitée comme un instrument de la politique nationaliste serbe. Les forces armées de la République Socialiste Fédérative de Yougoslavie se composaient de la JNA, qui constituait l'armée régulière de la Fédération, à laquelle s'ajoutaient dans chaque République fédérée une défense territoriale, financée par chaque République et administrée par son ministre de la défense. La composition de la JNA reflétait, d'une manière générale, la composition démographique de la Fédération, cependant, les Serbes y étaient surreprésentés, notamment parmi les officiers. La mission assignée à la JNA par la Constitution de 1974 était de protéger le pays contre toute menace extérieure mais aussi de défendre la souveraineté, l'intégrité territoriale et le système social instauré par la Constitution.

Partant, la JNA intervint en Slovénie après que celle-ci ait déclaré son indépendance. Toutefois, les autorités fédérales renoncèrent rapidement à maintenir la République sécessionniste dans le giron de la Fédération. Il y avait très peu de Serbes en Slovénie et la région ne représentait rien pour la Serbie. En outre, la tâche s'avérait d'autant plus délicate pour les troupes fédérales que la Défense Territoriale slovène avait conservé un stock important d'armes et de munitions.

---

114 Ces régions formèrent en juillet 1992 la « Communauté croate d'Herceg-Bosna » qui se dota de son propre conseil de défense, le HVO (*Hrvatsko Vijece Obrane*).

115 L'ancienne République yougoslave de Macédoine connut, cependant, le problème des rivalités communautaires, particulièrement entre Macédoniens et Albanais. Lire notamment à ce propos, Muhamedin Kullashi, « La crise de la Macédoine », dans Dominique Lepage et Muhamedin Kullashi (Dir.), *Ex-Yougoslavie : Une Europe du Sud-Est en construction*, L'Harmattan, Paris, 2002, pp. 27-51.

116 Le référendum sur la souveraineté organisé au Montenegro le 1er mars 1992 a tranché pour le maintien dans la Fédération.

En revanche, la situation en Croatie était différente. Celle-ci abritait une importante population serbe et il était inconcevable pour les autorités de Belgrade d'abandonner des territoires considérés comme serbes. Le conflit éclata entre la JNA et les Serbes de Croatie d'une part et les forces mobilisées par la Croatie d'autre part. La JNA était devenue, entretemps, une armée essentiellement serbe et monténégrine. Le Général Veljko Kadijevic, Ministre fédéral de la défense au début des années 1990 déclarait à propos de la JNA : « Elle n'avait plus d'Etat à défendre ; l'Etat qu'il incombait à la JNA de défendre était en train de se désintégrer et de même que l'armée comptait dans ses rangs énormément de Serbes de souche, sa tâche immédiate consistait à regrouper ses forces et ses équipements dispersés dans toute l'ex-Yougoslavie, dont les Républiques sécessionnistes, pour les replier sur ce qui restait du pays et se concentrer ensuite sur la protection et la défense des Serbes de souche, qui, à la suite de ce processus de désintégration, s'étaient retrouvés à l'extérieur de la Serbie et du Monténégro »[117]. La JNA était ainsi devenue un instrument de réalisation d'une nouvelle Yougoslavie essentiellement serbe. A la fin de 1991, la JNA occupait les territoires de la Croatie à majorité serbe. Fortes de ce soutien, les régions autonomes serbes proclamèrent qu'elles constituaient la République de la Krajina le 19 décembre 1991.

La Bosnie-Herzégovine servait de base arrière à la JNA durant ses opérations en Croatie. L'armée fédérale y recrutait des Serbes de souche et s'y ravitaillait. Parallèlement, la JNA démantelait les unités de la Défense Territoriale bosniaque dans les régions à dominante musulmane et croate. Lorsque la République de Bosnie-Herzégovine proclama son indépendance, la JNA occupait de larges parties de son territoire. La Communauté internationale condamna cette occupation de la République sécessionniste par la JNA. Le Conseil de sécurité des Nations Unies adopta une Résolution 752, le 15 mai 1992, dans laquelle il exigeait que : « cessent immédiatement toutes les formes d'ingérence extérieure en Bosnie-Herzégovine, y compris de la part d'unités de l'armée populaire yougoslave », plus loin il exigeait, ou bien le retrait de ces forces, ou bien leur soumission au gouvernement de Bosnie-Herzégovine[118]. La RFY fit mine d'obtempérer en rappelant les éléments non-serbes et en transférant en Bosnie-Herzégovine les soldats serbes de Bosnie. L'armée de la *Republika Srpska*, la VRS (*Vojska Republike Srpske*), fut ainsi constituée sur la base d'anciens éléments de la JNA et du matériel laissé par celle-ci après son retrait.

Durant les conflits croate et bosniaque, chaque belligérant a entrepris d'homogénéiser la population des territoires sous son contrôle. Les Serbes

[117] Extrait de son livre intitulé « *Ma vision de la désintégration : une armée sans Etat* », cité par la Chambre de Première Instance II du TPIY dans le jugement rendu le 7 mai 1997 dans l'affaire *Le procureur contre Dusko Tadic*, § 104.
[118] Résolution 752 (1992) du 15 mai 1992, Doc.off.UN S/RES752, spéc. § 3 et 4.

poursuivaient un projet de réalisation d'une Grande Serbie. Ainsi, la Serbie, la JNA et le SDS projetaient d'étendre la zone sous domination serbe de manière à englober les provinces serbes de Croatie et de Bosnie-Herzégovine (Krajina serbe et *Republika Srpska*). Ces régions, associées à la Serbie, à ses deux provinces autonomes et au Monténégro, devaient constituer une nouvelle Yougoslavie, essentiellement serbe. Toutefois, l'importance des populations non-serbes sur les territoires en question constituait un obstacle à éliminer. De la même manière, les Croates, poursuivant un projet similaire de réalisation d'une grande Croatie, s'employèrent à vider les territoires sous leur domination des non-Croates. Les Musulmans de Bosnie ont également pratiqué le nettoyage ethnique. Un peu plus tard, en 1999, la RFY s'emploiera à effacer la présence des Albanais au Kosovo.

C'est suite à ces événements tragiques survenus en Croatie et surtout en Bosnie-Herzégovine que l'expression « nettoyage ethnique » est apparue dans le vocabulaire du droit international. Elle y fut introduite par les résolutions du Conseil de sécurité des Nations Unies[119] et de l'Assemblée Générale des Nations Unies[120] (plus loin AGNU) notamment, qui condamnaient cette pratique en tant qu'elle occasionnait des violations massives des droits fondamentaux.

Si les événements yougoslaves constituent le cadre de référence pour toute analyse du nettoyage ethnique, ils ne semblent malheureusement pas en avoir épuisé la pratique contemporaine. Ainsi des exactions perpétrées durant le conflit du Haut-Karabakh opposant l'Azerbaïdjan et l'Arménie ont-elles pu être dénoncées par les parties belligérantes comme constitutives de nettoyage ethnique. Dans une lettre datée du 25 octobre 1996, le représentant permanent

---

[119] Le Conseil de sécurité, dans ses premières résolutions relatives à la situation en Bosnie-Herzégovine, appelait les Parties à cesser « les expulsions forcées et les tentatives visant à changer la composition ethnique de la population » (voir Résolution 752 du 15 mai 1992 (Doc.off.UN S/RES/752) ou Résolution 757 du 30 mai 1992 (Doc.off.UN S/RES/757)). Il semble que ce soit dans la Résolution 779 du 6 octobre 1992 relative au conflit en Croatie, que le Conseil ait, pour la toute première fois, utilisé l'expression nettoyage ethnique : il s'est en effet déclaré « gravement alarmé par les informations qui continuent de faire état d'un « nettoyage ethnique » dans les ZPNU (Zones Protégées des Nations Unies), ainsi que de l'expulsion forcée de personnes civiles et du déni de leurs droits de résidence et de propriété », (Doc.off.UN S/RES/779). Nous soulignons.

[120] La première résolution de l'AGNU à faire explicitement mention du « nettoyage ethnique » semble être la Résolution 46/242 du 25 août 1992, intitulée « La situation en Bosnie-Herzégovine », dans laquelle l'Organe onusien a « condamné énergiquement l'odieuse pratique du « nettoyage ethnique » qui constitue une violation grave et sérieuse du droit international humanitaire », Doc.off.UN A/RES/46/242. A noter que le Secrétaire général avait déclaré dans un rapport adressé à l'AGNU, en date du 12 mai 1992 : « Tous les observateurs internationaux s'accordent à penser qu'on assiste actuellement à un effort concerté mené par les Serbes de Bosnie-Herzégovine, avec l'assentiment de l'armée nationale yougoslave- et à tout le moins un certain appui de la part de celle-ci-, pour créer des régions « *ethniquement pure* ». Nous soulignons. Voir Doc.off.UN S/39000, § 5.

de l'Azerbaïdjan auprès des Nations Unies informait le Secrétaire général de l'Organisation du nettoyage ethnique perpétré dans la région par les troupes arméniennes[121]. Dans une lettre de démenti du 3 mars 1997, le représentant de la Mission permanente d'Arménie auprès des Nations Unies dénonçait à son tour le nettoyage ethnique perpétré par l'Etat azerbaidjanais dans le Haut-Karabakh et les régions voisines dont furent victimes les Arméniens de souche[122]. Dans la Résolution 1416 de 2005, l'Assemblée parlementaire du Conseil de l'Europe craignait que « les opérations militaires et les affrontements ethniques généralisés qui les ont précédées n'aient abouti à des expulsions ethniques massives et à la création de zones mono ethniques, faisant resurgir le terrible concept de purification ethnique »[123]. Pour un autre exemple, plus récent, on relèvera que la Géorgie a dénoncé devant la Cour internationale de justice le nettoyage ethnique pratiqué par les troupes russes durant leur intervention en Abkhazie et en Ossétie du sud[124], nous reviendrons sur cette affaire par la suite.

4. L'absence d'une définition et d'un régime propres au nettoyage ethnique en droit international

Malgré l'indignation qu'il suscite et sa réprobation généralisée par la Communauté internationale, le nettoyage ethnique ne fait pas l'objet d'une règle prohibitive spécifique en droit international. Il n'en existe pas non plus de définition juridiquement opposable. C'est vers la doctrine qu'il faut alors se tourner pour trouver des interprétations du concept. Il est intéressant d'en confronter quelques unes.

Le Dictionnaire du droit international public édité sous la direction du Professeur Salmon énonce la définition suivante : « Harassements (homicides intentionnels, tortures, viols généralisés et systématiques, et autres actes inhumains d'une extrême gravité) ou déplacements forcés visant à détruire en tout ou en partie, ou à contraindre au départ, un groupe national, ethnique, racial ou religieux en vue d'assurer l'homogénéité ethnique dans un territoire donné »[125].

La Commission d'experts pour l'ex-Yougoslavie notait dans son premier rapport intérimaire que « le nettoyage ethnique consiste à rendre une zone ethniquement homogène en utilisant la force ou l'intimidation pour faire

---

[121] Voir Doc.off.UN A/C.3/51/9.

[122] Voir Doc.off.UN A/52/85.

[123] Assemblée parlementaire du Conseil de l'Europe, Résolution 1416 du 25 janvier 2005, §2 du préambule.

[124] Voir notamment la requête introductive d'instance enregistrée au Greffe de la Cour le 12 août 2008 (disponible sur le site de la Cour, http://www.icj-cij.org/docket/files/140/14656.pdf, consulté le 30 décembre 2012). Dans sa résolution 62/249 du 29 mai 2008, l'AGNU déplorait « toute tentative visant à modifier la composition de la population telle qu'elle existait avant le conflit en Abkhazie », Doc.off.UN A/RES/62/249, 5ème paragraphe du préambule).

[125] Jean Salmon (Dir.), *Dictionnaire de droit international public*, op.cit., p. 736.

disparaître de la zone en question les personnes appartenant à des groupes déterminés »[126].

Pour M. Tadeusz Mazowiecki, le nettoyage ethnique est « une purge systématique, fondée sur des critères ethniques, de la population civile en vue de la contraindre à abandonner les territoires où elle vit »[127].

M. Drazen Petrovic écrivait pour sa part que : « Ethnic cleansing is a well-defined policy of a particular group of persons to systematically eliminate another group from a given territory on the basis of religious, ethnic or national origin. Such a policy involves violence and is very often connected with military operations. It is to be achieved by all possible means, from discrimination to extermination, and entails violations of human rights and international humanitarian law »[128].

Il ressort de ces différentes interprétations du nettoyage ethnique trois éléments récurrents, caractéristiques du concept.

Le premier est sa finalité : l'homogénéité démographique d'un territoire. Il est un instrument de réalisation de l'Etat-nation. Mme Jackson-Preece écrivait en ce sens : « The primary consideration behind moving people is to secure territory that is defined in ethnic terms. In other words, the quest for territory inhabited only by one's own people is arguably the *modus operandi* of the ethnic cleansing process ; the goal is the ethnically homogeneous or pure (cleansed of minority ethnic groups) nation-state »[129].

Le second, qui découle de cet objectif, est la qualité des victimes. Celles-ci sont visées en raison de leurs caractéristiques « ethniques » ou plus précisément parce qu'elles ne possèdent pas les caractéristiques requises par les auteurs du nettoyage ethnique. Il importe de revenir à ce stade sur le sens devant être attaché au qualificatif « ethnique » dans l'expression « nettoyage ethnique ». Le droit international ne définit pas l'ethnie. Le vocable est employé dans de nombreux instruments internationaux comme une notion d'évidence sans que ne soit précisé le sens devant lui être attaché. Tout au plus peut-on souligner l'interprétation du groupe ethnique donnée par le Tribunal Pénal International pour le Rwanda (plus loin TPIR) dans l'affaire *Akayesu* selon laquelle il s'agit d'« un groupe dont les membres partagent une langue ou une culture

---

[126] Commission d'experts constituée conformément à la Résolution 780 (1992) du Conseil de sécurité, premier rapport intérimaire du 10 février 1993, Doc.off.UN S/25274, § 55.

[127] Tadeusz Mazowiecki, Rapporteur spécial de la Commission des droits de l'homme sur la situation des droits de l'homme en Bosnie-Herzégovine, dans la République de Croatie et dans la République Fédérale de Yougoslavie, Sixième rapport du 21 févier 1994, Doc.off.UN E/CN.4/1994/110, § 283.

[128] Drazen Petrovic, « Ethnic Cleansing-An Attempt at Methodology », *EJIL*, vol. 5, n° 3, 1994, pp. 342-359, spéc. p. 351.

[129] Jennifer Jackson Preece, « Ethnic Cleansing as an Instrument of Nation-State Creation : Changing State Practices and Evolving Legal Norms », op.cit., p. 821.

commune »[130]. La formule, particulièrement laconique, rejoint le sens littéral du mot ethnie[131] et renvoie donc à un groupe d'individus partageant des caractéristiques identitaires et spécialement d'ordre culturel. L'ethnie semble ainsi pouvoir être distinguée de la race[132]. La seconde, on l'a vu, désigne traditionnellement[133] un groupe d'individus ayant des caractéristiques physiques communes alors que l'ethnie renvoie à un groupe d'individus unis par une langue, une histoire ou une culture commune[134]. Il est intéressant de souligner à ce propos qu'à partir de 1950, le terme ethnie a remplacé celui de race dans les travaux des Nations Unies relatifs aux minorités[135]. Les instruments contemporains de protection des minorités mentionnent les minorités ethniques mais aucun de mentionne les minorités raciales. Deux explications pourraient justifier cette hypothèse. La première est que le concept de race ayant été considéré comme « daté » et discutable a été purement et simplement abandonné au profit de celui d'ethnie. La seconde hypothèse est que les minorités raciales doivent être considérées comme incluses dans le concept plus large de minorités ethniques. Il semble que la seconde hypothèse doive l'emporter[136]. Il faudrait alors considérer que, dans le domaine des minorités, un groupe ethnique puisse se caractériser non seulement par les caractéristiques culturelles, historiques ou linguistiques de ses membres, mais également par des caractéristiques physiques… (Cette solution a le mérite de satisfaire tant les partisans du concept de race, en le maintenant, que ses adversaires, en le « noyant » dans un ensemble plus vaste dont les caractéristiques essentielles sont d'ordre culturel). En revanche, comme on le verra, de nombreux instruments de protection des droits de l'homme maintiennent les deux termes race et ethnie, laissant ainsi à penser qu'ils constituent bien deux concepts distincts. Ces instruments n'apportent malheureusement aucune précision permettant de poser définitivement la différence entre les deux notions. Par ailleurs, il semble également difficile de distinguer l'ethnie de la nation qui, comme on l'a vu, repose également sur des éléments objectifs communs à ses

---

130 TPIR, Chambre de première instance I, *Le procureur contre Jean Paul Akayesu*, Jugement du 2 septembre 1998, § 516.

131 On rappellera que pour un dictionnaire de langue française, l'ethnie se définit comme « un ensemble d'individus que rapprochent un certain nombre de caractères de civilisation, notamment la communauté de langue et de culture », Le Petit Robert 2011, Le Robert, Paris, 2011, p. 936.

132 Et ce malgré l'origine étymologique du terme. Le mot ethnie vient du grec *ethnos*, qui signifie race !

133 Et de manière discutable. Toutefois, comme on le verra plus loin, le terme race semble pouvoir être revêtu d'un sens plus « moderne » et moins contestable. Voir notre développement sur la Convention internationale sur l'élimination de toutes les formes de discrimination raciale du 21 décembre 1965 dans la seconde partie de cette étude.

134 Voir en ce sens Richard M.Burkey, « Discrimination and racial relations », Report on the International Research Conference on Race Relations, Aspen, Colorado, 7-9 juin 1970, p. 62.

135 Voir Francesco Capotorti, *Etude des droits des personnes appartenant aux minorités ethniques, religieuses et linguistiques*, New York, 1979, Doc.off.UN E/CN.4/Sub.2/384, p. 36.

136 *Idem*, p. 37.

membres. Toutefois, le groupe national se caractérise également par un élément subjectif. Il faudra alors sans doute considérer avec Mme Anne-Marie La Rosa et M. Santiago Villalpando que « le groupe national renvoie à une réalité plus large » et que « les traits propres au groupe ethnique pourront être nécessaires à sa description »[137]. Le groupe ethnique se caractérise par certains éléments qui participent à la définition du groupe national tels une langue ou une culture. Et, comme il a été vu précédemment, le sentiment national est généré par des facteurs objectifs sur la base desquels s'est cristallisé le vouloir vivre collectif. Autrement dit l'appartenance d'un individu à telle ou telle nation s'appréciera-t-elle sur le fait qu'il partage les mêmes caractéristiques génératrices du sentiment national. Le terme « ethnique » de l'expression « nettoyage ethnique » doit être interprété comme renvoyant à ces caractéristiques.

Enfin, le troisième élément remarquable du nettoyage ethnique, ce sont les violations des droits fondamentaux qu'il implique dans la mesure où l'homogénéisation ne se réalisera pas au moyen d'une émigration volontaire.

Le droit international a manifesté une préoccupation croissante de la Communauté internationale pour la question des droits fondamentaux particulièrement depuis 1945. Le *corpus juris* en la matière s'est considérablement étoffé, et, par là-même, c'est la situation de l'individu en droit international qui a évolué.

Les règles internationales de protection de la personne proposeront une résistance face au nettoyage ethnique qu'il semble pertinent d'évaluer à l'heure où de nombreuses tensions communautaires sont encore à déplorer de par le monde. Ainsi, le droit international est-il en mesure d'offrir une protection efficace face à cette politique d'homogénéisation démographique qu'est le nettoyage ethnique ? L'enjeu d'une telle problématique est de déterminer l'opportunité d'élaborer une règle prohibitive spécifique à cette pratique.

La protection offerte par le droit international face au nettoyage ethnique apparaît, pour l'heure, « fragmentée ». En effet, s'il n'interdit pas le nettoyage ethnique en tant que tel, le droit international peut proposer une réponse à ses différentes manifestations. Il existe de nombreux moyens de réaliser l'homogénéité démographique d'un territoire et le seul récit judiciaire des événements yougoslaves nous en dévoile déjà un large – et sordide – éventail, comme nous le verrons plus loin. Il est cependant possible de synthétiser les différents moyens de nettoyage ethnique. En effet, si l'on considère un territoire donné habité par une population donnée, comment réaliser l'homogénéité de celle-ci, comment faire en sorte que tous les individus répondent aux mêmes caractéristiques identitaires ? La solution est logiquement d'en « retirer » les

137 Anne-Marie La Rosa et Santiago Villalpando, « Le crime de génocide revisité Nouveau regard sur la définition de la Convention de 1948 à l'heure de son cinquantième anniversaire tentative d'appréhension théorique des éléments constitutifs du crime », dans Katia Boustany et Daniel Dormoy (Dir.), *Génocide(s)*, Bruylant, Bruxelles, 1999, p. 89

facteurs d'hétérogénéité : les éléments présentant des caractéristiques autres que celles requises. Deux voies s'offrent à cette fin d'« effacement » de la différence ou de « nettoyage », celle consistant à déplacer les individus différents et celle consistant à éliminer ces différences, soit en éliminant physiquement leurs porteurs, soit en les contraignant à abandonner ces particularismes par une politique d'assimilation. Ces deux modalités de réalisation du nettoyage ethnique viendront, naturellement, se heurter aux règles du droit international. Partant, il conviendra d'évaluer la protection que ce droit est en mesure d'offrir contre de telles pratiques. Une première partie sera ainsi consacrée à l'analyse des règles pertinentes face à une politique de déplacement forcé de populations. Il importera de les identifier et de mesurer leur effectivité sur la base, notamment, de leur opposabilité et des mécanismes de garantie dont elles sont assorties. Puis, dans une seconde partie consacrée à la réponse du droit international face à l'élimination de la différence, il sera intéressant de discuter de la nécessaire analogie avec le génocide qu'implique cette modalité d'homogénéisation démographique. Les règles de protection des minorités nationales offrent également une protection face à l'élimination de la différence qu'il conviendra d'évoquer dans cette seconde partie.

PARTIE 1 : LA PROTECTION OFFERTE PAR LE DROIT INTERNATIONAL CONTRE LE DEPLACEMENT FORCE DE POPULATIONS

« Le droit des gens est naturellement fondé sur ce principe que les diverses nations doivent se faire dans la paix le plus de bien et dans la guerre le moins de mal qu'il est possible, sans nuire à leurs véritables intérêts »[138].

Le déplacement forcé de populations, s'il est en pratique aisément appréhendable, constitue une pierre d'achoppement dès lors que l'on s'attache à lui attribuer une définition juridique. Phénomène ancien, il englobe une pluralité de situations alimentant un flou théorique autour de la notion qu'une pléthore de dénominations variées ne vient, naturellement pas dissiper. En effet, « expulsion illégale », « transfert forcé » ou encore « déportation » sont autant d'expressions, couramment rencontrées dans le langage juridique, qui renvoient à cette même réalité migratoire.

Le principal obstacle à l'établissement d'une définition est le sens à donner à l'expression « forcé ». Comme le relève M. Jack Munuma Mangala, il constitue « le problème conceptuel majeur lorsqu'il s'agit de distinguer une migration volontaire d'une migration involontaire [...] l'élément « contrainte » qui sépare théoriquement celle-ci de celle-là est presque toujours présent, à divers degrés, dans toute migration »[139]. Les facteurs établissant cette contrainte sont nombreux et variés et ce sera sûrement le degré d'intensité auquel ils renvoient qui sera déterminant pour qualifier telle ou telle situation. On se trouve ainsi devant un phénomène polymorphe et les quelques instruments internationaux qui s'y réfèrent se gardent, en général, de le définir. On peut alors se tourner vers la doctrine qui fournit quelques critères utiles à préciser la notion de déplacement forcé de populations : La coercition entraînant le déplacement, la violation des droits de l'homme qu'il représente et qui l'accompagne et l'absence de protection nationale[140].

Dans le contexte qui nous intéresse, à savoir le nettoyage ethnique, le déplacement de population est une modalité d'éviction du territoire considéré des individus ou groupes d'individus ne présentant pas les caractéristiques requises. Nous tâcherons, dans le cadre de cette première partie, d'identifier

---

[138] Charles De Secondat de Montesquieu, *De l'esprit des lois*, Livre 1, Chapitre 3, 1748, Editions Sociales, Paris, 1969, p. 54.

[139] Jack Munuma Mangala, « Prévention des déplacements forcés de population -possibilités et limites », *RICR*, décembre 2001, vol. 83, n° 844, pp. 1067-1095, spéc. p. 1073.

[140] Roberta Cohen, « Recents Trends in Protection and Assistance for Internal Displaced People », dans Janie Hampton (Ed.), *Internal Displaced People-a Global Survey*, Norwegian Refugee Council and Earthscan Publications, London, 1998, pp. 3-9, spéc. p. 5.

quelle réponse propose le droit international face à cette pratique. Le nettoyage ethnique est surtout perçu au travers des événements yougoslaves et apparaît, d'abord, comme une pratique entreprise en période de conflit armé. Il faut toutefois envisager qu'il puisse aussi être mené en temps de paix. Le droit international des droits de l'Homme est applicable dans les deux situations. En effet, comme l'a rappelé la Cour Internationale de Justice (plus loin CIJ), « la protection offerte par les conventions régissant les droits de l'homme ne cesse pas en cas de conflit armé »[141]. On trouvera néanmoins dans plusieurs de ces instruments des clauses autorisant les Etats parties à suspendre la jouissance des droits garantis en cas de guerre ou de « danger public exceptionnel menaçant la vie de la nation »[142]. La mise en œuvre de ces clauses, dites clauses de dérogation, est néanmoins encadrée et certains droits sont indérogeables[143]. Mais surtout, en période de conflit armé, cette faculté de suspension est compensée par l'application d'un régime exorbitant de protection de la personne humaine qui vient surajouter aux règles protectrices applicables en temps de paix, il s'agit du droit international humanitaire (plus loin DIH). Celui-ci a pour objet de limiter les souffrances de l'être humain en période de conflit armé. La plupart des règles de protection des droits de l'homme trouvent leur équivalent dans le DIH[144]. Mais ce dernier est beaucoup plus adapté aux

---

[141] CIJ, Avis consultatif du 9 juillet 2004, *Conséquences juridiques de l'édification d'un mur dans le territoire palestinien occupé*, § 106, Recueil 2004, p.178. Voir également, CIJ, Avis consultatif du 8 juillet 1996, *Licéité de la menace ou de l'emploi d'armes nucléaires*, § 24, Recueil 1996, p. 239.

[142] L'article 4 du Pacte International relatif aux droits civils et politiques du 16 décembre 1966 dispose ainsi que : « Dans la mesure où un danger public exceptionnel menace l'existence de la nation et est proclamé par un acte officiel, les Etats parties au présent Pacte peuvent prendre, dans la stricte mesure où la situation l'exige, des mesures dérogeant aux obligations prévues dans le présent Pacte (…) ». Des clauses de même type figurent à l'article 15 de la Convention européenne des droits de l'homme et à l'article 27 de la Convention américaine des droits de l'homme. Il est intéressant de lire sur cette question la thèse du Professeur Rusan Ergec, *Les droits de l'homme à l'épreuve des circonstances exceptionnelles : Etude sur l'article 15 de la Convention européenne des droits de l'homme*, Bruylant, Bruxelles, 1987.

La Charte africaine des droits de l'homme, en revanche, ne contient aucune clause de dérogation. Il faut considérer qu'un Etat partie désirant suspendre l'exécution de certaines de ses dispositions en cas de circonstances exceptionnelles devra recourir aux règles générales du droit international. M. Ouguergouz a mis en exergue, à ce propos, la pertinence des règles relatives à l'extinction et à la suspension des traités fondées sur un changement fondamental de circonstances ainsi que des règles de la responsabilité internationale sur l'état de nécessité. Lire Fatsah Ouguergouz, « L'absence de clause de dérogation dans certains traités relatifs aux droits de l'homme : les réponses du droit international général », *RGDIP*, 1994/2, pp. 290-335. Ces règles générales s'appliquent pour tous les traités de protection des droits de l'homme qui ne contiennent pas de clause de dérogation, à l'exception de ceux qui consacrent des droits indérogeables en toutes circonstances.

[143] On citera par exemple le droit à la vie, l'interdiction de la torture et des traitements inhumains ou dégradants ou encore l'interdiction de la discrimination comme il sera vu plus loin.

[144] Voir en ce sens, Eric David, *Principes de droit des conflits armés*, 4e édition, Bruylant, Bruxelles, 2008, p. 97.

situations de conflit armé que le droit international des droits de l'Homme[145] et constitue la *lex specialis*[146] en ces périodes troublées. Partant, afin d'identifier les règles protectrices les plus pertinentes à prévenir le déplacement forcé de populations, nous interrogerons successivement ces deux *corpus*. Un premier titre sera ainsi consacré à la protection offerte par le droit international des droits de l'Homme face au déplacement forcé de populations puis un second à celle offerte par le droit international humanitaire.

[145] La Commission interaméricaine des droits de l'homme a mis en exergue l'inadaptation du droit international des droits de l'Homme à une situation de conflit armé dans l'affaire de *la Tablada*. Commission interaméricaine des droits de l'homme, 18 novembre 1997, Rapport n° 55/97, affaire 11.137, *Juan Carlos Abella contre Argentine*. L'expression La Tablada désigne les forces armées argentines. Sur cette affaire on renverra à Liesbeth Zegveld, « Commission interaméricaine des droits de l'homme et droit international humanitaire : commentaire sur l'affaire de la Tablada », *RICR*, n° 831, pp. 543-550 et Fanny Martin, « Application du droit international humanitaire par la Cour interaméricaine des droits de l'homme », *RICR*, n° 844, pp. 1037-1066.

[146] Comme l'a rappelé la CIJ dans son avis consultatif du 8 juillet 1996 *Licéité de la menace ou de l'emploi d'armes nucléaires*, op.cit., § 25, Recueil 1996, p. 240.

TITRE 1 : LES REGLES DU DROIT INTERNATIONAL DES DROITS DE L'HOMME LES PLUS A MEME DE PREVENIR LE DEPLACEMENT FORCE DE POPULATIONS

Le droit international des droits de l'Homme ne contient pas de règles interdisant expressément le déplacement forcé de populations. Il ne faut cependant pas en conclure qu'il n'offre aucune protection face à cette pratique.

Avant toute chose, il faut bien considérer que, dans le cadre du nettoyage ethnique, le déplacement forcé ne sera pratiqué que contre une certaine partie d'une population, identifiée sur la base de ses caractéristiques identitaires inopportunes. Partant, dans ce contexte, la protection la plus efficace contre ce type de pratique est offerte par le principe de non-discrimination. En exigeant que tous les individus se trouvant dans la même situation soient traités de la même manière, il s'oppose à ce qu'un traitement différent soit appliqué à certains d'entre eux pour les contraindre au départ en raison de leurs caractéristiques différentes (Chapitre 1).

Le déplacement forcé peut être opéré au moyen de l'expulsion ou par d'autres moyens coercitifs. Dans le premier cas, un acte officiel sera directement délivré aux individus visés leur enjoignant de quitter le territoire, dans le second cas, le départ sera provoqué par la violence, la menace, ou de manière insidieuse, par la création de conditions de vie insupportables de telle manière que l'exode apparaisse comme la seule échappatoire[147]. Une autre

[147] Certains auteurs qualifient ces contraintes et menaces exercées par un Etat contre des individus pour les pousser à quitter son territoire d'« expulsion implicite », par opposition à l'expulsion formelle. M. Giorgio Gaja écrivait : « Does expulsion necessarily presuppose a formal measure ? Should one refer to expulsion also in the case when a State creates conditions of life that make it impossible for an individual to stay ? Functionnally, there seems to be little difference between the State taking a formal measure of expulsion and an equivalent conduct designed to turn an individual out of the territory. The individual has to leave any way. It seems reasonable to encompass both cases within the concept of expulsion », dans « Expulsion of Aliens : Some Old and New Issues in International Law », *Cours Euro-Méditerranéens Bancaja de Droit International*, 1999, vol. 3, pp. 289-311, spéc. p. 290. La jurisprudence du Tribunal des Réclamations Iran-Etats-Unis conforte cette position. Il en ressort que dans le climat général d'hostilité et de menace qui régnait en Iran à l'époque de la Révolution islamique, des contraintes exercées pour provoquer le départ de citoyens américains pouvaient être considérées comme des expulsions *de facto*. Lire à ce propos John R. Cook, « Applicable Law in International Arbitration : The Iran-U.S. Claims Tribunal Experience », *American Journal of International Law*, Vol. 83, n° 2, 1989, pp. 278-317, spéc. pp. 308-309. Ce Tribunal a même posé deux conditions pour que des contraintes exercées sur des individus puissent être considérées comme une expulsion implicite: « In principle, the possibility that the constituents of expulsion (removal, either voluntarily, under threat of forcible removal, or forcibly) can be fulfilled in exceptional cases even where the alien leaves the country without being directly and immediately forced or officially ordered to do so. Such cases would seem to presuppose at least 1) that the circumstances in the country of residence are such that the alien cannot reasonably be regarded as having any real choice, and 2) that behind the events or acts leading to the departure there is an intention of having the alien ejected and these acts, moreover, are attributable to the State in accordance with

garantie contre le déplacement forcé de populations à fin d'homogénéisation démographique résidera dans l'encadrement du pouvoir d'expulsion des Etats. Cette prérogative souveraine est limitée par le droit et ne peut être exercée arbitrairement. Elle ne pourra, de fait, être utilisée afin de modifier la composition de la population d'un Etat (Chapitre 2).

En dehors de l'hypothèse de l'expulsion, la contrainte au départ se manifestera de différentes manières. Le récit judiciaire des événements yougoslaves a mis en exergue que la torture, le viol, les traitements inhumains et dégradants, les détentions et exécutions arbitraires sont des moyens couramment employés à cette fin, comme nous le verrons par la suite. Ils ne sont pas les seuls et d'autres négations des droits humains participeront à la réalisation de conditions de vie insupportables. Il semble ainsi que la plupart des règles reconnaissant des droits fondamentaux offrent une protection potentielle face au déplacement forcé de populations en ce qu'elles neutralisent les différents moyens de coercition qui en constituent la base. M. Jack Munuma Mangala a ainsi écrit que le déplacement forcé de populations intervient « dans un contexte de violation des droits et libertés qui le précèdent, naissent avec lui ou l'accompagnent, il va sans dire que le strict respect et la jouissance effective de tous les droits de l'homme pour chacun représentent la meilleure protection contre le déplacement. Le meilleur moyen de prévention »[148]. Il ne convient évidemment pas ici d'établir un listing des droits de l'homme consacrés sur la scène internationale. Une telle entreprise, outre le fait qu'il s'avère difficile d'aboutir à un résultat exhaustif, ne présenterait qu'un intérêt limité dans la mesure où tous les droits humains ne sont pas systématiquement pertinents face au déplacement forcé de populations. En revanche, il est possible de dégager certains droits qui apporteront une protection face à cette pratique indépendamment du moyen employé pour provoquer le départ. Ce sont ces droits qui apporteront la protection la plus efficace et sur lesquels il convient de se pencher. Il s'agira d'abord de la liberté de circulation et de la liberté d'installation. L'éloignement d'un individu du territoire sur lequel il s'est établi implique une violation de son droit d'y circuler librement. De la même façon, toute contrainte exercée sur un individu pour le faire quitter son foyer constituera une négation de son droit de déterminer librement son lieu de vie. En outre, lorsqu'un individu est éloigné de ses biens, pour ceux qu'il n'aura pu

---

principles of state responsibility », extrait de la sentence rendue le 14 juillet 1987 dans l'affaire *Short contre Iran,* cité dans Giorgio Gaja, op.cit., p. 290. Cette approche conduit finalement à un amalgame entre expulsion et déplacement forcé. Aussi, dans un souci de clarté, le terme « expulsion » sera réservé ici à la décision formelle qui somme un individu de quitter le territoire.

[148] Jack M. Mangala, « *Le déplacement forcé de population comme nouvelle dimension de sécurité : Rôle et responsabilités de l'OTAN* », Rapport de recherche soumis à l'OTAN, Août 2001, p. 12, source : site de l'OTAN : www.nato.int/acad/fellow/99-01/munuma.pdf (consulté le 30 mai 2012).

emporter avec lui, il se trouve privé des attributs découlant de son droit de propriété (Chapitre 3).

Chapitre 1 : La protection contre les discriminations offerte par le droit international des droits de l'Homme

Dans un mémorandum rédigé en 1949 à l'intention de la Sous-commission de la lutte contre les mesures discriminatoires et de la protection des minorités, le Secrétaire général a défini la discrimination comme étant : « Une distinction préjudiciable inspirée par des facteurs indépendants de la volonté de l'individu et qui ne devraient exercer aucune influence sur les relations d'ordre social, politique ou juridique (couleur, race, sexe, etc…) ou par la qualité de membre de telle ou telle catégorie sociale (déterminée par la culture, la langue, la religion, les opinions politiques ou autres, les milieux nationaux, l'origine sociale, la classe sociale, la situation matérielle, la naissance et autres conditions) »[149]. Comme il a été vu précédemment, le nettoyage ethnique repose sur la discrimination. Il vise certaines parties de la population occupant un territoire donné parce qu'elles ne possèdent pas les caractéristiques requises. Partant, le principe de non-discrimination constitue le principal obstacle à ce type de politique puisqu'il exige que tous les individus qui se trouvent dans une situation identique soient traités de manière identique. En cela, il s'analyse comme la formulation négative du principe d'égalité[150]. Afin d'apprécier s'il offre une protection efficace contre le nettoyage ethnique, il conviendra d'analyser dans ce chapitre la portée du principe de non-discrimination.

L'interdiction de la discrimination est, pour reprendre les propos du Professeur Sudre, un principe « matriciel »[151] de la protection internationale des droits de l'homme. Le particularisme des règles qui l'énoncent est de ne pas produire d'effet de droit de manière indépendante. Elles s'appliquent en association avec d'autres règles qui garantissent des droits. Aussi conviendra-t-il d'invoquer devant le juge ou l'organe de contrôle la discrimination dans la jouissance d'un droit, soit deux règles conjuguées.

---

[149] *Formes et causes principales de la discrimination*, Mémorandum préparé par le Secrétaire général, Nations Unies, Commission des droits de l'homme, Sous-commission de la lutte contre les mesures discriminatoires et de la protection des minorités, Lake Success, New York, 1949, p. 29.

[150] La Cour Permanente de Justice Internationale a relevé dans l'affaire *des Ecoles minoritaires en Albanie* que « l'égalité en droit exclut toute discrimination », Avis consultatif du 6 avril 1935, séries A/B, n° 64, p. 19. Voir également l'opinion séparée du Juge Rodolfo E. Piza Escalante annexée à l'avis consultatif n° 4 de la Cour interaméricaine des droits de l'homme dans laquelle le magistrat estime que les notions d'égalité et de non-discrimination sont les deux faces d'une même pièce, Avis consultatif du 19 janvier 1984, *Proposed Amendments of the Naturalization Provisions of the Constitution of Costa Rica*, Série A, n° 4, vote séparé concordant en annexe, § 10-11. Lire également dans ce sens Warwick MacKean, *Equality and Discrimination under International Law*, Oxford Clarendon Press, Oxford, 1983, p. 288.

[151] Frédéric Sudre, *Droit international et européen des droits de l'homme*, 9e édition revue et commentée, PUF, Paris, 2008, p. 269.

La protection offerte par le droit international des droits de l'Homme contre la discrimination suit une double approche. La première consiste en l'insertion de clauses de non-discrimination dans les instruments généraux de protection des droits fondamentaux (Section 1). La seconde approche correspond à une protection catégorielle. Des instruments ont ainsi été spécifiquement consacrés à la lutte contre certaines formes de discrimination (Section 2).

Section 1. Les clauses de non-discrimination incluses dans les instruments généraux de protection des droits de l'homme

Le droit international classique s'intéressait peu à la discrimination[152]. La Charte des Nations Unies a été le premier traité international à consacrer véritablement un principe général de non-discrimination. Par la suite, des règles interdisant la discrimination seront incluses dans tous les instruments internationaux de proclamation des droits de l'homme. L'efficacité de la protection offerte par ces normes, en principe non autonomes, se mesurera d'abord au champ des droits qu'elles couvrent (§1) mais également à l'étendue des formes de discrimination qu'elles prohibent (§2). Toutefois, il faudra bien considérer que le principe de non-discrimination n'exclut pas toute différence de traitement (§3).

§1. La portée du principe de non-discrimination

La Charte de l'ONU est le premier instrument international à consacrer un principe général de non-discrimination. Aux termes de l'article 1§3 de la Charte de San Francisco, l'un des buts de l'Organisation est de : « Réaliser la coopération internationale en résolvant les problèmes internationaux d'ordre économique, social, intellectuel ou humanitaire, en développant et en encourageant *le respect des droits de l'homme et des libertés fondamentales pour tous, sans distinctions de race, de sexe, de langue ou de religion* »[153]. On retrouve à la suite la même formule aux articles 13§1, 55, 62§2 et 76.

L'inclusion du principe de non-discrimination dans la Charte soulève la question de sa valeur juridique. Il semble *a priori* difficile de voir dans un libellé aussi général une véritable obligation juridique. Cette affirmation doit cependant être tempérée, notamment au regard de l'avis consultatif émis par la CIJ le 21 juin 1971 *relatif aux conséquences juridiques de la présence continue de l'Afrique du Sud en Namibie.* La Cour a en effet considéré que : « le fait d'établir et d'imposer des distinctions, exclusions, restrictions et limitations

---

[152] Quelques garanties étaient offertes à certaines minorités et aux femmes, notamment dans le cadre de l'Organisation Internationale du Travail (plus loin OIT). La discrimination était aussi un élément pris en considération pour déterminer la licéité du traitement réservé par un Etat aux étrangers. Lire à ce propos Warwick A. MacKean, « The Meaning of Discrimination in International and Municipal Law », *The British YearBook of International Law*, vol. 44, 1970, pp. 175-192, spéc. p. 177.

[153] Nous soulignons.

fondées sur la race, la couleur, l'ascendance ou l'origine nationale ou ethnique qui constituent un déni des droits fondamentaux de la personne humaine, est une violation flagrante des buts et principes de la Charte »[154]. Or, comme le relevait le Juge Tanaka, les Etats qui s'engagent à agir en coopération avec l'ONU pour assurer « le respect universel et effectif des droits de l'homme et des libertés fondamentales » en vertu des articles 55[155] et 56[156] de la Charte, ne peuvent violer ces droits et ces libertés sans se contredire. « Comment pourrait-on, d'une part, prêcher à autrui le respect des droits de l'homme et, de l'autre, nier pour soi-même l'obligation de les respecter ? Des dispositions de la Charte qui rappellent les droits de l'homme et les libertés fondamentales, on peut donc déduire que l'obligation juridique de respecter ces droits et ces libertés s'impose aux Etats »[157].

On pourrait avancer, d'autre part, que la pratique de la discrimination raciale constitue une violation de la Charte en tant qu'elle peut s'analyser comme une menace à la paix. En effet, dans l'affaire de la Rhodésie du Sud, le Conseil de sécurité a, à plusieurs reprises, condamné sur la base du Chapitre VII l'accession au pouvoir et la politique de ségrégation conduite par la minorité blanche raciste[158]. Il en est allé de même en ce qui concerne la politique

---

[154] CIJ, Avis consultatif du 21 juin 1971 *relatif aux Conséquences juridiques pour les Etats de la présence continue de l'Afrique du Sud en Namibie (Sud-ouest africain)*, Recueil 1971, p. 45.

[155] L'article 55 de la Charte est ainsi formulé : « En vue de créer les conditions de stabilité et de bien-être nécessaires pour assurer entre les nations des relations pacifiques et amicales fondées sur le respect du principe de l'égalité des droits des peuples et de leur droit à disposer d'eux-mêmes, les Nations Unies favoriseront : (...) c-Le respect universel et effectif des droits de l'homme et des libertés fondamentales pour tous, sans distinction de race, de sexe, de langue ou de religion ».

[156] L'article 56 de la Charte dispose que : « Les Membres s'engagent, en vue d'atteindre les buts énoncés à l'Article 55, à agir, tant conjointement que séparément, en coopération avec l'Organisation ».

[157] Opinion dissidente du Juge Tanaka jointe à l'arrêt du 18 juillet 1966 rendu par la CIJ dans l'affaire du *Sud-Ouest africain (Ethiopie contre Afrique du Sud / Libéria contre Afrique du Sud) deuxième phase*, Recueil 1966 p. 289. Voir dans le même sens, Fatsah Ouguergouz, *La Charte africaine des droits de l'homme et des peuples, Une approche juridique des droits de l'homme entre tradition et modernité,* PUF, Paris, 1993, p. 85, note 12. Le Professeur Sudre voit dans l'article 56 de la Charte « l'énoncé d'une obligation générale de coopération pour « le respect universel et effectif des droits de l'homme » », dans *Droit international et européen des droits de l'homme,* op.cit. p. 47. M. Philip C. Jessup écrivait que : « It is already the law, at least for Members of the United Nations, that respect for human dignity and fundemantal human rights is obligatory. The duty is imposed by the Charter, a treaty to which they are parties », dans *A Modern Law of Nations*, Mac Millan, New York, 1958, p. 91.

[158] Dans la Résolution 217 du 20 novembre 1965, le Conseil de sécurité condamnait « l'usurpation du pouvoir par une minorité raciste en Rhodésie du Sud » (Doc.off.UN S/RES/217). Puis dans la Résolution 221 du 9 avril 1966, il qualifiait clairement la situation en Rhodésie du Sud de menace à la paix sur la base du Chapitre VII (Doc.off.UN S/RES/221), voir également la Résolution 232 du 16 décembre 1966 (Doc.off.UN S/RES/232).

d'apartheid menée par l'Afrique du Sud[159]. Toutefois, il s'agissait de circonstances particulières et si la discrimination raciale était au cœur de la politique menée par les deux Etats, elle s'accompagnait d'autres graves violations du droit international telles que, la violation du droit des peuples à disposer d'eux-mêmes pour le cas de la Rhodésie du Sud et les agressions de l'Afrique du Sud contre les Etats voisins ainsi que ses démarches pour l'obtention de l'arme nucléaire. Ces exemples n'aident finalement pas à trancher la question de la force obligatoire des dispositions de la Charte qui rappellent les droits de l'homme.

Si la Charte promeut et encourage d'une manière générale la protection des droits de l'homme, elle ne définit pas le contenu de ces droits et, de fait, ne précise pas la portée du principe de non-discrimination. Pour l'apprécier il faudra se tourner vers les instruments de proclamation des droits de l'homme qui seront adoptés par la suite.

L'analyse des différents instruments généraux de protection des droits de l'homme révèle deux types de dispositions interdisant la discrimination : celles garantissant la non-discrimination dans le bénéfice des droits reconnus par le texte et celles qui consacrent d'une manière générale l'égalité devant la loi.

Tous les instruments généraux de proclamation des droits de l'homme contiennent une clause garantissant la jouissance sans discrimination des droits qu'ils reconnaissent. Ainsi, l'article 2 de la DUDH dispose que : « Chacun peut se prévaloir de tous les droits et de toutes les libertés proclamés dans la présente Déclaration, sans distinction aucune, notamment de race, de couleur, de sexe, de langue, de religion, d'opinion politique ou de toute autre opinion, d'origine nationale ou sociale, de fortune, de naissance ou de toute autre situation ». Les textes contraignants adoptés par la suite reprendront une formule sensiblement identique[160]. Aux termes de ces dispositions, la non-discrimination a une portée

---

[159] Voir à ce propos la Résolution 418 du Conseil de sécurité du 4 novembre 1977, Doc.off.UN S/RES/418. Le Conseil y utilise une périphrase et considère que « les politiques et les actes du Gouvernement sud-africain sont lourds de dangers pour la paix et la sécurité internationales ». Dans la Résolution 392 du 19 juillet 1976, le Conseil de sécurité condamnait vigoureusement les violences perpétrées dans le cadre de la politique sud-africaine de discrimination raciale mais ne la qualifiait pas de menace à la paix (voir Doc.off.UN S/RES/392).

[160] Ainsi, l'article 2§1 du Pacte International des Droits Civils et Politiques (PIDCP) dispose que : « Les Etats parties au présent Pacte s'engagent à respecter et à garantir à tous les individus se trouvant sur leur territoire et relevant de leur compétence les droits reconnus dans le présent Pacte, sans distinction aucune, notamment de race, de couleur, de sexe, de langue, de religion, d'opinion politique ou de toute autre opinion, d'origine nationale ou sociale, de fortune, de naissance ou de toute autre situation ». Voir également l'article 2§2 du Pacte International des Droits Economiques Sociaux et Culturels (PIDESC), l'article 14 de la Convention européenne des droits de l'homme, l'article 1§1 de la Convention américaine des droits de l'homme, l'article 2 de la Charte africaine des droits de l'homme et des peuples, ou encore l'article 2 de la Convention internationale des droits de l'enfant du 20 novembre 1989. On peut également mentionner l'article 3 de la Charte arabe des droits de l'homme actualisée en janvier 2004.

limitée aux droits de l'instrument qui les contient, c'est donc une égalité devant le traité qui est consacrée. La protection offerte par ce type de clause est par conséquent incomplète.

Il est cependant possible de trouver une protection générale contre la discrimination dans les dispositions consacrant un principe d'égalité devant la loi. C'est ainsi que le Comité des droits de l'homme des Nations Unies a généralisé la portée de l'interdiction de la discrimination en s'appuyant sur l'article 26 du PIDCP[161]. Cet article énonce que : « Toutes les personnes sont égales devant la loi et ont droit sans discrimination à une égale protection de la loi. A cet égard, la loi doit interdire toute discrimination et garantir à toutes les personnes une protection égale et efficace contre toute discrimination, notamment de race, de couleur, de sexe, de langue, de religion, d'opinion politique et de toute autre opinion, d'origine nationale ou sociale, de fortune, de naissance ou de toute autre situation ». En 1984 le Comité des droits de l'homme fut saisi d'une communication individuelle par Mme S.W.M Broeks, ressortissante néerlandaise. Celle-ci avait été employée comme infirmière du 7 août 1972 au 1er février 1979 avant d'être licenciée pour motif d'invalidité. Tombée malade en 1975, elle avait bénéficié depuis lors des prestations du régime de sécurité sociale couvrant l'invalidité et le chômage jusqu'au 1er juin 1980 date à laquelle, en application de la législation néerlandaise, l'allocation chômage a cessé de lui être versée. La requérante a alors contesté la validité de cette législation au regard de l'article 26 du Pacte puisqu'elle établissait une distinction entre les hommes et les femmes. Selon elle, si elle avait été un homme, marié ou célibataire, elle aurait continué à percevoir ladite allocation dont le versement lui a été refusé parce qu'elle était une femme mariée. Le problème de cette affaire est que Mme Brocks invoquait une violation de l'article 26 du PIDCP alors que le droit en cause, droit à la sécurité sociale, est garanti par l'article 9 du PIDESC. En tenant compte du sens ordinaire de chaque élément de l'article 26, de son contexte, de son objet et de son but, le Comité considéra que : « l'article 26 ne se contente pas de réitérer les garanties déjà prévues à l'article 2 : il a pour origine le principe d'égalité devant la loi sans distinction, proclamé à l'article 7 de la Déclaration universelle sur les droits de l'homme, *qui interdit toute discrimination de droit ou de fait dans tous les domaines relevant de l'autorité et de la protection des pouvoirs publics* »[162]. Dès lors, cet article interdit aux autorités nationales toute discrimination. En vertu de ces dispositions, les Etats parties ne doivent pas adopter de législation

---

161 Il est intéressant de lire à ce propos l'article du Professeur Syméon Karagiannis, « Considérations sur l'article 26 du Pacte des Nations Unies relatif aux droits civils et politiques, en marge de la jurisprudence du Conseil d'Etat français », dans *Les droits de l'homme au seuil du troisième millénaire*, Mélanges en hommage à Pierre Lambert, Bruylant, Bruxelles, 2000, pp. 467-497.

162 Comité des droits de l'homme, Communication n° 172/1984 *S.W.M Broeks contre Pays-Bas,* Constatations du 9 avril 1987, Doc.off.UN CCPR/C/29/D/172/1984, § 13. Nous soulignons.

discriminatoire ni appliquer de manière discriminatoire leur législation. La formule est générale et dépasse le strict cadre du Pacte. Le droit à la non-discrimination est ainsi autonome par rapport à cet instrument et trouvera à s'appliquer vis-à-vis de tout autre droit, reconnu par un autre traité ou par le droit national. Ainsi, dans une affaire *Young contre Australie*, le Comité des droits de l'homme a retenu qu'une loi australienne sur les allocations dues aux anciens combattants était discriminatoire et a considéré que l'Australie avait violé l'article 26 du Pacte[163]. Cette interdiction de la discrimination peut donc servir à faire respecter des droits non couverts par le Traité. L'article 26 a ainsi pu être utilisé pour garantir de manière indirecte le droit de propriété qui, comme il sera vu plus loin, n'est pas protégé par le Pacte. Dans l'affaire *Roberto Zelaya Blanco*, le Comité fut saisi d'une communication alléguant l'emprisonnement arbitraire de cet ingénieur et professeur d'université pour avoir critiqué l'orientation marxiste des sandinistes au lendemain de leur prise de pouvoir au Nicaragua en 1979. La victime s'était vue confisquer ses biens. L'Organe de contrôle releva que « si le Pacte ne garantit pas le droit de propriété, en tant que tel. Toutefois il peut se poser une question au regard du Pacte lorsqu'une confiscation ou une expropriation sont déterminées sur des bases discriminatoires en contravention avec l'article 26 »[164].

Le libellé de l'article 24 de la Convention américaine des droits de l'homme, très proche de celui de l'article 26 du Pacte[165], semble également suggérer une protection générale contre la discrimination et pas seulement dans le bénéfice des droits consacrés par la Convention. La Cour interaméricaine des droits de l'homme a précisé dans son avis consultatif n° 18 que : « The principle of equality and non discrimination is fundamental for the safeguard of human rights in both international and domestic law. Consequently, States have the obligation to combat discriminatory practices and not to introduce discriminatory regulations into their laws »[166]. Ces obligations sont générales.

---

[163] Le requérant avait eu une relation homosexuelle pendant 38 ans avec M.C ancien combattant dont il s'est occupé durant les dernières années de sa vie. Après le décès de ce dernier, il avait demandé une pension en application de la l'article 13 de la loi australienne sur les allocations dues aux anciens combattants en tant que personne à la charge d'un ancien combattant. Sa demande avait été rejetée au motif qu'il n'entrait pas dans la définition de personne à charge au sens de ladite loi. M. Young s'était considéré victime d'une discrimination fondée sur son orientation sexuelle. Voir Comité des droits de l'homme, Communication n° 941/2000 *Mr Edward Young contre Australie*, Constatations du 18 septembre 2003, Doc.off.UN CCPR/C/78/D/941/2000, spéc. § 10.4.

[164] Comité des droits de l'homme, Communication 328/1988 *Roberto Zelaya Blanco contre Nicaragua*, Constatations du 18 octobre 1995, Doc.off.UN CCPR/C/44/D/328/1988, § 9.3.

[165] L'article 24 dispose ainsi que : « Toutes les personnes sont égales devant la loi. Par conséquent elles ont toutes droit à une protection égale de la loi, sans discrimination d'aucune sorte ».

[166] Cour interaméricaine des droits de l'homme, Avis consultatif n° 18 du 17 septembre 2003, *Juridical Condition and Rights of the Undocumented Migrants*, Série A, n° 18, § 88.

L'article 3 de la Charte africaine des droits de l'homme appelle les mêmes conclusions. Il énonce que : « 1. Toute les personnes bénéficient d'une totale égalité devant la loi. 2. Toute les personnes ont droit à une égale protection de la loi ». M. Fatsah Ouguergouz écrivait à propos de cet article qu' : « A la différence de la non-discrimination, l'égalité devant et dans la loi ainsi garantie est moins un principe d'interprétation des droits garantis par la Charte africaine qu'un droit de l'homme à part entière. Son champ d'application s'étend à tous les droits de l'homme dépassant ainsi le strict cadre de ceux garantis par la Charte africaine »[167]. La Commission africaine des droits de l'homme et des peuples estime que le principe d'égalité devant la loi « signifie que les citoyens doivent s'attendre à être traités de manière juste et équitable dans le système juridique et à être assurés d'un traitement égal devant la loi et d'une jouissance égale des droit dont peuvent se prévaloir tous les autres citoyens »[168].

La Cour européenne des droits de l'homme a également amorcé un élargissement de la portée de l'interdiction de la discrimination énoncée à l'article 14 de la Convention européenne des droits de l'homme. Elle a considéré que cet article pouvait être invoqué à l'appui d'un droit qui n'était pas expressément inclus dans la Convention mais « se situant dans le domaine » de l'un d'eux. Cette extension a, par exemple, été appliquée dans le domaine des prestations sociales. Dans l'affaire *Okpisz contre Allemagne*, les juges ont d'abord rappelé que le droit à des allocations familiales ou « child benefit », « did not fall within the ambit of Article 8 of the Convention, as the State's general obligation to promote family life did not give rise to concrete rights to specific payments »[169]. Cependant la Cour rappela que « the Article 14 comes into play whenever « the subject-matter of the disadvantage...constitutes one of the modalities of the exercise of a right guaranteed », or the measures complained of are « linked to the exercise of a right guaranteed »[170], aussi « by granting child benefits, States are able to demonstrate their respect for family

---

167 Fatsah Ouguergouz, *La Charte africaine des droits de l'homme et des peuples*, op.cit., p. 86.

168 Commission africaine des droits de l'homme, Communication n° 211/98 *Legal Resources Foundation contre Zambie,* Décision adoptée à la 29e session ordinaire tenue à Tripoli le 7 Mai 2001, § 63, texte disponible dans le quatorzième rapport annuel d'activités de la Commission, 2000-2001, pp. 78-91, spéc. p. 87. (Source : site de la Commission : www.achpr.org, consulté le 30 décembre 2012).

169 Cour européenne des droits de l'homme, Arrêt du 25 octobre 2005, *Okpisz contre Allemagne* (req. 59140/00), § 28, non publié (Texte uniquement disponible en anglais sur le site de la Cour : www.echr.coe.int). Voir aussi l'arrêt *Buchen contre République Tchèque* du 26 novembre 2002 dans lequel la Cour a rattaché le droit à une pension de retraite au droit de propriété, (req. 36541/97) spéc. § 46. Et, plus récemment, l'arrêt *Savez Crkava « Rijec Zivota » et autres contre Croatie* du 9 mars 2011, concernant l'extension du contenu du droit de manifester sa religion protégé par l'article 9 de la Convention (req. 7798/08). Dans le même sens, voir l'arrêt rendu par le Conseil d'Etat français le 30 novembre 2001 dans l'affaire *Ministère de la défense contre Diop* (n° 212179), publié au Recueil Lebon 2001, p. 605.

170 Cour européenne des droits de l'homme, Arrêt du 25 octobre 2005, *Okpisz contre Allemagne*, op.cit., § 32.

life within the meaning of Article 8 of the Convention ; the benefits therefore come within the scope of that provision (see, *mutatis mutandis*, *Petrovic*, cited above, § 30). It follows that Article 14 – taken together with Article 8 – is applicable in the present case »[171].

Dans le même sens, la Cour a fait un autre pas vers la généralisation de la portée de l'article 14 dans l'affaire *Fretté contre France*. Dans son arrêt rendu le 26 février 2002, elle eut à se prononcer sur le refus d'agrément à l'adoption opposé à un homosexuel par la direction de l'action sociale. La Cour a rappelé que : « La Convention ne garantit pas, en tant que tel, un droit d'adopter. Par ailleurs, le droit au respect d'une vie familiale présuppose l'existence d'une famille et ne protège pas le simple désir de fonder une famille. En l'espèce, le rejet de la demande d'agrément du requérant ne saurait en soi être considéré comme portant atteinte au droit du requérant au libre développement et épanouissement de sa personnalité ou à la manière dont il mène sa vie, en particulier sa vie sexuelle. Toutefois, le droit interne français (article 343-1 du code civil) autorise toute personne célibataire – homme ou femme – à faire une demande d'adoption, sous réserve de l'obtention de l'agrément pour l'adoption de pupilles de l'Etat et d'enfants étrangers, et le requérant affirme que les autorités françaises ont rejeté sa demande en se fondant implicitement sur sa seule orientation sexuelle. Si cette affirmation est avérée, il faudra en conclure qu'il y a eu une différence de traitement reposant sur l'orientation sexuelle du requérant, notion qui est couverte, à n'en pas douter, par l'article 14 de la Convention »[172]. C'est ici un droit reconnu en droit interne qui est protégé par les juges. Cette position de la Cour, si elle est confirmée, pourrait peut-être permettre de pallier la non-ratification du Protocole 12.

En effet, un Protocole 12 à la Convention européenne des droits de l'homme du 4 novembre 2000 est entré en vigueur le 1er avril 2005. Il énonce que « la jouissance de tout droit prévu par la loi doit être assurée, sans discrimination aucune, fondée notamment sur le sexe, la race, la couleur, la langue, la religion, les opinions politiques ou toutes autres opinions, l'origine nationale ou sociale, l'appartenance à une minorité nationale, la fortune, la naissance ou toute autre situation. Nul ne peut faire l'objet d'une discrimination de la part d'une autorité publique quelle qu'elle soit fondée notamment sur les motifs mentionnés au paragraphe 1 »[173]. A l'instar de l'article 26 du PIDCP, cet instrument tend à généraliser l'interdiction de la discrimination au-delà des limites de la Convention vis-à-vis de tout droit reconnu à l'individu par le droit national. Le droit à la non-discrimination devient effectivement un droit autonome par rapport à la Convention et à ses protocoles. Le rapport explicatif du Protocole

---

[171] *Idem*, § 33.

[172] Cour européenne des droits de l'homme, Arrêt du 26 février 2002, *Fretté contre France* (req. 36515/97), § 32.

[173] Protocole 12 à la Convention européenne des droits de l'homme du 4 novembre 2000, article 1.

précisait notamment qu' : « En particulier, la portée de la protection additionnelle en vertu de l'article 1 vise les cas où une personne fait l'objet d'une discrimination : i. dans la jouissance de tout droit spécifiquement accordé à l'individu par le droit national ; ii. dans la jouissance de tout droit découlant d'obligations claires des autorités publiques en droit national, c'est-à-dire lorsque ces autorités sont tenues par la loi nationale de se conduire d'une certaine manière ; iii. de la part des autorités publiques du fait de l'exercice d'un pouvoir discrétionnaire (par exemple, l'octroi de certaines subventions) ; iv. du fait d'autres actes ou omissions de la part des autorités publiques (par exemple, le comportement des responsables de l'application des lois pour venir à bout d'une émeute) »[174]. Le Protocole ne lie cependant aujourd'hui que 18 Etats[175]. Aussi, cette réticence de la majorité des Etats du Conseil de l'Europe à être lié par un principe général d'égalité devant la loi semble devoir constituer un frein à la jurisprudence extensive de la Cour dans ce domaine.

Enfin, il convient de relever que le droit communautaire offre également une protection contre la discrimination aux ressortissants de l'Union européenne. Cette protection, initialement conçue pour favoriser la réalisation du marché unique, ne présente toutefois qu'un intérêt relatif face au nettoyage ethnique. Contrairement aux instruments déjà évoqués, le droit communautaire ne contient pas de disposition qui interdise toutes les formes de discrimination dans tous les domaines. A l'origine, le Traité de Rome n'a envisagé et interdit que deux formes de discriminations : celles fondées sur la nationalité[176] et celles fondées sur le sexe[177]. En outre, les règles communautaires relatives à la non-discrimination ne sont applicables « qu'à des situations relevant du domaine d'application du droit communautaire »[178] et ne possèdent pas une portée

---

[174] Rapport explicatif du Protocole 12 à la Convention de sauvegarde des Droits de l'Homme et des libertés fondamentales, § 22. (Source : site de la Cour européenne des droits de l'homme, consulté le 30 décembre 2012).

[175] Il s'agit, par ordre alphabétique, de l'Albanie, Andorre, l'Arménie, la Bosnie-Herzégovine, Chypre, la Croatie, l'Espagne, la Finlande, la Géorgie, l'ex-république yougoslave de Macédoine, le Luxembourg, le Monténégro, les Pays-Bas, la Roumanie, Saint-Marin, la Serbie, la Slovénie et l'Ukraine.
La Géorgie a joint une déclaration à son instrument de ratification déposé le 15 juin 2001 précisant que : « Jusqu'à l'entière restauration de la juridiction de la Géorgie sur les territoires de l'Abkhazie et de la région Tskhinvali, la Géorgie n'assume pas la responsabilité pour les violations des dispositions du Protocole sur ces territoires ». (Source : site du Conseil de l'Europe op.cit.).

[176] Celle-ci est aujourd'hui interdite par l'article 18 du Traité sur le Fonctionnement de l'Union Européenne (TFUE). Cet article pose une interdiction générale de la discrimination fondée sur la nationalité. On trouvera ailleurs dans le Traité d'autres dispositions interdisant ce type de discrimination dans des cas précis comme l'article 39§2 relatif à la libre circulation des personnes, l'article 43 sur la liberté d'établissement ou encore les articles 49 et 54 sur la libre prestation de services.

[177] Celle-ci est interdite par l'article 157 TFUE (ex-article 141 TCE).

[178] Cour de Justice des Communautés Européennes (plus loin CJCE), Arrêt du 10 juin 1999, *Jutta Johannes contre Hartmut Johannes*, § 25, Recueil 1999, p. 3494. Dans ce sens, l'article 18 du

générale. Leur champ d'application est cependant vaste. La libre circulation, le libre établissement, l'accès à l'emploi, les conditions de travail ou encore les aides sociales sont des domaines dans lesquels les Etats membres pourraient instaurer des différences de traitement pour provoquer le départ d'individus indésirables, qui sont couverts par le droit communautaire[179]. Mais seules les discriminations fondées sur la nationalité ou le sexe sont condamnées par le droit primaire alors que, dans le cadre du nettoyage ethnique, la sélection se fera avant tout sur la base de caractéristiques identitaires telles que la langue, la religion ou l'origine ethnique qui concernent tant les nationaux que les non-nationaux. Une avancée considérable dans la lutte contre la discrimination a néanmoins été réalisée suite à l'adoption du Traité d'Amsterdam le 2 octobre 1997. Celui-ci a introduit l'ancien article 13 du TCE, devenu article 19 du TFUE, qui habilite le Conseil de l'Union européenne à légiférer « en vue de combattre toute discrimination fondée sur le sexe, la race ou l'origine ethnique, la religion ou les convictions, un handicap, l'âge ou l'orientation sexuelle ». Les principaux motifs de discrimination sont ici retenus et la liste englobe les motifs à la base du nettoyage ethnique. Toutefois, la portée des règles que le Conseil est autorisé à adopter est circonscrite puisque, logiquement, il agira « sans préjudice des autres dispositions du traité et *dans les limites des compétences*

TFUE dispose que : « *Dans le domaine d'application du présent traité*, et sans préjudice des dispositions particulières qu'il prévoit, est interdite toute discrimination exercée en raison de la nationalité », nous soulignons. Voir également l'affaire *ERT contre DEP et Kouvelas* dans laquelle la Cour de Luxembourg précise qu'à partir du moment où « une réglementation nationale entre dans le champ d'application du droit communautaire, la Cour, saisie à titre préjudiciel, doit fournir tous les éléments d'interprétation nécessaires à l'appréciation, par la juridiction nationale, de la conformité de cette réglementation avec les droits fondamentaux dont la Cour assure le respect », y compris le principe de non-discrimination. Voir CJCE, Arrêt du 18 juin 1991, *Elliniki Radiophonia Tileorassi Anonimi Etairia (ERT AE) contre Dimotiki Etaira Pliroforissis (DEP) et Sotirios Kouvelas* ,§ 42, Recueil 1991, p. 2964.

[179] A titre d'exemple, le Règlement CE n° 1612/68, adopté par le Conseil le 15 octobre 1968, dispose en son article 6 que : « L'embauchage et le recrutement d'un ressortissant d'un État membre pour un emploi dans un autre État membre ne peuvent dépendre de critères médicaux, professionnels ou autres, discriminatoires en raison de la nationalité, par rapport à ceux appliqués aux ressortissants de l'autre État membre désirant exercer la même activité ». Le même règlement précise plus loin que : « 1. Le travailleur ressortissant d'un État membre ne peut, sur le territoire des autres États membres, être, en raison de sa nationalité, traité différemment des travailleurs nationaux, pour toutes conditions d'emploi et de travail, notamment en matière de rémunération, de licenciement, et de réintégration professionnelle ou de réemploi s'il est tombé en chômage.2. Il y bénéficie des mêmes avantages sociaux et fiscaux que les travailleurs nationaux. 3. Il bénéficie également, au même titre et dans les mêmes conditions que les travailleurs nationaux, de l'enseignement des écoles professionnelles et des centres de réadaptation ou de rééducation.4. Toute clause de convention collective ou individuelle ou d'autre réglementation collective portant sur l'accès à l'emploi, la rémunération et les autres conditions de travail et de licenciement, est nulle de plein droit dans la mesure où elle prévoit ou autorise des conditions discriminatoires à l'égard des travailleurs ressortissant des autres États membres ». Cet acte de droit dérivé protège les travailleurs migrants, ressortissants d'un Etat membre, de mesures discriminatoires qui pourraient affecter ses conditions de vie pour le contraindre au départ.

que celui-ci confère à l'Union »[180]. Pour M. Edouard Dubout, « alors que le principe de non-discrimination de l'article 14 CEDH est limité *ratione materiae* au bénéfice des seuls droits et libertés garantis par la Convention, la clause communautaire de l'article 13 TCE a certainement un rayonnement plus large puisque l'ensemble des matières relevant des compétences communautaires sont concernées. A l'inverse, sa portée ne sera pas aussi étendue que celle de l'article 1er du Protocole 12 à la Convention qui édicte un principe général et indépendant de non-discrimination, étant donné qu'elle se trouve enfermée au sein du carcan des compétences communautaires »[181]. Le Conseil dispose toutefois de la faculté de généraliser l'interdiction de la discrimination au sein de ce carcan comme en témoigne l'adoption de la directive n° 2000/43 le 29 juin 2000 relative à la mise en œuvre du principe de l'égalité de traitement entre les personnes sans distinction de race ou d'origine ethnique[182]. Cette généralisation a finalement abouti avec l'entrée en vigueur de la Charte des droits fondamentaux de l'Union européenne[183]. L'article 21 de cet instrument dispose en effet qu' : « Est interdite, toute discrimination fondée notamment sur le sexe, la race, la couleur, les origines ethniques ou sociales, les caractéristiques génétiques, la langue, la religion ou les convictions, les opinions politiques ou toute autre opinion, l'appartenance à une minorité nationale, la fortune, la naissance, un handicap, l'âge ou l'orientation sexuelle ». La formule employée ne précise pas la portée de l'interdiction. Il faut alors se reporter à l'article 51 de la Charte qui précise le champ d'application de ses dispositions. Cet article dispose que : « Les dispositions de la présente Charte s'adressent aux institutions, organes et organismes de l'Union dans le respect du principe de subsidiarité, ainsi qu'aux Etats membres uniquement lorsqu'ils mettent en œuvre le droit de l'Union »[184]. Les institutions, organes et organismes communautaires doivent ainsi produire des normes conformes à l'interdiction posée par l'article 21. Les Etats membres devront appliquer ces normes en respectant cette interdiction. C'est finalement un principe d'égalité devant la loi communautaire qui est reconnu par l'article 21 de la Charte. Le Professeur Decaux écrivait ainsi : « Ce sont les institutions communautaires qui se trouvent en cause, à travers le droit communautaire dérivé. C'est donc bien la

---

[180] Nous soulignons.

[181] Edouard Dubout, *L'article 13 du traité CE – La clause communautaire de lutte contre les discriminations*, Bruylant, Bruxelles, 2006, p. 15.

[182] Sur le champ d'application de cette directive, lire Edouard Dubout, *L'article 13 du traité CE – La clause communautaire de lutte contre les discriminations,* op.cit., pp. 444-487.

[183] La Charte des droits fondamentaux de l'Union européenne adoptée en 2000 a acquis force obligatoire avec l'entrée en vigueur du Traité de Lisbonne le 1er décembre 2009.

[184] Voir en ce sens, CJUE, Ordonnance du 12 nov. 2010, aff. C-339/10, *Estov, Ivanova et Kemko International EAD contre Ministerski savet na Republika Bulgaria.*

discrimination devant et par « la loi » qui est visée, même si le mot convenait mal – jusqu'à maintenant- à la réalité de l'Union »[185].

Il existe de nombreuses formes de discrimination reposant sur différents critères. Partant, on peut se demander si les règles qui viennent d'être énoncées, exception faite des normes communautaires pour lesquelles une réponse a déjà été donnée, interdisent toutes les formes ou seulement certaines formes de discrimination.

§2. L'interdiction de toutes les formes de discrimination

Les différentes dispositions qui condamnent la discrimination énoncent une quinzaine de motifs discriminatoires prohibés parmi lesquels on peut relever : la race, la langue, le sexe, la religion, l'origine nationale ou sociale ou bien encore la fortune. Ces listes ne sont toutefois qu'indicatives et non exhaustives comme le suggèrent les formules employées. Ainsi, le membre de phrase « ou de toute autre situation » complète généralement les énumérations de motifs discriminatoires. Ce sont toutes les formes de discrimination qui sont interdites. La jurisprudence de la Cour européenne des droits de l'homme confirme cette conclusion. Dans l'affaire *Rasmussen*, elle a retenu qu'il y avait bien différence de traitement entre le requérant et son épouse et qu' « il n'y a pas lieu de rechercher sur quoi elle se fondait, la liste dressée à l'article 14 (art. 14) n'étant pas limitative »[186]. Dans le même sens, le Comité des droits de l'homme a par exemple retenu la nationalité comme critère de discrimination dans l'affaire *Ibrahim Gueye et autres contre France*[187] ou l'opinion politique dans l'affaire *Zelaya Blanco* alors que ces motifs ne figurent pas explicitement à l'article 26 du PIDCP.

---

[185] Emmanuel Decaux, commentaire de l'article II-81-§1 du Traité établissant une Constitution pour l'Europe, dans Laurence Burgorgue-Larsen, Anne Levade et Fabrice Picod (Dir.), *Traité établissant une Constitution pour l'Europe, Commentaire article par article*, Partie II, La Charte des droits fondamentaux de l'Union, Tome 2, Bruylant, Bruxelles, 2005, pp. 289-297, spéc .p. 296.

[186] Cour européenne des droits de l'homme, Arrêt du 28 novembre 1984, *Rasmussen contre Danemark* (req. 8777/79), § 34.

[187] Les auteurs de la communication étaient d'anciens militaires de carrière de l'armée française d'origine sénégalaise qui contestaient la législation prévoyant un mode de calcul des pensions différent pour les militaires de carrière retraités de nationalité sénégalaise qui ont servi dans l'armée française avant l'indépendance du Sénégal en 1960 et qui recevaient des pensions inférieures à celles dont bénéficiaient les militaires de carrière retraités français de nationalité française. Le Comité a considéré dans cette affaire que « l'article 26 interdit, en ce qui concerne la protection égale de la loi, toute discrimination, notamment de race, de couleur, de sexe et de langue, de religion, d'opinion politique et de toute autre opinion, d'origine nationale ou sociale, de fortune, de naissance ou de toute autre situation. De l'avis du Comité, le cas des auteurs relève des mots « de toute autre situation » dans la deuxième phrase de l'article 26 ». Comité des droits de l'homme, Communication 196/1985 *Ibrahima Gueye et autres contre France*, Constatations du 6 avril 1989, Doc.off.UN CCPR/C/35/D/196/1985 § 9.4.

On a pu faire remarquer que l'interdiction de la discrimination semblait revêtir « un caractère plus ou moins absolu selon les critères qui lui servent de fondement »[188]. Ainsi, M. Ouguergouz écrivait que « certains critères sont en effet plus fondamentaux que d'autres comme en témoignent tant le PIDCP (article 4) que la Convention américaine (article 27) qui n'autorisent les dérogations à leurs dispositions qu'à condition qu'elles n'entraînent pas de discriminations fondées uniquement sur la race, la couleur, le sexe, la langue, la religion ou l'origine sociale »[189]. Le libellé des articles 4 du PIDCP et 27 de la Convention américaine suggère effectivement qu'en période de circonstances exceptionnelles toutes les formes de discrimination ne sont pas interdites[190]. Dans son Observation générale n° 29 le Comité des droits de l'homme confirme cette interprétation puisqu'il précise que : « Bien que l'article 26 ou les autres dispositions du Pacte concernant la non-discrimination (...) ne figurent pas parmi les dispositions non susceptibles de dérogation énoncées au paragraphe 2 de l'article 4, il y a des éléments ou aspects du droit à la non-discrimination auxquels aucune dérogation n'est possible, quelles que soient les circonstances. En particulier, cette disposition du paragraphe 1 de l'article 4 doit être respectée s'il est fait une quelconque distinction entre les personnes quand des mesures dérogeant au Pacte sont appliquées »[191]. Ce sont seulement « des éléments ou aspects » du droit à la non-discrimination qui ne tolèrent aucune dérogation et pas le droit à la non-discrimination d'une manière générale.

Toutefois, il faut préciser que si les Etats parties à ces conventions peuvent adopter des mesures dérogatoires, c'est sous réserve que « ces mesures ne soient pas incompatibles avec les autres obligations que leur impose le droit international ». Les Etats parties demeurent ainsi liés par leurs autres obligations internationales. Or, les traités de protection des droits de l'homme interdisent toutes les formes de discrimination. Aussi, les Etats qui feront jouer l'article 4 du PIDCP ou l'article 27 de la Convention américaine, s'ils sont liés par d'autres conventions de protection des droits de l'homme, seront tenus d'observer l'interdiction générale de la discrimination qu'elles énoncent. En outre, comme il sera vu plus loin, l'interdiction de toutes les formes de discrimination semble relever du droit coutumier. Aussi tous les Etats sont-ils

---

188 Fatsah Ouguergouz, *La Charte africaine des droits de l'homme et des peuples*, op.cit., p. 85.

189 *Idem.*

190 Durant les travaux préparatoires du Pacte plusieurs Etats ont soutenu que des discriminations fondées sur certains critères tels que l'opinion politique ou la fortune étaient admissibles en temps de guerre tandis qu'il convenait d'interdire toute discrimination inspirée par des motifs particulièrement condamnables, voir notamment les positions du Mexique (Doc.off.UN E/CN.4/528, spéc. p. 34) et d'Israël (Doc.off.UN E/CN.4/528/Add.1, spéc. p. 23). C'est la position de ces Etats qui a finalement prévalu.

191 Comité des droits de l'homme, Observation générale n° 29 : Article 4 : Dérogations en période d'état d'urgence, du 29 mars 2000, § 8, citée dans Récapitulation des Observations générales ou recommandations générales adoptées par les organes créés en vertu d'instruments internationaux relatifs aux droits de l'homme, Doc.off.UN HRI/GEN/1/Rev.6 du 12 mai 2003, p. 199.

tenus de la respecter indépendamment du fait qu'ils fassent jouer les clauses dérogatoires de certains instruments de protection des droits de l'homme. Par ailleurs, on peut ajouter qu'en période de conflit armé, le DIH prohibe toutes les formes de discrimination[192].

L'article 15 de la Convention européenne des droits de l'homme ne conditionne pas expressément la validité des mesures dérogatoires au respect du principe de non-discrimination. Toutefois, si l'on se réfère à une doctrine autorisée, il faut considérer que « certaines dispositions de la Convention sont implicitement soustraites au droit de dérogation, notamment l'article 14 relatif à la non-discrimination »[193]. En outre, les mesures dérogatoires doivent être compatibles avec les autres obligations découlant du droit international. Le Professeur Sudre en conclut que : « Si, à l'inverse de la Convention européenne, le PIDCP et la CADH stipulent de surcroît que les dérogations ne doivent entraîner aucune discrimination, cette disposition est superfétatoire, car tous les textes conventionnels prévoient que la jouissance et l'exercice des droits garantis doivent être assurés sans discrimination aucune, *quel qu'en soit le motif* »[194].

La Charte africaine des droits de l'homme et des peuples ne contient pas de clause générale de dérogation. Les rédacteurs de cet instrument ont préféré inclure des clauses spéciales de limitation aux articles 4, 6 et 8 à 14. Bien que ces clauses, libellées en termes très généraux, laissent aux Etats un large champ d'ingérence dans la jouissance des droits reconnus, ils demeurent soumis au

---

[192] Comme nous le verrons par la suite.

[193] Paul Tavernier, Commentaire de l'article 15 de la Convention européenne des droits de l'homme, dans Louis-Edmond Petiti, Emmanuel Decaux et Pierre-Henri Imbert (Dir.), *La Convention européenne des droits de l'homme, Commentaire article par article*, 2e édition, Economica, Paris, 1999, pp. 489-503, spéc. p. 499. Voir également Rusen Ergec, *Les droits de l'homme à l'épreuve des circonstances exceptionnelles, Etude sur l'article 15 de la Convention européenne des droits de l'homme*, Bruylant, Bruxelles, 1987, spéc. pp. 278-288.

[194] Frédéric Sudre, *Droit européen et international des droits de l'homme*, op.cit., p. 229. Nous soulignons.

Il est également intéressant de lire à ce propos les commentaires que la Commission internationale de juristes a formulés suite à l'adoption du texte actualisé de la Charte arabe des droits de l'homme en janvier 2004. Ainsi, à propos de l'article 4 de la Charte relatif aux dérogations en cas de situation d'urgence exceptionnelle, la Commission notait que : « Seules les mesures non-discriminatoires, compatibles avec les autres obligations incombant à un Etat partie en vertu du droit international peuvent être prises dans la stricte mesure où l'exige la situation. La CIJ note cependant qu'il existe des différences entre les motifs de la discrimination tels qu'énoncés dans l'article 3 alinéa a) et les motifs de discriminations tels qu'énoncés dans l'article 4 a). Ainsi, l'article 3 se réfère à la croyance religieuse alors que l'article 4 se réfère à la seule religion. Manque dans l'article 4 les références à l'opinion, la pensée, l'origine nationale, la fortune, la naissance ou le handicap physique ou mental ». Dès lors, les mesures dérogatoires doivent être compatibles avec l'interdiction de toutes les formes de discrimination prévues par l'instrument et pas seulement avec certaines d'entre elles. (Les commentaires de la CIJ sont disponibles sur le site de l'Association Internet pour la promotion des Droits de l'Homme dans la rubrique bibliothèque Jeanne Hersch : www.aidh.org, consulté le 30 mai 2012).

principe d'égalité devant la loi, énoncé à l'article 3 de la Charte qui lui, ne contient pas de clause de limitation. Ils ne pourront, de fait, adopter des mesures dérogatoires discriminatoires[195].

En conclusion, c'est la discrimination sous toutes ses formes qui est prohibée et les Etats seront tenus de respecter cette interdiction quelles que soient les circonstances. On peut d'ailleurs ajouter que les dispositions proscrivant la discrimination ne tolèrent pas les réserves. En effet, conformément au droit des traités, un Etat partie ne peut formuler une réserve qui serait incompatible avec l'objet et le but du traité[196]. Une déclaration tendant à modifier ou à exclure l'effet juridique de dispositions interdisant la discrimination semble difficilement compatible avec l'objet des traités de protection des droits de l'homme qui visent à assurer la jouissance effective des droits fondamentaux pour tous. Le Comité des droits de l'homme a ainsi relevé dans son Observation générale n° 24 qu'en : « Appliquant plus généralement au Pacte le critère de la compatibilité avec l'objet et le but, le Comité note que, à titre d'exemple, (...)

---

195 La Commission africaine des droits de l'homme et des peuples a précisé dans l'affaire *Legal Resources Fondation contre Zambie* op.cit. que les clauses de limitation contenues dans la Charte ne pouvaient être exploitées pour adopter des mesures discriminatoires. En l'espèce, une loi de 1996, portant amendement de la Constitution de la Zambie, disposait que quiconque souhaiterait se porter candidat à la présidence devrait prouver que ses deux parents sont ou étaient zambiens à la naissance ou par l'ascendance. L'ONG requérante a soutenu devant la Commission que les articles de la Constitution modifiés par cette loi établissaient une discrimination fondée sur le « lieu d'origine » et étaient contraires aux articles 2, 3 et 13 de la Charte notamment (L'article 13§1 de la Charte dispose que : « Tous les citoyens ont le droit de participer librement à la direction des affaires publiques de leur pays, soit directement, soit part l'intermédiaire de représentants librement choisis, ce, conformément aux règles édictées par la loi »). Dans cette affaire, toutes les parties étaient d'accord sur le fait qu'une telle mesure était discriminatoire. Toutefois, le gouvernement défendeur a soutenu que pareille violation du principe de non-discrimination se trouvait justifiée au regard de la loi et de la Constitution zambiennes. En effet, la Constitution de cet Etat prévoit clairement que le droit à la non-discrimination est « sujet à restrictions ». Au nombre de ces limitations, l'article 23§5 de ladite Constitution prévoit qu'une loi peut déroger à ce droit « dans la mesure où il est démontré qu'elle pourvoit raisonnablement aux qualifications requises pour occuper une fonction publique ». En outre, le gouvernement zambien a prétendu qu'à la suite d'une consultation populaire, le Peuple zambien s'est prononcé pour que la charge de président soit sujette à une qualité supplémentaire : le fait que le candidat soit zambien autochtone dont l'ascendance est identifiable. La Commission a rejeté cette justification. Elle a déclaré que « le but de l'expression « conformément aux règles édictées par la loi » est justement de régler la manière dont le droit doit s'exercer et non pas la manière dont la loi peut être utilisée pour retirer ce droit ». La Commission a affirmé avec force qu'« aucun Etat partie à la Charte africaine ne devrait fuir ses responsabilités en ayant recours aux limitations et aux clauses de limitations de la Charte africaine. Il a été déclaré, suite aux développements dans d'autres juridictions, que la Charte africaine ne peut pas être utilisée pour justifier des violations de certaines de ses parties. (...) La justification ne peut pas provenir de la seule volonté populaire et, partant, elle ne peut pas être utilisée pour limiter les responsabilités des Etats Parties en vertu de la Charte africaine. Lorsqu'on arrive à cette conclusion, il importe peu qu'un seul zambien ou 35% de la population de ce pays soient disqualifiés par cette mesure. Il est indéniable que la mesure constitue une violation du droit ».

196 Voir article 19 de la Convention de Vienne du 23 mai 1969.

une réserve touchant l'obligation de respecter et de garantir les droits reconnus dans cet instrument, sans distinction aucune (art.2, par.1), ne serait pas acceptable »[197].

Il faut préciser que l'interdiction de la discrimination n'exclut cependant pas toute différence de traitement.

§3. Des différences de traitement tolérées

Le juge Tanaka écrivait que : « Traiter différemment ce qui est inégal, en fonction de cette inégalité, n'est pas seulement licite mais indispensable. Le problème est de savoir si il y a ou non différence. Par suite, l'existence de certaines différences ne justifie pas n'importe quelle forme de traitement différencié, mais seulement le traitement différencié qui correspond bien aux différences elles-mêmes, celui qu'impose l'idée de justice »[198]. Toute différence de traitement ne constitue pas une discrimination. « Le principe général d'égalité impose à ceux qui veulent réserver un traitement différent à certaines personnes de démontrer qu'il existe un motif valable de le faire. La question est de savoir si le motif avancé est *pertinent* et ensuite si les mesures adoptées à cet effet sont raisonnables et proportionnées. Le concept de discrimination en droit international renvoie donc à des distinctions injustes, injustifiées ou arbitraires »[199].

---

[197] Comité des droits de l'homme, Observation générale n° 24 : Observation générale sur les questions touchant les réserves formulées au moment de la ratification du Pacte ou des Protocoles facultatifs y relatifs ou de l'adhésion à ces instruments, ou en rapport avec des déclarations formulées au titre de l'article 41 du Pacte, Doc.off.UN CCPR/C/21/Rev.1/Add.6 du 11 novembre 1994, § 9.

[198] Opinion dissidente jointe à l'arrêt rendu dans l'affaire du *Sud-Ouest africain*, deuxième phase, op.cit., pp. 305-306. La Cour européenne des droits de l'homme a fait écho à cette opinion du magistrat japonais dans l'affaire *Thlimmenos contre Grèce*. En effet, la Cour a jugé que : « le refus de traiter le requérant différemment des autres personnes reconnues coupables d'un crime n'avait aucune justification objective et raisonnable ». Les juges de Strasbourg se sont ici placés sur le terrain des obligations positives et l'Etat grec a été reconnu responsable pour n'avoir pas procédé à la différence de traitement qu'impliquait la situation particulière du requérant. En l'espèce, celui-ci, témoin de Jéhovah, avait été condamné en 1983 par un tribunal militaire permanent pour avoir refusé de porter l'uniforme à une époque de mobilisation générale. En 1988, il s'était présenté à un examen d'Etat pour la nomination de douze experts-comptables. Il s'était classé deuxième sur soixante candidats. Toutefois, le 8 février 1989, le bureau directeur de la Chambre des experts-comptables de Grèce avait refusé de le nommer au motif qu'il avait été reconnu coupable d'un crime. La Cour a sanctionné le fait que M. Thlimmenos ait été traité comme n'importe quel autre criminel alors que sa condamnation initiale n'était due qu'à ses convictions religieuses pacifistes. Voir Arrêt du 6 avril 2000 (req. 34369/97), § 47.

[199]Guy S. Goodwin-Gill, « Migration : International Law and Human Rights », dans Bimal Ghosh (ed.), *Managing Migration,* Oxford University Press, Oxford, 2000, pp. 167-168, cité dans « *Expulsion des étrangers, étude du Secrétariat* », 10 juillet 2006, Doc.off.UN A/CN.4/565, p. 171. Dans le même sens, M. Terje Einarsen notait que « the word discrimination must be reserved for situations of clearly unfair or unjust differentiation in the treatment of individuals or groups of people, inter alia where distinctions are not based on rational and reasonable criteria »,

La Cour européenne des droits de l'homme a précisé la notion de discrimination dans l'affaire *linguistique belge* en 1968. La Cour a précisé que « l'article 14 n'empêche pas une distinction de traitement si elle repose sur une appréciation objective de circonstances de fait essentiellement différentes et si, s'inspirant de l'intérêt public, elle ménage un juste équilibre entre la sauvegarde des intérêts de la communauté et le respect des droits et libertés garantis par la Convention »[200]. Ainsi pour être considérée comme discriminatoire une différence de traitement doit-elle s'appliquer à des catégories, des situations comparables tandis qu'elle ne doit pas reposer sur une justification objective et raisonnable.

L'identification de situations analogues est une tâche particulièrement difficile qui appelle une analyse au cas par cas du contexte, de la situation et du comportement des intéressés.

La justification objective poursuit un but légitime. « L'existence d'une pareille justification doit s'apprécier par rapport au but et aux effets de la mesure considérée, eu égard aux principes qui prévalent généralement dans les sociétés démocratiques »[201]. De plus, « une distinction de traitement dans l'exercice d'un droit consacré par la Convention ne doit pas seulement poursuivre un but légitime : l'article 14 est également violé lorsqu'il est clairement établi qu'il n'existe pas de rapport raisonnable de proportionnalité entre les moyens employés et le but visé »[202].

Dans l'affaire *linguistique belge*, les requérants, pères et mères de famille de nationalité belge francophones ou s'exprimant le plus fréquemment en français, désiraient que leurs enfants soient instruits dans cette langue. Or, la région où ils résidaient était considérée par la législation belge comme de langue néerlandaise et de fait, leurs enfants n'avaient pas accès à un enseignement en langue française. La Cour eut notamment à se prononcer sur le caractère discriminatoire de cette réglementation qui privait ces enfants d'une instruction dans leur langue maternelle. La Cour a considéré que la législation instaurant un régime scolaire qui favorisait le seul enseignement dispensé en néerlandais dans la région unilingue néerlandaise n'était pas discriminatoire. Elle reposait « sur cet élément objectif que constitue la région. Elle s'inspire en outre d'un intérêt public, celui d'assurer que tous les établissements scolaires dépendant de l'État et existant dans une région unilingue, dispensent leur enseignement dans la langue qui est, au premier chef, celle de la région »[203]. Par contre, à propos de la

dans « Discrimination and Consequences for the Position of Aliens », *Nordic Journal of International Law*, vol. 64, 1995, pp. 429-455, spéc. p. 429.

200 Cour Européenne des droits de l'homme, Arrêt du 23 juillet 1968, *Affaire relative à certains aspects du régime linguistique de l'enseignement en Belgique* (req. 1474/62; 1677/62; 1691/62; 1769/63; 1994/63; 2126/64), § 7.

201 *Idem*, § 10.

202 *Ibidem*.

203 *Idem*, § 7.

réglementation qui empêche certains enfants, sur le seul fondement de la résidence de leurs parents, d'accéder aux écoles de langue française existant à Louvain et dans les six communes de la périphérie de Bruxelles dotées d'un statut propre, il appert que : « La condition de résidence n'est pas imposée dans l'intérêt des établissements scolaires, pour des raisons d'ordre administratif ou financier ; elle procède uniquement, dans le cas des requérants, de considérations tenant à la langue. En outre, la mesure litigieuse ne respecte pas entièrement, dans le chef de la plupart des requérants et de leurs enfants, le rapport de proportionnalité entre les moyens employés et le but visé. La Cour relève à cet égard, en particulier, que l'impossibilité d'accéder aux écoles françaises, officielles ou subsidiées, des six communes « à facilités » affecte d'autant plus les enfants des requérants dans l'exercice de leur droit à l'instruction qu'il n'existe pas de telles écoles dans les communes où ils résident »[204].

A propos du caractère déraisonnable, la Cour a reconnu dans l'affaire *Rasmussen* que les Etats bénéficiaient d'une certaine marge d'appréciation pour déterminer si, et dans quelle mesure, des différences entre des situations à d'autres égards analogues justifient des distinctions de traitement juridique. Toutefois, « l'étendue de la marge d'appréciation varie selon les circonstances, les domaines et le contexte ; la présence ou absence d'un dénominateur commun aux systèmes juridiques des États contractants peut constituer un facteur pertinent à cet égard »[205]. Il appartient donc à la Cour de corriger des disproportions manifestes au regard des ces éléments. En l'espèce, le requérant prétendait être victime d'une discrimination fondée sur le sexe en ce que la législation en vigueur au Danemark limitait dans le temps son droit à désavouer un enfant né pendant le mariage alors qu'elle offrait à son ex-épouse la possibilité d'agir en contestation de paternité à tout moment. Les juges de Strasbourg ont appliqué le raisonnement préconisé et relevé qu'une « étude de la législation de ces États (Etats membres) sur les actions en contestation de paternité révèle qu'il n'existe pas de tel dénominateur commun et que, dans la plupart d'entre eux, la situation respective de la mère et du mari obéit à des règles dissemblables »[206]. La proportionnalité de la mesure sera notamment évaluée sur la base d'un standard de vues commun aux Etats membres au regard de telle ou telle situation.

Le Comité des droits de l'homme s'est calqué sur la définition de la discrimination donnée par la jurisprudence de la Cour européenne des droits de l'homme. Dans son Observation générale n° 18, le Comité « fait observer que toute différenciation ne constitue pas une discrimination si elle est fondée sur

---

204 *Idem,* §32.

205 Cour européenne des droits de l'homme, Arrêt du 28 novembre 1984, *Rasmussen contre Danemark,* op.cit., § 40.

206 *Idem,* § 41.

des critères raisonnables et objectifs et si le but visé est légitime au regard du Pacte »[207]. L'organe de contrôle a ainsi retenu dans l'affaire *Broeks* précitée qu' « une différence fondée sur des critères raisonnables et objectifs n'équivaut pas à un acte discriminatoire tel qu'interdit au sens de l'article 26 »[208]. La justification raisonnable et objective est cependant délicate à évaluer. Elle s'appréciera au cas par cas. Dans l'affaire *Ibrahima Gueye*, le Comité a considéré que « ce n'était pas la question de la nationalité qui avait déterminé l'octroi de pensions aux auteurs, mais les services rendus dans le passé par les intéressés (...) Un changement ultérieur de nationalité ne peut en soi être considéré comme une raison suffisante pour justifier une différence de traitement »[209].

La Cour interaméricaine des droits de l'homme a repris les mêmes critères pour apprécier si une mesure est ou non discriminatoire. Dans son avis consultatif n° 18 déjà cité, la juridiction américaine relevait que : « Distinctions based on *de facto* inequalities may be established ; such distinctions constitute an instrument for the protection of those who should be protected, considering their situation of greater or lesser weakness or helplessness »[210]. Elle cite deux exemples : « The fact that minors who are detained in a prison may not be imprisoned together with adults who are also detained is an inequality permitted by law. Another example of these inequalities is the limitation to the exercise of specific political rights owing to nationality or citizenship »[211]. La Cour de San José a considéré dans son avis consultatif n° 17 que : « No discrimination exists if the difference in treatment has a legitimate purpose and if it does not lead to situations which are contrary to justice, to reason or to the nature of things. It follows that there would be no discrimination in differences in treatment of individuals by a state when the classifications selected are based on substantial factual differences and there exists a reasonable relationship of proportionnality between these differences and the aims of the legal rule under review. These aims may not be unjust or unreasonable, that is, they may not be arbitrary, capricious, despotic or in conflict with the essential oneness and dignity of humankind »[212].

---

[207] Comité des droits de l'homme, Observation générale n° 18 : Article 26 : Principe d'égalité, § 13, dans Doc.off.UN HRI/GEN/1/Rev.6, p. 156.
[208] Comité des droits de l'homme, Constatations du 9 avril 1987 *Broeks contre Pays-Bas*, op.cit., § 13.
[209] Comité des droits de l'homme, Constatations du 6 avril 1989 *Ibrahima Gueye et autres contre France*, op.cit. § 9.5
[210] Cour interaméricaine des droits de l'homme, Avis consultatif du 17 septembre 2003, op.cit., § 89.
[211] *Idem.*
[212] Cour interaméricaine des droits de l'homme, Avis consultatif n° 17 du 28 août 2002, *Juridical Condition and Human Rights of the Child*, Série A, n° 17, § 47. Voir également Avis consultatif n° 4 du 19 janvier 1984, *Proposed Amendments of the Naturalization Provisions of the Constitution of Costa Rica*, op.cit., § 57.

En définitive, il semble que les éléments d'identification de la discrimination fassent l'objet d'un consensus universel[213].

Au regard de cette définition, le déplacement forcé utilisé comme instrument de nettoyage ethnique est nécessairement discriminatoire. En effet, il implique qu'afin de provoquer leur départ du territoire considéré, un traitement différent soit appliqué à certains individus identifiés sur la base de critères identitaires. Or, les victimes, dès lors qu'elles sont légalement présentes sur ledit territoire[214], se trouvent dans une situation analogue à celle du reste de la population au regard de la légitimité de leur présence sur ce territoire et au regard de la protection qui leur est due par l'Etat[215].

Partant, pour ne pas être considéré comme discriminatoire, le traitement qui leur est réservé doit être objectif et raisonnable. Il est difficile de voir dans le déplacement de populations à fin d'homogénéité démographique un but légitime. On a soutenu à une époque que l'homogénéisation de la population permettait d'assurer la paix en privant de sa raison d'être l'irrédentisme d'Etats voisins. C'est dans ce but qu'ont été conclus les Traités de Neuilly-sur-Seine du 27 novembre 1919 et de Lausanne du 24 juillet 1923. Aujourd'hui une telle justification est difficilement acceptable dans la mesure où la *debellatio* est fermement condamnée par le droit international et qu'un mécanisme de sécurité collective garantit le respect de cette interdiction. Des raisons de sécurité pourront justifier l'expulsion de certains individus, parfois identifiés sur la base de leur origine nationale[216], mais ce sera leur dangerosité plutôt que leurs caractéristiques identitaires qui déterminera leur éloignement. L'argument sécuritaire ne permet pas de déplacer des groupes entiers de population. L'éloignement doit reposer sur un examen objectif et raisonnable de chaque cas individuel et tous les membres d'un groupe ne constitueront pas nécessairement une menace pour l'Etat.

En outre, il ne suffit pas que la différence de traitement soit légitime, il faut aussi qu'elle soit raisonnable. Dans l'hypothèse où l'homogénéisation d'une population par le déplacement de certains de ses membres serait considérée comme légitime, les moyens employés à cette fin devraient être proportionnés. C'est-à-dire qu'ils devraient être nécessaires à atteindre l'objectif poursuivi et

---

213 La CJCE retient également à propos du principe de non-discrimination que : « Ce principe veut que les situations comparables ne soient pas traitées de manière différente, à moins qu'une différenciation ne soit objectivement justifiée », voir Arrêt du 8 octobre 1980, *Uberschar contre Bundesversicherungsanstalt für Angestelte* (aff.810/79), Recueil p. 2748.

214 Puisque les personnes qui ont pénétré irrégulièrement sur le territoire d'un Etat ne peuvent prétendre à sa protection et s'exposent à une mesure de refoulement (voir *infra*, Chapitre 2).

215 Sous réserve de l'hypothèse où ces victimes appartiendraient à des minorités nationales reconnues par l'Etat et bénéficieraient de mesures spécifiques de préservation de leur identité, soit d'une discrimination positive (voir Titre 2 de la seconde partie de cette étude). Il est toutefois peu concevable qu'un Etat souhaitant homogénéiser sa population accorde des droits spécifiques à des minorités afin de leur permettre de conserver leur différence…

216 Voir *infra*, Chapitre 2.

ne pas causer de maux superflus aux individus visés. Le seul moyen acceptable au regard de cette exigence semble être l'expulsion. Le recours à la violence, à l'intimidation ou à d'autres moyens coercitifs occasionnant des souffrances et des humiliations inutiles ne saurait être considéré comme raisonnable.

Si les instruments généraux de protection des droits de l'homme offrent une protection contre la discrimination, il faut relever que des textes spécifiques ont été adoptés pour lutter contre certaines formes de discrimination.

Section 2. La protection catégorielle contre la discrimination

Il existe plusieurs conventions visant à interdire spécifiquement certaines formes de discrimination ou visant à interdire la discrimination dans certains domaines particuliers. La portée générale reconnue aux clauses de non-discrimination incluses dans les traités généraux de protection des droits de l'homme remet en cause l'intérêt de ces instruments qui n'offrent qu'une protection limitée dans son objet. Parmi ces conventions, il en est deux qu'il convient néanmoins d'évoquer car présentant un intérêt particulier face au nettoyage ethnique. Il s'agit de la Convention internationale sur l'élimination de toutes les formes de discrimination raciale du 21 décembre 1965 (§1) et de la Convention n° 111 de l'Organisation Internationale du Travail du 25 juin 1958 (§2).

§1. La Convention internationale sur l'élimination de toutes les formes de discrimination raciale

La Convention internationale sur l'élimination de toutes les formes de discrimination raciale adoptée par l'AGNU le 21 décembre 1965[217] dispose que « toute doctrine de supériorité fondée sur la différenciation entre les races est scientifiquement fausse, moralement condamnable et socialement injuste et dangereuse »[218].

Partant, en vertu de son article 2, « les Etats parties condamnent la discrimination raciale et s'engagent à poursuivre par tous les moyens appropriés et sans retard une politique tendant à éliminer toute forme de discrimination raciale et à favoriser l'entente entre toutes les races ». Cet engagement implique pour chaque Etat partie de « ne se livrer à aucun acte ou pratique de discrimination raciale contre des personnes, groupes de personnes ou institutions et à faire en sorte que toutes les autorités publiques et institutions publiques, nationales et locales, se conforment à cette obligation »[219].

---

[217] La Convention est entrée en vigueur le 4 janvier 1969.

[218] Convention internationale sur l'élimination de toutes les formes de discrimination raciale du 21 décembre 1965, sixième paragraphe du préambule.

[219] Convention internationale sur l'élimination de toutes les formes de discrimination raciale du 21 décembre 1965, article 2§1 a).

Pour mesurer la portée de ces obligations, il convient d'abord de revenir sur le concept de discrimination raciale. L'article 1er de la Convention la définit comme « toute distinction, exclusion, restriction ou préférence fondée sur la race, la couleur, l'ascendance ou l'origine nationale ou ethnique, qui a pour but ou pour effet de détruire ou de compromettre la reconnaissance, la jouissance ou l'exercice, dans des conditions d'égalité, des droits de l'homme et des libertés fondamentales dans les domaines politique, économique, social et culturel ou dans tout autre domaine de la vie publique ». Ces dispositions donnent une définition particulièrement large de la discrimination raciale. Comme il a été vu précédemment, le concept de race renvoie traditionnellement à des caractéristiques physiques ou biologiques. Il est alors remarquable que, dans le libellé de l'article 1, la discrimination raciale repose sur : la race, la couleur, l'ascendance, l'origine nationale ou l'origine ethnique. Ces dispositions apparaissent pour le moins ambiguës. D'abord parce qu'elles opèrent une confusion entre les notions de race, de nation et d'ethnie. Ensuite parce qu'elles dissocient la couleur et l'ascendance de la race alors qu'elles en sont, *a priori*, des éléments d'identification. Toutefois, concernant l'ascendance, le Comité pour l'élimination de la discrimination raciale a précisé qu'elle devait être entendue dans un sens large, c'est-à-dire que la discrimination fondée sur l'ascendance « comprend la discrimination contre les membres des communautés reposant sur des formes de stratification sociale telles que les castes et les systèmes analogues du statut héréditaire qui empêchent ou entravent leur jouissance égale des droits de l'homme »[220]. De fait, comme le relève le Professeur Sicilianos, le Comité adopte une interprétation large de la notion d'ascendance, « conforme à son sens ordinaire, pour englober non seulement son aspect racial ou ethnique, mais aussi sa dimension sociale »[221]. Pour le reste, à la lecture de ce premier article, l'absence d'une définition claire et précise de la race en droit international se fait ici cruellement sentir. Un commentateur de la Convention notait que : « The intention of the drafters of Article 1 was to cover in its first paragraph all kind of acts of discrimination among persons, as long as they were based on motivations of a racial nature, in the broad sense of the word »[222]. Il reste à savoir ce qu'il faut entendre par « au sens large du terme ». Il semble qu'il faille interpréter le terme « race » employé dans la Convention de 1965 comme englobant deux sens : le sens biologique mais aussi un sens socio-historique[223]. Cette seconde conception « met l'accent

[220] Comité pour l'élimination de la discrimination raciale, Observation générale XXIX concernant la discrimination fondée sur l'ascendance, Préambule, cité dans Linos-Alexandre Sicilianos, « L'actualité et les potentialités de la Convention sur l'élimination de la discrimination raciale », *RTDH*, 2005, pp. 869-921, spéc. p. 880.
[221] *Idem.*
[222] Natan Lerner, *The UN Convention on the Eliminatory of all Forms of Racial Discrimination*, A.W.Sijthoff, Leyden, 1970, p. 41.
[223] Kim Dong Hi, *La Convention internationale sur l'élimination de toutes les formes de discrimination raciale*, Thèse, Paris II, 1971, p. 91.

sur les différences des aspects sociaux ou culturels plutôt que sur celles des aspects physiques ou physiologiques »[224]. Ainsi, dans la Déclaration sur la race de 1950, l'UNESCO déclarait que : « Beaucoup de gens appellent « race » tout groupe humain arbitrairement désigné comme tel. C'est ainsi que beaucoup de collectivités nationales, religieuses, géographiques, ou culturelles, par suite de l'acception très large donnée à ce mot, ont été qualifiées de « race » alors que, de toute évidence, les Américains ne constituent pas une race, pas plus d'ailleurs que les Anglais, les Français ou toute autre nation : de même, ni les catholiques, ni les protestants, ni les musulmans, ni les Juifs ne représentent des races… Les groupes nationaux, religieux, géographiques, linguistiques ou culturels ne coïncident pas nécessairement avec les groupes raciaux et les aspects culturels de ces groupes n'ont avec les caractères propres à la race aucun rapport génétique »[225]. Il semble que les rédacteurs de la Convention de 1965 aient pris en compte cette conception populaire de la race pour donner à l'interdiction de l'article 2 une plus grande efficacité. Ce sont bien alors toutes les formes de discrimination raciale qui sont visées par cet instrument, qu'elles reposent effectivement sur des éléments physiques ou physiologiques ou qu'elles reposent sur d'autres caractéristiques considérées comme « raciales » par les auteurs de la distinction. Partant, la Convention sur l'élimination de toutes les formes de discrimination raciale offre en réalité une protection plus large que ne le suggère son intitulé puisqu'elle interdit d'autres formes de discrimination que celles reposant sur des critères physiques.

La CIJ a pu confirmer le sens large de l'interdiction de la discrimination raciale posée par la Convention de 1965 et la pertinence de cette norme face au nettoyage ethnique. La Géorgie a déposé une requête devant la Cour le 12 août 2008 contre la Fédération de Russie pour violation de la Convention internationale sur l'élimination de toutes les formes de discrimination raciale. La requérante soutenait que la Fédération de Russie, « par l'intermédiaire de ses organes et agents ainsi que d'autres personnes et entités exerçant une autorité gouvernementale, et par l'intermédiaire des forces séparatistes d'Ossétie du Sud et d'Abkhazie agissant sous sa direction et son contrôle, a pratiqué, encouragé et appuyé la discrimination raciale dans les régions géorgiennes d'Ossétie du Sud et d'Abkhazie en lançant des attaques contre des personnes de souche géorgienne et d'autres groupes ethniques et en se livrant à des expulsions massives de ces populations »[226]. Tbilissi avançait en outre que la Fédération de Russie cherchait à modifier la composition démographique de l'Ossétie du Sud et de l'Abkhazie en empêchant le retour des personnes de souche géorgienne déplacées par la force. Les autorités de Moscou étaient accusées de pérenniser, sous couvert de la mission de maintien de la paix qu'elles menaient dans ces

---

[224] *Idem.*

[225] Déclaration sur la race de 1950, article 5§6, citée dans Kim Dong Hi op.cit. pp. 82-83.

[226] CIJ, *Application de la convention internationale sur l'élimination de toutes les formes de discrimination raciale (Géorgie c. Fédération de Russie),* Ordonnance du 15 octobre 2008, § 3.

territoires, « le déplacement forcé de diverses populations, notamment de souche géorgienne, auquel avait abouti le « nettoyage ethnique » pratiqué entre 1991 et 1994 »[227]. La Cour a rendu une ordonnance en indication de mesures conservatoires le 15 octobre 2008. Elle a estimé que « la population de souche géorgienne qui se trouvait dans les régions touchées par le récent conflit demeurait vulnérable » de même que les populations de souches ossète et abkhaze. Pour la Cour, « il existait, s'agissant des groupes ethniques susvisés, un risque imminent que les droits en cause mentionnés au paragraphe précédent (il s'agit des droits énoncés à l'article 5 de la Convention de 1965) subissent un préjudice irréparable »[228]. Partant, « considérant que les Etats parties à la

---

[227] *Idem* § 10. La Géorgie a énoncé dans sa requête une série de faits internationalement illicites qu'elle impute à la Fédération de Russie. Il est intéressant de la citer tant elle est significative des pratiques employées à fin de nettoyage ethnique :
« *a)* une discrimination systématique et généralisée à l'encontre des populations de souche géorgienne et d'autres groupes d'Ossétie du Sud et d'Abkhazie au cours des conflits de 1991-1994, 1998, 2004 et 2008, notamment sous la forme de meurtres, actes d'agression illicites contre des civils et biens de caractère civil, actes de torture, viols, déportations et déplacements forcés, emprisonnements et prises d'otages, disparitions forcées, destructions arbitraires et appropriations illicites de biens non justifiées par des nécessités militaires, et pillages ;
b) le déni systématique et généralisé, sur des bases discriminatoires, opposé aux réfugiés et aux personnes déplacées, notamment de souche géorgienne, de leur droit de retourner dans leurs foyers en Ossétie du Sud et en Abkhazie ;
c) l'appropriation et la vente illicites, systématiques et généralisées d'habitations et d'autres biens appartenant aux personnes de souche géorgienne et d'autres groupes déplacées de force durant les conflits de 1991-1994, 1998, 2004 et 2008, et le déni de leur droit de retourner en Ossétie du Sud et en Abkhazie ;
d) la discrimination permanente à l'encontre des personnes de souche géorgienne en Ossétie du Sud et dans le district de Gali en Abkhazie, notamment sous la forme de pillages, prises d'otages, brutalités et actes d'intimidation, privation du droit de circuler librement, déni du droit à l'éducation dans leur langue maternelle,
pressions visant à les contraindre à accepter la citoyenneté ou un passeport russe, menaces d'impôts punitifs et expulsion de ceux conservant la nationalité géorgienne ;
e) la promotion, la défense et le soutien de la discrimination ethnique pratiquée par les autorités séparatistes *de facto* d'Ossétie du Sud et d'Abkhazie et la reconnaissance comme licite d'une situation créée par un manquement grave de la Russie aux obligations que lui impose la CIEDR et à ses obligations *erga omnes*, à
savoir la reconnaissance totale ou partielle des entités séparatistes abkhazes et sud-ossètes assimilable à la reconnaissance d'une situation créée par un « nettoyage ethnique » constitutif du crime contre l'humanité de persécution et discrimination systématique fondées sur l'origine ethnique ;
f) le fait d'empêcher la République de Géorgie d'exercer sa juridiction territoriale dans les régions d'Ossétie du Sud et d'Abkhazie pour y exécuter les obligations que lui impose la CIEDR ;
g) le déclenchement d'une guerre d'agression contre la Géorgie avec pour objectifs :
i) de s'assurer, en Ossétie du Sud et en Abkhazie, des alliés ethniquement homogènes et échappant à toute influence politique, sociale et culturelle géorgienne ; ii) de priver de manière permanente les personnes de souche géorgienne déplacées du droit de retourner dans leurs foyers en Ossétie du Sud et en Abkhazie ; iii) de priver de manière permanente l'ensemble du peuple de Géorgie du droit à l'autodétermination que lui garantit la CIEDR », voir § 21 de l'Ordonnance.
[228] Ordonnance op.cit., § 143.

CIEDR « condamnent la discrimination raciale et s'engagent à poursuivre par tous les moyens appropriés et sans retard une politique tendant à éliminer toute forme de discrimination raciale » ; et que, de l'avis de la Cour, compte tenu des circonstances portées à son attention, lesquelles se caractérisaient par un risque grave que des actes de discrimination raciale soient commis, la Géorgie et la Fédération de Russie avaient manifestement l'obligation de faire tout ce qui est en leur pouvoir pour veiller à ce qu'ils ne se reproduisent pas, que de tels actes commis dans le passé puissent ou non leur être juridiquement attribués »[229]. Ainsi, les groupes géorgien, ossète et abkhaze, qui ne correspondent pas à des groupes raciaux *stricto sensu* bénéficient de la protection de la Convention internationale sur l'élimination de toutes formes de discrimination raciale et le respect de cet instrument fait obstacle au nettoyage ethnique de l'Ossétie du Sud et de l'Abkhazie.

Il faut noter que la Convention sur l'élimination de toutes les formes de discrimination raciale n'interdit pas toute différence de traitement entre nationaux et étrangers. Son article 1§2 dispose en effet que : « La présente Convention ne s'applique pas aux distinctions, exclusions, restrictions ou préférences établies par un Etat partie à la Convention selon qu'il s'agit de ses ressortissants ou de non-ressortissants ». La disposition de l'article 1§2 a, en réalité, été ajoutée à la Convention en vue de « laisser intacte la pratique plus ou moins générale des Etats imposant aux étrangers certaines conditions restrictives dans l'exercice de certains droits, dont les droits politiques en particulier »[230]. En effet, la plupart des Etats excluent les étrangers de l'exercice de certains droits politiques tels que le droit de vote, le droit d'être candidat à une élection ou même l'accès à certains postes dans la fonction publique. C'est ce type de restriction qui est visée par le second paragraphe de l'article 1. Ce paragraphe autorise d'ailleurs un parallèle avec l'article 16 de la Convention européenne des droits de l'homme qui dispose qu'« aucune des dispositions des articles 10, 11 et 14 ne peut être considérée comme interdisant aux Hautes Parties Contractantes d'imposer des restrictions à l'activité politique des étrangers ». Les articles 10 et 11 concernent respectivement la liberté d'expression et la liberté de réunion pacifique et l'article 14, comme il a été vu plus haut, condamne la discrimination. Les étrangers se trouvent dans une situation différente de celle des nationaux face au pouvoir politique dans un Etat auquel ils ne sont rattachés par aucun lien d'allégeance. Cette position légitime une différence de traitement qui ne sera pas discriminatoire.

L'article 1§3 de la Convention de 1965 vient cependant préciser qu'en ce qui concerne les non-ressortissants, les Etats parties ne doivent pas prendre de

---

229 *Idem*, § 144. On mentionnera à propos de cette affaire que la Cour s'est finalement reconnue incompétente pour connaître de la requête présentée par la Géorgie dans un arrêt sur les exceptions préliminaires rendu le 1er avril 2011.

230 Kim Dong Hi, *La Convention internationale sur l'élimination de toutes les formes de discrimination raciale*, Thèse, op.cit., p. 112.

dispositions discriminatoires à l'égard d'une nationalité particulière. Les distinctions tolérées par l'article 1§2 ne concernent que quelques droits particuliers ; pour le reste, le Comité pour l'élimination de la discrimination raciale a précisé dans son Observation générale n° XI que : « Le paragraphe 2 de l'article premier ne saurait être interprété de manière à porter atteinte de quelque façon que ce soit aux droits et aux libertés reconnus et énoncés dans d'autres instruments, en particulier la Déclaration universelle des droits de l'homme, le Pacte international des droits économiques, sociaux et culturels et le Pacte international des droits civils et politiques »[231].

L'article 5 de la Convention énonce une série de droits dont les titulaires doivent pouvoir bénéficier sans subir de discrimination raciale[232] mais il ne créé pas de droits. La liste retenue n'est pas limitative comme l'indique l'usage de l'adverbe « notamment ». Ainsi, pour le Comité pour l'élimination de la discrimination raciale, « il conviendrait de noter que les droits et libertés mentionnés à l'article 5 ne constituent pas une liste exhaustive »[233].

---

[231] Comité pour l'élimination de la discrimination raciale, Observation générale n°XI : Non-ressortissants (Art.1) du 19 mars 1993, § 3, dans Doc.off.UN HRI/GEN/1/Rev.6, op.cit., p. 213.

[232] Il s'agit des droits suivant : «
a) Droit à un traitement égal devant les tribunaux et tout autre organe administrant la justice ;
b) Droit à la sûreté de la personne et à la protection de l'Etat contre les voies de fait ou les sévices de la part soit de fonctionnaires du gouvernement, soit de tout individu, groupe ou institution ;
c) Droits politiques, notamment droit de participer aux élections -- de voter et d'être candidat -- selon le système du suffrage universel et égal, droit de prendre part au gouvernement ainsi qu'à la direction des affaires publiques, à tous les échelons, et droit d'accéder, dans des conditions d'égalité, aux fonctions publiques ;
d) Autres droits civils, notamment :
i) Droit de circuler librement et de choisir sa résidence à l'intérieur d'un Etat ;
ii) Droit de quitter tout pays, y compris le sien, et de revenir dans son pays ;
iii) Droit à une nationalité ;
iv) Droit de se marier et de choisir son conjoint ;
v) Droit de toute personne, aussi bien seule qu'en association, à la propriété ;
vi) Droit d'hériter ;
vii) Droit à la liberté de pensée, de conscience et de religion ;
viii) Droit à la liberté d'opinion et d'expression ;
ix) Droit à la liberté de réunion et d'association pacifiques ;
e) Droits économiques, sociaux et culturels, notamment :
i) Droits au travail, au libre choix de son travail, à des conditions équitables et satisfaisantes de travail, à la protection contre le chômage, à un salaire égal pour un travail égal, à une rémunération équitable et satisfaisante ;
ii) Droit de fonder des syndicats et de s'affilier à des syndicats ;
iii) Droit au logement ;
iv) Droit à la santé, aux soins médicaux, à la sécurité sociale et aux services sociaux ;
v) Droit à l'éducation et à la formation professionnelle ;
vi) Droit de prendre part, dans des conditions d'égalité, aux activités culturelles ;
f) Droit d'accès à tous lieux et services destinés à l'usage du public, tels que moyens de transport, hôtels, restaurants, cafés, spectacles et parcs ».

[233] Recommandation générale n° 20 concernant l'article 5 de la Convention du 15 mars 1996, § 1, voir Doc.off.UN HRI/GEN/1/REV.6, op.cit., p. 219.

L'interdiction de la discrimination raciale énoncée par la Convention a donc une portée générale.

Par ailleurs, il est intéressant de relever que la Convention impose aux Etats parties de créer un climat de tolérance et d'acceptation de la différence au sein de leur population. En effet, en vertu de son article 4, « les Etats parties condamnent toute propagande et toutes organisations qui s'inspirent d'idées ou de théories fondées sur la supériorité d'une race ou d'un groupe de personnes d'une certaine couleur ou d'une certaine origine ethnique, ou qui prétendent justifier ou encourager toute forme de haine et de discrimination raciales ; ils s'engagent à adopter immédiatement des mesures positives destinées à éliminer toute incitation à une telle discrimination, ou tous actes de discrimination ». Le même article engage ainsi les Etats parties à déclarer punissables par la loi de tels comportements, à interdire les organisations et les activités de propagande qui incitent à la discrimination raciale et à ne pas permettre aux autorités publiques ni aux institutions publiques d'inciter à la discrimination raciale ou de l'encourager. De plus, l'article 7 de la Convention dispose que « les Etats parties s'engagent à prendre des mesures immédiates et efficaces, notamment dans les domaines de l'enseignement, de l'éducation, de la culture et de l'information, pour lutter contre les préjugés conduisant à la discrimination raciale et favoriser la compréhension, la tolérance et l'amitié entre nations et groupes raciaux ou ethniques ». Une simple attitude passive ne suffit pas, les Etats parties doivent encore adopter des mesures positives pour combattre la discrimination.

La Convention internationale sur l'élimination de toutes les formes de discrimination raciale, à l'instar du PIDCP ou du PIDESC, prévoit la création d'un organe de contrôle : le Comité pour l'élimination de la discrimination raciale. Comme les organes de même nature institués dans le cadre onusien, il s'agit d'un organe quasi-juridictionnel, dont le contrôle tend à renforcer l'effectivité de l'interdiction de la discrimination raciale posée par la Convention.

La Convention internationale sur l'élimination de toutes les formes de discrimination raciale compte parmi les conventions les plus ratifiées. Au 30 décembre 2012, elle liait en effet 174 Etats. Par ailleurs, la CIJ a considéré dans son arrêt du 5 février 1970 rendu dans l'affaire *Barcelona Traction* que l'interdiction de la discrimination raciale était une obligation *erga omnes*. Ainsi la Cour a-t-elle relevé que ce type d'obligations (*erga omnes*) « découlent par exemple, dans le droit international contemporain, de la mise hors la loi des actes d'agression et du génocide mais aussi des principes et des règles concernant les droits fondamentaux de la personne humaine, y compris la protection contre la pratique de l'esclavage et la discrimination raciale. Certains droits de protection correspondants se sont intégrés au droit international général (…) ; d'autres sont conférés par des instruments internationaux de caractère universel ou quasi-universels »[234]. C'est l'interdiction de la discrimination raciale telle qu'énoncée par la Convention de 1965 qui s'est vue reconnaître une valeur coutumière par la Cour.

Ensuite, une autre protection catégorielle contre la discrimination est apportée par les règles internationales du travail adoptées par l'OIT qui proscrivent la discrimination dans le monde du travail. Cet instrument est pertinent face au nettoyage ethnique dans la mesure où la détresse matérielle liée à l'absence de revenus est un moyen de provoquer le départ de populations indésirables.

§2. L'interdiction de la discrimination dans le monde du travail

L'OIT est une organisation internationale à vocation universelle qui a été fondée en 1919 et qui a pour but d'améliorer la condition des travailleurs et ainsi œuvrer au maintien de la paix. Elle est le cadre d'élaboration d'une importante réglementation internationale du travail. L'OIT a notamment adopté une Convention n° 111 le 25 juin 1956[235] concernant la discrimination en matière d'emploi et de profession. Son article 2 dispose que : « Tout Membre pour lequel la présente convention est en vigueur s'engage à formuler et à appliquer une politique nationale visant à promouvoir, par des méthodes adaptées aux circonstances et aux usages nationaux, l'égalité de chances et de traitement en matière d'emploi et de profession, afin d'éliminer toute discrimination en cette matière ». L'article 3 énonce plusieurs mesures destinées à optimiser l'efficacité d'une telle politique[236].

Il faut souligner que la Convention n° 111 prohibe toutes les formes de discrimination. En effet, son article 1 définit la discrimination comme : « a) toute distinction, exclusion ou préférence fondée sur la race, la couleur, le sexe, la religion, l'opinion politique, l'ascendance nationale ou l'origine sociale, qui a

---

[234] CIJ, Arrêt du 5 février 1970 rendu dans l'*affaire de la Barcelona Traction, Light and Power Company Limited*, § 34, Recueil 1970, p. 32.

[235] La Convention est entrée en vigueur le 15 juin 1960.

[236] Chaque Etat membre doit ainsi, « par des méthodes adaptées aux circonstances et aux usages nationaux :

a) s'efforcer d'obtenir la collaboration des organisations d'employeurs et de travailleurs et d'autres organismes appropriés pour favoriser l'acceptation et l'application de cette politique ;

b) promulguer des lois et encourager des programmes d'éducation propres à assurer cette acceptation et cette application ;

c) abroger toute disposition législative et modifier toute disposition ou pratique administratives qui sont incompatibles avec ladite politique ;

d) suivre ladite politique en ce qui concerne les emplois soumis au contrôle direct d'une autorité nationale ;

e) assurer l'application de ladite politique dans les activités des services d'orientation professionnelle, de formation professionnelle et de placement soumis au contrôle d'une autorité nationale ;

f) indiquer, dans ses rapports annuels sur l'application de la convention, les mesures prises conformément à cette politique et les résultats obtenus ».

pour effet de détruire ou d'altérer l'égalité de chances ou de traitement en matière d'emploi ou de profession ; b) toute autre distinction, exclusion ou préférence ayant pour effet de détruire ou d'altérer l'égalité de chances ou de traitement en matière d'emploi ou de profession, qui pourra être spécifiée par le Membre intéressé après consultation des organisations représentatives d'employeurs et de travailleurs, s'il en existe, et d'autres organismes appropriés.

Une protection complémentaire contre la discrimination dans le monde du travail peut être trouvée dans la Convention n° 143 du 23 juin 1975 au bénéfice des travailleurs migrants. Ainsi, l'article 10 de cet instrument dispose que : « Tout Membre pour lequel la convention est en vigueur s'engage à formuler et à appliquer une politique nationale visant à promouvoir et à garantir, par des méthodes adaptées aux circonstances et aux usages nationaux, l'égalité de chances et de traitement en matière d'emploi et de profession, de sécurité sociale, de droits syndicaux et culturels et de libertés individuelles et collectives pour les personnes qui, en tant que travailleurs migrants ou en tant que membres de leur famille, se trouvent légalement sur son territoire ». Ces dispositions garantissent un droit à la non-discrimination au profit des travailleurs migrants et de leurs familles non seulement en matière d'emploi mais également dans la jouissance des droits syndicaux, culturels et des libertés individuelles et collectives. Les bénéficiaires de cette protection sont les travailleurs migrants, définis à l'article 11 de la Convention[237], ainsi que leurs familles. La Convention n° 143, entrée en vigueur le 9 décembre 1978, dispose d'une très faible opposabilité puisqu'au 1er janvier 2013 elle ne liait que 23 Etats. Toutefois, la Convention n° 111 compense, en partie, cette faible ratification puisque l'interdiction générale de la discrimination qu'elle pose englobe la discrimination à l'égard des travailleurs migrants. On mentionnera, en outre, que la Convention des Nations Unies sur la protection des droits des travailleurs migrants et de leur famille du 18 décembre 1990 interdit la discrimination à l'égard des travailleurs migrants et des membres de leur famille en son article 7[238]. La Convention est entrée en vigueur en juillet 2003 et lie aujourd'hui 42 Etats.

---

237 Cet article définit le travailleur migrant comme « une personne qui émigre ou a émigré d'un pays vers un autre pays en vue d'occuper un emploi autrement que pour son propre compte ; il inclut toute personne admise régulièrement en qualité de travailleur migrant ». Cette définition n'englobe pas « les travailleurs frontaliers, les artistes et personnes exerçant une profession libérale qui sont entrés dans le pays pour une courte période, les gens de mer, les personnes venues spécialement à des fins de formation ou d'éducation et les personnes employées par des organisations ou des entreprises œuvrant dans le territoire d'un pays, qui ont été admises temporairement dans ce pays, à la demande de leur employeur, pour remplir des fonctions ou des tâches spécifiques, pour une période limitée et déterminée et qui sont tenues de quitter ce pays lorsque ces fonctions ou ces tâches ont été accomplies ».

238 Cet article est ainsi rédigé : « Les Etats parties s'engagent, conformément aux dispositions des instruments internationaux relatifs aux droits de l'homme, à respecter et à garantir à tous les travailleurs migrants et aux membres de leur famille se trouvant sur leur territoire et relevant de

Le Rapporteur spécial Tadeusz Mazowiecki dénonçait en 1992 la discrimination exercée au Kosovo contre les Albanais en matière d'emploi. A partir du moment où les autorités serbes se sont chargées d'administrer le Kosovo, à compter du 5 juillet 1990, des licenciements massifs d'Albanais ont été prononcés dans la fonction publique et dans les entreprises d'Etat. Une réglementation avait été adoptée qui encourageait les employeurs à privilégier le recrutement de travailleurs serbes et monténégrins tandis qu'une loi d'« exception » autorisait les licenciements arbitraires d'Albanais pour les remplacer par des Serbes. En outre, l'OIT a signalé que des établissements industriels avaient été démantelés et réinstallés en Serbie. Le Rapporteur spécial estimait à 300 000 le nombre d'Albanais qui avaient dû quitter le Kosovo en trois ans du fait qu'ils n'avaient pu y obtenir le minimum vital[239].

On relèvera enfin qu'une Convention de l'UNESCO concernant la lutte contre la discrimination dans le domaine de l'enseignement a été adoptée à Paris le 14 décembre 1960[240]. Cet instrument tend à garantir l'égalité de traitement entre les élèves en matière d'enseignement[241]. On peut considérer que cette convention offre une protection face au nettoyage ethnique. Elle s'oppose en effet à ce qu'un traitement défavorable soit réservé à des élèves en raison de leurs caractéristiques identitaires indésirables pour les contraindre au départ. La Convention liait 97 Etats au 30 décembre 2012.

En définitive, l'interdiction généralisée de la discrimination offrira la meilleure protection face au nettoyage ethnique en ce qu'elle neutralisera la

---

leur juridiction les droits reconnus dans la présente Convention sans distinction aucune, notamment de sexe, de race, de couleur, de langue, de religion ou de conviction, d'opinion politique ou de toute autre opinion, d'origine nationale, ethnique ou sociale, de nationalité, d'âge, de situation économique, de fortune de situation matrimoniale, de naissance ou de toute autre situation ». Par ailleurs, l'article 1er de la Convention garantit qu'elle s'appliquera à tous les travailleurs migrants et aux membres de leur famille sans discrimination.

239 Voir Rapport sur la situation des droits de l'homme dans le territoire de l'ex-Yougoslavie établi par M. Tadeusz Mazowiecki, 17 novembre 1992, Doc.off.UN A/47/666, S/24809, pp. 30-31. Cette politique de licenciements massifs touchaient d'autres secteurs d'activité et notamment l'enseignement.

240 Cette convention est entrée en vigueur le 22 mai 1962.

241 L'article 3 de la Convention dispose notamment que: « Les États parties à la présente Convention s'engagent en outre à formuler, à développer et à appliquer une politique nationale visant à promouvoir, par des méthodes adaptées aux circonstances et aux usages nationaux, l'égalité de chance et de traitement en matière d'enseignement, et notamment à : a. Rendre obligatoire et gratuit l'enseignement primaire; généraliser et rendre accessible à tous l'enseignement secondaire sous ses diverses formes; rendre accessible à tous, en pleine égalité, en fonction des capacités de chacun, l'enseignement supérieur; assurer l'exécution par tous de l'obligation scolaire prescrite par la loi; b. Assurer dans tous les établissements publics de même degré un enseignement de même niveau et des conditions équivalentes en ce qui concerne la qualité de l'enseignement dispensé; c. Encourager et intensifier par des méthodes appropriées l'éducation des personnes qui n'ont pas reçu d'instruction primaire ou qui ne l'ont pas reçue jusqu'à son terme, et leur permettre de poursuivre leurs études en fonction de leurs aptitudes; d. Assurer sans discrimination la préparation à la profession enseignante ».

sélection qui en constitue la base. On peut soutenir que c'est l'interdiction de toutes les formes de discrimination qui relève aujourd'hui du droit coutumier[242]. Son inclusion systématique dans tous les instruments de protection des droits de l'homme traduit une *opinio juris* en la matière[243]. En outre, elle est la formulation négative du principe coutumier d'égalité devant la loi. Cette valeur coutumière du principe de non-discrimination peut également être déduite de l'incrimination de la persécution qui, comme on le verra par la suite, relève aussi du droit coutumier. La Cour interaméricaine des droits de l'homme est allée plus loin en considérant que l'interdiction de la discrimination était une norme de *jus cogens*. Dans son avis consultatif n° 18, la juridiction interaméricaine a considéré que : « The principle of equality before the law, equal protection before the law and non-discrimination belongs to *jus cogens*, because the whole legal structure of national and international public order rests on it and it is a fundamental principle that permeates all laws. Nowadays, no legal act that is in conflict with this fundamental principle is acceptable, and discriminatory treatment of any person, owing to gender, race, color, language, religion or belief, political or other opinion, national, ethnic or social origin, nationality, age, economic situation, property, civil status, birth or any other status is unacceptable. This principle (equality and non-discrimination) forms part of general international law. At the existing stage of the development of international law, the fundamental principle of equality and non-discrimination has entered the realm of *jus cogens* »[244]. Partant, « The effects of the fundamental principle of equality and non-discrimination encompass all States, precisely because this principle, which belongs to the realm of *jus cogens* and is of a peremptory character, entails obligations *erga omnes* of protection that bind all States and give rise to effects with regard to third parties, including individuals »[245].

A côté du principe de non-discrimination, d'autres règles de protection des droits de l'homme présentent une pertinence face au nettoyage ethnique et notamment celles qui encadrent le pouvoir d'expulsion des Etats.

---

[242] M. Goodwin-Gill écrivait en ce sens que : « While it can be argued that non-discrimination as a general principle or rule is confined to distinctions drawn on the basis of race alone, there is now considerable evidence for the view that, as a standard of international law, non-discrimination is drawn on a wider scale », dans « The Limits of the Power of Expulsion in Public International Law », *British Yearbook of International Law*, 1974-1975, pp. 55-156, spéc. p. 71.

[243] Il faut également lire en ce sens l'opinion dissidente du Juge Tanaka jointe à l'arrêt rendu le 18 juillet 1966 dans l'affaire du Sud-ouest africain (deuxième phase). Le magistrat démontre la valeur coutumière du principe de non-discrimination en se fondant sur les nombreux instruments qui l'énoncent. Voir Recueil 1966 pp. 291-293.

[244] Cour interaméricaine des droits de l'homme, Avis consultatif n° 18, op.cit., § 101.

[245] *Idem*, § 110. Pour une critique de cette position, il faut lire Caroline Laly-Chevalier, Fanny Da Poian et Hélène Tigroudja, « Chronique de la jurisprudence de la Cour interaméricaine des droits de l'homme (2002-2004) », *RTDH*, 2005, pp. 459-498, spéc. pp. 465-467. Les auteurs de cet article semblent considérer que le principe de non-discrimination puisse tolérer des dérogations en cas de circonstances exceptionnelles.

Chapitre 2 : Les limitations du pouvoir d'expulsion

L'expulsion peut être définie comme « l'acte par lequel l'autorité compétente d'un Etat somme et contraint un ou plusieurs individus étrangers se trouvant sur son territoire d'en sortir sans délai ou à bref délai et leur interdit d'y pénétrer à nouveau »[246]. Dans le même sens, M. Karl Doehring écrivait que : « Expulsion refers to the order of a State government advising an individual – in general, a foreign national (Aliens) or a stateless person – to leave the territory of that State within a fixed and usually short period of time »[247]. L'expulsion doit être distinguée de la non-admission ou refoulement qui est le refus par un Etat que des étrangers pénètrent, séjournent ou s'établissent sur son territoire. L'expulsion est également différente de l'extradition qui est « un mécanisme juridique par lequel un Etat (Etat requis) livre une personne qui se trouve sur son territoire à un autre Etat (Etat requérant) qui le réclame aux fins de poursuites ou d'exécution d'une peine »[248].

Le droit d'expulsion est une prérogative qui découle de la souveraineté de l'Etat[249]. Le Professeur Maurice Kamto le présentait comme « l'autre versant naturel et logique du droit de régir l'admission ou la non-admission d'étrangers sur son territoire »[250]. L'expulsion doit être considérée comme une mesure de

[246] Charles Rousseau, *Droit international public, tome III, Les compétences*, Sirey, Paris, 1977, p. 19.
[247] Karl Doehring, « Aliens, Expulsion and Deportation », dans Rudolf Bernhardt (Ed.), *Encyclopedia of Public International Law*, Volume 1, North-Holland, Amsterdam, London, New York, Tokyo, 1992, pp. 109-112, spéc. p. 109. Le Professeur James R. Fox définissait l'expulsion comme : « Action by a state ordering a foreigner (alien) to leave the country, and thereby terminating his legal right to enter and reside in the country», dans *Dictionnary of International and Comparative Law*, Oceana Publications, New York, 1992, p. 145.
[248] Jean Salmon (Dir.), *Dictionnaire de droit international public*, op.cit. p. 489.
[249] En 1869, le Secrétaire d'Etat américain, M. Fish déclarait que : « The control of the people within its limits,and the right to expel from its territory persons who are dangerous to the peace of the State are too clearly within the essential attributes of sovereignty to be seriously contested », cité dans Guy S.Goodwin-Gill, « The Limits of the Power of Expulsion in Public International Law », *British Yearbook of International Law*, 1974-1975, op.cit., p. 58.
[250] *Rapport préliminaire sur l'expulsion des étrangers, présenté par M. Maurice Kamto, Rapporteur spécial*, 4 avril 2005, Doc.off.UN A/CN.4/554, p. 7. M. Kamto y reprenait ces propos de M. Shigeru Oda : « Le droit d'un Etat d'expulser à son gré les étrangers dont il juge la présence sur son territoire indésirable est, à l'instar du droit de refuser l'admission d'étrangers sur son territoire, réputé être un attribut de la souveraineté », « *The Individual in International Law* », in Max Sorensen (éd.), *Manual of Public International Law*, Londres, Melbourne, Toronto, MacMillan, 1968, pp. 469-531, spéc. p. 482.
A contrario, M. Tchernoff écrivait que « peu de personnes de nos jours soutiennent que le droit d'expulser des étrangers soit une attribution normale de l'Etat exerçant sa fonction civilisatrice », dans « Protection des nationaux résidant à l'étranger », *Revue de droit international* tome XX, cité dans *Rapport préliminaire sur l'expulsion des étrangers*, op.cit., p. 7.

protection de l'Etat. Elle consiste à éloigner de son territoire tel ou tel individu susceptible de porter atteinte à l'un de ses intérêts essentiels[251].

Cette faculté d'expulser n'est toutefois pas absolue. Elle doit notamment être conciliée avec les droits fondamentaux dont bénéficie chaque individu. C'est pourquoi plusieurs règles, d'origine coutumière ou conventionnelle, viennent en encadrer l'exercice. Il importe alors d'évaluer si ces normes sont suffisantes à prévenir l'homogénéisation d'une population par la voie de l'expulsion.

Une première limitation du pouvoir d'expulsion, pertinente face au nettoyage ethnique, est l'interdiction d'expulser ses propres nationaux (Section 1). Par ailleurs, le pouvoir d'expulsion ne doit pas être utilisé de manière arbitraire. Les mesures prises doivent reposer sur des motifs sérieux de nature à les justifier, et la recherche de l'homogénéité démographique ne semble pas compter parmi ceux-ci (Section 2).

Section 1. L'interdiction d'expulser ses propres nationaux

L'expulsion de ses nationaux est interdite par la grande majorité des droits nationaux[252] et par les principaux instruments internationaux de protection des droits de l'homme. La possibilité que cette règle fasse désormais partie du droit coutumier doit d'ailleurs être envisagée (§1). Dès lors, une hypothèse particulière méritera d'être soulevée : Celle dans laquelle un Etat, afin de contourner cette règle, décide de retirer la nationalité de certains de ses ressortissants afin de pouvoir les expulser. Une telle situation amène à

---

[251] La pratique est très ancienne. Déjà sous l'antiquité grecque, à Spartes, les étrangers étaient bannis de la cité. Ceux-ci étaient considérés comme des barbares et accusés de troubler l'ordre établi par les lois, l'*eunomia*. Voir *Rapport préliminaire sur l'expulsion des étrangers*, op.cit., p. 2.

[252] Le Comité d'experts chargé de réaliser l'*Etude du droit en vertu duquel nul ne peut être arbitrairement arrêté, détenu ou exilé* a constaté « qu'un très grand nombre de pays ne permettaient pas d'exiler leurs ressortissants. Dans certains pays, l'exil est expressément interdit par une disposition constitutionnelle ou légale ou par une interprétation d'une telle disposition. Dans d'autres, l'exil n'est autorisé par aucune disposition légale, ou bien on n'y a pas recours dans la pratique. En outre, dans quelques pays, l'exil n'existe pas en tant que peine », *Etude du droit en vertu duquel nul ne peut être arbitrairement arrêté, détenu ou exilé*, Nations Unies, New York, 1964 (Doc.off.UN E/CN.4/826/Rev.1), p. 233. A la suite, le Comité concluait que l'exil avait pratiquement disparu. (voir p. 238 de l'Etude).
Le droit français interdit l'expulsion des Français de la France. Il est intéressant de lire à ce propos un jugement du 6 janvier 1893 rendu par le Tribunal civil de Nice (*Ministère public contre Marie Maino*) reproduit dans Dalloz périodique, 1893, volume 2, Partie 2, p.345. Il est également utile de lire l'arrêt de la Cour de Chambéry du 21 mai 1908 rendu dans l'affaire *Solari* où la Cour « dit que Solari ayant conservé sa qualité de Français, c'est mal à propos qu'un arrêté d'expulsion a été pris contre lui ». Texte reproduit dans Alexis Martini, *L'expulsion des étrangers*, thèse Paris, 1909, p. 28.
D'autres exemples peuvent être cités. Ainsi, l'article 25§1 de la Constitution fédérale de la Suisse interdit l'expulsion de nationaux, de même que l'article 45§5 de la loi n° 62-FZ de la Fédération de Russie. Voir à ce propos l'*Etude du Secrétariat sur l'expulsion des étrangers*, Doc.off.UN A/CN.4/565, op.cit., p. 34, note 60.

s'interroger sur l'existence d'un droit à conserver sa nationalité en droit international (§2).

§1. Une règle énoncée par les principaux instruments internationaux de protection des droits de l'homme

L'interdiction d'expulser ses propres nationaux est implicitement ou explicitement contenue dans les principaux instruments de protection des droits de l'homme qu'ils soient universels (A) ou régionaux (B).

A. L'interdiction d'expulser ses nationaux dans les instruments à portée universelle

Pour trouver des règles à portée universelle relatives à l'expulsion, il faut principalement se tourner vers la Déclaration Universelle des Droits de l'Homme de 1948 et le Pacte International des Droits Civils et Politiques de 1966.

L'article 9 de la première dispose que « nul ne peut être arbitrairement arrêté, détenu ou exilé ». L'exil désigne l'expulsion d'un individu par l'Etat dont il est le national[253]. L'interdiction énoncée par la Déclaration n'est pas absolue puisque seul l'exil arbitraire est condamné.

La DUDH n'est ni un acte conventionnel, ni un acte décisoire. Elle est une recommandation adoptée par l'AGNU, et par conséquent, dépourvue de force obligatoire. Certains auteurs ont cependant pu avancer que ses dispositions pouvaient lier les Etats membres des Nations Unies en tant qu'elle complète les dispositions de la Charte relatives aux droits de l'homme[254]. D'aucuns ont considéré qu'elle faisait partie intégrante du droit coutumier[255], ce que d'autres

---

[253] Le terme « bannissement » pourra être employé dans le même sens. *A contrario*, le Comité d'experts chargé de réaliser l'*Etude du droit en vertu duquel nul ne peut être arbitrairement arrêté, détenu ou exilé* a distingué l'exil et le bannissement. Ainsi, tout en relevant que l'usage ne faisait pas de distinction entre les deux termes, le Comité a considéré que « le premier terme désigne, dans le présent rapport, l'expulsion d'une personne de son propre pays, et le second désigne la résidence forcée dans une région, parfois éloignée, du pays lui-même. Autrement dit, le mot « exil » est employé dans un sens extra-territorial, le mot « bannissement » dans un sens intraterritorial ». Voir Etude op.cit., p. 231.

[254] Lire par exemple Bertrand Ramcharan, *Concept and Present Status of the International Protection of Human Rights : Forty Years After the Universal Declaration*, Martinus Nijhoff Publishers, Dordrecht/Boston/London, 1989, spéc. p. 39-45.

[255] Voir notamment Louis Sohn, « The New International Law : Protection of the Rights of Individuals rather than States », *American University Law Review*, 1982, article disponible sur le site: www.lexisnexis.com (consulté le 30 mai 2012). Pour l'auteur, « the Declaration thus is now considered to be an authoritative interpretation of the UN Charter, spelling out in considerable detail the meaning of the phrase « human rights and fundamental freedoms », which Member States agreed in the Charter to promote and observe. The Universal Declaration has joined the Charter of the United Nations as part of the constitutionnal structure of the world community. The Declaration as an authoritative listing of human rights, has become a basic component of international customary law, binding on all states, not only on members of the United Nations ».

contestent en s'appuyant sur la pratique des Etats[256] qui, il est vrai, ne traduit pas une volonté généralisée de respecter tous les droits qu'elle énonce. Il est certain cependant que la Déclaration n'est pas un simple acte politique. Elle apparaît comme un instrument de référence, « le tronc commun » des développements intervenus dans le domaine des droits de l'homme depuis 1948. Elle ne relève pas seulement du droit déclaratoire mais du droit programmatoire. Et les nombreuses références qui y sont faites dans des instruments de protection des droits fondamentaux de même que certains renvois opérés par la CIJ notamment attestent de son autorité juridique[257]. D'autre part, il est incontestable que plusieurs des règles qu'elle contient ont aujourd'hui acquis une valeur coutumière[258] et l'interdiction de l'exil arbitraire semble compter parmi celle-ci[259].

Le PIDCP ne contient pas de dispositions interdisant de manière explicite à un Etat partie d'expulser ses nationaux. Cette interdiction peut toutefois être déduite de l'article 12§4 qui dispose que : « Nul ne peut être arbitrairement privé du droit d'entrer dans son propre pays ». Il faut savoir que, durant les travaux préparatoires du Pacte, un projet d'article 12 a été discuté qui était rédigé comme suit : « « a) Nul ne peut être arbitrairement exilé ; b) Sous réserve de la disposition du sous-paragraphe précédent, toute personne est libre d'entrer dans son propre pays ». La Troisième Commission de l'AGNU a rejeté le sous-paragraphe *a* lorsqu'elle a examiné cet article. En effet, elle a considéré qu'il

---

256 Le Professeur Sudre note ainsi qu' « on ne peut voir dans la Déclaration un élément formateur de la coutume car les deux éléments constitutifs de la coutume sont, au moins partiellement, défaillants. (…) l'absence par hypothèse des Etats nouveaux ne saurait empêcher la formation d'une règle coutumière, mais l'abstention de l'Union soviétique et des Etats socialistes interdit d'admettre que la DUDH a été votée par la « généralité » des Etats de la communauté internationale du moment et exprime une réelle *opinio juris* sur le plan international. De plus (…) il est malheureusement clair que la DUDH n'a pas produit une pratique étatique abondante de respect des droits de l'homme », dans *Droit européen et international des droits de l'homme*, op.cit., p. 179.

257 Il faut lire à ce propos Emmanuel Decaux, « De la promotion à la protection des droits de l'homme, droit déclaratoire et droit programmatoire », dans SFDI, *La protection des droits de l'homme et l'évolution du droit international*, Actes du colloque tenu à Strasbourg les 29, 30, 31 mai 1997, Pedone, Paris, 1998, pp. 81-119. L'auteur réfute notamment « une vision manichéenne du droit opposant l'être du droit conventionnel et le néant du droit non conventionnel », p. 86.

258 « The Declaration retains its full significance as a common standard of achievement and as a source of customary law and *jus cogens* in the field of human rights », Peter Van Dijk, « *The Universal Declaration is Legally Non-Binding ; so what ?* » dans Barend Van Der Heijden and Bahia Tahzib-Lie (ed.), *Reflections on the Universal Declaration of Human Rights – A Fiefteth Anniversary Anthology*, Martinus Nijhoff Publishers, The Hague/Boston/London, 1999, pp. 108-111, spéc. p. 109.

259 Comme il sera vu plus loin.

était inutile de l'insérer dans le Pacte puisque les lois de nombreux pays interdisaient déjà ou ne reconnaissaient pas l'exil[260].

Le Comité des droits de l'homme a donné une interprétation large du membre de phrase « son propre pays » en considérant qu'il ne renvoyait pas exclusivement aux nationaux de l'Etat. Dans l'affaire *Stewart contre Canada*, le Comité a retenu que : « La notion recouverte par les termes « son propre pays » est plus vaste que celle « pays de sa nationalité », qu'elle recouvre et qu'évoquent certains organes conventionnels régionaux des droits de l'homme dans le contexte de la garantie du droit d'entrer dans un pays. De plus, pour saisir le sens du paragraphe 4 de l'article 12, il faut également tenir compte des termes de l'article 13 du Pacte. Cet article fait référence à « un étranger qui se trouve légalement sur le territoire d'un Etat partie » pour restreindre les droits des Etats d'expulser une personne considéré comme un « étranger ». Il semble en conséquence que la notion recouverte par l'expression « son propre pays » s'applique aux personnes qui sont des nationaux et à certaines catégories de personnes qui, tout en n'étant pas des nationaux au sens strict du terme, ne sont pas non plus des « étrangers » au sens de l'article 13, bien qu'elles puissent être considérées comme des étrangers à d'autres fins »[261]. L'Organe de contrôle dégage ainsi une catégorie intermédiaire d'individus entre les nationaux et les étrangers à strictement parler, qui peuvent prétendre au bénéfice de l'article 12§4 du Pacte. Il s'agit d'individus qui, sans avoir la nationalité d'un Etat, sont unis à celui-ci par un lien particulier[262]. Par la suite, dans l'affaire *Madaferri*

---

260 Voir *Documents officiels de l'Assemblée générale, quatorzième session, Annexes*, point 34 de l'ordre du jour, A/4299, § 17. Cité dans l'*Etude du droit en vertu duquel nul ne peut être arbitrairement arrêté, détenu ou exilé*, op.cit., p. 232.

261 Comité des droits de l'homme, Communication n° 538/1993 *Charles E. Stewart contre Canada*, Constatations du 1er novembre 1996, Doc.off.UN CCPR/C/58/D/538/1993, § 12.3.

262 Dans la même affaire, le Comité précisait à la suite que : « Etant donné que la notion que recouvre l'expression « son propre pays » n'est pas limitée à la nationalité au sens strict du terme, à savoir la nationalité conférée à la naissance ou acquise par la suite, celle-ci s'applique, pour le moins, à toute personne qui, en raison des liens particuliers qu'elle entretient avec un pays donné ou des revendications qu'elle a à cet égard, ne peut pas être considérée dans ce même pays comme un simple étranger. Tel serait le cas, par exemple, de nationaux d'un pays auxquels la nationalité aurait été retirée en violation du droit international, et de personnes dont le pays de nationalité aurait été intégré ou assimilé à une autre entité nationale au sein de laquelle elles n'auraient pas été reconnues comme des nationaux. En résumé, même si ces personnes ne sont pas des nationaux au sens strict du terme, elles ne sont pas non plus des étrangers au sens de l'article 13. De plus, le libellé du paragraphe 4 de l'article 12 peut être interprété de façon plus large et ses dispositions pourraient viser d'autres catégories de résidents à long terme, en particulier les apatrides privés arbitrairement du droit d'acquérir la nationalité de leur pays de résidence » (§ 12.4).

Voir dans le même sens l'Observation générale n° 27 du Comité des droits de l'homme : Liberté de circulation (art.12), Doc.off.UN CCPR/C/21/Rev.1/Add.9 du 2 novembre 1999, § 20.

Le Professeur Maurice Kamto notait aussi, dans son troisième rapport sur l'expulsion des étrangers, que le principe de non-expulsion des nationaux devait s'entendre de manière large, comme s'étendant « aussi bien aux nationaux, entendus comme les personnes ayant la nationalité

contre Australie, le Comité des droits de l'homme a rappelé qu' « une personne qui entre dans un Etat donné, en vertu de la législation de cet Etat en matière d'immigration et sous réserve des conditions énoncées dans cette législation, ne peut pas normalement considérer que cet Etat est « son propre pays » alors qu'elle n'en a pas acquis la nationalité et qu'elle conserve la nationalité de son pays d'origine. Il pourrait exister une exception, dans des circonstances limitées, par exemple quand des obstacles déraisonnables sont posés à l'acquisition de la nationalité »[263]. Tout compte fait, si l'expression « dans son propre pays » ne renvoie pas exclusivement aux nationaux de l'Etat concerné, ils restent néanmoins les principaux visés par cette formule.

De plus, le Comité des droits de l'homme a relevé dans son Observation générale n° 27 que le droit d'entrer dans son propre pays reconnu par le Pacte avait plusieurs facettes et qu' « *il implique le droit de rester dans son pays* »[264]. Dans l'affaire *Stewart contre Canada*, l'Organe de contrôle a retenu à propos de l'article 12§4 que : « L'article 12 ne traite pas directement de l'expulsion ou du renvoi d'une personne. Il est naturellement possible de considérer que le devoir de l'Etat partie de ne pas expulser des personnes découle directement de cette disposition et que l'Etat partie qui a l'obligation d'autoriser l'entrée d'une personne ne peut pas non plus expulser cette même personne. Compte tenu de sa conclusion concernant le paragraphe 4 de l'article 12, qui sera exposée ci-après, le Comité n'a pas en l'espèce à se prononcer sur cet argument. Il se contentera de considérer que si les dispositions du paragraphe 4 de l'article 12 devaient s'appliquer à l'auteur, l'Etat partie ne serait pas en droit d'expulser ce dernier »[265]. Il faut considérer que l'expulsion par un Etat d'un de ses nationaux emportera violation de l'article 12§4 du Pacte. M. Jean-Marie Henckaerts notait que « Nationals freedom from expulsion is corollary to their right to enter the territory of the state of their nationality »[266].

L'interdiction d'expulser ses nationaux trouve deux justifications. La première est le fait que le droit international garantit aux individus le droit de vivre sur le territoire de l'Etat dont ils sont les nationaux. Il faut cependant souligner que c'est la privation « arbitraire » du droit d'entrer dans son pays qui

---

d'un Etat, que certains « étrangers » bénéficiant d'un statut similaire à celui des nationaux en vertu de la législation de l'Etat d'accueil ou des liens qu'ils ont avec ce dernier ». Voir Doc.off.UN A/CN.4/581 p.17. Sur la notion de quasi-nationalité on renverra à l'article du Professeur Sébastien Touzé, « La « quasi-nationalité », réflexions générales sur une notion hybride », *RGDIP* 2011/1, pp. 5-38.

[263] Comité des droits de l'homme, Communication n° 1011/2001 *Madafferi contre Australie*, Constatations du 26 août 2004, Doc.off.UN CCPR/C/81/D/1011/2001, § 9.6.

[264] Comité des droits de l'homme, Observation générale n° 27 : Liberté de circulation (art.12), op.cit., § 19. Nous soulignons.

[265] Comité des droits de l'homme, Communication n° 538/1993 *Stewart contre Canada*, Constatations du 1er novembre 1996, op.cit., § 12.2.

[266] Jean-Marie Henckaerts, *Mass Expulsion in Modern International Law Practice*, Martinus Nijhoff Publishers, La Haye, Boston, Londres, 1995, p. 79.

est interdite par le Pacte, la règle n'est donc pas absolue. Le Comité des droits de l'homme a précisé le sens du mot arbitraire. Ainsi, « la notion d'arbitraire est évoquée dans ce contexte dans le but de souligner qu'elle s'applique à toutes les mesures prises par l'Etat, au niveau législatif, administratif et judiciaire ; l'objet est de garantir que même une immixtion prévue par la loi soit conforme aux dispositions, aux buts et aux objectifs du Pacte et soit, dans tous les cas, raisonnable eu égard aux circonstances particulières »[267]. Le Comité semble toutefois douter du fait que la privation du droit d'une personne d'entrer dans son propre pays puisse être justifiée : « Le Comité considère que les cas dans lesquels la privation du droit d'une personne d'entrer dans son propre pays pourrait être raisonnable, *s'ils existent*, sont rares »[268]. Il n'en fournit d'ailleurs pas d'exemple.

La seconde justification de l'interdiction d'expulser ses nationaux est le respect de la souveraineté des Etats. En effet, l'Etat qui expulse son national impose la présence de ce dernier à un Etat de destination qui, en vertu du droit international, dispose d'une compétence discrétionnaire en matière d'admission d'étrangers sur son sol. En outre, en refusant que ses nationaux pénètrent sur son sol, l'Etat national s'oppose à ce que l'Etat d'accueil exerce son pouvoir d'expulser. De fait, le principe de non-expulsion de ses nationaux apparaît comme une contrepartie du pouvoir d'expulsion des non-nationaux reconnu à chaque Etat.

Il est utile ici d'ouvrir une parenthèse sur la détermination de l'Etat de destination. Celui-ci ne sera pas nécessairement l'Etat national de l'individu expulsé. Se pose alors la question de savoir si l'intéressé a le droit de choisir vers quel Etat il va être expulsé. Le Comité des droits de l'homme a considéré dans son Observation générale n° 15 que : « Normalement, un étranger qui est expulsé doit être autorisé à se rendre dans tout pays qui accepte de l'accueillir »[269]. Or, comme le relève le Professeur Giorgio Gaja : « It would be difficult to hold that in principle the expelling State is under an obligation to accept the choice made by the individual. No such obligation has been stated in the instruments concerning expulsion nor can one find support of the existence of an obligation in State practice »[270]. Seul l'Etat dont l'expulsé à la nationalité est dans l'obligation de l'accueillir. Aussi l'intéressé peut-il exprimer une

---

267 *Idem*, § 21.

268 Nous soulignons.

269 Comité des droits de l'homme, Observation générale n° 15 : Situation des étrangers au regard du Pacte, 11 avril 1986, § 9, dans Doc.off.UN HRI/GEN/1/Rev.6, op.cit., p. 148. C'est ce qu'écrivait également M. Shigeru Oda : « Further, he (l'étranger expulsé) should be given a reasonable time to settle his peronnal affairs before leaving the country, and be allowed to choose the country to which he may apply for admission », dans « *The Individual in International Law* », op.cit., p. 483.

270 Giorgio Gaja, « *Expulsion of Aliens : Some Old and New Issues in International Law* », op.cit., spéc. p. 293.

préférence pour telle ou telle destination, il n'y sera effectivement envoyé que si cet Etat a accepté de le recevoir[271].

Le PIDCP est entré en vigueur le 23 mars 1976. Au 30 décembre 2012, il liait 167 Etats[272].

En outre, l'interdiction d'expulser ses nationaux est affirmée par les principaux instruments régionaux de protection des droits de l'homme.

B. L'interdiction d'expulser ses nationaux sur le plan régional

Sur le plan régional, l'interdiction d'expulser ses propres nationaux est expressément formulée par le Protocole 4 de la Convention européenne des droits de l'homme (1) et par la Déclaration américaine des droits et des devoirs de l'homme et la Convention américaine des droits de l'homme (2). La règle se déduit implicitement de l'article 12§2 de la Charte africaine des droits de l'homme et des peuples (3).

---

[271] Un Etat peut avoir accepté par voie de traité d'admettre sur son territoire les ressortissants des autres Etats parties au traité. Il peut s'agir d'un traité bilatéral comme par exemple le Traité conclu le 18 novembre 1997 entre l'Italie et l'Albanie (voir Giorgio Gaja, op.cit., p. 294.) Le Traité instituant la Communauté Européenne peut être rapproché de cette hypothèse en tant qu'il impose aux Etats membres de la Communauté de garantir à l'ensemble de leurs ressortissants la libre circulation sur leurs territoires respectifs (voir *infra* Section 2).

[272] Parmi lesquels cependant, plusieurs ont formulé des réserves et déclarations touchant à l'article 12§4, ainsi :

- L'Autriche, au moment de déposer son instrument de ratification, a déposé la réserve suivante : « Le paragraphe 4 de l'article 12 du Pacte sera appliqué pour autant qu'il ne porte pas atteinte à la loi du 3 avril 1919 (Journal officiel de l'État autrichien, n° 209) relative au bannissement de la maison de Habsbourg-Lorraine et à l'aliénation de ses biens, telle qu'elle a été modifiée par la loi du 30 octobre 1919 (Journal officiel de l'État autrichien n° 501), par la loi constitutionnelle fédérale du 30 juillet 1925 (Journal officiel de la République fédérale d'Autriche, n° 292) et par la loi constitutionnelle fédérale du 26 janvier 1928 (Journal officiel de la République fédérale d'Autriche, n° 30) et compte tenu de la loi constitutionnelle fédérale du 4 juillet 1963 (Journal officiel de la République fédérale d'Autriche n° 172) ».
- L'Italie a, pour sa part, précisé que : « Le paragraphe 4 de l'article 12 ne saurait faire obstacle à l'application de la disposition transitoire XIII de la Constitution italienne concernant l'interdiction d'entrée et de séjour de certains membres de la Famille de Savoie dans le territoire de l'État ».
- Les Pays-Bas ont précisé qu'ils considéraient « les Pays-Bas et les Antilles néerlandaises comme des pays distincts aux fins de ces dispositions » (Article 12, paragraphes 2 et 4).
- Le Royaume-Uni a déclaré que « Le Gouvernement du Royaume-Uni se réserve le droit de continuer à appliquer les lois sur l'immigration régissant l'admission et le séjour au Royaume-Uni et le départ du Royaume-Uni, qu'il peut estimer nécessaire de temps à autre, et, en conséquence, il accepte le paragraphe 4 de l'article 12 ainsi que les autres dispositions du Pacte sous réserve de toutes dispositions législatives applicables aux personnes qui n'ont pas, à tel moment, le droit d'entrer et de rester au Royaume-Uni en vertu de la législation du pays. Le Royaume-Uni se réserve également un droit analogue en ce qui concerne chacun de ses territoires dépendants ».

(Source : site du Haut-commissariat des Nations Unies pour les droits de l'homme : www.ohchr.org, consulté le 30 décembre 2012).

1. Une règle énoncée par l'article 3 du Protocole 4 à la Convention européenne des droits de l'homme

La Convention européenne des droits de l'homme ne contient pas de dispositions relatives à l'expulsion. C'est dans ses Protocoles additionnels, et plus précisément les Protocoles 4 et 7, qu'il faut chercher des règles en la matière. L'article 3 du Protocole 4 dispose ainsi que : « 1- Nul ne peut être expulsé, par voie de mesure individuelle ou collective, du territoire dont il est ressortissant. 2- Nul ne peut être privé du droit d'entrer sur le territoire de l'Etat dont il est le ressortissant ». L'interdiction posée par l'article 3 du Protocole 4 est catégorique et ne tolère aucune dérogation. Elle offre ainsi une protection plus efficace que l'article 12§4 du PIDCP où l'emploi du terme « arbitrairement » laisse supposer qu'un Etat pourrait refuser l'accès de son territoire à l'un de ses nationaux s'il avait un motif légitime. Le Professeur Danièle Lochak notait que « ceci a été délibérément voulu par les rédacteurs du Protocole qui ont estimé qu'il était possible, dans le cadre du Conseil de l'Europe, de donner à la prohibition de l'expulsion des nationaux un caractère absolu qu'il était difficile d'imposer dans le cadre de l'ONU »[273].

Dès lors, le problème de la conciliation entre les deux traités se pose. Il importe en effet de se demander si un Etat partie aux deux instruments doit privilégier l'application du Pacte ou de la Convention. Un commentaire de la Convention européenne apprend au lecteur que « la convention la plus favorable tant par l'étendue de la reconnaissance des droits et libertés que par l'efficacité des mécanismes de garantis utilisables »[274] l'emporte. Les Etats devront, par conséquent, privilégier l'application de l'instrument régional.

Il convient de noter que des mesures temporaires telles qu'une quarantaine ne doivent pas être considérées comme un refus d'entrer sur le territoire. De même, l'Etat pourra demander à l'individu qui souhaite entrer sur son territoire de justifier de sa nationalité.

La grande majorité des Etats membres du Conseil de l'Europe sont parties au Protocole 4 et sont, par conséquent, liés par la règle de l'article 3[275].

---

[273] Danièle Lochak, Commentaire de l'article 3 du Protocole 4, dans Louis-Edmond Petiti, Emmanuel Decaux et Pierre-Henri Imbert (Dir.), *La Convention européenne des droits de l'homme, Commentaire article par article,* op.cit., pp. 1053-1055, spéc. p. 1054.

[274] Jacques Mourgeon, Commentaire de l'article 2 du Protocole 4, dans Louis-Edmond Petiti, Emmanuel Decaux et Pierre-Henri Imbert (Dir.), *La Convention européenne des droits de l'homme, Commentaire article par article,* op.cit., pp. 1043-1051, spéc. p. 1049.

[275] Au 30 décembre 2012, 43 Etats étaient parties au Protocole. La Grèce, le Royaume-Uni, la Suisse et la Turquie n'ont pas exprimé leur consentement à être liés par cet instrument.

Il faut relever que l'Autriche a déposé une réserve à l'article 3 du Protocole, similaire à celle formulée à l'article 12§4 du PIDCP. Cette réserve a été soulevée devant la Commission européenne des droits de l'homme dans l'affaire *Habsbug-Lothringen contre Autriche.* Des ressortissants autrichiens, descendants directs du dernier empereur Habsbourg, avaient contesté la loi autrichienne de 1919 relative au bannissement de la maison de Habsbourg-Lorraine et à l'aliénation de ses biens (loi maintenue en vigueur par la Loi constitutionnelle du 1er mai 1945).

La règle interdisant d'expulser ses nationaux est aussi contenue dans les instruments américains de protection des droits de l'homme.

2. Une règle énoncée par les instruments interaméricains de protection des droits de l'homme

L'Organisation des Etats Américains (OEA) a été le cadre d'élaboration d'une importante réglementation destinée à protéger les droits de l'homme. Parmi celle-ci, deux instruments interdisent l'expulsion de ses propres nationaux : la Déclaration américaine des droits et devoirs de l'homme adoptée à Bogota en 1948 et la Convention américaine des droits de l'homme de San José de 1969.

L'article VIII de la première dispose que : « Toute personne a le droit de fixer sa résidence sur le territoire de l'Etat dont elle est ressortissante, d'y circuler librement et de ne le quitter que de sa propre volonté ». Ces dispositions interdisent clairement l'expulsion de ses nationaux. La valeur juridique de cet instrument est ambiguë. En effet, la Déclaration de Bogota n'est ni une décision, ni un traité, elle n'est donc en principe pas revêtue de force obligatoire. Pourtant, la Cour interaméricaine des droits de l'homme a rendu en 1989 un avis consultatif qui laisse entendre qu'elle serait indirectement contraignante. La Colombie avait saisi la Cour pour lui demander si sa compétence consultative, posée par l'article 64 de la Convention américaine, incluait l'interprétation de la Déclaration, soulevant ainsi la question de son statut juridique (cet article prévoit en effet que les Etats puissent consulter la Cour « à propos de l'interprétation de la présente Convention ou de tout autre Traité concernant la protection des droits de l'homme dans les Etats américains »). Ayant écarté l'hypothèse que la Déclaration soit un traité, les Juges de San José n'en conclurent pas moins que « For the member states of the Organization, the Declaration is the text that defines the human rights referred to in the Charter. Moreover, Articles 1(2)(b) and 20 of the Commission's Statute define the competence of that body with respect to the human rights enunciated in the Declaration, with the result that to this extent the American Declaration is for these States a source of international obligations related to the Charter of the

---

Les requérants invoquaient notamment une violation de l'article 3§2 du Protocole 4. La Commission rejeta ce grief en relevant que l'article 3 ne s'appliquait pas à l'Autriche dans la mesure couverte par sa réserve. Réserve jugée valide par la Commission au regard de l'article 64 de la Convention européenne des droits de l'homme. Voir Commission européenne des droits de l'homme, Décision sur la recevabilité du 14 décembre 1989, *Habsburg-Lothringen contre Autriche* (req. 15344/89).

L'Azerbaïdjan a joint à son instrument de ratification du Protocole déposé le 15 avril 2002 une déclaration ainsi libellée : « La République d'Azerbaïdjan déclare qu'elle n'est pas en mesure de garantir l'application des dispositions du Protocole dans les territoires occupés par la République d'Arménie jusqu'à ce que ces territoires soient libérés de cette occupation ». (Source : site de la Cour européenne des droits de l'homme : www.echr.coe.int, consulté le 30 décembre 2012).

Organization »[276]. C'est donc de son rapport avec la Charte de l'OEA que la Déclaration tirerait sa force obligatoire. Les Etats étant liés par celle-ci, ils sont liés par l'instrument qui explicite les droits auxquels elle se réfère. La Commission interaméricaine des droits de l'homme s'était déjà prononcée en ce sens dans l'affaire *Baby Boy contre Etats-Unis* en considérant que « The international obligation of the United States of America, as a member of the Organization of American States (OAS), under the jurisdiction of the Inter-American Commission on Human Rights (IACHR) is governed by the Charter of OAS (Bogotá, 1948) as amended by the Protocol of Buenos Aires on February 27, 1967, ratified by United States on April 23, 1968. 16. As a consequence of articles 3 i, 16, 51 e, 112 and 150 of this Treaty, the provisions of other instruments and resolutions of the OAS on human rights, acquired binding force. Those instruments and resolutions approved with the vote of U.S. Government, are the following : American Declaration of the Rights and Duties of Man (Bogotá, 1948) (...)[277]. Cette position des organes de contrôle américains ne fait cependant pas l'unanimité parmi les membres de l'OEA et, les Etats-Unis notamment, se sont vigoureusement élevés contre ce caractère obligatoire attribué à la Déclaration[278].

Par ailleurs, la Convention américaine des droits de l'homme adoptée à San José le 22 novembre 1969 énonce à son article 22§5 que : « Nul ne peut être expulsé du territoire de l'Etat dont il est le ressortissant ni être privé du droit d'y entrer ». La Convention liait au 30 décembre 2012, 25 Etats membres de l'OEA et aucun n'a formulé de réserve au sujet de l'article 22. Ceux qui ne l'ont pas ratifié restent liés par l'article VIII de la Déclaration de Bogota sous réserve qu'elle dispose effectivement d'une valeur obligatoire, ce dont rien n'est moins sûr.

L'interdiction d'expulser ses nationaux se retrouve également dans la Charte de Banjul[279].

3. Une interdiction implicite d'expulser ses nationaux énoncée par l'article 12§2 de la Charte africaine des droits de l'homme et des peuples

La Charte africaine des droits de l'homme et des peuples, adoptée à Nairobi le 27 juin 1981, à l'instar du PIDCP, ne contient pas de disposition interdisant

---

276 Cour interaméricaine des droits de l'homme, Avis consultatif n° 10 du 14 juillet 1989, *Interpretation of the American Declaration of The Rights and Duties of Man within the framework of article 64 of the American Convention on Human Rights requested by the government of the Republic of Colombia*, Série A, n° 10, § 45.

277 Commission interaméricaine des droits de l'homme, Affaire 2141, *Baby Boy contre Etats Unis*, 6 mars 1981, Résolution 23/81, Rapport annuel 1980-1981, citée dans Ludovic Hennebel, *La Convention américaine des droits de l'homme. Mécanismes de protection et étendue des droits et libertés*, Bruylant, Bruxelles, 2007, p. 28.

278 D'ailleurs, le même raisonnement appliqué à la DUDH reviendrait à lui reconnaître aussi une valeur contraignante.

279 La Charte africaine des droits de l'homme et des peuples a été officiellement adoptée à Nairobi mais le projet définitif avait déjà été élaboré en janvier 1981 dans la capitale gambienne.

explicitement à un Etat partie d'expulser ses nationaux. Cependant, une telle prohibition doit être déduite de son article 12§2 qui dispose que : « Toute personne a le droit de quitter tout pays, y compris le sien, et de revenir dans son pays ». Est ici reconnu un droit d'entrer dans son pays qui appelle les mêmes remarques que celles formulées à propos de l'article 12§4 du PIDCP. « Le droit de l'individu au retour dans son pays implique la prohibition de l'exil forcé »[280].

M. Jean-Marie Henckaerts écrivait à ce sujet que : « The African Charter on Human and People's Rights only provides for the right to return to the country of nationality ; although the provision on the expulsion of non-nationals can be interpreted *a contrario* as embracing a prohibition of expulsion of nationals. The same logic applies to Articles 12(4) and 13 of the International Covenant on Civil and Political Rights »[281].

Toutefois, l'interdiction posée par l'instrument africain n'est pas absolue. Ainsi, l'article 12§2 est-il assorti d'une clause de restriction rédigée en ces termes : « Ce droit ne peut faire l'objet de restrictions que si celles-ci sont prévues par la loi, nécessaires pour protéger la sécurité nationales, l'ordre public, la santé ou la moralité publiques »[282].

L'article 12§2 lie les 53 Etats parties à la Charte. Aucun n'a formulé de réserve y relative.

En définitive, l'interdiction d'expulser ses nationaux est aujourd'hui considérée par une large partie de la doctrine comme relevant du droit coutumier[283]. M. Maurice Kamto a écrit dans son troisième rapport sur l'expulsion des étrangers que « le principe de l'interdiction de l'expulsion par un État de son national est incontestable en droit international (...) Que ce soit

---

[280] Fatsah Ouguergouz, *La Charte africaine des droits de l'homme et des peuples*, op.cit., p. 104.
[281] Jean-Marie Henckaerts, *Mass Expulsion in Modern International Law Practice*, op.cit., p. 80.
[282] Pour compléter ces propos, il est intéressant de relever que l'interdiction d'expulser ses propres nationaux figure également dans la Charte arabe des droits de l'homme actualisée en 2004. Selon l'article 27-b de cet instrument, « nul ne peut être exilé de son pays ou privé du droit d'y retourner ».
[283] M. Jean-Marie Henckaerts écrivait que « this prohibition has acquired the status of customary international law », dans *Mass Expulsion in Modern International Law Practice*, op.cit., p. 78. On peut citer dans le même sens, le Professeur Rezek : « Une seconde règle que l'on peut dégager d'une pratique généralisée acceptée comme étant le droit est celle qui proscrit le bannissement. Aucun Etat, en effet, ne peut expulser son national », José Francisco Rezek, « Le droit international de la nationalité », op.cit.p. 356. *A contrario*, M. Karl Doehring considérait que : « A general customary international law forbidding the expulsion of nationals does not exist ». Toutefois, l'auteur ajoutait à l'époque : « The right to expel, however, may be restricted by international treaties protecting human rights (...) and these principles may in the future also influence customary international law », dans « *Aliens, Expulsion and Deportation* », op.cit., p. 110. M. Goodwin-Gill relevait pour sa part que : « Althought it might appear that international law limits the valid exercise of the power of expulsion to the expulsion of aliens, actual State practice is more equivocal », Guy S.Goodwin-Gill, « The Limits of the Power of Expulsion in Public International Law », *British Yearbook of International Law*, 1974-1975, op.cit., p. 57.

sous la forme d'une norme coutumière ou d'un principe général de droit, un tel principe existe en droit international »[284].

Cependant, le Rapporteur spécial considère que la règle n'est pas absolue. Il précise qu' « en tout état de cause, l'hypothèse qu'un Etat puisse, dans certaines circonstances et pour des raisons qui relèvent souvent de la haute politique ou de la sécurité nationale, expulser son national est envisageable, en dehors même des cas assez fréquents où les autorités d'un Etat contraignent par leur comportement certains ressortissants dudit Etat à l'exil ou à devenir des réfugiés politiques »[285]. Il est d'ailleurs significatif que, parmi les instruments de protection des droits de l'homme précités, seuls le Protocole 4 à la Convention européenne des droits de l'homme et la Convention américaine des droits de l'homme énoncent l'interdiction d'expulser ses nationaux de manière catégorique.

Au demeurant, tous ces traités contiennent une clause autorisant les Etats parties à suspendre la jouissance et l'exercice des droits garantis en certaines circonstances exceptionnelles. Si ces dispositions énumèrent certains droits considérés comme indérogeables, le droit des individus de ne pas être expulsés de l'Etat dont ils sont les nationaux n'y figure pas. Partant, il faudrait envisager qu'en période de conflit armé notamment, un Etat puisse expulser ceux parmi ses ressortissants qui constituent une menace pour sa sécurité[286]. Cette faculté de dérogation ne peut cependant pas être exploitée par un Etat pour légitimer la « purification » de sa population puisqu'elle ne justifie pas l'adoption de mesures arbitraires ou discriminatoires.

Pour M. Kamto, « la seule exigence dirimante pour l'expulsion d'un national est l'existence d'un Etat d'accueil. Autrement dit, l'expulsion par un Etat de ses ressortissants ne peut se faire sans le consentement exprès d'un Etat d'accueil »[287]. Il faut néanmoins tenir compte du fait que si l'Etat d'accueil change d'avis, l'Etat expulsant aura l'obligation d'accueillir son national.

Finalement, l'interdiction d'expulser ses nationaux combinée avec le principe de non-discrimination s'oppose à ce qu'un Etat expulse ceux parmi ses nationaux qui présentent des caractéristiques inopportunes afin d'homogénéiser sa population. Les hypothèses d'expulsion ne concernent donc plus, en règle générale, que les seuls étrangers. La notion d'étranger doit être entendue dans un sens large. Il s'agit d'un « individu qui ne possède pas la nationalité de l'Etat d'accueil, ou de séjour, restant attaché par un lien de nationalité à l'Etat dont il est le ressortissant - l'Etat d'origine - ou ne possédant aucune nationalité du

---

284 *Troisième rapport sur l'expulsion des étrangers présenté par M.Maurice Kamto*, op.cit., p. 15.
285 *Idem*, p.21.
286 Voir *infra*, B- La dénationalisation à fin d'expulsion.
287 *Troisième rapport sur l'expulsion des étrangers présenté par M.Maurice Kamto*, op.cit., p. 21.

tout, se trouvant de ce fait dans une situation d'apatridie »[288]. Toutefois, il est envisageable qu'un Etat, pour contourner l'interdiction qui lui est faite d'expulser ses nationaux, décide de dénationaliser certains d'entre eux afin de les éloigner de son territoire. Partant, il convient de se demander si le droit international tolère ou non ce type de pratique.

§2. La dénationalisation à fin d'expulsion

Pour reprendre M. Reiner Hoffman, la dénationalisation signifie « all deprivations of nationality by a unilateral act of a State, whether by the decision of administrative authorities or by the operations of law »[289]. La déchéance de la nationalité, comme son octroi, relève en principe du domaine de compétence exclusive des Etats[290]. Il s'agit d'une prérogative souveraine qu'il est donc difficile de limiter par des règles internationales.

Le droit international ne prévoit pas explicitement le cas où un Etat utilise la dénationalisation afin d'expulser ses nationaux. Pourtant, il faut savoir que durant les travaux préparatoires du Protocole 4 à la Convention européenne des droits de l'homme, il a été proposé d'ajouter à l'article 3 une disposition aux termes de laquelle : « Il serait interdit à l'Etat de priver un ressortissant de sa nationalité afin de pouvoir l'expulser ». L'idée fut rejetée. La majorité des membres du Comité d'experts chargé de rédiger le Protocole ont considéré qu'il serait difficile de vérifier si, dans les cas ou un Etat prive un ressortissant de sa nationalité et l'expulse aussitôt après, la dénationalisation est ou non inspirée par la volonté de l'expulser[291]. Malgré le rejet de cette proposition, la Commission européenne des droits de l'homme a accepté, dans une affaire *X contre Allemagne*, de contrôler si le refus des autorités allemandes d'octroyer au requérant la nationalité allemande suivie de la décision d'expulsion de celui-ci constituait une violation de l'article 3 du Protocole 4. La Commission a relevé

---

[288] *Rapport préliminaire sur l'expulsion des étrangers, présenté par M. Maurice Kamto,* op.cit., p. 4.

[289] Reiner Hoffman, « *Denationalization and Forced Exile* », dans Rudolf Bernhardt (Ed.), *Encyclopedia of Public International Law*, Volume 1, North-Holland, Amsterdam, London, New York, Tokyo, 1992, pp. 1001-1006, spéc. p. 1001. De même, le Dictionnaire de droit international public définit la dénationalisation comme « le retrait de la nationalité appliqué à certains nationaux ou catégories de nationaux », dans Jean Salmon (Dir.), *Dictionnaire de droit international public*, op.cit., p. 319.

[290] Les pratiques nationales en la matière sont variées. Il est à ce sujet intéressant de lire le mémoire présenté par M. Ivan S. Kerno à la CDI le 6 avril 1953 intitulé « *Les cas de perte ou de déchéance de la nationalité dans les législations nationales* », Doc.off.UN A/CN.4/66. Cette étude présente les différents motifs de déchéance de la nationalité prévus par les droits nationaux. Le document est assez ancien, il doit être considéré à titre illustratif en tenant compte du fait que les législations présentées ont pu évoluer. En France, le régime de la perte de la nationalité française est aujourd'hui consigné aux articles 23 et 25 du Code Civil. (Les cas de déchéance sont demeurés les mêmes que ceux énumérés dans l'étude précitée).

[291] Voir Rapport explicatif du Protocole 4, spéc. § 23. Le Rapport est disponible sur le site internet du Conseil de l'Europe : http://conventions.coe.int/Treaty/fr/reports/html/046.htm (consulté le 30 décembre 2012).

que : « Le danger d'expulsion invoqué par le requérant est une conséquence du refus des autorités compétentes de lui octroyer la nationalité allemande, que bien que l'examen du grief du requérant concernant le droit à la nationalité en tant que tel échappe à la compétence *ratione materiae* de la Commission, il se pose la question de savoir s'il existe entre la décision des autorités allemandes refusant au requérant la nationalité allemande et celle ordonnant son expulsion un lien de cause à effet créant la présomption que ce refus avait pour seul but l'expulsion hors du territoire de la République Fédérale d'Allemagne »[292]. La Commission semble ainsi dégager une présomption selon laquelle l'expulsion qui suit une dénationalisation serait contraire à l'article 3. M. Jean-Marie Henckaerts écrit toutefois que : « Such presumption seems not to exist now. At any rate in case of massive denationalizations followed by massive expulsions, it would be very difficult for any state to establish that there was no link between both acts »[293].

La dénationalisation afin de contourner l'interdiction d'expulser ses nationaux peut d'abord être considérée comme « un abus de droit »[294]. Pour le Professeur Kiss, « In international law, abuse of rights refers to a State exercising a right either in a way which impedes the enjoyment by other States of thier own rights or for an end different from that for which the right was created, to the injury of another State »[295]. La notion d'abus de droit doit être utilisée avec prudence. En effet, la question de savoir si elle constitue ou non un véritable principe général du droit international n'est pas clairement tranchée. La position de la doctrine est sur ce point partagée[296]. Le principe manque, il est

---

[292] Commission européenne des droits de l'homme, Décision sur la recevabilité du 15 décembre 1969, affaire *X contre République Fédérale d'Allemagne* (req. 3745/68).

[293] Jean-Marie Henckaerts, *Mass Expulsion in Modern International Law Practice*, op.cit., p. 87.

[294] M. Goodwin-Gill écrivait : « International law clearly permits the revocation of nationality in certain circumstances, but the governing principle is that a State may not manipulate its competence in order to avoid its international obligation », dans « *The Limits of the Power of Expulsion in Public International Law* », op.cit., p. 57.

[295] Alexandre Kiss, « *Abuse of Rights* », dans Rudolf Bernhardt (Ed.), *Encyclopedia of Public International Law*, Volume 1, op.cit., pp. 4 à 8, spéc. p. 4. De la même manière, le Professeur Nicolas Politis postulait qu' « il y aura responsabilité internationale si l'usage apparemment légal d'une liberté a eu lieu pour des motifs blâmables, c'est-à-dire pour un but autre que celui dans lequel le droit international a conféré la liberté en question », dans « Le problème des limitations de la souveraineté et la théorie de l'abus des droits dans les rapports internationaux », *RCADI* 1925, Tome 6, pp. 5-121, spéc. p. 86.

[296] Pour M. Hersch Lauterpach, « L'interdiction de l'abus de droit est un principe général du droit », dans *The Function of Law in the International Community*, Oxford, Clarendon Press, 1933, p. 298. Pour les Professeurs Alain Pellet, Patrick Dailler et Mathias Forteau, l'interdiction de l'abus de droit compte parmi les principes « rattachés à la conception générale du droit », dans *Droit International Public*, 8e édition, LGDJ, Paris, 2009 p. 349. Dans son cinquième rapport sur la responsabilité des Etats, le Rapporteur spécial M. Garcia Amador relevait que : « Les auteurs qui se sont attachés à étudier l'application possible de la théorie de l'abus de droit aux relations internationales sont relativement peu nombreux. Toutefois, la majorité de ceux qui ont entrepris de le faire sont arrivés à la conclusion que non seulement la théorie peut et doit être appliquée

vrai, de précision et semble difficilement applicable en pratique. Il présente notamment d'évidentes difficultés en matière d'établissement de la preuve. Il a toutefois reçu plusieurs consécrations en droit positif, et notamment dans des instruments de protection des droits de l'homme. Ainsi, l'article 17 de la Convention européenne des droits de l'homme condamne l'abus de droit en ces termes : « Aucune des dispositions de la présente Convention ne peut être interprétée comme impliquant pour un Etat, un groupement ou un individu, un droit quelconque de se livrer à une activité ou d'accomplir un acte visant à la destruction des droits ou libertés reconnus dans la présente Convention ou à des limitations plus amples de ces droits et libertés que celles prévues à ladite Convention ». On retrouve des dispositions similaires à l'article 5§1 du PIDCP qui dispose qu' : « Aucune disposition du présent Pacte ne peut être interprétée comme impliquant pour un Etat, un groupement ou un individu un droit quelconque de se livrer à une activité ou d'accomplir un acte visant à la destruction des droits et des libertés reconnus dans le présent Pacte ou à des limitations plus amples que celles prévues audit Pacte »[297]. Il est incontestable que la dénationalisation en vue d'expulser ses nationaux constitue un abus de droit au regard de ces dispositions. Ainsi, il faut considérer avec M. Jean-Marie Henckaerts que : « Denationalization with a view to expel a national constitutes an *abus de droit*, violates a state's duty to act in good faith and constitutes a violation of Article 3 itself »[298].

Par ailleurs, quelques instruments internationaux tendent à encadrer la pratique de la dénationalisation en considérant le droit à une nationalité comme un droit de l'homme. Ainsi, l'article 15 de la DUDH dispose que : « 1. Tout individu a droit à une nationalité. 2. Nul ne peut être arbitrairement privé de sa nationalité, ni du droit de changer de nationalité ». Comme vu *supra*, la

---

pour régler des situations déterminées mais encore que la jurisprudence fournit assez de précédents pour démontrer qu'elle est applicable. [...] L'examen de la pratique internationale, en particulier de la jurisprudence des tribunaux et des commissions de réclamations révèle de façon incontestable qu'en soi tout au moins, le principe de l'interdiction de l'abus de droit est applicable aux relations internationales ». Voir Annuaire de la CDI, 1960, vol. 2, pp. 54-55. Des auteurs ont considéré que la théorie de l'abus de droit n'était qu'une simple application du principe de la bonne foi à l'exercice des droits, voir rapport op.cit.. p. 54.

A contrario, le Professeur Kiss relevait que : « However, no international judicial decision or arbitral award has so far been explicitly founded on the prohibition of abuse of rights » dans *Abuse of Rights*, op.cit., p. 6. Dans le même sens, M. Guy S. Goodwin-Gill a écrit que « the doctrine of abuse of rights has received little recognition in international tribunals, and has not been used explicitly to ground liability » dans « The Limits of the Power of Expulsion in Public International Law », *British Yearbook of International Law*, 1974-1975, op.cit., p. 80.

[297] Dans un autre domaine, l'article 300 de la Convention de Montego Bay sur le droit de la mer de 1982 dispose que : « Les Etats parties doivent remplir de bonne foi les obligations qu'ils ont assumées aux termes de la Convention et exercer les droits, les compétences et libertés reconnus dans la Convention d'une manière qui ne constitue pas un abus de droit ».

[298] L'auteur fait ici référence à l'article 3 du Protocole 4 à la Convention européenne des droits de l'homme, dans *Mass Expulsion in Modern International Law and Practice*, op.cit., p. 87.

Déclaration n'a pas de force obligatoire et la règle énoncée à son article 15 n'a pas acquis le statut de norme coutumière. En revanche, on trouve des dispositions presque identiques qui ont une valeur contraignante dans la Convention américaine des droits de l'homme. L'article 20 de l'instrument américain dispose ainsi que : « 1- Toute personne a droit à une nationalité (...) 3. Nul ne peut être privé arbitrairement de sa nationalité ni du droit de changer de nationalité ». Il faut considérer que la dénationalisation d'un individu dans le seul but de pouvoir l'expulser constitue une privation arbitraire de nationalité et donc une violation du troisième paragraphe de cet article 20. Ces dispositions ne lient cependant que les 25 Etats parties à la Convention[299]. Il peut être mentionné que l'élaboration d'un protocole à la Convention européenne des droits de l'homme relatif à la nationalité fut envisagée en 1989, mais le projet n'a pas abouti[300]. En outre, il existe une Convention des Nations Unies sur la réduction des cas d'apatridie du 30 août 1961 qui interdit aux Etats contractants de priver de leur nationalité des individus que cette privation rendrait apatrides. Cette interdiction n'est toutefois pas absolue et tolère de nombreuses dérogations prévues au second paragraphe de l'article 8. En outre, très peu d'Etats sont aujourd'hui liés par la Convention[301], ce qui traduit la nature sensible du problème de la nationalité.

M. Reiner Hoffman considérait toutefois que : « Although the very restricted number of States parties to this Convention clearly reflects the unwillingness of States to admit restrictions by international treaties to their exclusive power regarding denationalization matters, comparative studies on recent municipal legislation in the field show that there is a growing tendency to change nationality laws along the lines suggested in the Convention »[302].

L'un des principes de cette Convention, qui semble aujourd'hui rencontrer un assentiment généralisé sur la scène internationale, est celui formulé par son article 9 selon lequel « Les Etats contractants ne priveront de leur nationalité aucun individu ou groupe d'individus pour des raisons d'ordre racial, ethnique, religieux ou politique »[303]. Partant, un Etat ne pourra pas retirer la nationalité d'individus au motif qu'ils ne possèdent pas telle ou telle caractéristique afin de les expulser de son territoire et ainsi homogénéiser sa population.

Dans la première moitié du XXe siècle, plusieurs Etats ont mené des politiques de dénationalisation massive fondée sur des motifs discriminatoires.

---

299 Aucune réserve n'a été formulée à ce propos.

300 Voir à ce propos, Johannes M.M. Chan, « The Right to a Nationality as a Human Right : The Current Trend Towards Recognition », *HRLJ*, 1991, vol. 12, n° 1-2, pp. 1-14.

301 Au 30 décembre 2012, 45 Etats étaient liés par cet instrument.

302 Reiner Hoffman, « *Denationalization and Forced Exile* », op.cit., p. 1004.

303 C'est ce que confirme l'article 5§d iii) de la Convention sur l'élimination de toutes formes de discrimination raciale qui interdit la discrimination raciale dans le droit à une nationalité. Cette règle doit être interprétée comme prohibant la dénationalisation pour des motifs énoncés à l'article 1 de la Convention.

La déchéance de la nationalité s'accompagnait souvent de l'expulsion des intéressés. La première grande vague de dénationalisation massive fut menée par l'URSS contre les opposants au régime bolchevique. En application d'une ordonnance du 29 octobre 1924 et d'une loi du 13 novembre 1925 sur la citoyenneté de l'Union, deux millions d'individus considérés comme opposants au régime furent dénationalisés. En outre, un décret du 31 octobre 1924 autorisait les tribunaux de l'Union soviétique à prononcer la peine d'« ennemi des travailleurs » qui entraînait la perte de la nationalité et l'expulsion à perpétuité[304]. D'autres campagnes de dénationalisation fondée sur des motifs politiques furent conduites par l'Italie, la Turquie ou encore l'Autriche aux alentours de cette période. Par ailleurs, l'Allemagne adopta entre 1933 et 1941 plusieurs réglementations relatives à la déchéance de la nationalité allemande fondée sur des motifs raciaux, celles-ci visaient notamment les Juifs[305]. Au sortir de la seconde guerre mondiale, la Tchécoslovaquie, la Pologne et la Yougoslavie dénationalisèrent les membres des minorités nationales qu'ils considéraient comme ennemies, en particulier les Allemands[306].

Ce type de pratique fondée sur des motifs discriminatoires s'accorde désormais difficilement avec les exigences relatives à la protection des droits fondamentaux. Le principe de non-discrimination constitue un pilier du droit international des droits de l'Homme qui limite aujourd'hui l'action des Etats en matière de dénationalisation. A titre d'exemple, il faut mentionner le cas des Bantoustans créés par l'Afrique du Sud dans le cadre de sa politique d'apartheid. Entre 1976 et 1981, les éléments de race noire de la population sud-africaine ont été chassés et regroupés dans des régions qui furent par la suite érigées en « Etats indépendants ». Ils reçurent la nationalité de ces Bantoustans[307] et furent dépossédés de leur nationalité sud-africaine de telle manière qu'ils ne pouvaient plus exercer leur droit au retour. Ces mesures sont apparues invalides à plusieurs titres. Tout d'abord, l'Afrique du Sud a procédé à des dénationalisations massives en se fondant sur des motifs raciaux puisque ce sont les individus de race noire qui ont été visés. Par ailleurs, l'Etat sud-africain n'avait pas le pouvoir de conférer à ces individus une autre nationalité que la sienne. Enfin, il s'agissait d'un processus de sécession, interdite par le droit

---

[304] Voir à ce propos, Jacques Scheftel, « L'apatridie des réfugiés russes », *Journal du Droit International*, Tome 61, janvier-février 1934, p. 36-69.

[305] Voir Reiner Hoffman, « *Denationalization and Forced Exile* », op.cit., p. 1002. L'auteur relève que, dans un jugement rendu le 15 avril 1980, la Cour Constitutionnelle Fédérale de la RFA a déclaré que toutes les déchéances de la nationalité allemande prononcées entre 1933 et 1945 en vertu d'une idéologie raciste étaient nulles *ab initio.*

[306] A propos de ces dénationalisations, voir Jean-Marie Henckaerts, *Mass Expulsion in Modern International Law Practice*, op.cit., p. 89.

[307] Lire à propos des Bantoustans, Eckhart Klein, « *South African Bantustan Policy* », dans Rudolf Bernhardt (Ed.), *Encyclopedia of Public International Law*, op.cit., volume 4, pp. 477-480.

international[308]. La Communauté internationale condamna fermement[309] cette pratique et aucun Etat hormis l'Afrique du Sud n'a reconnu les Bantoustans.

On peut également évoquer les protestations adressées par la Suède à la Pologne en mars 1982 lorsque ce dernier Etat a procédé à la dénationalisation et à l'expulsion de plusieurs dizaines de nationaux polonais dont la plupart étaient tsiganes. L'Etat nordique a dénoncé une discrimination raciale flagrante.

Dans l'affaire *Ninas Yean et Bosico contre République dominicaine*, la Cour interaméricaine des droits de l'homme a retenu que la défenderesse avait violé l'article 20 de la Convention américaine des droits de l'homme en refusant la nationalité dominicaine à deux fillettes de pères haïtiens nées sur son territoire alors que le droit de cet Etat applique le principe du *jus soli*. Pour les juges de San José, il y a eu en l'espèce privation arbitraire de nationalité fondée sur des motifs discriminatoires : « The Court considers that the discriminatory treatment imposed by the State on the Yean and Bosico children is situated within the context of the vulnerable situation of the Haitian population and Dominicans of Haitian origin in the Dominican Republic, to which the alleged victims belong »[310].

En revanche, la responsabilité de l'Ethiopie fut partiellement écartée par la Commission des réclamations dans le différend relatif au *Mauvais traitement des populations civiles* l'opposant à l'Erythrée. Cette affaire trouve son origine dans la naissance du nouvel Etat d'Erythrée, suite au référendum d'avril 1993 sur l'indépendance de l'Erythrée et au conflit qui s'ensuivit quelques années

---

308 On pourrait toutefois se demander s'il y a réellement atteinte à l'intégrité territoriale d'un Etat lorsque c'est celui-ci qui décide de son propre chef de se séparer de certaines portions de son territoire.

309 Dans sa résolution 31/6, l'AGNU déclara « nulle et non avenue cette indépendance en demandant à tous les gouvernements de refuser de reconnaître sous quelque forme que ce soit le Transkei prétendument indépendant et de s'abstenir d'avoir des rapports avec le Transkei prétendument indépendant ou d'autres bantoustans », voir Doc.off.UN A/RES/31/6 du 26 octobre 1976.
De même, le Conseil de sécurité exigeait en 1977 que l'Afrique du sud « abandonne la politique de création de bantoustans et renonce à la politique d'apartheid et assure un gouvernement par la majorité sur la base de la justice et de l'égalité » Résolution 417 du 31 octobre 1977, Doc.off.UN S/RES/417 § 3 f.

310 Cour interaméricaine des droits de l'homme, Arrêt du 8 septembre 2005, *Yean and Bosico contre République dominicaine*, Série C, n° 130, § 168. Lire sur cet arrêt Hélène Tigroudja, « Chronique des décisions rendues par la Cour interaméricaine des droits de l'homme (2005) », *RTDH*, 2006, pp. 277-328, spéc. pp. 306-308. Il est intéressant de relever que, dans cet arrêt, la Cour a pris soin de justifier le droit à une nationalité. Ainsi les juges de San José ont-ils déclaré que : « The importance of nationality is that, as the political and legal bond that connects a person to a specific State, it allows the individual to acquire and exercise rights and obligations inherent in membership in a political community. As such, nationality is a requirement for the exercise of specific rights » (lire § 136-139 de l'arrêt). Pour une analyse de cette position, lire Laurence Burgorgue-Larsen et Amaya Ubeda De Torres, *Les grandes décisions de la Cour interaméricaine des droits de l'homme*, op.cit., spéc. pp. 628-631.

plus tard[311]. L'Ethiopie était accusée par l'Erythrée d'avoir, notamment, procédé à la dénationalisation et à l'expulsion de dizaines de milliers de nationaux éthiopiens d'origine érythréenne suite à la séparation des deux Etats. L'Ethiopie avançait en retour que les personnes concernées possédaient la double nationalité éthiopienne-érythréenne et constituaient une menace pour sa sécurité. La Commission a apprécié la régularité de ces dénationalisations en se fondant sur plusieurs facteurs : « In assessing whether deprivation of nationality was arbitrary, the Commission considered several factors, including whether the action had a basis in law ; whether it resulted in persons being rendered stateless ; and whether there were legitimate reasons for it to be taken given the totality of the circumstances »[312]. Il faut souligner l'exigence que les individus visés aient une double nationalité. La situation de conflit ne justifie pas l'apatridie. Cette solution est remarquable si l'on considère la faible portée des règles internationales reconnaissant un droit à une nationalité[313]. La Commission des réclamations a estimé que l'Ethiopie, au vu de la situation exceptionnelle à laquelle elle était confrontée, avait pu légitimement dénationaliser et expulser ceux parmi ses nationaux qui possédaient la double nationalité éthiopienne et érythréenne et qui constituaient une menace pour sa sécurité. Ce danger avait été évalué au terme d'une procédure suffisante au regard des circonstances[314]. En revanche, la Commission a retenu la responsabilité de l'Ethiopie pour avoir dénationalisé des doubles nationaux se trouvant dans des pays tiers ou ayant quitté l'Ethiopie pour des pays tiers. Ceux-ci ne se trouvant pas sur le sol éthiopien, la menace qu'ils représentaient pour

---

311 Le conflit entre les deux Etats éclata en mai 1998.

312 Commission des réclamations Ethiopie-Erythrée, *Civilians Claims, Eritreas Claims 15, 16, 23 et 27-32*, 17 décembre 2004, § 60, texte disponible sur le site de la Cour Permanente d'Arbitrage : www.pca-cpa.org (consulté le 30 décembre 2012). Il faut bien considérer le contexte particulier de cette affaire : pour participer au référendum de 1993, il fallait obtenir une carte d'identité érythréenne qui était délivrée par le Eritrean Department of Internal Affairs (Bien que l'Erythrée se soit autoproclamé Etat indépendant en 1992, il est assez singulier de la part des autorités éthiopiennes d'avoir exigé un justificatif de la nationalité d'un Etat pour participer au référendum sur son indépendance…). Or, en vertu de l'article 11 de la loi sur la nationalité éthiopienne de 1930, toute personne qui acquiert une autre nationalité perd la nationalité éthiopienne. Malgré cette loi, l'Ethiopie autorisa entre 1993 et mai 1998 les individus possédant la double nationalité éthiopienne-érythréenne à conserver leur nationalité éthiopienne. Il avait été convenu entre les deux Etats (« Agreed Minute » de 1996) que ces individus auraient à faire un choix dans l'avenir entre l'une ou l'autre nationalité, mais aucune date n'avait encore été fixée quand éclata le conflit.

313 Sachant qu'aucun de ces Etats n'est partie à la Convention des Nations Unies sur la réduction des cas d'apatridie.

314 « Notwithstanding the limitations of the process, the record also shows that Etiopia faced an exceptional situation. It was at war with Eritrea. Thousands of Ethiopians with personal and ethnic ties to Eritrea had taken steps to acquire Eritrean nationality. Some of these participated in groups that suported the Eritrean Government and often acted on its behalf. In response, Ethiopia devised and implemented a system applying reasonable criteria to identify individual dual nationals thought to pose threats to its wartime security », Sentence arbitrale op.cit., § 72.

cet Etat était moindre[315]. De même, la formation arbitrale a estimé que la dénationalisation d'habitants des régions agricoles frontalières pour la seule raison qu'ils avaient un lien de parenté avec des individus expulsés constituait une mesure arbitraire et illégale[316].

En conclusion, il faut retenir que la dénationalisation par un Etat de ses ressortissants sur la base de leurs caractéristiques identitaires dans le but de les expulser constitue à la fois un abus de droit et une violation du principe de non-discrimination. Au demeurant, ce dernier principe constitue le principal obstacle à ce qu'un Etat utilise son pouvoir d'expulsion afin d'homogénéiser sa population. En outre, si l'Etat dispose d'un pouvoir discrétionnaire en matière d'expulsion, il ne s'agit pas d'un pouvoir arbitraire

Section 2. L'interdiction des expulsions arbitraires

> *« C'est un incroyable paradoxe qu'un étranger ait la possibilité d'entrer dans un pays, de s'y installer, d'y travailler, de s'y créer une situation et qu'il n'ait aucune garantie contre la mesure arbitraire d'expulsion qui peut causer sa ruine »*[317].

Le pouvoir d'expulsion ne doit pas être utilisé de manière arbitraire. Dans la langue française, le terme arbitraire signifie : « Qui dépend de la seule volonté, du libre choix, et non de l'observation d'une loi, d'une règle. Qui relève du caprice de quelqu'un aux dépens de la justice ou de la raison »[318]. Ainsi les mesures d'expulsion doivent-elles reposer sur des motifs sérieux, de nature à les justifier. De cette manière, l'Etat expulsant pourra fournir des explications sur les raisons de sa décision à l'Etat dont l'expulsé est le ressortissant ou devant le juge international. Ce principe coutumier a été dégagé par une série de sentences arbitrales rendues à la fin du XIXe et au début du XXe siècle qui ont reconnu comme illégales des mesures d'expulsion non justifiées[319] cependant que la détermination des motifs d'expulsion reste à la discrétion des Etats.

---

315 Voir § 76 de la Sentence.
316 Voir § 78 de la Sentence.
317 Nicolas Politis, « *Le problème des limitations de la souveraineté et la théorie de l'abus des droits dans les rapports internationaux* », op.cit., p. 101.
318 Le Petit Larousse Illustré 2006, Larousse, Paris, 2005, p. 104.
319 Voir notamment les sentences arbitrales suivantes :
- Affaire *Zerman*, Etats-Unis contre Mexique, Sentence arbitrale du 4 juillet 1868 rendue par la Commission mixte mexico-américaine : A propos de l'expulsion par le Mexique d'un ressortissant américain, le gouvernement mexicain s'était borné à invoquer à l'appui de sa décision une dépêche du consul des Etats-Unis adressée au gouvernement de Washington alléguant que M. Zerman était au service de Napoléon III. Le surarbitre a considéré qu'une telle allégation n'était pas un motif suffisant d'expulsion. Il déclara qu' « à proprement parler, le

Cette interdiction des expulsions arbitraires a été reprise et développée par le droit conventionnel des droits de l'homme. Les principaux instruments de protection des droits fondamentaux posent ainsi des conditions procédurales à la validité d'une mesure d'expulsion qui impliquent que celle-ci soit justifiée (§1). En outre, le droit international prohibe les expulsions collectives (§2).

§1. Les limites procédurales à l'exercice du pouvoir d'expulsion

La DUDH ne contient pas de disposition relative à l'expulsion. Ceci s'explique par le contexte particulier dans lequel elle fut élaborée : Elle a fait suite à la Conférence de Potsdam durant laquelle les Puissances alliées ont organisé la recomposition démographique de l'Europe de l'Est. Ces Etats qui avaient préconisé l'expulsion de populations ne pouvaient logiquement pas accepter que la Déclaration interdise cette pratique à moins de se désavouer[320].

En revanche, l'article 13 du PIDCP conditionne l'exercice du pouvoir d'expulsion des étrangers. Il dispose en effet qu'« un étranger qui se trouve légalement sur le territoire d'un Etat partie au présent Pacte ne peut en être

---

président de la république du Mexique a le droit d'expulser du territoire un étranger qui peut être considéré comme dangereux, et en temps de guerre ou de troubles il peut être nécessaire d'exercer ce droit même sur simple soupçon ; mais dans le cas présent il n'y avait pas de guerre et des raisons de sûreté ne pouvaient être invoquées comme fondement d'une semblable expulsion sans charges invoquées contre le réclamant ou sans jugement (…). L'assertion pure et simple que le consul des Etats-Unis, dans une dépêche à son Gouvernement, avait allégué que le réclamant était au service des autorités impériales n'apparaît pas au surarbitre comme une preuve suffisante de ce service ou comme une suffisante raison de l'expulsion ». Cité dans Charles De Boeck, « *L'expulsion et les difficultés internationales qu'en soulève la pratique* », RCADI, 1927, Tome 18, pp. 447-650, spéc. p. 480.

- Affaire *Boffolo*, Italie contre Venezuela, Sentence arbitrale du 14 février 1903 rendue par la Commission mixte Italie-Venezuela : A propos de l'expulsion par le Venezuela d'un ressortissant italien suite à la publication dans un journal, *la Gaceta Official*, dont il était l'éditeur, d'un article critiquant un tribunal judiciaire du pays et le Président de la République. L'article en question était très peu désobligeant et la justification donnée par le gouvernement de Caracas pour fonder sa mesure d'expulsion a été jugée insuffisante par le surarbitre (et, qui plus est, contraire à la Constitution du Venezuela qui garantissait la liberté de la presse !). Voir RSA, volume X, pp. 531-537.

- Affaire *Paquet*, Belgique contre Venezuela, Sentence arbitrale du 7 mars 1903 rendue par la Commission mixte Belgique-Venezuela : A propos de l'expulsion par le Venezuela d'un ressortissant belge. L'Etat expulsant a refusé dans cette affaire de donner les motifs de la mesure d'expulsion. Le surarbitre M. Filz a retenu que : « Le droit d'expulser les étrangers ou de leur interdire l'accès du territoire national est généralement reconnu ; chaque Etat se réserve l'exercice de ce droit à l'égard de la personne de l'étranger, s'il considère cet étranger comme dangereux pour l'ordre public ». (…) Mais tenant compte de la pratique générale des gouvernements de donner des explications au gouvernement de l'expulsé si ce dernier le demande, « le surarbitre, en présence du refus du gouvernement expulsant de donner des explications au gouvernement de l'expulsé qui les demande, se croit autorisé à considérer l'expulsion comme un acte arbitraire ». Cité dans Charles De Boeck, « *L'expulsion et les difficultés internationales qu'en soulève la pratique* », op.cit., p. 488. Sentence disponible dans RSA, vol.IX, pp. 323-325.

[320] Cette même raison explique pourquoi la Convention européenne des droits de l'homme ne traite pas non plus de l'expulsion.

expulsé qu'en exécution d'une décision prise conformément à la loi et, à moins que des raisons impérieuses de sécurité nationale ne s'y opposent, il doit avoir la possibilité de faire valoir les raisons qui militent contre son expulsion et de faire examiner son cas par l'autorité compétente , ou par une ou plusieurs personnes spécialement désignées par ladite autorité, en se faisant représenter à cette fin ». On retrouve les mêmes règles, dans des dispositions quasiment identiques, à l'article 1er du Protocole 7 de la Convention européenne des droits de l'homme, à l'article 22§6 de la Convention américaine des droits de l'homme et à l'article 4 de la Charte africaine des droits de l'homme et des peuples[321].

Il convient de souligner, en premier lieu, que ces dispositions ne concernent que les étrangers qui se trouvent « légalement »[322] sur le territoire de l'Etat, c'est-à-dire, qui ont été autorisés à y entrer et à y séjourner. Elles ne protègent pas ceux qui sont entrés clandestinement, ou ceux dont l'autorisation de séjour est arrivée à expiration. D'ailleurs, la question de savoir si une personne entrée irrégulièrement sur le territoire d'un Etat et qui en est éloignée fait effectivement l'objet d'une mesure d'expulsion ou bien d'un refus d'admission n'est pas clairement tranchée[323]. M. Karl Doehring écrivait ainsi : « Where an alien has entered the territory illegally and without realization of this fact by the national authorities, and afterwards is deported, it may be somewhat doubtful whether this State action constitutes an expulsion or a non-admission. However, the difference is only a question of terminology, because the legal consequence in both cases can be coercive deportation»[324]. M. Maurice Kamto a relevé dans son Deuxième rapport sur l'expulsion des étrangers que : « Selon la conception traditionnelle, l'expulsion concerne les étrangers dont l'entrée ou le séjour sont réguliers alors que la non-admission vise ceux dont l'Etat combat l'entrée ou le séjour sur son territoire ; l'éloignement de l'immigré illégal se trouvant à la frontière ou qui vient de franchir celle-ci relève donc, à strictement parler, de la non-admission et non de l'expulsion »[325]. Il est intéressant de relever que la Cour européenne des droits de l'homme a posé en 2006 une définition de

---

321 L'article 26-b de la Charte arabe des droits de l'homme actualisée dispose qu' : « Aucun Etat partie n'expulsera une personne qui ne détient pas sa nationalité mais qui se trouve légalement sur son territoire, qu'en exécution d'une décision prise conformément à la loi et après lui avoir donné, sauf si des considérations de sécurité nationale s'y opposent, la possibilité d'introduire un recours devant l'autorité compétente ».

322 L'adverbe « régulièrement » est employé à l'article 1er du Protocole 7 de la Convention européenne des droits de l'homme.

323 Voir *Rapport préliminaire sur l'expulsion des étrangers, présenté par M. Maurice Kamto*, op.cit., p.5.

324 Karl Doehring, « *Aliens, Expulsion and Deportation* », dans Rudolf Bernhardt (Ed.), *Encyclopedia of Public International Law*, Volume 1, North-Holland, Amsterdam, London, New York, Tokyo, 1992, pp. 109-112, spéc. p. 110.

325 *Deuxième rapport sur l'expulsion des étrangers présenté par M. Maurice Kamto*, Rapporteur spécial, CDI, 20 juillet 2006, Doc.off.UN A/CN.4/573, p. 16

l'expulsion qui semble aller dans ce sens et exclure les étrangers en situation irrégulière : « L'expulsion se définit comme toute mesure contraignant un étranger à quitter le territoire sur lequel il séjournait régulièrement »[326]. En droit français, c'est l'expression « reconduite à la frontière » qui est employée pour désigner l'éloignement d'un étranger en situation irrégulière au regard de la police des étrangers[327]. Les Etats pourront éloigner de leur territoire les étrangers en situation irrégulière en se fondant sur le fait qu'ils ont violé la réglementation nationale relative à l'admission des étrangers. Le droit reconnaît néanmoins à ces étrangers quelques garanties comme il sera vu plus loin.

Ensuite, l'article 13 du Pacte vise les étrangers qui « se trouvent » sur le territoire de l'Etat qui décide de les expulser. Il n'est pas fait de différence selon que l'étranger réside sur le territoire ou qu'il soit simplement en transit. A l'inverse, l'article 1er du Protocole 7 à la Convention européenne des droits de l'homme ne concerne que les étrangers qui « résident » sur le territoire de l'Etat à l'exclusion de ceux qui n'ont été admis que pour une courte période, ou qui sont en transit ou qui ont simplement déposé une demande de permis de séjour[328]. Aussi la protection offerte par la Convention apparaît-elle moins large que celle du Pacte. Les dispositions pertinentes de la Convention américaine des droits de l'homme et de la Charte africaine visent, elles, les étrangers légalement « admis ». La formule est large et ne distingue pas si l'étranger réside sur le territoire ou bien se trouve en transit ou alors effectue un séjour de courte durée.

En exigeant que toute décision d'expulsion soit prise conformément à la loi, l'article 13 interdit les expulsions arbitraires. Le terme « loi » doit être entendu dans le sens large de base légale, soit la réglementation en vigueur, qu'elle soit législative, réglementaire ou jurisprudentielle. Les décisions d'expulsion doivent ainsi reposer sur des motifs prévus par la réglementation de l'Etat. En outre, le PIDCP et le Protocole 7 à la Convention européenne des droits de l'homme prévoient que l'étranger qui fait l'objet d'une mesure d'expulsion ait la possibilité d'exercer un recours ou de demander un nouvel examen de son cas devant l'autorité compétente avant d'être effectivement éloigné du territoire, sauf si des raisons relatives à l'ordre public ou des motifs de sécurité nationale

---

[326] Cour européenne des droits de l'homme, Arrêt du 5 octobre 2006, *Bolat contre Russie* (req. n° 14139/03), § 79. Le Rapport explicatif du Protocole 7 précise, concernant l'article 1, que l'expulsion « ne couvre pas le refoulement des étrangers qui sont entrés dans le territoire de l'Etat irrégulièrement », voir § 10 du Rapport. (Source : site de la Cour européenne des droits de l'homme op.cit.).

[327] Il faut relever que le régime de la reconduite à la frontière est différent de celui de l'expulsion. Voir l'Ordonnance n° 45-2658 du 2 novembre 1945 relative aux conditions d'entrée et de séjour des étrangers en France, le chapitre 4 de cet instrument fixe le régime de la reconduite à la frontière tandis que le chapitre 5 fixe celui de l'expulsion.

[328] Voir le commentaire de cet article par le Professeur Danièle Lochak dans Louis-Edmond Petiti, Emmanuel Decaux et Pierre-Henri Imbert (Dir.), *La Convention européenne des droits de l'homme, Commentaire article par article*, pp. 1083-1085, spéc. p. 1084.

s'y opposent. Si la Convention américaine des droits de l'homme et la Charte africaine ne prévoient pas explicitement cette condition, celle-ci découle de la reconnaissance par ces instruments du droit de toute personne à ce que sa cause soit entendue devant un juge[329]. Les étrangers en situation irrégulière peuvent également prétendre à des garanties procédurales en ce qu'il s'agit d'apprécier la régularité de leur présence sur le territoire. C'est ce qui ressort de l'Observation générale n° 15 du Comité des droits de l'homme où l'on peut lire que « les droits spécifiquement prévus par l'article 13 ne protègent que les étrangers qui se trouvent en situation légale sur le territoire d'un Etat partie. (...) Toutefois, si la légalité de l'entrée ou du séjour d'un étranger fait l'objet d'un litige, toute décision pouvant entraîner l'expulsion de l'étranger doit être prise dans le respect de l'article 13 »[330].

Si la validité d'une mesure d'expulsion au regard du droit international est conditionnée par le fait qu'elle soit prise « conformément à la loi », les Etats conservent en principe la faculté d'en déterminer librement les motifs. L'expulsion vise à préserver les intérêts essentiels de l'Etat. L'ordre public et la sécurité nationale sont les raisons usuellement avancées pour la justifier mais ne sont pas exclusives. Et, dans la mesure où le pouvoir d'expulser est une prérogative de l'Etat qui découle de sa souveraineté, il est difficile d'encadrer le choix qu'il fait des motifs d'éloignement[331]. Le Surarbitre Arthur Desjardins avait déclaré dans une sentence arbitrale rendue dans l'affaire *Ben Tillett* que l'« Etat apprécie dans la plénitude de sa souveraineté la portée des faits qui motivent l'expulsion »[332].

Le pouvoir discrétionnaire dont disposent les Etats dans le choix des motifs d'expulsion a donné lieu par le passé à des solutions discutables. Ainsi, par exemple, la loi des Etats-Unis d'Amérique du 20 février 1907 autorisait l'expulsion des pauvres et des personnes susceptibles de devenir une charge publique. L'*Immigration and Nationality Act* en vigueur aux Etats-Unis en 1965 interdisait l'entrée sur le territoire américain des étrangers souffrant de déficience mentale ou d'épilepsie. En vertu de cette loi, la Cour suprême a refusé l'admission et ordonné l'expulsion d'étrangers homosexuels au chef de déviation sexuelle dans les affaires *Boutilier c.INS* et *In re Naturalization of*

---

329 Articles 8 de la Convention américaine des droits de l'homme et 7 de la Charte africaine.

330 Comité des droits de l'homme, Observation générale n° 15, op.cit., § 9.

331 Le Comité des droits de l'homme a relevé qu'il ne lui appartenait pas « de juger de l'appréciation que fait un Etat souverain du risque que pose un étranger pour sa sécurité ». Voir Communication n° 296/1988 *JRC contre Costa Rica*, Décision d'irrecevabilité du 30 mars 1989 dans Sélection de décisions du Comité des droits de l'homme prises en vertu du Protocole facultatif, vol. 3, New York, 2002, pp. 52-55, spéc. p. 55. (Doc.off.UN CCPR/C/OP/3).

332 Affaire *Ben Tillett*, Belgique contre Grande-Bretagne, Sentence arbitrale du 26 décembre 1898, voir *RGDIP* 1899, pp. 48-50.

Longstaff[333]. Le même Etat a pu également décider l'expulsion d'étrangers parce qu'ils étaient communistes à l'époque du MacCarthysme. Au Royaume-Uni, l'*Aliens Act* de 1905 prévoyait qu'un étranger pouvait être expulsé si il était tombé à la charge de l'assistance publique ou s'il vivait en état de vagabondage ou dans certaines conditions d'insalubrité. En France également, au début du XXe siècle les individus étrangers déclarés vagabonds ou mendiants pouvaient être expulsés du territoire. Le même motif d'expulsion était prévu par les législations luxembourgeoise et suisse[334]. Au vu de ces quelques exemples de réglementations, on pourrait conclure que les Etats disposent d'une faculté illimitée de choisir les motifs d'expulsion, aussi contestables soient-ils : le Conseil fédéral suisse a prononcé en 1901 l'expulsion de six Italiens qui, au cours d'une manifestation publique, avaient crié : « A bas l'armée » ! Un Etat pourrait alors retenir comme motif d'expulsion le fait de ne pas posséder telle ou telle caractéristique identitaire arguant que l'homogénéité démographique constitue pour lui un intérêt essentiel.

Cependant, les exemples cités sont anciens et le droit international a évolué, réservant une place de plus en plus importante à la protection des droits de l'homme. Comme le notait M. Kamto, « les règles relatives à la protection des droits fondamentaux de la personne humaine échappent désormais très largement aux Etats et le droit applicable à l'expulsion en est tributaire »[335]. M. Shigeru Oda écrivait en ce sens que : « The grounds for expulsion of an alien may be determined by each state by its own criteria. Yet the right of expulsion must not be abused »[336].

Il appartient aux Etats de tenir compte des exigences relatives à la protection des droits de l'homme lorsqu'ils décident d'expulser tel ou tel individu. Cependant, le problème reste de savoir quelles sont ces exigences qui conditionnent la validité des motifs d'expulsion. Il n'en existe pas de liste[337].

---

333 *Boutilier c.INS* , 387 U.S 118 (1967) et *In re Naturalization of Longstaff*, 716 F. 2d 1439 (5th Cir. 1983), mentionnés dans *Rapport préliminaire sur l'expulsion des étrangers, présenté par M. Maurice Kamto, Rapporteur spécial*, op.cit., p. 8.

334 Charles De Boeck, « *L'expulsion et les difficultés internationales qu'en soulève la pratique* », op.cit., pp. 540-541.

335 *Rapport préliminaire sur l'expulsion des étrangers, présenté par M. Maurice Kamto, Rapporteur spécial*, op.cit., p. 8.

336 Shigeru Oda, « *The Individual in International Law* », op.cit., p. 482.

337 L'Etude du Secrétariat général sur l'expulsion des étrangers expose les principaux motifs d'expulsion retenus aujourd'hui dans les différentes législations nationales. Sont ainsi énumérés : l'entrée illégale sur le territoire, le non-respect des conditions d'admission, l'ordre public, la sécurité nationale, l'intérêt supérieur de l'Etat, l'infraction à la loi, la santé publique et la sécurité publique, les bonnes mœurs, la situation économique. En revanche, l'expulsion pour des motifs politiques, à titre de représailles ou comme mesure de dissuasion ne doit plus être considérée comme valide. Voir Doc.off.UN A/CN.4/565, op.cit., pp. 206-252.
En France, les conditions de l'expulsion des étrangers sont régies par le chapitre 5 (articles 23 à 26) de l'Ordonnance n° 45-2658 du 2 novembre 1945 relative aux conditions d'entrée et de séjour des étrangers en France.

Il est toutefois une limite qui semble s'imposer, de manière incontestable, à tous les Etats dans le choix qu'ils font des motifs d'expulsion, c'est le principe de non-discrimination. Un Etat ne peut pas décider d'éloigner un individu de son territoire en se fondant sur des motifs discriminatoires. Le Comité pour l'élimination de la discrimination raciale a d'ailleurs recommandé que les Etats parties veillent « à ce que les règles relatives au refoulement ou à toute autre mesure tendant à soustraire des non-ressortissants à la juridiction de l'Etat partie ne causent pas, par leur but ou par leurs effets, de discrimination entre les non-ressortissants, fondée sur la race, la couleur ou l'origine ethnique ou nationale, et à ce que les non-ressortissants aient un égal accès à des recours efficaces, notamment le droit de contester une mesure d'expulsion, et qu'ils soient autorisés à utiliser ces recours effectivement »[338]. Dans le même sens, le Comité des droits de l'homme a précisé dans son Observation générale n° 15 qu' « aucune discrimination ne peut être opérée entre différentes catégories d'étrangers dans l'application de l'article 13 »[339].

Le principe de non-discrimination s'oppose à ce qu'un Etat adopte une réglementation prévoyant l'expulsion d'étrangers sur la seule base de leurs traits identitaires. Il s'agirait là d'une différence de traitement injustifiée. En certaines circonstances exceptionnelles, l'origine nationale d'un étranger peut justifier que lui soit réservé un traitement particulier, cependant il ne pourra être expulsé qu'après un examen objectif et raisonnable de sa situation qui aura révélé qu'il représente effectivement une menace pour un intérêt essentiel de l'Etat. M. Goodwin-Gill écrivait dans ce sens que : « Expulsion purportedly based on nationality, but in fact selective by reference to racial or ethnic criteria, clearly offends against the principle of non-discrimination »[340]. Dans le même sens, la Déclaration de l'AGNU sur « les droits de l'homme et des personnes qui ne possèdent pas la nationalité du pays dans lequel elles vivent » du 13 décembre 1985 dispose en son article 7 que : « L'expulsion individuelle ou collective d'étrangers se trouvant dans cette situation pour des motifs de race, de couleur, de religion, de culture d'ascendance ou d'origine nationale ou ethnique est interdite »[341].

Il convient par ailleurs d'ajouter que le droit communautaire offre d'importantes garanties contre l'expulsion aux citoyens de l'Union européenne. L'article 21 du Traité sur le Fonctionnement de l'Union Européenne (TFUE) consacre en effet un droit d'entrée et de séjour sur le territoire des Etats membres aux ressortissants communautaires en ces termes : « Tout citoyen de

---

338 Recommandation générale n° 30 : Recommandation générale concernant la discrimination contre les non-ressortissants, 1er octobre 2004, § 25, dans Doc.off.UN HRI/GEN/1/Rev.8, p. 312.
339 Comité des droits de l'homme, Observation générale n° 15 : Situation des étrangers au regard du Pacte du 11 avril 1986, § 10, Doc.off.UN HRI/GEN/1/Rev.6, op.cit., p. 148.
340 Guy Goodwin-Gill, *International Law and the Movement of Persons Between States*, Clarendon Press, Oxford, 1978, p. 215.
341 Doc.off.UN A/RES/40/144, § 7.

l'Union a le droit de circuler et de séjourner librement sur le territoire des États membres, sous réserve des limitations et conditions prévues par le présent traité et par les dispositions prises pour son application ». Les conditions au bénéfice de ces dispositions sont posées par la Directive 2004/38/CE du Parlement européen et du Conseil du 29 avril 2004 relative au « droit des citoyens de l'Union et des membres de leurs familles de circuler et de séjourner librement sur le territoire des États membres ». On relèvera principalement que peuvent jouir du droit de séjour les citoyens de l'Union qui ont la qualité de travailleur ou qui peuvent apporter la preuve de ressources suffisantes afin de ne pas devenir une charge pour le système d'assistance sociale de l'Etat d'accueil et d'une assurance maladie complète. Ces droits s'étendent aux membres de la famille du citoyen qui satisfait à ces conditions, qu'ils aient ou non la nationalité d'un Etat membre[342]. En outre, les citoyens de l'Union qui ont séjourné légalement pendant une période ininterrompue de cinq ans sur le territoire de l'État membre d'accueil acquièrent le droit de séjour permanent sur son territoire[343]. Le droit de séjour reconnu par le Traité CE n'est pas absolu et connaît des limitations. Toutefois, le chapitre VI de la Directive 2004/38 encadre l'expulsion des citoyens de l'Union de manière draconienne. Notamment, seules des raisons d'ordre public, de sécurité publique ou de santé publique peuvent justifier l'expulsion d'un citoyen de l'Union. La Directive délimite quels sont les éléments à prendre en compte pour apprécier la nécessité d'une mesure d'éloignement et quelles sont les garanties procédurales qui doivent être reconnues aux intéressés.

La Cour européenne des droits de l'homme a jugé que la différence de traitement en matière d'expulsion entre un ressortissant communautaire et un ressortissant non- communautaire n'était pas discriminatoire. En effet, « la Cour estime que pareil traitement préférentiel repose sur une justification objective et raisonnable, dès lors que les Etats membres de l'Union européenne forment un ordre juridique spécifique, ayant instauré de surcroît une citoyenneté propre »[344].

Il faut finalement considérer qu'un Etat membre de l'Union européenne qui entreprendrait d'expulser des étrangers ressortissants communautaires parce qu'ils ne possèdent pas les caractéristiques requises afin d'homogénéiser sa population enfreindrait l'article 21 du TFUE et la Directive 2004/38.

Enfin, il est intéressant de souligner qu'avant de prendre une décision d'expulsion, l'Etat expulsant doit prendre en compte la situation des droits de l'intéressé dans l'Etat de destination. Les organes de contrôle de la Convention

---

342 Voir article 7 de la Directive 2004/38/CE.

343 Voir article 16 de la Directive.

344 Cour européenne des droits de l'homme, Arrêt du 7 août 1996, *Chorfi contre Belgique* (req. 21794/93), § 38. Voir également Arrêt du 18 février 1991, *Moustaquim contre Belgique* (req. 12313/86), § 49.

européenne des droits de l'homme ont ainsi développé le mécanisme de « la protection par ricochet ». Celui-ci permet aux juges de Strasbourg « d'étendre la protection de certains droits garantis par la Convention à des droits non expressément protégés par elle »[345]. Ce mécanisme repose sur le fait que, bien qu'il dispose d'un pouvoir discrétionnaire en matière d'expulsion des étrangers, un Etat partie est tenu de respecter ses obligations au regard de la Convention. Partant, il ne pourra prononcer une mesure d'expulsion qui exposera l'intéressé à une violation de droits qui lui sont garantis par la Convention[346]. Il ressort de la jurisprudence des organes de la Convention européenne des droits de l'homme que ce sont principalement les articles 3 et 8 de la Convention qui ont été invoqués contre des mesures d'expulsion. Le premier interdit la torture et les peines et traitements inhumains ou dégradant[347] tandis que le second garantit le droit au respect de la vie privée et familiale. Ils ne constituent cependant pas les sources exclusives de la protection indirecte offerte par la Convention. Par ailleurs, la protection par ricochet peut également bénéficier aux étrangers en situation irrégulière, ceux-ci relevant de la juridiction des Etats parties[348]. L'article 3§1 de la Convention contre la torture et autres peines ou traitements cruels, inhumains ou dégradants du 10 décembre 1984 reprend la

---

[345] Frédéric Sudre, *Droit européen et international des droits de l'homme*, op.cit., p. 593.

[346] Il peut être utile de rappeler qu'en vertu de l'article 1er de la Convention européenne des droits de l'homme, « les Hautes Parties contractantes reconnaissent à toute personne relevant de leur juridiction les droits et libertés définis au titre I de la Convention ». Les étrangers présents sur leur sol bénéficient de ces dispositions. « Les Etats parties à la Convention doivent reconnaître ces droits et libertés non seulement à leurs propres nationaux et à ceux des autres Etats contractants, mais aussi aux ressortissants des Etats non parties à la Convention et aux apatrides », Juan Antonio Carrillo-Salcedo, commentaire de l'article 1 de la Convention européenne des droits de l'homme, dans Louis-Edmond Petiti, Emmanuel Decaux et Pierre-Henri Imbert (Dir.), *La Convention européenne des droits de l'homme, Commentaire article par article*, pp. 135-141, spéc. p. 135.

[347] Voir notamment l'arrêt rendu par la Cour européenne des droits de l'homme le 7 juillet 1989 dans l'affaire *Soering contre Royaume-Uni* (req. 14038/88). Il faut lire à propos de la protection par ricochet l'article du Professeur Syméon Karagiannis, « Expulsion des étrangers et mauvais traitements imputables à l'Etat de destination ou à des particuliers – Vers une évolution de la jurisprudence européenne *?* », *RTDH*, 1999, pp. 33-88. Les juridictions administratives françaises ont développé une importante jurisprudence sur la base de ce mécanisme. Les décisions d'expulsion et de reconduite à la frontière, qui relèvent en principe du pouvoir discrétionnaire de l'administration, font l'objet d'un contrôle de proportionnalité de la part du juge administratif, dit « contrôle du bilan ». L'opportunité de la mesure est ainsi évaluée sur la base d'un rapport entre la gravité de la mesure et l'atteinte à des droits protégés par la Convention, notamment le droit au respect de la vie familiale protégé par l'article 8. Voir notamment les arrêts du Conseil d'Etat du 19 avril 1991, *Belgacem* (req. 107470), Recueil Lebon 1991, p. 152 et *Madame Babas* (req. 117680), Recueil Lebon 1991, p. 152.

[348] Ce mécanisme s'applique tant pour les mesures d'expulsion, que pour celles d'extradition (voir notamment l'arrêt rendu par la Cour le 7 juillet 1989 dans l'affaire *Soering contre Royaume-Uni* req. 14038/88, spéc. § 91) ou de refoulement (voir l'arrêt rendu par la Cour le 30 octobre 1991 dans l'affaire *Vilvarajah contre Royaume-Uni* (req. 13163/87 ; 13164/87 ; 13165/87 ; 13447/87 ; 13448/87), spéc. § 103).

même logique[349]. Le Comité des droits de l'homme applique également ce raisonnement de la protection par ricochet.

Ce mécanisme de la protection par ricochet offrira une protection supplémentaire face au nettoyage ethnique dans la mesure où il s'oppose à l'éloignement d'étrangers du territoire de l'Etat d'accueil. Toutefois, cette protection sera conditionnée : n'en bénéficieront que les individus dont les droits sont susceptibles d'être bafoués dans l'Etat de destination ou dont la famille est établie dans l'Etat d'accueil.

En définitive, la meilleure protection contre l'expulsion à fin de nettoyage ethnique réside dans l'exigence d'un motif légitime conforme au principe de non-discrimination.

L'interdiction des expulsions arbitraires implique que soient également interdites les expulsions collectives. Cette règle présente une pertinence particulière face au nettoyage ethnique puisqu'il semble difficile de modifier la composition d'une population par de simples mesures individuelles, sauf à ce que celles-ci soient répétées dans des proportions considérables.

§2. L'interdiction des expulsions collectives

L'expulsion collective, encore dite « de masse » ou « extraordinaire »[350], n'est pas définie par les instruments internationaux qui la réglementent.

La terminologie suggère d'abord une dimension quantitative. L'expulsion collective est, par opposition à l'expulsion individuelle, l'expulsion d'un groupe d'individus. Toutefois, le seul paramètre numérique est insuffisant à caractériser ce type de mesure et, comme l'écrivait M. Jean Marie Henckaerts, « if the term would only function as a numerical treshold, we would come to a dead end. There is no absolute answer as to what size a group constitutes a mass and what does not »[351].

Les organes de contrôle de la Convention européenne des droits de l'homme ont précisé le sens de l'expulsion collective. Dans une affaire *Becker contre Danemark*, la Commission européenne des droits de l'homme a retenu que par « expulsion collective d'étrangers » il faut entendre « toute mesure de l'autorité compétente contraignant des étrangers, en tant que groupe, à quitter un pays sauf dans les cas où une telle mesure est prise à l'issue et sur la base d'un examen raisonnable et objectif de la situation particulière de chacun des

---

[349] Il dispose en effet qu' : « Aucun Etat partie n'expulsera, ne refoulera, ni n'extradera une personne vers un autre Etat où il y a des motifs sérieux de croire qu'elle risque d'être soumise à la torture ».

[350] Voir Charles De Boeck, « *L'expulsion et les difficultés internationales qu'en soulève la pratique* », op.cit., p. 494.

[351] Jean-Marie Henckaerts, *Mass Expulsion in Modern International Law and Practice*, op.cit., p. 1.

étrangers qui forment le groupe »[352]. Dans cette affaire, le gouvernement danois avait décidé de rapatrier au Vietnam 199 orphelins vietnamiens appartenant à des minorités persécutées durant la guerre, qui avaient été recueillis par le requérant. M. Becker avait saisi la Commission en soutenant, notamment, qu'il s'agissait d'une mesure d'expulsion collective, interdite par le Protocole 4. La Commission a déclaré le moyen irrecevable. Elle retint que, puisque « le Gouvernement défendeur acceptera que chaque cas soit examiné, dans la mesure du possible, selon ses mérites propres et qu'il peut être dans l'intérêt de certains enfants d'être rapatriés plutôt que de rester au Danemark, on ne peut parler en l'espèce d'expulsion collective »[353]. Le critère de l'expulsion collective apparaît alors d'ordre procédural. C'est l'analyse différenciée de chaque situation individuelle qui distingue l'expulsion individuelle de l'expulsion collective. Une mesure d'expulsion qui frappe indistinctement plusieurs étrangers parce qu'ils appartiennent à un même groupe constitue une mesure d'expulsion collective. Par contre, « le fait que plusieurs étrangers reçoivent des décisions semblables ne permet pas de conclure à une expulsion collective lorsque chaque intéressé a pu, individuellement, faire valoir devant les autorités compétentes les arguments qui s'opposaient à son expulsion »[354]. Par la suite, dans l'affaire *Conka contre Belgique*, la Cour a retenu une interprétation plus large du terme « expulsion ». En effet, elle a d'abord repris la définition de l'expulsion collective énoncée par la Commission, elle y a ajouté que : « cela ne signifie pas pour autant que là où cette dernière condition (l'examen raisonnable et objectif de la situation particulière de chacun des étrangers qui forment le groupe) est remplie les circonstances entourant la mise en œuvre de décisions d'expulsion ne jouent plus aucun rôle dans l'appréciation du respect de l'article 4 du Protocole 4 »[355]. Dès lors, l'examen de la dimension collective de l'expulsion ne porte plus uniquement sur la décision mais aussi sur son exécution[356]. En l'espèce, la police de Gand avait convoqué à la fin septembre 1999 plusieurs dizaines de familles slovaques d'origine tsigane dont les requérants, la famille Conka. Celle-ci était arrivée sur le territoire belge au début du mois de novembre 1998 et avait demandé l'asile politique. Ses

---

352 Commission européenne des droits de l'homme, *Henning Becker contre Danemark*, Décision sur la recevabilité du 3 octobre 1975 (req. 7011/75). Cette définition sera reprise par la Cour européenne des droits de l'homme. Voir plus loin affaires *Andric contre Suède* et *Conka contre Belgique*.

353 *Idem.*

354 Cour européenne des droits de l'homme, Arrêt du 23 février 1999, *Andric contre Suède* (req. 45917/99), § 58-59.

355 Cour européenne des droits de l'homme, Arrêt du 5 février 2002, *Conka contre Belgique* (req. 51564/99), § 59.

356 Lire à ce propos, Jean-Yves Carlier, « L'expulsion collective d'étrangers », dans Pierre Lambert et Christophe Pettiti (éd.), *Les mesures relatives aux étranger à l'épreuve de la Convention européenne des droits de l'homme*, Actes du séminaire du 21 mars 2003 organisé par les Instituts des droits de l'homme du barreau de Bruxelles et du barreau de Paris, Bruylant, 2003, pp. 111-131, voir spécialement les pages 121 à 127.

demandes d'asile avaient été déclarées irrecevables en mars 1999 et les décisions refusant le séjour étaient accompagnées de décisions de refus d'accès au territoire munies d'un ordre de quitter le territoire dans les cinq jours. Les requérants ont exercé plusieurs recours contre ces décisions et sont restés sur le sol belge. Les convocations envoyées fin septembre 1999 par la police belge indiquaient que la mesure avait pour but de compléter le dossier relatif à leur demande d'asile. Au commissariat, les requérants se sont vus remettre un nouvel ordre de quitter le territoire daté du 29 septembre 1999, accompagné d'une décision de remise à la frontière slovaque et de privation de liberté à cette fin. Ils furent emmenés avec d'autres familles tsiganes dans un centre de transit près de l'aéroport de Bruxelles en attendant le départ de l'avion qui les a ramenés en Slovaquie. La Cour de Strasbourg a retenu dans cette affaire que les décisions de refus relatives aux demandes d'asile des requérants avaient bien été rendues suite à l'examen de la situation personnelle de chacun des intéressés. Cependant, « les mesures de détention et d'éloignement litigieuses ont été prises en exécution d'un ordre de quitter le territoire daté du 29 septembre 1999, lequel était fondé uniquement sur l'article 7, alinéa 1, 2°, de la loi sur les étrangers, sans autre référence à la situation personnelle des intéressés que le fait que leur séjour en Belgique excédait trois mois. En particulier, le document ne faisait aucune référence à la demande d'asile des requérants ni aux décisions des 3 mars et 18 juin 1999 intervenues en la matière »[357] La Cour estime que le procédé suivi « n'est pas de nature à exclure tout doute sur le caractère collectif de l'expulsion critiquée »[358]. Plusieurs éléments alimentent le doute tels que le fait que les instances politiques aient annoncé des opérations de ce genre et donné des instructions à l'administration compétente en vue de leur réalisation, que tous les intéressés aient été convoqués simultanément au commissariat ou encore que les ordres de quitter le territoire et d'arrestation qui leur ont été remis présentaient un libellé identique. Finalement, la Cour a conclu qu' « à aucun stade de la période allant de la convocation des intéressés au commissariat à leur expulsion, la procédure suivie n'offrait des garanties suffisantes attestant d'une prise en compte réelle et différenciée de la situation individuelle de chacune des personnes concernées »[359]. Il y a donc bien eu violation de l'article 4 du Protocole

L'expulsion collective, en ce qu'elle n'est pas fondée sur l'analyse raisonnable et objective de la situation particulière de chacun des étrangers qui constituent le groupe, est arbitraire.

En outre, puisqu'elle consiste à éloigner du territoire des étrangers en tant que groupe, l'expulsion collective est discriminatoire. En effet, les étrangers victimes d'une expulsion collective sont choisis pour la seule raison qu'ils

---

[357] Arrêt du 5 février 2002, *Conka contre Belgique*, op.cit., § 62.
[358] *Idem*, § 63.
[359] *Ibidem*, § 64.

appartiennent à un groupe. Ils font l'objet d'une différence de traitement parce qu'ils sont membres d'une collectivité indésirable[360]. L'article 12§5 de la Charte africaine des droits de l'homme met en exergue ce caractère discriminatoire de l'expulsion collective en ces termes : « L'expulsion collective d'étrangers est interdite. L'expulsion collective est celle qui vise globalement des groupes nationaux, raciaux, ethniques ou religieux ». L'usage du terme « globalement » autorise à penser que les motifs discriminatoires énoncés ne sont pas exhaustifs. La Commission africaine des droits de l'homme et des peuples a déclaré que « l'expulsion collective constituait une menace spéciale contre les droits de l'homme. Une action du gouvernement spécialement dirigée contre des groupes nationaux, raciaux, ethniques ou religieux particuliers est généralement qualifiée de discriminatoire dans la mesure où, aucune de ses caractéristiques ne dispose d'une base légale, ni ne saurait constituer une source d'incapacité particulière »[361].

L'expulsion collective est condamnée d'une manière générale par le droit international. Ainsi les articles 4 du Protocole 4 à la Convention européenne des droits de l'homme, 22§9 de la Convention américaine des droits de l'homme, 22§9 de la Déclaration américaine des droits et des devoirs de l'homme, 12§5 de la Charte africaine des droits de l'homme et des peuples l'interdisent-ils expressément[362]. La prohibition de cette pratique par le PIDCP est implicite. Le Comité des droits de l'homme a ainsi précisé à propos de l'article 13 du Pacte qu'« il reconnaît à chaque étranger le droit à une décision individuelle, il

---

360 M. Richard Perruchoud écrivait que « l'aspect principal du caractère massif réside, à notre avis, en ce que les individus ne sont plus considérés en tant que tels, *ut singuli*, mais en tant que composantes anonymes d'un tout, d'un corps social déterminé. Cette dépersonnification de l'individu qui disparaît derrière la « personnalisation » d'une collectivité réelle - ethnique, religieuse, sociale - ou artificiellement créée pour les besoins de la cause par l'Etat est le facteur clé », dans Richard Perruchoud, « L'expulsion en masse d'étrangers », A*FDI*, 1988, pp. 677-693, spéc. p. 678.

361 Commission africaine des droits de l'homme et des peuples, Communication n° 159/96- *Union Interafricaine des Droits de l'Homme, Fédération Internationale des Droits de l'Homme, Rencontre Africaine des Droits de l'Homme, Organisation Nationale des Droits de l'Homme au Sénégal et Association Malienne des Droits de l'Homme contre Angola*, Constatations adoptées lors de la 22e session ordinaire tenue à Banjul le 11 novembre 1997, § 15, citée dans citée dans le Rapport d'activité de la onzième session de la Commission, p. 26 (source : site de la Commission op.cit., consulté le 30 mai 2012).
En l'espèce, les ONG requérantes agissaient pour le compte de plusieurs ressortissants ouest-africains expulsés d'Angola en 1996. La Commission a concédé que certains Etats africains, et notamment l'Angola, étaient confrontés à des défis économiques. Cependant, malgré les difficultés, les mesures prises par les Etats pour protéger leurs ressortissants et leurs économies ne doivent pas être prises au détriment de la jouissance des droits de l'homme. « Les expulsions massives de toute catégorie de personnes, que ce soit sur la base de la nationalité, de la religion, des considérations ethniques, raciales ou autres, « constituent une atteinte spéciale aux droits de l'homme », § 16 des Constatations.

362 De même, l'article 19§1 de la Charte des droits fondamentaux de l'Union européenne prohibe expressément l'expulsion collective.

s'ensuit que les lois ou décisions qui prévoiraient des mesures d'expulsion collective ou massive ne répondraient pas aux dispositions de l'article 13 »[363]. Le Comité pour l'élimination de la discrimination raciale a également recommandé aux Etats parties à la Convention sur l'élimination de toutes les formes de discrimination raciale de « veiller à ce que les non-ressortissants ne fassent pas l'objet d'une expulsion collective, en particulier lorsqu'il n'est pas établi de façon suffisante que la situation personnelle de chacune des personnes concernées a été prise en compte »[364].

On peut toutefois se demander si l'interdiction des expulsions collectives est catégorique ou si elle tolère des dérogations, notamment en période de conflit armé. En effet, par le passé, il est arrivé qu'en cas de guerre, les belligérants expulsent en masse les nationaux ennemis se trouvant sur leur territoire. Le Professeur Paul Fauchille avait écrit à ce propos que « l'expulsion en masse, en cas de guerre, est un acte de défense, une mesure de sûreté parfaitement licite et d'une régularité incontestable. Eviter les inconvénients du séjour de ces étrangers, écarter les provocations, les rixes que leur présence peut susciter au sein des populations, rendre impossible un espionnage dangereux et parfois facile, constituent évidemment des mesures de sécurité qu'un Etat doit pouvoir prendre ; aussi en droit, la question ne saurait être douteuse »[365]. L'expulsion collective de nationaux ennemis est une faculté laissée à la discrétion de l'Etat. Ainsi, lorsqu'éclata la guerre franco-allemande de 1870, 100 000 Allemands résidaient sur le sol français. Ils furent autorisés à y demeurer pourvu que leur conduite soit régulière. Au moment où les troupes allemandes commencèrent à envahir le territoire français, leur expulsion générale fut décidée par un décret du 28 août 1870. Quelques sujets allemands furent autorisés à rester sur demande justifiée. Par contre, pendant la guerre sino-japonaise de 1894-1895, les sujets chinois présents sur le sol nippon furent autorisés à y demeurer. Le Japon a agi de la même manière avec les ressortissants russes habitant sur son territoire durant la guerre russo-japonaise de 1904 tandis que la Russie n'expulsa que les Japonais présents sur le territoire de la guerre[366].

La question qui se pose est de savoir si cette faculté d'expulser massivement les nationaux ennemis en cas de conflit armé est toujours tolérée par le droit international contemporain. M. Shigeru Oda écrivait sur ce point que : « In time of war a belligerent state is, it is believed, entitled to expel all enemy aliens

---

[363] Comité des droits de l'homme, Observation générale n° 15 : Situation des étrangers au regard du Pacte, op.cit., § 10.

[364] Comité pour l'élimination de la discrimination raciale, Observation générale n° 30 concernant la discrimination contre les non-ressortissants du 1er octobre 2004, op.cit., § 26.

[365] Paul Fauchille, *Traité de droit international public, Tome II Guerre et neutralité*, Librairie Arthur Rousseau, Paris, 1921, p. 65.

[366] Exemples cités dans Paul Fauchille op.cit. p. 66. Il est intéressant de lire la description par cet auteur des mesures adoptées vis-à-vis des nationaux ennemis par les différents belligérants de la première guerre mondiale, pp. 67-69.

within its territory »[367]. Le DIH ne réglemente pas la question de l'expulsion par un Etat belligérant des étrangers ennemis se trouvant sur son territoire. L'hypothèse doit être distinguée de la déportation qui, comme on le verra plus loin, consiste en un déplacement forcé des personnes protégées hors du territoire occupé. L'Etude du Secrétariat sur l'expulsion des étrangers retient que « l'Etat a le droit d'expulser tous les ressortissants d'un Etat ennemi en période de conflit armé. Ce droit constitue une exception à l'interdiction des expulsions massives »[368]. Les auteurs de cette étude se sont notamment appuyés sur la sentence partielle rendue par la Commission des réclamations entre l'Erythrée et l'Ethiopie sur les réclamations civiles de l'Erythrée. L'Erythrée avait accusé l'Ethiopie d'avoir violé le droit international en procédant à l'expulsion massive de nationaux éthiopiens d'origine érythréenne. Pour le requérant il s'agissait là d'une campagne de nettoyage ethnique[369]. Comme il a été vu plus haut, les individus expulsés étaient des doubles nationaux et ont été déchus de leur nationalité éthiopienne avant d'être éloignés du territoire de cet Etat. Ce sont donc bien des étrangers qui ont été expulsés. Pour la Commission, « international humanitarian law gives belligerents broad powers to expel nationals of the enemy State from their territory during a conflict »[370]. Plus loin, elle nota que : « International law allows a belligerent to expel the nationals of the enemy State during wartime. Thus, to the extent that those expelled were Eritrean nationals, their expulsion was lawful, even if harsch for the individuals affected »[371]. Le Professeur David considère pour sa part que cette affirmation « est en contradiction avec l'esprit et le commentaire de l'article 35 de la 4e CG que la Commission s'abstient de citer »[372]. Il est vrai que si l'on se réfère au commentaire de l'article 35, relatif au droit des étrangers de quitter le territoire d'un Etat belligérant, on peut lire que : « Le projet initial du Comité international précisait « qu'aucune personne protégée ne pourra être rapatriée contre son gré » ; bien qu'énoncée de façon différente, cette idée se retrouve implicitement dans le texte actuel »[373]. L'auteur précise cependant que « si le rapatriement forcé, c'est-à-dire le renvoi d'une personne dans son pays contre son gré, est prohibé, le droit d'expulsion est en revanche sauvegardé »[374]. Par

---

367 Shigeru Oda, « *The Individual in International Law* », op.cit., p. 482.

368 *Etude du Secrétariat sur l'expulsion des étranger*, Doc.off.UN A/CN.4/565 op.cit. p. 528.

369 Voir Sentence arbitrale du 17 décembre 2004, *Civilians Claims, Eritrea's Claims 15, 16, 23 et 27-32*, op.cit., § 79.

370 *Idem* § 81. Voir dans le même sens la sentence partielle rendue par la Commission à propos des réclamations éthiopiennes : Sentence arbitrale du 17 décembre 2004, *Civilians Claims, Ethiopia's Claim 5*, § 121.

371 A propos de l'expulsion des familles des individus dénationalisés et expulsés pour raison de sécurité. Sentence arbitrale du 17 décembre 2004, *Civilians Claims, Eritrea's Claims 15, 16, 23 et 27-32*, op.cit., § 92.

372 Eric David, *Principes de droit des conflits armés*, op.cit., p. 540.

373 Jean Pictet (Dir.), *Commentaire de la Convention IV de Genève relative à la protection des personnes civiles en période de conflit armé*, CICR, Genève, 1954, p. 253.

374 *Idem*, note 2.

ailleurs, le commentaire de l'article 45, relatif au transfert à une autre Puissance, précise qu' « aucune disposition n'existe en ce qui concerne l'expulsion, mesure par laquelle un Etat éloigne de son territoire un étranger indésirable. En l'absence d'un texte assimilant l'expulsion à une forme de transfert, le présent article ne semble donc pas s'opposer au droit qu'ont les Parties au conflit d'expulser des étrangers dans des cas individuels et lorsque la sécurité de l'Etat l'exige absolument »[375]. Ce sont là les règles générales de l'expulsion qui sont rappelées. Tous les nationaux ennemis ne constituent pas nécessairement une menace pour l'Etat. Dès lors, les expulser tous sans procéder à un examen raisonnable et objectif de chaque situation individuelle constituerait une mesure arbitraire[376] que ne justifie pas la situation de conflit.

La solution retenue par la Commission des réclamations est d'autant plus discutable que dans le contexte particulier du conflit éthiopo-érythréen elle aurait pu servir à valider un nettoyage ethnique. Ainsi, l'effet combiné de l'exigence d'une pièce d'identité érythréenne pour participer au référendum de 1993 et de la législation éthiopienne sur la double nationalité, en d'autres circonstances aurait pu aboutir à ce que toutes les personnes ayant participé au référendum d'indépendance, soit la grande majorité des Ethiopiens d'origine érythréenne, soient devenus des étrangers au moment où le conflit a éclaté. L'Ethiopie aurait alors pu les expulser tous légalement.

En l'occurrence, la Commission a écarté les accusations de nettoyage ethnique formulées par l'Erythrée. Elle a d'abord avancé un motif statistique assez peu convaincant : « Ethiopia maintained that 15 475 persons with Eritrean nationality were individually identified through its security process and then deprived of Ethiopian nationality and expelled. This is a large group, but it is less than 25% of the more than 66 000 persons in Ethiopia who qualified to vote for the Referendum. It is 3% of the more than 500 000 persons in Ethiopia both Parties cited as having Eritrean antecedents »[377]. Puis la Commission a déclaré que : « Eritrea disputed Ethiopia's figure, but even if the total were much higher, the records indicates an expulsion process involving deliberation and selection, not indiscriminate round-ups and expulsions based on ethnicity »[378]. Elle en conclut que « Eritrea's claims that Ethiopia engaged in indiscriminate mass expulsions based on ethnicity or in ethnic cleansing are rejected for lack of proof ». Toutefois, il faut mentionner que la Commission a retenu plus loin la responsabilité de l'Ethiopie pour le déplacement forcé d'une dizaine de milliers

[375] *Ibidem*, p. 286.

[376] Le Professeur David souligne également le fait que la Commission des réclamations ait passé sous silence les instruments protecteurs des droits de l'homme « qui n'admettent l'expulsion d'une personne qu'en vertu de la loi et moyennant la possibilité de recours » ainsi que ceux qui interdisent l'expulsion collective d'étrangers.

[377] Sentence arbitrale du 17 décembre 2004, *Civilians Claims, Eritrea's Claims 15, 16, 23 et 27-32*, op.cit., p. 80.

[378] *Idem.*

d'individus d'origine érythréenne habitant les régions rurales à la frontière de l'Erythrée. Ces déplacements, motivés par l'appartenance ethnique des victimes[379], ont été le fait des populations locales, de milices et de la police mais il n'a pas été prouvé qu'ils résultaient d'une politique nationale. Cependant, pour la Commission, « the state of Ethiopia remains responsible to Eritrea under international law for any damages and losses to Eritrea causes by these actions, as they occurred in its sovereign territory and involved state agents whose misconduct Ethiopia did not prevent »[380].

L'éloignement forcé d'un individu du territoire sur lequel il se trouve légalement, qu'il résulte d'une mesure d'expulsion illégale ou de tout autre moyen coercitif, impliquera une négation de ses droits de circuler librement et de déterminer librement où il veut vivre sur ce territoire.

[379] « Given the remote locations and the nature of the populations affected, the Commission finds it unlikely that many, if any, of the rural expellees participated in the Referendum process and so acquired dual nationality. There was no evidence that they constitued a threat to Ethiopia's national security. Instead, those expelled appear to have been largely, if not exclusively, Ethiopian nationals rounded up and forcibly expelled from Ethiopia because of their Eritrean ethnicity », § 88 de la sentence.

[380] *Idem*, § 89.

Chapitre 3 : Les composantes d'un droit à ne pas être déplacé

Les moyens employés pour provoquer le départ d'individus jugés indésirables, dans le cadre d'une politique de nettoyage ethnique, sont nombreux. Comme évoqué précédemment, la plupart des règles garantissant des droits de l'homme sont susceptibles d'offrir une protection face au déplacement forcé de populations mais leur pertinence dépendra des mesures coercitives utilisées. En revanche, il est possible d'identifier une série de droits qui offrent une protection systématique face à cette pratique, indépendamment des méthodes employées pour contraindre au départ. En effet, ils impliquent un droit à ne pas être déplacé. Il s'agit des libertés de circulation et de résidence et du droit de propriété.

La liberté de circulation peut se définir comme le droit « d'aller et de venir au sein du territoire d'un Etat donné, pour les nationaux ou les étrangers admis au séjour »[381]. Dans le cadre de cette étude, on entendra par liberté de résidence le droit pour un individu de choisir librement son lieu de vie sur le territoire d'un Etat. Les deux droits sont généralement associés dans les différents instruments internationaux qui les protégent, toutefois la corrélation entre eux n'est pas automatique. Le second n'est pas nécessairement le prolongement du premier et, comme le note le Professeur Mourgeon, il est des restrictions au libre choix de son lieu de résidence qui n'entravent en rien la liberté de circulation[382].

Le droit de propriété, quant à lui, se définit comme « le droit d'une personne physique ou morale à des biens, droit de les posséder, de jouir des fruits et des revenus de ses biens, d'en disposer et de ne pouvoir en être privé arbitrairement »[383]. Il s'agit d'un droit réel[384] qui confère ainsi trois pouvoirs ou « attributs » à son titulaire : Celui d'user de son bien (*usus*), soit de l'utiliser comme il l'entend ou de ne pas l'utiliser ; celui de jouir de son bien (*fructus*), soit d'en tirer profit ; et celui de disposer de son bien (*abusus*), soit de réaliser tous les actes matériels ou juridiques permettant de se priver en tout ou en partie de son bien tels que la vente, la location ou encore la mise en usufruit.

Un déplacement forcé de populations occasionnera nécessairement une violation de ces droits pour les victimes. Partant, il importera d'évaluer s'ils bénéficient de garanties internationales suffisantes pour prévenir cette pratique. Les règles relatives aux libertés de circulation et de résidence seront analysées

---

381 Jean Salmon (Dir.), *Dictionnaire de droit international public*, op.cit., p. 172.

382 Jacques Mourgeon, Commentaire de l'article 2 du Protocole 4 à la Convention européenne des droits de l'homme, dans Louis-Edmond Petiti, Emmanuel Decaux et Pierre-Henri Imbert (Dir.), *La Convention européenne des droits de l'homme, Commentaire article par article*, op.cit., p. 1047.

383 Jean Salmon (Dir.), *Dictionnaire de droit international public*, op.cit., p. 897.

384 Pour rappel, un droit réel est un droit qui porte directement sur une chose par opposition au droit personnel qui est un droit subjectif d'exiger d'une personne une prestation.

dans un premier temps (Section 1), puis, il sera intéressant d'envisager le droit de propriété comme un droit à ne pas être éloigné de ses biens (Section 2).

Section 1. Les libertés de circulation et de résidence comme obstacles au déplacement forcé de populations

Les Rapporteurs spéciaux Awn Shawkat Al-Khasawneh et Ribot Hatano relevaient dans leur Rapport préliminaire sur les transferts de population que : « Le droit de circuler librement, sous tous ses aspects, est essentiellement mis en cause dans les transferts de populations. Qu'il s'agisse de réimplanter des gens contre leur gré, à l'intérieur du pays, d'en encourager d'autres à s'établir sur les terres laissées par les premiers ou encore d'en rejeter à l'extérieur des frontières nationales, il y a, dans tous les cas, violation du droit fondamental d'une population à rester sur place. On peut logiquement considérer que ce droit est le corollaire de la liberté de circulation, cette liberté impliquant nécessairement, *a contrario*, celle de ne pas se déplacer. Le droit de circuler librement, comme l'indique son énoncé, insiste sur la notion de volonté ; par leur nature, les transferts forcés de population enfreignent la liberté de circulation »[385]. En outre, déplacer un individu par la contrainte équivaut à lui refuser le droit de déterminer librement où il veut vivre.

Les libertés de circulation et de résidence sont protégées par tous les instruments généraux de proclamation des droits de l'homme, qu'ils soient universels ou régionaux (§ 1). Toutefois, ces libertés ne sont pas absolues et peuvent être soumises à restriction (§ 2). Par ailleurs, il est intéressant de relever que le droit au respect du domicile a pu être interprété par la Cour européenne des droits de l'homme comme incluant un droit d'accéder à son domicile (§ 3).

§1. Des libertés protégées par les instruments généraux de proclamation des droits de l'homme

C'est dans la DUDH et le PIDCP qu'il faut rechercher des règles à portée universelle relatives aux libertés de circulation et de résidence. L'article 13 de la première dispose que : « Toute personne a le droit de circuler librement et de choisir sa résidence à l'intérieur d'un Etat ». Il est intéressant de relever que cette disposition ne subordonne pas la jouissance des droits reconnus au fait d'être en situation régulière sur le territoire de l'Etat à l'inverse des autres instruments de protection des droits de l'homme qui garantiront ces droits. Comme vu précédemment, la Déclaration n'est ni un acte décisoire, ni une convention. Et si beaucoup des droits qu'elle énonce ont aujourd'hui acquis une valeur coutumière, cela ne semble pas être le cas du droit de circuler librement et de choisir librement sa résidence.

---

[385] *Les transferts de populations, y compris l'implantation de colons et de colonies, considérés sous l'angle des droits de l'homme*, op.cit., Doc.off.UN E/CN.4/Sub.2/1993/17, p. 56.

Il faut alors se tourner vers le PIDCP pour trouver des dispositions contraignantes relatives aux libertés de circulation et de résidence. L'article 12§1 de cet instrument énonce ainsi que : « Quiconque se trouve légalement sur le territoire d'un Etat a le droit d'y circuler librement et d'y choisir librement sa résidence ». Cette formule appelle plusieurs remarques.

Premièrement, la jouissance des droits reconnus est subordonnée au fait d'être légalement présent sur le territoire de l'Etat. De fait, les étrangers en situation irrégulière ne pourront s'en prévaloir. Cette condition apparaît, somme toute, logique dans la mesure où reconnaître de tels droits à des étrangers en situation irrégulière limiterait le pouvoir de l'Etat de les éloigner de son territoire.

Ensuite, le droit de circuler librement et de s'installer librement peut être exercé sur tout le territoire de l'Etat. Dans le cadre d'un Etat fédéral, il implique de pouvoir se déplacer dans toutes les composantes de l'Etat[386].

Le Comité des droits de l'homme a souligné la pertinence de l'article 12§1 du Pacte face au déplacement forcé de populations. Ainsi, « le droit de choisir librement son lieu de résidence dans le territoire d'un Etat comprend le droit d'être protégé contre toute forme de déplacement forcé et contre toute interdiction d'accès ou de séjour dans l'une quelconque des parties du territoire »[387]. Le Comité onusien a, à plusieurs reprises, été confronté à des rapports alléguant des politiques nationales qui restreignaient abusivement ce droit pour certaines catégories de personnes et ne manqua pas de rappeler les Etats à leurs obligations. Il a ainsi constaté que la politique de l'Etat hébreu visant à chasser les non-Juifs de Jérusalem Est par des mesures discriminatoires était une violation caractérisée de l'article 12. Le Comité relevait à ce propos : « En ce qui concerne les Palestiniens qui sont résidents à Jérusalem Est, le Comité est préoccupé de constater que les conditions applicables au

---

[386] On peut se poser la question de savoir si les territoires dont les Etats sont internationalement responsables font partie intégrante de leur territoire aux fins d'application de ces dispositions. Il est intéressant de mentionner à ce propos les réserves formulées par les Pays-Bas et le Royaume-Uni à l'article 12§1 qui touchent au champ d'application territorial des libertés reconnues. La réserve néerlandaise stipule que : « Le Royaume des Pays-Bas considère les Pays-Bas et les Antilles néerlandaises comme des territoires distincts d'un même État aux fins de cette disposition ». La réserve britannique dispose que : « Le Gouvernement du Royaume-Uni se réserve le droit d'interpréter les dispositions du paragraphe 1 de l'article 12 concernant le territoire d'un État comme s'appliquant séparément à chacun des territoires qui forment le Royaume-Uni et ses dépendances ». (source : site du Haut-commissariat des Nations Unies aux droits de l'homme, op.cit., consulté le 30 décembre 2012). Lire sur cette question Atle Grahl-Madsen, Goran Melander et Rolf Ring, *Commentaire de l'article 13*, dans Gudmundur Alfredsson and Asbjorn Eide (Ed.), *The Universal Declaration of Human Rights, A Common Standard of Achievement*, Martinus Nijhoff Publishers, La Haye/Boston/Londres, 1999, pp. 265-277, spéc pp. 272-273 à propos, notamment, de la législation danoise relative à la liberté de résidence dans les Iles Féroé et au Groenland.

[387] Comité des droits de l'homme, Observation générale n° 27 : Liberté de circulation, op.cit., § 7.

maintien du droit à la résidence permanente sont de plus en plus restrictives, que les demandes de regroupement des familles sont rejetées et que les non-juifs ont des difficultés à obtenir des permis de construire et des logements, la conséquence étant que ceux qui sont forcés d'aller s'installer dans les territoires occupés sont de plus en plus nombreux. Le Comité exprime les plus profondes préoccupations que lui inspire la directive non publiée du ministère de l'intérieur, en vertu de laquelle les Palestiniens qui ne peuvent prouver que Jérusalem Est a été leur « centre de vie » au cours des sept dernières années peuvent perdre le droit de vivre dans la ville. Le Comité note que cette politique s'applique rétroactivement tant aux Palestiniens qui vivent à l'étranger qu'à ceux qui vivent sur la Rive occidentale ou dans les faubourgs proches de Jérusalem, mais ni aux Juifs israéliens ni aux Juifs étrangers qui sont les résidents permanents de Jérusalem Est. Le Comité recommande que les règlements et procédures relatifs au statut de résident permanent soient appliqués sans discrimination »[388]. D'ailleurs un peu plus loin, le Comité prenait note « avec regret des difficultés que rencontrent les familles palestiniennes qui cherchent à obtenir par la voie légale des permis de construire »[389].

Il est utile de rappeler que les dispositions de l'article 12 relatives aux libertés de circulation et de résidence lient les 165 Etats parties au Pacte[390]. Ces libertés sont également protégées sur le plan régional.

La Convention de sauvegarde des Droits de l'homme et des libertés fondamentales telle qu'elle fut adoptée à Strasbourg le 4 novembre 1950 ne reconnaît pas explicitement la liberté de circulation ni le droit de choisir librement son lieu de vie.

---

[388] Rapport du Comité des droits de l'homme du 11 septembre 1998 (Doc.off.UN A/53/40), p. 20, § 319.

[389] *Idem,* § 320.

[390] Quelques Etats contractants ont cependant formulé des réserves relatives aux règles de l'article 12§1 et §3. En plus des réserves néerlandaise et britannique précédemment citées, il faut ajouter celle du Botswana aux termes de laquelle : « Le Gouvernement de la République du Botswana se considère lié par l'article 12, paragraphe 3, du Pacte dans la mesure où ses dispositions sont compatibles avec l'article 14 de la Constitution de la République du Botswana concernant l'imposition de certaines restrictions raisonnablement nécessaires dans certains cas exceptionnels ». Plusieurs Etats ont formulé des objections à cette réserve botswanaise la considérant comme trop générale. Pour ces Etats, il existe un doute sur la conformité de cette réserve avec le but et l'objet du Pacte. L'Autriche a, par exemple, déclaré que : « Le fait que le Botswana assujettisse ces articles à une réserve générale renvoyant à sa législation nationale peut, faute d'éclaircissements supplémentaires, faire douter de l'adhésion du Botswana à l'objet et au but du Pacte. Conformément au droit international coutumier codifié par la Convention de Vienne sur le droit des traités, il n'est pas permis de formuler de réserve incompatible avec l'objet et le but du traité. En conséquence, du point de vue de l'Autriche, la réserve est irrecevable, dans la mesure où son application pourrait empêcher le Botswana de s'acquitter des obligations qui lui incombent aux termes de l'article 7 et du paragraphe 3 de l'article 12 du Pacte ». (source : site du Haut-commissariat des Nations Unies aux droits de l'homme, op.cit., consulté le 30 mai 2012).

Il faudra attendre 1963 pour qu'un quatrième Protocole additionnel vienne compléter la liste des droits et libertés figurant dans la Convention et son premier Protocole et y inclure les libertés de circulation et de résidence en des termes identiques à ceux de l'article 12 du PIDCP : « Quiconque se trouve régulièrement sur le territoire d'un Etat a le droit d'y circuler librement et d'y choisir librement sa résidence »[391].

Tout individu, national ou étranger peut bénéficier de ces droits comme le suggère le terme « quiconque », sous réserve d'être en situation régulière sur le territoire de l'Etat. Cette régularité s'appréciera au regard de la réglementation en vigueur dans l'Etat.

La Cour européenne des droits de l'homme a eu l'occasion de se prononcer sur une violation de l'article 2 du Protocole 4 dans l'affaire *Denizci et autres contre Chypre*. En l'espèce, les requérants, ressortissants chypriotes d'origine turque, avaient été arrêtés et molestés par des fonctionnaires de police chypriote dans le courant du mois d'avril 1994. Ils avaient été contraints à signer des déclarations aux termes desquelles ils avaient décidé de gagner la partie nord de l'île et y furent ensuite emmenés de force. Les fonctionnaires de police les avertirent qu'ils seraient abattus si ils cherchaient à retourner dans le sud de l'île. Le 2 juin 1994, le fils d'une des requérantes, Ilker Tufansoy, fut abattu par des inconnus alors qu'il se trouvait dans la partie sud. Par la suite, plusieurs des requérants retournèrent également dans le sud de l'île où la police les obligea à fournir des déclarations selon lesquelles ils avaient été maltraités par les autorités de la République Turque de Chypre Nord (plus loin RTCN) qui les avaient contraints à signer des formulaires de requête adressés à la Commission européenne des droits de l'homme. Les requérants ont dénoncé plusieurs violations de la Convention et de ses Protocoles et notamment une violation de l'article 2 du Protocole 4 en alléguant que leur départ forcé vers la partie nord de l'île constituait une violation injustifiée de leur liberté de circulation au sein du territoire de la République de Chypre et de leur liberté de choisir leur lieu de résidence. En outre, ils ont affirmé que durant leur séjour dans le sud de l'île, leurs allées et venues étaient contrôlées par la police et qu'ils ne pouvaient quitter sans autorisation préalable la ville où ils résidaient. La Cour a retenu que la surveillance étroite dont faisaient l'objet les requérants s'analysait en une violation de l'article 2 du Protocole 4. Elle a ainsi constaté que : « les autorités chypriotes surveillaient étroitement les allées et venues des requérants tant entre la partie nord et la partie sud de l'île qu'au sein de la partie sud. Les intéressés ne pouvaient circuler librement dans le Sud et devaient avertir la police chaque fois qu'ils souhaitaient gagner le Nord pour rendre visite à leur famille ou à

391 Protocole 4 à la Convention européenne des droits de l'homme du 16 septembre 1963, article 2§1.

leurs amis, de même que lorsqu'ils arrivaient dans la partie sud »[392]. Les juges de Strasbourg ont considéré que ces restrictions aux déplacements des requérants s'analysaient en une atteinte à la liberté de circulation. Ils ont alors recherché si pareille ingérence pouvait être justifiée. Or, pour la Cour, « le Gouvernement n'a avancé aucune base légale pour les restrictions imposées à la liberté de circulation des requérants. De surcroît, il ne prétend pas que la mesure fût nécessaire dans une société démocratique pour atteindre l'un des buts légitimes énoncés aux paragraphes 3 et 4 de l'article 2 du Protocole n° 4 »[393].

Si la Cour a retenu que la surveillance dont les requérants faisaient l'objet constituait une violation de l'article 2 du Protocole 4, elle ne s'est pas clairement prononcée sur le fait que leur éloignement forcé du sud de l'île ait pu aussi enfreindre ces dispositions. Une telle conclusion semble toutefois pouvoir être dégagée de la suite de l'arrêt. En effet, les requérants avaient également invoqué une violation de l'article 3 du Protocole 4 en tant qu'ils avaient été expulsés du territoire de la République de Chypre dont ils étaient ressortissants. La Cour a noté que le gouvernement de la République de Chypre est le seul gouvernement légitime de Chypre, laissant entendre que, de fait, les requérants n'avaient pas été expulsés vers un autre Etat[394]. La Cour ne s'est pas prononcée sur le grief et a considéré « que ses conclusions sur le terrain de l'article 2 du Protocole n° 4 à la Convention la dispensaient d'examiner si l'article 3 du Protocole n° 4 s'applique en l'espèce et si, le cas échéant, il a été respecté »[395]. Il faut donc en déduire que le déplacement forcé des requérants dans le Nord de l'île a été considéré par la Cour comme une violation de l'article 2 du Protocole 4.

Comme il a été vu, 42 Etats du Conseil de l'Europe sont parties au Protocole et seule la Principauté de Monaco a formulé une réserve à l'article 2[396].

---

[392] Cour européenne des droits de l'homme, Arrêt du 23 mai 2001, *Denizci et autres contre Chypre* (req. 25316-2531/94 et 27207/95), § 403.

[393] *Idem*, § 405.

[394] Voir § 410 de l'Arrêt.

[395] Arrêt, § 411.

[396] Toutefois, cette réserve n'affecte pas véritablement les droits reconnus et se limite à rappeler le pouvoir d'expulsion des autorités monégasques. En effet, elle est ainsi formulée : « La Principauté de Monaco déclare que les dispositions de l'article 2, paragraphe 1er, du Protocole n° 4 s'appliquent sans préjudice de ce qui est établi à l'article 22, alinéa 1er, de l'Ordonnance n° 3153 du 19 mars 1964 relative aux conditions d'entrée et de séjour des étrangers dans la Principauté, et à l'article 12 de l'Ordonnance sur la police générale du 6 juin 1867. *Commentaire L'article 22, alinéa 1er, de l'Ordonnance n° 3153 du 19 mars 1964 établit : « Le Ministre d'Etat pourra, par mesure de police, ou en prenant un arrêté d'expulsion, enjoindre tout étranger de quitter immédiatement le territoire monégasque ou lui interdire d'y pénétrer ».*
Il faut rappeler en outre la déclaration de l'Azerbaïdjan selon laquelle cet Etat n'est pas en mesure de garantir l'application des dispositions du Protocole dans les territoires occupés par la République d'Arménie jusqu'à ce que ces territoires soient libérés de cette occupation s'applique à l'article 2§1.

On rappellera, par ailleurs, que les citoyens de l'UE disposent, en vertu de l'article 21 TFUE, du droit de libre circulation et de séjour sur le territoire des Etats membres sous réserve de répondre aux conditions énoncées par la Directive 2004/38[397].

On trouvera également d'importantes garanties des libertés de circulation et de résidence dans les instruments interaméricains de protection des droits de l'homme. Ainsi, la Déclaration américaine des droits et des devoirs de l'homme énonce en son article VII que : « Toute personne a le droit de fixer sa résidence sur le territoire de l'Etat dont elle est ressortissante, d'y circuler librement et de ne le quitter que de sa propre volonté ». En reconnaissant aux individus le droit de ne quitter un Etat que de leur propre volonté, cet article s'oppose à leur déplacement forcé. Toutefois, il n'offre qu'une protection limitée puisque les étrangers sont exclus du bénéfice de ses dispositions qui, au demeurant, ne lient pas les Etats.

L'article 22§1 de la Convention américaine des droits de l'homme dispose, quant à elle, que : « Quiconque se trouve légalement sur le territoire d'un Etat a le droit d'y circuler librement et d'y résider en conformité des lois régissant la matière ». La jouissance de ces droits est, là encore, subordonnée au fait d'être en situation régulière sur le territoire.

Les organes de contrôle de la Convention américaine ont eu peu d'occasions de se prononcer sur des violations de l'article 22. La Cour a toutefois pu relever la pertinence de ses dispositions face au déplacement forcé, notamment dans les affaires *Comunidad Moiwana contre Suriname* et *Masacre de Mapiripan contre Colombie*.

Dans la première, des militaires[398] avaient attaqué le village indigène N'djuka Maroon de Moiwana. Ils massacrèrent 40 personnes et rasèrent le village, provoquant la fuite des survivants. Face à cet événement, les autorités étatiques n'entreprirent pas de poursuivre ni de punir les responsables. Les membres de la communauté en exil craignaient de retourner vivre sur leurs terres traditionnelles s'estimant menacés et craignant de nouvelles attaques. Le Surinam en tant que Partie à la Convention s'est engagé à garantir le libre et plein exercice des droits et libertés qu'elle reconnaît. Partant la Cour a considéré qu'il avait failli à ses obligations en entretenant un déni de justice qui empêchait les victimes de

---

Enfin, les Pays-Bas ont joint une déclaration identique à celle formulée à l'article 12 du PIDCP précisant que « les Pays-Bas et les Antilles néerlandaises sont considérés comme des territoires distincts pour l'application des articles 2 et 3 du Protocole ». (source : site du Conseil de l'Europe, op.cit., consulté le 30 décembre 2012).

397 Il faut relever que l'article 45 de la Charte des droits fondamentaux de l'UE reprend en substance le même droit.

398 A cette époque le régime militaire en place au Surinam était en lutte contre un mouvement de guérilla, the Suriname National Liberation Army, mené par Ronnie Brunswijk. C'est dans le cadre d'une opération menée par les forces gouvernementales dans la jungle que s'est déroulé ce triste épisode.

retourner vivre sur leurs terres[399] : « By not providing such elements – including, foremost, an effective criminal investigation to end the reigning impunity for the 1986 attack – Suriname has failed to ensure the rights of the Moiwana survivors to move freely within the State and to choose their place of residence »[400].

Dans la seconde affaire[401], la Cour a clairement interprété la règle posée à l'article 22 comme impliquant un droit à ne pas être déplacé contre son gré. Ainsi « through an evolutive interpretation of Article 22 of the Convention, taking into account the applicable provisions regarding interpretation and in accordance with Article 29.b of the Convention – which forbids a restrictive interpretation of the rights –, this Court deems that Article 22(1) of the Convention protects the right to not be forcefully displaced within a State Party to the Convention ».[402] L'effet conjugué des massacres perpétrés dans le village de Maripipan par les forces d'autodéfense colombienne, des menaces et intimidations proférées à l'encontre des survivants et de l'inaction des autorités a été assimilé par la Cour à une campagne de déplacement forcé. Celle-ci constitue une violation de l'article 22. Par ailleurs, il convient de relever que dans cette affaire, les juges de San José se sont également appuyés sur le DIH. La Cour relevait ainsi que, « Furthermore, the regulations on displacement included in Protocol II to the 1949 Geneva Conventions are also especially useful to apply the American Convention to the situation of domestic armed conflict in Colombia. Specifically, Article 17 of Protocol II prohibits ordering the displacement of civilian population for reasons related to the conflict, unless this is required by the safety of civilians or for imperative military reasons, and in the latter case « all possible measures shall be taken in order that the civilian population may be received under satisfactory conditions of shelter, hygiene, health, safety and nutrition ». In this regard, in a 1995 judgment, the Constitutional Court of Colombia deemed that « in the Colombian case, application of these rules by the parties in conflict is also especially imperative and important, because the country's armed conflict has severely affected the civilian population, as shown by the alarming data on forced displacement of persons ». The facts of the instant case are set within a widespread situation of forced internal displacement in Colombia, caused by the domestic armed conflict »[403]. Cette référence est intéressante à double titre puisqu'elle démontre que les règles de protection des droits fondamentaux restent applicables

---

[399] « In this case the Moiwana survivors' freedom of movement and residence is circumscribed by a very precise, *de facto* restriction, originating from their well-founded fears described above, which excludes them only from their ancestral territory », Cour interaméricaine des droits de l'homme, *Case of the Moiwana Community v. Suriname*, Arrêt du 15 juillet 2005, Série C, n° 124, § 119.

[400] *Idem,* §120. Nous soulignons.

[401] Affaire relative à des massacres perpétrés par les forces d'autodéfense colombiennes dans le village de Mapiripan dans le département de Meta du 15 au 20 juillet 1997.

[402] Cour interaméricaine des droits de l'homme, *Case of the « Mapiripán Massacre » v. Colombia*, Arrêt du 15 septembre 2005, Série C, n° 134, § 188.

[403] *Idem,* §172-173.

en temps de guerre et coexistent avec le DIH mais aussi que celui-ci fait partie des sources d'interprétation de la Cour interaméricaine.

Enfin, il faut rappeler que les règles énoncées par l'article 22§1 lient les 25 Etats parties à la Convention et qu'elles n'ont pas fait l'objet de réserves.

On trouvera, enfin, des garanties aux libertés de circulation et de résidence dans le système africain de protection des droits de l'homme. En effet, l'article 12§1 de la Charte africaine des droits de l'homme et des peuples reconnaît que : « Toute personne a le droit de circuler librement et de choisir sa résidence à l'intérieur d'un Etat, sous réserve de se conformer aux règles édictées par la loi ». Cette formulation par trop générale nuit à l'efficacité de la règle posée. On peut d'abord déduire, qu'à l'instar des autres instruments qui les reconnaissent, la jouissance de ces droits est subordonnée au fait d'être en situation régulière sur le territoire considéré. La condition de se conformer « aux règles édictées par la loi » implique le respect de la réglementation de l'Etat hôte relative aux conditions d'entrée et de séjour. Les bénéficiaires de ces dispositions sont tant les nationaux que les étrangers[404].

La Commission africaine des droits de l'homme a mis en exergue la pertinence des droits garantis par l'article 12§1 de la Charte face au déplacement forcé. Dans l'affaire *John K. Modise contre Botswana*, l'Organe de contrôle africain a considéré que les différentes expulsions illicites subies par le requérant avaient porté atteinte à sa liberté de circulation. Le père du requérant, citoyen botswanais, avait émigré en Afrique du Sud pour y travailler. Il s'est marié pendant son séjour et le requérant, M. John Modise, est né de cette union. Sa mère décéda peu de temps après sa naissance et le requérant fut emmené au Botswana où il grandit. En 1978, M. John Modise a été arrêté et expulsé vers l'Afrique du Sud. Il tenta à plusieurs reprises de revenir au Botswana et fut expulsé à chaque fois, après sa troisième tentative de retour il a été déclaré « immigré indésirable ». N'ayant pas la nationalité sud-africaine, il a été obligé de s'établir dans le bantoustan du Baphutatswana dont il n'avait pas non plus la nationalité et dont il fut expulsé également. Il vécut plusieurs années dans un No Man's Land, une zone frontalière entre le Baphutatswana et le Botswana. M. Modise prétendait à la nationalité botswanaise par les liens du sang qui lui avait été refusée. La Commission a retenu, qu'en application de la Constitution du Botswana, le requérant était fondé à revendiquer cette nationalité[405]. Puis, à

---

404 A l'appui de cette déduction, il faut relever que le paragraphe 4 du même article interdit l'expulsion de tout « étranger légalement admis sur le territoire d'un Etat partie à la présente Charte ».

405 Il est intéressant de souligner cette position de la Commission. La Charte africaine des droits de l'homme ne reconnaît pas un droit à la nationalité. Pourtant, dans cette affaire, l'organe de contrôle africain a considéré que le déni du droit à la nationalité botswanaise fait au requérant était une violation des articles 3(2) et 5 de la Charte. Le premier article est relatif au droit de toutes les personnes à une égale protection de la loi tandis que le second garantit à chaque individu le droit à la reconnaissance de sa personnalité juridique. La Commission a ici

propos des quatre expulsions qu'il avait subies, la Commission a considéré que : « lesdites déportations ont considérablement affecté le droit du plaignant à la libre circulation, en tant que citoyen du Botswana, en violation de ses droits énoncés par l'article 12(1) de la Charte. L'Etat a également violé son droit de quitter et de revenir, tel que garanti par l'article 12(2) de la Charte »[406]. L'article 12§1 lie les 53 Etats africains parties à la Charte[407].

Pour terminer sur ce point, il est utile de mentionner que la Charte arabe des droits de l'homme, actualisée en 2004, protége également les libertés de circulation et de résidence. Ainsi, l'article 26 (a) de la Charte dispose que : « Toute personne qui se trouve légalement sur le territoire d'un Etat jouit de la liberté de circuler et choisit librement son lieu de résidence, où que ce soit sur ce territoire dans le respect des lois en vigueur ».

Il faut préciser que les libertés de circulation et de résidence ne sont pas absolues.

§2. Des libertés pouvant être soumises à restriction

Les libertés de circulation et de résidence sont assorties, dans tous les instruments de protection des droits de l'homme où elles sont proclamées, de clauses de restriction. Ainsi, en vertu du paragraphe 3 de l'article 12 du PIDCP, les Etats parties pourront en encadrer l'exercice, par voie de loi, si telle mesure s'avère nécessaire à « protéger la sécurité nationale, l'ordre public, la santé ou la moralité publiques, ou les droits et libertés d'autrui »[408], et ce, de manière compatible avec les autres droits reconnus du Pacte. La Puissance publique est la gardienne de l'intérêt général et des libertés, il lui incombe donc de réglementer l'exercice des droits proclamés. Les ingérences étatiques dans la jouissance d'un droit ou d'une liberté seront licites à condition d'être « raisonnablement et objectivement justifiées »[409], ce qui conduit à examiner « leur nécessité de principe mais aussi la proportionnalité des moyens au but »[410]. La clause donne une légitimité conventionnelle au but de l'ingérence, à

---

indirectement protégé un droit à la nationalité du requérant en sanctionnant une mauvaise application de la législation nationale botswanaise sur la nationalité (le requérant avait d'ailleurs allégué que sa situation résultait de ses opinions politiques car il était membre fondateur d'un parti d'opposition). Il est toutefois regrettable que la Commission n'ait pas justifié sa référence à l'article 5 de la Charte. Voir Commission africaine des droits de l'homme, Communication 97/93 *M. John K. Modise contre Botswana*, Décision rendue à la 28e session ordinaire à Cotonou, Bénin, le 6 novembre 2000, § 88, citée dans le Rapport d'activité de la quatorzième session de la Commission, Doc.off. AHG/229 (XXXVII), p. 51. (Source : site de la Commission africaine op.cit.)

[406] *Idem*, § 93, voir p. 52 du Rapport.

[407] Aucun n'a formulé de réserve relative à l'article 12.

[408] Article 12§3 du Pacte.

[409] Comité des droits de l'homme, Communication 24/177 *Sandra Lovelace contre Canada*, Constatations du 30 juillet 1981, Doc.off.UN CCPR/C/13/D/24/1977, § 16.

[410] Comité des droits de l'homme, Communication 34/1978 *Landinelli silva contre Uruguay*, Constatations du 8 avril 1981, Doc.off.UN CCPRC/C/12/D/34/1978, § 8.2.

condition que l'intervention de l'Etat repose sur une base légale. En dehors de ces circonstances, chaque individu est, en vertu du Pacte, libre de déterminer où il veut vivre. Le système des communications individuelles a donné matière au Comité des droits de l'homme pour rappeler dans quelle mesure les obligations prescrites à l'article 12 doivent s'appliquer, et notamment à propos des restrictions tolérées : En 1991, un citoyen turc d'origine kurde a adressé au Comité une communication par laquelle il dénonçait les mesures prises par les autorités suédoises, son pays d'accueil, lui imposant des limitations et des conditions en ce qui concernait son lieu de résidence. Celui-ci était en effet soupçonné d'avoir participé à des activités terroristes, mais au vu des risques de persécution politique qu'il courait en Turquie, l'ordonnance d'expulsion qui avait été rendue à son encontre n'avait pas été exécutée ; au lieu de cela il avait été assigné à résidence dans l'agglomération où il résidait. Le plaignant se voyait ainsi dans l'impossibilité d'aller s'installer ailleurs. Le Comité retint ici que « l'auteur ne se trouvait légalement sur le territoire suédois, au sens du paragraphe 1 de l'article 12 du Pacte, qu'en vertu des restrictions qui lui avaient été imposées par l'Etat partie. En outre, tenant compte du fait que l'Etat partie a invoqué des raisons de sécurité nationale pour justifier les restrictions (...) le Comité estime que les restrictions dont l'auteur a fait l'objet étaient compatibles avec celles qu'autorise le paragraphe 3 de l'article 12 »[411].

En revanche, la CIJ a considéré que la construction par Israël du Mur en territoire occupé entraînait des restrictions injustifiées à la liberté de circulation des Arabes palestiniens. En effet, le Mur ne suit pas la ligne verte et son tracé empiète considérablement sur les territoires palestiniens. Le Rapporteur spécial de la Commission des droits de l'homme sur la situation des droits de l'homme dans les territoires occupés palestiniens précisait que le Mur débordait de 6 à 7 km. A certains endroits, il serpente de telle façon qu'il encercle complètement des villages palestiniens tandis qu'à d'autres, il sépare des villages palestiniens du reste de la Rive occidentale, les transformant en enclave. De fait, les Arabes palestiniens qui habitent entre le Mur et la ligne verte ne peuvent plus librement accéder à leurs terres ni à leurs lieux de travail, ni aux hôpitaux et services, ce qui constitue une violation de l'article 12 du Pacte[412]. La Cour a recherché si de

---

[411] Comité des droits de l'homme, Communication n° 456/1991, *Ismet Celepli contre Suède*, Constatations du 18 juillet 1994, Doc.off.UN CCPR/C/51/D/456/1991, § 9.2. Voir également en ce sens les constatations rendues le 30 octobre 2000 relative à la Communication n° 833/1998 *Karker contre France*, Doc.off.UN CCPR/C/70/D/833/1998, à propos de l'assignation à résidence d'un ressortissant tunisien résidant en France.

[412] Rapport du Rapporteur spécial de la Commission des droits de l'homme, M. John Dugard, sur la situation des droits de l'homme dans les territoires palestiniens occupés par Israël depuis 1967, soumis conformément à la Résolution 1993/27 de la Commission, 8 septembre 2003, Doc.off.UN E/CN.4/2004/6, p. 3. Le Rapporteur spécial dénonçait d'autres atteintes à leur liberté de circulation que subissaient régulièrement les Arabes palestiniens habitant les territoires occupés du fait des nombreux postes de contrôle, des bouclages et des couvre-feu imposés par les forces israéliennes.

telles restrictions à la liberté de circulation pouvaient être justifiées. Elle a rappelé que les limitations prévues au paragraphe 3 de l'article 12 du Pacte doivent « non seulement servir les buts autorisés, mais encore être nécessaires pour atteindre ces buts. Pour reprendre la formulation retenue par le Comité des droits de l'homme, elles « doivent être conformes au principe de la proportionnalité » et « doivent constituer le moyen le moins perturbateur parmi ceux qui pourraient permettre d'obtenir le résultat recherché » »[413]. La Cour a estimé qu'au vu des informations dont elle disposait, ces conditions n'étaient pas remplies en l'espèce.

L'article 2 du Protocole 4 à la Convention européenne des droits de l'homme contient une clause de restriction quasiment identique à celle de l'article 12 du Pacte. Ainsi, des limitations aux libertés de circulation et de résidence sont tolérées qui devront être prévues par la loi au sens large de base légale, soit la réglementation en vigueur, qu'elle soit législative, réglementaire ou jurisprudentielle. En outre les ingérences ne sont autorisées que si elles « constituent des mesures nécessaires, dans une société démocratique, à la sécurité nationale, à la sûreté publique, au maintien de l'ordre public, à la prévention des infractions pénales, à la protection de la santé ou de la morale, ou à la protection des droits et libertés d'autrui »[414]. De la même manière, les libertés de circulation et de résidence peuvent, « dans certaines zones déterminées, faire l'objet de restrictions qui, prévues par la loi, sont justifiées par l'intérêt public dans une société démocratique »[415].

Ces dispositions appellent deux remarques : la première est que le Protocole retient un motif de restriction qui n'est pas repris par le Pacte : la prévention des infractions pénales. On pourrait en déduire hâtivement que l'instrument régional permet plus de limitations à l'exercice du droit, alors qu'au contraire, et c'est la seconde remarque, les restrictions tolérées par le Protocole semblent bien moindres. En effet, celles ci ne sont valables qu'à condition d'être conformes aux exigences d'une société démocratique[416]. Cette exigence n'est pas requise par l'instrument universel qui a vocation à lier tous les Etats de la Société internationale aux régimes politiques diversifiés. Dès lors, le problème de la conciliation entre les deux Traités se pose. Or, comme il a déjà été mentionné *supra*, c'est la convention la plus favorable tant par l'étendue de la reconnaissance des droits et libertés que par l'efficacité des mécanismes de garantis utilisables qui l'emporte. Les Etats devront, par conséquent, privilégier l'application de l'instrument régional.

---

413 CIJ, Avis consultatif du 9 juillet 2004, *Conséquences juridiques de l'édification d'un mur dans le territoire palestinien occupé*, op.cit., § 136, Recueil 2004, p. 193.

414 Protocole 4, article 2§3.

415 Protocole 4, article 2§4.

416 Qui, pour la Cour européenne des droits de l'homme, se caractérise par « le pluralisme, la tolérance et l'esprit d'ouverture » et dont « la liberté d'expression constitue l'un des fondements » (voir Arrêt du 7 décembre 1976, *Handyside contre Royaume Uni* (req. 5493/72), § 49).

L'article 22 de la Convention américaine des droits de l'homme est également assorti d'une clause de restriction. Là encore, en vertu de cette clause, un Etat partie pourra apporter des limitations aux libertés de circulation et de résidence, par la voie légale, qui constituent « des mesures indispensables dans une société démocratique à la prévention des infractions pénales, à la protection de la sécurité nationale, de la sûreté ou de l'ordre publics, de la moralité ou de la santé publiques, ou des droits ou libertés d'autrui »[417]. De la même manière, « l'exercice des droits reconnus au paragraphe 1 peut (...), dans certaines zones déterminées, faire l'objet de restrictions légales pour cause d'intérêt public »[418].

Ces différentes clauses encadrent strictement la possibilité d'apporter des limitations aux libertés protégées. La réalisation de l'homogénéité démographique ne peut être considérée comme un motif valable de restriction au regard de ces dispositions, d'autant plus qu'il serait discriminatoire.

En comparaison, la formule retenue à l'article 12§1 de la Charte africaine des droits de l'homme et des peuples réserve une large faculté de restrictions aux Etats. Ceux-ci pourront, en effet, encadrer, par la voie légale, l'exercice du droit de choisir sa résidence. Toutefois, en l'absence de précisions quant aux motivations qui légitimeraient de telles limitations : on pensera à l'ordre public, à la sécurité, la santé, ou d'un encadrement : conformité avec les exigences d'une société démocratique ou prise en compte des autres droits énoncés par la Charte, le risque de restrictions excessives est latent. Néanmoins, les Etats parties demeurent soumis au principe de non-discrimination dans l'exercice de ce pouvoir de limitation. Un Etat partie à la Charte et au PICDP devra privilégier ses obligations au regard de l'article 12 du second, plus favorable aux individus. La formulation de l'article 26 (a) de la Charte arabe des droits de l'homme actualisée appelle les mêmes remarques.

Il importe enfin de relever que le droit au respect du domicile a été interprété par la Cour européenne des droits de l'homme comme impliquant un droit d'y accéder librement.

§3. La reconnaissance d'un droit d'accéder à son domicile

L'article 8 de la Convention européenne des droits de l'homme garantit, de manière indirecte, un droit à ne pas être déplacé. Il dispose en effet que : « Toute personne a droit au respect de sa vie privée et familiale, de son domicile et de sa correspondance ». Ces dispositions sont avant tout destinées à garantir la vie privée. Le respect du domicile s'entend du respect de l'intimité des lieux où elle s'exerce et de la non-intrusion. Mais la Cour européenne des droits de l'homme a considéré dans l'affaire *Gillow contre Royaume Uni* que le refus des autorités britanniques de laisser accéder les requérants à leur domicile pour y habiter constituait une violation de l'article 8. Celui-ci doit donc être

---

[417] Convention américaine relative aux droits de l'homme du 22 novembre 1969, article 22§3.
[418] *Idem*, article 22§4.

considéré comme garantissant un droit de vivre dans son domicile[419] même s'il n'implique pas le libre choix de son établissement. On peut considérer que les deux droits sont complémentaires. L'article 2 du Protocole 4 assure un droit de déterminer librement son lieu de vie et l'article 8 celui d'y vivre effectivement. Le cumul de ces dispositions constitue une protection efficace contre le déplacement forcé de populations. Le Professeur Mourgeon écrivait cependant à propos du droit de choisir librement son lieu de résidence que : « La logique gagnerait à ce que cette liberté soit rattachée au droit à l'inviolabilité du domicile, en sorte de conférer à ce dernier un statut protecteur global et d'autant plus efficace. Tel n'est malheureusement pas le cas dans le système de la Convention qui dissocie par trop les deux éléments constitutifs du droit au domicile ». L'auteur poursuit : « Les Etats parties à la Convention ne le sont pas tous au Protocole n° 4 : la liberté du choix du domicile est donc moins acquise que la protection de celui-ci »[420].

L'affaire *Chypre contre Turquie* constitue un exemple intéressant de condamnation par la Cour d'une politique de déplacement forcé de populations sur la base de l'article 8§1 de la Convention. Le problème chypriote alimente les travaux des organes de contrôle de la Convention européenne des droits de l'homme depuis plus de 30 ans. La question des personnes déplacées occupe une place de choix au cœur du différend opposant les communautés grecque et turque depuis les opérations militaires déclenchées dans le nord de l'île en juillet 1974 par la Turquie[421]. Suite à la partition de l'île d'Aphrodite, la RTCN a établi une politique d'homogénéisation visant à empêcher les chypriotes grecs qui résidaient dans le Nord de l'île de retourner chez eux par des restrictions aux frontières appuyées par l'armée turque. Cette pratique est l'une des raisons qui ont conduit l'Etat chypriote à saisir les organes de Strasbourg en alléguant différentes violations de la Convention par la Turquie[422]. Ainsi le gouvernement requérant invoquait-il une violation de l'article 8 de la Convention due au refus continu des autorités de la « RTCN » d'autoriser les personnes déplacées à

[419] Cour européenne des droits de l'homme, Arrêt du 24 novembre 1986, *Gillow contre Royaume Uni* (req. 9063/80), § 58. La Cour a confirmé cette interprétation dans l'Arrêt *Akdivar et autres contre Turquie* du 16 septembre 1996 (req. 21893/93), spéc. § 88.

[420] Jacques Mourgeon, Commentaire de l'article 2 du Protocole 4 à la Convention européenne des droits de l'homme, op.cit., p. 1047.

[421] Celles-ci ont mené à la scission de Chypre en deux parties parachevée par la proclamation unilatérale de la RTCN en novembre 1983 que seul l'Etat turc a reconnu.

[422] En l'absence de reconnaissance internationale de la RTCN ses actes sont imputables à la Turquie. La Cour retenait ainsi dans l'Arrêt *Loizidou* du 18 décembre 1996 que : « Le grand nombre de soldats participant à des missions actives dans le nord de Chypre (...) atteste que l'armée turque exerce en pratique un contrôle global sur cette partie de l'île. D'après le critère pertinent et dans les circonstances de la cause, ce contrôle engage sa responsabilité à raison de la politique et des actions de la « RTCN » (...). Les personnes touchées par cette politique ou ces actions relèvent donc de la « juridiction » de la Turquie aux fins de l'article 1 de la Convention. L'obligation qui lui incombe de garantir à la requérante les droits et libertés définis dans la Convention s'étend en conséquence à la partie septentrionale de Chypre », (req.15318/89), § 56.

retourner dans le Nord, celui-ci emportait violation non seulement de leur droit au respect de leur domicile mais aussi de leur droit au respect de leur vie familiale. La Commission puis la Cour accueillirent ce moyen. En effet, la Commission a estimé, « eu égard aux conclusions de ses rapports de 1976 et de 1983 et à ses constats en l'espèce (paragraphes 30-33 ci-dessus), que ces personnes continuaient sans exception d'être empêchées de rentrer chez elles dans le Nord de Chypre ou même de s'y rendre en visite. Indépendamment des motifs de sûreté publique, prévus au paragraphe 2 de l'article 8[423], qu'avançait le gouvernement défendeur, la Commission a estimé que les faits révélaient une violation continue de l'article 8 à cet égard »[424]. La Cour ira dans le même sens en concluant à la violation continue de l'article 8 de la Convention « en raison du refus d'autoriser les Chypriotes grecs déplacés à regagner leur domicile dans le nord de Chypre »[425]. Cette solution consacre la pertinence de l'article 8[426] de la Convention européenne des droits de l'homme face au nettoyage ethnique pratiqué par les autorités de la RTCN. On peut raisonnablement penser que cette conclusion s'applique à toutes les dispositions protégeant le droit au respect du domicile[427].

L'éloignement forcé d'individus du territoire où ils se trouvent légalement portera également atteinte à leur droit de propriété.

Section 2. Le droit de propriété, une garantie de ne pas être éloigné de ses biens

Le déplacement forcé de populations peut porter atteinte au droit de propriété. L'affaire *Loizidou contre Turquie*, dont furent saisis les organes de contrôle de la Convention européenne des droits de l'homme, illustre ce postulat de façon remarquable. Ainsi, la requérante, ressortissante chypriote, a grandi à Kyrenia, dans le nord de Chypre. Lorsqu'elle s'est mariée, elle a déménagé à Nicosie avec son mari. Elle était propriétaire de plusieurs parcelles

[423] L'article 8 de la Convention est aussi assorti d'une clause spécifique de restriction rédigée comme suit : « Il ne peut y avoir ingérence d'une autorité publique dans l'exercice de ce droit que pour autant que cette ingérence est prévue par la loi et qu'elle constitue une mesure qui, dans une société démocratique, est nécessaire à la sécurité nationale, à la sûreté publique, au bien-être économique du pays, à la défense de l'ordre et à la prévention des infractions pénales, à la protection de la santé ou de la morale, ou à la protection des droits et libertés d'autrui »

[424] Cour européenne des droits de l'homme, Arrêt du 10 mai 2001, *Chypre contre Turquie* (req. 25781/94), § 169.

[425] *Idem,* §175. La Cour a confirmé sa position dans l'affaire *Dogan contre Turquie*, analysée plus loin (Section 2), dans laquelle elle a déclaré qu'il ne faisait aucun doute pour elle que « le refus opposé aux intéressés d'accéder à leurs domiciles et à leurs moyens de subsistance s'analyse (...) en une ingérence grave et injustifiée dans leur droit au respect de leur vie familiale et de leurs domiciles, Arrêt du 29 juin 2004, (req. 8803-8811/02, 8813/02 et 8815-8819/02), § 159.

[426] La Turquie a signé le Protocole 4 le 19 octobre 1992 mais ne l'a pas ratifié. Son article 2 qui aurait été pertinent dans cette affaire, n'était donc pas applicable en l'espèce.

[427] Droit garanti par les articles 17§1 du PIDCP et 11§2 de la Convention américaine des droits de l'homme.

de terrain à Kyrenia dont une sur laquelle des travaux de construction d'un appartement, dans lequel elle comptait s'installer avec sa famille, avaient été entamés. Suite à la partition de l'île en 1974, elle fut empêchée par les forces turques de retourner à Kyrenia et d'avoir la jouissance de ses biens. Mme Loizidou a alors saisi les organes de la Convention européenne des droits de l'homme en invoquant notamment, une violation du droit au respect de ses biens, droit garanti par le Protocole 1 à la Convention. La Cour européenne des droits de l'homme a considéré dans son arrêt sur le fond, rendu le 18 décembre 1996, que : « Du fait qu'elle se voit refuser l'accès à ses biens depuis 1974, l'intéressée a en pratique perdu toute maîtrise de ceux-ci ainsi que toute possibilité d'usage et de jouissance. Le déni continu de l'accès doit donc passer pour une ingérence dans ses droits garantis par l'article 1 du Protocole n° 1 »[428].

Il est, par ailleurs, significatif que les différents accords d'échange ou de transfert de populations conclus dans la première moitié du XXe siècle aient mis en place des commissions chargées d'évaluer les biens laissés par les personnes déplacées en vue de les indemniser. Les plénipotentiaires de l'époque étaient bien conscients des atteintes à la propriété qu'entraîneraient inévitablement les mouvements de population qu'ils avaient décidés.

L'impact du déplacement forcé de populations sur la propriété est double. Premièrement, la privation des biens, par expropriation ou destruction, peut être employée comme un moyen de contrainte au départ. Deuxièmement, le déplacement forcé peut être analysé comme une entrave à l'exercice des attributs attachés au droit de propriété en ce que les personnes déplacées ne pourront plus accéder aux biens qu'elles n'auront pu emporter.

Ces considérations amènent à penser que les règles internationales qui garantissent le droit de propriété offrent une protection face au déplacement forcé de populations qu'il conviendra d'évaluer dans cette section.

Le droit de propriété ne bénéficie que de très faibles garanties sur le plan universel. (§ 1). C'est sur le plan régional qu'il faut rechercher une protection effective de ce droit (§ 2).

---

[428] Cour européenne des droits de l'homme, Arrêt du 16 décembre 1996, *Loizidou contre Turquie* (req. 15318/1989), § 63. Lire à ce propos Gérard Cohen-Jonathan, « L'affaire Loizidou devant la Cour européenne des droits de l'homme. Quelques observations », *RGDIP*, 1998/1, pp. 123-144, spéc. p. 141. Il est intéressant de relever également qu'en l'espèce, la Cour a considéré la requérante comme propriétaire desdites parcelles malgré l'article 159§1 d) de la Constitution de la République Turque de Chypre Nord. En vertu de cet instrument, l'Etat sécessionniste s'octroyait la propriété des biens trouvés abandonnés ou considérés par la loi comme abandonnés postérieurement au 13 février 1975. Les juges de Strasbourg ont dénié toute validité juridique à cette Constitution considérant « que la République de Chypre demeure l'unique gouvernement légitime de Chypre » (voir § 44 de l'arrêt).

§1. L'absence d'une véritable protection du droit de propriété sur le plan universel

Il n'existe pas de véritable garantie universelle du droit de propriété. Plusieurs raisons expliquent cette lacune[429]. La première est que la nature même de droit de l'homme du droit de propriété a été contestée. Le consensus n'a pu se réaliser sur le fait qu'il soit « un droit inhérent à la dignité de la personne humaine »[430]. Aujourd'hui on peut considérer que cette question est tranchée. Comme il sera vu plus loin, le droit de propriété figure dans les principaux instruments régionaux de protection des droits de l'homme. Pour la doctrine, la propriété est « une application concrète de la liberté qui protége aussi l'égalité des hommes grâce au libre accès, et leur dignité par la responsabilité. La propriété est assurément le fondement des relations sociales et des activités économiques (...) c'est la propriété qui finalement permet d'organiser la liberté des relations économiques et sociales tout en respectant l'égalité, la dignité et la justice »[431]. Il est intéressant de noter que le droit de propriété est reconnu par la Déclaration des Droits de l'Homme et du Citoyen de 1789. L'article 2 de la Déclaration dispose ainsi que : « Le but de toute association politique est la conservation des droits naturels et imprescriptibles de l'homme. Ces droits sont la liberté, la propriété (...) ». Plus loin, l'article 17 du même instrument énonce que : « La propriété étant un droit inviolable et sacré, nul ne peut en être privé, si ce n'est lorsque la nécessité publique, légalement constatée, l'exige évidemment, et sous la condition d'une juste et préalable indemnité ». Le Conseil Constitutionnel français a affirmé que « les principes mêmes énoncés par la Déclaration ont pleine valeur constitutionnelle tant en ce qui concerne le caractère fondamental du droit de propriété dont la conservation constitue l'un des buts de la société publique (...) qu'en ce qui concerne les garanties données aux titulaires de ce droit et les prérogatives de la puissance publique »[432].

L'absence de véritable protection du droit de propriété au plan universel peut également s'expliquer par des raisons idéologiques et politiques. Au moment de l'élaboration des deux Pactes relatifs aux droits de l'homme en 1966, s'opposaient deux conceptions du droit de propriété : la conception occidentale qui voyait la propriété comme un droit naturel de l'homme et la conception socialiste qui sacrifiait la propriété individuelle à un projet global de société. Les pays communistes et les Etats du Tiers-Monde constituaient la majorité

---

[429] Voir à ce propos Laurence Monti, *La Convention européenne des droits de l'homme et le droit de propriété*, Thèse Université de Nice Sophia-Antipolis, 2001, spéc. pp. 15-17.

[430] Jean Salmon (Dir.), *Dictionnaire de droit international public*, op.cit., p. 396.

[431] Jean-François Renucci, *Traité de droit européen des droits de l'homme*, op.cit., p. 514. Lire également à ce propos, Rémy Libchaber, « *La propriété, droit fondamental* » dans Rémy Cabrillac, Marie-Anne Frison-Roche et Thierry Revet (Dir.), *Libertés et droits fondamentaux*, 14e édition, Dalloz, Paris, 2008, pp. 649-667, spéc. pp. 649-658. Voir aussi Silvio Marcus-Helmons, « Le droit de propriété est-il un droit fondamental au sens de la Convention européenne des droits de l'homme ? », dans Union des Avocats Européens, *Les nouveaux droits de l'homme en Europe*, XIe Congrès 29, 30, 31 Mai 1997, Bruylant, Bruxelles, 1999, pp. 193-208.

[432] Conseil Constitutionnel, Décision n° 81-132 DC, 16 janvier 1982, *Loi de nationalisation*, § 16.

dans les forums onusiens et leur conception l'emporta. Ces divergences de vue entre Etats ont pu, cependant, être surmontées au plan régional.

Partant, seule la Déclaration Universelle de 1948 reconnaît laconiquement que : « 1-Toute personne aussi bien seule qu'en collectivité a droit à la propriété. 2- Nul ne peut être arbitrairement privé de sa propriété »[433]. La formule est trop générale et ne permet pas de préciser l'étendue du droit de propriété affirmé. Il apparaît cependant que ce droit n'est pas absolu comme le suggère le second paragraphe de l'article. Ainsi, comme le relèvent les Professeurs Krause et Alfredsson, « it is foreseen that persons can be deprived of their property under certain circumstances, althought this cannot be done arbitrarily. As indicated by the preparatory work, the term arbitrarily in article 17 would seem to prohibit unreasonable interferences by States and the taking of property without compensation, but a precise and agreed upon definition does not appear in the preparatory documents »[434]. Par ailleurs, la Déclaration n'est pas un instrument contraignant.

Ni le PIDCP ni le PIDESC ne contiennent de dispositions relatives au droit de propriété. Le Comité des droits de l'homme a confirmé l'inefficacité du premier face à des violations de ce droit[435]. Ainsi, il fut saisi en 1992 d'une communication adressée par deux ressortissants hongrois dont l'appartement et la maison familiale avaient été confisqués par l'administration municipale de Budapest après qu'ils avaient été déclarés comme résidant illégalement à l'étranger. Le Comité déclara dans sa décision du 7 avril 1994 à propos « des allégations des auteurs concernant la confiscation et la mise aux enchères de leurs biens par les autorités hongroises » que : « Outre que ces faits soient intervenus avant la date d'entrée en vigueur du Protocole facultatif pour la Hongrie, le Comité rappelle que le droit à la propriété n'est pas garanti par le Pacte. Les allégations des auteurs concernant la violation de leur droit à la propriété sont donc irrecevables *ratione materiae* au sens de l'article 3 du Protocole facultatif ». Cependant, comme il a été vu plus haut[436], le Comité admet la recevabilité de requêtes fondées sur la discrimination dans l'exercice du droit de propriété, et ce, sur la base de l'article 26 du Pacte. Aussi, un individu contraint de quitter le territoire d'un Etat en raison de ses caractéristiques identitaires inopportunes sera fondé à invoquer devant le Comité une discrimination dans la jouissance de son droit de propriété en se fondant sur l'article 26 du Pacte.

---

433 Déclaration Universelle des Droits de l'Homme du 10 décembre 1948 (Résolution 217 A (III) de l'AGNU), article 17.

434 Catarina Krause et Gudmundur Alfredsson, *Article 17*, dans Gudmundur Alfredsson and Asbjorn Eide (Ed.), *The Universal Declaration of Human Rights, A Common Standard of Achievement*, op.cit., pp. 359-378, spéc. p. 362.

435 Voir Chapitre 2, affaire *Zelaya Blanco* précitée.

436 Comité des droits de l'homme, Communication n° 520/1992 *E et A K contre Hongrie*, Constatations du 7 avril 1994, voir Doc.off.UN A/49/40, p.360.

C'est vers la Convention internationale pour l'élimination de toute forme de discrimination raciale du 21 décembre 1965 qu'il faut se tourner pour trouver une règle à portée universelle relative au droit de propriété. En effet, l'article 5-d de ce traité dispose que « les Etats parties s'engagent à interdire et à éliminer la discrimination raciale sous toute ses formes et à garantir le droit de chacun à l'égalité devant la loi sans distinction de race, de couleur ou d'origine nationale ou ethnique, notamment dans la jouissance des droits suivants : (...) d - Droit de toute personne, aussi bien seule qu'en association, à la propriété ». Ces dispositions tendent davantage à garantir la non-discrimination dans la jouissance des droits qu'à obliger les Parties à respecter le droit de propriété en tant que tel. Le Comité pour l'élimination de la discrimination raciale relevait dans son Observation générale sur la mise en oeuvre de l'article 5 que : « L'article 5 de la Convention, s'il demande la garantie que les droits de l'homme s'exercent à l'abri de toute discrimination raciale, ne crée pas en soi de droits civils, politiques, économiques, sociaux ou culturels, mais suppose l'existence et la reconnaissance de ces droits. La Convention fait obligation aux Etats d'interdire et d'éliminer la discrimination raciale dans la jouissance de ces droits de l'homme »[437], mais malgré tout, « un Etat partie doit assurer la protection des droits et libertés visés à l'article 5 et de tous droits similaires »[438].

Le Comité relève en outre que « si un Etat impose à l'exercice de l'un des droits énumérés à l'article 5 de la Convention une restriction qui s'applique en apparence à toutes les personnes relevant de sa juridiction, il doit veiller à ce que cette restriction ne soit, ni dans son objet ni dans son effet, incompatible avec l'article premier de la Convention en tant qu'il fait partie intégrante des normes internationales relatives aux droits de l'homme »[439]. Pour qu'un Etat puisse garantir la mise en oeuvre sans discrimination des droits et libertés visés à l'article 5, il lui incombe d'assurer leur mise en oeuvre effective. Aussi les dispositions de la Convention de 1965 mettent-elles indirectement à la charge des Etats parties l'obligation de garantir par la loi le droit de propriété. La Convention n'apporte toutefois aucune précision quant à la substance d'un tel droit. Mais il va sans dire qu'un Etat qui contraint au départ des individus pour réaliser l'homogénéité démographique sur son territoire viole l'article 5-d de la Convention en tant qu'une telle mesure implique une discrimination dans la jouissance du droit de propriété tel qu'il est reconnu par son droit interne. Et il faut rappeler que parmi les Etats liés par la Convention, deux maintiennent une réserve à l'article 5-D[440].

---

[437] Comité pour l'élimination de la discrimination raciale, Observation générale n° 20 : Mise en oeuvre sans discrimination des droits et libertés (article 5) du 15 mars 1996, Doc.off.UN CERD/48/Misc.6/Rev.2 (1996), § 1.

[438] *Idem*, § 5.

[439] *Ibidem*, § 2.

[440] Il s'agit des îles Fidji et du Royaume de Tonga :

C'est au plan régional que l'on trouvera les principales garanties internationales du droit de propriété.

§2. La protection du droit de propriété sur le plan régional

Les principales garanties au droit de propriété à l'échelle régionale seront successivement analysées suivant qu'elles sont énoncées par un instrument européen (A), américain (B) ou africain (C).

A. Les garanties offertes par le droit européen

A l'échelle du vieux continent, le droit de propriété est protégé par le Protocole 1 à la Convention européenne des droits de l'homme (1). On trouve également des garanties au droit de propriété dans le droit communautaire, il conviendra de s'interroger sur leur pertinence face au déplacement forcé de populations (2).

1. La garantie du droit de propriété par la Convention européenne des droits de l'homme

L'article 1 du Protocole 1 du 20 mars 1952[441] à la Convention européenne des droits de l'homme protège le droit de propriété en ces termes : « Toute personne physique ou morale a droit au respect de ses biens. Nul ne peut être privé de sa propriété que pour cause d'utilité publique et dans les conditions prévues par la loi et les principes généraux du droit international. Les dispositions précédentes ne portent pas atteinte au droit que possèdent les Etats de mettre en vigueur les lois qu'ils jugent nécessaires pour réglementer l'usage des biens conformément à l'intérêt général ou pour assurer le paiement des impôts ou d'autres contributions ou des amendes ».

La première phrase de l'article n'énonce qu'un vague droit au respect de ses biens mais c'est une protection du droit de propriété qu'il faut déduire de ces

---

- Les îles Fidji ont déclaré, au moment de leur ratification du Traité le 11 janvier 1973, que : « Dans la mesure (…) c), où une loi sur la propriété agraire à Fidji interdisant ou limitant l'aliénation des terres par les indigènes ne respecterait pas les obligations mentionnées à l'article 5, (…) le Gouvernement fidjien se réserve le droit de ne pas appliquer ces dispositions de la Convention ».
- Le Royaume de Tonga, devenu partie à la Convention le 16 février 1972, a formulé la réserve suivante : « Pour autant, [...] qu'une loi relative au régime foncier aux Tonga qui interdit ou limite l'aliénation de terres par les autochtones ne répondrait pas aux obligations visées à l'article 5, d), v), [...] le Royaume des Tonga réserve le droit de ne pas appliquer la Convention aux Tonga. ». (Source : site du Haut-commissariat des Nations Unies pour les droits de l'homme, op.cit., consulté le 30 mai 2012).

[441] Le Protocole est entré en vigueur le 18 mai 1954. La Convention européenne des droits de l'homme ne contient pas de disposition relative au droit de propriété. Lire à ce propos Brigitte Stern, « Le droit de propriété, l'expropriation et la nationalisation dans la Convention européenne des droits de l'homme », *DPCI*, 1991, Tome 17, n° 3, pp. 394-425, spéc. pp. 397-398. Lire également, sur les discussions qui ont précédé l'adoption de l'article 1 du Protocole 1, H.T. Adam, « Le droit de propriété dans la Convention européenne des droits de l'homme et des libertés fondamentales », *RDP*, 1953, pp. 317-366, spéc. pp. 321-326.

dispositions. La Cour européenne des droits de l'homme a, en effet, relevé dans son arrêt du 13 juin 1970 rendu dans l'affaire *Marckx contre Belgique* qu' : « En reconnaissant à chacun le droit au respect de ses biens, l'article 1 (P1-1) garantit en substance le droit de propriété. Les mots « biens », « propriété », « usage des biens », en anglais « possessions » et « use of property », le donnent nettement à penser; de leur côté, les travaux préparatoires le confirment sans équivoque : les rédacteurs n'ont cessé de parler de « droit de propriété » pour désigner la matière des projets successifs d'où est sorti l'actuel article 1 (P1-1) [442].

L'article 1 du Protocole 1 contient trois normes dégagées par la Cour européenne des droits de l'homme dans l'arrêt du 23 septembre 1982, *Sporrong et Lönnroth contre Suède* : « La première d'ordre général, énonce le principe du respect de la propriété ; elle s'exprime dans la première phrase du premier alinéa »[443] (a). « La seconde vise la privation de la propriété et la soumet à certaines conditions ; elle figure dans la seconde phrase du premier alinéa. Quant à la troisième, elle reconnaît aux Etats le pouvoir, entre autres, de réglementer l'usage des biens conformément à l'intérêt général (...) ; elle ressort du deuxième alinéa »[444] (b).

a. Le respect de la propriété garanti par le Protocole 1

La première phrase de l'article 1 du Protocole 1 pose le principe du respect de la propriété. Une lecture complète de l'article autorise à déduire que cette première norme offre une protection contre toutes les atteintes à la « substance » du droit de propriété qui ne s'analysent ni en une privation de celle-ci, ni en une réglementation de l'usage des biens[445]. Autrement dit, elle préserve le propriétaire de toute mesure qui l'empêcherait d'exercer les attributs liés à son droit de propriété en dehors de ces deux limitations qui seront analysées plus

---

442 Cour européenne des droits de l'homme, Arrêt du 13 juin 1970, *Marckx contre Belgique* (req. 6833/74), § 63. Voir également l'arrêt rendu le 24 octobre 1986 dans l'affaire *Agosi contre Royaume-Uni* (req. 9118/80), § 48.
La Cour n'a cependant pas délimité le contenu exact du droit au respect de ses biens. Pour le Professeur Condorelli, elle a « refusé de s'enfermer dans une définition rigide, qui risquerait de compromettre les possibilités d'élargir progressivement, par le biais d'une interprétation extensive, la sphère matérielle d'application de la seule disposition de la Convention portant sur un droit économique » (Luigi Condorelli dans Louis-Edmond Petiti, Emmanuel Decaux et Pierre-Henri Imbert (Dir.), *La Convention européenne des droits de l'homme, Commentaire article par article,* op.cit., p. 975). L'auteur considère que l'usage récurrent des termes « en substance » va dans ce sens puisqu'ils n'excluent pas que d'autres droits que la propriété entrent dans le champ de protection de l'article 1.

443 Cour européenne des droits de l'homme, Arrêt du 23 septembre 1982, *Sporrong et Lönnroth contre Suède* (req. 7151/75 ; 7152/75), § 60.

444 *Idem.*

445 Voir Frédéric Sudre, *Droit international et européen des droits de l'homme*, op.cit., p. 581.

loin. Il s'agit ainsi d'une « norme résiduelle »[446] comme l'a qualifiée le Professeur Sudre, et la Cour de Strasbourg devra « s'assurer de l'applicabilité des deux dernières de ces normes (privation de la propriété et réglementation de l'usage des biens) avant de se prononcer sur l'observation de la première »[447].

Il faut relever que certains auteurs contestent cette qualification d'atteintes à la substance du droit de propriété. Pour eux, les atteintes au droit de propriété devraient être limitées à deux catégories : la privation et la réglementation. Si malgré l'atteinte, le propriétaire conserve un certain exercice des attributs de la propriété, alors il s'agit d'une réglementation. Si le droit de propriété disparaît, il s'agit d'une privation. D'autre part, il serait trop difficile de distinguer la réglementation de l'atteinte à la substance[448]. Cette conception apparaît cependant trop limitée en ce qu'elle omet qu'il puisse y avoir des atteintes à la substance du droit de propriété qui résultent de la mise en œuvre de mesures étrangères à la matière, qui, dès lors, ne peuvent être regardées comme une réglementation du droit de propriété à proprement parler.

Ensuite, la Cour européenne des droits de l'homme va opérer un contrôle de proportionnalité pour apprécier la réalité d'une atteinte à la substance du droit de propriété. En effet, elle a retenu dans son arrêt *Sporrong et Lönnroth* qu' « un juste équilibre doit être maintenu entre les exigences de l'intérêt général de la communauté et les impératifs de la sauvegarde de l'intérêt individuel. Inhérent à l'ensemble de la Convention, le souci d'assurer un tel équilibre se reflète aussi dans la structure de l'article 1 »[449]. De cette manière, la Cour assure un juste équilibre entre l'intérêt individuel et le bien de la collectivité. En l'espèce, les requérants étaient propriétaires d'immeubles sis à Stockholm qui avaient fait l'objet d'un permis d'exproprier de longue durée, assorti de l'interdiction de construire. Le permis n'ayant pas été mis à exécution les requérants vécurent dans l'incertitude, pendant près de 23 ans pour la succession Sporrong et 10 ans pour Mme Lönnroth. La Cour a défini l'atteinte à la propriété des requérants en ces termes : « S'ils laissaient juridiquement intact le droit des intéressés à disposer et user de leurs biens, les permis d'exproprier n'en réduisaient pas moins dans une large mesure la possibilité pratique de

---

[446] Brigitte Stern, « Le droit de propriété, l'expropriation et la nationalisation dans la Convention européenne des droits de l'homme », op.cit., p. 404.
[447] Cour européenne des droits de l'homme, Arrêt du 23 septembre 1982, *Sporrong et Lonnroth contre Suède*, op.cit., § 61.
[448] Lire à ce propos, Laurent Sermet, *La Convention européenne des Droits de l'Homme et le droit de propriété*, Dossiers sur les droits de l'homme n° 11, Les éditions du Conseil de l'Europe, Strasbourg, 1991, spéc. pp. 30-31.
Voir ainsi Rosalyn Higgins, « The Taking of Property by the State : Recent Developments in International Law », *RCADI*, 1982, vol.3, Tome 176, pp. 263-391, spéc. pp. 345-346. Voir aussi l'opinion partiellement dissidente du Juge Walsh jointe à l'arrêt *Sporrong et Lönnroth contre Suède*, notamment § 6.
[449] Cour Européenne des Droits de l'Homme, Arrêt du 23 septembre 1982, *Sporrong et lönnroth contre Suède*, op.cit., § 69.

l'exercer. Ils touchaient aussi à la substance même de la propriété en ce qu'ils reconnaissaient par avance la légalité d'une expropriation et autorisaient la ville de Stockholm à y procéder à tout moment qu'elle trouverait opportun. Le droit de propriété des requérants devenait ainsi précaire et révocable »[450]. Tout en reconnaissant la légitimité de la politique urbanistique menée par la ville de Stockholm, les juges de Strasbourg ont néanmoins considéré qu' : « Ainsi combinées, les deux séries de mesure ont créé une situation qui a rompu le juste équilibre devant régner entre la sauvegarde du droit de propriété et les exigences de l'intérêt général : la succession Sporrong et Mme Lönnroth ont supporté une charge spéciale et exorbitante que seules auraient pu rendre légitime la possibilité de réclamer l'abrégement des délais ou celle de demander réparation. Or la législation suédoise excluait à l'époque pareilles possibilités ; elle exclut toujours la seconde d'entre elles »[451].

Tout compte fait, cette première norme de l'article 1 apparaît pertinente face au déplacement forcé de populations. Toute mesure destinée à éloigner un individu des biens dont il est propriétaire, principalement immeubles mais aussi certains biens meubles qu'il n'aura pu emporter, portera atteinte à la substance de son droit de propriété. Même si il conserve la propriété de ses biens, l'individu déplacé ne pourra exercer les attributs qui en découlent. Dans l'arrêt *Dogan contre Turquie*, la Cour européenne des droits de l'homme a relevé qu' « en dépit des demandes réitérées des requérants, les autorités ont refusé jusqu'au 22 juillet 2003 de les laisser accéder à Boydaş (village d'où les requérants, déplacés par les autorités turques, étaient originaires) en invoquant des incidents terroristes dans ce village et aux alentours. Pareille décision a privé les intéressés, qui la contestent, de toutes les ressources qui constituaient leurs moyens de subsistance et a en outre touché à la substance même du droit de propriété de six d'entre eux en ce qu'ils n'ont pu ni user de leurs biens ni les aliéner pendant près de neuf ans et dix mois. En conséquence, leurs droits sur les biens en question sont devenus précaires à partir de 1994. En conclusion, le refus d'accès à Boydaş s'analyse en une ingérence dans le droit des requérants au respect de leurs biens »[452].

En revanche, il est intéressant de noter que la Convention européenne des droits de l'homme ne consacre pas le droit à la propriété. De fait, on peut se demander si la Convention peut offrir une protection à un individu qui se verrait refuser le droit d'accéder à la propriété sur le territoire d'un Etat partie en raison de ses caractéristiques identitaires indésirables. Le principe général d'égalité devant la loi semble pouvoir s'opposer à une telle mesure mais rappelons que seuls 18 Etats ont ratifié le Protocole 12 qui le consacre. Par ailleurs, le principe

---

450 *Idem*, § 60.

451 *Ibidem*, § 73.

452 Cour européenne des droits de l'homme, Arrêt du 29 juin 2004 rendu dans l'affaire *Dogan contre Turquie*, op.cit., § 143.

de non-discrimination reconnu à l'article 14 de la Convention ne s'applique qu'en ce qui concerne les droits qu'elle garantit. Finalement, dans pareille hypothèse, la protection pourrait résider dans une jurisprudence extensive de la Cour européenne des droits de l'homme qui, dans la lignée de ses jurisprudences *Okpisz contre Allemagne* et *Fretté contre France*, considérerait le droit à la propriété comme « se situant dans le domaine » du droit de propriété et, de fait, comme entrant dans le champ de l'article 14 de la Convention.

La protection qu'offre l'article 1 du Protocole 1 contre le déplacement forcé de populations sera d'autant plus efficace que la notion de biens sera entendue largement. Or la Cour européenne des droits de l'homme en a développée une conception extensive.

Ainsi, doivent être entendus comme biens au sens de l'article 1 les biens meubles ou immeubles, corporels et même incorporels. Par exemple, dans l'affaire *Van Marle et autres contre Pays-Bas*, c'est une clientèle qui reçut la qualification de bien[453]. De même que dans l'arrêt *Tre Träktorer Aktiebolag contre Suède*, les juges de Strasbourg ont considéré que les intérêts économiques liés à l'exploitation d'un débit de boisson constituaient un bien[454].

La Cour est allée plus loin en considérant qu'une créance entrait également dans la notion de bien[455]. Cette intégration de droits personnels dans la notion de « bien » laisse finalement à penser que c'est la notion de patrimoine qui est visée par l'article 1 du Protocole 1.

Il est à ce propos intéressant d'ouvrir une parenthèse sur les créances incertaines. Ainsi, une créance « potentielle » ou « virtuelle » (ni encore constatée, ni liquidée par une décision de justice)[456] peut être considérée comme

---

[453] Cour Européenne des Droits de l'Homme, Arrêt du 26 juin 1986, *Van Marle et autres contre Pays Bas* (req. 8543/79 ; 8674/79 ; 8675/79 ; 8685/79). A propos du refus par les autorités compétentes néerlandaises d'inscrire les requérants sur la liste des experts-comptables agréés. « La Cour estime, avec la Commission, que le droit invoqué par les requérants peut être assimilé au droit de propriété consacré à l'article 1 (P1-1) : grâce à leur travail, les intéressés avaient réussi à constituer une clientèle ; revêtant à beaucoup d'égards le caractère d'un droit privé, elle s'analysait en une valeur patrimoniale, donc en un bien au sens de la première phrase de l'article 1 (P1-1), lequel s'appliquait dès lors en l'espèce » (§ 41).

[454] A propos d'une société qui assumait la gestion d'un restaurant dont la licence l'autorisant à y servir de la bière, du vin et d'autres boissons alcoolisées fut remplacée à deux reprises par deux nouvelles licences conditionnant son activité. La Cour a jugé que « les intérêts économiques liés à la gestion du « Cardinal » constituaient des « biens » aux fins de l'article 1 du Protocole (P1-1) ». Arrêt du 7 juillet 1989, Tre *Träktorer Aktiebolag contre Suède* (req.10873/87), § 53.

[455] Voir notamment l'affaire des *Raffineries grecques Stran et Stratis Andreadis*, dans laquelle le droit aux sommes accordées par une sentence arbitrale a été jugé par la Cour comme étant un bien alors même que ce droit était encore révocable puisque susceptible d'être annulé par un juge de cassation. Voir Arrêt du 9 décembre 1994, (req. 13427/87), § 59.

[456] Voir Frédéric Sudre, « Le « droit au respect de ses biens » au sens de la CEDH », dans Institut des droits de l'homme des avocats européens, *La protection du droit de propriété par la Cour européenne des droits de l'homme*, Bruylant, Bruxelles, 2005, pp. 1-18, spéc. p. 4.

un bien si son titulaire a une espérance légitime de la voir se concrétiser. Déjà en 1991, la Cour avait retenu dans l'affaire *Pine Valley contre Irlande* à propos d'un certificat d'urbanisme accordé dans un premier temps aux requérants puis invalidé par la suite que celui-ci « impliquait une approbation du principe de l'aménagement projeté, sur laquelle le service d'urbanisme ne pouvait revenir (...) Jusqu'à son prononcé (de l'arrêt de la Cour Suprême d'Irlande invalidant le certificat), les requérants avaient pour le moins l'espérance légitime de pouvoir réaliser leur plan d'aménagement; il faut y voir, aux fins de l'article 1 du Protocole n° 1 (P1-1), un élément de la propriété en question »[457]. Mais, surtout en 1995, dans l'affaire *Pressos Compania Naviera SA contre Belgique*, les juges de Strasbourg, après avoir rappelé qu' une créance telle que celle dont il était question dans l'affaire[458] « s'analysait en une valeur patrimoniale et avait donc le caractère d'un bien au sens de la première phrase de l'article 1 », jugèrent que, « compte tenu des arrêts de la Cour de cassation du 5 novembre 1920, du 15 décembre 1983 et du 17 mai 1985, les requérants pouvaient prétendre avoir une « espérance légitime » de voir concrétiser leurs créances quant aux accidents en cause conformément au droit commun de la responsabilité »[459]. On peut relever ici un élément qui sera par la suite révélé comme déterminant pour l'appréciation de l'espérance légitime : la jurisprudence traditionnellement suivie en la matière. En effet, dans l'arrêt *Kopecky contre Slovaquie* du 28 septembre 2004 la Cour a circonscrit la notion d'espérance légitime : « l'« espérance légitime » résulte donc de la circonstance que la personne concernée se fonde de façon raisonnablement justifiée sur un acte juridique ayant une base juridique solide et une incidence sur des droits de propriété »[460]. Un simple espoir ne deviendra espérance légitime que si il peut s'appuyer sur une pratique juridique concluante. Dans l'affaire *Öneryildiz*, le requérant avait invoqué que, s'il ne disposait effectivement pas de titre l'autorisant à occuper le terrain appartenant au Trésor public, rien ne l'empêchait d'entreprendre des démarches afin d'acquérir la propriété dudit terrain. Mais relevant que le quartier en cause ne faisait pas l'objet d'un plan de réhabilitation des taudis et que le sieur Öneryildiz n'apportait pas la preuve qu'il remplissait toutes les conditions au regard de la législation sur l'urbanisme, la Cour n'a pu conclure que « l'espoir du requérant de se voir un jour céder le terrain en cause constituait une forme de créance suffisamment

457 Cour européenne des droits de l'homme, Arrêt du 29 novembre 1991, *Pine Valley contre Irlande* (req.12742/87), § 51.
458 Celle-ci concernait des créances en réparation résultant d'accidents de navigation censés avoir été provoqués par la négligence de pilotes belges. En vertu du droit belge de la responsabilité, les créances prenaient naissance dès la survenance du dommage.
459 Cour européenne des droits de l'homme, Arrêt du 20 novembre 1995, *Pressos Compania Naviera SA contre Belgique* (req.17849/91), § 31.
460 Cour européenne des droits de l'homme, Arrêt du 28 septembre 2004, *Kopecky contre Slovaquie* (req. 44912/98), § 47.

établie au point de pouvoir être revendiquée en justice, donc un bien distinct »[461].

Cette position de la Cour européenne des droits de l'homme se démarque de la conception classique de la propriété en droit international. En effet, dans l'affaire *Oscar Chinn*, la CPJI avait posé le principe selon lequel seul les droits acquis pouvaient être considérés comme des biens en droit international : « La Cour sans méconnaître le changement de situation de M.Chinn (...) ne saurait apercevoir dans la situation primitive, qui comportait la possession d'une clientèle un véritable droit acquis »[462].

Dans l'arrêt *Kopecky*, les juges de Strasbourg rappellent toutefois que « l'espoir de voir reconnaître un droit de propriété que l'on est dans l'impossibilité d'exercer effectivement ne peut être considéré comme un « bien » au sens de l'article 1 du Protocole n° 1, et il en va de même d'une créance conditionnelle s'éteignant du fait de la non-réalisation de la condition »[463]. Cette solution signifie que l'article 1 du Protocole 1 ne garantit pas l'accès à la propriété. Il protége le droit de propriété et pas le droit à la propriété.

La jurisprudence de la Cour est surtout remarquable par l'*autonomisation* de la notion de biens qu'elle a consacrée. L'interprétation autonome « permet au juge européen de dépasser le sens habituel que le concept en cause revêt en droit national et d'opter pour une généreuse acception « matérielle », et non formelle, de la notion à déterminer afin d'assurer l'applicabilité du droit garanti »[464]. Ainsi, dans l'affaire *Öneryildiz contre Turquie,* les juges de Strasbourg ont considéré que la notion de bien avait « une portée autonome qui ne se limite pas à la propriété des biens corporels et qui est indépendante par rapport aux qualifications formelles en droit interne : ce qui importe c'est de rechercher si les circonstances d'une affaire donnée, considérées dans leur ensemble, peuvent passer pour avoir rendu le requérant titulaire d'un intérêt substantiel protégé par cette disposition (...) certains droits et intérêts constituant des actifs peuvent être considérés comme des « droits de propriété » et donc comme des biens »[465]. Ici, c'est le taudis dans lequel le requérant résidait avec sa famille qui a été reconnu comme constituant un intérêt substantiel et qui a pu être qualifié de bien, et ce alors même qu'il ne disposait d'aucun titre juridique sur ce dernier. L'environnement social créé par le requérant dont il demeure propriétaire des corps et composants a été considéré comme un bien. Une solution approchante a

---

[461] Cour européenne des droits de l'homme, Arrêt du 30 novembre 2004, *Öneryildiz contre Turquie* (req. 48939/99), § 126.

[462] CPJI, Arrêt du 12 décembre 1934, *Oscar Chinn*, série A/B n° 63, p. 88.

[463] Cour européenne des droits de l'homme, Arrêt du 28 septembre 2004, *Kopecky contre République Tchèque*, op cit., § 35.

[464] Frédéric Sudre, « Le « droit au respect de ses biens » au sens de la CEDH », op.cit., p. 3.

[465] Cour européenne des droits de l'homme, Arrêt du 30 novembre 2004, *Oneryildiz contre Turquie*, op.cit., § 124.

été retenue dans l'affaire *Dogan contre Turquie* déjà citée. La Cour a considéré qu'elle n'était pas appelée à décider si oui ou non les requérants avaient, au regard du droit interne, des droits de propriété nonobstant l'absence de titre. « La question qui se pose à cet égard est celle de savoir si les activités économiques menées de manière générale par les intéressés peuvent être considérées comme des « biens » entrant dans le champ d'application de la garantie accordée par l'article 1 du Protocole n° 1.(...) Même s'ils ne possèdent pas de titre de propriété officiel sur les biens litigieux, ils avaient, soit fait bâtir leurs propres demeures sur des terres appartenant à leurs ascendants, soit vécu dans les maisons de leurs parents et cultivé la terre dont ceux-ci étaient propriétaires(...). En outre les requérants avaient des droits incontestés sur les terrains communaux du village – tels que les terres de pacage, les zones de parcours et les fonds forestiers – et qu'ils gagnaient leur vie grâce à l'élevage et l'exploitation du bois. La Cour estime dès lors que l'ensemble de ces ressources économiques et les revenus que les intéressés en tiraient peuvent être qualifiés de « biens » aux fins de l'article 1 du Protocole n° 1 »[466].

Pour terminer sur cette question, il importe de préciser que l'exigence de respecter la substance du droit de propriété peut requérir l'adoption de mesures positives par les Etats parties. Ainsi, dans l'affaire *Öneryildiz contre Turquie*, les juges de Strasbourg ont retenu que cette attitude s'imposait « là où il existe un lien direct entre les mesures d'un requérant pouvait légitimement attendre des autorités et la jouissance par ce dernier de ces biens »[467]. En l'espèce, le taudis illégalement construit sur un terrain appartenant au Trésor public à proximité d'un dépôt d'ordures par le requérant avait été enseveli sous les déchets suite à une explosion de méthane. La Cour a pu considérer que les pouvoirs publics turcs avaient manqué à leurs obligations au terme de l'article 1

---

[466] Cour européenne des droits de l'homme, Arrêt du 29 juin 2004, *Dogan contre Turquie*, op.cit., § 139. Cette dernière conclusion traduit un phénomène de « socialisation de la notion de biens ». Le Professeur Marguénaud voit ainsi dans de telles extensions de la notion de biens une volonté de « donner une coloration nettement sociale à un texte initialement controversé pour avoir consacré un droit de nature économique » (Jean-Pierre Marguénaud, *Le droit de propriété*, dans *Les grands arrêts de la Cour européenne des Droits de l'Homme*, 5e édition mise à jour, PUF, Paris, 2009, spéc. pp. 697-701). Quelques solutions particulières étayent ce postulat. Dans l'affaire *Gaygusuz contre Autriche,* la Cour a considéré que « le droit à l'allocation d'urgence - dans la mesure où il est prévu par la législation applicable - est un droit patrimonial au sens de l'article 1 du Protocole n° 1 (P1-1). Cette disposition (P1-1) s'applique par conséquent sans qu'il faille se fonder uniquement sur le lien qui existe entre l'attribution de l'allocation d'urgence et l'obligation de payer des impôts ou autres contributions » (Cour Européenne des Droits de l'Homme, Arrêt du 6 septembre 1996, *Gaygusuz contre Autriche* (req. 17371/90), § 41). De la même façon, une allocation de retraite est aussi considérée comme bien (voir notamment Cour européenne des droits de l'homme, Arrêt du 26 novembre 2002, *Buchen contre République Tchèque* (req. 36541/97), § 77).

[467] Arrêt du 30 novembre 2004, *Öneryildiz contre Turquie*, § 134. Dans ce sens la Cour a pu considérer que l'instauration de voies de recours efficaces contre les mesures portant atteinte au droit de propriété participait de ces obligations positives.

du Protocole 1 en n'adoptant pas les mesures nécessaires à prévenir cet accident et les troubles qu'il occasionna dans le droit au respect des biens du sieur Öneryildiz.

Le Protocole 1 lie aujourd'hui 45 Etats[468]. Il est notable que 9 d'entre eux aient formulé des réserves à l'article 1[469].

Le droit de propriété tel qu'énoncé à l'article 1 du Protocole 1 n'est pas absolu et peut être limité.

b. Les limitations au droit de propriété tolérées par le Protocole 1

Le deuxième alinéa de l'article 1 du Protocole 1 prévoit deux limitations au droit de propriété : la privation de propriété et la réglementation de l'usage des biens. L'enjeu initial de ces dispositions était de concilier le droit au respect de ses biens avec les prérogatives souveraines. Le Professeur Marguénaud écrivait ainsi : « Quant au second alinéa, il vise, si les mots ont un sens, non pas à consacrer des droits fondamentaux de l'individu mais à rappeler et à garantir les prérogatives économiques et fiscales auxquelles les Etats étaient si jalousement

---

[468] Monaco et la Suisse ne l'ont pas ratifié.

[469] Il s'agit de l'Autriche, de l'Azerbaïdjan, de la Bulgarie, de l'Espagne, de l'Estonie, de la Géorgie, de la Lettonie, du Luxembourg et de San Marin. On soulignera tout particulièrement la position de la Géorgie au regard des circonstances particulières qui règnent dans certaines de ses régions russophones.

Cet Etat a formulé une déclaration précisant que : « du fait de la situation actuelle en Abkhazie et dans la région Tskhinvali, les autorités de Géorgie ne sont pas en mesure d'assumer la responsabilité du respect et de la protection des dispositions de la Convention et de ses Protocoles additionnels sur ces territoires. La Géorgie n'assure pas la responsabilité pour les violations des dispositions du Protocole par les organes des forces illégales autoproclamées sur les territoires d'Abkhazie et de la région Tskhinvali jusqu'à l'entière restauration de la juridiction de la Géorgie sur ces territoires.

En outre, le même Etat a formulé une réserve relative à l'article 1 du Protocole 1 selon laquelle : « 1. L'article 1 du Protocole ne s'appliquera pas aux personnes qui ont ou auront le statut de « personnes déplacées à l'intérieur du territoire » conformément à « la Loi de la Géorgie sur les personnes déplacées à l'intérieur du territoire » jusqu'à la suppression des circonstances motivant l'attribution de ce statut (jusqu'à la restauration de l'intégrité territoriale de la Géorgie). Conformément à la Loi ci-dessus mentionnée, la Géorgie s'engage à assurer l'exercice des droits de la propriété existant sur le lieu de résidence permanente des personnes déplacées à l'intérieur du territoire après que les motifs mentionnés à l'article 1, paragraphe 1, soient supprimées. 2. L'article 1 du Protocole s'appliquera à la sphère opérationnelle de « la Loi de la Géorgie sur la propriété des terres agricoles » conformément aux exigences des articles 4, 8, 15 et 19 de cette loi. 3. L'article 1 du Protocole s'appliquera dans les limites des articles 2 et 3 de la « Loi de la Géorgie sur la transformation en propriété privée des territoires non agricoles propriétés de personnes physiques ou de personnes morales de droit privé ». 4. L'article 1 du Protocole s'appliquera dans les limites de la « Loi de la Géorgie sur la privatisation de la propriété d'Etat ». 5. Au regard de l'indemnisation des avoirs pécuniaires placés sur des comptes d'anciennes banques commerciales publiques de Géorgie, l'Article 1 du Protocole s'appliquera dans les limites de l'acte normatif adopté en application du décret n° 258 du Président de la Géorgie du 2 juillet 2001 ». (Source : site de la Cour européenne des droits de l'homme, op.cit., consulté le 30 mai 2012).

attachés à l'époque de la rédaction de la CEDH qu'il avait justement semblé plus sage d'isoler la question dans un protocole additionnel »[470].

La jurisprudence *Sporrong et Lönnroth* a bouleversé cette conception en renversant le bénéfice des dispositions de l'article 1. Il ressort de l'interprétation qu'en a données la Cour qu'elles ne visent plus tant à garantir le droit des Etats de réglementer l'usage des biens ou de procéder à des expropriations que de préserver les individus des atteintes injustifiées à leur droit de propriété. Ces atteintes s'interprètent à la lumière du principe général posé à l'alinéa 1 et la privation et la réglementation n'en sont finalement que deux exemples.

La privation de propriété recouvre « l'expropriation formelle ou *de facto*, à savoir l'acte par lequel une autorité publique met la main ou concède à un tiers le droit de mettre la main sur un bien déterminé qui doit servir à la réalisation d'un but d'utilité publique. (...) Elle peut aussi consister en un transfert de la propriété d'une personne au profit d'une autre »[471]. Celle-ci est triplement conditionnée dans le cadre du Protocole 1. Elle doit répondre à une exigence d'utilité publique, être proportionnée au but visé et répondre aux conditions prévues par la loi et les principes généraux du droit international.

La Cour a précisé l'utilité publique dans son arrêt rendu dans l'affaire *James et al. Contre Royaume-Uni* le 21 février 1986. Les requérants, administrateurs fiduciaires (trustees) agissant conformément au testament du deuxième duc de Westminster avaient du vendre des immeubles situés dans la zone résidentielle de Belgravia à Londres aux titulaires de baux emphytéotiques dont le titre à devenir propriétaires de leur maison avait été consacré par la loi modifiée de 1967 sur la réforme des baux. Pour déterminer s'ils avaient été légalement privés de leur propriété, les juges eurent à apprécier le but de la réglementation et notamment si elle poursuivait un objectif d'utilité publique. Dès lors convenait-il de préciser cette notion, alors même qu'en l'espèce, la mesure profitait à certains particuliers et pas à la collectivité publique dans son ensemble. Or, « les sociétés modernes considèrent le logement comme un besoin primordial dont on ne saurait entièrement abandonner la satisfaction aux forces du marché. La marge d'appréciation va assez loin pour englober une législation destinée à assurer en la matière plus de justice sociale, même quand pareille législation s'immisce dans des relations contractuelles entre particuliers et ne confère aucun avantage direct à l'Etat ni à la collectivité dans son ensemble. Le but que poursuivait la loi de 1967 est donc légitime en principe »[472]. Pour répondre à la condition d'utilité publique, la mesure de

---

[470] Jean-Pierre Marguénaud, *Le droit de propriété*, dans *Les grands arrêts de la Cour européenne des Droits de l'Homme*, op.cit., p. 704.

[471] Rusen Ergec, *Protection européenne et internationale de droits de l'homme*, Bruylant, Bruxelles, 2004, p. 224.

[472] Cour européenne des droits de l'homme, Arrêt du 21 février 1986, *James et al. contre Royaume-Uni* (req. 8793/79), § 47. Il est intéressant de relever, ici encore, une interprétation sociale de l'article 1 au profit d'un droit au logement.

privation doit être prise dans « le cadre d'une politique légitime d'ordre social, économique ou autre »[473]. Dans l'affaire *Allard contre Suède,* la Cour a retenu une conception particulièrement large de l'utilité publique en avalisant un système d'indivision efficace alors même qu'il ne poursuivait aucun but social[474]. C'est au législateur national d'apprécier quels sont les impératifs de l'utilité publique. La seule limite qui s'impose à lui est que son jugement ne soit pas « manifestement dépourvu de base raisonnable »[475].

Il ne suffit pas que la privation soit fondée sur un but d'utilité publique pour être valide, encore faut-il qu'elle soit proportionnée. En effet, la condition de proportionnalité dégagée par la Cour dans l'arrêt *Sporrong et Lönnroth* pour garantir la substance du droit de propriété a été appliquée aux autres alinéas de l'article 1. La première phrase de cet article a joué, pour reprendre l'expression du Professeur Stern « un rôle de diffuseur de proportionnalité »[476]. Ainsi, en matière de privation de propriété, la Cour a jugé dans l'affaire *James* qu'il doit exister « un rapport raisonnable de proportionnalité entre les moyens employés et le but visé »[477].

De plus, en vertu de l'alinéa 2 de l'article 1, la privation de propriété doit s'effectuer conformément à la loi et aux principes généraux du droit international. Une telle mesure doit notamment être prise en application d'une réglementation interne qui soit suffisamment « accessible, précise et prévisible »[478]. Ainsi, dans un arrêt *Giacobbe et al. contre Italie* du 15 décembre 2005, la Cour se déclare convaincue que « l'existence en tant que telle d'une base légale ne suffit pas à satisfaire au principe de légalité et estime utile de se

---

473 *Idem,* § 45.

474 Les juges ont ainsi considéré en l'espèce que : « Le jugement du 10 mai 1990, par lequel le tribunal de district ordonnait la démolition de la maison de la requérante, a été rendu conformément aux dispositions sur l'indivision que renferment les lois de 1904 et de 1989, et notamment au principe – énoncé à l'article 2 de la loi de 1904 et à l'article 5 § 2 de la loi de 1989 – suivant lequel tout acte de disposition requiert le consentement de l'ensemble des autres copropriétaires. Avec le Gouvernement, la Cour estime que cette exigence est au cœur de la notion d'indivision et que la conséquence ultime de l'application de ce principe – à savoir la démolition d'un bâtiment édifié sans l'accord requis – peut raisonnablement être considérée comme servant l'« intérêt général » légitime qu'il y a à maintenir un système d'indivision qui fonctionne bien », Arrêt du 24 juin 2003 (req. 35179/97), § 52.

475 Cour européenne des droits de l'homme, Arrêt du 21 février 1986, *James et al. contre Royaume-Uni*, op.cit., § 46.

476 L'auteur supputait en outre que : « La Cour aurait ainsi opéré non pas une démarche linéaire au cours du temps mais une sorte de raisonnement en spirale : partant d'un texte semblant induire deux normes, elle y a introduit une troisième norme, dont le but essentiel – qui est non exclusif – a été d'introduire l'idée de proportionnalité dans l'interprétation des deux normes régissant la privation des biens et la réglementation de l'usage des biens », dans « Le droit de propriété, l'expropriation et la nationalisation dans la Convention européenne des droits de l'homme », op.cit., p. 405.

477 Cour européenne des droits de l'homme, Arrêt du 21 février 1986, *James et al. contre Royaume-Uni*, op.cit., § 50.

478 Frédéric Sudre, *Droit international et européen des droits de l'homme*, op.cit., p. 579.

pencher sur la question de la qualité de la loi » ; ce qui compte est « – en tout état de cause – que la base légale réponde aux critères de prévisibilité, accessibilité et précision »[479].

Il existe en droit international un principe d'indemnisation prompte, adéquate et effective des étrangers privés de leur propriété. La question s'est posée de savoir si celui-ci s'appliquait aux étrangers seuls ou s'il devait jouer également pour les nationaux. En effet, le texte de l'article 1 du Protocole 1 ne dit rien quant à la question de l'indemnisation du national privé de sa propriété. La Cour a tranché cette question dans l'affaire *James* en affirmant que « les principes généraux du droit international ne s'appliquent pas à l'expropriation d'un national par son Etat »[480]. Cependant, les juges de Strasbourg ont constaté que « dans les systèmes juridiques respectifs des États contractants, une privation de propriété pour cause d'utilité publique ne se justifie pas sans le paiement d'une indemnité, sous réserve de circonstances exceptionnelles étrangères au présent litige. De son côté, en l'absence d'un principe analogue, l'article 1 (P1-1) n'assurerait qu'une protection largement illusoire et inefficace du droit de propriété »[481]. Cette position sera confirmée peu après dans l'affaire *Lithgow contre Royaume- Uni*. L'arrêt rendu le 8 juillet 1986 pose le principe selon lequel « l'article 1 (P1-1) exige implicitement, en règle générale, le versement d'une compensation pour priver de sa propriété quiconque relève de la juridiction d'un État contractant »[482].

L'indemnisation intervient dans le contrôle de la proportionnalité de la mesure de privation de la propriété. En effet, « sans le versement d'une somme raisonnablement en rapport avec la valeur du bien, une privation de propriété constituerait d'ordinaire une atteinte excessive qui ne saurait se justifier sur le terrain de l'article 1er »[483]. Toutefois, cette solution s'avère limitée puisque la Cour admet que l'article 1 n'entraîne pas nécessairement le droit à une compensation intégrale. « Des objectifs légitimes d'utilité publique tels qu'en poursuivent des mesures de réforme économique ou de justice sociale, peuvent militer pour un remboursement inférieur à la pleine valeur marchande »[484]. Cette conception n'est, semble-t-il, pas appliquée de manière trop stricte par la Cour qui, dans l'affaire *Lallement contre France,* a estimé que, « nonobstant la marge d'appréciation de l'Etat, lorsque le bien exproprié est l'« outil de

---

479 Cour européenne des droits de l'homme, Arrêt du 15 décembre 2005, *Giacobbe contre Italie* (req. 16041/02), § 90. En l'espèce, la Cour a condamné la pratique de l'expropriation indirecte développée par la jurisprudence italienne comme manquant de prévisibilité pour les administrés.

480 Arrêt du 21 février 1986, *James et autres contre Royaume-Uni*, op.cit., § 58.

481 *Idem,* § 54.

482 Cour européenne des droits de l'homme, Arrêt du 8 juillet 1986, *Lithgow contre Royaume-Uni* (req. 9006/80, 9262/81, 9263/81, 9266/81, 9313/81, 9405/81), § 120.

483 Cour européenne des droits de l'homme, Arrêt du 21 février 1986, *James et al. contre Royaume-Uni*, op.cit., § 54.

484 *Idem.*

travail » de l'« exproprié », l'indemnité versée n'est pas « raisonnablement en rapport avec la valeur du bien » si, d'une manière ou d'une autre, elle ne couvre pas cette perte spécifique. A l'appui de cette interprétation de l'article 1 du Protocole, elle rappelle sa maxime selon laquelle « la Convention consiste à protéger des droits non pas théoriques ou illusoires, mais concrets et effectifs »[485]. Une telle solution connote une volonté de contrôle renforcé du juge européen et une prise en compte des pertes réelles subies par la personne expropriée. Dans cet ordre d'idée, il est notable qu'il condamne aussi le versement tardif de l'indemnisation[486].

L'encadrement ainsi opéré de la faculté d'expropriation exclut qu'elle puisse être exploitée pour provoquer le départ d'individus indésirables. Il en va de même en ce qui concerne les restrictions au droit de propriété.

La réglementation de l'usage des biens au terme du second alinéa de l'article 1 doit répondre à un but d'intérêt général. Toutefois, il appartient à chaque Etat de prendre les mesures « qu'il juge nécessaires » à cet effet. Est ici accordée à l'entité souveraine une importante marge d'appréciation. C'est ce qu'a corrigé la jurisprudence *Sporrong et Lönnroth* en subordonnant les ingérences étatiques à une condition de proportionnalité. Dans l'arrêt *Chassagnou et al. contre France*, la Cour a fait application de cette solution et rappelé qu' « une mesure d'ingérence doit ménager un juste équilibre entre les impératifs de l'intérêt général et ceux de la sauvegarde des droits fondamentaux de l'individu »[487]. En l'espèce, plusieurs requérants contestaient la validité de la loi Verdeille du 10 juillet 1964 qui leur imposait de faire apport de leur terrain aux Associations Communales de Chasse Agréées. La Cour a estimé que le but de la loi visait bien à la satisfaction de l'intérêt général en évitant « une pratique anarchique de la chasse et en favorisant une gestion rationnelle du patrimoine génétique »[488]. La Cour a considéré en l'espèce que la mesure rompait le juste équilibre au regard de la conviction des requérants : « Obliger les petits propriétaires à faire apport de leur droit de chasse sur leurs terrains pour que des tiers en fassent un usage totalement contraire à leurs convictions se révèle une charge démesurée qui ne se justifie pas sous l'angle du second alinéa de l'article 1er du Protocole 1 »[489].

---

485 Cour européenne des droits de l'homme, Arrêt du 11 avril 2002, *Lallement contre France*, (req. 46044/99), § 18.

486 Ainsi, « un retard anormalement long dans le paiement d'une indemnité dans le domaine de l'expropriation a pour conséquence d'aggraver la perte financière de la personne expropriée et de la placer dans une situation d'incertitude, surtout si l'on tient compte de la dépréciation monétaire dans certains Etats » Arrêt du 28 avril 2002 *Calkan contre Turquie* (req. 19272/92), § 52.

487 Cour européenne des droits de l'homme, Arrêt du 29 avril 1999, *Chassagnou et al. contre France* (req. 25088/94, 28331/95 et 28443/95), § 75.

488 *Idem* § 79

489 *Ibidem* § 85

En outre, il est intéressant de relever que l'intérêt général à prendre en compte pourra être déterminé par le droit communautaire pour les Etats membres de l'Union européenne. Dans l'affaire *Bosphorus Airways contre Irlande*, la Cour avait été saisie d'une mesure de saisie d'un aéronef par les autorités irlandaises prise en application d'un règlement communautaire. Elle a estimé que « l'intérêt général poursuivi par la mesure litigieuse résidait dans l'exécution par l'Etat irlandais des obligations juridiques découlant de son adhésion à la Communauté européenne » et « une mesure de l'Etat prise en exécution de pareilles obligations juridiques doit être réputée justifiée dès lors qu'il est constant que l'organisation en question accorde aux droits fondamentaux (cette notion recouvrant à la fois les garanties substantielles offertes et les mécanismes censés en contrôler le respect) une protection à tout le moins équivalente à celle assurée par la Convention »[490].

Un autre exemple de contrôle de proportionnalité effectué dans l'affaire *Hutten-Czapska contre Pologne* mérite d'être signalé. Ici, était contestée la législation polonaise adoptée à l'époque du communisme qui plafonnait le montant des loyers à un prix tellement bas que les bailleurs ne faisaient pas de bénéfices et ne pouvaient de fait payer les frais d'entretien. Ce que la Cour a pu condamner dans son arrêt rendu le 22 février 2005[491]. Le Professeur Marguénaud voit dans cette solution une nouvelle manifestation de la

---

[490]Cour européenne des droits de l'homme, Arrêt du 30 juin 2005 *Bosphorus Airways contre Irlande* (req. 45036/98), § 155.

[491] « La Cour reconnaît une nouvelle fois que les difficultés de la situation du logement en Pologne, en particulier la pénurie aiguë d'appartements et le coût d'achat élevé de ceux-ci sur le marché, ainsi que la nécessité de transformer le système extrêmement rigide d'attribution des logements hérité du régime communiste, justifiaient non seulement l'adoption d'une législation protégeant les locataires pendant la période de profonde réforme du système politique, économique et juridique du pays mais aussi la fixation des loyers à un niveau bas, inférieur à la valeur sur le marché (paragraphes 68-70, 149, 160 et 176 ci-dessus). Cependant, elle ne voit aucune justification au fait que l'Etat a constamment failli à garantir à la requérante et aux autres propriétaires, pendant toute la période considérée, les sommes nécessaires pour couvrir les frais d'entretien, sans même parler de la possibilité de tirer un minimum de profit de la location de leurs appartements », § 186. Cette position a été confirmée par un arrêt de Grande Chambre rendu le 30 juin 2006 : « La Grande Chambre souscrit à cette appréciation de la situation litigieuse. Elle ajoute cependant que, comme établi plus haut, la violation du droit de propriété constatée en l'espèce ne tient pas exclusivement à la question du montant des loyers mais résulte plutôt du jeu combiné des dispositions défectueuses sur la fixation des loyers et des diverses restrictions aux droits des propriétaires en matière de cessation des baux, des charges financières que la loi fait peser sur les intéressés et de l'absence de tout mécanisme légal leur permettant de compenser ou d'atténuer les pertes subies dans le cadre de l'entretien des biens ou d'obtenir lorsque cela se justifie des subventions de l'Etat pour financer les réparations nécessaires » (§ 224). Si elle ne retient pas le plafonnement des loyers comme cause exclusive de la violation du droit de propriété, cette mesure en est cependant l'une des causes.

socialisation de la notion de biens en empêchant « les riches de devenir aussi pauvres que les pauvres »[492].

Enfin, il faut souligner que l'article 1 du Protocole 1 ne garantit pas le droit d'acquérir un bien[493]. Partant, il n'offrira pas de protection contre une politique de refus d'accès à la propriété opposé à certains individus, en raison de leurs caractéristiques inopportunes, pour les encourager au départ. Toutefois, le principe de non-discrimination qui exige l'égalité devant la loi nationale compensera ce manque.

Il convient maintenant de se pencher sur les règles communautaires relatives au droit de propriété.

2. La protection du droit de propriété par le droit communautaire

A l'origine, le droit de propriété était considéré de manière « neutre » par le droit communautaire. En effet, selon l'article 295 de l'ancien TCE, « le présent traité ne préjuge en rien le régime de la propriété dans les Etats membres ». Aussi la Communauté n'intervenait-elle pas pour protéger le droit de propriété des ressortissants communautaires. Puis, la CJCE, après avoir consacré le fait que les droits fondamentaux font partie intégrante des principes généraux du droit dont elle assure le respect, a inclus le droit de propriété parmi ces principes généraux du droit communautaire. Ainsi, dans l'affaire *Liselotte Hauer contre Land Rheinland-Pfalz*, les juges de Luxembourg ont déclaré que : « Le droit de propriété est garanti dans l'ordre juridique communautaire, conformément aux conceptions communes aux constitutions des Etats membres, reflétées également par le premier protocole joint à la Convention européenne de sauvegarde des droits de l'homme »[494]. Encore une fois, il est bon de rappeler que le respect de ces principes s'impose aux institutions communautaires comme aux 27 Etats membres. Reste à savoir quelle est la portée de ce principe général du droit communautaire et s'il offre une protection contre le déplacement forcé.

La CJCE a défini le droit de propriété, en tant que principe général du droit communautaire, de la même manière que la Cour européenne des droits de l'homme a défini le contenu de l'article 1 du Protocole 1. Le droit de propriété en droit communautaire n'est donc pas absolu. Ce droit n'est garanti « que sous réserve des limitations prévues en fonction de l'intérêt public »[495]. La Cour poursuit ainsi l'équilibre entre l'intérêt privé et l'intérêt général. Elle a exposé

[492] Jean Pierre Marguénaud, *Le droit de propriété* dans *Les grands arrêts de la Cour européenne des Droits de l'Homme*, op.cit., p. 726.

[493] Voir notamment les arrêts *Van der Mussele contre Belgique* du 23 novembre 1983 (req. 8919/80), § 48, et *Slivenko contre Lettonie* du 9 octobre 2003 (req. 48321/99), § 121.

[494] CJCE, Arrêt du 19 décembre 1979, *Liselotte Hauer contre Land Rheinland-Pfalz*, § 17, Recueil 1979, p. 3747. Pour une confirmation, voir CJCE, Arrêt du 12 juillet 2005, *Alliance for Natural Health E.A.*, § 125 Recueil 2005, p. 6522.

[495] CJCE, Arrêt du 14 mai 1974, *Nold contre Commission*, § 14, Recueil 1974, p. 508.

clairement ce principe notamment dans son arrêt rendu le 5 octobre 1994 dans l'affaire *RFA contre Conseil* : « Il convient de relever que tant le droit de propriété que le libre exercice d'une activité professionnelle font partie des principes généraux du droit communautaire. Ces principes n'apparaissent toutefois pas comme des prérogatives absolues, mais doivent être pris en considération par rapport à leur fonction dans la société. Par conséquent, des restrictions peuvent être apportées à l'usage du droit de propriété et au libre exercice des activités professionnelles, notamment dans le cadre d'une organisation commune des marchés, à condition que ces restrictions répondent effectivement à des objectifs d'intérêt général poursuivis par la Communauté et ne constituent pas, au regard du but poursuivi, une intervention démesurée et intolérable qui porterait atteinte à la substance même des droits ainsi garantis »[496].

L'intérêt général peut ainsi justifier deux types d'atteinte au droit de propriété : la privation de propriété, sous réserve d'indemnisation[497] et à la condition qu'une telle mesure soit proportionnée à l'objectif poursuivi, et la restriction de l'usage de la propriété, également sous réserve de proportionnalité. Tout compte fait, le principe communautaire présente globalement le même contenu que l'article 1 du Protocole 1 à la Convention européenne des droits de l'homme auquel, du reste, sont parties les 27 Etats membres de la Communauté. En ce sens, il apparaît comme une simple réitération.

Son intérêt sera d'autant plus à relativiser que le droit de propriété garanti par le droit communautaire dispose d'une portée plus limitée que le droit garanti par le Protocole 1.

En premier lieu, le juge communautaire définit la notion de bien plus restrictivement que le juge de Strasbourg. La CJCE entend la notion de bien de manière large, de telle manière qu'elle constitue une notion autonome. Elle comprend ainsi les biens corporels quelle que soit leur destination et des biens incorporels ayant une valeur économique[498]. Toutefois, la CJCE n'est pas allée aussi loin que la Cour européenne des droits de l'homme dans l'extension de la notion. Ainsi, par exemple, elle a refusé de se prononcer sur la question de savoir si le droit aux prestations de chômage était un bien[499].

---

496 CJCE, Arrêt du 5 octobre 1994, *RFA contre Conseil*, § 78, non publié.

497 Il faut préciser que l'indemnisation n'est exigée que si la privation de propriété résulte d'un acte communautaire et qu'il en est directement à l'origine. La jurisprudence de la Cour n'a jamais exigé que les Etats qui appliquent le droit communautaire versent des indemnisations pour les expropriations qu'ils seraient amenés à prononcer dans ce cadre.

498 A titre d'exemple, dans l'affaire *Regione autonoma Friuli-Venezia Giula et ERSA*, c'est la dénomination d'un vin qui a été considéré comme un bien. Voir Arrêt du 12 mai 2005, § 121, Recueil 2005, p. 3785.

499 Voir CJCE, Arrêt du 19 juin 1980, *Testa, Maggio, Vitale contre Bundesanstalt für Arbeit*, § 22, Recueil 1980, p. 1998.

En second lieu, le respect du principe communautaire du droit de propriété ne s'impose que dans le champ d'application du droit communautaire. Ainsi, la CJCE ne peut connaître d'une atteinte au droit de propriété qui ne relève pas de la mise en œuvre du droit communautaire[500]. La portée du droit garanti s'en trouve considérablement limitée.

Cependant, le principe communautaire du droit de propriété se démarque de l'article 1 du Protocole 1 à la Convention européenne des droits de l'homme en tant qu'il contient un droit d'accéder à la propriété. En effet, dans le cadre particulier du droit communautaire, le droit pour un ressortissant communautaire d'acquérir des biens sur le territoire d'un Etat membre apparaît comme un corollaire de la liberté d'établissement. C'est ce qu'a consacré la CJCE dans son arrêt du 30 mai 1989 rendu dans l'affaire *Commission contre Grèce*. En l'espèce, un décret présidentiel hellénique de 1927 prohibait l'acquisition, par des personnes physiques ou morales autres que les ressortissants helléniques, du droit de propriété ou d'un autre droit réel, à l'exclusion de droits d'hypothèque, sur des biens immobiliers situés dans les régions helléniques désignées comme frontalières. La Commission estimait que cette réglementation établissait un régime discriminatoire au détriment des ressortissants communautaires non-helléniques. La Cour a affirmé dans cette affaire que : « l'accès au logement et à la propriété du logement (...) constitue le complément nécessaire de la libre circulation des travailleurs et est, à ce titre, compris dans le principe de non-discrimination du ressortissant d'un État membre désireux d'exercer une activité salariée dans un autre État membre »[501]. Ce droit à accéder à la propriété n'a été reconnu initialement que pour satisfaire aux impératifs de l'exercice d'activités économiques. Par la suite, ce droit va être dissocié de la logique économique et généralisé. Avec l'avènement de la citoyenneté européenne, qui reconnaît la liberté de circulation et d'établissement à tous les ressortissants communautaires, l'accession à la propriété n'est plus subordonnée à l'exercice d'une activité économique mais est ouverte à tout citoyen européen éligible à la liberté d'établissement. Partant, un Etat membre ne pourra limiter l'accession à la propriété pour dissuader des ressortissants communautaires de s'installer sur son territoire et ainsi maîtriser la composition démographique de celui-ci.

---

[500] Le Professeur Kovar écrivait en ce sens : « Au cas où les mesures nationales en cause seraient étrangères au champ d'application du droit communautaire, il est exclu qu'elles doivent respecter les principes de ce droit », dans Robert Kovar, « *Droit de propriété* », dans Encyclopédie Dalloz du droit communautaire, p. 19. Voir en ce sens l'arrêt rendu par la CJCE dans l'affaire *Wachauf contre Bundesamt für Ernahrung und für Forst Wirtschaft*, Arrêt du 13 juillet 1989, spéc. § 18-19, Recueil 1989, pp. 2639-2640.

[501] CJCE, Arrêt du 30 mai 1989, *Commission contre République hellénique*, § 4, Recueil 1989, p. 1475.

Il faut relever que la Charte des droits fondamentaux de l'Union européenne garantit le droit de propriété en son article 17. Celui-ci dispose que : « 1- Toute personne a le droit de jouir de la propriété des biens qu'elle a acquis légalement, de les utiliser, d'en disposer et de les léguer. Nul ne peut être privé de sa propriété, si ce n'est pour cause d'utilité publique, dans des cas et conditions prévus par une loi et moyennant en temps utile une juste indemnité pour sa perte. L'usage des biens peut être réglementé par la loi dans la mesure nécessaire à l'intérêt général. 2- La propriété intellectuelle est protégée ». La formule est très proche de celle de l'article 1 du Protocole 1 à la Convention européenne des droits de l'homme. Elle appelle toutefois deux remarques.

Premièrement, il est précisé que le droit de propriété est garanti pour les biens « acquis légalement ». Cette conception est plus restrictive que celle défendue par la Cour européenne des droits de l'homme qui, dans l'affaire *Öneryldiz contre Turquie*, avait protégé le droit du requérant sur un bien construit illégalement sur un terrain dont il n'était pas propriétaire. Le Professeur Pauliat note que cette précision trouve son importance dans le cas des propriétés situées dans « certains Etats, qui ont subi, du fait des transformations politiques, des nationalisations suivies de redistribution des terres »[502].

Deuxièmement, l'indemnisation en cas de privation de propriété est expressément prévue.

Toutefois, là encore, la portée de ces dispositions est beaucoup plus limitée que celle de l'article 1 du Protocole 1 à la Convention européenne des droits de l'homme puisqu'elles ne sont applicables que dans le champ d'application du droit communautaire.

Le droit de propriété est également protégé par la Convention américaine des droits de l'homme.

B. Les garanties offertes par la Convention interaméricaine des droits de l'homme

L'article 21 du Pacte de San José dispose que : « 1. Toute personne a droit à l'usage et à la jouissance de ses biens. La loi peut subordonner cet usage et cette jouissance à l'intérêt social. 2. Nul ne peut être privé de ses biens, sauf sur paiement d'une juste indemnité, pour raisons d'intérêt public ou d'intérêt social, et dans les cas et selon les formes prévues par la loi (...) ». Ces dispositions contiennent les trois normes identifiées par la Cour Européenne des droits de l'homme dans l'arrêt *Sporrong et Lönnroth*[503]. Ainsi après avoir posé un

---

[502] Hélène Pauliat, Article II-77-§1, dans Laurence Burgorgue-Larsen, Anne Levade et Fabrice Picod (Dir.), *Traité établissant une Constitution pour l'Europe, Commentaire article par article*, Partie II, La Charte des droits fondamentaux de l'Union, op.cit., pp. 232-246, spéc. p. 240.

[503] Dans l'affaire *Ivcher Bronstein contre Pérou*, la Cour interaméricaine des droits de l'homme a, en effet, interprété l'article 21 en ces termes : « Article 21 of the American Convention recognizes the right to private property. In this respect, it establishes : a) that [e]veryone has the right to the

principe général de respect de la propriété privée (1) le premier alinéa reconnaît à l'Etat de pouvoir de réglementer l'usage des biens dans l'intérêt social et le second lui reconnaît un pouvoir étroitement conditionné de privation de la propriété (2)

1. Le principe général de protection du droit de propriété posé par l'article 21

L'article 21 reconnaît à toute personne[504] un droit « à l'usage et à la jouissance » de ses biens (« property » dans la version anglaise du texte). Il semble *a priori* que soit ici reconnu un droit de possession plutôt qu'un droit de propriété à proprement parler. La Cour interaméricaine a pourtant jugé dans l'affaire *Ivcher Bronstein contre Pérou* que l'article 21 se rapportait au droit de propriété : « Article 21 of the American Convention recognizes the right to private property »[505]. Les organes de contrôle américains ont eu peu l'occasion de se prononcer sur des violations alléguées de l'article 21 mais les quelques affaires y relatives lui ont permis d'apporter des précisions d'importance sur le droit protégé.

Tout d'abord, la Cour interaméricaine des droits de l'homme a précisé le sens du terme « property » dans l'affaire *Ivcher Bronstein contre Pérou.* Il renvoie à « those material objects that may be appropriated, and also any right that may form part of a person's patrimony; this concept includes all movable and immovable property, corporal and incorporeal elements, and any other intangible object of any value »[506]. Ainsi dans le cas d'espèce, le requérant, directeur d'une chaîne de télévision à diffusion nationale dont il était actionnaire majoritaire s'était vu retirer sa nationalité péruvienne. Il avait, de fait, perdu, en vertu du droit interne de cet Etat, le droit d'exercer ses fonctions et d'exercer ses droits d'actionnaire. Les juges ont ici considéré que les actions

---

use and enjoyment of his property ; b) that such use and enjoyment may be subordinated, by law, to social interest ; c) that a person may be deprived of his property for reasons of public utility or social interest and in the cases and according to the forms established by law ; and d) that this deprivation shall be upon payment of just compensation », Arrêt du 6 février 2001, Série C, n° 74, § 120.

[504] Une première différence significative entre l'article 21 de la Convention américaine des droits de l'homme et l'article 1 du Protocole 1 à la Convention européenne des droits de l'homme est que le premier ne vise que les individus, excluant les personnes morales. D'une manière plus générale, les personnes morales sont exclues du bénéfice de la protection de la Convention américaine. Voir notamment Commission américaine des droits de l'homme, *Affaire Mevopal S.A. contre Argentine*, 11 mars 1999, Rapport n° 39/99, spéc. § 16-20. Le Professeur Hélène Tigroudja et M. Ioannis K. Panoussis considèrent que « cette restriction *ratione personae* du champ d'application de l'article 21 n'a aucune justification théorique » dans *La Cour interaméricaine des droits de l'homme, Analyse de la jurisprudence consultative et contentieuse*, Bruylant, Bruxelles, 2003, p. 245.

[505] Cour interaméricaine des droits de l'homme, Arrêt du 6 février 2001, *Ivcher Bronstein contre Pérou* op.cit., § 120.

[506] *Idem,* § 122

devaient être considérées comme des biens. Ainsi, « this participation in the share capital could be evaluated and formed part of its owner's patrimony from the moment of its acquisition ; as such, that participation constituted a property over which Mr. Ivcher had the right to use and enjoyment »[507]. L'organe de contrôle américain, à l'instar de la Cour européenne des droits de l'homme, a développé une conception large de la notion de biens qui englobe tous les droits pouvant faire partie du patrimoine. La Cour a confirmé cette interprétation dans l'arrêt *Salvador Chiriboga contre Equateur* du 6 mai 2008[508].

En outre, la Cour de San José a également procédé à l'autonomisation de la notion de biens. Dans l'affaire *Mayagna (Sumo) Community of Awas Tingni contre Nicaragua*, elle a retenu que : « The terms of an international human rights treaty have an autonomous meaning for which reason they cannot be made equivalent to the meaning given to them in domestic law. Furthermore, such human rights treaties are live instruments whose interpretation must adapt to the evolution of the times and, specifically, to current living conditions »[509].

Il convient de préciser ensuite que les biens en question, s'ils sont largement définis, doivent être réels, et donc, actuels. La Cour a ainsi refusé qu'une perte de gain futur soit considérée comme un bien au sens de l'article 21. Dans l'affaire *Gustavo Cesti Hurtado contre Pérou* elle devait trancher la question de savoir si la condamnation du requérant par un tribunal militaire avait pu porter

[507]*Ibidem,* § 123. Dans une autre affaire, la Cour a considéré que les droits d'auteur entraient dans le champ couvert par l'article 21. A propos d'un ouvrage censuré dont les exemplaires avaient été saisis par l'Etat chilien, les juges estimèrent que « within the broad concept of "assets" whose use and enjoyment are protected by the Convention are also the works resulting from the intellectual creation of a person, who, as the author of such works, acquires thereupon the property rights related to the use and enjoyment thereof. The protection of the use and enjoyment of a person's works, grants the author rights which have both tangible and intangible aspects. The tangible dimension of such property rights includes, among other aspects, the publication, exploitation, assignment, or transfer of the works, while the intangible dimension of such rights is related to the safeguard of the authorship of the works and the protection of the integrity thereof. The intangible dimension is the link between the creator and the works, which extends over time. The exercise of both the tangible dimension and the intangible dimension of property rights is susceptible of having value and becomes part of a person's assets. Therefore, the use and enjoyment of intellectual works is also protected by Article 21 of the American Convention ». (Affaire *Palamara-Iribarne contre Chili*, Arrêt du 22 novembre 2005, Série C, n° 135, § 102-103).

[508] Cour américaine des droits de l'homme, Arrêt du 6 mai 2008, série C, n° 179. L'Organe de contrôle américain retient ainsi que les biens au sens de l'article 21 doivent être entendus : « As material goods that can be possessed, as well as any right that may form part of a person's patrimony. Such concept includes all movables and immovables, and all tangible assets, as well as any other property susceptible of having value » (§ 55). Voir également en ce sens l'affaire *Cinco pensionistas contre Pérou* dans laquelle la Cour étend la notion de bien à des allocations de retraite, voir Arrêt du 28 février 2003, Série C, n° 98, lire sur cet arrêt Caroline Laly-Chevalier, Fanny Da Poian et Hélène Tigroudja, « Chronique de la jurisprudence de la Cour interaméricaine des droits de l'homme (2002-2004) », op.cit., pp. 492-493.

[509] Cour américaine des droits de l'homme, Arrêt du 31 août 2001, *Mayagna (Sumo) Community of Awas Tingni contre Nicaragua,* Série C, n° 79, § 146.

atteinte à son droit de propriété. En effet, la Commission avait estimé que cette condamnation avait eu des effets sur son patrimoine puisqu'en entraînant son emprisonnement, celui-ci avait été empêché de travailler. Les juges estimèrent en l'espèce que, « in the context of Article 21 of the American Convention, it was not proved that there had been a violation, *per se*, of the right to property of Gustavo Cesti Hurtado. The effects on his assets or on his ability to work that his detention, prosecution and conviction may have produced would derive from the violation of Articles 7, 8 and 25 of the Convention ; therefore, the Court reserves its decision on such effects until the reparations stage, in such event »[510].

En protégeant le droit de propriété, l'article 21 de la Convention américaine garantit à tout individu de pouvoir accéder à ses biens et par conséquent de ne pas en être éloigné de force. La Cour interaméricaine des droits de l'homme a confirmé cette pertinence de l'article face au déplacement forcé de populations dans l'affaire *Comunidad Moiwana contre Suriname* déjà citée. Les juges américains ont estimé que les circonstances qui avaient contraint les membres de la Communauté Moiwana à quitter leurs terres constituaient une violation de l'article 21 de la Convention. Ainsi, « the Moiwana community members may be considered the legitimate owners of their traditional lands ; as a consequence, they have the right to the use and enjoyment of that territory. The facts demonstrate, nevertheless, that they have been deprived of this right to the present day as a result of the events of November 1986 and the State's subsequent failure to investigate those occurrences adequately »[511].

Enfin, la Cour interaméricaine des droits de l'homme a déduit des obligations positives de l'article 21 de la Convention américaine. Il ressort de l'affaire *Mayagna (Sumo) Community of Awas Tingni contre Nicaragua* que l'Etat est tenu d'adopter des mesures pour faciliter le bon exercice du droit de propriété. En l'espèce, les requérants, la Communauté des Awas Tingni, invoquaient un manquement des autorités du Nicaragua en ce qu'elles n'avaient pris aucune mesure pour délimiter précisément les terrains dont ils étaient propriétaires en vertu de règles anciennes et dont l'usage était réglementé par la coutume. La requête présentée tendait à ce que la Cour déclare l'Etat tenu d'assurer une démarcation et une reconnaissance officielle des terrains appartenant à la Communauté de telle manière que celle-ci puisse notamment exploiter les ressources naturelles s'y trouvant. La Cour releva que « the limits of the territory on which that property right exists have not been effectively delimited and demarcated by the State. This situation has created a climate of constant uncertainty among the members of the Awas Tingni Community,

[510] Cour interaméricaine des droits de l'homme, Arrêt du 29 septembre 1999, *Cesti Hurtado contre Pérou*, Série C, n° 62, § 183.

[511] Cour interaméricaine des droits de l'homme, Arrêt du 15 juin 2005, *Comunidad Moiwana contre Suriname*, op.cit., § 134.

insofar as they do not know for certain how far their communal property extends geographically and, therefore, they do not know until where they can freely use and enjoy their respective property. Based on this understanding, the Court considers that the members of the Awas Tingni Community have the right that the State : a) carry out the delimitation, demarcation, and titling of the territory belonging to the Community (...) »[512]. Cette conclusion est d'autant plus logique que les Etats se sont engagés au titre de l'article 1§1 de la Convention à assurer et à garantir le libre exercice des droits et libertés reconnus.

Le droit de propriété reconnu par l'article 21 n'est pas absolu et la Convention réserve une marge d'intervention aux autorités nationales.

2. Les restrictions légales au droit de propriété

L'article 21 de la Convention américaine prévoit deux limitations au droit de propriété : la réglementation de l'usage et de la jouissance des biens dans l'intérêt social, et la privation de la propriété.

On relèvera d'abord que la Cour interaméricaine des droits de l'homme n'a pas dégagé de l'article 21 une protection contre les atteintes à la « substance même » du droit de propriété comme a pu le faire la Cour européenne des droits de l'homme dans sa jurisprudence *Sporrong et Lonnroth* précitée. Toutefois, dans l'arrêt *Salvador Chiriboga contre Equateur*, les juges américains font référence à plusieurs reprises au « contenu essentiel »[513] du droit de propriété. Un commentateur a pu voir en ces références un apport essentiel de l'arrêt, « alors que les dispositions de l'article 21 ne font entrevoir que deux cas possibles d'atteintes (privation de propriété et restriction à l'usage ou à la jouissance des biens), le juge interaméricain semble évoquer le principe d'une possible atteinte au « contenu essentiel » de ce droit. L'élargissement du contrôle qui pourrait en résulter dépendra de la jurisprudence ultérieure de la Cour »[514].

La Cour de San José a apporté plusieurs précisions sur la privation de propriété, notamment dans l'affaire *Ivcher Bronstein contre Pérou* précédemment citée. Elle a d'abord précisé que pour apprécier s'il y avait privation de propriété au sens de la Convention, « the Court should not restrict itself to evaluating whether a formal dispossession or expropriation took place, but should look beyond mere appearances and establish the real situation behind

---

[512] Cour interaméricaine des droits de l'homme, *Case of the Mayagna (Sumo) Awas Tingni Community contre Nicaragua* , Arrêt du 31 août 2001, op.cit., § 153.

[513] L'expression « essential content of the right to property » est employée dans la version anglaise de l'arrêt. Voir notamment § 65 de l'arrêt.

[514] Claire Malwé, « La protection du droit de propriété par la Cour interaméricaine des droits de l'homme », *RTDH*, avril 2009, pp. 569-605, spéc. pp. 588-589.

the situation that was denounced »[515]. En l'espèce, le requérant avait été privé de l'usage de ses biens par les décisions du juge national qui avait gelé l'ensemble de ses avoirs. La Cour a posé trois conditions à la validité d'une privation de la propriété : « it should be based on reasons of public utility or social interest, subject to the payment of just compensation, and be restricted to the cases and according to the forms established by law »[516]. Dans l'affaire *Salvador Chiriboga contre Equateur*, la Cour interaméricaine a reconnu la protection de l'environnement naturel comme un but d'utilité publique justifiant une privation de propriété. En l'espèce, les requérants avaient hérité, à la fin des années 70, de terrains dans la ville de Quito. Or, la municipalité avait décidé au début des années 90 de créer un parc public et de procéder, à cette fin, à plusieurs expropriations. Une partie des terrains de la famille Salvador Chiriboga entrait dans le périmètre déclaré d'utilité publique. En l'espèce, les juges de San José ont considéré que les requérants avaient été expropriés « for legal and well-grounded reasons of public utility, which consisted in the protection of the environment through the building of the Metropolitan Park »[517]. Toutefois, un objectif d'utilité publique ne suffit pas à légitimer une privation de propriété, encore faut-il qu'il y ait un rapport raisonnable de proportionnalité entre les moyens employés et le but poursuivi. A l'instar de la Cour de Strasbourg, la Cour interaméricaine exige qu'il y ait une juste balance entre l'intérêt social poursuivi et l'intérêt du propriétaire exproprié. La Cour note ainsi que : « In order for the State to legally satisfy a social interest and find a fair balance of an individual's interest, it must use the less costly means to damage, the least, the right to property of the person, subject-matter of the restriction »[518]. Partant, le paiement d'une juste indemnisation permet de maintenir cet équilibre. Il est intéressant de relever ici que, contrairement à l'article 1 du Protocole 1 à la Convention européenne des droits de l'homme, l'article 21 de la Convention américaine prévoit expressément qu'une indemnisation soit versée en cas de privation de propriété. La Cour a précisé qu'une juste indemnisation devait être « prompte, adéquate et effective »[519] et calculée sur la base de : « the trade value of the property prior to the declaration of public utility must be taken into account »[520]. L'absence d'indemnisation romprait l'équilibre entre l'intérêt général et l'intérêt privé.

Cet encadrement de la privation de propriété exclut finalement qu'une telle mesure puisse être exploitée pour contraindre des individus au déplacement. On

---

[515] Cour interaméricaine des droits de l'homme, Arrêt du 6 février 2001, *Ivcher Bronstein contre Pérou* op.cit., § 124.

[516] *Idem,* § 128.

[517] Cour américaine des droits de l'homme, Arrêt du 6 mai 2008, *Salvador Chiriboga contre Equateur*, op.cit., § 116.

[518] *Idem*, § 63.

[519] *Ibidem*, § 98.

[520] *Idem*.

regrettera seulement que la Cour de San José ne sanctionne pas encore les atteintes à la substance même du droit de propriété comme le fait la Cour de Strasbourg.

On rappellera, *in fine*, que les normes posées par l'article 21 lient les 24 Etats parties à la Convention[521].

La Charte de Banjul prévoit également une protection du droit de propriété, moins élaborée.

C. Les garanties offertes par la Charte africaine des droits de l'homme et des peuples et la Charte arabe des droits de l'homme

L'article 14 de la Charte de Banjul dispose que : « Le droit de propriété est garanti. Il ne peut y être porté atteinte que par nécessité publique ou dans l'intérêt général de la collectivité, ce, conformément aux dispositions des lois appropriés »[522].

Le libellé laconique garantit le droit de propriété sans aucune précision. Comme le déplorait M.Michelo Hansungule : « It is not quite clear what is being guaranted in Article 17(1) »[523]. Dans une région comme l'Afrique où la terre est traditionnellement considérée comme le bien des peuples, cette formule présente le risque d'être interprétée restrictivement. Un Etat pourrait ainsi avancer que c'est la propriété communautaire qui est protégée. Il faudrait alors considérer que l'article 14 envisage le droit de propriété dans sa dimension individuelle et dans sa dimension collective, laissant une latitude de choix aux Etats parties[524]. Toutefois des éléments viennent récuser cette conclusion. En effet, l'article 14 fait référence à « l'intérêt général de la collectivité » qui pourrait justifier une restriction au droit de propriété, ce qui supposerait un conflit entre intérêts privés et intérêt général et suggère une dimension

---

[521] L'Argentine a formulé une réserve relative à l'article 21 : « La position du Gouvernement argentin est que ne peuvent faire l'objet d'une révision par un tribunal international les questions inhérentes à sa politique économique. Ne sont pas considérées non plus comme révisables les décisions des tribunaux nationaux portant sur ce que ceux-ci qualifient de questions d'« utilité publique » ou d'« intérêt social » ni les décisions de ces juridictions définissant la « juste indemnisation » ». Il faut relever également que la République dominicaine a, pour sa part, déclaré que la disposition de l'article 21.2 devait « être interprétée à la lumière des dispositions de la constitution de la Dominique et ne doit pas être comprise comme élargissant ou limitant les droits que proclame la constitution ».

[522] Il est intéressant de souligner que durant les travaux préparatoires de la Charte, un projet d'article 14 avait été discuté qui prévoyait que lorsque : « Le droit de propriété est garanti par la législation d'un Etat, il ne peut y être porté atteinte que par nécessité publique ou dans l'intérêt général de la collectivité ». Il ressortait de ces dispositions que le droit de propriété pouvait donc ne pas être garanti. Cité dans Fatsah Ouguergouz, *La Charte africaine des droits de l'homme et des peuples*, op.cit., p. 110.

[523] Michelo Hansungule, « The African Charter on Human and Peoples Rights : A Critical Review », *African Yearbook of International Law*, vol. 8, 2000, pp. 265-331.

[524] Voir Fatsah Ouguergouz, *La Charte africaine des droits de l'homme et des peuples*, op.cit., p. 111.

individuelle du droit consacré. En outre, l'article 21 de la Charte reconnaît le droit des peuples à la libre disposition de leurs richesses et de leurs ressources naturelles. Si le droit de propriété consacré à l'article 14 revêtait une dimension collective, il y aurait alors un double emploi manifeste.

Ainsi, le droit garanti n'est pas absolu et des limitations, telles que l'expropriation ou la réglementation de l'usage des biens, sont tolérées. On retrouve des conditions similaires à celles posées par les autres instruments régionaux précédemment évoqués à savoir que les restrictions au droit de propriété doivent être justifiées par une nécessité publique ou l'intérêt général, soit poursuivre un but légitime. Par ailleurs, elles doivent être prévues par la législation en vigueur dans l'Etat. Il n'est pas fait mention d'une éventuelle indemnisation en cas de privation de propriété. Cette question semble laissée à la discrétion des Etats[525].

Enfin, la Charte arabe des droits de l'homme actualisée garantit le droit de propriété en ces termes : « Le droit à la propriété privée est garanti à chacun et il est interdit dans tous les cas de confisquer arbitrairement ou illégalement tout ou partie des biens d'une personne ». La formule pêche par son laconisme : la question de l'indemnisation n'est pas envisagée et seule la privation des biens est évoquée. On peut en déduire que la réglementation de l'usage des biens n'est donc pas couverte par ces dispositions.

En définitive, par l'effet combiné des différents instruments régionaux qui le proclament, le respect du droit de propriété s'impose à un nombre important d'Etats malgré l'absence d'une règle à portée universelle en la matière. Pour les Etats qui ne sont pas liés par ces instruments et dont le droit interne réglemente la matière, ils sont tenus d'appliquer leur législation de manière non discriminatoire. De fait, l'éloignement forcé d'un individu de ses biens en raison de ses caractéristiques identitaires inopportunes équivaut à une négation discriminatoire d'un droit garanti par le droit interne de ces Etats et à une violation de leurs obligations internationales. Finalement, ce postulat met, encore, en exergue le rôle clé du principe de non-discrimination pour contrecarrer une politique de nettoyage ethnique.

A ce stade, on peut affirmer que le droit international des droits de l'Homme offre une réponse opportune face au déplacement forcé de populations à fin d'homogénéisation démographique, dont la pierre angulaire est le principe de non-discrimination. Celui-ci neutralise la coercition sélective qui est à la base

[525] C'est, du reste, ce que constate M. Chidi Anselm Odinkalu en ces termes : « Among the permissible grounds for encroaching on the right to property, the Charter recognises the interests of the public need as well as the general interest of the community, without necessarily imposing any express obligations in respect of compensation ». Pour l'auteur, celà dépend aussi du contexte politique : « Il would also be subject to the prevailing political climate in the State that invokes this provision ». Voir « Implementing economic, social and cultural rights », dans Malcolm D.Evans and Rachel Murray, *The African Charter on Human and People's Rights, The System in Practice, 1986-2000*, Cambridge University Press, Cambridge, 2002, pp. 178-218, spéc. p. 191.

du nettoyage ethnique et promeut l'acceptation de la différence. Les normes pertinentes lient, pour la plupart, la majorité des Etats de la Société internationale par le jeu combiné des différents instruments universels et régionaux qui les formulent. Il faut ajouter, en outre, que ces textes sont tous assortis de mécanismes de contrôle, accessibles aux Etats comme aux individus, à la compétence et à l'autorité variables. Ainsi, la supervision des traités universels est confiée à des « comités » qui assurent un contrôle quasi-juridictionnel[526]. En revanche, à l'échelle régionale, de véritables juridictions internationales ont été mises en place pour veiller au respect des conventions. Celles-ci fonctionneront seules, comme la Cour européenne des droits de l'homme, soit de concert avec une commission qui assurera un premier contrôle (un premier filtrage), comme dans le système interaméricain de protection des droits de l'homme. Le système africain allie également une commission et un organe juridictionnel, la Cour africaine des droits de l'homme et des peuples[527]. L'effectivité des normes évoquées s'en trouve considérablement renforcée.

Si le déplacement forcé de populations à fin d'homogénéiser un territoire peut être entrepris en temps de paix, un conflit armé constitue le contexte idéal pour ce type de pratique. Le climat général de danger est déjà une source naturelle d'exode : les populations seront amenées à fuir les zones de combat. Il y aura là déplacement contraint mais qui pourrait être qualifié de simple

[526] En principe, ces comités ne rendent pas de décisions obligatoires. Néanmoins, il serait faux de considérer les constatations du Comité des droits de l'homme notamment, comme de simples actes déclaratoires. Le Comité n'hésite pas à qualifier un comportement étatique contesté devant lui de violation du Pacte et à indiquer quelles mesures les Etats en cause doivent adopter pour se conformer au Traité. Il a affirmé de manière péremptoire que : « l'Etat partie est tenu de prendre des mesures appropriées pour donner un effet juridique aux constatations concernant l'application du Pacte dans des cas particuliers soumis au titre du Protocole facultatif » (Comité des droits de l'homme, Communication 504/1992 *Denzil Roberts contre Barbade*, Décision d'irrecevabilité du 19 juillet 1994, Doc.off.UN CCPR/C/51/D/504/1992, § 6.3.). L'organe de contrôle considère en effet que, dans la mesure où les Etats parties se sont engagés à respecter le Pacte, l'exécution de bonne foi de leurs obligations conventionnelles implique qu'ils se conforment aux comportements qu'il dicte dans ses constatations. Plusieurs Etats se sont ainsi attachés à respecter scrupuleusement ces constatations. Pour des exemples, lire l'ouvrage du Professeur Sudre, *Droit international et européen des droits de l'homme,* op.cit., pp. 722-724. On ajoutera que le Comité a mis en place un système de suivi de ses constatations qui renforce leur autorité. Lire à ce propos, Markus G. Schmidt, « *Portée et suivi des constatations du Comité des droits de l'homme des Nations-Unies* », dans Frédéric Sudre (Dir.), *La protection des droits de l'homme par le Comité des droits de l'homme des Nations Unies – Les communications individuelles*, Actes du colloque de Montpellier organisé par l'IDEDH les 6-7 mars 1995, IDEH, Montpellier, 1995, pp. 157-168. Lire également Nejib Bouziri, *La protection des droits civils et politiques par l'ONU, l'œuvre du Comité des droits de l'homme*, L'Harmattan, Paris, 2003, spéc. pp. 541-547.

[527] Lire à ce propos Fatsah Ouguergouz, « La Cour africaine des droits de l'homme et des peuples - Gros plan sur le premier organe judiciaire africain à vocation continentale », *AFDI*, 2006, pp. 213-240. On mentionnera qu'un Protocole sur la Cour africaine de justice et des droits de l'homme a été adopté en juillet 2008 par les chefs d'Etat et de gouvernement de l'Union Africaine. Cette nouvelle cour sera la fusion entre la Cour africaine des droits de l'homme et des peuples et la Cour africaine de justice.

puisqu'il n'est pas le faït d'une volonté délibérée des parties au conflit. Mais ces circonstances de tumulte peuvent être mises à profit par les belligérants pour modifier la composition de la population en leur pouvoir, dissimulant leurs exactions dans le flot des violences.

Le conflit bosniaque est un triste exemple de cette pratique. Entre 1992 et 1995, il a occasionné le déplacement de près de 2 000 000 de personnes, soit la moitié de la population de l'ancienne République yougoslave de Bosnie-Herzégovine d'avant-guerre. Il en a résulté une répartition territoriale entre Serbes, Croates et Musulmans, complètement bouleversée.

Le déplacement forcé de populations en période de conflit armé vient heurter les règles du droit international des droits de l'Homme que l'on vient d'évoquer puisque, rappelons le, ce *corpus* demeure applicable en période de conflit armé. Mais le droit international humanitaire vient également offrir une protection face à cette pratique qui supplée celle offerte par le droit international des droits de l'Homme. Partant, il convient maintenant de déterminer dans quelle mesure le DIH préserve les populations de cette modalité de nettoyage ethnique qu'est le déplacement forcé.

TITRE 2 : LA PROTECTION OFFERTE PAR LE DROIT INTERNATIONAL HUMANITAIRE FACE AU DEPLACEMENT FORCE DE POPULATIONS

Le *jus in bello* ou Droit International Humanitaire est un corps de règles destinées à limiter les souffrances de l'être humain en temps de guerre. D'essence coutumière, il s'est développé suivant deux branches complémentaires. La première encadre les moyens et méthodes de combat pour prévenir les maux superflus. Les principaux instruments de codification et de développement[528] de la matière ayant été adoptés dans la capitale néerlandaise, elle est qualifiée de droit de La Haye. La seconde vise à protéger et à secourir les victimes de la guerre, à « assurer une protection contre l'arbitraire de l'ennemi et non pas contre les dangers des opérations militaires en elles-mêmes »[529]. Elle connut une fortune considérable grâce à l'entreprise de codification amorcée par Henri Dunant et le CICR au milieu du XIXe siècle et est désignée comme droit de Genève, la cité helvétique ayant été le théâtre des multiples avancées réalisées dans ce domaine. Ces deux *corpus* répondent à la même philosophie en se donnant des moyens différents. Le droit de La Haye « agit en amont du droit de Genève et met essentiellement l'accent sur la prévention »[530]. M. François Bugnion relève que « si les victimes sont au cœur du droit de La Haye aussi bien que du droit de Genève, les moyens mis en œuvre pour les protéger diffèrent, dans une certaine mesure, de ceux des Conventions de Genève. Alors que les Conventions de Genève visent au premier chef à protéger la victime une fois atteinte (...) le droit de La Haye vise essentiellement à protéger les combattants et les non-combattants en restreignant les méthodes et moyens de combat »[531]. Au fond, la distinction s'avère peu opportune tant les deux droits sont intimement liés et répondent au même dessein. C'est d'ailleurs ainsi que les perçoit la Cour Internationale de Justice (CIJ), retenant que « ces deux branches du droit applicable dans les conflits armés ont développé des rapports si étroits qu'elles sont regardées comme ayant fondé graduellement un seul système complexe, qu'on appelle aujourd'hui droit international humanitaire »[532].

---

[528] Mais les deux opérations sont en réalité indissociables.

[529] Jean Pictet (Dir.), *Commentaire de la Convention IV de Genève relative à la protection des personnes civiles en période de conflit armé*, CICR, Genève, 1954, p. 51.

[530] François Bugnion, « Droit de Genève et droit de La Haye », *RICR*, décembre 2001, vol. 83, n° 844, pp. 901-922, spéc. p. 905.

[531] *Idem.*

[532] CIJ, Avis consultatif du 8 juillet 1996, *Licéité de la menace ou de l'emploi d'armes nucléaires*, op.cit., Recueil 1996, p. 34. Lire également l'article du Professeur Stanislaw E. Nahlik, « Droit dit « de Genève » et droit dit « de La Haye » : Unicité ou dualité ? », *AFDI*, 1977, pp. 9-27. L'éminent juriste polonais concluait que le droit de la guerre constituait un tout : « Tel est le droit des conflits armés : non « de Genève » ou « de La Haye », mais droit tout court », voir p. 27.

On rappellera simplement que l'application du DIH est déterminée par l'existence d'un conflit armé. Sera ici retenue la définition apportée par la Chambre d'Appel du TPIY dans l'affaire *Tadic* selon laquelle « un conflit armé existe chaque fois qu'il y a recours à la force armée entre Etats ou un conflit armé prolongé entre les autorités gouvernementales et des groupes armés organisés ou entre de tels groupes au sein d'un Etat »[533]. Le DIH pose une distinction classique entre les conflits internationaux et non internationaux. Les premiers renvoient à une situation d'opposition armée entre plusieurs entités étatiques tandis que les autres opposent les forces armées d'un Etat à des forces armées dissidentes ou à des groupes armés organisés, ceux-ci devant être sous un commandement responsable et contrôler une partie du territoire. Cette typologie initiale s'est progressivement enrichie, notamment avec l'apparition des conflits armés « internationalisés »[534].

Le Comité International de la Croix Rouge (plus loin CICR) déclarait en 1994 que « la prévention des déplacements de population recouvre pour l'essentiel la prévention des conflits armés et *la prévention des abus dans les conflits armés* »[535]. L'Organisation mettait ainsi l'accent sur la pertinence du *jus in bello* élaboré pour préserver la population civile de l'arbitraire ennemi. Parmi le vaste ensemble de normes qu'il constitue, certaines présentent une importance toute particulière face au déplacement forcé de populations et c'est sur celles-ci qu'il convient de concentrer l'analyse.

Il faut souligner que le DIH présente un volet pénal qui contribue à renforcer l'effectivité des règles qui seront développées. L'Etat a longtemps été considéré comme le seul destinataire de la règle internationale et donc, l'unique responsable de sa violation. Il devait répondre seul des actes de ses organes, officiels ou de fait, et même des comportements illicites d'individus agissant à

---

[533] TPIY, Chambre d'Appel, *Le procureur contre Dusko Tadic*, Arrêt relatif à l'appel de la défense concernant l'exception préjudicielle d'incompétence rendu le 2 octobre 1995, § 70. Pour des exemples d'application de cette définition par le Tribunal on renverra spécialement à l'affaire *Haradinaj* : TPIY, Chambre de Première Instance I, *Le Procureur contre Ramush Haradinaj, Idriz Balaj et Lahi Brahimaj*, Jugement du 3 avril 2008, spéc. §§ 38-60. Les juges de La Haye passent en revue dans ce jugement différentes applications de la définition dans le contexte yougoslave. Lire sur cette affaire Hervé Ascencio et Rafaelle Maison, « *Activité des juridictions pénales internationales* », chronique dans AFDI 2008, pp. 329-392, spéc. pp. 368-370. Voir encore TPIY, Chambre de Première Instance I, *Le Procureur contre Ljube Boskoski et Johan Tarkulovski*, Jugement du 10 juillet 2008, spéc. §§ 178-205, confirmé par la Chambre d'Appel dans son arrêt du 19 mai 2010.

[534] Sur cette notion, il faut lire notamment Georges Abi Saab, « Les Protocoles additionnels 25 ans après », dans Jean-François Flauss (Dir.), Les nouvelles frontières du droit international humanitaire, Actes du colloque du 12 avril 2002 organisé par l'Institut d'études de droit international de l'université de Lausanne, Bruylant, Bruxelles, 2003, pp. 17-39.

[535] Déclaration du CICR au Symposium commémoratif OUA/HCR sur les réfugiés africains et les problèmes de déplacements forcés de population, Addis-Abeda, 8-10 septembre 1994, Genève, p. 5, cité dans Jack M. Mangala, « Prévention des déplacements forcés de population - possibilités et limites », op.cit., p. 1078. Nous soulignons.

titre privé dès lors qu'il omettait de prendre les mesures nécessaires à les prévenir. Mais cette conception traditionnelle s'est trouvée bouleversée dans le courant du XXe siècle par l'avènement des crimes internationaux. Le Tribunal Militaire International (TMI) de Nuremberg constatait en 1946 dans un *dictum* resté célèbre que « les infractions en droit international sont commises par des hommes et non par des entités abstraites. Ce n'est qu'en punissant les auteurs de ces infractions que l'on peut donner effet aux dispositions du droit international »[536]. Ainsi, certaines violations particulièrement graves du droit international entraîneront la responsabilité pénale individuelle de leurs auteurs. Les individus sont donc les destinataires directs d'obligations internationales. Le droit des conflits armés vérifie idéalement ce dernier postulat, et spécialement dans son application aux conflits armés internes. En effet, il ne lie pas seulement les Etats mais plus généralement les Parties belligérantes, qui pourront être des mouvements de libération nationale et autres groupes armés. En dernière analyse, les individus qui composent ces groupes seront obligés par le *jus in bello,* non en tant qu'organes de l'Etat chargés d'appliquer les engagements souscrits par celui-ci, mais en tant que personnes privées. Le DIH est caractéristique de ces obligations mixtes que le droit international met à la charge des Etats et des individus[537] et plusieurs de ses règles sont assorties d'une seconde règle qui incrimine leur violation. Les normes analysées dans le présent chapitre comptent, globalement, parmi celles-ci.

Nous nous attacherons ici à déterminer dans quelle mesure le DIH préserve les populations de cette modalité de nettoyage ethnique qu'est le déplacement forcé. Un premier chapitre sera ainsi consacré à l'analyse des principales règles établies pour faire face à cette pratique. Puis, nous concentrerons la discussion sur l'effectivité de ces règles (Chapitre 2).

---

536 Procès des grands criminels de guerre devant le Tribunal militaire international : Nuremberg, 14 novembre 1945-1er octobre 1946, Nuremberg, 1947, tome I, p. 234.

537 La Chambre de Première Instance II du TPIY relevait dans l'affaire *Kunarac* qu' « il convient d'opérer une distinction entre les dispositions qui s'adressent aux États et à leurs agents, et celles qui s'adressent aux individus. La transgression des premières impose simplement à l'État de prendre les mesures nécessaires pour remédier aux conséquences fâcheuses des actes criminels de ses agents ou accorder réparation, tandis que la violation des secondes peut engager la responsabilité pénale d'une personne, quel que soit son statut officiel. Les règles en matière de droits de l'homme sont presque toujours du premier type, tandis que les dispositions du droit humanitaire peuvent être de l'un ou l'autre des deux types et parfois des deux à la fois ». TPIY, Chambre de Première Instance II, *Le Procureur contre Dragoljub Kunarac, Radomir Kovac et Zoran Vukovic*, Jugement du 22 février 2001, § 489.

Chapitre 1 : Les règles du droit international humanitaire les plus à même de prévenir le déplacement forcé de populations

Le seul instrument du droit des conflits armés à faire explicitement mention au déplacement forcé de populations est l'article 17 du Protocole II de 1977. Il est dommage que ses dispositions, empreintes de la circonspection caractéristique au Traité, se limitent à en interdire la pratique sans autre précision quant à sa substance. La règle fait partie du droit coutumier mais son champ d'application reste flou et en tout état de cause limité aux conflits armés non internationaux. Pour le reste, il existe des notions voisines renvoyant à un phénomène migratoire involontaire parmi les règles applicables aux conflits internationaux. Ce seront la déportation, le transfert forcé ou l'expulsion illégale. Les règles interdisant ces pratiques ont, elles aussi, été formulées en des termes vagues compliquant toute tentative de rendre compte avec précision de leur champ d'application matériel. Leur formulation large répond, néanmoins, à l'extrême diversité du phénomène, et les différentes notions évoquées constituent en réalité des synthèses de multiples violations du DIH.

Il importe, en premier lieu, d'exposer les différentes règles interdisant ces pratiques en tant que telles (section 1). La prévention du déplacement forcé de populations passe, en outre, par la neutralisation de l'élément de contrainte sur lequel il repose. Partant, il conviendra de mettre en exergue cette base coercitive en révélant ses principales manifestations. Aux exactions dégagées correspondront des règles prohibitives qui constitueront autant d'outils de protection face au nettoyage ethnique (section 2).

Section 1. Des interdictions globales

La pratique des déplacements forcés de populations par les Etats en conflit est ancienne. Pourtant, leur interdiction ne sera véritablement formulée dans un texte international contraignant qu'en 1945 avec l'adoption du Statut du TMI de Nuremberg[538]. Certains experts ont, cependant, proposé une lecture du Pacte Briand-Kellog de 1928 révélant une condamnation implicite de cette pratique. Ainsi, les Rapporteurs spéciaux Awn Shawkat Al-Khasawneh et Ribot Hatano, considéraient-ils que « le fait que les guerres d'agression ne puissent plus être considérées comme un moyen d'acquérir des territoires avait son importance pour ce qui est des transferts de populations en ce sens que, par le passé, la conquête conférait un droit sur le territoire et que le conquérant peuplait souvent

[538] Avant l'Accord de Londres, la Déclaration de Saint-James du 13 janvier 1942 sur les crimes de guerre commis par les Allemands, signée par les représentants des neuf Etats occupés, en exil à Londres, incluait la « réinstallation forcée » parmi les crimes énumérés. Cet instrument n'avait toutefois pas de force obligatoire.

le territoire conquis avec ses propres colons. Au début de ce siècle encore, les guerres d'agression s'accompagnaient ou étaient suivies d'expulsions massives et de transferts de populations »[539]. Il ne s'agit toutefois que d'une conséquence logique, découlant de l'interdiction du recours à la force dans les relations entre Etats. Si ces derniers ne recourent pas à la guerre, ils ne déplaceront, naturellement, pas les populations dans ce contexte. Partant, le Pacte de Paris peut être pertinent en ce qu'il réduit les contextes de commission mais ne contient pas une règle implicite interdisant le déplacement forcé à proprement parler.

Après 1945, plusieurs vocables seront employés en droit des conflits armés pour qualifier juridiquement le déplacement forcé de populations et en interdire la pratique. D'abord envisagée dans le seul cadre des conflits internationaux (§1), la prohibition sera étendue aux conflits internes par le Protocole II de 1977 (§2).

§1. L'interdiction du déplacement forcé de populations dans le cadre des conflits armés internationaux

La condamnation du déplacement forcé dans les conflits armés internationaux relève du droit coutumier[540]. Elle apparaissait, déjà, en 1863 dans les dispositions du Code Lieber[541]. Cet essai de codification du droit de la guerre réalisé par le Professeur Francis Lieber, considéré par beaucoup comme ayant fait œuvre de pionnier dans ce domaine, précise à son article 23 que « les citoyens privés ne sont plus massacrés, réduits en esclavage ni emmenés au loin[542] ». L'énoncé est vague. Le facteur de contrainte est clairement exprimé par le participe « emmené », renvoi explicite à une intervention extérieure. Mais l'expression « au loin » soulève plusieurs problèmes et notamment celui de la distance à partir de laquelle un déplacement entre dans le champ de l'interdiction. La question d'un nécessaire franchissement de frontières n'est pas non plus précisée. Il est toutefois probable que la formule ait été volontairement imprécise afin de s'assurer un champ d'application maximal. Malgré l'influence qu'eut cette œuvre de codification sur les autres Etats, la pratique condamnée ne disparaîtra pas. Elle atteindra même son paroxysme

[539] *Les transferts de populations, y compris l'implantation de colons et de colonies, considérés sous l'angle des droits de l'homme*, Rapport op.cit., § 154.

[540] Voir Jean-Marie Henckaerts et Louise Doswald-Beck, *Droit international coutumier, volume 1 : Règles*, Bruylant, Bruxelles, 2006, pp. 603-604.

[541] Cet instrument s'intitule officiellement : « *Instructions pour le comportement des armées des Etats-Unis en campagne, Ordres généraux n° 100* » du Département de la guerre, Bureau de l'Adjudant général, données à Washington le 24 avril 1863. Une version traduite est disponible dans le numéro 413 de la RICR de mai 1953, pp. 401-409.

[542] Nous soulignons.

durant la seconde guerre mondiale avec la politique de travail forcé mise en place par l'Allemagne[543] et les déportations vers les camps de la mort.

Au sortir de la seconde guerre mondiale, il fût entrepris de juger les grands criminels de guerre nazis et japonais devant des juridictions pénales internationales spécifiques et le déplacement forcé fut inclus parmi les infractions sanctionnées sous la qualification de déportation. Le Statut du TMI de Nuremberg a introduit ce vocable dans le droit international positif et consacré, indirectement, la règle prohibitive correspondante. Il est, de plus, caractéristique que la déportation y corresponde à une double incrimination : elle constitue à la fois un crime de guerre et un crime contre l'humanité (A). La règle interdisant la déportation sera réitérée, plus explicitement, par la Convention IV de Genève de 1949 puis par son Protocole I de 1977. Ces instruments lui associeront une nouvelle qualification : le transfert forcé. Le résultat s'avère ambigu. Une interdiction générale est posée mais aucun éclaircissement n'est donné sur les notions qui semblent, *a priori*, difficiles à distinguer. Les expressions vont par paire dans la plupart des textes y relatifs et dans des formules suffisamment alambiquées pour jeter le doute sur l'existence d'une réelle différence entre les deux (B). La Convention IV et le Protocole I ont, en outre, confirmé le volet pénal de la prohibition de la déportation et du transfert forcé. Ces pratiques sont, en effet, considérées comme des crimes de guerre. Elles pourront également, à certaines conditions, constituer des crimes contre l'humanité. Il conviendra d'expliciter ces notions (C). Enfin, quelques essais, d'ordres doctrinal, jurisprudentiel et même conventionnel, tendant à préciser les notions de déportation et de transfert forcé mériteront d'être évoqués (D).

A. L'interdiction de la déportation en droit international consacrée par le Statut du TMI de Nuremberg

En incluant la déportation parmi les infractions sanctionnées, les rédacteurs du Statut de Nuremberg ont dégagé la règle internationale coutumière prohibant cette pratique. Elle est d'ailleurs incriminée en tant que « violation des lois et coutumes de la guerre ». En droit international, l'incrimination n'a pas d'existence autonome, elle se rattache à une règle dont elle sanctionne la violation. Et, en vertu du principe *nullum crimen, nulla poena sine lege,* le TMI de Nuremberg ne pouvait exercer sa compétence que sur la base d'incriminations existantes. Il faut alors considérer que cette inclusion de la déportation dans le Statut du Tribunal équivalut à la consécration internationale d'une règle déjà existante dont la violation était sanctionnée en tant que crime

[543] Il s'agissait là d'une récidive puisqu'un même service avait été instauré par l'Etat allemand pendant la grande guerre comme en atteste le triste exemple des femmes de Lille, Roubaix et Tourcoing déportées durant l'été 1916.

de guerre par les différents codes pénaux et militaires nationaux[544]. Il est, en outre, caractéristique, que dans le Statut la déportation corresponde à une seconde incrimination : celle de crime contre l'humanité[545].

Cette inclusion de la déportation dans le Statut appelle plusieurs remarques.

Tout d'abord, il n'en apporte aucune définition. Ses dispositions relatives aux crimes de guerre et contre l'humanité sont purement énonciatives. La notion est ainsi emprunte d'un certain flou juridique et appert comme une qualification d'évidence qu'il appartient au juge d'associer à telle ou telle exaction. Mais à défaut d'éclairer sur sa substance, le Statut consolide la place de l'interdiction de la déportation dans le droit positif.

Ensuite, l'inclusion de la notion de crime contre l'humanité dans le Statut, en plus de renforcer l'autorité de la règle interdisant la déportation, élargit sa portée. Effectivement la pratique est réprimée « en tant qu'acte inhumain commis contre toute population civile »[546], ce qui inclut les nationaux de

---

[544]Le Professeur Henri Donnedieu de Vabres rappelait que : « L'inculpation de « crimes de guerre » est classique. Il était de pratique courante, longtemps avant la conclusion de accords de La Haye, que les officiers ou soldats de l'armée ennemie dont les agissements avaient transgressé les règles de la guerre fussent déférés aux juridictions militaires de l'Etat qui les avait capturés. Cette pratique se fondait, tant sur des instructions formelles données par certains Gouvernements à leur forces armées, que sur les Codes de justice militaire », dans « Le procès de Nuremberg devant les principes modernes du droit pénal international », *RCADI*, 1947/1, vol. 70, pp. 481-583, spéc. p. 505.

[545] L'article 6 du Statut du Tribunal énonce ainsi que : « Les actes suivants, ou l'un quelconque d'entre eux, sont des crimes soumis à la juridiction du Tribunal et entraînent une responsabilité individuelle : (...)

(b) « Les Crimes de Guerre » : c'est-à-dire les violations des lois et coutumes de la guerre. Ces violations comprennent, sans y être limitées, l'assassinat, les mauvais traitements et la déportation pour des travaux forcés ou pour tout autre but, des populations civiles dans les territoires occupés, l'assassinat ou les mauvais traitements des prisonniers de guerre ou des personnes en mer, l'exécution des otages, le pillage des biens publics ou privés, la destruction sans motif des villes et des villages ou la dévastation que ne justifient pas les exigences militaires;

(c) « Les Crimes contre l'Humanité » : c'est-à-dire l'assassinat, l'extermination, la réduction en esclavage, la déportation, et tout autre acte inhumain commis contre toutes populations civiles, avant ou pendant la guerre, ou bien les persécutions pour des motifs politiques, raciaux ou religieux, lorsque ces actes ou persécutions, qu'ils aient constitué ou non une violation du droit interne du pays où ils ont été perpétrés, ont été commis à la suite de tout crime rentrant dans la compétence du Tribunal, ou en liaison avec ce crime. », Accord concernant la poursuite et le châtiment des grands criminels de guerre des Puissances européennes de l'Axe signé à Londres le 8 août 1945. Il est intéressant de relever que les rédacteurs de l'Accord de Londres s'inspirèrent du Rapport de la Commission des quinze de 1919 qui incluait la déportation à la fois comme crime de guerre et comme crime « contre les lois de l'humanité ». (Ladite Commission fût constituée à l'issue de la séance plénière du 25 janvier 1919 de la Conférence des Préliminaires de la Paix pour étudier la responsabilité des auteurs de la guerre pour les crimes commis et la constitution et la procédure d'un tribunal pour juger ces crimes. Voir à ce propos : *La Paix de Versailles. Responsabilité des auteurs de la guerre et sanctions*, La Documentation internationale, Editions internationales, Paris, 1930).

[546] Statut du TMI de Nuremberg du 8 août 1945, article 6-c.

l'auteur. Il s'agit là d'une avancée remarquable puisque jusqu'alors, les sévices perpétrés en temps de guerre par les agents d'un Etat contre leurs propres nationaux n'étaient pas considérés comme des crimes de guerre. Il fallut néanmoins trouver un fondement à la compétence du TMI pour connaître des crimes perpétrés par l'Etat allemand contre ses nationaux. C'est pourquoi fut établie la condition de connexité. Les crimes commis devaient être rattachés à un élément qui les rendait justiciables au regard du droit international, soit être en lien avec un crime d'agression ou avec un crime de guerre. Cette conception, conforme au principe de légalité, a révélé certaines limites puisque les crimes n'étaient pris en considération que si ils avaient été accomplis pendant la guerre. Ainsi, les exactions commises par le régime nazi avant le déclenchement de la guerre, notamment les premières persécutions des Juifs allemands dès 1933, ne purent être sanctionnées par le Tribunal faute d'un rapport suffisant avec le conflit. Ces actes n'entraient pas dans le cadre d'un plan concerté en vue de déclencher une guerre d'agression. La condition de connexité sera très vite abandonnée par la suite, permettant l'autonomisation de la notion de crime contre l'humanité. Mais, dans cette mesure, la déportation a pu être condamnée alors qu'elle visait les nationaux des criminels. A notamment pu être sanctionnée l'implantation de colons sur des territoires occupés, dont plusieurs cas furent évoqués durant le Jugement de Nuremberg[547].

Quant à la conciliation entre les deux qualifications, il faut s'en remettre au principe ainsi formulé par le Professeur Donnedieu de Vabres : « Quant aux actes qui sont, en définitive, l'objet d'une double qualification, crimes de guerre et crimes contre l'humanité, la seconde est destinée à prévaloir quand il s'agit d'actes antérieurs à la guerre, ou pendant la guerre d'actes commis dans le ressort de la souveraineté allemande »[548]. Pour le reste, l'éminent juriste français relevait que, « pour la plupart des accusés, le Tribunal réunit sous une même rubrique les deux chefs d'accusation « crimes de guerre » et « crimes contre l'humanité », ce qui lui épargne une distinction délicate et l'amène à fondre pratiquement les crimes de lèse-humanité dans la catégorie des crimes de guerre (...) Ainsi, la catégorie des crimes contre l'humanité, que le statut avait fait entrer par une très petite porte, s'est, du fait du jugement, volatilisée »[549].

---

[547] La section J de l'Acte d'accusation n° 3 relève que : « Les accusés déployèrent des efforts méthodiques et systématiques pour intégrer au Reich allemand, sur les plans politiques, social et économique, certains territoires occupés qu'ils prétendaient annexés à l'Allemagne. Ils s'efforcèrent de faire disparaître l'ancien caractère national de ces territoires. Pour exécuter leurs plans, les accusés déportèrent de force les habitants qui étaient en majorité non-Allemands et les remplacèrent par des milliers de colons allemands », Procès des grands criminels de guerre devant le Tribunal militaire international : Nuremberg, 14 novembre 1945-1er octobre 1946, op.cit, t.1, p. 66, cité dans *Les transferts de populations, y compris l'implantation de colons et de colonies, considérés sous l'angle des droits de l'homme,* op.cit., p. 39.

[548] Henri Donnedieu de Vabres, « Le procès de Nuremberg devant les principes modernes du droit pénal international », op.cit., p. 520.

[549] *Idem,* pp. 526-527.

Au terme de cette période, la justice des vainqueurs a servi à ancrer solidement la déportation dans le droit positif. Vingt-trois Etats[550] ont approuvé le Statut du TMI et les principes dégagés durant le procès furent réaffirmés par l'AGNU dans la Résolution 95(1) adoptée le 11 décembre 1946. Ce dernier instrument a consacré la portée universelle du droit issu du Statut. Toutefois, à défaut d'une définition juridique précise de la déportation, il demeurait délicat d'en apprécier la substance et la portée. La notion sera reprise peu de temps après par la Convention IV de Genève du 12 août 1949[551].

B. L'apparition d'une dichotomie ambiguë entre déportation et transfert forcé

Suite à l'expérience de la seconde guerre mondiale, les experts du CICR décidèrent d'inclure dans le texte présenté à la Conférence diplomatique de 1949 des dispositions relatives à la déportation. L'article 49 fut ainsi adopté en ces termes : « Les transferts forcés, en masse ou individuels, ainsi que les déportations de personnes protégées hors du territoire occupé dans le territoire de la Puissance occupante ou dans celui de tout autre Etat, occupé ou non, sont interdits, quel qu'en soit le motif ». Chose frappante ici, il n'est toujours donné aucune définition de la déportation et une autre notion lui est associée, celle de « transfert forcé ». Le Commentaire apprend peu sur la substance de ces deux concepts, hormis que leur inclusion dans le texte résulte des déplacements en masse pratiqués lors du précédent conflit mondial. La formulation retenue est ambiguë et permet mal de distinguer les deux expressions, à supposer qu'elles doivent l'être.

Le problème est assurément affaire de ponctuation. Ainsi, le membre de phrase « hors du territoire occupé dans le territoire de la Puissance occupante ou dans celui de tout autre Etat » implique un franchissement de frontière. Or, il est difficile de déterminer si cette dimension transfrontière s'attache aux transferts forcés et à la déportation ou seulement à la déportation. La version anglaise du texte semble plus claire sur ce point : « Individual or mass forcible transfers, as well as deportations of protected persons from occupied territory to the territory of the Occupying Power or to that of any other country, occupied or not, are prohibited, regardless of their motive». L'expression « as well as » et la première virgule autorisent à établir une dissociation entre, d'un côté, « individual or mass forcible transfers », et, de l'autre, « deportations of protected persons from occupied territory to the territory of the Occupying

[550] Ces Etats sont, par ordre alphabétique : L'Australie, la Belgique, le Danemark, les Etats-Unis, l'Ethiopie, La France, la Grèce, Haïti, le Honduras, l'Inde, le Luxembourg, la Norvège, la Nouvelle-Zélande, Panama, le Paraguay, les Pays-Bas, la Pologne, le Royaume-Uni, la Tchécoslovaquie, l'URSS, l'Uruguay, le Venezuela, la Yougoslavie.

[551] Convention (IV) de Genève relative à la protection des personnes civiles en temps de guerre, 12 août 1949.

Power or to that of any other country ». Toutefois, en l'absence d'autres précisions sur la notion de transfert forcé, il est impossible d'affirmer que seule la déportation implique un mouvement transfrontière. D'ailleurs, le projet du CICR était ainsi formulé : « Les déportations ou transferts de personnes protégées hors du territoire occupé sont interdits... »[552]. Si la formule ne fut pas retenue, c'est en raison du caractère absolu de l'interdiction qu'elle posait et non sur le fond de la distinction entre les deux expressions. Il faudrait donc considérer que tant le transfert forcé que la déportation induisent un franchissement de frontière.

D'autre part, ces pratiques visent à emmener au loin des personnes protégées. Ce dernier élément mérite d'être précisé. On sait que les personnes protégées au titre de la Convention IV répondent traditionnellement à une condition de nationalité[553]. Aussi, l'interdiction de l'article 49-1 ne s'appliquait, en principe, qu'aux seuls déplacements de populations se trouvant sur un territoire occupé, n'ayant ni la nationalité de la Puissance occupante, ni celle d'un Etat co-belligérant. Mais le Tribunal pénal international pour l'ex-Yougoslavie (plus loin TPIY) a su adapter la condition de nationalité à l'évolution des conflits armés contemporains et il convient désormais de substituer au critère de la nationalité celui de l'allégeance à une partie au conflit lorsque celui-ci est plus significatif[554].

En outre, les transferts visés par l'article 49-1 peuvent être en masse ou individuels. Cette formule, suffisamment large, implique que tout transfert forcé entre dans le champ de l'interdiction quel que soit le nombre de personnes déplacées.

---

552 Dans XVIIe Conférence internationale de la Croix-Rouge, Document préliminaire, n° 4, p. 176, cité dans *Commentaire de la Convention IV de Genève relative à la protection des personnes civiles en période de conflit armé*, op.cit., p. 300.

553 L'article 4 de la Convention IV de Genève dispose ainsi que : « Sont protégées par la Convention les personnes qui, à un moment quelconque et de quelque manière que ce soit, se trouvent, en cas de conflit ou d'occupation, au pouvoir d'une Partie au conflit ou d'une Puissance occupante dont elles ne sont pas ressortissantes (…) ».

554 Notamment dans le cadre des conflits armés internationalisés, tels que le conflit bosniaque, dans lesquels les parties au conflit ont la même nationalité. Voir spécialement sur cette question : TPIY, Chambre de Première Instance II, *Le procureur contre Zejnil Delalic, Zdravko Mucic, Hazim Delic et Ezad Landzo*, Jugement du 16 novembre 1998, § 266, TPIY, Chambre de Première Instance I , *Le Procureur contre Tihomir Blaskic*, Jugement du 3 mars 2000, § 126 à 128. On renverra également à Jean François Queguiner, « Dix ans après la création du Tribunal pénal International pour l'ex-Yougoslavie : évaluation de l'apport de sa jurisprudence sur le droit international humanitaire », *RICR*, juin 2003, vol. 85, n° 850, pp. 271-311, p. 30, R.Kolb, *Ius in bello – Le droit international des conflits armés*, 2e édition, Helbing Lichtenhahn Bâle, Bruylant, Bruxelles 2009, p. 366 et à Sébastien Marmin, « La condition de nationalité posée par l'article 4 de la Convention IV de Genève de 1949 à l'épreuve des conflits armés contemporains », in *Droit et nationalité*, Actes du colloque annuel de la Société Française de Droit International tenu à Poitiers du 9 au 11 juin 2011, Editions Pédone, pp. 407-416.

Il est utile de rappeler que c'est bien le déplacement involontaire qui est prohibé par l'article 49-1, comme le suggère l'épithète « forcé ». Le Commentaire de l'article relève que les négociateurs ont préféré ne pas interdire de manière absolue toute espèce de transferts, certains étant susceptibles de rencontrer l'adhésion de ceux qui en sont l'objet. C'était notamment le cas des personnes protégées qui, « en raison de leur appartenance à des minorités ethniques ou politiques, auraient fait l'objet de mesures discriminatoires ou de persécutions et qui souhaiteraient pour cette raison quitter le pays. C'est pour tenir compte de ce désir légitime que la Conférence a décidé d'autoriser implicitement les transferts volontaires, prohibant seulement les transferts « forcés » »[555].

L'article 49-2 prévoit, toutefois, une exception à l'interdiction posée : l'évacuation. Ainsi, « la Puissance occupante pourra procéder à l'évacuation totale ou partielle d'une région occupée déterminée, si la sécurité de la population ou d'impérieuses raisons militaires l'exigent. Les évacuations ne pourront entraîner le déplacement de personnes protégées qu'à l'intérieur du territoire occupé, sauf en cas d'impossibilité matérielle. La population ainsi évacuée sera ramenée dans ses foyers aussitôt que les hostilités dans ce secteur auront pris fin ». L'évacuation est tolérée dans l'intérêt de la population protégée, notamment pour la préserver d'opérations militaires. Mais elle peut aussi être justifiée lorsque la présence de personnes protégées entrave la conduite d'opérations militaires, à condition d'être fondée sur d'« impérieuses raisons militaires ». Ni la Convention, ni son Commentaire n'apportent d'indications utiles à cerner la portée de cette expression. Elle réserve une marge importante d'appréciation aux Etats qui nuit à l'efficacité de la protection. Cependant, l'évacuation n'est autorisée que provisoirement et les personnes déplacées devront pouvoir regagner leur foyer une fois que les hostilités auront cessé. En outre, les modalités d'évacuation sont encadrées et la Puissance occupante devra faire en sorte de « pourvoir les évacués de locaux appropriés et de les placer dans des conditions alimentaires et sanitaires convenables »[556].

L'article 49-6 prohibe, également, le déplacement par la Puissance occupante de sa propre population dans les territoires occupés[557]. Cette pratique ancienne de l'implantation de colons est un moyen éprouvé pour le belligérant de s'assurer le contrôle d'un territoire ou de légitimer le maintien de son occupation. Ainsi, la Puissance occupante fera-t-elle valoir que sa présence sur le territoire occupé a pour but la protection de sa population civile et mènera une campagne de déplacement de la population autochtone invoquant de

---

[555] *Commentaire de la Convention IV de Genève relative à la protection des personnes civiles en période de conflit armé*, op.cit., p. 300.
[556] *Idem*, p. 303.
[557] « La Puissance occupante ne pourra procéder à la déportation ou au transfert d'une partie de sa propre population civile dans le territoire occupé par elle. » Convention (IV), article 49§5.

prétendues raisons sécuritaires. Les Rapporteurs Al-Khasawneh et Hatano justifiaient aussi l'implantation de colons par des raisons politiques. En effet, si le statut du territoire occupé devait se décider par la voie d'une consultation populaire, il s'avère utile de modifier la composition de la population amenée à se prononcer. De même, si le territoire est finalement annexé par la Puissance occupante, l'implantation de sa population limitera les risques de sécession[558]. L'interdiction de ce type de déplacement de populations ne tolère, elle, aucune exception.

La pratique des colonies de peuplement menée par l'Etat israélien dans les territoires occupés palestiniens a, sur cette base, fait l'objet de nombreuses condamnations par le Conseil de sécurité. Ainsi, dans la Résolution 446 du 22 mars 1979, il considérait « que la politique et les pratiques israéliennes consistant a établir des colonies de peuplement dans les territoires palestiniens et autres territoires arabes occupés depuis 1967 n'ont aucune validité en droit et font gravement obstacle à l'instauration d'une paix générale, juste et durable au Moyen-Orient ». Aussi demandait-il, « *une fois encore* à Israël, en tant que Puissance occupante, de respecter scrupuleusement la Convention de Genève relative à la protection des personnes civiles en temps de guerre, du 12 août 1949, de rapporter les mesures qui ont déjà été prises et de s'abstenir de toute mesure qui modifierait le statut juridique et le caractère géographique des territoires arabes occupés depuis 1967, y compris Jérusalem, et influerait sensiblement sur leur composition démographique, et, en particulier, de ne pas transférer des éléments de sa propre population civile dans les territoires arabes occupés »[559]. La CIJ a, de nouveau, condamné cette politique israélienne à l'occasion de l'Avis consultatif rendu le 9 juillet 2004 relatif aux *Conséquences juridiques de l'édification d'un mur dans le territoire palestinien occupé*. Ainsi, la Cour a relevé que les informations qui lui ont été fournies « montrent qu'à partir de 1977 Israël a mené une politique et développé des pratiques consistant à établir des colonies de peuplement dans le territoire palestinien occupé, contrairement aux prescriptions ainsi rappelées du sixième alinéa de l'article 49 »[560]. Il est intéressant de souligner que, pour la Cour, cette pratique ainsi que la construction du mur en Cisjordanie traduisent une volonté de l'Etat hébreu de modifier la composition démographique des territoires occupés. Ainsi, relève-t-elle que : « La construction du mur et le régime qui lui est associé ont déjà obligé un nombre significatif de Palestiniens à quitter certaines zones –

---

[558]*Les transferts de populations, y compris l'implantation de colons et de colonies, considérés sous l'angle des droits de l'homme,* op.cit., p. 12.

[559] Doc.off.UN S/RES/446, § 1 et 3. Voir aussi particulièrement la Résolution 465 du 1er mars 1980 dans laquelle le Conseil de sécurité considère que la politique et les pratiques d'Israël consistant à installer des éléments de sa population et de nouveaux immigrants dans les territoires occupés « constituent une violation flagrante de la Convention de Genève relative à la protection des personnes civiles en temps de guerre » (Doc.off.UN S/RES/465, § 5).

[560]Avis consultatif du 9 juillet 2004, *Conséquences juridiques de l'édification d'un mur dans le territoire palestinien occupé,* op.cit., § 120, Recueil p. 183.

processus qui se poursuivra avec l'édification de nouveaux tronçons du mur -, cette construction, combinée à l'établissement des colonies de peuplement (...) tend à modifier la composition démographique du territoire palestinien occupé »[561].

Le Commentateur de la Convention IV écrivait à propos de l'article 49-6 que « les mots « transferts » et « déportations » ont ici un sens assez différent de celui qui est le leur dans les autres alinéas de ce même article, puisqu'ils désignent le déplacement non de personnes protégées, mais de ressortissants de la Puissance occupante. Aussi semble-t-il, comme on l'a d'ailleurs fait observer à la Conférence diplomatique, qu'il eût été plus logique de faire de cette disposition une clause séparée de l'article qui nous occupe afin de réserver dans celui-ci aux notions de « déportation » et de « transfert », le sens que leur donne l'alinéa premier, à savoir celui d'un déplacement forcé de personnes protégées hors du territoire occupé »[562]. Cette observation autoriserait à conclure finalement que les deux expressions sont synonymes. Mais l'intérêt de ce dédoublement lexical semble alors discutable.

La transgression de la règle posée à l'article 49-1 entraînera la responsabilité pénale internationale des individus la commettant et constituera un crime de guerre. Le Protocole I, qui est venu compléter les quatre Conventions de Genève de 1949, ne réitère pas dans un article spécifique la règle interdisant la déportation et le transfert forcé mais confirme sa dimension pénale en l'incluant parmi les infractions graves énumérées dans son article 85.

C. L'incrimination internationale de la déportation et du transfert forcé

La déportation et le transfert forcé constituent des crimes internationaux. Ces pratiques correspondent, en effet, à une double incrimination, celle de crime de guerre (1) et celle de crime contre l'humanité (2).

1. La déportation et le transfert forcé comme crimes de guerre

Certaines violations du DIH ont été érigées en crimes de guerre (a). La répression de ces comportements sera assurée soit par des juges internes, soit par des juges internationaux (b).

---

[561] *Idem*, § 133, Recueil p. 190. Dans ce sens on peut relever que la Sous-commission de la lutte contre les mesures discriminatoires et de la protection des minorités avait déjà condamné : « L'implantation de colonies israéliennes dans les territoires palestiniens et les autres territoires arabes occupés, colonies dont elle demande le démantèlement, confirmant que toutes les mesures prises par Israël en vue d'annexer ces territoires *ou de modifier les caractéristiques politiques, culturelles, religieuses et autres de Jérusalem et des territoires palestiniens et des autres territoires arabes occupés depuis 1967 sont illégales, nulles et non avenues* », nous soulignons, voir Doc.off.UN E/CN.4/Sub.2/1993/45, spéc. p. 53.

[562] *Commentaire de la Convention IV de Genève relative à la protection des personnes civiles en période de conflit armé*, op.cit., p. 305. Nous soulignons.

a. Les crimes de guerre

Les Conventions de Genève de 1949 et leur Protocole I incriminent certaines violations de leurs règles les plus fondamentales. Il est important de préciser que toutes les violations du DIH ne sont pas constitutives de crimes internationaux. Seules les plus graves, limitativement énumérées, notamment aux articles 147 de la Convention IV et 85 du Protocole I, le seront[563]. Elles sont qualifiées d'« infractions graves » ou de crimes de guerre.

Ne seront considérées comme crimes de guerre que les exactions qui présenteront un « lien suffisant »[564] avec le conflit armé. La Chambre d'Appel du TPIY a retenu une interprétation large du lien de connexité entre l'infraction et le conflit dans l'affaire *Kunarac*. Ainsi, « un lien de cause à effet n'est pas exigé entre le conflit armé et la perpétration du crime mais il faut, à tout le moins, que l'existence du conflit ait considérablement pesé sur la capacité de l'auteur du crime à le commettre, sa décision de le commettre, la manière dont il l'a commis ou le but dans lequel il l'a commis. Partant, s'il peut être établi, comme en l'espèce, que l'auteur du crime a agi dans l'optique de servir un conflit armé ou sous le couvert de celui-ci, cela suffit pour conclure que ses actes étaient étroitement liés audit conflit »[565]. Le TPIR s'est rallié à cette position après avoir longtemps retenu une conception particulièrement restrictive du lien de connexité qui a pu donner lieu à des solutions discutables[566]. Dans l'affaire *Rutaganda*, les juges de la Chambre d'Appel ont ainsi « souscrit » à la conception du lien de connexité dégagée dans l'Arrêt *Kunarac* tout en ajoutant deux éclaircissements. Le premier est que

---

[563] Ce qui n'empêche pas les Etats d'incriminer dans leur droit interne d'autres violations du DIH. De telles incriminations ne produiront cependant des effets que dans les ordres juridiques internes des Etats qui les auront adoptées. Elles n'entraîneront pas d'obligation de répression pour les autres Etats (à moins que ceux-ci ne l'aient accepté), ni de compétence universelle.

[564] TPIY, Chambre de Première Instance II, *Le procureur contre Dusko Tadic*, Jugement rendu le 7 mai 1997, § 572.

[565] TPIY, Chambre d'Appel, *Le Procureur contre Dragoljub Kunarac*, Arrêt du 12 juin 2002, § 58. La Chambre a, en outre, relevé que les indices suivants pouvaient être considérés pour déterminer si un acte est suffisamment lié au conflit : « le fait que l'auteur du crime est un combattant, le fait que la victime n'est pas un combattant, le fait que la victime appartient au camp adverse, le fait que l'acte pourrait être considéré comme servant l'objectif ultime d'une campagne militaire, et le fait que la commission du crime participe des fonctions officielles de son auteur ou s'inscrit dans leur contexte » (§ 59 de l'Arrêt).

[566] Dans l'affaire *Rutaganda* par exemple, la Chambre de Première Instance I avait conclu à l'existence d'un conflit armé interne opposant les forces gouvernementales rwandaises au Front Patriotique Rwandais (FPR) à l'époque des faits allégués dans l'Acte d'accusation, à savoir avril, mai et juin 1994. L'Accusé exerçait une autorité sur les *Interahamwe*, milice hutu qui luttait aux côtés des Forces gouvernementales rwandaises. La Chambre a retenu qu'il exerçait un contrôle sur les *Interahamwe*, qu'il leur a distribué des armes, les a encouragé et a même participé directement au massacre de civils tutsis. Il est en plus intéressant de préciser que les Tutsis étaient accusés d'être des sympathisants du FPR. En dépit de ces circonstances la Chambre conclut qu'il n'avait pas été démontré « au-delà de tout doute raisonnable qu'il existait un lien de connexité entre les actes répréhensibles imputés à l'Accusé et le conflit armé », voir *Le Procureur contre Georges Andersen Nderubumwe Rutaganda*, Jugement du 6 décembre 1999, § 422 à 431.

« l'expression « sous le couvert du conflit armé » ne signifie pas simplement « en même temps qu'un conflit armé » et/ou « en toutes circonstances créées en partie par le conflit armé ». La Chambre d'appel cite ainsi un exemple : « si un non-combattant profite du relâchement de l'efficacité policière dans une situation de troubles engendrés par un conflit armé afin de tuer un voisin qu'il haïssait depuis des années, cela ne constitue pas, en tant que tel, un crime de guerre aux termes de l'article 4 du Statut. A l'opposé, les accusés dans l'affaire *Kunarac* étaient des combattants qui avaient profité de leurs positions d'autorité militaire pour violer des personnes dont le déplacement était un but déclaré de la campagne militaire à laquelle ils avaient, par ailleurs, pris part ». La seconde précision apportée par la Chambre est que « la détermination de l'existence d'un lien étroit entre des infractions données et un conflit armé nécessitera, en règle générale, la prise en considération de plusieurs facteurs et non pas d'un seul des facteurs énumérés. Une prudence toute particulière est de mise lorsque la personne accusée est un non-combattant »[567].

Traditionnellement, seules des violations graves du droit applicable aux conflits armés internationaux pouvaient être constitutives de crimes de guerre. En effet, ni l'article 3 commun aux Conventions de Genève de 1949 ni le Protocole II ne contiennent de dispositions incriminant les violations graves du droit qu'ils posent[568]. Mais le Conseil de sécurité a amorcé une évolution salutaire du DIH en donnant compétence au TPIR, en vertu de l'article 4 de son Statut, pour connaître des « violations graves de l'article 3 commun aux Conventions de Genève du 12 août 1949 pour la protection des victimes en temps de guerre, et du Protocole additionnel II auxdites Conventions du 8 juin 1977 ». Pour la première fois, des violations graves du DIH applicable dans les conflits internes étaient incriminées. La Chambre d'Appel du TPIY a confirmé cette évolution dans l'affaire *Tadic* en considérant que les violations « sérieuses » du DIH applicable aux conflits non internationaux étaient couvertes par l'article 3 du Statut du Tribunal. Ainsi, la Chambre estima qu' « à la lumière des remarques qui précèdent, on peut soutenir que l'article 3 est une clause générale couvrant toutes les violations du droit humanitaire ne relevant pas de l'article 2 ou couvertes par les articles 4 ou 5, plus spécifiquement : (…) ; iii) les violations de l'article 3 commun et autres règles coutumières relatives aux conflits internes »[569]. Pour les juges, l'article 3 du

---

[567] TPIR, Chambre d'Appel, *Le Procureur contre Georges Andersen Nderubumwe Rutaganda*, Arrêt du 26 mai 2003, § 570.

[568] Le Professeur Luigi Condorelli écrivait que « tant en 1977 qu'après (jusqu'au début des années 90) la conviction générale était que les violations, même massives et graves, de l'article 3 commun aux Conventions de Genève, ou de dispositions du deuxième Protocole de 1977, ne pouvaient en aucun cas être qualifiées de crimes de guerre au sens du droit humanitaire en vigueur et n'engendraient donc pas les conséquences qui se rattachent à cette notion », dans « La CPI un pas de géant (pourvu qu'il soit accompli…) », *RGDIP*, 1999/1, pp. 7-21, spéc. p. 11.

[569] TPIY, Chambre d'Appel, *Le procureur contre Dusko Tadic*, Arrêt relatif à l'appel de la défense concernant l'exception préjudicielle d'incompétence rendu le 2 octobre 1995, § 89.

Statut opère comme une clause supplétive visant à garantir qu'aucune violation grave du DIH n'échappe à la compétence du Tribunal. Pour être précis, une violation entrera dans le champ de cet article à quatre conditions, mises en exergue par M. Marco Sassoli :

- « Constituer une violation du droit international humanitaire ;
- La règle en question doit être coutumière ou, si elle est conventionnelle, indiscutablement lier les Parties au moment de l'infraction ;
- Etre « sérieuse » ;
- « Entraîner, aux termes du droit international coutumier ou conventionnel, la responsabilité pénale individuelle de son auteur » »[570].

Or, pour la Chambre, de nombreux facteurs « confirment que le droit international coutumier impose une responsabilité pénale pour les violations graves de l'article 3 commun, complété par d'autres principes et règles générales sur la protection des victimes des conflits armés internes, et pour les atteintes à certains principes et règles fondamentales relatives aux moyens et méthodes de combat dans les conflits civils »[571]. Si, à l'époque, cette conclusion a pu être mise en doute[572], elle a été confirmée par la suite. En l'espace de quatre ou cinq ans s'est ainsi consolidée une « coutume-grande-vitesse » (pour reprendre l'expression du Professeur Condorelli)[573], et il est désormais solidement établi que certaines violations graves du DIH applicable dans les conflits internes sont constitutives de crimes de guerre[574]. Le Statut de Rome de la CPI a entériné cette solution. Son article 8, relatif aux crimes de guerre, est en

---

570 Marco Sassoli, « La première décision de la Chambre d'appel du TPIY : Tadic (compétence) », *RGDIP*, 1996/1, pp. 101-134, spéc. p. 125.

571 *Le Procureur contre Dusko Tadic*, Décision relative à l'appel de la défense concernant l'exception préjudicielle d'incompétence du 2 octobre 1995, op.cit., § 134.

572 A propos de l'article 4 du Statut du TPIR, le Secrétaire général notait que «dans le Statut du Tribunal international pour le Rwanda, le Conseil de sécurité est allé plus loin que dans celui du Tribunal pour l'ex-Yougoslavie dans le choix du droit applicable et a inclus dans la compétence *ratione materiae* des instruments qui n'étaient pas nécessairement considérés comme faisant partie du droit international coutumier ou dont la violation n'était pas nécessairement généralement considérée comme engageant la responsabilité pénale individuelle de son auteur. L'article 4 du Statut inclut donc les violations du Protocole additionnel II qui, dans son ensemble, n'a pas encore été universellement reconnu comme faisant partie du droit international coutumier, et pour la première fois, érige en crimes les violations de l'article 3 commun aux quatre Conventions de Genève », extrait du Rapport du Secrétaire général sur les dispositions pratiques à prendre pour permettre au Tribunal international pour le Rwanda de fonctionner effectivement, recommandant d'établir le siège du Tribunal à Arusha, (S/1995/134), cité dans le Jugement rendu le 2 septembre 1998 par la Chambre de Première Instance I du TPIR dans l'affaire *Le Procureur contre Jean-Paul Akayesu*, § 604. Voir également l'article de M. Marco Sassoli, op.cit., p. 129.

573 Luigi Condorelli, « *La CPI un pas de géant (pourvu qu'il soit accompli...)* », op.cit., p. 9.

574 Voir à ce propos le Jugement rendu le 3 mars 2000 par la Chambre de Première Instance I du TPIY dans l'affaire *Le Procureur contre Tihomir Blaskic*, à propos des bombardements lancés sur la ville de Zagreb en mai 1995, notamment § 170.

effet divisé en deux parties : les lettres (a) et (b) énoncent les crimes de guerre commis dans les conflits internationaux tandis que les lettres (c), (d), (e) et (f) énumèrent les crimes de guerre commis dans les conflits non internationaux. Or, cet instrument, qui constitue un apport exceptionnel en ce qu'il clarifie les principaux crimes internationaux, est réputé codifier le droit coutumier existant. Le Professeur David écrivait que, dans la mesure où le Statut a été élaboré à l'occasion d'une Conférence diplomatique à laquelle la plupart des Etats ont participé, « on peut dire que ces incriminations reflètent l'*opinio juris* de la communauté internationale sur les faits qui s'apparentent à des crimes de guerre »[575].

Toute infraction pénale suppose la réunion de trois éléments constitutifs : le premier est un élément légal selon lequel l'acte accompli doit être prévu et réprimé par un texte, l'élément légal du crime de guerre est la règle internationale qui l'incrimine. Le second est un élément matériel qui est l'accomplissement matériel de l'acte prévu et réprimé. Le troisième est un élément moral qui est la volonté libre et consciente de la personne qui commet l'acte prévu et réprimé. L'élément moral ou *mens rea* du crime de guerre est la volonté de commettre le crime et la conscience du contexte dans lequel il s'inscrit. « Il faut seulement que l'auteur ait eu la connaissance des circonstances de fait établissant l'existence d'un conflit armé »[576].

L'interdiction de la déportation et du transfert forcé de la population d'un territoire occupé figure parmi les règles énoncées par l'article 147 de la Convention IV dont la violation constitue une « infraction grave »[577]. Par contre, la règle interdisant de déporter ou de transférer sa propre population n'entre pas dans le cadre de cet article.

---

575 Eric David, *Principes de droit des conflits armés*, op.cit., p. 760. En ce sens, le Professeur Condorelli estimait qu' « il n'est pas imprudent d'affirmer que tout destine, en particulier les articles 7 (crimes contre l'humanité) et 8 (crimes de guerre) du Statut à être perçus à l'avenir par les législateurs nationaux, par la jurisprudence tant interne qu'internationale, par la pratique diplomatique et par la doctrine comme la consécration ou cristallisation du droit international général actuellement en vigueur dans ce domaine », dans « La CPI un pas de géant (pourvu qu'il soit accompli…) », op.cit., p. 9.

576 *Rapport de la Commission préparatoire de la Cour pénale internationale, Additif, Partie II Texte final du projet d'éléments des crimes*, Commission préparatoire de la Cour pénale internationale, 13-31 mars 2000, 12-30 juin 2000, Doc. off. UN PCNICC/2000/1/Add.2, p. 20.

577 L'article 147 de la Convention IV est ainsi rédigé : « Les infractions graves visées à l'article précédent sont celles qui comportent l'un ou l'autre des actes suivants, s'ils sont commis contre des personnes ou des biens protégés par la Convention : l'homicide intentionnel, la torture ou les traitements inhumains, y compris les expériences biologiques, le fait de causer intentionnellement de grandes souffrances ou de porter des atteintes graves à l'intégrité physique ou à la santé, la déportation ou le transfert illégaux, la détention illégale, le fait de contraindre une personne protégée à servir dans les forces armées de la Puissance ennemie, ou celui de la priver de son droit d'être jugée régulièrement et impartialement selon les prescriptions de la présente Convention, la prise d'otages, la destruction et l'appropriation de biens non justifiées par des nécessités militaires et exécutées sur une grande échelle de façon illicite et arbitraire. »

Le Protocole I réitère la nature de crimes de guerre de la déportation et du transfert forcé en les incluant parmi les infractions graves énumérées dans son article 85. Ainsi, « outre les infractions graves définies aux paragraphes précédents et dans les Conventions, les actes suivants sont considérés comme des infractions graves au Protocole lorsqu'ils sont commis intentionnellement et en violation des Conventions ou du présent Protocole : a) le transfert par la Puissance occupante d'une partie de sa population civile dans le territoire qu'elle occupe, ou la déportation ou le transfert à l'intérieur ou hors du territoire occupé de la totalité ou d'une partie de la population de ce territoire, en violation de l'article 49 de la IVe Convention »[578]. Ces dispositions tendent à renforcer la protection de la Convention IV sur deux points.

Premièrement, la déportation ou le transfert n'impliquent plus nécessairement un franchissement de frontières mais peuvent être exécutés à l'intérieur du territoire occupé[579]. Le champ d'application de l'interdiction s'en trouve considérablement étendu.

Deuxièmement, l'interdiction de l'implantation de colons par la Puissance occupante dans les territoires occupés est érigée en infraction grave entraînant la responsabilité pénale internationale des individus la commettant. Il est notable que le terme déportation ne sera plus employé pour qualifier cette hypothèse de déplacement, celui de transfert lui sera réservé.

Le droit international propose plusieurs voies afin de sanctionner les auteurs de telles infractions.

b. La répression des crimes de guerre

Les auteurs de crimes de guerre peuvent, tout d'abord, être sanctionnés par des juges nationaux. Il existe une compétence universelle en matière de répression de ce type d'infractions. Les individus ayant ordonné de commettre ou commis ce type d'infractions pourront être déférés devant les tribunaux des Parties contractantes aux Conventions de Genève et leur Protocole I qui se seront engagées à prendre des mesures nécessaires pour fixer les sanctions pénales y relatives. Leurs juges internes seront donc compétents pour punir les auteurs de telles violations, et ce, indépendamment des critères classiques de la nationalité de l'auteur ou de la victime ou du lieu de l'infraction. La Chambre d'Appel du TPIY a relevé dans l'affaire *Blaskic* que « les juridictions nationales des États de l'ex-Yougoslavie, comme celles de tout État, sont tenues par le droit coutumier de juger ou d'extrader les personnes présumées responsables de

578 Protocole I du 8 juin 1977 aux Conventions de Genève du 12 août 1949, article 85§4.

579 Le membre de phrase « ou la déportation ou le transfert à l'intérieur ou hors du territoire occupé » n'aide pas à dissiper un amalgame entre les expressions. La version anglaise de l'article est rédigée de la même manière : « the transfer by the Occupying Power of parts of its own civilian population into the territory it occupies, or the deportation or transfer of all or parts of the population of the occupied territory within or outside this territory, in violation of Article 49 of the Fourth Convention ».

violations graves du droit international humanitaire »[580].

Les auteurs de crimes de guerre pourront aussi être poursuivis devant des juridictions internationales. Il en existe trois : le TPIY, le TPIR et la CPI.

Le TPIY, créé par le Conseil de sécurité[581], est compétent pour juger les personnes responsables des crimes figurant dans son Statut, commis sur le territoire de l'ex-Yougoslavie à partir du 1er janvier 1991. Il peut, dans cette mesure, juger les personnes responsables d'infractions graves aux Conventions de Genève de 1949 énumérées à l'article 2 du Statut. Il faut souligner que cet article n'énonce que les infractions graves prévues dans les Conventions de Genève et pas celles ajoutées par le Protocole I. Le Tribunal a cependant pu exploiter l'article 3 du Statut qui fournit une liste non exhaustive de « violations des lois et coutumes de la guerre » pour combler cette lacune.

Le TPIR, lui aussi institué par le Conseil de sécurité[582], est compétent pour juger les personnes responsables de crimes énumérés par son Statut commis au Rwanda ou par des Rwandais sur les territoires voisins entre le 1er janvier et le 31 décembre 1994. Il pourra, dans cette mesure, juger les auteurs de violations graves du DIH applicable dans les conflits internes en vertu de l'article 4 de son Statut précédemment cité.

La mise en place des TPI n'a pas exclu la faculté pour les juridictions nationales d'exercer des poursuites à l'encontre d'individus responsables de crimes internationaux relevant de la compétence des premiers. Il existe, cependant, un principe de primauté des juridictions *ad hoc*, établi par les articles 9 du Statut du TPIY et 8 du Statut du TPIR. Ainsi, les TPI pourront demander aux juridictions nationales de se dessaisir en leur faveur de toute affaire à tout moment de la procédure. Mais dans la pratique, le phénomène s'est inversé. En effet, le TPIY et le TPIR se sont progressivement concentrés sur la répression des plus hauts responsables, politiques et militaires, et ont renvoyé aux juridictions nationales le soin de traiter le cas des autorités « moyennes » ou subalternes. La doctrine a pu évoquer à ce propos « un dessaisissement vers le bas » ou « un processus de délocalisation des affaires vers les juridictions nationales »[583]. Le Président du TPIY a encouragé ce processus dans un rapport adressé au Président du Conseil de sécurité par le Secrétaire général intitulé, de manière très éloquente, *Rapport sur la situation judiciaire du TPIY et sur les perspectives de déférer certaines affaires devant les juridictions nationales* du 7

---

580 TPIY, Chambre d'Appel, *Le Procureur contre Tihomir Blaskic*, Arrêt relatif à la requête de la République de Croatie aux fins d'examen de la décision de la Chambre de Première Instance II rendue le 8 juillet 1997, rendu le 29 octobre 1997, § 29.

581 Résolutions 808 du 22 février 1993 (Doc.off.UN S/RES/808) et 827 du 25 mai 1993 (Doc.off.UN S/RES/827).

582 Résolution 955 du 8 novembre 1994 (Doc.off.UN S/RES/955).

583 Photini PAZARTZIS, *La répression pénale des crimes internationaux*, Pédone, Paris, 2007, p. 77.

juin 2002[584]. Cette « stratégie » a pour but de désengorger le Tribunal. Elle s'est accompagnée d'un renforcement des structures nationales compétentes et notamment en Bosnie-Herzégovine dont le système judiciaire présentait d'importantes carences[585].

La CPI, première juridiction répressive internationale permanente a été créée suite à l'entrée en vigueur du Statut de Rome du 17 juillet 1998, le 1er juillet 2002. Elle est compétente pour connaître des crimes de guerre énumérés par son article 8. La ratification du Statut entraîne la compétence obligatoire de la Cour. Celle-ci ne pourra connaître que des actes postérieurs à l'entrée en vigueur du Statut et sa compétence ne s'exercera que si l'Etat sur le territoire duquel le crime a été commis est partie ou si l'auteur du crime est de la nationalité d'un Etat partie[586]. Ces conditions excluent la compétence universelle. Il faut d'ailleurs préciser que la Cour n'a qu'une « compétence supplétive ». En effet, elle ne pourra l'exercer que dans la mesure où les Etats lui auront renvoyé une situation. Ce sont les Etats qui conservent la compétence en matière de répression pénale, la Cour n'agira que de manière complémentaire.

Enfin, la répression des crimes de guerre pourra être le fait de juridictions pénales « internationalisées » ou « hybrides ». Ces tribunaux spéciaux ont été mis en place à la suite de crises humanitaires internes particulièrement graves telles celles de la Sierra Leone, du Timor Oriental ou du Cambodge. L'inefficacité des mécanismes répressifs nationaux d'une part, la volonté de préserver la souveraineté des Etats intéressés excluant l'établissement de juridictions internationales *ad hoc* d'autre part, ont déterminé le choix d'une solution intermédiaire. Ces juridictions originales présentent un caractère mixte, tant au niveau de leur mode de création et du droit applicable que dans la composition de leur formation de jugement.

L'exemple du Tribunal Spécial pour la Sierra Leone (TSSL) peut être présenté. Celui-ci a été créé par un Accord bilatéral entre le Secrétaire général

---

584 Voir Doc.off.UN S/2002/678.

585 C'est dans le cadre de cette stratégie que la Bosnie-Herzégovine a constitué la Chambre spéciale pour les crimes de guerre, opérant dans le cadre de la Cour d'Etat de Bosnie Herzégovine qui siège à Sarajevo. La Chambre a été inaugurée le 9 mars 2005. Celle-ci s'apparente à une nouvelle forme de juridiction internationalisée puisque les formations de jugement sont mixtes : elles se composent temporairement de deux juges internationaux et d'un juge interne. Elle est intégrée dans le système judiciaire bosniaque. Elle a été instituée pour connaître des cas transmis par le TPIY mais aussi des affaires difficiles engagées devant les juridictions internes bosniaques (pour plus d'informations sur la Cour, visiter le site www.sudbih.gov.ba, consulté le 30 décembre 2012). L'Organisation Human Rights Watch a produit un rapport intitulé « *En quête de justice : la Chambre pour les crimes de guerre en Bosnie-Herzégovine* » qui présente la phase initiale de la Chambre, celui-ci est disponible sur son site internet : www.hrw.org/en/reports/2006/02/07/looking-justice-0, consulté le 30 décembre 2012.

586 Un Etat peut aussi, par une déclaration *ad hoc*, consentir à l'exercice de sa compétence par la Cour sans être partie au Statut pour une affaire déterminée et ce en vertu de l'article 12§3 du Statut.

de l'ONU et le gouvernement de la Sierra-Leone, signé le 16 janvier 2002 et ratifié le 7 mars 2002. Le TSSL est compétent pour juger les personnes qui portent les responsabilités les plus lourdes dans la commission des crimes énumérés par son Statut sur le territoire de la Sierra Leone depuis le 30 novembre 1996. La compétence *ratione materiae* du Tribunal englobe des crimes internationaux mais aussi des infractions graves au regard du droit sierra léonais prévues à l'article 5 du Statut telles que : les abus sexuels commis sur les filles de moins de 14 ans (incriminés par le « Prevention of Cruelty to Children Act » de 1926)[587] ou les incendies criminels et les destructions volontaires de maisons ou d'édifices publics (incriminés par le « Malicious Damage Act » de 1861). L'article 3 du Statut du Tribunal énumère les violations de l'article 3 commun aux Conventions de Genève de 1949 et du Protocole II dont il peut connaître. Ces dispositions confirment, si besoin était, que des crimes de guerre peuvent être commis dans le cadre d'un conflit interne. Elles sont calquées sur celles de l'article 4 du TPIR. Mais le Statut ajoute d'autres violations graves du DIH à la compétence du Tribunal de Freetown à savoir les attaques contre la population civile, contre des opérations d'assistance humanitaire ou de maintien de la paix, et l'enrôlement d'enfants de moins de 15 ans[588]. Le Tribunal présente un double niveau. Ses chambres de première instance sont composées de deux juges internationaux nommés par le Secrétaire général de l'ONU et d'un juge national nommé par le gouvernement sierra léonais. La Chambre d'appel est composée de trois juges internationaux et de deux juges nationaux. Quant au procureur, il est nommé par le Secrétaire général de l'ONU après consultation du gouvernement de la Sierra Leone et le procureur adjoint est nommé par ce dernier après consultation du Secrétaire général et du Procureur. Ces juridictions présentent un autre intérêt que celui de la répression à proprement parler, celui de favoriser la réconciliation nationale en permettant à la population, au travers des juges nationaux, de participer à la sanction de ses oppresseurs. Elles répondent à une logique différente de celle des TPI qui ont été constitués dans une optique de rétablissement de la paix et de la sécurité internationales.

En plus d'être sanctionnés en tant que crimes de guerre, la déportation et le transfert forcé pourront, aussi, être constitutifs de crimes contre l'humanité.

2. La déportation et le transfert forcé comme crimes contre l'humanité

Après avoir présenté la notion de crime contre l'humanité (a), il conviendra de revenir sur la répression de ce type d'infraction (b).

---

587 Voir article 5 du Satut du Tribunal, disponible sur http://www.sc-sl.org/Documents/scsl-statute.html, consulté le 30 mai 2012.

588 Article 4 du Statut.

a. Les crimes contre l'humanité

Cette catégorie de crimes internationaux fut consacrée par le Statut du TMI de Nuremberg[589] en son article 6c. Ses dispositions sont purement énonciatives, à l'instar de celles relatives aux crimes de guerre, et n'apportent pas d'éléments utiles à définir la notion hormis la référence au lien de connexité évoquée précédemment. Les crimes contre l'humanité sont des actes inhumains d'une exceptionnelle gravité, « qui choquent la conscience collective »[590], commis contre une population civile quelle qu'elle soit. La notion est composée de normes éparses de sources différentes et pendant longtemps il s'est avéré difficile d'en délimiter les contours avec précision[591]. Mais les rédacteurs du Statut de Rome ont élaboré une définition qui rassemble ces différents éléments et recueille l'assentiment de la plupart des Etats. Il faut noter que les Statuts et la jurisprudence des TPI ainsi que les travaux de la Commission du Droit International (CDI) ont également offert d'importants éclaircissements sur la notion de crimes contre l'humanité.

L'article 7§1 du Statut de Rome définit les crimes contre l'humanité comme « l'un quelconque des actes ci-après lorsqu'il est commis dans le cadre d'une attaque généralisée ou systématique lancée contre toute population civile et en connaissance de cette attaque ». S'en suit une liste non limitative d'actes inhumains constitutifs. La déportation et le transfert forcé y figurent à l'article 7§1 d) du Statut.

Les actes inhumains énumérés doivent réunir deux conditions pour emporter la qualification de crime contre l'humanité. Celles-ci avaient déjà été identifiées, par la Commission du Droit International (CDI) dans le commentaire de son projet de Code des crimes contre la paix et la sécurité de l'humanité adopté en 1996[592].

---

[589] L'expression « crimes contre l'humanité » fut, cependant, employée pour la première fois en 1915 dans la Déclaration des gouvernements de la France, du Royaume-Uni et de la Russie dénonçant le massacre des Arméniens en Turquie : « Les crimes contre l'humanité et la civilisation, dont les membres du gouvernement turc seront tenus responsables au même titre que les agents impliqués dans les massacres », citée dans Marie-Claude Roberge, « Compétence des Tribunaux ad hoc pour l'ex-Yougoslavie et le Rwanda concernant les crimes contre l'humanité et le crime de génocide », *RICR*, décembre 1997, vol. 79, n° 828, pp. 695-710, spéc. p. 696. La locution est ainsi relativement ancienne sur le plan diplomatique.

[590] TPIY, Chambre de Première Instance I, *Le Procureur contre Drazen Erdemovic*, Jugement du 29 novembre 1996, § 27.

[591] Mme Marie-Claude Roberge relevait qu'« il y a indubitablement consensus sur le fait que les crimes contre l'humanité sont des crimes relevant du droit international, qu'ils sont reconnus en vertu des principes généraux du droit et qu'ils donnent lieu à une juridiction universelle. Par contre, les paramètres exacts de ces crimes restent mal définis », dans « Compétence des Tribunaux ad hoc pour l'ex-Yougoslavie et le Rwanda concernant les crimes contre l'humanité et le crime de génocide », op.cit., p. 697.

[592] Ainsi la CDI notait-elle, à propos de l'article 18 du projet de Code relatif aux crimes contre l'humanité : « La partie liminaire de la définition indique que deux conditions doivent être réunies

Premièrement, ils doivent être perpétrés dans le cadre d'« attaques généralisées et systématiques ». L'article 7§2 a) du Statut de Rome définit l'attaque « comme le comportement qui consiste en la commission multiple d'actes visés au paragraphe 1 à l'encontre d'une population civile quelconque, en application ou dans la poursuite de la politique d'un Etat ou d'une organisation ayant pour but une telle attaque ». Le terme aura un sens plus restreint dans le vocabulaire du droit de la guerre. C'est d'ailleurs ce que notait la Chambre de Première Instance II du TPIY dans l'affaire *Kunarac* : « Dans le cas d'un crime contre l'humanité, le terme «attaque» a une signification légèrement différente de celle qu'il revêt dans les lois de la guerre. En matière de crime contre l'humanité, l'« attaque » ne se limite pas à la conduite des hostilités, mais peut également comprendre des situations où des mauvais traitements sont infligés à des personnes ne participant pas directement aux hostilités, des personnes détenues, par exemple. Les deux acceptions de ce terme procèdent toutefois de la même idée, à savoir que la guerre devrait mettre aux prises des forces armées ou des groupes armés, et qu'on ne saurait légitimement prendre pour cible la population civile »[593].

La première condition est alternative[594]. L'acte doit avoir été commis, soit dans le cadre d'une attaque généralisée, soit dans le cadre d'une attaque systématique. Le caractère systématique renvoie à l'exécution d'un plan ou d'une politique préconçue. Les actes doivent avoir été commis d'une manière répétée ou continue ce qui exclut tout caractère fortuit. Cette condition ne figurait pas dans le Statut de Nuremberg et fut dégagée du Jugement du Tribunal[595]. Le caractère généralisé renvoie à une attaque menée sur une vaste échelle impliquant de nombreuses victimes. Il faut relever qu'un acte unique peut constituer un crime contre l'humanité. La Chambre de Première Instance I du TPIY considérait dans l'affaire *Tadic* que « dans la mesure où il présente un lien avec l'attaque généralisée ou systématique contre une population civile, un acte unique pourrait remplir les conditions d'un crime contre l'humanité. De ce fait, un individu qui commet un crime contre une seule victime ou un nombre limité de victimes peut être reconnu coupable d'un crime contre l'humanité si ces actes font partie du contexte spécifique identifié ci-dessus »[596].

---

pour qu'un des actes énumérés à l'article 18 puisse être qualifié de crime contre l'humanité au sens du présent code. La première condition est que l'acte doit avoir été commis « d'une manière systématique ou sur une grande échelle ». (...) La seconde condition est que l'acte doit avoir été commis « à l'instigation ou sous la direction d'un gouvernement, d'une organisation ou d'un groupe », dans Annuaire de la CDI, 1996, volume II, deuxième partie, pp. 49-50.

593 *Le Procureur contre Dragoljub Kunarac*, Jugement du 22 février 2001, op.cit., § 416.

594 Voir ainsi TPIY, Chambre de Première Instance II, *Le Procureur contre Goran Jelisic*, Jugement du 14 décembre 1999, § 53.

595 Voir Commentaire du projet de Code contre la paix et la sécurité de l'humanité de la CDI, op.cit., p. 49.

596 *Le Procureur contre Dusko Tadic*, Jugement du 7 mai 1997, op.cit., § 646.

Deuxièmement, le crime contre l'humanité comporte une composante programmatoire. Le Professeur Mario Bettati écrivait qu' « il exprime un dessein, il traduit un calcul, il révèle une préméditation politique, idéologique ou dogmatique »[597]. Les crimes contre l'humanité ne sont pas des comportements isolés, ils s'inscrivent dans le cadre d'une politique et leur perpétration sera sous l'instigation d'un gouvernement, d'une organisation ou d'un groupe. C'est ce qu'a rappelé la Chambre de Première Instance II du TPIR dans l'affaire *Kayishema-Ruzindana* en considérant que pour que sa compétence en matière de crimes contre l'humanité puisse s'exercer contre les deux accusés, « elle doit s'assurer que leurs actions étaient inspirées ou ordonnées, soit par un gouvernement, soit par une organisation ou encore par un groupe quelconque »[598]. L'article 7 du Statut de la CPI va en ce sens[599]. L'existence d'une telle politique pourra cependant être déduite du caractère systématique ou généralisé des attaques.

En revanche, la condition d'un lien de connexité avec un crime de guerre ou un crime d'agression exigé par le Statut du TMI de Nuremberg a été abandonnée, ce qui a permis l'autonomisation de la notion. Déjà, la loi n° 10 promulguée le 10 décembre 1945 par l'organe législatif provisoire pour l'ensemble de l'Allemagne[600], qui permettait de punir les personnes responsables de crimes de guerre, de crimes contre la paix et de crimes contre l'humanité, avait supprimé l'exigence de ce lien entre les crimes contre l'humanité et les autres crimes. Plusieurs décisions nationales confirmeront cette position ainsi que la Convention sur l'imprescriptibilité des crimes de guerre et des crimes contre l'humanité du 26 novembre 1968 dont l'article 1er énonce que les crimes de guerre peuvent être commis en temps de guerre ou en temps de paix. Le Statut du TPIY s'est pourtant inscrit en marge de cette évolution puisque son article 5 donne compétence au Tribunal pour juger les responsables des crimes contre l'humanité « lorsqu'ils ont été commis au cours d'un conflit armé, de caractère international ou interne ». Mais, dès l'affaire *Tadic*, la Chambre d'Appel a souligné que « le droit international coutumier n'exige plus de lien entre les crimes contre l'humanité et le conflit armé »[601]. Les articles 3 du Statut du TPIR et 7 du Statut de la CPI confirment cet état du

---

597 Mario Bettati, « Le crime contre l'humanité » dans Hervé Ascensio, Emmanuel Decaux et Alain Pellet (Dir.), *Droit International Pénal*, Pédone, Paris, 2000, pp. 293-317, spéc. p. 300.

598 TPIR, Chambre de Première Instance II, *Le Procureur contre Clément Kayishema et Obed Ruzindana*, Jugement du 21 mai 1999, § 126.

599 Et pourtant, les juges du TPIY retiennent une position différente en considérant que l'existence d'un plan ou d'une politique n'est pas un élément de définition du crime contre l'humanité, voir TPIY, Chambre d'Appel, *Le Procureur contre Dragoljub Kunarac*, Arrêt du 12 juin 2002, § 98, ou plus récemment TPIY, Chambre de première instance II, *Le Procureur contre Zdravko Tolimir*, Jugement du 12 décembre 2012, § 698.

600 Cet organe était aussi dénommé « Conseil de contrôle allié pour l'Allemagne ».

601 *Le Procureur contre Dusko Tadic*, Décision relative à l'appel de la défense concernant l'exception préjudicielle d'incompétence du 2 octobre 1995, op.cit., § 78.

droit. Les crimes contre l'humanité peuvent donc être commis aussi bien en temps de guerre qu'en tant de paix. Partant, des violations massives des droits de l'homme évoqués dans la première partie de cette étude peuvent être constitutives de crimes contre l'humanité si elles en remplissent les conditions. Les auteurs d'un nettoyage ethnique perpétré en temps de paix pourront dès lors voir engager leur responsabilité pénale internationale.

En ce qui concerne l'élément intentionnel du crime contre l'humanité, l'auteur doit avoir conscience du fait que son comportement s'inscrit dans le contexte d'une attaque généralisée ou systématique contre une population civile ou doit vouloir l'inscrire dans ce cadre. Toutefois, cet élément ne doit pas « être interprété comme exigeant qu'il soit prouvé que l'auteur avait connaissance de toutes les caractéristiques de l'attaque ou des détails précis du plan ou de la politique de l'Etat ou de l'organisation »[602].

Les crimes contre l'humanité, à l'instar des crimes de guerre, pourront faire l'objet d'une répression par des juges nationaux ou internationaux.

<u>*b. La répression des crimes contre l'humanité*</u>

Les crimes contre l'humanité appellent une répression par les juges nationaux. Il convient, à ce propos, de s'interroger sur l'existence d'une compétence universelle en la matière. Il n'existe pas de base conventionnelle à une telle compétence aussi convient-il de rechercher son fondement dans le droit coutumier. Or, les pratiques nationales sont beaucoup trop diversifiées pour laisser apparaître clairement une telle règle. Pourtant, le TPIY avait conclu dans l'affaire *Furundjiza* que « les crimes internationaux étant universellement condamnés quel que soit l'endroit où ils ont été commis, chaque État a le droit de poursuivre et de punir les auteurs de ces crimes. Comme le dit de façon générale la Cour suprême d'Israël dans l'affaire *Eichmann,* de même qu'une juridiction des États-Unis dans l'affaire *Demjaniuk,* c'est le caractère universel des crimes en question (c'est-à-dire des crimes internationaux) qui confère à chaque État le pouvoir de traduire en justice et de punir ceux qui y ont pris part »[603].

En réalité, dans la pratique des Etats, la compétence universelle est appliquée de deux façons : soit de manière absolue ou *in absentia*, soit de manière conditionnée. Dans le premier cas, les juridictions nationales seront habilitées à juger toute personne accusée d'avoir commis un crime international sans aucune limitation. Dans le second cas, les juridictions d'un Etat n'exerceront leur compétence qu'à certaines conditions et notamment celle de la présence de la personne accusée sur le territoire de cet Etat. Une occasion de se prononcer

---

602 *Rapport de la Commission préparatoire de la Cour pénale internationale, Additif, Partie II Texte final du projet d'éléments des crimes,* op.cit., p. 11.
603 TPIY, Chambre de Première Instance II, *Le Procureur contre Anto Furundjiza*, Jugement du 10 décembre 1998, § 156.

sur la validité de la compétence universelle *in absentia* s'est présentée à la CIJ dans l'affaire du *Mandat d'arrêt du 11 avril 2000 (République démocratique du Congo contre Belgique)*. En l'espèce, un juge d'instruction belge, saisi de plaintes émanant de ressortissants congolais, avait délivré un mandat d'arrêt à l'encontre de M. Abdulaye Yerodia, ancien chef de cabinet du Président Laurent-Désiré Kabila, devenu Ministre des Affaires Etrangères de la République Démocratique du Congo (RDC) à l'époque des faits. Celui-ci était poursuivi pour incitation à commettre des crimes de guerre et des crimes contre l'humanité en raison des discours qu'il avait prononcés, considérés par les plaignants comme des appels au meurtre des Tutsis présents sur le sol congolais. La RDC saisit la CIJ le 17 octobre 2000 et demanda à la Cour « de dire que le Royaume de Belgique devra annuler le mandat d'arrêt international décerné le 11 avril 2000 ». Pour le Congo, l'exercice par l'Etat belge de la compétence universelle constituait une violation du principe de l'égalité souveraine entre Etats et la Belgique avait violé l'immunité du Ministre des Affaires Etrangères en exercice. Si ainsi présentée, la requête invitait clairement la Cour à se prononcer sur la validité de l'exercice de la compétence universelle, le mémoire et les conclusions de la RDC étaient davantage orientés sur la question de l'immunité et les juges ne se prononcèrent, finalement, que sur ce dernier point. Il ressort toutefois des différentes déclarations et opinions, individuelles et dissidentes, jointes à l'arrêt qu'elle ne fait pas l'objet d'une position unanime[604]. La doctrine et la pratique semblent finalement privilégier une application conditionnée de la compétence universelle. Les Professeurs Pierre-Marie Dupuy et Yann Kerbrat écrivent qu' « en l'état du droit international coutumier, il paraît en tout cas possible d'affirmer que la compétence universelle à l'égard des « crimes de droit international » accomplis par des individus existe non comme obligation mais comme une faculté mais sous une forme néanmoins conditionnelle : l'Etat autre ceux de la nationalité de l'auteur ou du territoire sur lequel a été accompli l'acte incriminé ne peut entreprendre de poursuite que si le criminel présumé se trouve sur son territoire ou, éventuellement, que la victime a sa nationalité »[605].

L'affaire du *Mandat d'arrêt* soulevait un autre problème lié à l'exercice de la compétence universelle : celui de savoir si des juges nationaux peuvent exercer des poursuites à l'encontre des organes les plus élevés d'un Etat étranger (Chefs d'Etat, de gouvernement, ministres investis d'une fonction de représentation en territoire étranger) en exercice, accusés de crimes contre l'humanité ou de crimes de guerre, malgré l'immunité de juridiction dont ils bénéficient. La solution à apporter à ce problème n'est pas clairement établie en

---

604 Ainsi, sept juges ont reconnu, explicitement ou implicitement, la légalité de l'exercice de la compétence universelle alors que quatre l'ont rejetée explicitement, cité dans Eric David, *Principes de droit des conflits armés*, op.cit., p. 923.

605 Pierre-Marie Dupuy et Yann Kerbrat, *Droit international public*, 10e édition, Dalloz, Paris, 2010, p. 603.

droit international et la décision rendue par la CIJ le 14 février 2002 a été contestée en ce qu'elle marque un coup d'arrêt à une tendance manifestée dans certains Etats d'écarter cette immunité face à certains crimes les plus graves. Plusieurs cas de figure doivent être distingués.

Tout d'abord, l'immunité de juridiction n'est pas absolue et peut être écartée par la voie de conventions internationales. Par ailleurs, l'immunité ne joue pas devant les juridictions pénales internationales. Les Décisions du Conseil de sécurité qui ont établi les TPI ainsi que l'article 27 du Statut de Rome de la CPI écartent clairement ce principe. C'est ainsi que Slobodan Milosevic, ancien Président de la RFY, a été mis en examen par le TPIY pour les crimes qu'il a ordonnés au Kosovo, alors qu'il était encore en exercice. Il peut également être envisagé que l'Etat lève l'immunité de son organe.

En dehors de ces cas particuliers, pour appréhender la notion d'immunité, il est utile d'opérer une dissociation entre l'immunité dite « fonctionnelle » et l'immunité dite « personnelle ». La première permet à un organe de ne pas avoir à répondre personnellement des actes qu'il a accomplis au nom et pour le compte de l'Etat. Ces actes sont considérés comme des actes de l'Etat pour lequel ils ont été accomplis. La seconde est accordée aux organes de l'Etat pendant la durée de leur mandat afin de leur permettre de l'exercer au mieux sans interférence en les mettant à l'abri de toute poursuite. Elle couvre tous les actes commis par l'agent durant cette période y compris ceux commis à titre privé. L'immunité personnelle cesse à la fin du mandat. Dès lors, jusqu'à la fin de celui-ci, les organes situés au sommet de la hiérarchie d'un Etat ne peuvent faire l'objet de poursuites par des autorités judiciaires étrangères. C'est ce qu'a rappelé en France la Cour de Cassation dans un arrêt du 13 mars 2001 à propos de poursuites engagées contre le Colonel Khadafi : « La coutume internationale s'oppose à ce que les chefs d'Etat en exercice puissent, en l'absence de dispositions internationales contraires s'imposant aux parties concernées, faire l'objet de poursuites devant les juridictions pénales d'un Etat étranger »[606]. C'est également ce qu'a jugé la CIJ dans l'affaire du *Mandat d'arrêt* en déclarant ne pas être « parvenue à déduire de la pratique l'existence, en droit international coutumier, d'une exception quelconque à la règle consacrant l'immunité de juridiction pénale et l'inviolabilité des ministres des Affaires étrangères en exercice, lorsqu'ils sont soupçonnés d'avoir commis des crimes de guerre ou des crimes contre l'humanité »[607]. Mais par la suite, il convient de savoir si les crimes de guerre ou les crimes contre l'humanité préparés et ordonnés par l'organe dans le cadre de son mandat demeurent couverts par l'immunité fonctionnelle au terme de celui-ci. La question n'est pas nettement

---

606 Cour de Cassation, Chambre criminelle, Arrêt du 13 mars 2001, publié au Bulletin criminel 2001, n° 64, p. 218.

607 CIJ, Affaire du *Mandat d'arrêt du 11avril 2000 (République démocratique du Congo contre Belgique)*, Arrêt du 14 février 2002, § 58, Recueil 2002, p. 24.

tranchée à l'heure actuelle. La Chambre des Lords britannique y a apporté une solution négative dans l'affaire *Pinochet* en 1998 puis en 1999. Suite à une demande d'extradition formée par un juge espagnol, les autorités britanniques avaient arrêté l'ancien Président chilien qui se trouvait sur le territoire de la Grande-Bretagne. Le dictateur était notamment accusé de tortures et de meurtres contre des ressortissants chiliens et espagnols durant la période pendant laquelle il occupa le pouvoir. Les défenseurs de Pinochet et les autorités chiliennes invoquèrent la règle de l'immunité puisque les exactions dont il était accusé avaient été perpétrées dans l'exercice de ses fonctions. Mais les juges britanniques ont considéré que la torture et les crimes contre l'humanité n'entraient pas dans les fonctions d'un Chef d'Etat et que, partant, l'immunité ne pouvait couvrir ce type d'actes[608]. Cette affaire, qui eut un effet retentissant à l'époque, combinée aux Statuts des juridictions pénales internationales, a pu laisser entrevoir l'émergence d'une règle coutumière selon laquelle l'immunité ne couvrirait pas les crimes internationaux. Toutefois l'Arrêt de la CIJ du 14 février 2002 s'inscrit à l'encontre de cette évolution. La Cour a, en effet, déclaré que « si diverses conventions internationales tendant à la prévention et à la répression de certains crimes graves ont mis à la charge des Etats des obligations de poursuite et d'extradition, et leur ont fait par suite obligation d'étendre leur compétence juridictionnelle, cette extension de compétence ne porte en rien atteinte aux immunités résultant du droit international coutumier » [609]. Ainsi, « dès lors qu'une personne a cessé d'occuper la fonction de ministre des affaires étrangères, elle ne bénéficie plus de la totalité des immunités de juridiction que lui accordait le droit international dans les autres Etats. A condition d'être compétent selon le droit international, un tribunal d'un Etat peut juger un ancien ministre des affaires étrangères d'un autre Etat au titre d'actes accomplis avant ou après la période pendant laquelle il a occupé ces fonctions, ainsi qu'au titre d'actes qui, bien qu'accomplis durant cette période l'ont été à titre privé »[610]. Il n'est pas fait mention des actes commis à titre officiel qui par déduction demeurent couverts par l'immunité fonctionnelle. Malgré cette solution, une large partie de la doctrine continue à considérer que le fait qu'un individu ait agi en tant que dirigeant d'un Etat n'exclut pas que soient engagées des poursuites à son encontre pour crimes internationaux par un juge national étranger.

---

608 Lord Browne Wilkinson déclarait dans le Jugement du 24 mars 1999 : « Can it be said that the commission of a crime which is an international crime against humanity and jus cogens is an act done in an official capacity on behalf of the state ? I believe there to be strong ground for saying that the implementation of torture as defined by the Torture Convention cannot be a state function », Jugement disponible sur le site de L'organisation TRIAL, http://www.trial-ch.org/fileadmin/user_upload/documents/trialwatch/pinochet_III.doc, visité le 30 mai 2012.

609 CIJ, Arrêt du 14 février 2002 op.cit., § 60, Recueil p. 25.

610 *Idem.*

Les auteurs de crimes contre l'humanité pourront aussi être jugés par des juridictions pénales internationales, ou des juridictions pénales internationalisées, dans la mesure où leurs actes entrent dans le champ de compétence de ces tribunaux.

L'incrimination de la déportation et du transfert forcé en tant que crimes contre l'humanité permet de renforcer la répression des déplacements forcés de populations. En effet, ces comportements ne seront sanctionnés en tant que crimes de guerre, exception faite des cas de l'implantation de colons en territoire occupé, que s'ils sont dirigés contre des personnes ne devant pas allégeance à la Partie au conflit qui en est l'auteur. Aussi, l'incrimination de crime contre l'humanité permet, dans la mesure où les conditions nécessaires à cette qualification sont remplies, d'en sanctionner les auteurs, quel que soit leur lien avec les victimes. Cependant, le dépassement de la condition de nationalité au bénéfice de la qualité de personne protégée relativise cet intérêt de la double incrimination.

Finalement, la déportation et le transfert forcé peuvent recevoir plusieurs qualifications en fonction de leur contexte de commission. Ainsi, si ces comportements sont liés à un conflit armé, ils seront constitutifs de crimes de guerre, si ils s'inscrivent dans le cadre d'une attaque généralisée ou systématique contre une population civile, ils seront constitutifs de crimes contre l'humanité. Or, ces conditions de perpétration peuvent se chevaucher et, notamment dans le cadre du nettoyage ethnique, la déportation et le transfert forcé pourront faire partie d'une attaque généralisée ou systématique dirigée contre une population civile et être liés à un conflit armé. Dans une telle situation, les mêmes faits seront susceptibles de recevoir plusieurs qualifications, il y aura alors concours idéal d'infractions ou conflit de qualifications. L'hypothèse n'est pas anodine en droit international puisque les notions de crimes contre l'humanité et de crimes de guerre se recoupent dans une très large mesure sur leurs éléments matériels.

Partant, il convient de s'interroger sur les conséquences de ce cumul idéal d'infractions et, principalement, de se demander dans quelle mesure les mêmes faits peuvent faire l'objet de plusieurs condamnations. Les TPI ont posé la solution à ce problème en s'inspirant des principes communs applicables dans les différents systèmes répressifs nationaux. Si, en vertu de la règle *non bis in idem*, un individu ne peut être condamné plusieurs fois en raison des mêmes faits, ce principe ne trouve pas à s'appliquer dans deux cas. Comme l'indique le jugement rendu le 21 mai 1999 par le TPIR dans l'affaire *Kayishema-Ruzindana* : « au regard d'une même pluralité de faits, un accusé ne peut être convaincu de deux ou plusieurs infractions, que dans les conditions ci-après : 1) les éléments constitutifs des infractions visées sont différents, ou 2) les intérêts que la société cherche à protéger à travers les dispositions en question sont différents »[611]. Dans l'affaire *Kupreskic*, la formation de jugement du TPIY a précisé ces deux critères.

Le premier de ces critères est issu du droit américain. Il a été entériné par un arrêt *Blockburger v. United States of America* rendu par la Cour Suprême en 1932. En vertu de cette jurisprudence, « lorsqu'un acte ou une opération viole deux dispositions légales distinctes, il faut, pour décider s'il y a deux infractions ou une seule, voir si chaque disposition n'exige pas la preuve d'un fait que l'autre ne requiert pas »[612]. Donc, il faut rechercher si chaque infraction ne comprend pas un élément que l'autre n'exige pas. Si c'est le cas, le même acte sera constitutif de plusieurs infractions. Si ce n'est pas le cas, alors l'une des infractions est automatiquement couverte par l'autre, puisqu'elle ne comporte aucun élément constitutif que l'autre n'ait pas. La Chambre d'Appel du TPIY a, sur cette base, distingué les crimes de guerre des crimes contre l'humanité. Ainsi, « le cumul des déclarations de culpabilité pour violation des lois ou coutumes de la guerre sanctionnée par l'article 3 du Statut et pour crime contre l'humanité réprimé par l'article 5 du Statut, se justifie parce que chaque crime comporte une composante spécifique que ne comporte pas l'autre. Suivant le même raisonnement que dans l'Arrêt *Delalic*, la Chambre d'appel relève que, à la différence de l'article 5, l'article 3 exige un lien étroit entre les actes de l'accusé et le conflit armé. À l'inverse, l'article 5 exige la preuve que l'acte incriminé s'inscrive dans le cadre d'une attaque généralisée ou systématique contre une population civile, ce que n'exige pas l'article 3. Ainsi, chaque article comporte un élément exigeant la preuve d'un fait que n'exige pas l'autre. Par conséquent, le cumul de déclarations de culpabilité fondées sur les articles 3 et 5 est possible »[613]. Partant, sur la base de ce critère, les mêmes faits de déportation semblent pouvoir être sanctionnés en tant que crimes de guerre *et* en tant que crimes contre l'humanité.

Le second critère est celui applicable notamment en droit français. Ainsi, « si un acte ou une opération contrevient simultanément à deux dispositions pénales protégeant des valeurs différentes, il y a infraction au regard des *deux* dispositions »[614]. La Chambre de Première Instance du TPIY a toutefois retenu dans l'affaire *Kupreskic* que ce critère devait être appliqué concurremment avec

---

611 TPIR, Chambre de Première Instance II, *Le Procureur contre Clément Kayishema et Obed Ruzindana*, Jugement du 21 mai 1999, § 627. Dans l'affaire *Akayesu*, la Chambre de première instance I du TPIR avait posé trois critères : « Il est acceptable de convaincre l'Accusé de deux infractions à raison des mêmes faits dans les circonstances ci- après : 1) les infractions comportent des éléments constitutifs différents ; ou 2) les dispositions créant les infractions protègent des intérêts différents ; ou 3) il est nécessaire d'obtenir une condamnation pour les deux infractions pour rendre pleinement compte du comportement de l'Accusé ». Le troisième critère a par la suite été abandonné. Il se confond en réalité dans les deux premiers.

612 Cité par la Chambre de Première Instance II du TPIY, *Le Procureur contre Kupreskic et consorts*, Jugement du 14 janvier 2000, § 681.

613 TPIY, Chambre d'Appel, *Le Procureur contre Goran Jelisic*, Arrêt du 5 juillet 2001, § 82.

614 *Le Procureur contre Kupreskic et consorts*, Jugement du 14 janvier 2000, op.cit., § 694.

le premier et pour l'étayer. A propos des crimes de guerre et des crimes contre l'humanité, elle a considéré que « la prohibition des crimes de guerre vise à assurer un minimum de correction entre les belligérants au plan humanitaire tout en maintenant une distinction entre le comportement des combattants envers les combattants ennemis et leur comportement envers les personnes étrangères aux hostilités. En revanche, la prohibition des crimes contre l'humanité tend davantage à décourager les attaques contre les populations civiles et la persécution de groupes de civils identifiables ». Il faudrait alors considérer que les incriminations de crimes de guerre et de crimes contre l'humanité visent à protéger des valeurs sociales différentes.

L'application de ces critères entraîne plusieurs solutions. Soit l'individu sera reconnu coupable de plusieurs infractions en raison des mêmes faits, auquel cas un cumul de peines sera possible, tout en précisant que cette solution valable dans les systèmes nationaux ne s'applique pas devant les TPI qui retiennent la confusion des peines. Soit une seule qualification sera retenue en cas d'échec des critères précédemment exposés. Dans ce cas, s'appliquera le principe d'absorption qui veut que lorsque l'infraction la plus grave remplit toutes les conditions posées pour que l'infraction la moins grave soit constituée, une déclaration de culpabilité du chef de l'infraction la plus grave embrasse tout le caractère criminel du comportement. A moins qu'entre les qualifications en conflit, l'une corresponde à une règle spéciale et l'autre à une règle générale, auquel cas, en vertu de la maxime *in toto iure generi per speciem derogatur,* ce sera la première qui prévaudra car plus appropriée, plus spécifiquement axée sur elle.

Les incriminations de la déportation et du transfert forcé consolident l'interdiction de ces pratiques et participent de leur prévention. En effet, la perspective de voir leur responsabilité pénale engagée sur la scène internationale dissuadera les individus de participer à de telles entreprises. En outre, la qualification de crime contre l'humanité revêt une symbolique très forte et entraîne l'opprobre de la communauté internationale sur les auteurs de ces actes.

Enfin, plusieurs éclaircissements récents sur ces notions de déportation et de transfert forcé méritent d'être signalés.

D. Précisions sur les concepts de déportation et de transfert forcé

La Commission du Droit International (CDI) a proposé dans le commentaire de son projet de Code des crimes contre la paix et la sécurité de l'humanité une distinction entre les deux notions. Ainsi, « à la différence de la déportation, qui implique l'expulsion du territoire national, le transfert forcé de populations peut se dérouler entièrement à l'intérieur des frontières d'un même Etat »[615]. Cette

---

[615] Commentaire du projet de Code des crimes contre la paix et la sécurité de l'humanité, op.cit., p. 52.

dissociation apparaît pour le moins discutable. En effet, le transfert forcé peut se dérouler dans un cadre purement interne. Il peut donc, aussi, impliquer un franchissement de frontières. Le vocable « déportation » semble ici faire double emploi.

Des éclaircissements peuvent être trouvés en doctrine. Ainsi, pour M. Jean-Marie Henckaerts, « un transfert s'entend d'un déplacement à l'intérieur du territoire occupé, alors que la déportation consiste en un déplacement hors du territoire occupé »[616]. La dichotomie semble ici mieux fondée et légitimerait l'usage des deux termes, chacun correspondant à une modalité de déplacement. Le TPIY a adopté cette conception dans l'affaire *Krstic* : « L'expulsion (encore appelée déportation) et le transfert forcé impliquent l'un et l'autre l'évacuation illégale d'individus hors de leur territoire de résidence, contre leur volonté. Ces deux termes ne sont cependant pas synonymes en droit international coutumier. Le premier suppose, en effet, le transfert hors du territoire national alors que dans le second cas, celui-ci s'opère à l'intérieur des frontières d'un État »[617]. Par la suite, dans l'affaire *Krnojelac,* les juges de La Haye ont, d'abord, repris la dissociation ambiguë posée par la CDI : « Elle (la déportation) suppose un déplacement par-delà les frontières nationales et se distingue par-là du transfert forcé, qui peut s'effectuer à l'intérieur des frontières d'un pays »[618]. Mais, un peu plus loin dans le Jugement, la Chambre estime établi que « les déplacements forcés de personnes à l'intérieur de frontières nationales sont couverts par la notion de transfert forcé », par rapport à la déportation qui suppose qu'une frontière nationale soit franchie !

Il faut noter que le TPIY a repris dans ce jugement la définition de la déportation posée par l'article 7§2.d) du Statut de la CPI qui est le premier instrument international à définir cette notion. Ainsi, « la déportation peut se définir comme le déplacement forcé de personnes de la région où elles se trouvent légalement, par l'expulsion ou d'autres moyens coercitifs, et sans motif admis en droit international ». Cet énoncé met en exergue l'élément de contrainte et l'illicéité de la pratique. En outre, la référence à l'« expulsion » induit, implicitement, que la déportation entraîne un franchissement de frontières. Le membre de phrase « sans motif admis en droit international » peut être interprété comme un renvoi à l'exception de l'évacuation prévue à l'article 49-2 de la Convention IV. Le transfert forcé figure également dans le Statut de Rome en tant que crime de guerre et crime contre l'humanité mais la Convention, pas plus que les éléments constitutifs des crimes, n'en apportent de définition ni ne le distinguent de la déportation. Un commentateur de ce Traité

---

616 Jean-Marie Henckaerts, « Deportation and Transfer of Civilians in Time of War », *Vanderbilt Journal of Transnational Law*, vol. 26, 1993, pp. 469-519, spéc. p.472.
617 TPIY, Chambre de Première Instance I, *Le Procureur contre Radislav Krstic*, Jugement du 2 août 2001, § 479.
618 TPIY, Chambre de Première Instance II, *Le Procureur contre Milorad Krnojelac*, Jugement du 15 mars 2002, § 474.

relevait que : « However, given the common distinction between deportation as forcing persons to cross a national frontier and transfer as forcing them to move from one part of the country to another without crossing a national frontier, and given the basic presumption that no words in a treaty should be seen as surplus, it is likely that the common distinction was intended »[619].

Pour terminer sur cette question, il est intéressant de souligner que l'article 2-g du Statut du TPIY, dans sa version française, énonce parmi les « infractions graves aux Conventions de Genève de 1949 », « l'expulsion ou le transfert illégal d'un civil ou sa détention illégale » alors que la version anglaise du texte reprend la formule classique « unlawful deportation or transfer or unlawful confinement of a civilian ». Mais il ne s'agit là que d'une différence de traduction. Le Tribunal ne semble pas prêter importance à la variation du texte français. L'expulsion illégale est synonyme de déportation aux termes de la définition posée par le Statut de Rome. La Chambre de Première Instance II dans l'affaire *Krnojelac* a rappelé que : « si l'expulsion n'est pas clairement définie en droit international pénal, elle entre dans la définition de la déportation, ce qui semble indiquer qu'elle suppose un déplacement par-delà les frontières nationales »[620]. La Chambre a retenu que les différentes définitions de l'expulsion posée par le droit international des droits de l'Homme étaient compatibles avec la notion, telle qu'elle est employée pour définir la déportation en DIH.

§2. L'interdiction du déplacement forcé dans le cadre des conflits armés internes

L'article 3 commun aux quatre Conventions de Genève de 1949 consacre une norme minimale de protection en période de conflit armé non international. S'il préserve les personnes protégées de graves exactions, il n'interdit pas explicitement le déplacement forcé. Il est, en outre, difficile de déduire une telle règle de la formule laconique employée. Il faut toutefois rappeler que ces dispositions imposent un comportement minimum que les Parties au conflit sont invitées à dépasser. L'article 3 contient donc une obligation morale, un encouragement à adopter des mesures supplémentaires telles que bannir le déplacement forcé.

Le Protocole II de 1977 qui est venu compléter l'article 3 commun prohibe expressément le déplacement forcé en son article 17. Ainsi, « le déplacement de la population civile ne pourra pas être ordonné pour des raisons ayant trait au conflit sauf dans les cas où la sécurité des personnes civiles ou des raisons militaires impératives l'exigent. Si un tel déplacement doit être effectué, toutes les mesures possibles seront prises pour que la population civile soit accueillie

---

[619] Christopher K. HALL, dans Otto Triffterrer (Ed.) « *Commentary on the Rome Statute of the International Criminal Court* » , Nomos Verlengesellschaft, Baden Baden, 1999, p. 136.
[620] *Le Procureur contre Milorad Krnojelac*, Jugement du 15 mars 2002, op.cit., § 476.

dans des conditions satisfaisantes de logement, de salubrité, d'hygiène, de sécurité et d'alimentation ».Ces dispositions présentent des similitudes avec celles applicables dans les conflits internationaux en ce qu'elles tolèrent les mêmes dérogations. Ainsi, la population pourra être déplacée dans son propre intérêt, pour la préserver des effets des combats. Il est notable que le déplacement est interdit uniquement s'il repose sur des raisons liées au conflit. Aussi, les transferts de populations suite à des événements naturels tels que les séismes, inondations et autres épidémies sont licites. Par ailleurs, des raisons militaires impératives légitimeront un déplacement. Celles-ci doivent être réduites au strict minimum et aux termes du commentaire de l'article « l'appréciation de la situation doit se faire d'une façon particulièrement soigneuse »[621].

En outre, les populations civiles déplacées devront être accueillies « dans des condition satisfaisantes de logement, de salubrité, d'hygiène, de sécurité et d'alimentation ». Ces exigences s'appliquent aussi au déplacement lui-même comme l'a rappelé le Représentant du Secrétaire général dans ses Principes directeurs relatifs au déplacement de personnes à l'intérieur de leur propre pays. Le principe 7§2 précise que « les autorités qui procèdent à un tel déplacement de population veillent, dans toute la mesure possible, à ce que les personnes déplacées soient convenablement logées, que le processus de déplacement se fasse dans des conditions satisfaisantes sur le plan de la sécurité, de l'alimentation, de la santé et de l'hygiène et que les membres d'une même famille ne soient pas séparés »[622].

Au 30 mai 2012, le Protocole II liait 166 Etats. Cependant, la règle prohibant le déplacement forcé de population dans les conflits armés non internationaux relève du droit coutumier[623]. Sa transgression est constitutive d'un crime de guerre en vertu de l'article 8§2 e) viii) du Statut de la CPI. Par ailleurs, dans la mesure où la déportation et le transfert forcé peuvent être constitutifs de crimes contre l'humanité, une pratique équivalente perpétrée dans un conflit interne doit pouvoir l'être également. En effet, en matière de crimes contre l'humanité, le contexte de commission, temps de paix ou temps de guerre et *a fortiori* conflit international ou conflit interne, est indifférent.

Pour finir, le DIH interdit donc spécifiquement le déplacement forcé de populations. Mais la protection qu'il offre face à cette pratique est plus large encore. En effet, comme l'indique l'article 7§2-d du Statut de la CPI à propos

---

621 Le Commentateur ajoute que « les raisons militaires impératives ne peuvent naturellement pas se justifier par des motifs politiques. Il serait, par exemple, interdit de déplacer une population aux fins d'exercer un contrôle plus effectif sur un groupe ethnique dissident », CICR, *Commentaire des protocoles additionnels du 8 juin 1977 aux Conventions de Genève de 1949*, CICR, Genève, 1986, p. 1495.

622 Doc.off.UN E/CN.4/1998/53/Add.2 du 11 février 1998.

623 Voir Jean-Marie Henckaerts et Louise Doswald-Beck, *Droit international humanitaire coutumier*, op.cit., pp. 604-605.

de la déportation et du transfert forcé, le déplacement de force de personnes s'effectue « en les expulsant ou par d'autres moyens coercitifs ». Or, le droit des conflits armés, en plus de proscrire le déplacement forcé en tant que tel, prohibe les différentes mesures de contrainte qui pourraient être exploitées à cette fin. Partant, il étouffe la pression qui en constitue la base et ne laissera plus de place que pour le déplacement volontaire. Il importera, au surplus, de relever que le DIH contient des règles adaptées à la spécificité du nettoyage ethnique qui implique un déplacement forcé opéré sur des bases discriminatoires. Ce seront, en effet, certains éléments d'une population qui seront visés, en raison de leur différence.

Section 2. La protection contre les mesures de contrainte au déplacement

On l'a vu, le déplacement forcé résulte d'une contrainte exercée sur les éléments indésirables d'une population. En période de conflit armé, elle se manifestera de manière très variée, le plus souvent violente. Mais elle ne se limite pas à la force physique et pourra aussi consister en des menaces de violence, des mesures de détention ou des pressions psychologiques.

Le Rapport final de la Commission d'experts pour l'ex-Yougoslavie fait état des nombreuses mesures coercitives employées par les forces serbes dans les zones stratégiques qui relient la Serbie aux territoires peuplés par les Serbes en Bosnie et en Croatie, et met en évidence leur diversité. Il énumère ainsi les : « assassinats, tortures, viols et autres sévices sexuels, graves dommages corporels causés aux civils, mauvais traitements infligés aux prisonniers civils et aux prisonniers de guerre, utilisation de civils comme boucliers humains, destruction de biens personnels, publics et culturels, vols et pillages, expropriations forcées... »[624]. Le rapport précise que « ces actes de violence sont souvent perpétrés avec une brutalité et une sauvagerie destinées à terroriser les populations civiles afin de les obliger à fuir et à ne jamais revenir »[625], d'ailleurs ils faisaient l'objet d'une grande publicité de la part de leurs auteurs.

Les règles du DIH qui prohibent ces différentes pratiques offrent conséquemment une protection efficiente face au déplacement forcé en ce qu'elles font obstacle à la coercition qui en constitue la base. Parmi les moyens de contrainte les plus significatifs, une distinction peut être retenue selon qu'ils sont mis en œuvre durant les hostilités ou qu'ils sont déployés contre la population au pouvoir de la Partie au conflit qui mène la politique de déplacement. Le premier cas de figure affectera des civils placés sous la protection du droit de La Haye et notamment immunisés contre toute attaque (§1). La seconde hypothèse affectera des individus à qui le droit de Genève garantit un traitement humain (§2).

---

[624] *Rapport final de la Commission d'experts constituée conformément à la Résolution 780 (1992) du Conseil de sécurité*, 27 mai 1994, Doc.off.UN S/1994/674, p. 35.
[625] *Idem.*

§1. La protection de la population civile contre les attaques

Durant les combats, lancer des attaques contre la population civile est un moyen éprouvé de la contraindre au déplacement. Les pertes en vies humaines engendrées, la destruction de son cadre de vie et plus généralement le sentiment de peur provoqué permettront aux Parties au conflit de chasser les présences indésirables. Le vocable « attaques » en droit des conflits armés « s'entend des actes de violence contre l'adversaire, que ces actes soient offensifs ou défensifs »[626] et doit donc être appréhendé dans un sens large : les attaques sont des actions de combat participant à la réalisation d'une opération militaire. Or, celles-ci sont réputées ne pouvoir être dirigées que contre des combattants. Il importera donc, de préciser dans quelle mesure les règles de la conduite des hostilités préservent la population civile de telles incitations au déplacement.

Le droit de la guerre repose sur l'idée que les belligérants ne peuvent attaquer n'importe qui, n'importe quoi, n'importe comment. Le principe cardinal de cette réglementation est le principe de distinction qui proscrit de diriger des actions de combat contre les civils ou leurs biens (A). Par ailleurs, le droit international humanitaire, en condamnant la « terrorisation », interdit les attaques occasionnant des troubles psychologiques (B).

A. Le principe de distinction

Ce principe trouve son inspiration dans le préambule de la Déclaration de Saint Pétersbourg de 1868 à l'effet d'interdire l'usage de certains projectiles en temps de guerre en ces termes : « Le seul but légitime que les Etats doivent se proposer durant la guerre est l'affaiblissement des forces militaires de l'ennemi ». Il faudra attendre 1938 et une résolution adoptée par l'Assemblée de la Société des Nations (SDN) suite à la guerre civile espagnole[627] pour en trouver une première formulation suffisamment explicite en attendant sa véritable codification par le Protocole I de 1977. Aujourd'hui solidement ancrée dans le droit coutumier, cette règle s'applique tant pour les conflits armés internationaux que non internationaux. Mais pour pouvoir apprécier si telle attaque en constitue effectivement une violation, encore faut il connaître l'étendue de cette règle, sa substance, ce qu'il conviendra d'analyser dans un premier temps (1) avant de rechercher si des dommages causés à la population civile à l'occasion d'opérations militaires peuvent se justifier juridiquement (2).

---

626 Protocole additionnel I du 8 juin 1977 aux Conventions de Genève du 12 août 1949, article 49-1.

627 Cet acte unilatéral du 30 septembre 1938 dispose que « le bombardement intentionnel de populations civiles est contraire au droit », dans Société des Nations, Journal officiel, Supplément spécial n° 182, Documents officiels de la dix-neuvième session ordinaire de l'Assemblée, p. 16.

1. La substance du principe de distinction

Celui-ci induit une obligation de comportement à la charge de l'attaquant qui se décompose en une interdiction d'attaquer les civils *stricto sensu* (a) ainsi que leurs biens (b).

a. Préserver les civils des attaques

Le Protocole additionnel I a codifié la règle en ces termes : « Ni la population civile en tant que telle ni les personnes civiles ne doivent être l'objet d'attaques»[628]. Voilà un principe si fondamental du droit des conflits armés qu'il apparaissait inconcevable à l'époque de la Conférence diplomatique d'en limiter le champ d'application par des réserves[629].

On rappellera que le DIH définit le civil par opposition au combattant. Ainsi, le Protocole I prévoit, que dans un conflit armé international, « est considérée comme civile toute personne n'appartenant pas à l'une des catégories visées à l'article 4A-1), 2), 3), et 6) de la IIIe Convention et à l'article 43 du présent Protocole » [630] (ces catégories renvoient en fait aux forces armées en présence)[631]. Ainsi le non-combattant[632] est-il défini par opposition au

---

[628] Protocole additionnel I du 8 juin 1977 aux Conventions de Genève du 12 août 1949, article 51-2. L'article 13§2 du Protocole II formule la même règle.

[629] Le projet initial présenté par le CICR incluait ces dispositions parmi celles auxquelles il ne pourrait pas être opposé de réserves. Si en définitive aucune disposition relative aux réserves ne fût retenue dans le texte du Traité il était clair dans les esprits que l'article 51 n'en souffrirait aucune (voir *Commentaire des Protocoles additionnels du 8 juin 1977 aux Conventions de Genève du 12 août 1949*, op.cit, p. 630).

[630] Protocole additionnel I du 8 juin 1977 aux Conventions de Genève du 12 août 1949, article 50§1.

[631] En effet, les dispositions de l'article 4A-1), 2), 3), et 6) de la IIIe Convention donnent une définition du combattant sous forme d'énumération limitative. Sont ainsi qualifiés de combattants : « « 1) les membres des forces armées d'une Partie au conflit, de même que les membres des milices et des corps de volontaires faisant partie de ces forces armées ; 2) les membres des autres milices et les membres des autres corps de volontaires, y compris ceux des mouvements de résistance organisés, appartenant à une Partie au conflit et agissant en dehors ou à l'intérieur de leur propre territoire, même si ce territoire est occupé, pourvu que ces milices ou corps de volontaires, y compris ces mouvements de résistance organisés, remplissent les conditions suivantes : a) d'avoir à leur tête une personne responsable pour ses subordonnés ; b) d'avoir un signe distinctif fixe et reconnaissable à distance ; c) de porter ouvertement les armes ; d) de se conformer, dans leurs opérations, aux lois et coutumes de la guerre ; 3) les membres des forces armées régulières qui se réclament d'un gouvernement ou d'une autorité non reconnus par la Puissance détentrice (…) ; 6) la population d'un territoire non occupé qui, à l'approche de l'ennemi, prend spontanément les armes pour combattre les troupes d'invasion sans avoir eu le temps de se constituer en forces armées régulières, si elle porte ouvertement les armes et si elle respecte les lois et coutumes de la guerre ». L'article 43 du Protocole I reprend ces éléments.

[632] Sera retenue ici la distinction usuelle entre combattants et non-combattants pour désigner les membres des forces armées par rapport aux personnes civiles. Il convient cependant de noter, par souci de précision, que dans le vocabulaire classique du droit de la guerre, les expressions combattants et non-combattants renvoient toutes deux à des composantes des forces armées. Ainsi, The Handbook of Humanitarian Law in Armed Conflicts precise : « The armed forces of a party toa conflict of combatants and no-combatants. Combatants are persons who may take a

combattant. Le même raisonnement par exclusion doit être appliqué pour identifier un civil dans un conflit armé non international. Toutefois, dans le silence des textes, il paraît impossible de délimiter rigoureusement la notion de forces armées dans le cadre d'un conflit armé non international et, par conséquent, d'en tirer une définition de la population civile. Il faut ici se contenter d'une conception large et donc approximative du civil comme toute personne n'étant pas membre d'un groupe armé organisé, placée sous un commandement responsable de sa conduite et qui ne participe pas directement aux hostilités dans une telle mesure qu'elle serait considérée comme tel. Cette imprécision traduit bien la dimension embryonnaire et limitée du DIH applicable dans les conflits armés internes.

Si l'interdiction de mener des attaques contre les civils posée par le Protocole I est claire, d'autres règles viennent en renforcer l'effectivité. En effet, ainsi formulée la prohibition couvre les attaques délibérées, le choix volontaire de civils comme objectifs. Mais il faut aussi considérer que dans le chaos des hostilités faire la distinction pourra s'avérer délicat aussi le droit de la guerre comprend-il des principes complémentaires de mise en œuvre. Il s'agit de grandes orientations, relevant du droit coutumier, encadrant la conduite des attaques et applicables tant dans les conflits armés internationaux que non internationaux.

Au premier chef de celles-ci on trouve l'interdiction des attaques sans discrimination. Elles sont propres à « frapper indistinctement des objectifs militaires et des personnes civiles ou des biens de caractère civil »[633] et, de fait, illicites. Les Parties à un conflit se doivent de toujours maîtriser les effets de leurs actions militaires ce qui implique, par exemple, de ne pas lancer de bombardements massifs sur des zones à forte concentration civile ou l'interdiction de certains types d'armement aux effets dévastateurs. L'Assemblée Générale des Nations Unies (AGNU) a ainsi condamné sur cette base « le bombardement aveugle de civils dans les zones de sécurité de Sarajevo, Tuzla, Bihac et Gorazde, ainsi que l'utilisation de bombes en grappe contre des cibles civiles par les forces serbes de Croatie et de Bosnie »[634] en 1996.

---

direct part in the hostilities (...), i.e. participate in the use of a weapon or a weapon-system in an indispensable function. The other members of the armed forces are regarded as non-combatants », explicitant en ces termes l'article 3 du Règlement de La Haye de 1907. (Dieter Fleck (Ed.), *The Handbook of Humanitarian Law in Armed Conflicts,* Oxford University Press, Oxford, 1995, p. 66). Or, ces membres des forces armées, qu'ils soient combattants ou non au sens du Règlement de La Haye bénéficient du statut de prisonnier de guerre. Aussi, le régime applicable étant uniforme, la distinction fût-elle abandonnée par l'article 43§1 du Protocole I.

633 Protocole additionnel I du 8 juin 1977 aux Conventions de Genève du 12 août 1949, article 51-4.

634 AGNU, Résolution 50/193 du 11 mars 1996, Doc.off.UN A/RES/50/193, § 5.

Ensuite, les attaques doivent être proportionnées à l'avantage militaire attendu. En effet, il est interdit de lancer des actions qui, de manière incidente, affecteraient la population démesurément par rapport à l'objectif militaire convoité. Il faut relever ici que ce principe ne condamne que les dommages excessifs causés à la population civile et semble tolérer une certaine mesure de dommages incidents sur laquelle il conviendra de revenir par la suite. Plus généralement, il incombe aux forces armées de prendre toutes les précautions possibles pour limiter les pertes en vies civiles. Cette obligation est définie à l'article 57 du Protocole I qui la décompose en différentes mesures destinées à épargner la population telles que la vérification des objectifs[635], le choix de moyens et de méthodes de combat appropriés ou encore avertir en temps utile et par des moyens efficaces les civils de l'imminence d'attaques. Ces mesures attestent de la bonne foi du belligérant traduisant sa volonté de se conformer à la réglementation. Mais durant le conflit bosniaque des mesures de précaution ont été appliquées de manière discriminée, notamment l'obligation d'avertissement préalable : à titre d'exemple, lorsque le 16 avril 1993 les forces du HVO ont attaqué les villages et villes de la Vallée de la Lasva les civils croates de Bosnie furent évacués la nuit qui a précédé l'attaque[636] de telle manière qu'il ne restait plus que les civils musulmans au moment ce celle-ci. Il s'agit bien là d'une violation délibérée du principe de précaution destinée à chasser les civils musulmans de la région d'Ahmici. Or, en définitive, ne pas respecter ces lignes de conduite équivaut à violer le principe de distinction.

Pour souligner l'importance du principe et son effectivité il importe de relever que sa violation est constitutive d'une infraction grave aux Conventions de Genève aux termes de l'article 85 du Protocole I. Le Statut de la CPI a confirmé cette incrimination : le fait de « diriger intentionnellement des attaques contre la population civile en tant que telle ou contre des civils qui ne participent pas directement aux hostilités »[637] est un crime de guerre. La même incrimination est prévue lorsque les mêmes exactions sont commises durant un conflit armé non international[638]. Le principe de distinction contient un second volet, matériel.

b. Préserver les biens civils des attaques

Les biens de caractère civil pourront être affectés de deux manières durant un conflit armé : soit ceux-ci seront détruits incidemment à l'occasion d'attaques lancées contre des objectifs militaires ou contre la population civile

[635] Il est intéressant de souligner à ce propos que dans l'affaire *Gotovina*, la Chambre de première instance du TPIY avait toléré une marge d'erreur de 200 mètres dans les tirs d'artillerie, qui sera heureusement rejetée en appel car injustifiée, voir TPIY, Chambre d'appel, *Le Procureur contre Ante Gotovina et Mladen Markac*, Arrêt du 16 novembre 2012, spéc. §§ 58 à 61.

[636] Voir l'Acte d'accusation modifié du 9 février 1998 dans l'affaire *le Procureur contre Zoran Kupreskic et consorts*, notamment paragraphes 8 et 9.

[637] Statut de Rome de la CPI du 17 juillet 1998, article 8§2-b i.

[638] *Idem*, article 8§2-e i.

en tant que telle en marge des principes de conduite précédemment évoqués ; soit ceux-ci seront intentionnellement visés par les forces ennemies. Le premier cas de figure renverra davantage à la dimension « humaine » du principe de distinction tandis que le second affectera sa dimension « matérielle » à proprement parler, bien que les deux soient intimement imbriquées. Dans la perspective d'une campagne visant à contraindre une population au déplacement, détruire ses biens, son patrimoine ou bien l'aliéner reviendra à détruire son attache matérielle au territoire considéré et constitue un moyen d'incitation au départ. Il est, dès lors, opportun de dissocier cet aspect matériel dans l'analyse du principe de distinction. A titre d'exemple, l'acte d'accusation délivré le 10 novembre 1995 par le Procureur du TPIY à l'encontre de Zlatko Aleksovski relatif à la destruction de biens appartenant aux civils musulmans résidant dans la vallée de la Lasva entre 1992 et 1993 dispose que « l'effet de cette destruction illégale, excessive et sans motif de centaines de maisons, de biens mobiliers et de bétail appartenant à des Musulmans de Bosnie, non justifiée par les exigences militaires, a été d'assurer que les habitants restant en vie ne pourraient pas ou ne voudraient pas rentrer dans leurs foyers et communautés de la région de la vallée de la Lasva »[639].

Si le droit de la guerre interdit donc d'attaquer des biens de caractère civil, il convient de préciser quels sont ces biens pour mesurer la portée de la règle. Il faut, à cet effet, user du même raisonnement *a contrario* que pour identifier la population civile. Les biens civils sont tous les biens qui ne sont pas des objectifs militaires. L'article 52§2 du Protocole additionnel I pose deux critères afin de les reconnaître. Ce sont les biens qui : « par leur nature, leur emplacement, leur destination ou leur utilisation apportent une contribution effective à l'action militaire » et « dont la destruction totale ou partielle, la capture ou la neutralisation offre en l'occurrence un avantage militaire précis ». Malgré leur précision ces conditions n'apparaissent pas des plus aisées à manier du fait du potentiel usage militaire d'un bien. Il existe des biens militaires par nature, tels des stocks d'armes, des casernes ou des infrastructures de communication militaire, qui ont par essence vocation à contribuer à l'action militaire. Mais des biens pourront aussi être détournés de leur fonction initiale, et être exploités à des fins militaires : des habitations, des écoles qui sont *a priori* des biens civils pourront être réquisitionnés et affectés à un usage militaire devenant ainsi des objectifs légitimes. Par exemple, le fait d'installer une position d'artillerie sur le toit d'un hôpital en fait une cible légitime. De même, des installations à vocation économique seront susceptibles d'être attaquées car soutenant effectivement l'action des forces armées, différents conflits du Golfe Persique ont illustré cette destination militaire des puits et

639 Voir l'Acte d'accusation initial du 10 novembre 1995 dans l'affaire *Le Procureur contre Zlatko Aleksovski*, § 32.

raffineries de pétrole. La frontière entre bien civil et militaire est des plus ténues.

D'une manière générale, il faut considérer avec le Professeur David qu' « il n'y a pas de biens civils ou d'objectifs militaires en soi ou par essence : tout dépend de l'effet d'un bien sur le cours des hostilités en termes de stratégie militaire »[640].

Cependant, afin de préserver au maximum les biens réputés les plus élémentaires à la vie des civils, une présomption de leur « civilité » a été introduite à l'article 52§3 du Protocole additionnel I. Dès lors, en cas de doute, « un bien qui est normalement affecté à un usage civil, tel qu'un lieu de culte, une maison, un autre type d'habitation ou une école, est présumé ne pas être utilisé en vue d'apporter une contribution effective à l'action militaire ». Il est donc interdit d'attaquer ces biens sauf à avoir la certitude qu'ils abritent des forces ennemies et ou leur matériel. Autrement dit, cette certitude renvoie au principe de précaution dans l'attaque déjà évoqué et notamment aux mesures de vérification qu'il implique.

Transgresser l'interdiction d'attaquer des biens civils dans un conflit armé international constitue une infraction grave aux Conventions de Genève à l'instar du volet humain du principe de distinction. Le Statut de la CPI inclut ce comportement parmi les crimes de guerre[641]. Cette violation n'est pas incriminée lorsqu'elle est commise dans le cadre d'un conflit interne.

Si l'interdiction de lancer des attaques contre la population civile et ses biens est un principe cardinal du droit de la guerre il supporte une relative marge de tolérance à l'égard des nécessités militaires qui impliqueraient des dommages collatéraux parmi elle. Par conséquent, les mouvements de population qui s'ensuivraient se trouveraient ici justifiés par le droit.

2. Les dérogations au principe fondées sur la nécessité militaire

Le principe de distinction soulève un problème : celui de savoir si la présence de personnes et de biens civils à proximité d'objectifs militaires rend l'attaque de ces derniers illégitime. En effet, ils courent nécessairement le risque d'être touchés par les frappes. Mais une réponse positive à cette question réduirait à une peau de chagrin les objectifs militaires susceptibles d'être visés et par là anéantirait la possibilité de prendre l'avantage sur son adversaire. Aussi le droit de La Haye, face à ce type de situation, a, pour reprendre le Professeur David, « fait prévaloir le réalisme et les nécessités militaires sur l'idéal humanitaire »[642]. C'est-à-dire que, dans une certaine mesure, des attaques qui affecteront des civils trouveront leur justification dans les exigences militaires.

---

[640] Eric David, *Principes de droit des conflits armés*, op.cit., p. 311.
[641] Comme le précise l'article 8§2-b ii du Statut de Rome de la CPI.
[642] Eric David, *Principes de droit des conflits armés*, op.cit., p. 289.

Tout d'abord, il faut rappeler que les civils qui prennent directement part à la conduite des hostilités perdent pendant la durée de cette participation le bénéfice de la protection attachée à leur statut, c'est-à-dire l'immunité. Aussi, en ces circonstances, des attaques pourront être dirigées contre ces civils qui prennent les armes sans qu'il y ait violation du principe de distinction[643].

Mais au-delà de ce cas particulier, le droit de la conduite des hostilités tolère une certaine marge de dommages collatéraux parmi les civils et leurs biens dans la mesure où ceux-ci ne sont pas « excessifs » par rapport à l'avantage militaire concret et direct attendu. L'article 51§5 du Protocole additionnel I[644] invite à faire la balance entre l'avantage militaire escompté et l'impact incident des attaques sur la population civile, si celle-ci penche en faveur du profit militaire alors les attaques seront licites. Il faut néanmoins considérer que les forces en présence au moment de lancer l'attaque restent sous l'empire des principes précédemment évoqués de proportionnalité et de précaution. Le commentaire du Protocole précise que « l'attaque doit être dirigée contre un objectif militaire, avec des moyens qui n'excèdent pas l'objectif mais sont adaptés à sa seule destruction (...) en outre, si ces conditions sont remplies, il faut que les pertes et dommages civils incidents ne soient pas excessifs »[645]. Le problème de la détermination du caractère excessif reste entier. Il est, en effet, délicat de mettre en balance des vies humaines et des objectifs militaires. Jamais choix n'a été plus subjectif, et celui-ci revient à des militaires en campagne affectés moralement, autant dire que s'en remettre à leur bonne foi est une solution des plus aléatoires. Cependant, la modernisation des moyens de combat et la plus grande précision offerte par les nouvelles technologies autorisent à penser que les risques de dommages collatéraux s'amoindrissent[646].

Une autre dérogation peut être évoquée, justifiant que des dommages soient causés à la population civile ou ses biens en cas d'attaque, mais celle-ci n'est en réalité qu'une application particulière de la précédente : lorsque des civils sont

---

643 L'article 51§3 du Protocole I prévoit en effet que « les personnes civiles jouissent de la protection accordée par la présente section, sauf si elles participent directement aux hostilités et pendant la durée de cette participation ». La même règle est applicable dans les conflits armés internes. Pour des précisions sur la notion d'actes d'hostilité, on renverra au Commentaire des Protocoles additionnels du 8 juin 1977 aux Conventions de Genève du 12 août 1949, op.cit., p. 633.

644 Celui-ci dispose que : « Seront, entre autres, considérés comme effectués sans discrimination les types d'attaques suivants : (...) b) les attaques dont on peut attendre qu'elles causent incidemment des pertes en vies humaines dans la population civile, des blessures aux personnes civiles, des dommages aux biens de caractère civil, ou une combinaison de ces pertes et dommages, qui seraient excessifs par rapport à l'avantage militaire concret et direct attendu ».

645 *Commentaire des Protocoles additionnels du 8 juin 1977 aux Conventions de Genève du 12 août 1949*, op.cit., p. 640.

646 D'aucuns rétorqueront, à juste titre, qu'on est jamais à l'abri d'une bavure comme l'illustrent la destruction de l'ambassade de Chine à Belgrade le 8 mai 1999 par les forces de l'OTAN ou l'attaque d'un train de passagers civils à Grdelica Gorge le 12 avril 1999 (alors que le pont était attaqué et que le passage du train n'avait pas été prévu).

concentrés à proximité d'objectifs militaires trop peu espacés les uns des autres pour constituer des objectifs distincts. En effet, le Protocole additionnel I interdit les bombardements[647] de zone qui visent à atteindre plusieurs objectifs distincts en les traitant comme objectif unique. Les effets dévastateurs et indiscriminés occasionnés ont jeté l'opprobre sur cette pratique qui s'est concrétisée par l'interdiction des « attaques par bombardement, quels que soient les méthodes ou moyens utilisés, qui traitent comme un objectif militaire unique un certain nombre d'objectifs militaires nettement espacés et distincts situés dans une ville, un village ou toute autre zone contenant une concentration analogue de personnes civiles ou de biens de caractère civil »[648]. Il faut déduire de cette rédaction que les objectifs qui ne sont pas « nettement espacés et distincts » peuvent être traités comme objectif unique. Le caractère nettement espacé et distinct est ici indéterminé et en l'absence de plus amples précisions il dépendra de l'appréciation des forces en présence en fonction du degré de précision des armes employées comme le laisse entendre le Commentaire du protocole : « dès que la distance qui sépare deux objectifs militaires est suffisante, compte tenu des moyens à disposition, pour qu'ils soient attaqués séparément, la règle trouve sa pleine application »[649]. Les pertes en vies civiles acceptables dépendent donc, là encore, de l'importance stratégique des objectifs militaires visés.

Ensuite, les attaqués ne doivent pas exploiter le principe de distinction pour se prémunir des attaques, ni se fonder sur le caractère excessif des pertes en vies humaines pour immuniser leurs installations militaires. Ainsi, est-il interdit, dans la mesure du possible, de placer des objectifs militaires à l'intérieur ou à proximité de zones fortement peuplées, cette règle de nature coutumière a été codifiée à l'article 58-b du Protocole I[650] et est aussi valable pour les conflits non internationaux.

A l'inverse, il est interdit de placer des civils à proximité d'installations militaires pour protéger ces dernières des attaques, cette pratique dite du bouclier humain est vivement condamnée par le droit de la guerre tant dans les

---

647 L'expression bombardements par des méthodes ou des moyens quels qu'ils soient « désigne toute attaque par tir (tirs directs d'armes automatiques exceptés) et de tout type de projectiles » (*Commentaire des Protocoles additionnels du 8 juin 1977 aux Conventions de Genève du 12 août 1949*, op.cit., p. 639).

648 Protocole additionnel I du 8 juin 1977 aux Conventions de Genève du 12 août 1949, article 51§5.

649 *Commentaire des Protocoles additionnels du 8 juin 1977 aux Conventions de Genève du 12 août 1949*, op.cit., p. 640. Nous soulignons.

650 Ainsi « Dans toute la mesure de ce qui est pratiquement possible, les Parties au conflit : (…) b) éviteront de placer des objectifs militaires à l'intérieur ou à proximité des zones fortement peuplées ».

conflits armés internationaux que non internationaux[651]. Cette dernière règle coutumière, s'applique de manière absolue tandis que l'interdiction d'installer des objectifs militaires parmi les civils s'exerce dans la mesure du possible. D'ailleurs, le « fait d'utiliser la présence d'un civil ou d'une autre personne protégée pour éviter que certains points, zones ou forces militaires ne soient la cible d'opérations militaires » constitue un crime de guerre au regard de l'article 8-2-b xxiii du Statut de la CPI. Cet instrument n'incrimine toutefois pas le même comportement commis dans le cadre d'un conflit interne.

Enfin, peut être rapprochée du principe de distinction l'interdiction d'attaquer des localités non défendues. Cette règle est énoncée à l'article 59 du Protocole I. Une Partie au conflit peut ainsi déclarer localité non défendue « tout lieu habité se trouvant à proximité ou à l'intérieur d'une zone où les forces armées sont en contact et qui est ouvert à l'occupation par la Partie adverse ». Cette dernière qui recevra la déclaration devra en accuser réception et s'abstenir de lancer des attaques contre ladite localité. Toutefois, le second alinéa de l'article 59 énonce quatre conditions nécessaires à la qualification de localité non défendue : «

- tous les combattants ainsi que les armes et le matériel militaire mobiles devront avoir été évacués ;
- il ne doit pas être fait un usage hostile des installations ou des établissements militaires fixes ;
- les autorités et la population ne commettront pas d'actes d'hostilité ;
- aucune activité à l'appui d'opérations militaires ne doit être entreprise ».

Ces conditions renvoient finalement à la condition d'inoffensivité nécessaire au bénéfice de la qualité de civil. Les installations militaires pourront être exploitées, mais pas à des fins militaires : les casernes pourront, par exemple, abriter des réfugiés. L'interdiction de lancer des attaques contre les localités non défendues correspond à une application localisée du principe de distinction. La règle ne figure ni à l'article 3 commun aux Conventions de 1949 ni dans le Protocole II mais il semble que son application dans les conflits armés non internationaux relève du droit coutumier[652]. La transgression de cette règle dans les conflits armés internationaux a été érigée en infraction grave par l'article 85§3-d[653].

Il faut ajouter par ailleurs que le DIH prohibe spécialement les attaques destinées à semer la terreur parmi la population.

---

651 Lire sur la question des boucliers humains, Stéphanie Bouchié de Belle, « Enchainés aux canons ou une cible sur leur T-shirt : les boucliers humains en droit international humanitaire », *RICR*, décembre 2008, vol. 90, n° 872, pp. 852-883.

652 Voir Jean-Marie Henckaerts et Louise Doswald-Beck, *Droit international humanitaire coutumier*, op.cit., pp. 165-168.

653 Elle figure également à l'article 3-c du Statut du TPIY et 8§2-b v du Statut de Rome de la CPI.

B. La contrainte psychologique : la terrorisation

La terrorisation est interdite tant dans les conflits armés internationaux que non internationaux en des termes identiques : « Sont interdits les actes ou menaces de violence dont le but principal est de répandre la terreur parmi la population civile »[654]. Il est évident que toute guerre provoque la peur chez ceux qui la subissent, elle est un sentiment naturel ; ce qui est ici condamné c'est le fait de l'entretenir, de la nourrir délibérément. Le Commentaire précise que « ce que l'on a voulu prohiber, ce sont les actes de violence, qui, sans présenter de valeur militaire importante, ont pour objet principal de semer la terreur parmi la population civile »[655]. Ce sont les effets moraux des violences qui sont visés. A l'appui de cette idée il faut préciser que les menaces sont prohibées au même titre que les actes en eux-mêmes. Il s'agit là d'un moyen usité de pression pour contraindre au départ, à titre d'exemple l'Acte d'accusation de Radovan Karadzic dénonce « un plan d'action qui prévoyait la création de conditions de vie impossibles, se traduisant par (…) des tactiques de terreur destinées à pousser les non-Serbes à quitter ces régions (constituant la République serbe de Bosnie) »[656].

D'ailleurs, cette pratique peut aujourd'hui faire l'objet de poursuites pénales sur la scène internationale devant le TPIY. La Chambre de Première Instance I a rendu un jugement important le 5 décembre 2003 dans l'affaire *Galic* à propos de la terrorisation en consacrant l'existence d'une incrimination spécifique y relative. En effet, l'accusé était l'officier de la VRS qui avait commandé le plus longtemps le siège de Sarajevo et l'Acte d'accusation délivré à son encontre comprenait un chef de terrorisation suite à la campagne prolongée de tirs isolés et de bombardements menée contre les civils de la capitale bosniaque. C'est la première fois qu'un tribunal international était amené à se prononcer sur la question[657]. La Chambre s'est attachée à déterminer si le fait de tuer ou de blesser des civils pendant un conflit armé, avec l'intention de répandre la terreur

---

[654] La même formule est employée à l'article 51§2 du Protocole I et 13§2 du Protocole II.

[655] *Commentaire des Protocoles additionnels du 8 juin 1977 aux Conventions de Genève du 12 août 1949*, op.cit., p. 632.

[656] TPIY, *Le Procureur contre Radovan Karadzic*, Acte d'accusation modifié du 31 mai 2000, § 10.

[657] Le Tribunal a cité un exemple de déclaration de culpabilité prononcée par une juridiction interne pour terrorisation de la population civile durant le conflit yougoslave : En mai 1997, Rajko Radulovic et d'autres membres de l'armée de la « *Republika Srpska* » ont été déclarés coupables par le tribunal de district de Split, en Croatie, en application notamment de l'article 33 de la quatrième Convention de Genève, de l'article 51 du Protocole additionnel I et de l'article 13 du Protocole additionnel II, pour avoir, entre autres, exécuté « un plan visant à terroriser et à maltraiter les civils », « exécuté les ordres de leurs supérieurs dans le but de semer la terreur » en ouvrant par exemple le feu au hasard dans des zones civiles et en menaçant de détruire un barrage avec l'intention de noyer les quelques 30 000 personnes vivant en aval (et en entreprenant de mettre cette menace à exécution). Voir TPIY Chbre de première instance I, *Le Procureur contre Stanislav Galic*, Jugement du 5 décembre 2003, § 126. Ce chef d'accusation figure aussi dans plusieurs actes d'accusation délivrés par le Tribunal Spécial pour la Sierre Leone.

parmi la population constituait un crime relevant de sa compétence. Elle répondit par la positive en consacrant une incrimination dérivée de celle prévue par l'article 3 du Statut du Tribunal en cas de soumission de la population civile ou des personnes civiles à une attaque. En effet, « l'interdiction de répandre la terreur est une interdiction particulière qui entre dans le cadre de l'interdiction générale des attaques contre des civils »[658] celle-ci même qui est constitutive d'une violation des lois et coutumes de la guerre. Elle estime, en outre, que si « l'interdiction générale est une norme impérative du droit international coutumier. On pourrait dire que l'interdiction particulière revêt elle aussi un caractère impératif, puisqu'elle protège les mêmes valeurs »[659]. Le Jugement *Galic* précise les conditions nécessaires pour que le crime qu'elle constitue soit avéré : «

1. Actes de violence dirigés contre la population civile ou des personnes civiles ne participant pas directement aux hostilités, qui entraînent parmi elles la mort ou des atteintes graves à l'intégrité physique ou à la santé.

2. L'auteur a intentionnellement soumis à ces actes de violence la population civile ou des personnes civiles ne participant pas aux hostilités.

3. L'infraction susmentionnée a été commise dans le but principal de répandre la terreur parmi la population civile ».

Le crime de terrorisation se caractérise donc de la violation du principe de distinction par un élément moral spécifique : l'intention de répandre la terreur qui doit donc être le résultat escompté par l'auteur. La portée de cette incrimination nouvelle semble à première vue limitée. Les juges ont choisi de ne se prononcer que sur les violations graves des dispositions de la deuxième partie de l'article 51-2 du Protocole I qui ont fait des morts et des blessés, mais pas sur d'autres formes de violation qui ne font pas de victimes. Il est toutefois tentant de généraliser le raisonnement adopté. Les comportements visant à répandre la terreur parmi les civils, quel que soit leur effet destructeur, constituent des « attaques particulières » et, de fait, constitueront des crimes de guerre. Mais l'intention spécifique qui les caractérise justifie une incrimination autonome.

Des mesures de contrainte au déplacement peuvent aussi être employées par la Partie belligérante à l'encontre des populations qui sont en son pouvoir. Il convient maintenant d'examiner comment le droit de Genève fait obstacle à ces pratiques.

§2. Les garanties offertes aux « personnes protégées » face aux contraintes au déplacement

---

[658] TPIY Chambre de première instance I, *Le Procureur contre Stanislav Galic*, Jugement du 5 décembre 2003, op.cit., § 98.
[659] *Idem.*

La coercition au départ se manifeste par la violence ou par l'intimidation. Face aux méthodes employées, le DIH garantit, d'une manière générale, un traitement humain aux populations placées sous la coupe de l'ennemi (A). Mais dans le contexte particulier du nettoyage ethnique, les pratiques mises en œuvre pour homogénéiser la population se caractérisent par leur caractère discriminatoire. Ce seront effectivement certaines parties d'une population qui seront visées en raison de leur différence. Partant, il conviendra d'analyser si et comment le DIH répond à cette spécificité (B).

A. Le droit d'être traité avec humanité

Les personnes civiles au pouvoir de l'ennemi ont droit à un traitement humain. Cette règle générale coutumière est valable tant dans les conflits armés internationaux que non internationaux. Le DIH ne définit pas l'expression traitement humain. « Le mot « traitement » doit être pris ici dans son sens le plus général, comme s'appliquant à toutes les conditions de l'existence d'un homme »[660]. La notion est large, elle apparaît comme un principe général de conduite recouvrant une pluralité de règles prohibitives de comportements manifestement incompatibles. Les Conventions de Genève de 1949 et leurs Protocoles énoncent ainsi des exemples de mauvais traitements considérés comme inhumains. Mais la notion est évolutive, c'est pourquoi les plénipotentiaires se sont abstenus de dresser une liste de ces actes, de crainte qu'elle ne présente un caractère limitatif. La Chambre de Première Instance I du TPIY relevait dans l'affaire *Celebici* qu'un traitement inhumain « est un acte ou une omission intentionnel, c'est-à-dire un acte qui, jugé objectivement, apparaît délibéré et non accidentel, et qui cause de graves souffrances mentales ou physiques ou constitue une atteinte grave à la dignité humaine (...). Ainsi, les traitements inhumains sont des traitements intentionnellement administrés qui contreviennent au principe fondamental d'humanité »[661]. Il faut noter que les règles condamnant les actes inhumains sont générales et absolues, c'est-à-dire qu'elles ne tolèrent aucune dérogation. Ces normes présenteront une pertinence toute particulière face à une politique de déplacement forcé qui impliquera les pires moyens de coercition pour encourager le départ des éléments indésirables.

Tous les traitements inhumains affectent l'intégrité physique ou morale des victimes qui seront naturellement tentées de fuir pour y échapper. Aussi, en théorie, toutes les règles qui interdisent ces traitements sont utiles à prévenir un déplacement forcé de populations. Néanmoins, certaines prohibitions se révèlent plus pertinentes puisqu'elles correspondent à des pratiques plus spécifiquement employées pour inciter au départ, comme ont pu le révéler, les conflits yougoslaves. Partant, seront ici retenues les règles interdisant : le

---

[660] *Commentaire de la Convention IV de Genève relative à la protection des personnes civiles en période de conflit armé*, op.cit., p. 219.

[661] TPIY, *Le procureur contre Zejnil Delalic, Zdravko Mucic, Hazim Delic et Ezad Landzo*, Jugement du 16 novembre 1998, op.cit., § 543.

meurtre (1), la torture et les traitements dégradants (2), le viol et les autres formes de violences sexuelles (3), la privation arbitraire de liberté (4). Les violations de ces règles, en tant qu'elles nient les exigences dictées par l'humanité, constituent des infractions graves aux Conventions de Genève, et donc des crimes de guerre. Elles pourront aussi, dans une certaine mesure, constituer des crimes contre l'humanité.

1. L'interdiction du meurtre

L'interdiction du meurtre des personnes civiles est une règle de droit coutumier. Le Code Lieber de 1863 disposait déjà que « les personnes privées ne sont plus massacrées »[662] et que toute mise à mort des habitants d'un pays envahi sont interdites « sous peine de mort ou de toute autre peine grave proportionnée à la gravité de l'offense »[663]. Le Statut du TMI de Nuremberg confirmera le caractère de crime de guerre du meurtre[664]. Les Conventions de Genève de 1949 et leurs Protocoles codifieront la prohibition, qui figure parmi les garanties fondamentales offertes aux personnes au pouvoir d'une Partie au conflit par les articles 75§2 a) et 4§2 a) respectivement des Protocoles I et II. L'article 147 de la Convention IV inclut l'« homicide intentionnel » parmi les infractions graves. La variation terminologique n'a pas d'incidence puisque le meurtre est défini comme un homicide volontaire ou intentionnel. Le terme inclut les cas où la mort résulte d'une action mais aussi d'une omission. Le Commentaire de l'article 147 relève ainsi comme exemple de meurtre par omission « les instructions pour que la ration alimentaire d'internés civils fût réduite à un point tel que des maladies de carence entraînant la mort se produisissent parmi les détenus »[665]. Le refus de procurer des soins dans le but délibéré de provoquer la mort est aussi un meurtre au sens du DIH.

Les membres des forces d'une Partie au pouvoir qui se rendront coupables du meurtre de civils pourront être poursuivis pour crime de guerre devant les juridictions nationales qui bénéficieront d'une compétence universelle. Ils pourront aussi être sanctionnés par des juridictions internationales, dans les limites de leurs compétences, puisque le meurtre figure en tant que crime de guerre dans les Statuts de la CPI, du TPIY[666] et du TPIR.

---

[662] Code Lieber, op.cit., article 22.

[663] *Idem,* article 44. Ce même article prévoit, en outre, que : « Tout soldat, officier ou sous-officier, se livrant à de telles violences et désobéissant à un supérieur qui lui ordonne de s'en abstenir, peut légalement être mis à mort sur place par ce supérieur ».

[664] Il figure à l'article 6§2-b du Statut.

[665] *Commentaire de la Convention IV de Genève relative à la protection des personnes civiles en période de conflit armé*, op.cit, p. 639.

[666] Dans le Statut de Rome, le meurtre est constitutif de crime de guerre qu'il ait été commis dans un conflit international (article 8§2-a i) ou non international (article 8§2-c i). Le TPIY est compétent pour punir « l'homicide intentionnel » en tant qu'infraction grave aux Conventions de Genève de 1949, en vertu de l'article 2 de son Statut, s'il a été commis dans un conflit international, et « le meurtre » en tant que violation des lois et coutumes de la guerre, en vertu de

Il est intéressant de relever que l'interdiction du meurtre de civils pourra entrer en concurrence avec l'interdiction des attaques contre les civils en vertu du principe de distinction évoqué *supra.* La CIJ a posé le principe de la conciliation entre les deux règles. Si la mort est causée pendant les combats, c'est « en pareil cas, à la *lex specialis* applicable, à savoir le droit applicable dans les conflits armés, conçu pour régir la conduite des hostilités, qu'il appartient de déterminer ce qui constitue une privation arbitraire de la vie »[667]. En dehors de ce contexte, ce sera la règle interdisant le meurtre qui sera applicable.

Enfin, le meurtre, lorsqu'il s'inscrira dans le cadre d'une attaque généralisée ou systématique dirigée en application d'une politique contre toute population civile sera constitutif de crime contre l'humanité[668] et pourra être sanctionné à ce titre par les juridictions nationales ou internationales. Par ailleurs, l'« extermination » figure également parmi les actes inhumains constitutifs de crimes contre l'humanité. Le Statut de la CPI définit l'extermination comme « le fait d'imposer intentionnellement des conditions de vie, telles que la privation d'accès à la nourriture et aux médicaments, calculées pour entraîner la destruction d'une partie de la population »[669]. Meurtre et extermination répondent au même but : mettre un terme à la vie d'individus. Cependant, les deux notions se différencient sur l'ampleur des victimes. La notion d'extermination se rapporte plus spécifiquement à un massacre. Le Professeur Bettati note que l'extermination « se distingue du meurtre en ce qu'elle comporte l'intention de tuer, et le fait de tuer, une population ou une partie importante d'une population, par opposition à une personne »[670]. Pour la CDI, l'acte par lequel est commis le crime d'extermination comporte un élément de destruction de masse qui n'est pas exigé pour le meurtre[671]. Le crime d'extermination implique la destruction d'une partie quantitativement importante d'une population.

---

l'article 3 de son Statut, s'il a été commis dans un conflit non international. La Chambre de Première Instance I du Tribunal précisait dans l'affaire *Kordic et Cerkez :* « Reprenant les conclusions des Chambres *Celebici* et *Blaskic*, la présente Chambre estime que les éléments constitutifs du « meurtre » sanctionné par l'article 3 du Statut sont analogues à ceux de l'« homicide intentionnel » sanctionné par l'article 2 du Statut, si ce n'est que dans l'article 3, l'infraction ne doit pas nécessairement viser une «personne protégée» mais simplement des « personnes qui ne participent pas directement aux hostilités » », *Le Procureur contre Dario Kordic et Mario Cerkez,* Jugement du 26 février 2001, § 233.

667 CIJ, Avis consultatif du 8 juillet 1996 *sur la licéité de la menace ou de l'emploi d'armes nucléaires*, op.cit., § 62, Recueil 1996, p. 253.

668 Voir article 18 du projet de Code contre la paix et la sécurité de l'humanité de la CDI, les articles 3§a et 5§1 respectivement des Statuts du TPIR et du TPIY ainsi que l'article 7§1-a du Statut de Rome de la CPI.

669 Statut de Rome de la CPI, article 7§2-b.

670 Mario Bettati, « Le crime contre l'humanité », op.cit., p. 313.

671 Voir Commentaire du projet de Code contre la paix et la sécurité de l'humanité, Annuaire de la CDI 1996, op.cit., p. 50.

Le DIH préservera encore l'intégrité physique et mentale des personnes civiles en condamnant la torture.

2. L'interdiction de la torture et des atteintes à la dignité

La définition de la torture en droit des conflits armés est posée par le Jugement *Kunarac* du TPIY de 2001. Le Tribunal de La Haye appliquait dans un premier temps la définition posée par l'article 1 de la Convention des Nations Unies contre la torture du 10 décembre 1984. Dans les affaires *Delalic et Furundjiza*, il considérait que cette définition faisait partie du droit international coutumier applicable en période de conflit armé. L'article 1 en question dispose que : « Le terme « torture » désigne tout acte par lequel une douleur ou des souffrances aiguës, physiques ou mentales, sont intentionnellement infligées à une personne aux fins notamment d'obtenir d'elle ou d'une tierce personne des renseignements ou des aveux, de la punir d'un acte qu'elle ou une tierce personne a commis ou est soupçonnée d'avoir commis, de l'intimider ou de faire pression sur elle ou d'intimider ou de faire pression sur une tierce personne, ou pour tout autre motif fondé sur une forme de discrimination quelle qu'elle soit, lorsqu'une telle douleur ou de telles souffrances sont infligées par un agent de la fonction publique ou toute autre personne agissant à titre officiel ou à son instigation ou avec son consentement exprès ou tacite. Ce terme ne s'étend pas à la douleur ou aux souffrances résultant uniquement de sanctions légitimes, inhérentes à ces sanctions ou occasionnées par elles ». Il faut relever que l'intimidation de la victime ou de tierces personnes figure parmi les finalités de cette pratique qui fut très largement mise en œuvre dans le conflit bosniaque pour contraindre au déplacement les éléments indésirables. Mais le Statut de Rome pose une définition différente du crime de torture : « Par torture, on entend le fait d'infliger intentionnellement une douleur ou des souffrances aiguës, physiques ou mentales, à une personne se trouvant sous sa garde ou sous son contrôle ; l'acception de ce terme ne s'étend pas à la douleur ou aux souffrances résultant uniquement de sanctions légales, inhérentes à ces sanctions ou occasionnées par elles »[672]. Il manque ici l'élément organique de l'article 1 de la Convention de 1984. Le Statut n'exige pas que les souffrances soient infligées « par un agent de la fonction publique ou toute autre personne agissant à titre officiel ou à son instigation ou avec son consentement exprès et tacite ». Cette interprétation a été confirmée par le TPIY dans l'affaire *Kunarac*. Si les juges n'y ont pas réfuté la pertinence des instruments de protection des droits de l'homme en l'absence d'une définition expresse de la torture en DIH, ils considèrent néanmoins qu'il convient de ne pas ignorer entièrement cette branche du droit, puisque la définition d'une infraction dépend largement du contexte dans lequel elle s'inscrit. Ayant relevé plusieurs définitions conventionnelles et positions d'organes de contrôle différentes de la définition

[672] Article 7§2-e du Statut de Rome de la CPI.

posée par la Convention des Nations Unies contre la torture, le Tribunal en déduit que l'article 1 de cet instrument ne reflète pas le droit coutumier et qu'il ne doit être exploité que comme « fil conducteur ». En outre, les règles de protection des droits de l'homme diffèrent des règles du DIH notamment sur la base de leurs destinataires. Comme le relève la Chambre de première instance II dans cette affaire, il convient d'opérer une distinction entre les dispositions qui s'adressent aux États et à leurs agents, et celles qui s'adressent aux individus. « La transgression des premières impose simplement à l'État de prendre les mesures nécessaires pour remédier aux conséquences fâcheuses des actes criminels de ses agents ou accorder réparation, tandis que la violation des secondes peut engager la responsabilité pénale d'une personne, quel que soit son statut officiel. Les règles en matière de droits de l'homme sont presque toujours du premier type, tandis que les dispositions du droit humanitaire peuvent être de l'un ou l'autre des deux types et parfois des deux à la fois »[673]. Partant, la Chambre a proposé une définition large de la torture. Celle-ci ne requiert plus la présence d'un agent de l'Etat ni d'une autre personne investie d'une autorité. Pour le TPIY, les éléments constitutifs de la torture en DIH sont au nombre de trois : «

i) le fait d'infliger, par un acte ou une omission, une douleur ou des souffrances aiguës, physiques ou mentales ;

ii) l'acte ou l'omission doit être délibéré ;

iii) l'acte ou l'omission doit avoir pour but d'obtenir des renseignements ou des aveux, ou de punir, d'intimider ou de contraindre la victime ou un tiers, ou d'opérer une discrimination pour quelque motif que ce soit »[674].

La torture est donc une pratique qui répond à un but précis. Cette condition a d'ailleurs pu entraîner des solutions discutables. Dans l'affaire *Krnojelac*, l'accusé, Milorad Krnojelac était l'ancien directeur de la prison Foca Kazneno-Popravni Dom (« KP Dom ») dans laquelle nombre de détenus musulmans ont été maltraités. La Chambre de Première Instance s'est déclarée convaincue que l'Accusé savait que des détenus étaient battus et faisaient l'objet de maltraitance au KP Dom : « Il est impossible que l'Accusé n'en ait pas eu connaissance ». Et pourtant, elle estima ne pas être convaincue « que l'Accusé savait que les autres sévices étaient infligés non pas arbitrairement mais dans l'un des buts prévus dans l'interdiction de la torture »[675]. Partant, elle ne le considéra pas coupable du crime de torture. La solution apparaît pour le moins déroutante.

Quant aux autres comportements destinés à infliger de graves souffrances mentales ou physiques qui ne correspondront pas à ces objectifs, ils resteront

---

673 *Le Procureur contre Dragoljub Kunarac, Radomir Kovac et Zoran Vukovic*, Jugement du 22 février 2001, op.cit., § 489.

674 *Idem*, § 497.

675 TPIY, Chambre de première instance II, *Le Procureur contre Milorad Krnojelac*, Jugement du 15 mars 2002, § 308 à 313.

condamnés par la règle générale interdisant les traitements inhumains[676], dont la torture ne constitue finalement qu'une catégorie.

La torture est prohibée tant dans les conflits internationaux que non internationaux. La règle est réitérée dans les Conventions de Genève de 1949 ainsi que dans leurs Protocoles additionnels qui l'intègrent parmi les garanties fondamentales accordées aux personnes au pouvoir d'une Partie au conflit[677]. Le TPIY a même érigé au rang de *jus cogens* l'interdiction de la torture dans l'affaire *Furundjiza*[678].

Les atteintes à la dignité humaine, qui pourtant peuvent occasionner de vives souffrances mentales, ont été dissociées de la torture et constituent une catégorie de traitement inhumain à part entière. Elles sont condamnées, notamment, par l'article III commun aux Conventions de Genève de 1949, par l'article 27 de la Convention IV et par les articles 75 et 4 des Protocoles I et II. Ces différents instruments n'apportent pas de précisions sur ces atteintes, hormis qu'elles consistent, notamment, en des traitements humiliants ou dégradants. Le Commentaire de l'article 75 précise qu'il s'agit « d'actes qui, sans attenter directement à l'intégrité et au bien-être physique ou mental des individus, tendent à les humilier, à les ridiculiser ou même à les contraindre à accomplir des actes dégradants »[679]. L'article 75 inclut parmi ces actes les attentats à la pudeur ainsi que la prostitution forcée.

La commission de ces différentes exactions sera constitutive d'un crime de guerre. Les auteurs pourront être poursuivis devant les juridictions nationales qui bénéficieront d'une compétence universelle. Ils pourront aussi être sanctionnés par des juridictions internationales : la torture, les traitements inhumains et les atteintes à la dignité relèvent de la compétence des TPI[680] et de la CPI. La torture est également constitutive d'un crime contre l'humanité

---

676 L'article 3 commun aux Conventions de Genève de 1949 interdit « les traitements cruels ».

677 Les dispositions pertinentes sont l'article 3 commun aux Conventions de 1949, l'article 32 de la Convention IV et les articles 75 et 4 respectivement des Protocoles I et II.

678 « Alors que la nature *erga omnes* dont il vient d'être question ressortit au domaine de la coercition internationale (au sens large), l'autre trait majeur du principe interdisant la torture touche à la hiérarchie des règles dans l'ordre normatif international. En raison de l'importance des valeurs qu'il protège, ce principe est devenu une norme impérative ou *jus cogens*, c'est-à-dire une norme qui se situe dans la hiérarchie internationale à un rang plus élevé que le droit conventionnel et même que les règles du droit coutumier ordinaire », *Le Procureur contre Anto Furundjiza*, Jugement du 10 décembre 1998, op.cit., § 153.

679 *Commentaire des Protocoles additionnels du 8 juin 1977 aux Conventions de Genève du 12 août 1949*, op.cit, p. 897.

680 La Chambre de Première Instance III du TPIY a retenu dans l'affaire *Kordic et Cerkez* qu' « un traitement inhumain est un acte ou une omission intentionnel, c'est-à-dire un acte qui, jugé objectivement, apparaît délibéré et non accidentel, et qui cause de graves souffrances mentales ou physiques ou constitue une atteinte grave à la dignité humaine » (Jugement du 26 février 2001, op.cit., § 256). Nous soulignons. Les atteintes à la dignité humaine sont incluses ici parmi les actes inhumains, mais cette solution est propre au TPIY dont le Statut ne prévoit pas cette catégorie de traitement.

lorsqu'elle est perpétrée dans le cadre d'une attaque généralisée et systématique dirigée contre une population civile et peut être sanctionnée à ce titre.

Le viol et les violences sexuelles participent dans une certaine mesure des actes de torture ou des traitements portant atteinte à la dignité humaine. Ces pratiques font cependant l'objet d'une prohibition spécifique et méritent un examen particulier.

3. L'interdiction du viol et des violences sexuelles

Le viol et les violences sexuelles sont interdits par le droit coutumier tant dans les conflits internationaux que non internationaux. Les instruments pertinents incluent ces traitements parmi les atteintes à la dignité humaine. Ainsi, relativement aux conflits internes, l'article 4 du Protocole II dispose que sont prohibées en tout temps et en tout lieu « les atteintes à la dignité de la personne, notamment les traitements humiliants et dégradants, le viol, la contrainte à la prostitution et tout attentat à la pudeur » tandis que l'article 3 commun aux Conventions de Genève se limite à interdire « les atteintes portées à l'intégrité corporelle » et les « atteintes à la dignité de la personne » sans faire référence au viol. Le TPIY a cependant relevé dans l'affaire *Furundjiza* que ces dispositions faisaient implicitement référence au viol[681]. Dans le cadre des conflits armés internationaux, les articles 27 de la Convention IV et 76§1 du Protocole I protègent spécialement les femmes contre « toute atteinte à leur honneur, notamment contre le viol, la contrainte à la prostitution et tout attentat à la pudeur ». Ces normes se rattachent, elles aussi, au respect de la personne et de l'honneur. Le Protocole I réalise un progrès dans la protection par rapport à la Convention IV puisque ce sont toutes les femmes qui sont protégées contre le viol. « La norme a une portée générale et vise donc l'ensemble des femmes se trouvant sur le territoire des Parties en conflit, à l'instar du Titre II de la IVe Convention. En effet, la disposition n'est assortie d'aucune spécification, contrairement à la plupart des règles contenues dans la Section III. Elle s'applique donc aussi bien aux femmes affectées par le conflit armé qu'aux autres, aux femmes protégées par la IVe Convention comme à celles qui ne le seraient pas »[682].

Le viol et les violences sexuelles ne sont pas définis par les différents instruments qui les condamnent. Le Commentaire de la Convention IV apprend, tout au plus, que la contrainte à la prostitution consiste à « livrer, par violence ou menace grave, une femme à l'immoralité »[683]. La jurisprudence des TPI a précisé la notion de viol au sens du DIH. Ainsi, dans l'affaire *Akayesu*, le TPIR a considéré que « le viol constitue une forme d'agression et qu'une

---

681 *Le Procureur contre Anto Furundjiza*, Jugement du 10 décembre 1998, op.cit., § 166.

682 *Commentaire des Protocoles additionnels du 8 juin 1977 aux Conventions de Genève du 12 août* 1949, op.cit, p. 916.

683 *Commentaire de la Convention IV de Genève relative à la protection des personnes civiles en période de conflit armé*, op.cit, p.221.

description mécanique des objets et des parties du corps qui interviennent dans sa commission ne permet pas d'appréhender les éléments essentiels de ce crime »[684]. Les juges d'Arusha ont préféré « mettre l'accent sur le cadre conceptuel de la violence sanctionnée par l'Etat »[685], aussi se sont ils limités à une définition large du viol « comme une invasion physique de nature sexuelle commise sur la personne d'autrui sous l'empire de la contrainte »[686]. Dans l'affaire *Furundjiza*, la Chambre de Première Instance II du TPIY a proposé une analyse plus détaillée du viol. Ainsi, ces « éléments objectifs constitutifs sont : i) la pénétration sexuelle, fût-elle légère : a) du vagin ou de l'anus de la victime par le pénis ou tout autre objet utilisé par le violeur ; ou (b) de la bouche de la victime par le pénis du violeur ; (ii) par l'emploi de la force, de la menace ou de la contrainte contre la victime ou une tierce personne »[687]. Le Jugement *Kunarac* est venu compléter cette définition. La Chambre de Première Instance II a considéré que la définition posée dans l'affaire *Furundjiza* était trop stricte. En indiquant que l'acte de pénétration sexuelle ne constitue un viol que s'il s'accompagne de l'emploi de la force, de la menace de son emploi ou de la contrainte sur la personne de la victime ou d'un tiers, la définition *Furundzija* passe sous silence d'autres facteurs qui feraient de la pénétration sexuelle un acte non consensuel ou non voulu par la victime, ce qui (...) est, de l'avis de la Chambre de première instance , le sens précis qu'il faut donner en droit international à cet élément de la définition »[688]. Il y a viol dès lors qu'il n'y a pas consentement véritable, aussi l'inconscience, l'incapacité à résister de la victime ou encore la ruse ou la tromperie sont autant de facteurs qui excluront un consentement libre et éclairé. Le viol est la plus grave des violences sexuelles. Le DIH interdit les autres actes à caractère sexuel qui ne s'accompagnent pas d'une véritable pénétration et qui sont commis sans le consentement de la victime. Il faut noter que les femmes ne sont plus les seules protégées par l'interdiction de la violence sexuelle. Elle est aussi interdite à l'égard des hommes et des enfants. Les juges internationaux ont, enfin, relevé que le viol, par les douleurs physiques et psychologiques qu'il occasionne, peut constituer un acte de torture, à condition de répondre aux critères de définition exposés *supra*[689].

Le viol présente une double pertinence pour le nettoyage ethnique. Il constituera un moyen d'intimidation pour contraindre les éléments indésirables d'une population au départ. Il s'analysera, aussi, en un moyen biologique de

---

[684] *Le Procureur contre Jean-Paul Akayesu*, Jugement du 2 septembre 1998, op.cit., § 597.
[685] *Idem.*
[686] *Ibidem*, § 598.
[687] *Le Procureur contre Anto Furundjiza*, Jugement du 10 décembre 1998, op.cit., § 185.
[688] *Le Procureur contre Dragoljub Kunarac, Radomir Kovac et Zoran Vukovic*, Jugement du 22 février 2001, op.cit., § 438.
[689] *Le Procureur contre Zejnil Delalic, Zdrakvo Mucic, Hazim Delic , Esad Landzo*, Jugement du 16 novembre 1998, op.cit., § 494 à 496.

modification de la composition démographique. Cette seconde dimension touche à la thématique du génocide et sera analysée *infra*.

Le viol et les autres violences sexuelles ne figurent pas parmi les dispositions des Conventions de Genève qui énoncent les violations graves mais sont néanmoins constitutifs de crimes de guerre puisqu'ils constituent des atteintes à la dignité humaine voire, dans une certaine mesure, des actes de torture. Nombreuses sont les législations nationales et les codes militaires qui sanctionnent spécifiquement ces pratiques[690]. Le Statut du TPIR énonce parmi les violations de l'article 3 commun aux Conventions de Genève et du Protocole II « les atteintes à la dignité de la personne, notamment les traitements humiliants et dégradants, le viol, la contrainte à la prostitution et tout attentat à la pudeur »[691]. Le Statut de la CPI retient comme crime de guerre : « le viol, l'esclavage sexuel, la prostitution forcée, la grossesse forcée, telle que définie à l'article 7, paragraphe 2, alinéa f), la stérilisation forcée ou toute autre forme de violence sexuelle constituant une infraction grave aux Conventions de Genève » et ce, que ces traitements inhumains aient été commis dans un conflit armé international ou non international[692]. Ces violations du DIH pourront, à ce titre, être sanctionnées par les juges nationaux et les juridictions pénales internationales dans les limites de leur compétence.

Par ailleurs, le viol et les violences sexuelles pourront aussi être réprimés en tant que crimes contre l'humanité[693]. La CDI les inclut parmi les actes inhumains constitutifs de tels crimes dans son projet de code contre la paix et la sécurité de l'humanité[694] de même que les Statuts des juridictions pénales internationales[695].

Un autre moyen de contraindre au déplacement est la privation arbitraire de liberté. Celle-ci présente, dans ce cadre, une double pertinence puisqu'elle constitue en elle-même un moyen d'intimidation mais la détention offre également un cadre à la perpétration des exactions précédemment évoquées : meurtres, tortures, viols et violences sexuelles.

4. L'interdiction de la privation arbitraire de liberté

Le DIH coutumier encadre strictement les mesures de détention des civils

690 Voir Jean-Marie Henckaerts et Louise Doswald-Beck, *Droit international humanitaire coutumier*, op.cit., p. 429.

691 Article 4-e du Statut.

692 Selon respectivement les articles 8§2-b xxii et 8§2-e vi du Statut de Rome de la CPI.

693 Dans sa Résolution 50/192 du 23 février 1996, l'AGNU « se déclarant indignée que la pratique systématique du viol soit employée comme arme de guerre et comme instrument de la politique de nettoyage ethnique (...) Réaffirme que la pratique du viol dans le cadre d'un conflit armé constitue un crime de guerre et que, dans certaines circonstances, elle constitue un crime contre l'humanité et un acte de génocide ». Doc.off.UN A/RES/50/192, § 2 et 3.

694 L'alinéa J de l'article 18 énonce « le viol, la contrainte à la prostitution et les autres formes de violence sexuelle », Annuaire de la CDI 1996, op.cit, p.49.

695 Voir les articles 3 du Statut du TPIY, 3 du Statut du TPIR et 7§1-g du Statut de Rome de la CPI.

par le belligérant au pouvoir.

En premier lieu, il condamne la privation arbitraire de liberté. Par « arbitraire », il faut entendre que « cette privation n'est pas opérée dans le respect des formes légales »[696]. Les seuls motifs légitimes de détention admis par le droit de Genève sont des motifs sécuritaires. L'article 42 de la Convention IV dispose que « l'internement ou la mise en résidence forcée des personnes protégées ne pourra être ordonné que si la sécurité de la Puissance au pouvoir de laquelle ces personnes se trouvent le rend absolument nécessaire ». Ces dispositions sont au bénéfice des personnes protégées se trouvant sur le territoire de la partie au conflit. La même règle est prévue pour celles qui se trouvent en territoire occupé. L'article 78 du même instrument prévoit en effet que : « Si la Puissance occupante estime nécessaire, pour d'impérieuses raisons de sécurité, de prendre des mesures de sûreté à l'égard de personnes protégées, elle pourra tout au plus leur imposer une résidence forcée ou procéder à leur internement ». En revanche, l'interdiction de la détention arbitraire ne figure ni à l'article III commun aux Conventions de 1949, ni dans le Protocole II. La pratique des Etats, notamment au travers des manuels militaires et autres législations nationales, révèle cependant l'existence d'une règle coutumière prohibant la privation arbitraire de liberté dans les conflits armés non internationaux[697].

La Convention IV ne précise pas le sens à donner au terme « sécurité » et réserve dès lors un large pouvoir d'appréciation aux belligérants. Le Commentaire mentionne quelques exemples de menaces à la sécurité telles que « des menées subversives effectuées sur le territoire d'une Partie au conflit, des actes qui favorisent directement la Puissance ennemie »[698]. Par contre, le simple fait d'être ressortissant d'une Puissance ennemie n'est pas suffisant à justifier un emprisonnement. Dans l'affaire *Celebici*, la Chambre de Première Instance II du TPIY a considéré que « pour légitimer le recours à ces mesures, il faut que la partie ait des raisons sérieuses de penser que la personne représente, par ses activités, connaissances ou qualifications, une menace *véritable* pour sa sécurité présente et future. Le fait d'être un homme et en âge de porter les armes ne devrait pas nécessairement être considéré comme justifiant l'application de telles mesures »[699].

La Chambre a, en outre, rappelé dans cette affaire que l'internement et la mise en résidence forcée, que ce soit sur le territoire national de la partie

---

[696] CDI, Commentaire du projet de Code contre la paix et la sécurité de l'humanité, Annuaire de la CDI 1996, op.cit., p. 52.

[697] Voir à ce propos Jean-Marie Henckaerts et Louise Doswald-Beck, *Droit international humanitaire coutumier*, op.cit., pp. 459-460.

[698] *Commentaire de la Convention IV de Genève relative à la protection des personnes civiles en période de conflit armé*, op.cit, p. 277.

[699] *Le procureur contre Zejnil Delalic, Zdravko Mucic, Hazim Delic et Ezad Landzo*, Jugement du 16 novembre 1998, op.cit., § 577.

occupante ou sur le territoire occupé, « sont des mesures exceptionnelles ne devant être prises qu'après un examen minutieux de chaque cas individuel. Pareille mesure ne peut être collective »[700]. En effet, les peines collectives sont interdites par l'article 33§1 de la Convention IV et cette règle constitue une garantie fondamentale aux termes des articles 75 et 4 des Protocoles I et II. Elle s'oppose ainsi aux emprisonnements massifs de civils dans des camps de concentration. Cette pratique fut très largement employée durant les conflits yougoslaves. Le Rapport final du Comité d'experts pour l'ex-Yougoslavie faisait état de 715 centres de détention exploités sur l'ensemble du territoire de l'ancien Etat[701]. Il n'existait pas de distinction particulière entre les sites où étaient retenus les prisonniers de guerre et les non-combattants. Les éléments indésirables de la population étaient retenus captifs dans ces camps qui servaient de cadre aux exactions évoquées *supra* : assassinats, tortures, viols et autres violences sexuelles. Ceux qui ne succombaient pas du fait de leurs mauvais traitements étaient déplacés vers d'autres parties du territoire. Quant aux personnes demeurées libres, le spectre de l'internement les poussait à fuir. Le Conseil de sécurité a vivement condamné ces privations massives de liberté. Dans sa Résolution 1019, il dénonce les violations du DIH dont sont victimes les civils à Srebrenica et aux alentours, ainsi que dans les zones de Banja Luka et de Sanski Most, y compris les « internements illicites ». Il a exigé que la partie des Serbes de Bosnie « respecte pleinement les droits de toutes les personnes en son pouvoir, assure leur sécurité et les libère immédiatement ». Le Conseil a en outre exigé « la fermeture de tous les camps de détention sur le territoire de la République de Bosnie-Herzégovine »[702].

Par ailleurs, la privation de liberté doit répondre à des conditions procédurales. Ainsi, l'article 43 de la Convention IV précise que toute personne privée de liberté aura accès à un tribunal ou à un autre organe compétent pour demander que la mesure prise à son égard soit reconsidérée. Si la mesure est maintenue, elle devra cependant être réexaminée périodiquement afin de pouvoir être amendée si les circonstances le permettent. L'article 78 prévoit les mêmes obligations pour l'internement des personnes protégées en territoire occupé. Le Protocole I a ajouté la règle selon laquelle « toute personne arrêtée, détenue ou internée pour des actes en relation avec le conflit armé sera informée sans retard, dans une langue qu'elle comprend, des raisons pour lesquelles ces mesures ont été prises »[703].

La détention qui n'est pas légitimement fondée ou, qui n'est pas conforme aux règles de procédure est illégale et constitue, dès lors, un crime de guerre.

---

[700] *Idem*, § 578.

[701] *Rapport final de la Commission d'experts constituée conformément à la Résolution 780 (1992) du Conseil de sécurité*, 27 mai 1994, Doc.off.UN S/1994/674, op.cit., p. 53.

[702] Résolution 1019 du 9 novembre 1995, Doc.off.UN S/RES/1019 (1995), § 3 et 5.

[703] Protocole additionnel I du 8 juin 1977 aux Conventions de Genève du 12 août 1949, article 75§3.

Elle est en effet inscrite à l'article 147 de la Convention IV. Elle apparaît aussi comme crime de guerre dans les Statuts des juridictions pénales internationales[704].

La privation illégale de liberté peut aussi être constitutive d'un crime contre l'humanité. Figure ainsi, parmi les actes inhumains énumérés par l'article 18 du projet de Code des crimes contre la paix de la CDI, « l'emprisonnement arbitraire ». L'article 7§1-e du Statut de la CPI inclut « l'emprisonnement ou autre forme de privation grave de liberté physique en violation des dispositions fondamentales du droit international » parmi les actes constitutifs de crimes contre l'humanité.

D'autres règles viennent encadrer l'internement de personnes protégées. Ainsi, la Partie au pouvoir est tenue d'enregistrer les données personnelles des individus privés de liberté. Cette exigence est formulée à l'article 136 de la Convention IV. Celui-ci prévoit que chacune des Parties au conflit constitue un Bureau officiel de renseignement chargé de recevoir et de transmettre des informations sur les personnes protégées en son pouvoir. Et, « dans le plus bref délai possible, chacune des Parties au conflit transmettra au dit Bureau des informations sur les mesures prises par elle contre toute personne protégée appréhendée depuis plus de deux semaines, mise en résidence forcée ou internée ». Les Bureaux nationaux de renseignements ont, initialement, été créés par l'article 14 du Règlement de La Haye de 1907 concernant les lois et coutumes de la guerre sur terre, pour centraliser les informations concernant les prisonniers de guerre et répondre aux demandes les concernant. La Convention IV a étendu la pratique aux prisonniers civils. Les informations reçues par le Bureau permettront d'identifier les personnes protégées et comprendront notamment : « le nom de famille, les prénoms, le lieu et la date complète de naissance, la nationalité, la dernière résidence, les signes particuliers, le prénom du père et le nom de la mère, la date et la nature de la mesure prise à l'égard de la personne, ainsi que le lieu où elle a été prise, l'adresse à laquelle la correspondance peut lui être adressée, ainsi que le nom et l'adresse de la personne qui doit être informée »[705]. Les informations relevées devront être transmises à la Partie adverse ainsi qu'à un organe spécifique du CICR, l'Agence Centrale de Recherches. L'obligation d'enregistrement relève du droit coutumier et la pratique a démontré qu'elle était aussi applicable dans les conflits non internationaux[706]. Ainsi, dans une Résolution 54/183 relative à la situation des droits de l'homme au Kosovo, l'AGNU a enjoint au Gouvernement de la République fédérale de Yougoslavie (Serbie et

---

[704] La détention illégale est ainsi mentionnée aux articles 8§2-a vii du Statut de Rome de la CPI et 2§1-g du Statut du TPIY.

[705] Convention (IV) de Genève relative à la protection des personnes civils en temps de guerre, article 138§1.

[706] Voir Jean-Marie Henckaerts et Louise Doswald-Beck, *Droit international humanitaire coutumier*, op.cit., pp. 581-582.

Montenegro) de fournir une liste à jour de toutes les personnes détenues et transférées du Kosovo dans d'autres parties de la République fédérale de Yougoslavie, en indiquant l'accusation portée éventuellement contre chaque détenu »[707].

En outre, les personnes protégées internées doivent pouvoir correspondre avec leur famille. L'article 106 de la Convention IV prévoit que chaque interné sera mis en mesure, dès son internement, d'adresser directement à sa famille et à l'Agence du CICR une carte d'internement « les informant de son internement, de son adresse et de son état de santé ». Ces cartes devront être transmises avec toute la célérité possible. A la suite, l'article 107 garantit que « les internés seront autorisés à expédier et à recevoir des lettres et des cartes ». Il prévoit même que dans certaines circonstances, « les internés qui sont depuis longtemps sans nouvelles de leur famille ou qui se trouvent dans l'impossibilité d'en recevoir ou de lui en donner par voie ordinaire, de même que ceux qui sont séparés des leurs par des distances considérables, seront autorisés à expédier des télégrammes, contre paiement des taxes télégraphiques ». Ce droit de correspondance ne pourra être suspendu que si la personne internée a été appréhendée « en tant qu'espion ou saboteur ou parce qu'elle fait individuellement l'objet d'une suspicion légitime de se livrer à une activité préjudiciable à la sécurité de la Puissance occupante »[708] et que la sécurité de cette dernière l'exige absolument. La Partie au conflit ne sera cependant pas déliée à l'égard de ces individus de l'obligation d'enregistrement précédemment évoquée. L'article 5§2 du Protocole II garantit aussi le droit de correspondance dans les conflits internes.

Enfin, les civils privés de liberté peuvent recevoir la visite de leurs proches. Ce droit est formulé par l'article 116§1 de la Convention IV. Ils pourront même, dans des cas urgents, tels que le décès ou la maladie grave d'un parent, et si les circonstances le permettent, sortir du lieu d'internement pour se rendre dans leur famille. Ce droit peut être restreint, à l'instar du droit de correspondance, pour toute personne appréhendée « en tant qu'espion ou saboteur ou parce qu'elle fait individuellement l'objet d'une suspicion légitime de se livrer à une activité préjudiciable à la sécurité de la Puissance occupante ». En effet, l'article 5 de la Convention prévoit qu'elles seront privées « des droits de communication prévus par la présente Convention »[709]. Le droit pour les prisonniers civils de recevoir la visite de leur famille et de leurs proches relève

---

[707] Résolution 54/183 adoptée par l'AGNU le 29 février 2000, Doc.off.UN A/RES/54/183, § 9.

[708] En vertu de l'article 5 de la Convention IV. Celui-ci dispose en effet que « si, dans un territoire occupé, une personne protégée par la Convention est appréhendée en tant qu'espion ou saboteur ou parce qu'elle fait individuellement l'objet d'une suspicion légitime de se livrer à une activité préjudiciable à la sécurité de la Puissance occupante, ladite personne pourra, dans les cas où la sécurité militaire l'exige absolument, être privée des droits de communication prévus par la présente Convention ».

[709] Nous soulignons.

du droit coutumier et est transposable dans les conflits internes. Dans la Résolution 54/183 précitée, l'AGNU enjoignait le Gouvernement de la République fédérale de Yougoslavie de garantir que les familles des personnes détenues et transférées du Kosovo « puissent rendre visite librement et régulièrement à tous ceux qui sont maintenus en détention »[710]. Ces différentes règles garantissent l'information des familles et proches des détenus.

Il faut, par ailleurs, considérer que dans le cadre du nettoyage ethnique, seule une partie d'une population, précisément sélectionnée, sera contrainte au départ. Ce type de politique est fondamentalement discriminatoire.

B. La sanction d'une application discriminée du DIH : le crime de persécution

La notion de persécution est apparue en droit international à l'article 6c du Statut du TMI de Nuremberg en tant que crime contre l'humanité. Ces dispositions révèlent la spécificité de ce crime, commis à des fins politiques, raciales ou religieuses, en le séparant clairement des autres actes inhumains énumérés. Si le terme a été fréquemment employé, il désigne une notion complexe qui n'avait jamais reçu de véritable définition en droit. M. Chérif Bassiouni a proposé une interprétation doctrinale qui a reçu un large assentiment. Pour l'auteur, la persécution est « une action ou politique d'un Etat visant à harceler, tourmenter, opprimer ou discriminer à l'égard d'une personne en vue de lui causer des souffrances physiques, mentales ou de lui nuire économiquement, en raison des convictions ou opinions de la victime ou de son appartenance à un groupe identifiable donné »[711]. Les rédacteurs du Statut de Rome ont, par la suite, rassemblés les différents éléments jurisprudentiels et doctrinaux utiles à établir une définition de la persécution. En vertu de l'article 7§1 de cet instrument, constitue un crime contre l'humanité « la persécution de tout groupe ou de toute collectivité identifiable pour des motifs d'ordre politique, racial, national, ethnique, culturel, religieux ou sexiste au sens du paragraphe 3, ou en fonction d'autres critères universellement reconnus comme inadmissibles en droit international, en corrélation avec tout acte visé dans le présent paragraphe ou tout crime relevant de la compétence de la Cour ». Plus loin, le paragraphe 2 du même article précise que le terme persécution s'entend « du déni intentionnel et grave des droits fondamentaux en violation du droit international, pour des motifs liés à l'identité du groupe ou de la collectivité qui en fait l'objet ». Ces dispositions laissent apparaître deux traits caractéristiques de la notion de persécution. Le premier est l'élément discriminatoire qui fait sa spécificité, élément discriminatoire qui constitue également la base du nettoyage ethnique (1). Le second est la très large variété d'actes matériels qu'elle englobe (2).

---

[710] Résolution A/RES/54/183, op.cit., § 9.

[711] Chérif Bassiouni, *Crimes Against Humanity in International Criminal Law*, op.cit., p. 317.

1. La discrimination, élément caractéristique de la persécution et du nettoyage ethnique

Dans le Statut de Nuremberg, la persécution se caractérisait des autres crimes contre l'humanité par une condition spécifique dont elle était seule assortie : l'intention discriminatoire. Mais durant le procès, une confusion va s'opérer. Les crimes nazis ayant été dirigés contre certains groupes, notamment les Juifs et les Polonais, les juges ont considéré que tous les crimes contre l'humanité étaient animés d'une intention discriminatoire. La généralisation de cet élément va se retrouver dans la jurisprudence nationale ultérieure. Ainsi, dans son jugement rendu le 13 janvier 1981 dans l'affaire *Menten* la Cour Suprême des Pays- Bas relevait que : « The concept crimes against humanity also requires althought this is not expressed in so many words in the above definition that the crimes in question form part of a system based on terror or constitute a link in consciously pursued policy directed against particular groups of people »[712]. L'article 3 du Statut du TPIR traduit aussi la confusion entre crimes contre l'humanité et élément discriminatoire en prévoyant que « le Tribunal international pour le Rwanda est habilité à juger les personnes responsables des crimes suivants lorsqu'ils ont été commis dans le cadre d'une attaque généralisée et systématique dirigée contre une population civile quelle qu'elle soit, en raison de son appartenance nationale, politique, ethnique, raciale ou religieuse ». La Chambre de Première Instance du TPIY, avait, dans un premier temps, calqué sa jurisprudence sur le Statut du Tribunal d'Arusha et « adopté la condition d'intention discriminatoire pour tous les crimes contre l'humanité en vertu de l'article 5 »[713]. Mais la Chambre d'Appel est revenue sur cette position et a affirmé que : « C'est à juste titre que l'Accusation a fait valoir que la Chambre de première instance avait eu tort de conclure qu'une condition d'intention discriminatoire s'attachait à tous les crimes contre l'humanité. Pareille intention ne constitue un élément constitutif indispensable que pour les infractions pour lesquelles elle est expressément stipulée, à savoir les divers types de persécutions visés par l'article 5 (h) »[714]. Le Statut de la CPI confirme cet état du droit.

On rappellera que le DIH, comme le droit international des droits de l'Homme, prohibe la discrimination. Ainsi, l'interdiction de toute distinction de caractère défavorable fondée sur « la race, la couleur, le sexe, la langue, la religion ou la croyance, les opinions politiques ou autres, l'origine nationale ou sociale, la fortune, la naissance ou une autre situation, ou tout autre critère

---

[712] Cité dans Eric David, *Principes de droit des conflits armés*, op.cit., p. 856.
[713] *Le Procureur contre Dusko Tadic*, Jugement du 7 mai 1997, § 652.
[714] *Le Procureur contre Dusko Tadic,* Arrêt du 15 juillet 1999, § 305.

analogue » dans l'application de ce droit a une valeur coutumière et est valable tant dans les conflits internationaux que non internationaux[715].

Les auteurs de la persécution choisissent leurs victimes en raison de leur appartenance à un groupe. Celui-ci est identifié sur la base de critères. Le TMI de Nuremberg n'en retenait que trois : politique, racial et religieux. Mais la liste des motifs discriminatoires s'est étoffée. Le Statut de la CPI retient ainsi les critères : « politique, racial, national, ethnique, culturel, religieux ou sexiste, ou en fonction d'autres critères universellement reconnus comme inadmissibles en droit international ». Si l'énumération apparaît relativement complète elle propose, néanmoins, une formule ouverte de manière à englober d'autres motifs et offrir une protection optimale. La notion de groupe et les différents critères politiques, nationaux, raciaux, ethniques, culturels et religieux seront analysés en détail *infra* avec l'élément intentionnel du crime de génocide. Les groupes « sexistes » regroupent les personnes de l'un ou l'autre sexe. Ils ne semblent pas inclure les homosexuels qui se définissent par leur orientation sexuelle. Mais ce dernier motif de discrimination pourra être inclus parmi les « autres critères universellement reconnus comme inadmissibles en droit international ».

Partant, le crime de persécution répond à un élément intentionnel spécifique, plus strict que celui des autres crimes contre l'humanité. Le TPIY relevait dans l'affaire *Natelitic et Martinovic* : « Le crime de persécution suppose de la part de son auteur une intention spéciale. Celui-ci doit se rendre délibérément coupable de l'acte ou de l'omission et être animé de l'intention spéciale d'opérer une discrimination à l'encontre de la victime »[716]. Cet élément s'ajoute à l'élément intentionnel du crime contre l'humanité. Aussi, pour résumer, l'intention du crime de persécution se définit en trois points, mis en évidence par le Rapport de la Commission préparatoire de la Cour pénale internationale dans son projet d'éléments des crimes :

- « L'auteur a pris pour cible la ou les personnes en raison de leur appartenance à un groupe ou à une collectivité identifiable ou a ciblé le groupe ou la collectivité en tant que tel.
- Un tel ciblage était fondé sur des motifs d'ordre politique, racial, national, ethnique, culturel, religieux ou sexiste (...) ou à d'autres critères universellement reconnus comme inadmissibles en droit international
- L'auteur savait que ce comportement faisait partie d'une campagne généralisée ou systématique dirigée contre une population civile ou entendait qu'il en fasse partie »[717].

---

715 D'abord inscrite aux articles 3 et 13 de la Convention IV de 1949, l'interdiction de la discrimination sera réitérée parmi les garanties fondamentales reconnues par les articles 75 et 4 des Protocoles I et II.

716 TPIY, Chambre de Première Instance I, *Le Procureur contre Mladen Natelitic et Vinko Martinovic*, Jugement du 31 mars 2003, § 638.

717 Voir Doc.off.UN PCNICC/2000/1/Add.2, op.cit., p. 17.

Partant, l'élément intentionnel du crime de persécution peut se manifester de deux manières. Soit l'auteur a inscrit son acte dans le cadre d'une attaque généralisée ou systématique contre une population civile obéissant à une politique discriminatoire, à laquelle il a pris part en toute connaissance de cause. Soit l'attaque en elle-même sera dépourvue de tout caractère discriminatoire auquel cas la participation de l'accusé devra être réalisée avec l'intention discriminatoire requise.

On l'a vu, la discrimination est à la base du nettoyage ethnique. Dans ce cadre, elle est pratiquée suivant un raisonnement par exclusion. Les victimes sont, en effet, déterminées de manière négative par rapport à un « groupe référence ». Ainsi, les personnes visées le sont parce qu'elles n'appartiennent pas à ce groupe. Elles font alors partie d'un « groupe cible » composé des éléments indésirables de la population qu'il conviendra de faire disparaître du territoire considéré. Les exactions commises par les Serbes de Bosnie avec l'intention de contribuer à la création d'une Grande Serbie visaient les non Serbes et seulement eux. La possible définition négative du groupe victime de persécutions comme « celui auquel n'appartient pas l'auteur des exactions » a été relevée à plusieurs reprises par le TPIY[718]. Les instigateurs du nettoyage ethnique pourront également décomposer le « groupe cible » défini par exclusion et distinguer plusieurs groupes en son sein sur la base de leurs caractéristiques identitaires spécifiques. Le groupe non serbe incluait notamment les Musulmans bosniaques, les Croates ou encore les Roms. Chacun sera cependant identifié de manière négative parce que ses attributs ne correspondent pas aux référents exigés. Le nettoyage ethnique répond davantage à un rejet de la différence plutôt qu'à une animosité particulière envers un trait identitaire précis. Même si, dans l'absolu, au travers de la différence ce sera la caractéristique qui sera le fondement de l'hostilité envers ses détenteurs puisqu'elle en constitue le générateur. Cette solution compliquera l'analogie avec le génocide comme il sera vu par la suite.

Le nettoyage ethnique correspond à une politique, un plan organisé d'homogénéisation d'une population. Sa réalisation implique des exactions à grande échelle et/ou systématiques fondées sur des motifs discriminatoires. La Commission d'experts pour l'ex-Yougoslavie a relevé ce caractère discriminatoire en écrivant que « le « nettoyage ethnique » consiste à rendre une zone ethniquement homogène en utilisant la force ou l'intimidation pour faire disparaître de la zone en question des personnes appartenant à des groupes déterminés »[719]. La notion semble alors présenter les particularités d'une politique de persécution. Toutefois, afin de mesurer la portée de cette analogie,

---

718 Voir notamment *Le Procureur contre Tihomir Blaskic*, Jugement du 3 mars 2000, op.cit., § 236 et *Le Procureur contre Dusko Tadic*, Jugement du 7 mai 1997, op.cit., § 714.

719 *Rapport final de la Commission d'experts constituée conformément à la Résolution 780 (1992) du Conseil de sécurité*, 27 mai 1994, op.cit., p. 16.

il convient de déterminer quels sont les actes constitutifs de la persécution qui peuvent être employés afin de « nettoyer » un territoire.

2. Les actes constitutifs de la persécution

Il est difficile de déterminer avec exactitude quels sont les actes constitutifs du crime de persécution. Le TPIY, dont le Statut ne définit pas ce crime, a développé une conception particulièrement large de son élément matériel en s'inspirant, notamment, du précédent de Nuremberg. Dans l'affaire *Tadic,* la Chambre de première instance concluait que « le crime de persécution englobe des actes de divers degrés de gravité, allant du meurtre à la limitation des professions que peuvent exercer les membres du groupe ciblé. Le Jugement de Nuremberg a, notamment, pris en considération les actes suivants dans ses conclusions sur la persécution : lois d'exception limitant les fonctions et professions que les Juifs pouvaient exercer ; restrictions imposées à leur vie privée et à leurs droits de citoyens ; création de ghettos ; saisie de leurs avoirs et imposition d'une amende collective »[720].

Au sens de la jurisprudence du Tribunal de La Haye, la persécution peut englober des actes prohibés par son Statut voire même des actes qui n'y figurent pas dès lors qu'ils constituent un déni des droits fondamentaux d'individus fondé sur un motif discriminatoire. Aussi, la gamme d'actes constitutifs potentiels paraît très étendue et pourra englober tant des violations des droits de l'homme que du droit international humanitaire. Pourtant, en accord avec la définition du crime contre l'humanité, seuls les actes atteignant un degré de gravité suffisant pourront être considérés comme des actes de persécution. Tout déni d'un droit de l'homme ne constitue pas un crime contre l'humanité et les juges du Tribunal ont délimité les comportements pouvant être retenus au titre de la persécution : il faut considérer que « la gravité des actes de persécution doit au moins correspondre à celle des autres actes inhumains énumérés à l'article 5 du Statut »[721]. Ces actes sont limités « aux dénis manifestes ou flagrants de droits fondamentaux »[722]. Malgré ces précisions, la définition de l'élément matériel de la persécution reste vague, d'autant que la Chambre de première instance II avait relevé dans le Jugement *Tadic* qu'« il n'est pas nécessaire qu'il y ait un acte inhumain distinct pour qu'il y ait persécution, la discrimination en soi rend l'acte inhumain »[723]. Dans cette hypothèse, la discrimination rend l'acte inhumain et constitue le motif qui en fait un acte de persécution. Toutefois, ce raisonnement ne s'applique pas de manière systématique. Les actes constitutifs de crimes de guerre semblent devoir être

---

720 *Le Procureur contre Dusko Tadic*, Jugement du 7 mai 1997, op.cit, § 704.
721 *Le Procureur contre Zoran Kupreskic et consorts*, Jugement du 14 janvier 2000, op.cit., § 619.
722 *Idem.*
723 *Le Procureur contre Dusko Tadic*, Jugement du Jugement du 7 mai 1997, op.cit., § 697.

inclus parmi les actes constitutifs de persécution[724]. Il en sera logiquement de même pour les actes inhumains constitutifs de crimes contre l'humanité autres que la persécution. Quant aux autres violations des droits fondamentaux qui ne figurent pas dans le Statut, le Chambre de première instance II a jugé dans l'affaire *Kupreskic* que « pour identifier les droits dont la violation peut constituer une persécution, on trouvera des paramètres plus précis afin de définir la dignité humaine dans les normes internationales relatives aux droits de l'homme, comme celles inscrites dans la Déclaration des Droits de l'Homme de 1948, les deux Pactes des Nations Unies relatifs aux droits civils et politiques de 1966 et d'autres instruments relatifs aux droits de l'homme et au droit humanitaire. L'analyse de différentes dispositions de ces textes permet d'identifier une série de droits fondamentaux dont bénéficie tout être humain et dont la violation caractérisée peut constituer, en fonction des circonstances, un crime contre l'humanité »[725]. La Chambre ne précise toutefois pas quels sont ces droits. Elle a jugé inopportun d'en établir une liste. En effet, « l'admission explicite de certains pourrait être interprétée comme équivalant à l'exclusion implicite d'autres droits *(expressio unius est exclusio alterius),* ce qui ne servirait pas l'intérêt de la justice. Le droit international coutumier n'a pas adopté cette approche au regard des crimes contre l'humanité, la catégorie des « autres actes inhumains » conférant également aux juridictions une certaine flexibilité afin de se prononcer sur les affaires dont elles connaissent, en fonction des formes, multiples et particulièrement ingénieuses, que peuvent revêtir les atteintes à l'humanité. Chaque affaire doit donc être tranchée selon ses circonstances particulières »[726]. Il faut, par ailleurs, considérer le contexte de leur commission pour évaluer la gravité de certains actes et non pas les prendre isolément puisque leur effet cumulatif pourra en faire des actes inhumains[727].

Tout compte fait, la Chambre de Première Instance a posé dans l'affaire *Natelitic et Martinovic* quatre conditions nécessaires à établir que des persécutions constitutives de crimes contre l'humanité ont été commises : «

---

[724] A titre d'exemple, dans l'affaire *Kordic et Cerkez*, la Chambre de première instance III a retenu que le creusement de tranchées et l'utilisation de détenus comme otages et boucliers humains pouvaient constituer des actes de persécution. Ainsi, « Ces actes sont généralement reconnus comme des infractions graves aux Conventions de Genève de 1949, et en tant que tels, ils constituent déjà des crimes au regard du droit international coutumier et du Statut du Tribunal international en particulier. Pour cette raison, et pour celles énumérées au paragraphe précédent, la Chambre de première instance conclut que cet acte, associé à l'intention discriminatoire requise, atteint le même degré de gravité que les autres crimes contre l'humanité visés à l'article 5 », *Le Procureur contre Dario Kordic et Mario Cerkez,* Jugement du 26 février 2001, § 204.

[725] *Le Procureur contre Zoran Kupreskic et consorts*, Jugement du 14 janvier 2000, op.cit., § 621.

[726] *Idem,* § 623.

[727] « Même si les actes, pris individuellement, peuvent ne pas être inhumains, leurs conséquences globales doivent choquer l'humanité à un point tel qu'elles peuvent être qualifiées d'« inhumaines» », *Le Procureur contre Zoran Kupreskic et consorts*, Jugement du 14 janvier 2000, op.cit., § 622.

- L'auteur du crime se rend coupable d'un acte ou d'une omission discriminatoire ;

- L'acte ou l'omission dénie ou viole un droit fondamental consacré par le droit international coutumier ou le droit conventionnel ;

- L'auteur du crime se rend coupable de l'acte ou de l'omission avec l'intention d'exercer une discrimination pour des raisons raciales, religieuses ou politiques ;

- Les conditions générales requises pour les crimes contre l'humanité visés à l'article 5 du Statut sont remplies »[728].

Le Statut de la CPI définit plus étroitement que le TPIY les actes constitutifs de persécution. En effet, il exige que « le déni intentionnel et grave de droits fondamentaux en violation du droit international, pour des motifs liés à l'identité du groupe ou de la collectivité qui en fait l'objet » soit commis *en corrélation* avec un autre crime contre l'humanité ou avec un autre crime relevant de la compétence de la Cour. Pour un dictionnaire de langue française, le terme « corrélation » signifie « un lien, un rapport réciproque ». Le mot est synonyme de « dépendance ou d'interaction »[729]. Il faut alors comprendre que seuls les actes constitutifs de l'un ou l'autre crime figurant dans le Statut[730] peuvent être des actes de persécution. Cette conception limitative est une manière de garantir que « seuls les crimes les plus graves, conformément à la volonté de ses auteurs, entrent dans la compétence *ratione materiae* de la Cour »[731]. Mais le TPIY a estimé à plusieurs reprises que les dispositions de l'article 7§1 du Statut de Rome étaient plus restrictives que ne l'exige le droit coutumier[732]. Elles traduisent la volonté des Etats de circonscrire la compétence *ratione materiae* de la Cour.

Les différents moyens de contrainte au départ précédemment évoqués, employés dans le cadre d'une politique de nettoyage ethnique, entrent dans le champ des actes constitutifs de persécution. Plusieurs exemples peuvent être relevés. Dans l'affaire *Kordic et Cerkez*, la Chambre de Première Instance a retenu à propos de l'attaque de villes et de villages habités par des Musulmans par les forces du HVO que ces actes étaient assimilables « à « l'attaque ou bombardement, par quelque moyen que ce soit, de villes, villages, habitations ou bâtiments non défendus », ce qui constitue une violation des lois ou

---

[728] *Le Procureur contre Mladen Natelitic et Vinko Martinovic*, Jugement du 31 mars 2003, op.cit., § 634.

[729] *Le nouveau Petit Robert de la langue française 2008*, Le Robert, Paris, 2008, p. 549.

[730] Il faut toutefois resserrer encore la définition du Statut puisque la persécution ne peut être commise en corrélation avec le crime de génocide. Ce dernier comporte déjà un élément discriminatoire, différent de celui de la persécution puisque plus restrictif. Il n'est dès lors pas possible d'y superposer une autre intention discriminatoire (voir Titre 2 *infra*).

[731] Philippe Currat, *Les crimes contre l'humanité dans le Statut de la Cour pénale internationale*, op.cit., p. 452.

[732] Voir à ce propos le Jugement *Kordic et Cerkez* du 26 février 2001, op.cit., § 197.

coutumes de la guerre visée à l'article 3 c) du Statut . En conséquence, cet acte a déjà été qualifié de crime en vertu du droit international coutumier et du Statut du Tribunal international en particulier. En outre, l'attaque dirigée contre des villes et des villages pour des motifs discriminatoires, constitue le contexte factuel dans lequel sont perpétrés la plupart des autres actes de persécution allégués (meurtre, emprisonnement, transfert forcé, actes inhumains, destruction arbitraire et massive de biens, etc.). La conjugaison de cet élément matériel à l'intention discriminatoire requise constituerait donc le crime de persécution »[733]. Dans l'affaire *Krstic*, la Chambre de Première Instance I, après avoir « précédemment jugé qu'une attaque généralisée et systématique avait été lancée contre la population musulmane de Srebrenica à partir du 11 juillet, en raison de son appartenance au groupe des Musulmans de Bosnie » estima que : « La crise humanitaire de Potocari, l'incendie de maisons à Srebrenica et Potocari, la campagne de terreur visant les civils musulmans de Bosnie, le meurtre de milliers de civils musulmans de Bosnie, que ce soit à Potocari ou lors d'exécutions de masse soigneusement organisées, et le transfert forcé de femmes, d'enfants et de personnes âgées hors du territoire contrôlé par les Serbes de Bosnie constituent autant d'actes de persécution. Elle se déclara alors « convaincue qu'un crime de persécution, tel que défini dans l'acte d'accusation, a été commis à partir du 11 juillet dans l'enclave de Srebrenica »[734]. Le Jugement *Krstic* met en évidence un point intéressant : si les mesures de contrainte au départ peuvent être considérées comme des actes de persécution, le déplacement forcé en lui-même peut uniment être considéré comme tel. Dans l'affaire *Blaskic*, les juges de La Haye ont retenu que la déportation et le transfert forcé pouvaient être des éléments constitutifs de la persécution, faisant ainsi écho à l'acte d'accusation. Dans le Jugement *Natelitic et Martinovic*, la Chambre de Première Instance I a jugé que « Mladen Naletilic était responsable du transfert forcé d'au moins 400 civils de Sovici et Doljani le 4 mai 1993. Ces transferts revêtaient un caractère discriminatoire puisqu'ils ne concernaient que des Musulmans. La Chambre est convaincue que ces transferts constituent des persécutions au sens de l'article 5 h) du Statut et que Mladen Naletilic en est pénalement individuellement responsable au regard de l'article 7 1) du Statut. La Chambre a déjà conclu que l'accusé, comme il l'a lui-même dit au témoin LL, avait pour but d'expulser la population musulmane de la région. Il était donc animé d'une intention discriminatoire »[735]. Ces considérations autorisent à conclure que le nettoyage ethnique constitue une campagne de persécutions dans la mesure où cette notion est suffisamment large

---

[733] *Le Procureur contre Dario Kordic et Mario Cerkez*, Jugement du 26 février 2001, op.cit., § 203.

[734] TPIY, Chambre de Première Instance I, *Le Procureur contre Radislav Krstic*, Jugement du 2 août 2001, § 536 à 538.

[735] *Le Procureur contre Mladen Natelitic et Vinko Martinovic*, Jugement du 31 mars 2003, op.cit., § 671.

et extensible pour englober le déplacement forcé en tant que tel ainsi que tous les moyens coercitifs destinés à provoquer le départ.

Enfin, dans la mesure où la persécution s'effectue en corrélation avec d'autres crimes contre l'humanité ou des crimes de guerre, il reste à savoir si cette qualification absorbe les autres. La jurisprudence des TPI apporte une réponse négative à ce problème en retenant le concours de qualifications en application des principes évoqués *supra.*

Ainsi, la persécution exige un élément de discrimination que les autres crimes contre l'humanité ne requièrent pas. Dans l'affaire *Kupreskic*, la formation de jugement a retenu à propos de l'assassinat : « lorsqu'une personne est accusée à la fois d'assassinat, en tant que crime contre l'humanité et de persécutions (dont l'assassinat), en tant que crimes contre l'humanité. Les mêmes actes causant la mort d'autrui peuvent alors être constitutifs des deux crimes. C'est le cas s'il est prouvé i) que l'assassinat en tant qu'acte de persécution répond aux deux conditions d'intention discriminatoire et de pratique généralisée ou systématique de la persécution et ii) que l'assassinat en tant que crime contre l'humanité satisfait aux deux conditions du sacrifice délibéré de la vie de civils innocents et de la pratique généralisée ou systématique du meurtre de civils. Si ces conditions sont remplies, il y a clairement spécialité réciproque et les conditions fixées par le critère *Blockburger* sont remplies. Par conséquent, l'assassinat est un crime susceptible d'être simultanément sanctionné en vertu des deux dispositions du Statut [(les articles 5 h) et 5 a)] »[736]. Quant à l'analyse des valeurs sociales protégées par les règles condamnant l'assassinat et la persécution, La prohibition de l'assassinat vise en effet à empêcher le meurtre à grande échelle de civils innocents. Plus généralement, elle entend sauvegarder la vie humaine en temps de conflit armé. Pour sa part, la proscription des persécutions tend à mettre les civils à l'abri des formes graves de discrimination. Elle vise donc à réaffirmer le principe d'égalité entre groupes et êtres humains et à en garantir le respect »[737]. La persécution apparaît de fait comme une forme aggravée du crime contre l'humanité.

Quant au crime de persécution commis en corrélation avec un crime de guerre, puisque les crimes de guerre et les crimes contre l'humanité requièrent des éléments constitutifs propres, la double qualification s'imposera logiquement. A titre d'exemple, dans l'affaire *Natelitic et Martinovic*, les juges du TPIY ont retenu que : « à l'encontre de l'accusé (Mladen Natelitic) les chefs de transfert forcé d'un civil (chef 18) sur la base de l'article 2 g) du Statut, de destruction de biens que ne justifient pas les exigences militaires (chef 20) sur la base de l'article 3 b) du Statut, de pillage de biens publics ou privés (chef 21) sur la base de l'article 3 e) du Statut, ainsi que celui de persécutions (chef 1) du

---

736 *Le Procureur contre Kupreskic et consorts*, Jugement du 14 janvier 2000, op.cit., § 708.
737 *Idem*, § 709.

fait de chacun de ces crimes »[738].

Le DIH offre d'importantes garanties face au déplacement forcé de populations. La dimension pénale dont elles sont assorties contribue à renforcer leur effet préventif en dissuadant l'individu de participer à ce type de pratique. Ce dernier paramètre ne dispose toutefois pas encore d'une efficacité optimale, notamment du fait que les Etats soient encore trop rétifs à exercer des poursuites sur la base de la compétence universelle, institution décriée sur le plan diplomatique et qui achoppe sur les normes relatives à l'immunité des dirigeants de l'Etat. L'expérience des TPI *ad hoc*, pour efficace qu'elle soit, demeure circonscrite aux cas des crimes commis au Rwanda et en ex-Yougoslavie. La CPI semble pouvoir offrir une meilleure assurance contre l'impunité même si sa compétence reste conditionnée au consentement des Etats.

Mais le nettoyage ethnique n'est pas le fait d'individus isolés et correspond à une politique organisée et planifiée au niveau de l'Etat. C'est ce qu'a souligné le TPIY dans l'affaire *Tadic* en relevant que les exactions commises par les Serbes de Bosnie avaient pour « objet les membres d'une population civile identifiée comme un ou plusieurs groupes, qu'ils soient nationaux ou politiques, leur commission se répète selon un schéma identique, ils sont préparés et planifiés à un niveau étatique. Ils paraissent avoir une fonction commune, qui est de permettre la constitution de territoires « ethniquement purs », et de créer par là un nouvel Etat. Ces actes constituent les moyens de la mise en œuvre de la politique de nettoyage ethnique »[739]. Classiquement, l'Etat est le destinataire principal du DIH et avant même d'envisager la répression de ses agents il convient de s'assurer qu'il se conforme à ses obligations en n'élaborant pas et en ne mettant pas en œuvre ce type de politique. Dès lors, l'efficacité de la protection offerte par les règles du droit des conflits armés face au nettoyage ethnique dépendra des mécanismes de garantie et de contrôle dont elles sont assorties.

---

[738] *Le Procureur contre Mladen Natelitic et Vinko Martinovic*, Jugement du 31 mars 2003, op.cit., § 727.

[739] Même si, dans le cas de la République serbe de Bosnie, la situation était particulière puisque cette entité exerçait un contrôle *de facto* sur une partie du territoire bosniaque, elle n'a pas été reconnue par la Communauté internationale, mais seulement par la RFY. Toutefois, le projet de création de la Grande Serbie était commun à la *Republika Srspka* et à la RFY dont les forces de VRS ont été considérées comme agents de fait, et peut être assimilé à une véritable politique étatique. La même conclusion peut être établie à propos de la politique menée par la République d'*Herceg-Bosna*. La politique de nettoyage ethnique pourrait également être élaborée par un groupe armé non gouvernemental contrôlant une partie du territoire d'un Etat en conflit.

Chapitre 2 : Contrôler et garantir le respect du DIH

Le droit des conflits armés constitue « le point de fuite du droit international »[740]. Les trop nombreuses violations[741] dont il est l'objet sèment le doute sur l'efficacité des mécanismes destinés à en garantir le respect. Ils sont en effet soumis aux aléas des volontés souveraines. Les Etats accepteront ou refuseront de se soumettre aux procédures de contrôle tandis que d'autres décideront de l'opportunité de les déclencher. Bien trop souvent une réaction timide sera opposée à des situations menaçantes pour les droits fondamentaux. Mme Véronique Harouel Bureloup déplorait qu'il faille « une prise de conscience politique par l'ensemble de la communauté internationale de l'extrême gravité d'une situation, comme de son indignité trop grande pour le genre humain, pour que les Etats veuillent bien réagir »[742]. Il semble opportun de revenir sur ces procédés de garantie afin d'en relever les limites et de pouvoir proposer quelques solutions.

Le DIH prévoit des mécanismes spéciaux pour contrôler l'action des forces belligérantes et assurer la protection des victimes. Mais leurs effets juridiques limités et leur faible utilisation ont révélé l'inefficacité de ces procédés (section 1). Il faudra alors se tourner vers les mécanismes généraux du droit international pour chercher d'autres garanties. L'individu coupable de violations graves du DIH peut voir engager sa responsabilité pénale internationale, ce qui tend à décourager ce type d'entreprise criminelle. Dans cette perspective il conviendra de s'interroger sur l'éventuel caractère dissuasif du mécanisme de responsabilité internationale des Etats (section 2). Et si, en dépit des règles évoquées une campagne de déplacement forcé de population est effectivement conduite par un belligérant, révélant ainsi l'échec des mécanismes préventifs évoqués, il conviendra d'en limiter les effets destructeurs. A cet effet, la pratique récente a pu voir validées un certain nombre d'« interventions » de tiers dans des conflits, principalement internes, afin de protéger la population civile. Mais aussi louable soit-elle, cette technique peine à vaincre les réticences souveraines (section 3). Finalement, le droit offrira une protection *a posteriori* aux victimes déplacées en leur reconnaissant un droit au retour (Section 4).

Section 1. L'inefficacité des mécanismes de contrôle prévus par les Conventions de Genève

Les rédacteurs des Conventions de 1949 et de leurs Protocoles additionnels ont confié aux Puissances protectrices et, à défaut, au CICR le soin de veiller au

---

740 Voir Hersch Lauterpacht, « The Problem of the Revision of the Law of the War », *British Yearbook of International Law*, 1952, pp. 360-382.

741 Le Professeur David estime qu'il est « la branche la moins respectée (...) du droit international, et même du droit tout court ! », *Principes de droit des conflits armés*, op.cit., p. 677.

742 Véronique Harouel Bureloup, *Traité de droit international humanitaire*, PUF, Paris, p. 428.

bon respect des règles qu'ils contiennent. Mais l'implication de ces entités dans le conflit n'aura qu'une portée juridique limitée (§1). Par ailleurs, une procédure d'enquête fut instituée en 1949 pour examiner les cas de violations alléguées du droit des conflits armés. Elle fut complétée en 1977 avec l'instauration de la Commission d'établissement des faits qui n'a, à ce jour, toujours pas été saisie (§2).

§1. Les Puissances protectrices et le CICR comme gardiens du droit des conflits armés

Après avoir présenté l'institution de la Puissance protectrice et sa mission de contrôle (A), il conviendra de revenir sur le rôle du CICR en la matière (B).

A. Le contrôle des Puissances protectrices

« La Puissance protectrice est un Etat, chargé par un autre Etat (dit Puissance d'origine), de sauvegarder ses intérêts et ceux de ses ressortissants auprès d'un troisième Etat (dit Etat de résidence) »[743]. Initialement apparue dans le domaine diplomatique[744], cette pratique s'étendra progressivement à partir du XIXe siècle à la défense des individus au pouvoir de l'adversaire. Il s'agira en fait d'un élargissement du mandat de la Puissance protectrice à la protection des nationaux de l'Etat mandant prisonniers de guerre qui se traduira par la visite des camps où ils sont détenus. L'article 86 de la Convention de Genève du 27 juillet 1929 relative au traitement des prisonniers de guerre va apporter une base légale à cette pratique[745]. Le contrôle exercé était cependant limité puisque le

---

[743]*Commentaire de la Convention IV de Genève relative à la protection des personnes civiles en période de conflit armé*, op.cit, p. 89.

[744] Cette institution est apparue dans le courant du XVIe siècle dans le domaine diplomatique. A une époque où seuls les grands Etats possédaient une ambassade à l'étranger, les ressortissants d'autres Etats ne pouvaient eux prétendre à une telle représentation. Aussi, la pratique s'est développée pour de grandes Puissances de prendre sous leur protection, par voie de conventions, des nationaux d'autres Etats. Ces derniers pouvaient dès lors bénéficier du soutien des autorités diplomatiques ou consulaires de ces Puissances dites « protectrices ».Il s'agissait donc pour des Etats de confier à d'autres la protection de leurs intérêts dans des Etats où ils n'étaient pas représentés. Cette fonction initiale est aujourd'hui appelée « mandat de Vienne » par référence aux Conventions du 24 avril 1963 sur les relations consulaires et du 18 avril 1961 sur les relations diplomatiques

[745] Ainsi dispose-t-il que « les Hautes Parties Contractantes reconnaissent que l'application régulière de la présente Convention trouvera une garantie dans la possibilité de collaboration des Puissances protectrices chargées de sauvegarder les intérêts des belligérants ; à cet égard, les Puissances protectrices pourront, en dehors de leur personnel diplomatique, désigner des délégués parmi leurs propres ressortissants ou parmi les ressortissants d'autres Puissances neutres. Ces délégués devront être soumis à l'agrément du belligérant auprès duquel ils exerceront leur mission. Les représentants de la Puissance protectrice ou ses délégués agréés seront autorisés à se rendre dans toutes les localités, sans aucune exception, où sont internés des prisonniers de guerre. Ils auront accès dans tous les locaux occupés par des prisonniers et pourront s'entretenir avec ceux-ci, en règle générale sans témoin, personnellement ou par l'intermédiaire d'interprètes. Les belligérants faciliteront dans la plus large mesure possible la tâche des représentants ou des délégués agréés de la Puissance protectrice. Les autorités militaires seront informées de leur

rôle de la Puissance protectrice était circonscrit aux instructions qu'elle recevait du mandant et était libre de refuser telle ou telle tâche qu'elle estimait préjudiciable à ses intérêts. En outre, le recours à cette institution était une possibilité et non une obligation, limitée à la protection des prisonniers de guerre, dont la mise en oeuvre était subordonnée à l'agrément par le belligérant des délégués de la Puissance protectrice. Ainsi, l'Allemagne refusa durant la seconde guerre mondiale son agrément aux Puissances protectrices des gouvernements exilés à Londres[746].

La pratique sera généralisée en 1949 par l'inclusion d'un article commun aux quatre Conventions de Genève. L'article 8 commun aux Conventions I, II et III et 9 de la Convention IV est ainsi rédigé : « La présente Convention sera appliquée avec le concours et sous le contrôle des Puissances protectrices chargées de sauvegarder les intérêts des Parties au conflit. A cet effet, les Puissances protectrices pourront, en dehors de leur personnel diplomatique ou consulaire, désigner des délégués parmi leurs propres ressortissants ou parmi les ressortissants d'autres Puissances neutres. Ces délégués devront être soumis à l'agrément de la Puissance auprès de laquelle ils exerceront leur mission. Les Parties au conflit faciliteront, dans la plus large mesure possible, la tâche des représentants ou délégués des Puissances protectrices. Les représentants ou délégués des Puissances protectrices ne devront en aucun cas dépasser les limites de leur mission, telle qu'elle ressort de la présente Convention ; ils devront notamment tenir compte des nécessités impérieuses de sécurité de l'Etat auprès duquel ils exercent leurs fonctions ». Le recours à la Puissance protectrice est ainsi non seulement étendu à toutes les Conventions, mais il est en outre rendu obligatoire. Elle n'est plus autorisée à contrôler, elle est chargée de le faire, ainsi que cela ressort de la formule impérative employée. Dès lors elle devient une double obligation, pour l'Etat belligérant qui y fait appel et pour celui auprès duquel elle agira. La Puissance protectrice est chargée de nombreuses missions et est dotée d'importantes prérogatives afin de contrôler la bonne application du DIH. Elle disposera à cet effet d'un droit d'accéder librement aux personnes protégées. De nombreuses dispositions sont consacrées à son intervention : rien que dans la Convention IV on dénombre trente-sept références à la Puissance protectrice. Son contrôle s'exercera sur le territoire du

---

visite. Les belligérants pourront s'entendre pour admettre que des personnes de la propre nationalité des prisonniers soient admises à participer aux voyages d'inspection ».

[746] Le Commentaire de la Convention IV relève cependant que « beaucoup d'Etats neutres surent donner une noble ampleur à leur mission protectrice, que certaines circonstances facilitèrent également. En effet, dans plusieurs cas, la même Puissance protectrice se trouva être le mandataire de deux Etats ennemis. Cette situation modifia sensiblement le caractère de leur activité : dès l'instant où une Puissance représentait les intérêts de deux belligérants adverses, elle assumait entre eux en quelque sorte le rôle d'arbitre et cette situation favorable lui permettait - pour obtenir les améliorations souhaitables - de recourir à l'argument de l'intérêt réciproque ». *Commentaire de la Convention IV de Genève relative à la protection des personnes civiles en période de conflit armé*, op.cit, p. 91.

belligérant mais aussi sur les territoires occupés. Il lui incombera, en plus de contrôler la situation des personnes, d'apprécier la compatibilité avec la Convention des dispositions adoptées par la Puissance occupante. Par exemple, la législation pénale édictée par elle sera soumise à l'appréciation de la Puissance protectrice. Elles pourront, dès lors, constater d'éventuelles violations. Le Protocole I confirmera le caractère obligatoire du contrôle de la Puissance protectrice par son article 5§1-2 : « Il est du *devoir* des Parties à un conflit, dès le début de ce conflit, d'assurer le respect et la mise en oeuvre des Conventions et du présent Protocole par l'application du système des Puissances protectrices (...) »[747]. On parlera ici de « mandat de Genève ».

Le recours à la Puissance protectrice, malgré sa consolidation progressive et sa portée étendue : 194 Etats[748] sont parties aux quatre Conventions de Genève de 1949 et aucun n'a formulé de réserve sur ce principe, s'est avéré être un moyen de contrôle limité.

Tout d'abord, ses implications juridiques sont faibles. La Puissance protectrice agit comme mandataire de l'Etat d'origine et lui adresse des rapports de mission établissant ses constatations. Elle n'a pas le pouvoir de contraindre l'Etat visité à se conformer à ses obligations.

Par ailleurs, ce mécanisme n'est applicable qu'aux conflits internationaux. En effet, il n'est pas mentionné par l'article 3 commun aux Conventions de 1949 ni par le Protocole II. Notons en plus qu'il fait naître des relations interétatiques et que, naturellement, toutes les parties à un conflit interne n'ont pas cette qualité.

En outre, la présence des Puissances n'est pas prévue dans le cadre même du combat. Partant, les règles relatives à la conduite des hostilités échapperont à son contrôle.

Enfin, ce procédé a été très peu utilisé depuis 1949. Le Professeur David relevait que « le système n'a jamais aussi peu fonctionné que depuis qu'il est légalisé »[749].

Ce fut bien souvent le CICR qui assuma le rôle de Puissance protectrice. En effet, à défaut de désignation d'une Puissance protectrice par les Parties au

---

[747] Nous soulignons.

[748] Même si la qualité d'Etat de la Palestine est des plus incertaines, il faut souligner que son observateur permanent auprès de l'Office des Nations Unies à Genève a informé, par lettre datée du 21 juin 1989, le Département fédéral des affaires étrangères (DFAE) que « le Comité exécutif de l'Organisation de Libération de la Palestine, chargé d'exercer les fonctions de Gouvernement de l'Etat de Palestine par décision du Conseil National Palestinien, a décidé en date du 4 mai 1989, d'adhérer aux quatre Conventions de Genève du 12 août 1949 et à leurs deux Protocoles additionnels ». Il faut considérer que les combattants arabes palestiniens ont, de fait, accepté de se soumettre aux procédures de contrôle prévues par ces instruments.

[749] Eric David, *Principes de Droit des conflits armés*, op.cit., p.637. On recense cinq conflits depuis 1949 durant lesquels des Puissances protectrices furent nommées : Suez en 1956, Bizerte en 1961, Goa en 1961, le conflit indo-pakistanais de 1971 et les îles Malouines en 1982.

conflit, il revient au CICR de trouver les Etats susceptibles de remplir ce rôle. Sinon, il incombe à l'Organisation de Genève elle-même ou à toute autre organisation présentant des garanties d'impartialité et d'efficacité de proposer ses services pour accomplir cette fonction de contrôle. Le CICR se voit ainsi érigé en « substitut » de la Puissance protectrice.

B. Le contrôle « discret » assuré par le CICR

L'Organisation privée suisse a été constituée dans le but de protéger et d'assister les victimes des conflits armés. Dès lors, son implication, reconnue par les quatre Conventions de Genève et leurs Protocoles additionnels[750], ne se limite pas à une aide « caritative », par exemple en fournissant des vivres, soins, secours mais tend aussi à veiller au respect par les belligérants de leurs obligations. Ainsi, le CICR sera-t-il amené à jouer le rôle de substitut de la Puissance Protectrice défaillante et à jouir des mêmes droits que celle ci. En effet, « si (...) il y a défaut de Puissance protectrice, les Parties au conflit devront accepter sans délai l'offre que pourrait faire le Comité international de la Croix-Rouge ou toute autre organisation présentant toutes garanties d'impartialité et d'efficacité, après dues consultations avec lesdites Parties et compte tenu des résultats de ces consultations, d'agir en qualité de substitut. L'exercice de ses fonctions par un tel substitut est subordonné au consentement des Parties au conflit ; les Parties au conflit mettront tout en œuvre pour faciliter la tâche du substitut dans l'accomplissement de sa mission conformément aux Conventions et au présent Protocole »[751].

Les délégués du CICR pourront, ainsi, visiter les lieux de détention des prisonniers de guerre et civils[752], droit exercé par exemple lors de l'intervention américaine à Panama en 1989/1990[753]. Le CICR a même été habilité à exercer ses fonctions auprès des détenus du TPIY par un Accord des 28 avril et 5 mai 1995 sur les modalités de visite aux personnes détenues sous la responsabilité du Tribunal. Toutefois, cette fonction de substitut, alors même qu'elle a été acceptée par l'ensemble des Parties aux Conventions et au Protocole, n'aura que des effets limités puisque les rapports établis dans ce cadre par l'Organisation ne seront destinés qu'à la Puissance détentrice, au pouvoir de laquelle se trouvent les victimes.

En dehors de ce mandat de substitution de la Puissance protectrice, le CICR a toujours assuré un contrôle discret de l'application du DIH. Le Professeur

---

[750] Un article 9 commun aux Conventions I, II et III et 10 de la Convention IV dispose que « Les dispositions de la présente Convention ne font pas obstacle aux activités humanitaires que le Comité international de la Croix-Rouge, ainsi que tout autre organisme humanitaire impartial, entreprendra pour la protection des personnes civiles et pour les secours à leur apporter, moyennant l'agrément des Parties au conflit intéressées ».

[751] Protocole additionnel I du 8 juin 1977 aux Conventions de Genève du 12 août 1949, article 5§4.

[752] Voir articles 126 de la Convention III et 143 de la Convention IV.

[753] Voir Rapport d'activité du CICR 1989, p. 47.

David rappelle que « si les CG et le PA1 ne confient pas expressément au CICR le soin de contrôler le respect de leur application, le CICR exerce cependant des fonctions équivalentes dont le fondement juridique réside moins dans la lettre de ces instruments que dans une pratique ancienne et récurrente »[754]. Mais encore une fois ce contrôle aura des conséquences limitées sur le plan juridique. En effet, l'Organisation n'a pas le pouvoir de contraindre l'Etat contrevenant à respecter ses obligations. Elle n'établira que des rapports dont l'impact souffrira du manque de publicité. Le CICR ne transmet ses rapports qu'à l'Etat visité, les violations constatées ne seront pas connues des autres sans son accord. En privilégiant une approche discrète et diplomatique, l'entité suisse préserve les susceptibilités souveraines, laissant aux Etats le soin de corriger d'eux mêmes leur comportement.

Toutefois, le CICR a su s'écarter de cette ligne de conduite devant la mauvaise volonté des Etats. Ce fut par exemple le cas en 1983 lors du conflit opposant l'Iran à l'Irak. Un Mémorandum a été rendu public établissant les violations de la Convention III par ces deux Etats. Le Professeur Yves Sandoz relève quatre conditions pour que l'Organisation recourre à cette extrémité : les violations constatées doivent être graves, répétées, certaines et informer le public doit servir au mieux les victimes[755]. En 1992, elle a lancé un appel public pour le respect de la population civile en Bosnie Herzégovine.

Enfin, il faut relever que contrairement aux Puissances protectrices, le CICR est appelé à jouer un rôle dans les conflits non internationaux. Son rôle de substitut trouve là un intérêt conséquent. Son implication n'est cependant pas automatique. L'Organisation bénéficie dans ce cadre d'un droit d'initiative, c'est-à-dire qu'elle propose ses services aux Parties qui seront libres de les accepter ou de les refuser. L'article 3 commun aux Conventions de 1949 précise qu'« un organisme humanitaire impartial, tel que le Comité international de la Croix-Rouge, pourra offrir ses services aux Parties au conflit ». Le Protocole II ne précise rien à ce propos mais il ne fait que compléter l'article 3 commun et n'a donc pas d'influence sur ce droit reconnu au CICR.

A ces mécanismes de contrôle limités s'ajoutent des procédures destinées à établir la vérité sur des allégations de violations du DIH. Celles-ci brillent par leur inutilité.

§2. De la procédure d'enquête à la Commission d'établissement des faits : des instruments inexploités

Pour faire la lumière sur des violations alléguées du droit des conflits armés, des mécanismes spécifiques ont été prévus : la procédure d'enquête (A) et le

[754] Eric David, *Principes de Droit des conflits armés,* op.cit., p. 583.
[755] Yves Sandoz, « Appel du CICR dans le cadre du conflit entre l'Iran et l'Irak », *AFDI*, 1983, pp. 161-174, spéc. pp. 165-166.

recours à la Commission d'établissement des faits (B). Ces outils de contrôle se sont révélés particulièrement inefficaces.

A. La procédure de l'enquête

La Convention de Genève du 27 juillet 1929 sur l'amélioration du sort des blessés et malades dans les armées en campagne contenait un article 30 qui prévoyait l'ouverture d'une enquête en cas de violation alléguée de ses règles. Ces dispositions choquent par leur laconisme[756]. Elles n'apportent que très peu d'indications quant à la manière de mener l'enquête et celle-ci apparaît en tout état de cause tributaire d'un consensus entre Etats intéressés. Il est toutefois notable que les rédacteurs ont entendu rappeler les Parties défaillantes à leurs obligations en insistant sur la nécessité de mettre fin à la violation une fois établie et à assurer une répression des contrevenants individuels. Cette procédure, bien qu'une tentative avortée durant la guerre italo-éthiopienne de 1935-1936 soit à signaler, n'a jamais été mise en oeuvre.

Durant les négociations menées par les experts gouvernementaux réunis en 1947 à Genève, le CICR avait avancé l'idée d'une commission d'enquête permanente qui serait saisie à la suite de chaque violation alléguée du DIH. Celle-ci, après constatation des faits, aurait établi un rapport contenant des recommandations à l'attention des Etats visés. Le mécanisme envisagé n'entraînait que des conséquences juridiques limitées à l'établissement de recommandations non obligatoires. L'année suivante, un nouveau projet présenté par le CICR ouvrait à toute Partie la possibilité de demander la constitution d'une commission d'enquête qui aurait fonctionné sur le même modèle. Mais finalement, le choix opéré en 1949 fut de reprendre la procédure prévue en 1929. Un article commun[757] fut inséré dans chacune des quatre Conventions adoptées qui prévoit qu' « à la demande d'une Partie au conflit, une enquête devra être ouverte, selon le mode à fixer entre les Parties intéressées, au sujet de toute violation alléguée de la Convention. Si un accord sur la procédure d'enquête n'est pas réalisé, les Parties s'entendront pour choisir un arbitre, qui décidera de la procédure à suivre. Une fois la violation constatée, les Parties au conflit y mettront fin et la réprimeront le plus rapidement possible »[758]. Une fois encore, la formulation se caractérise par son manque de précision. Si l'enquête est obligatoire lorsqu'un des belligérants en fait la

---

756 L'article est ainsi rédigé « A la demande d'un belligérant, une enquête devra être ouverte, selon le mode à fixer entre les parties intéressées, au sujet de toute violation alléguée de la Convention ; une fois la violation constatée, les belligérants y mettront fin et la réprimeront le plus promptement possible ».

757 Il s'agit de l'article 52 de la Convention I, de l'article 53 de la Convention II, de l'article 132 de la Convention III et de l'article 149 de la Convention IV.

758 Ces dispositions ne précisent rien quant à leur application à un conflit interne. Il faut toutefois penser qu'elle n'est pas exclue puisque l'article fait référence à toute violation alléguée de la Convention, ce qui couvre l'article 3 commun. Par ailleurs, l'enquête peut être demandée par toute Partie au conflit sans précision quant à sa nature étatique.

demande, elle dépendra de leur consentement à une procédure et il semble peu vraisemblable que cet accord se réalise alors qu'il vise à constater que l'un d'eux s'est rendu coupable et qu'il convient de mener des investigations sur son territoire. D'ailleurs, en cas d'échec sur le choix de la procédure, l'article renvoie à la solution de l'arbitrage pour la fixer ! Le déclenchement de l'enquête est conditionné à un consensus entre belligérants. Le Commentateur estime que, « dans la pratique, l'organe le plus qualifié pour mener l'enquête est tout naturellement la Puissance protectrice »[759]. Quant à l'issue de l'enquête, les Parties au conflit s'engagent à mettre fin à la violation lorsqu'il s'agira d'une violation permanente ou continue et à punir ceux qui s'en seront rendus coupables.

Cette procédure s'avère finalement trop difficile à mettre en œuvre pour constituer un instrument efficace de contrôle. Elle n'a d'ailleurs jamais été appliquée. Aussi, les rédacteurs des Protocoles additionnels envisagèrent ils de compléter le procédé.

B. Une institutionnalisation du contrôle : la Commission d'établissement des faits

A l'instar de la procédure d'enquête, qu'elle n'a pas remplacée, la Commission internationale humanitaire d'établissement des faits est un moyen de contrôle à l'inefficacité flagrante puisque dix sept ans après sa mise en place effective elle n'a encore été saisie d'aucun mandat. Pourtant le principe séduisant d'un organe permanent chargé de veiller à la bonne application du droit humanitaire avait enfin était accepté en 1977. L'article 90 du Protocole I constitue la base légale de cet organe dont il précise la composition, la compétence et les principales règles de fonctionnement.

La Commission est ainsi chargée de deux missions principales : « enquêter sur tout fait prétendu être une infraction grave au sens des Conventions et du présent Protocole ou une autre violation grave des Conventions ou du présent Protocole, faciliter, en prêtant ses bons offices, le retour à l'observation des dispositions des Conventions et du présent Protocole »[760].

Ces dispositions appellent d'emblée deux remarques : La Commission semble à première vue n'avoir compétence que pour les conflits à caractère international puisqu'il est explicitement fait référence aux infractions et violations au sens « du présent Protocole ». Comme le notait le Professeur Condorelli « c'est là une limitation sévère étant donné que les conflits internes sont aujourd'hui chose courante, alors que les conflits entre Etats sont devenus

---

[759] *Commentaire de la Convention IV de Genève relative à la protection des personnes civiles en période de conflit armé*, op.cit, p. 648.

[760] Protocole additionnel I du 8 juin 1977 aux Conventions de Genève du 12 août 1949, article 90§ 2-b.

rares »[761]. Par ailleurs, sa compétence porte sur les infractions graves, c'est-à-dire les crimes de guerre listés par les Conventions de 1949 et le Protocole I mais aussi sur les violations graves, qui elles ne sont pas définies par les textes. Il est possible d'en déduire que la compétence de la Commission est, de fait, large puisqu'elle n'aura pas à se soucier « de *minimis* »[762].

Une avancée importante est que la saisine de la Commission semble être ouverte à tout Etat qu'il soit partie ou non au conflit. En effet, l'article 90 ne conditionne pas l'accès à l'organe à un quelconque préjudice. Dans une lecture dynamique de son rôle elle semble dotée d'un pouvoir d'initiative car bien qu'elle ne puisse s'autosaisir d'une infraction ou d'une violation, ce qui reste l'apanage des Etats, rien dans l'article 90 ne fait obstacle à ce qu'elle les encourage à faire appel à ses services.

Malheureusement, sa compétence reste conditionnée au consentement des Etats. En effet, elle ne pourra enquêter que si l'Etat concerné a accepté d'être contrôlé et si le demandeur a fait de même. L'article 90 du Protocole I pose un système calqué sur la clause facultative de juridiction obligatoire prévue à l'article 38§2 du Statut de la CIJ prévoyant une déclaration d'acceptation à l'avance de la compétence de la Commission[763]. Si la compétence de la Commission peut être reconnue à titre temporaire par un Etat pour le conflit qui le concerne et que celle-ci peut solliciter l'accord d'un Etat non partie, cette subordination à consentement constitue un frein important à son contrôle. Il

---

761 Luigi Condorelli, « La Commission internationale humanitaire d'établissement des faits : un outil obsolète ou un moyen utile de mise en oeuvre du droit international humanitaire », *RICR*, juin 2001, vol. 83, n° 842, pp. 393-406, spéc. p. 397. L'auteur relativise toutefois cette conclusion. Ainsi, l'article 90 fait référence aux infractions et violations graves aux Conventions de Genève de 1949 dont l'article 3 commun est relatif aux conflits non internationaux. Par ailleurs, le même article 90 précise à son paragraphe 2-d que « d) Dans d'autres situations, la Commission n'ouvrira une enquête à la demande d'une Partie au conflit qu'avec le consentement de l'autre ou des autres Parties intéressées ». Les autres situations pourraient renvoyer à un conflit interne, quant aux Parties à un conflit, aucune précision n'est apportée sur leur nécessaire nature étatique. Il semblerait finalement que la Commission dispose de la compétence potentielle d'enquêter dans le cadre d'un conflit interne, si tant est que l'Etat territorial ait donné son approbation.

762 *Idem.*

763 Ainsi « Les Hautes Parties contractantes peuvent au moment de la signature, de la ratification ou de l'adhésion au Protocole, ou ultérieurement à tout autre moment, déclarer reconnaître de plein droit et sans accord spécial, à l'égard de toute autre Haute Partie contractante qui accepte la même obligation, la compétence de la Commission pour enquêter sur les allégations d'une telle autre Partie, comme l'y autorise le présent article », Protocole additionnel I du 8 juin 1977 aux Conventions de Genève du 12 août 1949, article 90§2-a.

Le Japon a déposé une déclaration interprétative le 31 août 2004 au moment de sa ratification du Protocole I précisant que « Le Gouvernement du Japon croit comprendre que la compétence de la Commission internationale d'établissement des faits, qu'elle reconnaît *ipso facto* et sans accord spécial par la déclaration, ne s'exerce qu'à l'égard des faits ultérieurs à la date de ladite déclaration ».

fallut treize ans[764] pour réunir les vingt accords nécessaires à la mise en place de cet organe, ce qui traduit bien les réticences des Etats à accepter un contrôle de leur conduite. Aujourd'hui encore seuls 71 Etats ont accepté sa compétence.

Par ailleurs, le caractère purement politique des actes adoptés par la Commission limite son autorité. Ainsi, elle peut constituer un cadre de règlement diplomatique des différends relatifs à l'application du droit humanitaire puisqu'elle a vocation à offrir ses bons offices voire à jouer le rôle de médiateur, les solutions proposées alors n'auront que la valeur de recommandation. Par ailleurs, au terme des enquêtes réalisées elle rédigera un rapport contenant les recommandations jugées opportunes et surtout « La Commission ne communiquera pas publiquement ses conclusions, à moins que toutes les Parties au conflit le lui aient demandé »[765]. Elle n'a donc pas compétence pour imposer à un Etat de se conformer à ses obligations et le poids de ses recommandations est limité puisqu'elles ne seront pas portées à la connaissance des autres Etats sans l'accord des belligérants concernés.

Enfin, le Professeur Condorelli déplorait le fait que l'ONU n'ait pas fait appel à la Commission. A plusieurs reprises l'Organisation mondiale par le biais de son Conseil de sécurité a créé des organes *ad hoc* pour mener des investigations humanitaires alors qu'il aurait été possible de les confier à la Commission. Le Conseil de sécurité est, en effet, outillé pour imposer la compétence de l'Organe à un Etat rétif. Cette mise à l'écart vient encore alimenter le doute sur la pertinence du maintien d'une telle structure.

Finalement, les mécanismes spéciaux prévus par le droit de Genève s'avèrent insuffisants à assurer sa juste application. Il conviendra alors de rechercher dans les mécanismes généraux de la responsabilité internationale une garantie plus efficace.

Section 2. A propos du caractère dissuasif du mécanisme de responsabilité internationale des Etats

Le droit des conflits armés pose des obligations à charge des Etats et des individus. Si ces derniers peuvent voir engagée leur responsabilité pénale sur la scène internationale en cas de violations graves, cela ne décharge pas l'Etat de sa propre responsabilité. En effet, tout Etat qui manque à ses obligations internationales commet un fait internationalement illicite et est susceptible de voir engager sa responsabilité sur la scène internationale. Ce mécanisme est d'abord et avant tout un mécanisme de réparation visant à effacer les conséquences dommageables du manquement. Mais cette conception classique, subordonnant l'engagement de la responsabilité à un dommage, est désormais remise en cause par l'affirmation de valeurs communes à la Communauté

[764] L'organe existe effectivement depuis juin 1991 et siège à Berne.

[765] Protocole additionnel I du 8 juin 1977 aux Conventions de Genève du 12 août 1949, article 90§5-c.

internationale dans son ensemble dont tout membre est fondé à exiger le respect alors même qu'il n'a subi aucun préjudice direct et individuel. Le droit international contemporain a ainsi élargi le champ de réaction à l'illicite[766] et la responsabilité est désormais définie objectivement en droit international. Ainsi, un Etat qui viole ses obligations au regard du DIH se trouve sous le spectre de la responsabilité. Celle ci, conçue comme réactive semble aussi pouvoir être appréhendée sous un angle préventif. On peut raisonnablement penser que la perspective des conséquences juridiques afférentes puisse dissuader l'entité souveraine de s'écarter du droit chemin. Or, la dissuasion ne sera effective que si ces conséquences potentielles affectent réellement l'Etat, et c'est là que le bât blesse.

L'engagement de la responsabilité des Etats ne produit que des effets limités principalement à la réparation et exclut toute idée de sanction. Partant, le caractère dissuasif du mécanisme s'en trouve grandement affaibli. Afin de préciser cette idée, il convient de se référer aux travaux de la CDI y relatifs. L'organe onusien débuta son œuvre de codification du droit de la responsabilité des Etats en 1955[767] et adopta un projet d'articles en première lecture en 1996. Celui-ci établissait un degré de gravité entre les différents comportements illicites des Etats mais n'en tirait pas de conséquences satisfaisantes (§1). Ce projet discutable et contesté fut largement remanié pour laisser la place en 2001 à un projet définitif plus satisfaisant[768]. Il exclut l'atmosphère répressive qui imprégnait la première mouture et entérine la distinction fondée sur la gravité du fait générateur. Celle-ci n'entraînant pas d'implications significatives, elle s'avère *in fine* insuffisante à amplifier l'effet dissuasif du mécanisme (§2), qui reste à l'heure actuelle limité à la correction des effets de la violation (§3). La récente affirmation par l'AGNU d'un droit individuel de demander réparation pour les victimes des violations du DIH pourrait cependant constituer une pression supplémentaire et ajouter à la dimension dissuasive du mécanisme (§4).

§1. La distinction contestable entre « délit » et « crime » de l'Etat opérée par le Projet d'articles de 1996

Le Projet d'articles adopté par la CDI le 12 juillet 1996 consacrait[769] une échelle des comportements illicites selon leur gravité. Etaient ainsi distingués

---

766 La formule de principe est celle posée à l'article 1er du Projet d'articles sur la responsabilité de l'Etat pour fait internationalement illicite adopté par la CDI lors de sa 53e session en 2001 : « Tout fait internationalement illicite d'un Etat engage sa responsabilité internationale », Doc.off.UN A/56/10, *Annuaire de la CDI* 2001, vol. II, deuxième partie, p. 33.

767 Précisons cependant que le thème de la responsabilité des Etats fut inscrit dès la première session de la CDI en 1949 parmi les quatorze sujets qu'elle se proposait de codifier.

768 A défaut de convention générale et universelle en la matière, cette oeuvre de codification est réputée retranscrire au mieux les règles en vigueur sur la responsabilité des Etats.

769 La CDI n'a pas créé le concept de crime international de l'Etat. Le Professeur Roberto Ago l'a repris dans son rapport de 1976 estimant qu'il reflétait une conception dominante au sein de la

dans la première partie du projet consacrée au fait internationalement illicite, les crimes et délits de l'Etat. Le texte précisait à propos des premiers que « le fait illicite qui résulte d'une violation par un Etat d'une obligation si essentielle pour la sauvegarde d'intérêts fondamentaux de la communauté internationale que sa violation est reconnue comme un crime par cette communauté dans son ensemble constitue un crime international »[770]. L'inclusion d'un vocabulaire pénaliste en matière de responsabilité étatique n'était pas des plus heureuses et les contestations allèrent bon train à ce propos tant en doctrine qu'au sein de la Commission. La structure même de la Société internationale exclut toute idée d'une responsabilité pénale des Etats. Celle-ci supposerait des autorités chargées d'exercer des poursuites et de prononcer des sanctions à l'encontre d'entités souveraines qui, par définition, ne peuvent être assujetties à aucune autre volonté que la leur. Un Etat ne peut se voir imposer une sanction puisque la seule autorité apte à le faire serait un autre Etat, soit son égal sur le plan juridique. Toutefois, cette distinction a le mérite de consolider l'existence de valeurs fondamentales, communes à tous les Etats. Au sein de cet ensemble de coexistence d'entités individuelles et égoïstes qu'est la Société internationale, des « intérêts » du maintien desquels chaque Etat bénéficie ont trouvé leur place. Tous les comportements illicites ne sont donc pas équivalents. Le Professeur Alain Pellet estimait logique et, « à vrai dire, inéluctable, de distinguer deux catégories de fait internationalement illicites : ceux qui concernent uniquement les relations de certains Etats entre eux et qui ne mettent pas en cause les fondements mêmes sur lesquels reposent la fragile intégration de la société internationale en une communauté véritable, d'une part ; ceux qui, au contraire, menacent les intérêts fondamentaux de celle-ci, d'autre part »[771]. Mais, au-delà d'une affirmation péremptoire, aucune indication précise n'était donnée permettant leur identification : ainsi la norme violée devait-elle être essentielle pour la sauvegarde d'intérêts fondamentaux de la Communauté internationale et cette violation devait être reconnue comme un crime par celle-ci dans son ensemble. Nul doute que les règles impératives du droit international participent de celles-ci mais leur détermination semble relever d'une grande part de subjectivité. Le Professeur Pellet remarquait cependant, face aux critiques soulevées par ce laconisme, que la définition de la coutume

---

Société internationale. Il relève ainsi que dès 1923, un projet de « Traité d'assistance mutuelle » élaboré par le SDN qualifiait la guerre d'agression de « crime international ». Cette qualification fut reprise par le Protocole de Genève pour le règlement pacifique des différends internationaux l'année suivante et par une Résolution de la SDN du 24 septembre 1927. Cette idée de crime de l'Etat s'est progressivement consolidée, ce que le Rapporteur spécial a entendu retranscrire. (voir Rapport de la CDI sur les travaux de sa vingt-huitième session (3 mai-23 juillet 1976) Doc.off.UN A/31/10, pp. 92-94).

[770] Article 19§2 du Projet d'article de 1996, Annuaire de la CDI 1996, volume II, deuxième partie,

[771] Alain Pellet, « Remarques sur une révolution inachevée le projet d'articles de la CDI sur la responsabilité des Etats », *AFDI*, 1996, pp. 7-33, spéc. p. 19.

donnée par l'article 38 du Statut de la CIJ n'est pas plus précise[772]. Le Projet d'articles énonçait bien une liste de violations considérées comme des crimes[773] mais celle-ci, non exhaustive, était insuffisante à caractériser ces comportements. Les exemples retenus furent jugés « discutables, très datés, et en tout état de cause, il n'était pas approprié d'inclure dans un projet de codification une liste d'exemples non limitative »[774]. En définitive, le concept de crime n'était pas suffisamment précis et clair pour être employé utilement à la qualification de comportements étatiques. Même si les règles du DIH opposables à une politique de nettoyage ethnique sont d'« importance essentielle pour la sauvegarde de l'être humain » et seraient entrées dans le champ couvert par l'article 19§2.

Au-delà de la terminologie pénaliste et du risque d'indétermination des crimes internationaux, c'est sur les conséquences induites par la distinction que le projet d'articles de 1996 était discutable. En effet, établir une gradation des comportements illicites implique en toute logique une gradation des conséquences juridiques qui s'y rattachent. Or, le régime juridique attaché aux crimes internationaux défini aux articles 51 à 53 laissait planer un doute sur la pertinence de la distinction. Le mécanisme de la responsabilité des Etats n'étant pas punitif, il est difficile d'aller plus loin que la cessation de celui-ci ou la réparation de ses conséquences dommageables si ce n'est accorder des garanties de non-répétition. C'est à ce constat que se sont heurtés les membres de la Commission, limitant les effets juridiques des crimes à une réparation plus largement admise[775] et à une obligation de non reconnaissance de la situation illicite[776].

---

772 *Idem*, p. 20.

773 Etaient ainsi énumérées à l'article 19§3 : « a) une violation grave d'une obligation internationale d'importance essentielle pour le maintien de la paix et de la sécurité internationales, comme celle interdisant l'agression ; b) une violation grave d'une obligation internationale d'importance essentielle pour la sauvegarde du droit des peuples à disposer d'eux-mêmes, comme celle interdisant l'établissement ou le maintien par la force d'une domination coloniale ; c) une violation grave et à une large échelle d'une obligation internationale d'importance essentielle pour la sauvegarde des l'être humain, comme celle interdisant l'esclavage, le génocide, l'apartheid (...) ».

774 Nguyen Quoc Dinh, Patrick Daillier, Mahias Forteau et Alain Pellet, *Droit international public*, op.cit., p. 858.

775 L'article 52 du Projet disposait ainsi que « lorsqu'un fait internationalement illicite commis par un Etat est un crime international : a) le droit d'un Etat lésé à obtenir la restitution en nature n'est pas soumis aux limitations énoncées aux alinéas c) et d) de l'article 43 ; b) le droit d'un Etat lésé à obtenir satisfaction n'est pas soumis à la restriction prévue au paragraphe 3 de l'article 45 ».

776 L'article 53 disposait lui qu' « un crime international commis par un Etat fait naître pour chaque autre Etat l'obligation : a) de ne pas reconnaître comme licite la situation créée par le crime ; b) de ne pas prêter aide ou assistance à l'Etat qui a commis le crime pour maintenir la situation ainsi créée ; c) de coopérer avec les autres Etats pour exécuter les obligations énoncées aux alinéas a) et b) ; et d) de coopérer avec les autres Etats pour appliquer les mesures visant à éliminer les conséquences du crime ».

Il est difficile de voir dans ces timides réactions une réelle dissuasion. En vertu de ce régime, l'Etat pratiquant un génocide ne risquera pas grand-chose de plus que s'il avait violé un accord douanier. Le Professeur Pellet jugeait d'ailleurs ce projet incomplet en ce que certaines réactions avaient été occultées. Il relevait ainsi : « La probable incidence du fait internationalement illicite sur les circonstances excluant l'illicéité »[777]. C'est dans une faculté accrue de recourir à des contre-mesures ouverte à tous les Etats que l'auteur voyait une implication efficace de la notion de crime international, mais le projet est resté muet sur ce point.

Finalement, celui-ci fut remanié au profit d'un projet définitif adopté en 2001, qui, tout en conservant une distinction entre plusieurs degrés d'illicéité, l'a rendue moins contestable.

§2. L'impact limité de la notion de « violations graves d'obligations découlant de normes impératives » sur le régime de la responsabilité des Etats

Le Projet d'articles adopté par la CDI en 2001 abandonne la distinction entre délit et crime de l'Etat dans la première partie consacrée à la définition du fait internationalement illicite. Toutefois, il maintient le principe d'une gradation dans l'illicéité dans sa seconde partie consacrée au « contenu de la responsabilité internationale ». Le vocabulaire pénal y est écarté. Le terme délit est abandonné et celui de crime est remplacé dans l'article 40 par la périphrase « violations graves d'obligations découlant de normes impératives du droit international général ». Ces règles sont celles que l'article 53 de la Convention de Vienne de 1969 sur le droit des traités définit comme étant acceptées et reconnues « par la communauté internationale des Etats dans son ensemble en tant que norme à laquelle aucune dérogation n'est permise et qui ne peut être modifiée que par une nouvelle norme du droit international général ayant le même caractère ». La Commission rappelait à ce propos dans son commentaire qu'« au vu de ce que la Cour Internationale de Justice a dit des règles fondamentales du droit international humanitaire applicable dans les conflits armés qui ont un « caractère intransgressible », il semblerait aussi justifié de les considérer comme impératives »[778] et ce au même titre que l'interdiction de l'agression, de l'apartheid ou du génocide. Il convient de préciser, en outre, que les violations couvertes par l'article 40 doivent être « graves », soit dénoter « de la part de l'Etat responsable un manquement flagrant ou systématique à l'exécution de l'obligation »[779]. Ainsi le commentaire de la Commission apprend que pour être considérée comme systématique, « une violation doit avoir été commise de façon organisée et délibérée » tandis que « le terme

---

[777] Alain Pellet, « *Remarques sur une révolution inachevée le projet d'articles de la CDI sur la responsabilité des Etats* », op.cit., p. 25.
[778] *Annuaire de la CDI* 2001, vol. II, deuxième partie, p. 121.
[779] *Idem*, p. 122.

flagrant renvoie à l'intensité de la violation ou à ses effets »[780]. L'appréciation de la gravité du manquement paraît relativement subjective. La Commission note cependant que, sans excuser les violations ne répondant pas à la grandeur requise, il ressort de la pratique que, dans la plupart des cas, les violations de telles règles sont systématiques, flagrantes et répétées. La distinction dans l'illicéité du projet de 1996 est ainsi logiquement reprise[781]. Elle n'est que le constat logique de règles plus importantes que d'autres pour la collectivité étatique envisagée dans son ensemble et tend à l'établissement d'une hiérarchie entre les normes.

Toutefois, si la distinction est consacrée, son incidence sur le régime de la responsabilité est réduite. Les violations prévues à l'article 40 entraîneront quelques conséquences supplémentaires qui demeurent encadrées par la dimension « civile » du mécanisme. Elles peuvent surtout apparaître comme des pressions supplémentaires destinées à faire cesser l'illicéité. L'article 41 prévoit ainsi un double devoir de coopération et d'abstention à la charge des Etats. Ceux-ci devront « coopérer pour mettre fin, par des moyens licites, à toute violation grave au sens de l'article 40 » et « ne pas reconnaître comme licite une situation créée par une violation grave au sens de l'article 40, ni prêter aide ou assistance au maintien de cette situation ». Les mesures licites adéquates ne sont pas précisées, celles-ci dépendront de chaque cas d'espèce, en tout état de cause elles excluent le recours à la force. De plus, aucun Etat ne doit reconnaître comme licite une situation créée par une violation grave d'une norme impérative ni aider l'Etat responsable à maintenir sa situation. La non-reconnaissance de la République serbe de Bosnie, peuplée à 95% de Serbes orthodoxes suite à la campagne d'homogénéisation menée pendant la guerre, comme Etat indépendant peut être considérée comme résultant en partie de l'application de cette règle. Toutefois, les conséquences envisagées par l'article 41 sont « sans préjudice de toute conséquence supplémentaire que peut entraîner, d'après le droit international », une telle violation. De l'aveu de la Commission, « le régime juridique applicable aux violations graves est lui-même en cours d'élaboration (...) l'article 41 tient compte de l'éventualité de l'élaboration d'un régime plus élaboré applicable aux conséquences des violations de ce type »[782]. L'hypothèse de conséquences plus lourdes pour l'Etat auteur n'est pas à exclure.

Par ailleurs, le respect des normes impératives étant une obligation envers la Communauté des Etats dans son ensemble, chacun est fondé à en relever la

[780] *Idem.*
[781] « Il est illicite, certes, mais moins grave, au regard de l'ordre public international, de ne pas honorer les termes d'un traité imposant par exemple la libération des échanges commerciaux ou la négociation d'un accord de délimitation de frontalière que de pratiquer de façon systématique le viol, la torture, la destruction de l'habitat des populations civiles », Pierre-Marie Dupuy et Yann Kerbrat, *Droit international public*, op.cit., p. 518.
[782] *Annuaire de la CDI* 2001, vol. II, deuxième partie, p. 124.

violation. Au terme de l'article 48 « tout Etat autre qu'un Etat lésé est en droit d'invoquer la responsabilité d'un autre Etat si (...) b) l'obligation violée est due à la Communauté internationale dans son ensemble ». Cela ne signifie pas que tout Etat pourra prétendre à une réparation équivalente à celle de l'Etat directement lésé, sous la forme d'indemnisation par exemple. Un Etat pourra aussi engager une action en responsabilité et demander réparation, par voie de restitution notamment, dans l'intérêt de l'Etat lésé. La Commission relève à ce propos certaines dispositions de traités de protection des droits de l'homme permettant à n'importe quel Etat partie d'invoquer la responsabilité. L'article 48 consacre donc une *actio popularis* devant une juridiction internationale compétente pour ce type de violation.

Enfin, le recours à des contre-mesures peut être évoqué. Elles consistent en des violations par l'Etat lésé de ses obligations envers l'Etat responsable pour obtenir la cessation ou la réparation du fait illicite. Ces entorses au droit international sont encadrées[783] et doivent être exceptionnelles. Or, face à des violations de normes impératives, user de contre-mesures réciproques, soit portant sur les mêmes obligations, est exclu[784]. D'ailleurs, les Etats en proie à un conflit armé international sont tenus de respecter le DIH « en toutes circonstances »[785] ce qui exclut l'application du *tu quoque* et des contre-mesures humanitaires. La Commission précise cependant « qu'il n'est pas prévu de restreindre les contre-mesures prises par les Etats à la suspension de l'exécution de la même obligation ou d'une obligation étroitement connexe »[786]. Aussi l'Etat lésé pourra-t-il réagir par d'autres violations bien qu'en période de conflit armé ces contre-mesures potentielles paraissent très limitées. Quant aux autres Etats, ceux-ci ne semblent pas autorisés à y recourir alors même qu'ils ont intérêt au maintien de la norme violée. La CDI a bien relevé quelques précédents dans son commentaire parmi lesquels : La suspension en 1981 par des Etats occidentaux tels que les Etats-Unis, le Royaume-Uni ou la France de traités conférant des droits d'atterrissage à des compagnies aériennes polonaises et soviétiques en réaction aux mesures de répression prises par le gouvernement

---

[783] Ainsi elles n'ont qu'un caractère temporaire puisque leur objectif est la cessation du fait illicite, elles doivent être proportionnées, ne doivent pas impliquer le recours à la force. Elles ne peuvent être dirigées que contre l'Etat auteur de la violation et seulement si une demande lui a été adressée préalablement par l'Etat lésé l'invitant à s'acquitter de ses obligations. Le régime des contre-mesures est posé par les articles 49 à 53 du Projet.

[784] L'article 50 du Projet dispose ainsi que « les contre-mesures ne peuvent porter aucune atteinte :

a) A l'obligation de ne pas recourir à la menace ou à l'emploi de la force telle qu'elle est énoncée dans la Charte des Nations Unies ;

b) Aux obligations concernant les droits fondamentaux ;

c) Aux obligations de caractère humanitaire excluant les représailles ;

d) Aux autres obligations découlant de normes impératives du droit international général (...) ».

[785] Protocole additionnel I du 8 juin 1977 aux Conventions de Genève du 12 août 1949, article 1§1.

[786] *Annuaire de la CDI* 2001, vol. II, deuxième partie, p. 138.

polonais à l'encontre de manifestants et dissidents politiques. Suite à l'annexion d'une partie des îles Falkland en 1982 par l'Argentine, les membres de la Communauté Européenne décidèrent de suspendre des droits dont cet Etat jouissait en vertu de deux accords sectoriels sur le commerce du textile et celui du mouton et de l'agneau. Les Etats-Unis ont suspendu en 1985 un accord aérien de 1947 conclu avec l'Afrique du sud pour décourager sa politique d'apartheid. Mais les exemples relevés ne suffisent pas à établir l'existence d'une règle coutumière et la Commission conclut qu' « à l'heure actuelle, il semble que rien n'autorise clairement les Etats visés à l'article 48 à prendre des contre-mesures dans l'intérêt collectif »[787]. Finalement, l'organe onusien opta pour la prudence en préservant par l'article 54 de son Projet « le droit de tout Etat, habilité en vertu de l'article 48, paragraphe 1, à invoquer la responsabilité d'un autre Etat, de prendre des mesures licites à l'encontre de ce dernier afin d'obtenir la cessation de la violation ainsi que la réparation dans l'intérêt de l'Etat lésé ou des bénéficiaires de l'obligation violée ».

Les Professeurs Pierre-Marie Dupuy et Yann Kerbrat relèvent qu'« un résultat paradoxal pourrait être que la codification consacre à la fois ouvertement l'incidence du droit impératif sur le plan de la responsabilité mais qu'en même temps il risque d'affaiblir la même institution juridique, en ne tirant aucune conclusion particulière quant à l'aggravation des obligations secondaires mises à la charge de l'Etat auteur d'une violation d'une telle super norme ! La victoire du *jus cogens* serait-elle alors une victoire à la Pyrrhus ? »[788].

Finalement, les conséquences juridiques attachées à la violation d'une norme impérative ne sont-elles pas suffisantes à dissuader un Etat de les commettre au-delà de la perspective classique de réparation du dommage causé.

§3. Une fonction essentiellement réparatrice

C'est « un principe de droit international, voire une conception générale du droit, que toute violation d'un engagement comporte l'obligation de réparer »[789] et les violations du droit des conflits armés n'échappent pas à la règle. L'article 91 du Protocole I de 1977 rappelle d'ailleurs que « la Partie au conflit qui violerait les dispositions des Conventions ou du présent Protocole sera tenue à indemnité, s'il y a lieu. Elle sera responsable de tous actes commis par les personnes faisant partie de ses forces armées ». L'AGNU a réaffirmé « que les Etats seront tenus pour responsables des violations des droits de l'homme que

[787] *Idem,* p. 149.

[788] Pierre-Marie Dupuy et Yann Kerbat, *Droit international public,* op.cit., p. 522.

[789] Cour Permanente de Justice Internationale (CPJI), Arrêt du 13 septembre 1928 rendu dans l'*affaire de l'usine de Chorzow*, série A, n° 17, p. 29.

leurs agents commettent sur leur propre territoire ou sur celui d'un autre Etat »[790].

Si la responsabilité internationale des Etats n'a pas de dimension répressive, il faut toutefois souligner qu'elle sera plus largement admise en cas de violations du DIH. Deux éléments viennent appuyer cette affirmation.

Tout d'abord, l'imputation des actes illicites à l'Etat est plus souple dans ce domaine. Ainsi, dans le cadre d'un conflit armé international, tous les actes ou omissions des forces régulières, qui constituent des violations du *jus in bello*, lui sont imputables, qu'ils entrent dans le cadre de leurs fonctions ou non. Pour le Professeur David, l'Etat joue ici un rôle de « compagnie d'assurance »[791]. Pour les actes commis par des personnes ou groupes privés agissant pour le compte de l'Etat, la Chambre d'Appel du TPIY est allée dans le sens d'un élargissement de l'imputabilité de leurs actes à l'Etat dans son Arrêt *Tadic*. La Chambre a en effet retenu dans cette affaire qu'il suffisait que l'Etat exerce un contrôle « global » sur ces personnes ou groupes, en les finançant, les équipant ou bien en organisant leurs activités, pour qu'il ait à répondre de leurs comportements illicites au regard du DIH sans nécessairement leur avoir donné d'ordres ou d'instructions spécifiques. Les juges du TPIY se sont ainsi détachés de la règle d'imputation dégagée par la CIJ dans l'affaire des *activités militaires au Nicaragua*. On sait qu'à cette occasion la Cour avait posé une condition plus stricte à l'imputation du comportement d'un individu ou d'un groupe d'individus à un Etat, celle que ce dernier exerce sur eux un « contrôle effectif ». L'article 8 du projet d'articles de la CDI de 2001 ne permet pas de pencher en faveur de l'une ou l'autre solution[792]. Mais la CIJ ne s'est pas pliée à la conception du Tribunal pour l'ex-Yougoslavie et a réaffirmé avec force son attachement au critère du contrôle effectif dans son arrêt rendu le 26 février 2007 dans l'affaire relative à *l'application de la Convention pour la prévention et la répression du crime de génocide (Bosnie-Herzégovine contre Serbie et Monténégro)*[793]. Cette position de la Cour est regrettable dans le cas d'espèce.

---

[790] Résolution 48/153 du 7 février 1994 sur la situation des droits de l'homme dans le territoire de l'ex-Yougoslavie, Doc.off.UN A/RES/48/153 § 12.

[791] Eric David, *Principes de Droit des conflits armés* op.cit., p. 617. Par contre cette solution ne jouera pas en cas de conflit interne où l'Etat ne se verra imputer que les actes de ses forces armées en rapport avec l'exercice de leurs fonctions. Il restera cependant soumis à un devoir de vigilance afin de prévenir d'éventuelles violations en vertu des principes généraux de la responsabilité.

[792] Cet article est ainsi rédigé : « Le comportement d'une personne ou d'un groupe de personnes est considéré comme un fait de l'État d'après le droit international si cette personne ou ce groupe de personnes, en adoptant ce comportement, agit en fait sur les instructions ou les directives ou sous le contrôle de cet État », rien ne permet ici de déterminer le degré d'intensité du contrôle requis. Voir en ce sens Pierre-Marie Dupuy et Yann Kerbrat, *Droit international public*, op.cit., p. 535 et Philippe Weckel, « L'arrêt sur le génocide : le souffle de l'avis de 1951 n'a pas transporté la Cour », *RGDIP* 2007/2, pp. 305-331, p. 318.

[793] CIJ, Arrêt du 26 février 2007, *Affaire relative à l'application de la Convention pour la prévention et la répression du crime de génocide (Bosnie-Herzégovine contre Serbie et Monténégro)*, § 403.

Elle l'a conduite à conclure que les exactions des groupes paramilitaires serbes à Srebrenica n'étaient pas imputables à la RFY alors que les faits révélaient suffisamment « le lien quasi organique »[794] entre cet Etat et les forces serbes de Bosnie. Mais, comme le note le Professeur Weckel, cet arrêt de la Cour « a le mérite de mettre fin à une situation exceptionnelle de contrariété de jurisprudence entre tribunaux internationaux »[795]. La Cour a verrouillé l'autorité de son interprétation sur la question de l'imputabilité d'un fait illicite à un Etat[796], en revanche, elle n'a pas rejeté l'application du critère du contrôle global pour la qualification des conflits armés « internationalisés » [797].

Par ailleurs, il convient de relever que peu de circonstances excluront l'illicéité de violations du DIH. L'article 26 du Projet de 2001 énonce clairement qu'« aucune disposition du présent chapitre n'exclut l'illicéité de tout fait de l'État qui n'est pas conforme à une obligation découlant d'une norme impérative du droit international général » et nombre de règles du *jus in bello* participent des normes impératives. De plus, en recensant les différentes causes exonératoires il est difficile d'y voir des justifications acceptables. Il est ainsi inconcevable qu'un Etat puisse consentir à ce que sa population soit maltraitée par l'ennemi. Quand bien même, les règles impératives tendent à préserver les intérêts de la Communauté internationale dans son ensemble et pas seulement de l'Etat dont les nationaux sont visés. Pour que cette cause d'exonération soit opérante, il faudrait que tous les Etats donnent leur assentiment. Il est peu probable qu'une déportation fasse l'objet d'un accord unanime ! Et même si l'Etat dont les victimes sont des nationaux renonce à obtenir une réparation, cela n'affectera qu'une obligation secondaire et pas l'illicéité du comportement. Les droits des autres Etats et des individus seront préservés. La légitime défense, règle de *jus ad bellum*, et les contre-mesures humanitaires interdites par le DIH, sont aussi inopérantes comme causes exonératoires. La CDI a écarté l'état de nécessité en matière de conflit armé puisqu'une telle situation entraîne logiquement un péril grave et imminent pour un intérêt essentiel de l'Etat[798]. Même si certaines dérogations peuvent être

---

[794] Pour reprendre la formule employée par les Professeurs Dupuy et Kerbrat, dans *Droit international public*, op.cit., p. 535.

[795] Philippe Weckel, « L'arrêt sur le génocide : le souffle de l'avis de 1951 n'a pas transporté la Cour », op.cit., p. 319.

[796] Voir en ce sens, Pierre-Marie Dupuy, « Crime sans châtiment ou mission accomplie ? », *RGDIP*, 2007/2, pp. 243-257, spéc. pp. 252-254.

[797] CIJ, Arrêt du 26 février 2007, *Affaire relative à l'application de la Convention pour la prévention et la répression du crime de génocide (Bosnie-Herzégovine contre Serbie et Monténégro),* op.cit., § 404.Voir aussi Philippe Weckel, « L'arrêt sur le génocide : le souffle de l'avis de 1951 n'a pas transporté la Cour », op.cit., p. 319 et Hirad Abtahi, « Le rôle des Etats frontaliers face aux groupes armés : les limites de la participation au conflit », in Jean-Marc Sorel et Isabelle Fouchard (Dir.), *Les tiers aux conflits armés et la protection des populations civiles*, Pédone, Paris, 2010, pp. 39-48.

[798] La CDI notait dans le Commentaire de l'article 25 du Projet de 2001 : « Ainsi, certaines conventions humanitaires applicables aux conflits armés excluent expressément la possibilité

prévues telles que les nécessités militaires pouvant justifier la destruction de biens civils, il s'agit d'hypothèses rares et circonscrites en dehors desquelles l'état de nécessité sera inefficace. Quant à la détresse, qui vise, elle, à excuser une violation commise par un individu agent de l'Etat pour sauver sa vie, elle paraît difficilement recevable en période de conflit armé. « Un conflit armé est presque toujours une situation de détresse et c'est précisément pour éviter que la détresse ne conduise les combattants à se comporter n'importe comment qu'on a adopté des règles spécifiquement adaptées à cette situation : la détresse ne peut donc justifier la violation de règles prévues pour des situations de...détresse ! »[799]. Enfin, la force majeure qui se définit classiquement par ses caractéristiques d'extériorité, d'imprévisibilité et d'irrésistibilité pourrait de manière très hypothétique justifier des entorses au droit des conflits armés. L'élément d'extériorité renvoie principalement ici à des événements naturels ou climatiques. Dans la conduite des hostilités les forces sont soumises au principe de précaution qui impose de considérer de tels aléas, aussi de brusques perturbations climatiques ne constitueront-elles pas une justification pertinente. Pour le reste, si la foudre venait à s'abattre sur un camion de munitions qui passait à proximité d'un groupe de civils protégés, il est plausible qu'une cause extérieure serait retenue, mais de telles hypothèses demeurent très théoriques.

L'Etat responsable est donc tenu, outre au fait d'y mettre un terme, de réparer les conséquences dommageables des faits illicites qui lui sont imputables, soit à l'Etat, soit aux individus victimes. Parmi les modalités de réparation prévues par le droit commun de la responsabilité, c'est sans conteste l'indemnisation qui semble la plus appropriée pour les violations du droit des conflits armés. Elle est d'ailleurs reprise par l'article 91 du Protocole I. A ce propos, même si des circonstances d'exclusion de l'illicéité sont retenues, elles ne font pas nécessairement obstacle à une indemnisation. L'article 27 du Projet dispose ainsi que « l'invocation d'une circonstance excluant l'illicéité conformément au présent chapitre est sans préjudice : (...) b) De la question de l'indemnisation de toute perte effective causée par le fait en question ».

D'autre part, il convient de préciser que, dans le cadre d'un conflit interne, les groupes armés pourront voir leur responsabilité engagée. Ce seront les règles relatives à l'insurrection qui seront à cet effet pertinentes. Si le groupe ne parvient pas à prendre le pouvoir, l'Etat ne sera pas responsable des violations du DIH que celui-ci a pu commettre durant le conflit. Si le groupe prend le pouvoir, alors l'Etat sera responsable des faits illicites qu'il a commis mais

---

d'invoquer une nécessité militaire. D'autres, sans exclure explicitement l'excuse de nécessité, sont destinées à s'appliquer dans des situations anormales de péril pour l'État responsable et mettent manifestement en jeu ses intérêts essentiels : en pareil cas, l'impossibilité d'invoquer la nécessité découle clairement de l'objet et du but de la règle énoncée. *Annuaire de la CDI* 2001, vol. II, deuxième partie, p. 89.

[799] Eric David, *Principes de Droit des conflits armés*, op.cit., p. 695.

aussi de ceux de l'ancien gouvernement. Le groupe armé verra donc sa responsabilité engagée sur la scène internationale s'il triomphe.

Enfin, le Projet de 2001 a consacré une nouvelle conséquence de la responsabilité internationale qui participe d'une dimension préventive : les garanties de non-répétition. L'article 30 précise ainsi que « l'Etat responsable du fait internationalement illicite a l'obligation (...) d'offrir des assurances et des garanties de non-répétition appropriées si les circonstances l'exigent ». Avant l'adoption définitive du Projet, la CIJ avait consacré cette pratique dans l'affaire *LaGrand*. La Cour avait été saisie par l'Allemagne de violations répétées par les Etats-Unis de leur obligation de notification consulaire prévue à l'article 36 de la Convention de Vienne sur les relations consulaires de 1963, l'Etat requérant avait demandé à la Cour que lui soient données des assurances et des garanties du respect ultérieur de la Convention par les Etats-Unis d'Amérique. Considérant les informations que ce dernier Etat lui avait données quant aux mesures adoptées pour se conformer à l'avenir à cette obligation, la Cour considéra que : « l'engagement pris par les États-Unis d'assurer la mise en oeuvre des mesures spécifiques adoptées en exécution de leurs obligations au titre de l'alinéa *b* du paragraphe 1 de l'article 36 doit être considéré comme satisfaisant à la demande de l'Allemagne visant à obtenir une assurance générale de non-répétition »[800]. Partant, l'État lésé pourra demander à l'État responsable d'adopter des mesures pour éviter que le fait illicite ne se reproduise. La CDI relève dans son commentaire que « les assurances sont normalement données oralement alors que les garanties de non-répétition impliquent davantage, par exemple l'adoption par l'État responsable de mesures préventives »[801]. En tout cas, pour reprendre les Professeurs Dupuy et Kerbrat, « la mise en œuvre de la responsabilité ne répare plus seulement ; si nécessaire, elle prévient »[802].

Les mécanismes de la responsabilité internationale sont fondamentalement inter-étatiques.

Aussi, classiquement, c'est par le biais du mécanisme de la protection diplomatique que les victimes pourront obtenir réparation des dommages subis. Cependant, l'article 33§2 du Projet d'articles de 2001 définit le contenu de la responsabilité comme étant « sans préjudice de tout droit que la responsabilité internationale de l'État peut faire naître directement au profit d'une personne ou d'une entité autre qu'un État ». Partant, peut être soulevée la question du droit des individus victimes de violations du DIH à obtenir directement réparation

[800] CIJ, Arrêt du 27 juin 2001, Affaire *LaGrand*, § 124, Recueil 2001, p. 51.
[801] *Annuaire de la CDI* 2001, vol. II, deuxième partie, p. 96.
[802] Pierre-Marie Dupuy et Yann Kerbrat, *Droit international public,* op.cit., p. 559

des dommages subis[803]. L'AGNU a récemment adopté une résolution à ce propos, réputée compléter et préciser les obligations existantes en la matière. Celle-ci énonce des principes directeurs et des directives qui « n'entraînent pas de nouvelles obligations en droit international ou interne, mais définissent des mécanismes, modalités, procédures et méthodes pour l'exécution d'obligations juridiques qui existent déjà en vertu du droit international des droits de l'Homme et du droit international humanitaire, qui sont complémentaires bien que différents dans leurs normes »[804].

§4. La question d'un droit individuel à demander réparation des violations du DIH : L'apport de la Résolution 60/147 de l'AGNU du 16/12/2005

La Résolution 60/147, adoptée le 16 décembre 2005, énonce les « principes fondamentaux et directives concernant le droit à un recours et à réparation des victimes de violations flagrantes du droit international des droits de l'Homme et de violations graves du droit international humanitaire ». Elle repose sur le principe que les victimes de telles violations disposent d'un droit à demander réparation des dommages subis grâce à des voies de recours effectives.

L'instrument définit les victimes comme « les personnes qui, individuellement ou collectivement, ont subi un préjudice, notamment une atteinte à leur intégrité physique ou mentale, une souffrance morale, une perte matérielle ou une atteinte grave à leurs droits fondamentaux, en raison d'actes ou d'omissions constituant des violations flagrantes du droit international des droits de l'Homme ou des violations graves du droit international humanitaire »[805]. La conception de victime est large puisqu'elle couvre aussi « le cas échéant, et conformément au droit interne, (...) les membres de la famille proche ou les personnes à charge de la victime directe et les personnes qui, en intervenant pour venir en aide à des victimes qui se trouvaient dans une situation critique ou pour prévenir la persécution, ont subi un préjudice »[806]. Un droit à un recours et à réparation leur est offert, particulièrement lorsque le dommage subi résulte de violations flagrantes et graves par l'Etat de ses obligations au regard respectivement des droits de l'homme et du DIH[807].

---

[803] Les principaux traités de protection des droits de l'homme permettent aux individus de saisir des organes ou juridictions de contrôle en réparation. Ces considérations seront développées dans la Partie 2.

[804] Doc A/RES/60/147, § 7 du Préambule.

[805] *Idem*, § 8.

[806] *Idem*.

[807] Le droit n'est cependant pas limité aux cas de violations flagrantes et graves comme le suggère la formule de l'article 26 de la Résolution : « les présents Principes fondamentaux et directives sont sans préjudice du droit à un recours et à réparation des victimes de toutes les violations du droit international des droits de l'Homme et du droit international humanitaire ».

Un tel droit semble reposer, aux termes de la Recommandation, sur « l'obligation de respecter, de faire respecter et d'appliquer le droit international des droits de l'Homme et le droit international humanitaire, telle qu'elle est prévue dans les régimes juridiques pertinents ». Cette obligation implique notamment « d'offrir aux victimes des recours utiles, y compris la réparation »[808]. Ce fondement est contestable. Il tend effectivement à confondre obligations primaires et obligations secondaires. Le droit à réparation est un droit pour l'individu, constituant une obligation secondaire à la charge de l'Etat auteur de la violation d'une obligation primaire. Le droit de recours est un moyen d'obtenir cette réparation. Comme le note le Professeur Pierre D'Argent : « Le droit à la réparation naît de la violation du droit, et est en ce sens externe à l'obligation de le respecter ; le droit à un recours, entendu - ainsi que les principes le conçoivent - comme un droit d'accès à un tribunal, est le moyen de réclamer la jouissance du droit primaire substantiel, ou à défaut la réparation du dommage qui naît de sa violation »[809]. Une meilleure légitimation de ce droit réside dans le rapport d'immédiateté existant entre l'individu et la règle de protection des droits de l'homme. Dès lors que celui-ci en est le destinataire, en l'occurrence le bénéficiaire, direct, il subira au premier chef les conséquences de sa violation. Il en découle un droit correspondant à demander réparation. L'éminent professeur belge rappelait à ce propos l'avis consultatif rendu par la CIJ dans l'affaire *des Conséquences juridiques de l'édification d'un mur dans le territoire palestinien occupé* le 9 juillet 2004. Après avoir retenu la responsabilité de l'Etat hébreu du fait de la construction dudit mur, la Juridiction de La Haye s'est attachée à en déterminer les conséquences. Elle retint notamment, en s'appuyant sur le célèbre principe de l'affaire *de l'usine de Chorzow,* qu'Israël est tenu de restituer les terres, les vergers, les oliveraies et les autres biens immobiliers saisis à toute personne physique ou morale en vue de l'édification du mur dans le territoire palestinien occupé. Au cas où une restitution serait impossible, Israël est tenu de procéder à l'indemnisation des personnes en question pour le préjudice subi par elles. De l'avis de la Cour, Israël est également tenu d'indemniser, conformément aux règles du droit international applicables en la matière, toutes les personnes physiques ou morales qui auraient subi un préjudice matériel quelconque du fait de la construction du mur »[810].

---

[808] Résolution 60/147, § 3.

[809] Pierre D'Argent, « Le droit de la responsabilité internationale complété ? Examen des Principes fondamentaux et directives concernant le droit à un recours et à réparation des victimes de violations flagrantes du droit international des droits de l'Homme et de violations graves du droit international humanitaire », *AFDI,* 2005, pp. 25-55, spéc., p. 43.

[810] CIJ, Avis consultatif du 9 juillet 2004, *Conséquences juridiques de l'édification d'un mur dans le territoire palestinien occupé*, op.cit., § 152, Recueil 2004, p. 198.

La Résolution organise l'exercice du droit à un recours et à réparation en prenant soin de distinguer l'accès au juge dans ses paragraphes 12 à 14 et les modalités de réparation à la suite.

Quant au premier, « les victimes d'une violation flagrante du droit international des droits de l'Homme ou d'une violation grave du droit international humanitaire auront, dans des conditions d'égalité, accès à un recours judiciaire utile, conformément au droit international. Les autres recours à la disposition des victimes incluent l'accès aux organes administratifs et autres, ainsi qu'aux mécanismes, modalités et procédures régis par la législation interne. Les obligations découlant du droit international qui visent à garantir le droit d'accès à la justice et à un procès équitable et impartial doivent être reflétées dans les législations internes ». C'est logiquement devant les juges internes que les victimes de violations du DIH présenteront leur demande en réparation. La capacité de réclamation de l'individu devant des organes de contrôle internationaux est réduite et s'applique surtout en cas de violations des instruments de protection des droits de l'homme qui mettent en place ces institutions.

Quant aux modalités de réparation, il est notable qu'elles sont sensiblement identiques à celles prévues par le droit international classique de la responsabilité dans les rapports interétatiques. Le paragraphe 18 de la Résolution 60/147 dispose ainsi qu'il devrait être assuré une réparation « pleine et effective, comme l'énoncent les principes 19 à 23, notamment sous les formes suivantes : restitution, indemnisation, réadaptation, satisfaction et garanties de non-répétition ». Seule la réadaptation est ici originale. Elle consiste en « une prise en charge médicale et psychologique ainsi que l'accès à des services juridiques et sociaux »[811]. Elle tend à la réparation de troubles psychologiques principalement. La réparation tend à effacer tous les effets de la violation (si tant est que de tels dommages soient véritablement réparables) à la mesure de la gravité de la violation et du préjudice subi.

Par ailleurs, il convient de s'interroger sur l'existence d'un tel droit à réparation lorsque les violations du DIH ont été commises par des groupes armés non gouvernementaux notamment dans le cadre d'un conflit non international. Si, comme évoqué précédemment, le groupe accède au pouvoir, alors l'Etat sera tenu responsable des violations que l'ancien groupe aura commises. Par contre, si le groupe est défait, les actes illicites ne peuvent être imputés à l'Etat. Or, l'obligation internationale de réparer n'existe que dans le chef de ce dernier. Aussi, le droit individuel à réparation ne pourra être invoqué dans un sens horizontal. La Résolution prévoit que « dans les cas où la responsabilité de la réparation incombe à une personne physique, à une personne morale ou à une autre entité, la personne ou l'entité devrait assurer réparation à la victime ou indemniser l'État lorsque celui-ci a déjà assuré

---

[811] Résolution 60/147, § 21.

réparation à la victime »[812]. Au surplus, « les États devraient s'efforcer de créer des programmes nationaux pour fournir réparation et toute autre assistance aux victimes, lorsque la partie responsable du préjudice subi n'est pas en mesure ou n'accepte pas de s'acquitter de ses obligations »[813]. Il faut en déduire que les Etats sont invités à faciliter la réparation des préjudices des victimes alors même qu'ils n'en sont pas la source. L'emploi du conditionnel traduit toutefois l'absence d'obligation et la réparation, dans ce cas, dépendra du bon vouloir des autorités.

Finalement, une telle faculté ouverte aux individus, si tant est qu'elle soit effectivement le reflet du DIH positif[814], semble ajouter à la dimension préventive du mécanisme de responsabilité internationale en faisant planer sur l'Etat un deuxième spectre d'action en réparation. Malgré cela, le caractère dissuasif du mécanisme est encore insuffisant. Trop souvent, il faudra recourir à des procédés *a posteriori* visant non plus à prévenir les atteintes au DIH mais à en limiter les effets destructeurs.

Section 3. Le principe de non-intervention et la sauvegarde des droits fondamentaux

Le principe de non-intervention en droit international est une conséquence logique de la souveraineté étatique L'intervention s'entend de l'action d'un Etat ou d'une organisation internationale qui « cherchent à pénétrer dans la sphère de compétence exclusivement réservée à un autre Etat, soit pour l'aider à régler ses affaires propres, soit pour les régler à sa place ou l'obliger à les régler conformément à ses vœux »[815]. Il sera considéré ici qu'intervention et ingérence sont des expressions synonymes. Cette pratique, à moins qu'elle ne soit n carrément la raison d'[816], est interdite par le droit coutumier et vivement condamnée par la Cour Internationale de Justice[817].

---

[812] Résolution 60/147, § 15.

[813] *Idem*, § 16.

[814] Les références conventionnelles citées dans le Préambule de la Résolution à l'appui du droit individuel à un recours et à réparation sont en effet peu pertinentes. Est par exemple mentionné l'article 91 du Protocole I qui prévoit que « la Partie au conflit qui violerait les dispositions des Conventions ou du présent Protocole sera tenue à indemnité, s'il y a lieu. Elle sera responsable de tous actes commis par les personnes faisant partie de ses forces armées ». Il n'est nullement fait allusion à un droit individuel. Par ailleurs, il faut rappeler que la Résolution n'est qu'un acte politique et qu'elle ne lie pas les Etats. Elle ne peut donc, par elle-même, fonder le droit individuel à demander réparation.

[815] Nguyen Quoc Dinh, Patrick Daillier, Mathias Forteau et Alain Pellet, *Droit international Public*, op.cit., p. 1046.

[816] Auquel cas il ne s'agira plus véritablement d'« intervention » au sens d'ingérence puisque sollicitation vaut autorisation. A cette hypothèse peut être rattachée celle de l'intervention « autorisée » prévue par l'article 4§h de l'Acte Constitutif de l'Union Africaine en ces termes : « Le droit de l'Union d'intervenir dans un Etat membre sur décision de la Conférence, dans certaines circonstances graves, à savoir : les crimes de guerre, le génocide et les crimes

Ce postulat amène à se demander si durant un conflit armé interne, un Etat pourra librement commettre les pires exactions à l'encontre de sa population sans que cela puisse justifier une intervention extérieure pour y mettre fin.

Le droit semble malheureusement approuver ce que la morale réprouve et la souveraineté est un bouclier bien difficile à percer[818]. Est cependant apparue une doctrine, consacrant un droit d'ingérence (§1), qui, même si elle n'a pas encore reçu de véritable consécration normative, a inspiré certains assouplissements par rapport au principe de non intervention. Ainsi en est-il du Conseil de sécurité de l'ONU qui a, sur la base d'une interprétation extensive de la notion de menace à la paix, justifié certaines interventions (§2) tandis qu'on a pu assister à une résurgence de l'intervention d'humanité de la part des Etats (§3).

§1. La doctrine du droit d'ingérence

Il serait bien incongru de prétendre résumer en ces quelques lignes l'abondante littérature consacrée au droit d'ingérence, mais il est utile d'en esquisser brièvement les contours.

C'est dans l'action médicale transfrontière des années 1970 que la doctrine trouve son inspiration, alors que des organisations non gouvernementales de médecins et de secouristes[819] franchissaient des frontières pour assister les nationaux d'Etats tiers, se mettant ainsi dans l'illégalité et s'exposant à des répressions de la part de l'Etat national. Malheureusement, dans bien des cas,

---

contre l'humanité ». Les Etats parties à ce Traité ont accepté ces dispositions et donc donné leur aval à une immixtion étrangère.

[817] La Cour considéra notamment que « le prétendu droit d'intervention ne peut être envisagé par elle que comme une manifestation d'une politique de force, politique qui, dans le passé, a donné lieu aux abus les plus graves et qui ne saurait quelles ques soient les déficiences présentes de l'organisation internationale trouver aucune place dans le droit international. » Arrêt du 9 avril 1949 rendu dans l'affaire *du Détroit de Corfou,* Recueil 1949, p. 35.

[818] Il existe néanmoins une exception coloniale pour laquelle l'action des Nations Unies au profit du droit des peuples à disposer d'eux-mêmes était considérée par les Puissances coloniales comme une immixtion dans la gestion de leurs territoires. Mais, comme le déplorait le Professeur Mario Bettati, « la légitime protection des prérogatives de l'Etat s'oppose parfois à la légitime protection de la survie de ses habitants » dans « Intervention, ingérence ou assistance ? », *RTDH*, 1994, pp. 307-358, spéc. p. 307.

[819] La guerre du Biafra à la fin des années 60 a révélé l'impuissance du DIH face à la souveraineté étatique. Lorsque les autorités de Lagos décidèrent d'interdire au CICR l'acheminement de vivres vers la province sécessioniste, les actions de l'Organisation genévoise, qui tentait vainement de trouver une solution par la voie négociée, furent remises en cause. Une association fédérant les Eglises catholiques et protestantes, la Joint Church Aid fut alors constituée. Elle entreprit d'acheminer de l'aide au Nigéria en bravant l'interdiction de l'Etat. Cette première initiative constitue le point de départ du mouvement sans frontièriste, reposant sur l'idée que l'intérêt des populations prime sur l'intérêt de l'Etat souverain. « Il est d'ailleurs né d'une révolte contre le droit. Il prône une certaine morale contre le droit » (Véronique Haruel-Bureloup, *Traité de droit international humanitaire*, op.cit., p.494). Dans cet élan, en 1971 sera fondée la première organisation humanitaire : Médecins sans frontières, à l'initiative notamment d'un médecin de la Croix Rouge française, Bernard Kouchner. Par la suite, nombre d'ONG seront constituées, dont beaucoup d'origine française, inspirant l'expression « French Doctors ».

ces intervenants ne pouvaient se rendre à temps auprès des victimes. Il était nécessaire que d'autres entités œuvrent à leurs côtés pour dispenser une aide plus efficace, des entités aux moyens d'action considérables : les Etats et les organisations intergouvernementales.

La doctrine du droit d'ingérence trouve son point de départ dans un colloque organisé en 1987 par le Professeur Mario Bettati et Bernard Kouchner, cautionné par les plus hautes autorités françaises de l'époque et ayant bénéficié d'une importante couverture médiatique[820]. Un droit y fut proclamé, celui des populations en détresse à recevoir une assistance humanitaire, en vertu duquel les Etats seraient fondés à apporter leur aide d'urgence. Dès lors, tout Etat ou organisation internationale devrait être autorisé à pénétrer dans la sphère interdite des prérogatives souveraines d'un Etat pour dispenser à sa population en péril les vivres, médicaments, soins et toute aide nécessaire à sa survie et à l'allégement de ses souffrances : c'est là que réside l'essence du droit d'ingérence plus correctement désigné par l'expression « droit d'assistance humanitaire ».

Malheureusement, il se pourrait que l'intervenant ne puisse fournir ladite assistance du fait de l'attitude réfractaire de l'Etat national, révélant les limites d'une action « pacifique » et la nécessité d'une action armée. Or, l'interdiction du recours à la force est un obstacle important à ce type d'intervention. C'est pourquoi dans la doctrine du droit d'assistance humanitaire, l'ingérence armée n'est pas envisagée comme modalité coercitive en tant que telle : c'est-à-dire un déploiement de troupes dans le but délibéré d'affronter les forces en présence, de les faire reculer et de libérer les populations oppressées, mais plutôt comme un soutien logistique, une protection armée de l'assistance humanitaire destinée à éviter les pillages, destructions et autres obstacles à sa distribution.

La doctrine trouve son fondement dans le droit à la vie, désormais universellement reconnu, dont l'assistance humanitaire constitue le prolongement naturel en tant que garantie de celui-ci. A l'appui de ce fondement, le Professeur Marie-José Domestici Met soulignait l'attachement des Etats occidentaux au respect de ce droit. Elle citait l'exemple des mesures économiques adoptées en réaction à la commission de faits internationalement illicites par un Etat, celles-ci excluent les restrictions sur les aliments et les médicaments[821].

---

[820] Les contributions à ce colloque furent compilées dans un ouvrage intitulé *Droit d'ingérence* paru aux Editions Denoël, Paris en 1987.

[821] Marie-José Domestici-Met, « Aspects juridiques récents de l'assistance humanitaire », *AFDI*, 1989, pp. 117-148, spéc. p. 123.

Le Professeur Bettati justifiait ces « embargos filtrants » en citant cette phrase de Bernard Kouchner au moment de l'envoi de secours à Phnom Penh en 1979 avec le bateau français l'Ile de lumière « on ne punit pas un gouvernement en punissant son peuple » (voir « Intervention, ingérence ou assistance ? », op.cit., p. 319).

Un autre fondement évoqué est celui des articles 1 et 3 communs aux Conventions de Genève de 1949 en ce qu'ils imposent aux Etats parties de faire respecter les Conventions ainsi que l'exigence d'un traitement minimum incompressible de la personne humaine[822]. Ce fondement ne concerne que les situations de conflit armé alors que la doctrine du droit d'assistance humanitaire couvre aussi d'autres situations mettant la population en péril telles que les catastrophes naturelles.

Entre 1980 et 1990, quelques éléments de droit positif sont venus appuyer l'idée d'un droit d'accès aux victimes des conflits armés internes pour leur dispenser une assistance humanitaire. Trois instruments sont à ce propos particulièrement pertinents : l'arrêt rendu par la CIJ le 27 juin 1986 dans l'affaire des *activités militaires et paramilitaires au Nicaragua et contre celui-ci* et les Résolutions 43/131 et 45/100 de l'AGNU respectivement des 8 décembre 1988 et 14 décembre 1990. L'arrêt du 27 juin 1986 précise, se fondant sur le droit coutumier, qu' « il n'est pas douteux que la fourniture d'une aide strictement humanitaire à des personnes ou à des forces se trouvant dans un autre pays, quels que soient leurs affiliations politiques ou leurs objectifs, ne saurait être considérée comme une intervention illicite ou à tout autre point de vue contraire au droit international »[823] tout en établissant la mesure dans laquelle cette aide doit être dispensée : « Un élément essentiel de l'aide humanitaire est qu'elle doit être assurée sans discrimination aucune. Selon la Cour, pour ne pas avoir le caractère d'une intervention condamnable dans les affaires intérieures d'un autre Etat, non seulement l'assistance humanitaire doit se limiter aux fins consacrées par la pratique de la Croix Rouge, à savoir prévenir et alléger les souffrances des hommes et protéger la vie et la santé [et] faire respecter la personne humaine : elle doit aussi, et surtout, être prodiguée sans discrimination à toute personne dans le besoin (...) »[824]. Il ressort de ces extraits que la Cour pourrait ne pas condamner une intervention mue par un objet humanitaire. L'aide en cause est ici définie en référence aux fins de la Croix Rouge et le Professeur Domestici Met en déduit que « sur le plan des organes, la Cour semble admettre que les opérations menées puissent l'être par un Etat comme par une organisation intergouvernementale ou une organisation non gouvernementale »[825]. Cette position de la Cour semble aller dans le sens

---

[822] Voir à ce propos Luigi Condorelli et Laurence Boisson de Chazournes, « Quelques remarques à propos de l'obligation des Etats de « respecter et faire respecter » le droit international humanitaire « en toutes circonstances », dans Christophe Swinarski (Dir.), *Etudes et essais sur le droit international humanitaire et sur les principes de la Croix Rouge en l'honneur de Jean Pictet*, op.cit., pp. 17 à 35.

[823] CIJ, *Affaire des activités militaires et paramilitaires au Nicaragua et contre celui-ci*, Arrêt du 27 juin 1986, op.cit., § 242, Recueil 1986, p. 124.

[824] Arrêt, § 243.

[825] Marie José Domestici Met, « Aspects juridiques récents de l'assistance humanitaire », op.cit., p. 132.

d'un droit d'intervention à des fins humanitaires, même si elle n'a qu'une valeur déclaratoire.

Quant aux Résolutions 43/131 et 45/100 de l'AGNU, elles sont consacrées à « l'assistance humanitaire aux victimes des catastrophes naturelles et situations d'urgence du même ordre », allusion pudique aux conflits armés. La première[826] rappelle l'importance du rôle des organisations intergouvernementales et non gouvernementales agissant dans un but humanitaire et invite les Etats qui ont besoin d'une telle assistance à faciliter l'action de ces organisations, notamment en leur permettant d'accéder aux victimes. Toutefois, l'AGNU a pris soin de ménager la souveraineté des Etats en réaffirmant « le rôle premier qui leur revient dans l'initiative, l'organisation, la coordination et la mise en œuvre de l'assistance humanitaire sur leurs territoires respectifs »[827]. La Résolution 45/100 reprend en substance les dispositions de la première et préconise, afin de faciliter les opérations d'assistance humanitaire, la création à titre temporaire de « couloirs d'urgence pour la distribution de l'aide médicale et alimentaire d'urgence »[828]. Les Résolutions ne réalisent pas à proprement parler une avancée vers un droit d'assistance humanitaire puisqu'elles rappellent explicitement que toute opération d'assistance ne pourra être menée qu'avec l'accord de l'Etat. Mais en soulignant à quel point l'action des organisations internationales (intergouvernementales et non gouvernementales) est nécessaire aux victimes, elles constituent une pression politique sur les Etats concernés afin qu'ils tolèrent l'acheminement de l'aide internationale.

Les instruments évoquant ce droit d'assistance humanitaire relèvent du domaine déclaratoire. Au vu de l'absence de consécration normative officielle celui-ci peut apparaître comme un vœu pieux. Mais la pratique du Conseil de sécurité vient relativiser cette dernière conclusion.

§2. Des interventions fondées sur une interprétation extensive de la menace à la paix

La Charte de San Francisco définit en son article 2§7 le domaine de compétence réservé de ses Etats membres dans lequel elle ne peut intervenir en ménageant toutefois une exception (A). Avec la pratique, l'Organisation tend de plus en plus à exploiter cette ouverture pour la sauvegarde des droits fondamentaux (B).

A. L'exception à la compétence nationale établie par l'article 2§7 de la Charte

Elle est consacrée en ces termes : « Aucune disposition de la présente Charte n'autorise les Nations Unies à intervenir dans des affaires qui relèvent

[826] Elle fut prise à l'initiative de la France sur proposition de Bernard Kouchner alors Secrétaire d'Etat à l'action humanitaire.

[827] Résolution 43/131, Doc.off.UN A/RES/43/131, § 2.

[828] Résolution 45/100, Doc.off.UN A/RES/45/100, § 6 et 8.

essentiellement de la compétence nationale d'un Etat ni n'oblige les Membres à soumettre des affaires de ce genre à une procédure de règlement aux termes de la présente Charte ; toutefois, ce principe ne porte en rien atteinte à l'application des mesures de coercition prévues au Chapitre VII »[829].

La mise en œuvre du mécanisme de sécurité collective peut mettre en échec la compétence nationale. Le Conseil de sécurité est habilité sur la base de l'article 39 à qualifier une situation de menace à la paix ou de rupture de la paix et ensuite décider de mesures coercitives non armées ou armées. Si initialement le système était conçu pour faire face à des conflits interétatiques, la pratique a révélé une conception extensive de la notion de menace à la paix qui a servi à caractériser nombre de troubles internes. Par exemple, dans la Résolution 788 du 19 novembre 1992, le Conseil de sécurité constate que « la détérioration de la situation au Libéria constitue une menace à la paix et à la sécurité internationales, en particulier dans l'ensemble de la région de l'Afrique de l'Ouest » et impose un embargo sur les armes et le matériel militaire à destination de cet Etat. Le même type de mesure fut adopté suite à la Résolution 864 du 15 septembre 1993 relative à la guerre civile en Angola considérée comme « constituant une menace pour la paix et la sécurité internationales dans la région ». Dans des circonstances différentes, l'organe onusien décida l'interdiction de toutes relations commerciales et financières avec la Rhodésie du Sud à l'époque de l'apartheid mené par la minorité blanche au pouvoir[830].

Dans sa pratique, le Conseil de sécurité a fréquemment usé de l'article 41 de la Charte et décidé de mesures non militaires. Mais il en est allé différemment pour les mesures de coercition n'excluant pas le recours à la force prévues à l'article 42. Durant la guerre froide ce procédé fut paralysé par l'usage du droit de veto à tel point qu'il n'a finalement été mis en œuvre que deux fois : l'une en

---

[829] Charte des Nations Unies du 26 juin 1945, article 2§7. Il faut ici relever que l'inclusion de ces dispositions dans la Charte résulte de l'expérience controversée de l'article 15§8 du Pacte de la SDN. L'article en question disposait qu'à défaut de pouvoir recourir à l'arbitrage ou à un règlement judiciaire d'un différend, le Conseil pouvait être saisi de la question par l'une des Parties et s'il ne parvenait pas à un règlement accepté par les Parties pouvait recommander des solutions. Or, cette faculté était limitée : « Si l'une des parties prétend et si le Conseil reconnaît que le différend porte sur une question que le droit international laisse à la compétence exclusive de cette partie, le Conseil le constatera dans un rapport, mais sans recommander une solution ». Seulement cette distance par rapport à ce qui relevait de la sphère de compétence exclusive des parties ne jouait que dans le cadre de l'article 15, le Conseil et l'Assemblée pouvaient sur la base d'autres dispositions assurer des fonctions de médiation, de conciliation et formuler des recommandations dans des domaines réputés relever du domaine réservé des Etats. En outre, il appartenait au Conseil lui-même de décider si telle ou telle question, et non matière, ce qui réduisait encore le champ de cette réserve, relevait de cette compétence exclusive. Il est dès lors apparu indispensable aux délégations présentes à San Francisco de protéger au mieux leur sphère de compétence des immixtions de la future Organisation dont les domaines d'activité et les compétences étaient beaucoup plus larges que ceux de sa devancière.

[830] Voir par exemple la Résolution 277 du 18 mars 1970 (Doc.off.UN S/RES/277).

1950 durant la guerre de Corée[831] et l'autre en réaction à l'invasion du Koweït par l'Irak[832] en 1990. Aussi, face à ces blocages récurrents, l'AGNU[833] et le Conseil de sécurité développèrent sur le fondement du Chapitre VII un nouveau type d'opération : les opérations de maintien de la paix. Celles-ci, par principe non coercitives, et déployées en accord avec l'Etat concerné faisaient en général suite à de simples recommandations. Leur mandat traditionnel se limitait à l'observation et à l'interposition. Mais la complexité des conflits modernes, particulièrement internes, a révélé l'inefficacité de leur rôle initial. Sont dès lors apparues de nouvelles générations d'opération de maintien de la paix. Le Conseil de sécurité a ainsi décidé la création d'opérations au mandat élargi dont l'assistance humanitaire est devenue une composante fréquente. Elles pourront par ailleurs se décliner en un volet civil relevant des Nations Unies et un volet militaire confié à une force multinationale chargée de la sécurité et habilitée à cette fin à recourir à la force. C'est sur ce fondement, qui n'est pas expressément prévu par la Charte, mais que celle-ci n'exclut pas, que le Conseil de sécurité a pu autoriser des « interventions humanitaires », légales car revêtues du label du Chapitre VII.

B. Une utilisation extensive du concept de menace contre la paix

L'interprétation novatrice de la Charte a permis au Conseil de sécurité de décider ou d'autoriser nombre d'interventions destinées à pallier le non respect dans des Etats en proie à un conflit armé non international des règles fondamentales du DIH en apportant une protection à leur population. S'il ne possède pas de compétence explicite en la matière au regard de la Charte, l'Organe onusien tire la légitimité de sa démarche de la faiblesse des mécanismes prévus par le droit précédemment évoquée, de la détresse des populations et surtout d'une approbation généralisée des Etats membres de l'Organisation[834]. Cette position atteste bien que la protection des droits de l'homme est aujourd'hui une question internationale qui échappe au domaine réservé des Etats.

En 1991, l'Irak défait durant la guerre du Golfe est en proie à un mouvement insurrectionnel de grande ampleur. Les autorités baasistes entreprennent alors

---

[831] Résolution 83 du 27 juin 1950 (Doc.off.UN S/RES/83).

[832] Résolution 678 du 29 novembre 1990 (Doc.off.UN S/RES/678).

[833] C'est elle qui a créé cette pratique. Durant la crise de Suez, alors que le Conseil de sécurité était bloqué par les vetos français et britannique, l'AGNU agissant dans le cadre de la procédure Acheson adopta la Résolution 998 le 4 novembre 1956 autorisant la FUNU-I. Cette force internationale était chargée de « surveiller la cessation des hostilités » entre Israël et ses voisins.

[834] Dans son discours tenu le 18 avril 2008 à la tribune des Nations Unies à New York, le Pape Benoît XVI a réaffirmé le devoir qu'a la Communauté internationale d'intervenir avec « les moyens juridiques prévus par la Charte des Nations Unies » lorsque les Etats ne sont pas en mesure de protéger leur population en cas de violations des droits de l'homme. Il a poursuivi en précisant que ce devoir d'ingérence ne « devrait jamais être interprété comme une coercition injustifiée ou une limitation de la souveraineté », voir Stéphanie Le Bars, « Benoît XVI : les droits de l'homme sont inviolables », *Le Monde*, dimanche 20-lundi 21 avril 2008, p. 4.

une vaste campagne de répression à l'encontre de minorités ethniques, notamment kurdes mais aussi turkmènes, musulmanes chiites ou chrétiennes du nord du pays occasionnant l'afflux de réfugiés dans les Etats voisins principalement la Turquie et l'Iran. Ce contexte de violations massives des droits de l'homme va être assimilé par le Conseil de sécurité à une menace à la paix et à la sécurité internationale[835] et justifier une « intervention humanitaire ».

L'intervention envisagée par le Conseil peut prendre plusieurs formes selon les difficultés rencontrées pour accéder aux victimes. Cette gradation va de pair avec une affirmation de plus en plus péremptoire du fondement du Chapitre VII. Le Professeur Bettati relevait ainsi que « la terminologie employée dans ses résolutions relativement timorée en 1991, prend de l'assurance en 1992 et devient même impérieuse et menaçante à la fin de 1992 et en 1993 »[836].

Tout d'abord, et elle fut la première modalité adoptée dans le contexte irakien, l'intervention peut consister en un soutien armé pour veiller à l'acheminement de l'aide humanitaire. Cette protection des convois est généralement confiée à une opération de maintien de la paix au mandat révisé et élargi. Suite à la Résolution 688[837] un accord fut conclu entre les Nations Unies et l'Irak en vertu duquel des troupes furent déployées sur le sol de cet Etat. Celles-ci assuraient une représentation de l'Organisation mondiale dont la mission était l'observation et la surveillance mais qui s'étaient aussi vues confier la protection des personnels et équipement des Nations Unies mais pas celle de la population. Cet élargissement du mandat de la force déployée était ici accessoire et implicite. En ex-Yougoslavie ce type d'intervention humanitaire a trouvé une illustration plus éclatante. La FORPRONU, créée par la Résolution 743 du Conseil du 21 février 1992 était initialement prévue comme « une opération provisoire menée pour créer les conditions de paix et de sécurité qu'exige la négociation d'un règlement d'ensemble de la crise yougoslave »[838]. Par la suite, sa mission fut élargie, incluant la protection de l'aide humanitaire : le Conseil de sécurité décida en effet de renforcer cette force pour neutraliser l'aéroport de Sarajevo et établir « des couloirs de sécurité » afin d'assurer l'acheminement de l'aide et les déplacements de

---

[835] Le Conseil « condamne la répression des populations civiles irakiennes dans de nombreuses parties de l'Irak, y compris très récemment dans les zones de peuplement kurde, qui a pour conséquence de menacer la paix et la sécurité internationales dans la région » par la Résolution 688 adoptée le 5 avril 1991.

[836] Mario Bettati, « Intervention, ingérence ou assistance ? », op.cit., p. 321.

[837] Le Conseil « insistait » au paragraphe 3 de cet instrument pour que « l'Irak permette un accès immédiat des organisations humanitaires internationales à tous ceux qui ont besoin d'assistance dans toutes les parties de l'Irak et qu'il mette à leur disposition tous les moyens nécessaires à leur action »

[838] Résolution 743 (Doc.off.UN S/RES/743, §5). Initialement déployée en Croatie elle avait pour mission de veiller à ce que les trois « zones protégées par les Nations Unies » dans cet Etat soient démilitarisées, par la suite son mandat fut étendu à la Bosnie Herzégovine et à la Macédoine.

personnel requis[839] tout en continuant à exhorter les parties en présence à faciliter l'aide humanitaire. Cette force devait, en outre, appuyer les efforts du Haut-Commissaire des Nations Unies pour les réfugiés visant à acheminer les secours humanitaires dans toute la Bosnie-Herzégovine[840] et protéger les convois de prisonniers civils libérés. Cet élargissement du mandat de la force déployée et le rappel des parties au conflit à leurs obligations s'est accompagné d'un renforcement du ton du Conseil qui se fait plus autoritaire, il exige, voire menace : ainsi « le Conseil n'exclut pas d'autres mesures pour faire parvenir une aide humanitaire à Sarajevo et ses environs »[841] tout en faisant des références de plus en plus explicites au Chapitre VII.

Cette modalité d'intervention a pu se révéler insuffisante. En témoigne ainsi la situation de la Somalie, territoire où aucun pouvoir effectif ne s'exerce, livré à la lutte des clans et milices dont pâtit la population civile. Le Conseil de sécurité décida par sa Résolution 751 la création de l'ONUSOM ayant pour tâche de surveiller le respect du cessez-le-feu à Mogadiscio, assurer la protection du personnel, des installations et du matériel de l'ONU et escorter l'acheminement de l'aide humanitaire jusqu'aux centres de distribution de la capitale et de ses environs immédiats. En août 1992, le mandat et l'effectif d'ONUSOM I ont été élargis de manière à lui permettre de protéger les convois humanitaires et les centres de distribution dans l'ensemble de la Somalie. Malgré ce déploiement, les convois continuaient d'être attaqués et les vivres envoyées par le Programme Alimentaire Mondial (PAM) pillées. Ce type d'opération n'étant pas suffisante à protéger efficacement l'aide humanitaire, le Conseil décida d'utiliser un autre procédé : habiliter les Etats à intervenir militairement. C'est ainsi que dans le cas somalien fut déclenchée l'opération Restore Hope par les forces américaines autorisées par la Résolution 794 du 3 décembre 1992 « à employer tous les moyens nécessaires pour instaurer aussitôt que possible des conditions de sécurité pour les opérations de secours humanitaire en Somalie ». Une telle habilitation avait déjà été dégagée implicitement de la Résolution 688 suite à laquelle les forces américaines, britanniques et françaises avaient lancé l'opération Provide Comfort en Irak parachutant des vivres et des tentes au dessus du Kurdistan irakien et installant en territoire irakien des « centres humanitaires » pour permettre le retour des Kurdes déplacés. Peuvent également être mentionnées l'autorisation donnée à l'OTAN de soutenir par la force aérienne la FORPRONU dans

---

839 Voir notamment les Résolutions 761 du 29 juin 1992 (Doc.off.UN S/RES/761) et 764 du 13 juillet 1992 (Doc.off.UN S/RES/764).

840 Voir les Résolutions 758 du 8 juin 1992 (Doc.off.UN S/RES/758) ou 770 du 13 août 1992 (Doc.off.UN S/RES/770).

841 Résolution 761, (Doc.off.UN S/RES/761, § 4).

l'accomplissement de son mandat[842] ou à la France de déclencher l'Opération turquoise en 1994 au Rwanda[843]. Ce type d'intervention trouve sa légitimité et sa régularité dans l'habilitation donnée par le Conseil de sécurité, agissant sur base explicite du Chapitre VII et sur son caractère temporaire, destinée à être relayée par une opération de maintien de la paix.

Enfin, la troisième modalité d'intervention du Conseil de sécurité dans le domaine de compétence d'un Etat pour assurer la protection de sa population civile est la mise en place de « zones de sécurité ». Celles-ci consistent en l'interdiction de toute activité militaire sur une portion délimitée du territoire d'un Etat. La création de plusieurs zones de ce type a été décidée en Bosnie en 1993[844]. Cette option ne faisait pas l'objet d'un accord unanime au sein des instances onusiennes[845]. Mais, la dégradation rapide de la situation humanitaire à Srebrenica a contraint le Conseil de sécurité à agir rapidement et à adopter la Résolution 819 le 16 avril 1993. Par cette décision, le Conseil a ainsi exigé que « toutes les parties et autres intéressés traitent Srebrenica et ses environs comme une zone de sécurité à l'abri de toute attaque armée et de tout autre acte d'hostilité ». A cette fin, il a ordonné le retrait des unités paramilitaires serbes des environs de la ville et a prié le Secrétaire général de prendre des mesures afin d'y accroître la présence de la FORPRONU. La Force s'est vu confier un mandat particulièrement flou consistant à « surveiller la situation humanitaire dans la zone »[846]. L'expérience fut renouvelée par la suite. La Résolution 824 du

[842] Par la Résolution 770 adoptée le 13 août 1992 le Conseil exigeait que les parties « prennent les mesures nécessaires pour garantir la sécurité du personnel des Nations Unies et des autres personnels chargés d'acheminer l'aide humanitaire » (voir Doc.off.UN S/RES/770, § 6).

[843] Le Conseil de sécurité a, par sa Résolution 929 du 22 juin 1994, autorisé « la mise en place d'une opération temporaire, placée sous commandement et contrôle nationaux, visant à contribuer, de manière impartiale, à la sécurité et à la protection des personnes déplacées, des réfugiés et des civils en danger au Rwanda » (voir Doc.off.UN S/RES/929, § 2).

[844] Il faut préciser que la pratique des zones de sécurité n'est pas apparue en Bosnie. Déjà en avril 1991 une première zone avait été établie autour de Zakho au Kurdistan irakien afin de protéger la population kurde (voir Mario Bettati, « Intervention, ingérence ou assistance ? », op.cit., p. 353).

[845] Le Rapporteur spécial chargé d'étudier la situation des droits de l'homme dans l'ex-Yougoslavie, Tadeusz Mazowiecki avait conclu dans son rapport daté du 27 octobre 1992 qu' « un grand nombre de personnes déplacées n'auraient pas à chercher refuge à l'étranger si leur sécurité pouvait être garantie et si l'on pouvait leur assurer à la fois un approvisionnement alimentaire suffisant et des soins médicaux convenables. Aussi, l'idée de zone de sécurité dans le territoire de la Bosnie-Herzégovine devrait-elle être activement poursuivie ». L'idée avait été accueillie diversement au sein des membres du Conseil de sécurité. Les membres permanents n'y étaient pas favorables, ni le Haut-Commissaire des Nations Unies pour les réfugiés, Madame Sadako Ogata. Les coprésidents de la Conférence internationale sur l'ex-Yougoslavie critiquèrent cette solution et considéraient que la création de zones de sécurité « supposait que d'autres zones ne seraient pas sûres ni protégées, ce qui inciterait les Serbes à les attaquer », la création de zones de sécurité encouragerait en définitive de nouvelles opérations de nettoyage ethnique. (voir Rapport présenté par le Secrétaire général en application de la résolution 53/35 de l'Assemblée générale, *Chute de Srebrenica*, Doc.off.UN A/54/549, p. 18)

[846] Résolution 819, Doc.off.UN S/RES/819, § 1, 2, 3 et 4.

6 mai 1993 étendit le régime des zones de sécurité à Sarajevo, Tuzla, Zepa, Gorazde et Bihac[847]. Cette intention « généreuse » s'avéra être un échec. Les forces serbes continuèrent à lancer des attaques contre les enclaves musulmanes en bravant les décisions du Conseil de sécurité. La FORPRONU n'avait qu'un rôle d'observation et d'assistance humanitaire. Par la suite, le Conseil de sécurité a élargi son mandat et l'autorisa à employer la force pour dissuader les attaques contre les zones de sécurité, contrôler le cessez-le-feu, favoriser le retrait des unités paramilitaires serbes et occuper des points essentiels sur le terrain[848]. Mais la Force ne disposait pas des ressources suffisantes à assurer un tel mandat dans six zones de sécurité. Le Conseil dut même en appeler à plusieurs reprises aux forces aériennes de l'OTAN pour s'opposer aux attaques serbes. En définitive, la pratique des zones de sécurité s'est avérée inefficace à protéger la population comme en atteste la chute tragique de Srebrenica en juillet 1995 et les massacres qui s'ensuivirent. La réaction trop timide du Conseil de sécurité, notamment les hésitations à autoriser l'emploi de la force pour protéger les enclaves, a coûté la vie à de nombreux civils. L'intervention de l'ONU dans la crise bosniaque n'a d'ailleurs pas dissuadé la RFY de mener une campagne de « nettoyage » du Kosovo en 1999. Cette autre crise a révélé les limites du système de sécurité collective, enlisé dans les discussions et les atermoiements face à une situation qui appelait une intervention internationale urgente. Dans ce contexte, des Etats décidèrent de passer outre l'aval du Conseil de sécurité et d'intervenir de leur propre chef.

§3. Une pratique controversée : l'intervention unilatérale d'un Etat pour sauvegarder un droit

En cas d'inertie du mécanisme de sécurité collective, il reste à savoir si un Etat, ou un groupe d'Etats, peut licitement intervenir militairement dans les affaires intérieures d'un autre Etat pour sauver une population qui n'est pas la sienne. L'interdiction du recours à la force et le principe de non-intervention semblent s'opposer à une réponse positive, toutefois la question fait débat et n'est pas clairement tranchée à l'heure actuelle.

Ce type d'intervention, appelée « intervention d'humanité », était par le passé tout à fait conforme au droit international et fut d'ailleurs l'une des toutes premières mesures de protection des minorités : C'est notamment pour faire face à la politique despotique de l'Empire ottoman, fondée sur l'inégalité entre Musulmans et Chrétiens et pratiquant une turquification intensive que les grandes Puissances développèrent l'intervention d'humanité. Le Professeur André Mandelstam considérait le protectorat de la religion catholique romaine exercé par la France en territoire turc dès le début du XVIe siècle comme

[847] Résolution 824, Doc.off.UN S/RES/824, § 3.
[848] Résolution 836 du 4 juin 1993, Doc.off.UN S/RES/836, voir particulièrement § 5 et 9.

précurseur de cette pratique[849] mais elle fut véritablement consacrée en 1774 avec la conclusion du Traité de paix de Kutchuk Kainardji entre la Russie et la Sublime Porte. Ce traité (notamment ses articles 7 à 16) et plusieurs autres conclus par la suite entre les deux Etats font de la Russie le protecteur des sujets orthodoxes de la Porte et justifièrent à ce titre bon nombre d'interventions. Mais d'autres Etats intervinrent dans l'Empire ottoman au profit de populations menacées ; à titre d'exemple, la France et la Grande Bretagne sont intervenues aux côtés de la Russie lors de l'insurrection grecque de 1821 ou l'intervention des troupes de Napoléon III au Liban en 1860 pour protéger les Chrétiens maronites massacrés par les troupes turques. Cette pratique, émanation de la doctrine de la guerre juste et qui a pu trouver quelques fondements conventionnels[850] connut son heure de gloire durant le XIXe siècle, « elle fut la garantie de la vie et des droits de l'homme aux sujets chrétiens »[851] de l'Empire ottoman.

Ce type d'intervention ne semble pas avoir survécu à la Charte de San Francisco. Il convient néanmoins de distinguer deux types d'intervention d'humanité. Le premier renvoie aux interventions en faveur de ses propres nationaux. Dans ce cas, l'Etat invoquera à l'appui de son action sa propre souveraineté et le droit qui en découle de protéger ses ressortissants. Il faut relever à ce propos cet extrait de la sentence arbitrale rendue par le Professeur Max Huber en 1924 dans l'affaire *des Réclamations britanniques dans la zone espagnole au Maroc* : « Il est incontestable qu'à un certain point, l'intérêt d'un Etat de pouvoir protéger ses ressortissants et leurs biens doit primer le respect de la souveraineté territoriale et cela même en l'absence d'obligations conventionnelles. Ce droit d'intervention a été revendiqué par tous les Etats, ses

---

[849] Même si pour l'auteur ce protectorat « n'a pas été une véritable intervention d'humanité puisqu'il ne protégeait qu'une seule catégorie de droits de l'homme : le droit au libre exercice de toute foi, religion ou croyance » dans André Mandelstam, « La protection des minorités », *RCADI*, 1923/1, pp. 363-519, spéc. p. 374.

[850] Peut être mentionné le Traité de Paris du 30 mars 1856 conclu entre les sept Puissances impliquées dans la guerre de Crimée (Russie, Turquie, France, Angleterre, Sardaigne, Prusse et aussi Autriche) dont l'article 9 donna aux Puissances prétexte à des interventions régulières en sol ottoman. En effet celui-ci disposait que : « Sa Majesté Impériale le Sultan, dans sa constante sollicitude pour le bien-être de ses sujets, ayant octroyé un firman qui, en améliorant leur sort, sans distinction de religion ni de race, consacre ses généreuses intentions envers les populations chrétiennes de son Empire, et voulant donner un nouveau témoignage de ses sentiments à cet égard, a résolu de communiquer aux Puissances contractantes ledit firman, spontanément émané de sa volonté souveraine. Les Puissances contractantes constatent la haute valeur de cette communication. Il est bien entendu qu'elle ne saurait, en aucun cas, donner le droit auxdites Puissances, de s'immiscer soit collectivement, soit séparément, dans les rapports de Sa Majesté le Sultan avec ses sujets, ni dans l'administration intérieure de son Empire ». Cette promesse de non-intervention était la contrepartie de ladite communication et des engagements pris par le Sultan, le non-respect de ces obligations a légitimé les interventions ultérieures.

[851] André Mandelstam, « La protection des minorités », op.cit., p.379.

limites seules peuvent être discutées »[852]. Sur ce fondement la France a par exemple pu intervenir au Zaïre en mai 1978 pour délivrer des otages européens retenus dans la ville minière de Kolwezi par des rebelles Katangais, ou les forces américaines débarquer à Grenade en 1983 suite à l'avènement au pouvoir dans l'île d'un Conseil militaire marxiste pour rapatrier leurs nationaux. Cette pratique en tant qu'exercice de souveraineté trouve un fondement juridique et semble recevoir une *opinio juris* généralisée.

Il en va différemment des interventions destinées à préserver les droits d'une population avec laquelle l'intervenant n'a aucun lien. Celles-ci mettent en péril les fondements du droit international moderne et ne reçoivent pas un assentiment unanime. Mais la survie d'une population doit cependant primer sur les privilèges souverains et particulièrement en cas de blocage ou d'inertie du système de sécurité collective. L'intervention de l'OTAN contre la République Fédérale de Yougoslavie durant la guerre du Kosovo est caractéristique de ce dilemme : un groupe d'Etats intervient sans habilitation en marge des principes fondamentaux du *jus ad bellum* contre un Etat qui pratique une politique de persécutions massives contre sa population albanophone occasionnant le déplacement de centaines de milliers de personnes, au vu et au su de la Communauté internationale. Il paraît y avoir ici une légitimité morale évidente. Il est d'ailleurs significatif que cette intervention n'a pas fait l'objet d'une condamnation généralisée sur la scène internationale.

Le Professeur Cassese a justifié cette intervention comme étant une « contre-mesure armée humanitaire »[853]. Il a ainsi dégagé six conditions qui autoriseraient une intervention d'humanité : violations graves et massives des droits de l'homme aboutissant à des crimes contre l'humanité, non-coopération avec les organisations internationales et refus de mettre en œuvre leurs décisions, le fait que le Conseil de sécurité soit dans l'incapacité de décider une action coercitive pour stopper les massacres, épuisement de toutes les voies diplomatiques afin de rechercher une solution, un groupe d'Etat décide d'essayer de mettre un terme aux atrocités avec l'aval ou, du moins, la non-opposition de la majorité des membres de l'ONU, l'utilisation de la force à des fins strictement humanitaires[854]. Sur ces bases semblent pouvoir être palliées les carences du système de sécurité collective. Toutefois, les réactions internationales sont souvent trop tardives et un nombre important de victimes ont déjà été déplacées. Aussi le droit international prévoit-il une protection de substitution pour ces personnes privées de celle de leur Etat d'origine.

---

[852] Rapport du 23 octobre 1924 dans l'affaire des *Réclamations britanniques dans la zone espagnole au Maroc*, RSA, vol.II, p. 641.
[853] Antonio Cassese, « Ex iniuria ius oritur : Are We Moving Towards International Legitimation of Forcible Humanitarian Countermeasures In The World Community ? », *EJIL*, vol. 10, 1999, pp. 23-30.
[854] *Idem*, p. 27.

Section 4. Le droit au retour des personnes déplacées comme obstacle à une homogénéisation démographique durable

Le DIH garantit aux personnes déplacées à cause d'un conflit armé un droit au retour dans leurs foyers, que leur départ ait été volontaire ou contraint. Ce droit, de nature coutumière, s'applique tant pour les conflits armés internationaux que non-internationaux[855]. Il est consacré dans des manuels militaires[856], dans des résolutions de l'AGNU[857] ou du Conseil de sécurité[858] ou encore dans des conventions internationales. On le retrouve à l'article 49-2 de la Convention IV de Genève dans le contexte d'évacuations ordonnées par la Puissance occupante : « La population ainsi évacuée sera ramenée dans ses foyers aussitôt que les hostilités dans ce secteur auront pris fin ». Il est intéressant de souligner qu'à l'occasion d'accords d'armistice ou de paix, les parties aient prévu des clauses organisant le retour des personnes déplacées durant le conflit qui les a opposé. Ainsi en est-il, par exemple, de l'Accord général de Dayton-Paris pour la paix en Bosnie-Herzégovine du 21 novembre 1995. Cet accord général contient, en annexe 7, un accord sur les réfugiés et les personnes déplacées en vertu duquel les Parties reconnaissent à ces personnes le droit de retourner librement dans leurs foyers[859]. Les cocontractants se sont engagés, aux termes de cet accord, à prendre les mesures nécessaires pour faciliter leur retour. Un autre exemple est celui de l'Accord du 4 avril 1994 par lequel les Parties au conflit en Abkhazie se sont obligées à coopérer pour permettre le retour des personnes déplacées dans des conditions suffisantes de sécurité et de dignité[860]. Dans le cadre du conflit du Haut Karabakh, le Conseil

---

[855] Voir Jean-Marie Henckaerts et Louise Doswald-Beck, *Droit international humanitaire coutumier,* op.cit., pp. 616-621.

[856] *Idem*, p. 617.

[857] Voir par exemple les Résolutions 194 (III) du 11 décembre 1948 (Doc.off.UN A/RES/194 (III)) et 55/125 du 8 décembre 2000 (A/RES/55/125) sur le droit au retour des déplacés palestiniens.

[858] Voir par exemple la Résolution 361 du Conseil de sécurité du 30 août 1974 sur le droit au retour des déplacés chypriotes (Doc.off.UN S/RES/361 (1974) ou la Résolution 999 du même organe du 16 juin 1995 sur le droit au retour des personnes déplacées au Tadjikistan (Doc.off.UN S/RES/999 (1995).

[859] L'article 1§1 de cet accord dispose ainsi : « All refugee and displaced persons have the right freely to return to their homes of origin ».

[860] L'article 1er de cet accord, dit « Accord quadripartite sur le retour volontaire des réfugiés et des personnes déplacées », prévoit que : « The Parties agree to cooperate and to interact in planning and conducting the activities aimed to safeguard and guarantee the safe, secure and dignified return of people who have fled from areas of the conflict zone to the areas of their previous permanent residence ». Cet accord a été conclu entre le gouvervement géorgien, la partie abkhaze, la Fédération de Russie et le HCR.

de sécurité a rappelé à plusieurs reprises le droit des personnes déplacées à regagner leurs foyers[861].

Les Etats, ou les groupes armés dans le cadre d'un conflit armé interne, sont donc tenus, au regard du DIH, de permettre le retour dans leurs foyers des personnes déplacées aussitôt que les causes de leur déplacement ont cessé d'exister. Cette obligation ne se limite pas à une attitude passive, permissive, mais implique également que les autorités compétentes facilitent ce retour et assurent la sécurité des personnes intéressées en adoptant les mesures adéquates. Ainsi, dans sa Résolution 1034 (1995) du 21 décembre 1995, le Conseil de sécurité « demandait instamment à toutes les parties aux conflits sur le territoire de l'ex-Yougoslavie de coopérer pleinement en vue de créer les conditions nécessaires au rapatriement et au retour des réfugiés et des personnes déplacées, en toute sécurité et en toute dignité »[862]. Les mesures pouvant être adoptées dans ce cadre sont variées. Elles pourront consister, par exemple, en des opérations de déminage, en la fourniture d'aliments, de soins, de matériel agricole, ou encore en la construction d'écoles ou d'installations sanitaires...[863].

Le principe du droit au retour implique également que les personnes déplacées puissent récupérer les biens qu'elles ont laissés au moment de leur départ, ou, à défaut, si ceux-ci ont été détruits, recevoir une juste indemnisation. Ce principe est une conséquence de l'interdiction de détruire les biens civils précédemment évoquée et de l'interdiction des réquisitions illégales. En effet, le DIH interdit aux belligérants de s'approprier les biens privés des personnes protégées. Cette règle a été énoncée, dans le cadre des conflits armés internationaux, par l'article 46 du Règlement de La Haye du 18 octobre 1907 concernant les lois et coutumes de la guerre sur terre. L'article 47 du même instrument interdit de la même manière le pillage. Dès lors, les cessions de droits de propriété réalisées sous la contrainte sont réputées nulles. Ainsi, dans une Résolution 779 du 6 octobre 1992 relative au conflit en Croatie, le Conseil de sécurité rappelait que « toutes les déclarations faites et tous les engagements pris sous la contrainte, particulièrement ceux concernant la terre et la propriété, sont entièrement nuls et non avenus et toutes les personnes déplacées ont le droit de retourner en paix dans leurs anciens foyers »[864]. L'interdiction de l'appropriation des biens privés par les belligérants n'est toutefois pas absolue. Ainsi, l'article 52 du Règlement de La Haye dispose que : « Des réquisitions en nature et des services ne pourront être réclamés des communes ou des habitants,

---

861 Voir par exemple les Résolutions 853 (1993) Doc.off.UN S/RES/853 (1993) et 884 (1993) Doc.off.UN S/RES/884 (1993). On renverra également à la Résolution 62/243 de l'AGNU du 25 avril 2008, Doc.off.UN A/RES/62/243.

862 Doc.off.UN S/RES/1034 (1995), § 18.

863 Voir Jean-Marie Henckaerts et Louise Doswald-Beck, *Droit international humanitaire coutumier,* op.cit., p. 620.

864 Doc.off.UN S/RES/779 (1992), § 5. Voir aussi, par exemple, la Résolution 947 du même organe datée du 30 septembre 1994, spéc. § 8.

que pour les besoins de l'armée d'occupation ». Des réquisitions peuvent ainsi être opérées. Elles concernent particulièrement la nourriture, l'habillement, le logement ou encore les moyens de locomotion[865]. Les réquisitions en nature sont justifiées sous réserve de satisfaire à quatre conditions : être nécessaires aux besoins de l'armée d'occupation, être en rapport avec les ressources du pays, être autorisées par le commandant de la localité et donner lieu à indemnisation. On soulignera également que les belligérants peuvent procéder à des saisies. En vertu de l'article 53 du Règlement de La Haye, « tous les moyens affectés sur terre, sur mer et dans les airs à la transmission des nouvelles, au transport des personnes ou des choses, en dehors des cas régis par le droit maritime, les dépôts d'armes et, en général, toute espèce de munitions de guerre, peuvent être saisis, même s'ils appartiennent à des personnes privées, mais devront être restitués et les indemnités seront réglées à la paix ». Toutefois, à la différence des réquisitions en nature, les saisies n'entraînent pas un transfert de propriété et les biens saisis devront être restitués à leurs propriétaires. L'interdiction de confisquer les biens privés des personnes protégées relève du droit coutumier, elle s'applique également dans les conflits armés internes.

On relèvera pour finir qu'au terme de certains conflits, des commissions indépendantes ont été mises en place qui étaient chargées de statuer sur les réclamations des personnes déplacées concernant leurs biens. Par exemple, l'Accord sur les réfugiés et les personnes déplacées annexé à l'Accord général de Dayton prévoit l'établissement d'une telle commission. En vertu de l'article XI de cet instrument, « the Commission shall receive and decide any claims for real property in Bosnia and Herzegovina, where the property has not voluntarily been sold or otherwise transferred since April 1, 1992, and where the claimant does not now enjoy possession of that property. Claims may be for return of the property or for just compensation in lieu of return ».

On pourrait considérer que le droit au retour des personnes déplacées constitue un obstacle au nettoyage ethnique en tant qu'il s'oppose, en théorie, à une homogénéité démographique durable. Un tel obstacle produirait ses effets *a posteriori* : En prévoyant le retour des individus jugés indésirables sur le territoire qu'ils ont été forcés de quitter, le droit au retour priverait la campagne de nettoyage ethnique, menée sous couvert d'un conflit armé, de tout effet utile. Il convient néanmoins d'apprécier les mérites de cette hypothèse.

Le droit au retour des personnes déplacées s'exerce dès que les causes de leur déplacement ont cessé. D'une manière générale, ce droit correspond avec la fin des combats dans le territoire d'origine de ses titulaires. Cependant, dans le cadre du nettoyage ethnique, la cause du déplacement n'est pas tant le conflit armé en lui-même que les persécutions qui ont été perpétrées sous couvert de celui-ci. Ces persécutions prennent fin avec l'éloignement des individus

---

[865] Voir Eric David, *Principes de droit des conflits armés*, op.cit., p. 591.

indésirables du territoire où ils étaient établis. Aussi l'exercice du droit au retour par ces personnes présente un risque de les exposer à de nouvelles persécutions.

Par ailleurs, il faut également prendre en compte le fait que les personnes déplacées hésiteront à retourner vivre dans un endroit où elles sont jugées indésirables par le reste de la population. La tolérance de la population demeurée sur place déterminera dans quelle mesure sera exercé le droit au retour.

D'autre part, on peut également envisager le droit au retour, lorsqu'il est effectif, comme une forme de réparation du déplacement forcé, une forme de « *restitutio in integrum* ». S'il n'effacera pas les souffrances subies, le retour correspondra, dans une certaine mesure, à la remise des choses en l'état antérieur au déplacement.

Finalement, le droit au retour des personnes déplacées constitue à la fois un obstacle et un correctif, vraisemblable mais non certain, au déplacement forcé à fin de nettoyage ethnique. La meilleure protection contre cette pratique demeure la neutralisation de la coercition sélective qui en est la base.

En définitive, le droit des conflits armés propose un arsenal normatif suffisamment large et diversifié pour faire face au déplacement forcé de populations à fin de nettoyage ethnique. En outre, les règles pertinentes relèvent en grande majorité du droit coutumier et lient tous les Etats de la Société internationale. Seulement, la protection offerte par ces normes pêche par manque d'effectivité faute d'un mécanisme de contrôle suffisant à prévenir leur transgression. Les développements de la justice pénale internationale constituent, en ce sens, une avancée remarquable et les individus auteurs d'un nettoyage ethnique ne seront plus à l'abri de poursuites fondées sur les incriminations de persécution ou de déportation notamment. Le spectre de la responsabilité pénale internationale peut se révéler un important facteur de dissuasion des violations du DIH à condition que celle-ci soit systématiquement engagée. Par ailleurs, les interventions dans les conflits décidées par le Conseil de sécurité sur la base du Chapitre VII de la Charte pour secourir des populations opprimées se sont, trop souvent, révélées timides et tardives, le mal étant déjà fait. Il semble difficile alors de blâmer des interventions unilatérales telles que celle de l'OTAN en RFY en 1999. Cette alternative doit, cependant, demeurer exceptionnelle dans la mesure où elle se situe en marge d'un droit international dont elle vise à compenser les lacunes. De fait, la meilleure solution pour faire respecter le DIH demeure une implication plus efficace de l'ONU, seule légitime à s'immiscer dans la sphère de compétences d'un Etat. Les facteurs de cette efficacité semblent être la célérité et la capacité de persuasion des éléments déployés. Les nouvelles formules d'opérations de maintien de la paix confiant le volet militaire à un Etat ou un groupe d'Etats apportent beaucoup au deuxième facteur. Quant au premier, il dépend de la réalisation d'un consensus rapide au sein du Conseil de sécurité malheureusement non exempt de toute considération politique dans des circonstances où les considérations élémentaires d'humanité doivent primer.

Il convient maintenant d'évaluer la protection qu'offre le droit international face à l'autre grande modalité d'homogénéisation démographique : l'élimination de la différence.

PARTIE 2 : LA PROTECTION OFFERTE PAR LE DROIT INTERNATIONAL FACE A L'ELIMINATION DE LA DIFFERENCE

Si le déplacement forcé est un moyen de composer une population homogène, une autre voie consiste à éliminer les facteurs d'hétérogénéité : soit en éliminant physiquement les individus porteurs de la différence soit en éliminant dans leur chef cette différence. L'élimination physique, au demeurant la plus usuelle en temps de guerre, fondée sur des motifs discriminatoires, appelle une analogie avec le génocide. En effet, ce dernier peut être perçu comme une persécution poussée à l'extrême. La Chambre de Première Instance II du TPIY a souhaité insister dans le Jugement *Kupreskic* « sur le fait que la persécution, en tant que crime contre l'humanité, est une infraction qui relève du même *genus* que le génocide. Il s'agit, dans les deux cas, de crimes commis contre des personnes qui appartiennent à un groupe déterminé et qui sont visées en raison même de cette appartenance. (...) Alors que dans le cas de la persécution, l'intention discriminatoire peut revêtir diverses formes inhumaines et s'exprimer par le biais d'une multitude d'actes, dont l'assassinat, l'intention requise pour le génocide doit s'accompagner de celle de détruire, en tout ou en partie, le groupe auquel les victimes appartiennent. S'agissant de l'élément moral, on peut donc dire que le génocide est une forme de persécution extrême, sa forme la plus inhumaine. En d'autres termes, quand la persécution atteint sa forme extrême consistant en des actes intentionnels et délibérés destinés à détruire un groupe en tout ou en partie, on peut estimer qu'elle constitue un génocide »[866]. Le génocide répond à un élément moral spécifique qui fonde son extrême gravité et le particularise des crimes contre l'humanité, dès lors il conviendra de relativiser sa correspondance avec le nettoyage ethnique (Titre 1). D'autre part, l'homogénéité démographique d'une population peut être obtenue par la disparition des minorités, manifestations ostensibles d'une diversité combattue. Partant, il sera intéressant d'apprécier dans un second titre si le droit des minorités offre une protection efficace à l'identité minoritaire.

[866] *Le procureur contre Kupreskic et consorts*, Jugement du 14 janvier 2000, op.cit., § 636.

TITRE 1 : L'ELIMINATION PHYSIQUE DE LA DIFFERENCE A FIN D'HOMOGENEITE : LE RAPPORT AU GENOCIDE

Le génocide, aux termes de l'article 2 de la Convention pour la prévention et la répression du crime de génocide du 9 décembre 1948 qualifie des « actes commis dans l'intention de détruire, en tout ou en partie, un groupe national, ethnique, racial ou religieux comme tel ». Cette définition fait autorité puisqu'elle est réputée être une codification de la coutume[867] et qu'elle fut reprise par nombre de législations nationales[868] et par les Statuts des différentes juridictions pénales internationales. La règle qui interdit cette pratique a désormais acquis le statut de norme de *jus cogens*[869]. Sa transgression pourra entraîner la responsabilité de l'Etat commettant[870] sur le terrain du fait internationalement illicite mais aussi la responsabilité pénale internationale des individus auteurs, car le génocide est surtout entré dans la terminologie juridique en tant qu'incrimination[871]. Les actes de génocide sont fréquemment commis dans un contexte de conflit armé et, en ce sens, apparaissent comme des violations du DIH[872]. Mais la règle le condamnant protège des groupes humains

---

[867] Voir notamment l'Avis consultatif rendu par la CIJ le 28 mai 1951 sur la question des *Réserves à la Convention pour la prévention et la répression du crime de génocide* (Recueil 1951, p. 23) : « les principes qui sont à la base de la Convention sont des principes reconnus par les nations civilisées comme obligeant les Etats membres en dehors de tout lien conventionnel » En outre, l'article 17 du Code des crimes contre la paix et la sécurité de l'humanité de la CDI reprend aussi la définition de la Convention. (voir Doc.off.UN A/51/30).

[868] Peuvent être cités à titre d'exemple : l'article 211-1 du Code pénal français, le §220a STGB du Code pénal allemand, l'article 1§1 de la Loi belge du 16 juin 1993 relative à la violation grave du droit international humanitaire, l'article 357 du Nouveau Code pénal de la Fédération de Russie de 1997 ou encore le *Genocide Act* anglais de 1969 dont la section 1 contient un renvoi express à la définition de la Convention.

[869] Il fut ainsi inclus parmi les exemples retenus par la CDI lors des travaux préparatoires à la Convention de Vienne sur le droit des traités pour caractériser la notion de norme impérative du droit international général reprise à l'article 53 de cet instrument (Annuaire de la CDI, 1996, vol. II, p. 270).

[870] CIJ, Arrêt du 26 février 2007 rendu dans *l'Affaire relative à l'application de la Convention pour la prévention et la répression du crime de génocide* (Bosnie-Herzégovine c. Serbie et Monténégro), op.cit., § 166.

[871] Le terme inventé et proposé en 1944 par Rafael Lemkin dans son ouvrage « *Axis Rule in Occupied Europe* » fut employé dès 1945 par les procureurs du TMI de Nuremberg qui accusèrent les nazis de génocide dans l'Acte d'accusation. Par la suite, quand l'AGNU confirma les principes de Nuremberg dans sa Résolution 96/1 du 11 décembre 1946, c'est sous la qualification de crime international qu'elle retint le génocide.

[872] Comme le confirme l'inclusion du crime de génocide dans les Statuts des TPI, juridictions établies en vertu du Chapitre VII de la Charte pour juger les personnes présumées responsables de violations graves du droit international humanitaire.

aussi en temps de paix, comme le précise l'article 1 de la Convention de 1948[873].

Cette définition autorise à établir une relation avec le nettoyage ethnique. Celle-ci pourra être envisagée de deux points de vue.

Soit il faudra considérer le génocide comme une modalité de réalisation du nettoyage ethnique. En effet, la destruction physique de groupes humains possédant des caractéristiques nationales, ethniques, raciales ou religieuses autres que celles requises participera à la réalisation de l'homogénéité démographique.

Soit il faudra considérer le nettoyage ethnique comme une forme de génocide. Cette conception est répandue tant en doctrine qu'en jurisprudence voire dans des actes unilatéraux d'organisations intergouvernementales. Ainsi, par exemple, l'AGNU dénonçait « l'ignoble politique de nettoyage ethnique qui est une forme de génocide »[874]. Plusieurs auteurs semblent aussi aller dans ce sens. C'est, par exemple, ce que semblait indiquer le juge Lauterpacht dans l'Affaire *de l'Application de la Convention pour la prévention et la répression du crime de génocide*[875] en estimant difficile de ne pas voir dans les agissements des Serbes visant à éliminer la présence des Musulmans de Bosnie-Herzégovine des actes de génocide. Mme Anne-Marie La Rosa estime, pour sa part, que « la pratique contemporaine révèle une extension de la notion de génocide à la notion de « nettoyage ethnique », à savoir un large spectre de violations grossières et systématiques des droits de l'homme »[876]. C'est donc considérer que, si on souhaite rester conforme à la définition du génocide, le nettoyage ethnique vise la destruction de groupes nationaux, raciaux, ethniques ou religieux en tant que tels.

Ces deux postulats ne sont pas équivalents. Pour aborder la relation entre les deux notions il faut bien considérer qu'en matière de génocide, tout est affaire de finalité. Or, affirmer que le nettoyage ethnique est une forme de génocide est une conclusion trop restrictive et reviendrait, finalement, à nier la spécificité du

---

[873] Cet article est ainsi rédigé : « Les Parties contractantes confirment que le génocide, qu'il soit commis en temps de paix ou en temps de guerre, est un crime du droit des gens, qu'elles s'engagent à prévenir et à punir. »

[874] Résolution 47/121 du 18 décembre 1992 (Doc.off.UN A/RES/47/121, Préambule).

[875] Opinion individuelle jointe à l'ordonnance du 13 décembre 1993, *Nouvelles demandes en indication de mesures conservatoires*, Recueil 1993, p. 325. Il relevait : « les choses étant ainsi, il est difficile de ne pas voir dans les agissements des Serbes (relatifs à la pratique de purification ethnique) des actes de génocide dans la mesure où ils rentrent nettement dans les catégories a), b) et c) de la définition du génocide citée (…) il semble *a fortiori* que le défendeur considère aussi la « purification ethnique », telle qu'elle est pratiquée dans le présent conflit, comme une violation de l'article II de la Convention ». Il faut toutefois relever cette dernière réserve : « telle qu'elle est pratiquée dans le présent conflit » qui ne préjuge pas d'un amalgame systématique entre les notions.

[876] Anne-Marie La Rosa, *Dictionnaire de droit international pénal*, termes choisis, PUF, Paris, 1998, p. 49.

premier. En effet, comme il a été vu précédemment, le nettoyage ethnique peut procéder d'un éloignement des populations indésirables du territoire et pas nécessairement de leur élimination physique. Il est, à ce propos, intéressant de souligner que durant les négociations qui débouchèrent sur l'adoption de la Convention de 1948, la délégation syrienne, dans le contexte connu de l'époque, avait proposé d'ajouter un sixième paragraphe à l'article 2, y incluant comme acte constitutif de génocide « les mesures tendant à mettre les populations dans l'obligation d'abandonner leurs foyers afin d'échapper à la menace de mauvais traitements »[877]. L'amendement ne fut finalement pas retenu car jugé trop éloigné de l'esprit de la Convention. Les contraintes au déplacement n'ont pas été considérées comme des actes de génocide puisqu'elles ne visent pas tant à la destruction du groupe qu'à son éloignement du territoire donné. Déplacer un groupe n'entraîne pas forcément sa destruction. Il ne pourra donc y avoir correspondance entre les notions de génocide et de nettoyage ethnique que lorsque ce dernier se réalisera par l'élimination physique d'un groupe en tant que tel. Cette hypothèse suppose, en outre, une rencontre des finalités propres à chacun des concepts. Il faudra, finalement, considérer que ce n'est pas tant le nettoyage ethnique qui constitue une forme de génocide que le génocide qui constitue une modalité de réalisation du nettoyage ethnique. Ce dernier est une notion englobante qui peut inclure le génocide mais pas nécessairement[878].

Toute élimination physique d'individus n'équivaut pas à un génocide et toute entreprise de nettoyage ethnique empruntant cette voie ne recevra donc pas cette qualification. La définition du génocide posée par la Convention de 1948 appelle des conditions strictes qu'il est nécessaire de préciser afin d'apprécier dans quelle mesure le régime juridique international du génocide peut offrir une protection face au nettoyage ethnique.

Le génocide est défini comme une infraction pénale. On distinguera, outre l'élément légal établi par la Convention de 1948, un élément intentionnel et un élément matériel. Il faudra que les actes perpétrés correspondent à ces critères pour emporter la qualification. Or, son élément intentionnel est la caractéristique du génocide et ne se retrouve pas, ou du moins pas automatiquement, dans une politique d'homogénéisation de la population. Un premier chapitre sera consacré à cette possible base de dissociation entre les notions. Par contre, il apparaît qu'une convergence entre les deux pratiques s'opère sur les moyens matériels de réalisation. Les procédés de destruction inclus dans la définition du génocide mis au service du nettoyage ethnique autoriseront l'amalgame. Mais d'une manière générale, il faut considérer avec

---

[877] Voir Doc.off.UN A/C.6/234 du 15 octobre 1948.

[878] Mme Rafaelle Maison et M. Hervé Ascensio évoquaient ainsi dans leur chronique sur l'activité des juridictions pénales internationales « l'identification d'éléments génocidaires *dans* la politique de purification ethnique », nous soulignons. Voir *AFDI*, 2004, pp. 416-468, spéc. p. 458.

Mme Marie-Aude Tavoso que « rien ne distingue matériellement un comportement constitutif de génocide, de crime contre l'humanité ou de crime de guerre. (...) Seule l'intention accompagnant le comportement ou le contexte dans lequel il s'inscrit, permettent de les différencier »[879]. Toutefois, l'analyse de l'élément matériel du génocide conforte l'idée d'une analogie seulement partielle et occasionnelle avec le nettoyage ethnique puisque le génocide n'est que physique et exclut d'autres moyens d'élimination de la différence. Ce qu'il conviendra d'évoquer dans un second chapitre.

---

[879] Marie-Aude Tavoso, *La définition des éléments constitutifs des crimes contre l'humanité, du génocide et des crimes de guerre*, Thèse droit, Aix-Marseille III, 2004, p. 101.

Chapitre 1 : L'élément intentionnel, base de distinction entre le génocide et le nettoyage ethnique

Le génocide est défini en droit international comme une infraction. Celle-ci suppose la réunion d'actes matériels, prévus et punis par les règles en vigueur, et surtout qu'ils aient été la volonté de leur auteur. Cette *mens rea* est une condition nécessaire à l'existence d'une infraction et *a fortiori* en matière de génocide dont elle détermine toute la spécificité.

L'intention, c'est la volonté tournée vers un acte. En droit pénal, elle correspond à une notion polymorphe dont les différentes manifestations sont qualifiées de dol. Celui-ci se définit comme « la volonté tendue à dessein vers un but interdit par la loi pénale »[880]. Si le but recherché, quoique contraire à l'ordre social, n'est pas défendu par un texte légal alors la volonté de l'atteindre ne constituera pas une intention criminelle. Cette intention n'est pas uniforme. Plusieurs variétés sont à relever dont notamment le dol général et le dol spécial. Si le premier est « la volonté d'accomplir un acte que l'on sait défendu par la loi »[881], le second renvoie à une volonté criminelle plus précise. Il comporte en plus de cette volonté la recherche d'un résultat déterminé. Ainsi le dol spécial est-il la volonté d'atteindre un résultat précis et non plus uniquement la volonté consciente d'accomplir un acte illicite. Le crime de génocide répond à un dol spécial comme le rappelle la Chambre de première instance I du TPIR dans l'affaire *Akayesu* : « Le génocide se distingue d'autres crimes en ce qu'il comporte un dol spécial, ou *dolus specialis*. Le dol spécial d'un crime est l'intention précise, requise comme élément constitutif du crime, qui exige que le criminel ait nettement cherché à provoquer le résultat incriminé »[882].

Les actes commis à fin de nettoyage ethnique, pour entrer dans le champ du génocide doivent répondre à son *dolus specialis*. Or c'est sur cet élément qu'*a priori* les deux notions se distinguent. Il importe ici de préciser quel est cet élément intentionnel du génocide. La Chambre de Première Instance du TPIY l'a défini en ces termes : « Deux éléments peuvent être dégagés de cette intention spéciale : celle-ci suppose, d'une part, que les victimes appartiennent à un groupe identifié, d'autre part, l'auteur présumé doit inscrire son acte dans un projet plus vaste de destruction du groupe comme tel »[883]. Ces composantes seront successivement explicitées (section 1 puis section 2).

---

[880] Gaston Stefani, Georges Levasseur et Bernard Bouloc, *Droit pénal général*, 17e édition, Dalloz, Paris, 2000, p. 230.
[881] *Idem*, p. 233
[882] *Le procureur contre Jean Paul Akayesu*, Jugement du 2 septembre 1998, op.cit., § 498.
[883] *Le Procureur contre Goran Jelisic*, Jugement du 14 décembre 1999, op.cit., § 66.

Section 1. La détermination des victimes

La Convention de 1948 délimite strictement quelles doivent être les victimes pour que la qualification de génocide soit retenue. Chose caractéristique : celles-ci sont envisagées dans une dimension collective puisque ce sont des groupes qui bénéficient de la protection et non des individus en tant que tels[884]. Ainsi, la Résolution 96/1 de l'AGNU précisait que « le génocide est le refus du droit à l'existence à des groupes humains entiers de même que l'homicide est le refus du droit à l'existence à un individu »[885].

Par groupe on entend un ensemble d'individus « qui possèdent, d'une façon permanente, certains caractères communs » et qui « devraient être facilement identifiables parce qu'ils constituent des communautés différenciées et nettement définissables »[886].

Les groupes protégés sont identifiés sur la base de critères objectifs. La Convention n'en a retenu que quatre qui ont, au fil du temps, révélé leur insuffisance et leur inadaptation à la complexité des réalités démographiques. Aussi la tendance contemporaine est-elle à un assouplissement dans la perception de ces groupes qu'il semble opportun de présenter.

La conception classique des groupes protégés sera d'abord présentée (§1). Puis il sera intéressant d'évoquer comment le juge international, chargé de veiller au respect des règles internationales relatives au génocide, a su s'affranchir d'une stricte détermination objective afin de rendre une justice efficace (§2).

§1. La définition des groupes protégés sur des critères objectifs et ses limites

Il conviendra d'analyser les quatre groupes protégés par la Convention dans un premier temps (A) avant d'évoquer les lacunes de cette conception restrictive (B).

---

[884] Le Professeur Nehemiah Robinson notait que : « la principale caractéristique du génocide est son objet : l'acte doit tendre à la destruction d'un groupe. Les groupes étant constitués d'individus, les actes de destruction doivent, en dernière analyse, être commis contre des individus. Cependant, ces derniers n'ont pas d'importance en eux-mêmes mais seulement en tant que membres du groupe auquel ils appartiennent », *The Genocide Convention : A Commentary*, Institute of Jewish Affairs, World Jewish Congress, New York, 1960, p. 58.

[885] Résolution 96/I du 11décembre 1946, Doc off.UN A/RES/96(1).

[886] *« Etude sur la question de la prévention et la répression du crime de génocide »*, Etude préparée par M. Nicodème RUHASHYANKIKO, Rapporteur spécial, Nations Unies, Conseil Economique et Social, Commission des droits de l'homme, Sous-commission de la lutte contre les mesures discriminatoires et de la protection des minorités, 31e session, 4 juillet 1978, Doc.off.UN E/CN.4/Sub.2/416, p. 15.

A. Les groupes protégés par l'article 2 de la Convention de 1948

Les groupes protégés par la Convention sont, ainsi qu'il ressort de son article 2, les groupes nationaux, raciaux, ethniques et religieux. L'une des principales pierres d'achoppement à l'analyse du génocide est la délimitation de ces groupes protégés. Comme le notait le Rapporteur spécial Whitaker, « si la Convention de 1948 n'est pas aussi efficace ni aussi bien comprise qu'elle devrait l'être, cela tient à son manque de clarté dans la définition des groupes qui sont ou ne sont pas protégés »[887]. Ceux-ci, hormis peut-être le groupe religieux, ne sont pas aisément définissables et cet instrument n'en apporte aucune définition. En réalité, chacun des qualificatifs employés pose problème. Il faudra alors s'en remettre à la doctrine et à la jurisprudence pour préciser leurs contours.

Le groupe national est sans nul doute celui qui pose le plus de difficultés. En effet, l'adjectif national renvoie à deux acceptions autour desquelles se cristallise l'indécision. Soit il faudra entendre « national » dans le sens politico-juridique de *nationalité* ou alors dans le sens sociologique de *nation, d'origine nationale.* Pour le TPIR il faut retenir le lien d'allégeance à l'Etat comme critère dominant : « le groupe national qualifie un ensemble de personnes considérées comme partageant un lien juridique basé sur une citoyenneté commune, jointe à une réciprocité de droits et de devoirs »[888]. Mais nombre d'auteurs restent attachés à la conception sociologique. « Ce qui caractérise une nation, ce n'est pas seulement une communauté politique de destin, mais avant tout une communauté qui se caractérise par des liens ou des traits propres d'ordre historique et culturel. Par contre, un lien territorial ou étatique ne semble pas essentiel»[889]. Mme Anne-Marie La Rosa et M. Santiago Villalpando estiment, pour leur part, que « le groupe national peut être perçu comme un ensemble d'individus qui se distinguent du reste de la population par leurs similitudes linguistiques, ethniques, religieuses et culturelles plutôt que par leurs nationalités ou citoyenneté interprétées au sens strict »[890]. Le Rapporteur spécial Ruhashyankiko[891] a procédé à un rapprochement avec la Convention internationale sur l'élimination de toutes les formes de discrimination raciale adoptée par la Résolution 2106 A XX de l'AGNU du 21 décembre 1965. Celle-ci définit à son article 1§1 l'expression « discrimination raciale » et retient

---

[887] *Version révisée et mise à jour de l'Etude sur la question de la prévention et de la répression du crime de génocide*, établie par M.Benjamin Whitaker, Nations Unies, Conseil Economique et Social, Commission des droits de l'homme, sous-commission de la lutte contre les mesures discriminatoires et de la protection des minorités, 38e session, 2 juillet 1985, Doc.off.UN E/CN.4/Sub.2/1985/6, p. 19.

[888] *Le procureur contre Jean Paul Akayesu*, Jugement du 2 septembre 1998, op.cit., § 505.

[889] Stefan Glaser, *Droit international pénal conventionnel*, Bruylant, Bruxelles, 1970, pp. 111 et 112.

[890] Anne Marie La Rosa et Santiago Villalpando, « Le crime de génocide revisité Nouveau regard sur la définition de la Convention de 1948 à l'heure de son cinquantième anniversaire tentative d'appréhension théorique des éléments constitutifs du crime », op.cit., p. 90.

[891] *Rapport Ruhashyankiko*, op.cit., p. 18.

qu'elle vise toute distinction, exclusion, restriction ou préférence fondée notamment sur « l'ascendance ou *l'origine nationale*[892] ou ethnique ». Or, il est un fait avéré, que durant les travaux ayant conduit à l'adoption de ce texte, nombre de propositions furent avancées pour préciser le sens de l'expression origine nationale et surtout écarter tout amalgame avec la nationalité. Mais de telles précisions furent jugées superflues tant il était clair que l'expression renvoyait dans le langage juridique à une conception sociologique de la nation en tant que personnes qui ayant la culture la langue et le mode de vie traditionnel d'une nation vivent cependant dans un autre Etat. Au surplus, la Convention vient d'elle-même consolider la distinction entre les deux notions puisque les paragraphes 2 et 3 du même article sont, eux, consacrés à la nationalité en tant que statut juridique d'une personne[893]. Cette comparaison vient étayer le fait que la perception du groupe national préconisée par le TPIR est trop restrictive et ce, d'autant plus qu'elle tendrait à exclure les minorités nationales. Ces groupes non dominants au sein de la population d'un Etat possèdent des caractéristiques culturelles, linguistiques, religieuses, ethniques différentes de celles du reste de la population, génératrices d'un sentiment de solidarité. Elles correspondraient à un groupe national fondé sur l'origine nationale mais pas à un groupe national fondé sur le lien juridique de nationalité, ce qui restreindrait considérablement le champ de protection, trop même pour être conforme à l'esprit de la Convention de 1948.

L'inclusion des groupes ethniques et raciaux dans la définition du génocide est l'objet de contestations en doctrine. En effet, d'aucuns considèrent qu'il est difficile de distinguer les deux et qu'ils renvoient sensiblement à la même réalité. Aussi l'adjonction du groupe ethnique en 1948 qui, il est utile de le souligner, ne faisait pas partie de la définition posée dans la Résolution 96/1 ni du projet de convention du Comité spécial du génocide[894] fut perçue comme une

---

[892] Nous soulignons.

[893] Ces dispositions précisent ainsi que :

« 2. La présente Convention ne s'applique pas aux distinctions, exclusions, restrictions ou préférences établies par un Etat partie à la Convention selon qu'il s'agit de ses ressortissants ou de non-ressortissants.

3. Aucune disposition de la présente Convention ne peut être interprétée comme affectant de quelque manière que ce soit les dispositions législatives des Etats parties à la Convention concernant la nationalité, la citoyenneté ou la naturalisation, à condition que ces dispositions ne soient pas discriminatoires à l'égard d'une nationalité particulière ».

[894] La Convention fut adoptée à l'issue d'une procédure d'élaboration assez laborieuse dont il paraît nécessaire, à ce stade, de rappeler les grandes étapes. L'AGNU fut saisie pour la première fois de la question du génocide le 2 novembre 1946 par trois délégations : indienne, panaméenne et cubaine, qui sollicitèrent l'inscription à l'ordre du jour de l'Organe plénier d'un point additionnel concernant la prévention et la répression de ce crime. La Sixième Commission, devant laquelle la question fut renvoyée, élabora un projet de résolution qu'elle transmit à l'AGNU. Celle-ci l'adopta le 11 décembre 1946 en tant que Résolution 96/1. Par cet acte unilatéral, l'Organe onusien affirme que le génocide est un crime du droit des gens qui doit être condamné et charge le Conseil Economique et Social (CES) d'entreprendre les études nécessaires pour rédiger

redondance. Celui-ci pourrait être un sous-groupe du groupe national, s'agissant d'une collectivité plus petite que la nation[895]. Il serait composé d'individus présentant les mêmes caractéristiques biologiques, culturelles et historiques. On l'a vu, pour les juges internationaux d'Arusha il renverrait à « un groupe dont les membres partagent une langue ou une culture commune »[896]. Qu'il s'agisse d'un « ou » inclusif ou exclusif cette position atteste l'idée d'une catégorie se distinguant difficilement du groupe national qui se caractérisera lui aussi par une langue et une culture commune. On retiendra que le groupe national renvoie à une réalité plus large. Les particularismes du groupe ethnique serviront à sa description. Un groupe ethnique se caractérisera donc par *certains* éléments qui participeront à la définition du groupe national, tels une langue ou une culture, mais ceux-ci seront plus limités et le groupe ethnique constituera une collectivité plus restreinte.

Le groupe racial est difficile à distinguer du groupe ethnique. Pour M. Glaser, « la notion ethnique a une signification plus large, elle désigne une communauté d'hommes liés par les mêmes us, la même langue et la même race », la race signifiant une « catégorie d'hommes qui se distinguent par des signes caractéristiques communs et constants, donc héréditaires »[897]. Le groupe racial est traditionnellement appréhendé comme reposant sur des attributs physiques. A l'occasion d'études réalisées sur la question raciale sous les auspices de l'UNESCO des déclarations furent adoptées dont une en 1950 dont l'article 4 précise que le terme race « désigne un groupe ou une population caractérisés par certaines concentrations relatives quant à la fréquence et à la distribution de gènes ou de caractères physiques qui, au cours des temps, apparaissent, varient et souvent même disparaissent sous l'influence des facteurs d'isolement géographiques et culturels »[898]. Le TPIR retient, dans ce sens, que le groupe racial est fondé « sur les traits physiques héréditaires, souvent identifiés à une région géographique, indépendamment des facteurs linguistiques, culturels, nationaux ou religieux »[899]. Cette conception est aujourd'hui contestée par une partie de la doctrine. Mais il faut relever que la

un projet de convention sur ce crime. Le Conseil chargea, à son tour, de ce mandat le Secrétariat général qui élabora un avant-projet. Mais il ne fut pas donné suite à ce premier texte. Le CES renvoya la question devant l'AGNU, qui l'en saisit à nouveau le 21 novembre 1947. Un Comité spécial du génocide fut créé par le Conseil qui travailla à l'élaboration d'un projet définitif du 5 avril au 10 mai 1948 à Lake Success. Le projet de convention fut, enfin, renvoyé devant la Sixième Commission qui en discuta pendant plus de cinquante séances et rédigea le texte final. L'AGNU adopta ce texte le 9 décembre 1948. Cette procédure d'élaboration est détaillée dans la thèse d'Antonio Planzer, *Le crime de génocide*, Université de Fribourg, 1956, pp. 65-69.

[895] *Rapport Ruhashyankiko*, op.cit., p. 19.

[896] *Le procureur contre Jean Paul Akayesu*, Jugement du 2 septembre 1998, op.cit., § 516.

[897] Stefan Glaser, *Droit international pénal conventionnel*, op.cit., p. 111.

[898] Voir « Quatre déclarations sur la question raciale », Paris, UNESCO, 1969, cité dans *Rapport Ruhashyankiko* op.cit., p. 20.

[899] *Le procureur contre Jean Paul Akayesu*, Jugement du 2 septembre 1998, op.cit., § 507.

Convention sur l'élimination de toutes les formes de discrimination raciale, précédemment citée, distingue clairement la race de l'origine nationale ou ethnique ce qui tend à conforter leur spécificité.

Enfin, la notion de groupe religieux apparaît comme relativement claire. Elle renvoie à une communauté unie par un même idéal spirituel, « pouvant inclure les convictions théistes ou non théistes »[900]. Ce que confirme le TPIR en le définissant comme « un groupe dont les membres partagent la même religion, confession ou pratique de culte »[901]. La seule difficulté réside dans le fait de savoir si tous les idéaux spirituels seront ou non qualifiés de religion, et sur quel fondement.

La perception des critères objectifs retenus que sont la race, l'ethnie, la nation ou la religion n'est déjà pas chose aisée, ce qui complique considérablement la détermination du champ d'application de la Convention et par là limite l'efficacité potentielle de la protection. Cet effet utile est d'autant plus affecté que l'énumération retenue est particulièrement restrictive.

B. Les limites de la détermination classique

Apprécier le champ d'application de la Convention sur la base des critères cités précédemment limite l'efficacité de la protection contre le génocide. Nombre de massacres échapperont à la qualification parce que les victimes n'entreront pas dans le cadre restreint des groupes protégés. L'exclusion la plus regrettable à ce propos est sans conteste celle du groupe politique (1). Par ailleurs, les critères retenus se sont révélés difficilement applicables au regard de la complexité des réalités démographiques, ce dont les TPI ont fait l'expérience (2).

1. L'exclusion des groupes politiques

Les groupes politiques figuraient initialement dans la définition du génocide. L'AGNU dans sa Résolution 96/1 du 11 Décembre 1946 affirmait qu'« on a vu perpétrer des crimes de génocide qui ont entièrement ou partiellement détruit des groupements raciaux, religieux, politiques ou autres[902] ». De même ils furent repris durant les travaux préparatoires de la Convention : les projets du Secrétaire général et du Comité spécial du génocide faisaient référence aux groupes politiques. Finalement, il fut décidé de les exclure du texte final par un compromis de dernière minute[903]. Plusieurs arguments ont été avancés pour appuyer ce retrait dont le Rapporteur spécial Ruhashyankiko a dressé une liste. Ainsi, « le groupe politique ne comporte pas des éléments stables et permanents

---

[900]Anne Marie La Rosa et Santiago Villalpando, « Le crime de génocide revisité Nouveau regard sur la définition de la Convention de 1948 à l'heure de son cinquantième anniversaire tentative d'appréhension théorique des éléments constitutifs du crime », op.cit., p. 90.
[901] *Le procureur contre Jean Paul Akayesu*, Jugement du 2 septembre 1998, p. 504.
[902] Nous soulignons.
[903] Voir Doc off.UN A/C.6/SR.128

et de caractère objectif car il ne constitue pas un groupe nécessaire et homogène, étant basé sur la volonté de ses membres et non sur des facteurs indépendants de cette volonté »[904]. Il semble alors difficilement justifiable que les groupes religieux aient, eux, été retenus. Rien n'est plus personnel et volontaire que la foi. M. Stefan Glaser dénonce là une détermination arbitraire[905].

Il semble que la cause réelle de cette exclusion des groupes politiques soit justement politique. Elle aurait en effet « empêché l'acceptation de la Convention par le plus grand nombre d'Etats ainsi que l'acceptation d'une juridiction pénale internationale, car elle ferait intervenir l'Organisation des Nations Unies dans les luttes de politique intérieure de chaque pays »[906]. En disant les choses clairement, il convenait à l'époque de donner satisfaction à l'URSS en pleine période de purges staliniennes contre les opposants au régime, qualifiés d'« ennemis de classe », en écartant ceux-ci du champ d'application de la future convention.

Nombre de crimes odieux et massifs perpétrés contre des opposants politiques en raison de leurs convictions échappent ainsi à la qualification de génocide[907]. Il faut alors s'en remettre à la notion de crime contre l'humanité qui servira la répression de ces exactions larges et systématiques commises sur une base discriminatoire. Malheureusement, cette dernière qualification, pour efficace qu'elle soit en termes de protection, n'est pas nécessairement adéquate. User du crime contre l'humanité comme palliatif à la rigueur de la définition du génocide c'est trahir l'essence même de cette dernière. En effet, la particularité du génocide réside dans la volonté délibérée de détruire une collectivité humaine en raison de ses caractéristiques propres tandis que le crime contre

---

[904] *Rapport Ruhashyankiko* op.cit., p. 20. Les autres arguments relevés sont discutables. Ils seront mentionnés uniquement pour mémoire : « cette inclusion créerait des difficultés aux gouvernements établis de manière légale dans leur action de défense contre les éléments subversifs » (ceux ci ne pourraient en effet plus massacrer les opposants au régime), « la protection des groupes politiques soulèverait la question de la protection par la Convention des groupes économiques et la protection des groupes politiques et d'autres groupes devrait être assurée en dehors de la Convention par les lois nationales et la Déclaration universelle des droits de l'homme ».

[905] Stefan Glaser, *Droit international pénal conventionnel,* op.cit. p. 110.

[906] *Idem.*

[907] Il est, à ce propos, intéressant de relever ces propos acerbes de l'éditorialiste du *Wall Street Journal* tirés du numéro du 24 février 1986 : « Like so many of the fine words issued from the U.N., these are worse than tootheless. The convention actually manages to exempt every contemporary act of genocides...Staline's men insisted that « political genocide » be struck off the list of the out-lawed practices. Under the treaty, the Kremlin can send political dissidents to Siberia without having committed genocide. Likewise, Ethiopia's Mengistu can starve and relocate Tigreans and Eritreans, Nicaragua's Ortega can decimate Miskito Indians, Cambodia's Pol Pot could kill a third of his countrymen, and Uganda's Amin could butcher his opponents. Even where the victims are of one ethnic or religious group, the tormentors can claim that is merely political genocide ».

l'humanité consiste en des exactions massives commises contre une population civile, pouvant être identifiée sur la base de caractéristiques particulières, mais sans réelle volonté de destruction de la collectivité qu'elle constitue.

Il est intéressant de relever, à ce propos, l'exemple des massacres perpétrés par les Khmers rouges durant les 3 ans et huit mois du régime du Kampuchea Démocratique. Les chiffres sont suffisamment éloquents à caractériser leur ampleur : les estimations oscillent entre 1 300 000 et 2 300 000 victimes soit 17 à 30% de la population cambodgienne en 1975[908]. La majeure partie des victimes fut khmère et si les minorités n'ont pas été épargnées elles ne furent pas plus gravement touchées en raison de leurs différences. Le régime en place était déterminé à préserver l'appareil d'Etat et à prévenir l'érection de tout contre-pouvoir. C'est dans cette logique que s'inscrivent les massacres : ceux-ci étaient dirigés contre les ennemis du régime. C'est ainsi que les sympathisants de l'ancien régime de l'ex-président pro américain Lon Nol furent décimés : fonctionnaires, militaires et même des moines bouddhistes[909]. Mais les Khmers rouges ne s'arrêtèrent pas là et les massacres s'étendirent aux familles, épouses, enfants de ces sympathisants, des villages entiers « pro-Lon Nol » furent décimés, attestant d'une réelle volonté de destruction. Il ne s'agissait plus seulement de persécuter des opposants politiques pour les faire « rentrer dans le rang » ou les faire taire mais bien d'une volonté délibérée de destruction d'individus pour ce qu'ils sont : mus d'une idéologie politique commune qui les identifie comme formant un groupe qu'il convient d'éradiquer. On a dépassé ici le « simple » cadre des exactions commises sur une base discriminatoire pour une volonté plus grave de destruction d'un groupe pour ce qu'il est[910]. Or, celui-ci n'est pas prévu par la définition du génocide. Dans le

---

[908] Voir Marek Sliwinski, *Le génocide khmer rouge une analyse démographique*, Paris, l'Harmattan, 1995. De nouvelles recherches entreprises par le DC CAM (Documentation Center of Cambodia) ont abouti à un bilan de 2,2 millions de morts, voir Dominique Luken Roze, *Cambodge Vers de nouvelles tragédies ? Actualité du génocide,* L'Harmattan, Paris, 2005, pp. 135-136.

[909] D'aucuns ont aussi qualifié de génocide les massacres dont furent victimes les moines bouddhistes et les Chams (minorité islamique), cette fois sur la base du critère religieux, voir *Rapport Whitaker,* op.cit., p. 13.

[910] Le Rapporteur spécial Bouhdiba chargé d'analyser la situation au Kampuchea Démocratique estima que les événements qui s'y étaient produits étaient « les plus graves qui se soient produits dans le monde depuis le nazisme ». Il qualifia ces exactions de « véritable autogénocide ». Cette conclusion semble discutable en ce qu'elle inclut les bourreaux dans le même groupe que les victimes, on peut difficilement imaginer que les auteurs des exactions soient mûs par la volonté de détruire un groupe auquel ils appartiennent en tant que tel. Voir Conseil Economique et Social des Nations Unies, Commission des droits de l'homme, Compte rendu analytique de la première partie de la 1510éme séance, 9 mars 1979, Doc.off.UN E/CN.4/SR.1510.

Il est intéressant de relever que le système de la juridiction pénale internationalisée a été adopté pour juger les principaux responsables des crimes commis sous l'ère du Kampuchea démocratique. Ainsi ont été mises en place après de longues et difficiles négociations débutées en 1997 entre le gouvernement cambodgien et les Nations Unies, des chambres extraordinaires intégrées au système judiciaire cambodgien. Il s'agit de tribunaux cambodgiens établis en

cas du Cambodge, ce sont également des classes sociales entières qui furent décimées, toutes les élites furent éliminées. Face à de telles situations, il conviendrait de s'attacher moins à la nature des massacrés pour se concentrer sur celle des massacres.

Cette lacune de la définition internationale du génocide peut être compensée au niveau interne. En effet, certaines législations nationales ont complété la liste des groupes protégés en y incluant les groupes politiques. C'est par exemple le cas du Code pénal éthiopien de 1957[911] qui inclut les groupes politiques parmi les groupes victimes de génocide. L'article 118§1 du Code pénal polonais du 6 juin 1997 inclut également les groupes politiques[912]. Il faut néanmoins préciser que cet élargissement[913] du concept ne dépassera pas les frontières des Etats qui l'ont adopté et n'aura donc qu'une portée limitée. Il faudrait qu'une très large majorité des Etats adoptent cette même conception[914] et soient animés d'une *opinio juris* suffisante pour envisager une modification coutumière de la définition du génocide sur la scène internationale. Mais, plutôt que dans une

---

Chambres extraordinaires qui bénéficient d'une coopération internationale. Ces chambres sont organisées et structurées par un Accord du 6 juin 2003 (voir Doc.off.UN A/RES/57/228B) conclu entre le Cambodge et l'ONU et par la Loi cambodgienne du 10 août 2001 modifiée en 2004 relative à la création de Formations extraordinaires au sein des tribunaux cambodgiens pour juger les crimes qui ont été commis durant la période du Kampuchéa démocratique. Le Tribunal d'instance et la Chambre de la Cour suprême (instance d'appel) sont composés de juges nationaux et internationaux. Ils sont compétents pour juger les principaux responsables du Kampuchea democratique et les principaux responsables de génocide, de crimes contre l'humanité, d'infractions graves aux Conventions de Genève de 1949 et d'autres crimes définis par la loi cambodgienne perpétrés entre le 17 avril 1975 et le 6 janvier 1979. La compétence des Chambres en matière de génocide est fondée sur la définition du crime posée par la Convention de 1948 et exclut donc les groupes politiques (voir article 4 de la Loi de 2001 modifiée en 2004, document disponible en anglais sur le site internet des Chambres www.eccc.gov.kh, page consultée le 30 mai 2012).

[911] Voir article 281 du Code pénal de l'Empire d'Ethiopie du 23 juillet 1957, publié par le Centre français de droit comparé, Paris, 1959, p. 89.

[912] La législation polonaise va plus loin encore dans la protection puisqu'elle énonce les groupes national, racial, ethnique, politique et religieux mais également tout autre groupe.

[913] De nombreuses législations nationales ont enrichi la liste des groupes protégés de manière plus ou moins judicieuse. A titre d'exemple, le Paraguay et le Pérou y ont inclus les groupes sociaux (articles 319 du Code pénal paraguayen et 319 du Code pénal péruvien). L'Estonie a inclus « les groupes résistant à un régime d'occupation ou à une annexion » (article 89 du Code pénal estonien). Le Code pénal néerlandais retient même les groupes philosophiques ! (Loi 1964 articles 1 et 2, *Uitvoeringswet genocideverdrag*).

[914] Pour Mme Marie-Aude Tavoso, l'inclusion des groupes politiques, dans la liste des groupes protégés, par la Côte d'Ivoire, la Pologne ou encore l'Ethiopie ainsi que celle des groupes sociaux par le Paraguay et le Pérou pourrait être motivée par des considérations purement internes. L'auteur relève ainsi que ces différents Etats « ont en commun une histoire marquée par des régimes dictatoriaux, ayant mené des politiques de répression sanglante contre les opposants politiques ou d'élimination de certaines classes sociales ». Thèse op.cit., p. 112. C'est d'une manière générale l'histoire interne de chaque Etat qui déterminera l'adaptation de la liste des groupes protégés.

unification spontanée, la solution semble résider dans une lecture dynamique de la Convention de 1948.

Pour terminer sur ce point il convient de revenir sur l'avis exprimé par le Rapporteur Ruhashyankiko : « Dans le cas où l'on envisagerait l'adoption de nouveaux instruments internationaux concernant le génocide, le Rapporteur spécial est d'avis qu'il ne serait pas souhaitable d'inclure parmi les groupes protégés les groupes politiques et d'autres groupes, dans la mesure où une telle inclusion aurait pour conséquence d'empêcher certains Etats de devenir parties à ces nouveaux instruments. Il lui semble, en outre, que d'autres instruments internationaux, comme par exemple la Déclaration Universelle des droits de l'homme et le Pacte international sur les droits civils et politiques, protègent efficacement les groupes politiques (...) »[915]. L'argument de la participation maximale ne semble pas pertinent. Au regard de la nature même de la norme concernée : l'interdiction du génocide est aujourd'hui considérée comme norme impérative du droit international, on peut raisonnablement estimer que de tels instruments qui la compléteraient poseraient des règles « objectives » l'emportant sur les réticences souveraines. Quant à l'efficacité de la protection apportée par la Déclaration Universelle des droits de l'homme et le PIDCP, le premier n'est qu'un instrument déclaratoire dépourvu de toute force juridique obligatoire tandis que le second ne prévoit pas de mécanisme de poursuites pénales à l'encontre d'individus qui entreprendraient de détruire physiquement un groupe animé d'une idéologie politique commune, ce qui limite considérablement l'efficacité de la protection apportée par rapport à la qualification de génocide. De plus, les violations du droit à la vie et de la liberté d'opinion politique sont insuffisantes à caractériser la gravité du crime de génocide. En définitive, les groupes politiques auraient dû être inclus parmi les groupes énumérés par la Convention.

En plus d'être insuffisante, la liste des groupes protégés s'est révélée inadaptée à englober les victimes des pires massacres contemporains.

2. Des critères impropres à qualifier certains groupes : les exemples des groupes bosniaque musulman et tutsi

La population de la Bosnie-Herzégovine est composée de trois principaux groupes démographiques, désignés comme des groupes « ethniques » : les Musulmans, les Croates et les Serbes. Or, des termes mêmes du TPIY, « les trois groupes démographiques étant composés de Slaves, il est sans doute impropre de parler de trois groupes ethniques différents »[916].

La Bosnie-Herzégovine a été, pendant très longtemps, un carrefour des civilisations, ce qui explique la diversité de sa population. M. Bougarel observait que « de longue date, la délimitation des aires d'influence entre

---

[915] *Rapport Ruhashyankiko* op.cit., p. 23.
[916] *Le Procureur contre Dusko Tadic*, Jugement du 7 mai 1997, op.cit., § 56.

grandes religions monothéistes (entre catholicisme et orthodoxie depuis le Xème siècle, entre Occident chrétien et Orient musulman depuis le XVe siècle) passe par la Bosnie[917]. Les limites de son territoire, intégré dans l'Empire ottoman au XVe siècle[918], ont, durant plusieurs siècles, constitué la frontière septentrionale et occidentale de la Sublime Porte avec l'Empire austro-hongrois. Les Ottomans encouragèrent une partie importante de la population serbe à s'établir le long de cette frontière. Celle-ci, loyale à l'Empire, était considérée comme une force potentielle de défense. Par ailleurs, de nombreux Croates, se sont progressivement implantés en territoire bosniaque dont la partie occidentale était limitrophe de la côte dalmate de la Croatie.

Durant la période d'occupation turque, qui dura plus de 400 ans, beaucoup de Slaves de Bosnie-Herzégovine se sont convertis à l'Islam. Le nord et l'ouest du territoire, à proximité de l'Empire austro-hongrois, subit l'influence du catholicisme romain tandis que l'Islam et la religion orthodoxe prévalaient dans le sud et dans l'est. C'est avant tout sur une base confessionnelle que s'effectue le partage de la population bosniaque. Les Croates sont, en grande majorité, de religion catholique romaine, les Serbes de confession orthodoxe et les Musulmans, donc, de religion islamique. Mais, pour les juges de La Haye, « cette différence de religion (et dans une certaine mesure de coutumes et de culture) mise à part, les trois groupes s'enorgueillissent fréquemment du fait qu'ils sont slaves et parlent, pour l'essentiel, la même langue, malgré quelques différences régionales minimes et des accents régionaux différents, se marient entre eux et portent souvent des patronymes communs aux trois groupes. Les prénoms musulmans, toutefois, sont souvent très distinctifs »[919].

Les groupes musulman, serbe et croate s'inscrivent mal dans l'un ou l'autre critère objectif de détermination d'un groupe protégé. L'absence d'une définition précise de chacun de ces critères complique d'autant plus leur application. Ainsi l'identification d'un groupe ethnique se fera-t-elle de manière empirique, sur la base de plusieurs facteurs. Le TPIR a pu rappeler que la langue ou la culture était des éléments décisifs. Les Serbes, les Croates et les Musulmans de Bosnie parlent la même langue : le serbo-croate, il semble sur cette base difficile de les qualifier de groupes ethniques. Quant aux différences culturelles entre les communautés, elles découlent principalement de leur différence confessionnelle. Les trois groupes se distinguent par leur religion, mais il serait réducteur de les considérer uniquement comme des groupes religieux. Ils ont développé au fil du temps une solidarité et des liens qui dépassent la stricte croyance religieuse. D'ailleurs, dans la Constitution de l'ancien Etat yougoslave, les Musulmans, les Croates et les Serbes avaient le

917 Xavier Bougarel, *Bosnie- Anatomie d'un conflit*, op.cit., p. 25.

918 La conquête ottomane de la Bosnie date de 1463, celle de l'Herzégovine de 1484.

919 *Le Procureur contre Dusko Tadic*, Jugement du 7 mai 1997, op.cit., § 67.

statut de « nations » constitutives ou *narodi*[920]. Cette qualification met l'accent sur la cohésion de ces différents groupes. Il semble, finalement, que les groupes musulman, croate et serbe se définissent, non pas sur la base d'un des critères objectifs retenus dans la définition du génocide, mais sur la base de plusieurs caractéristiques correspondant à plusieurs de ces critères. Ils sont des groupes particuliers, ayant la même origine[921], que plusieurs siècles de domination étrangère ont fait se replier sur eux-mêmes pour développer une identité propre. Aussi, la qualification de groupe « ethnique » apparaît, dans ce contexte, comme une qualification par défaut, favorisée par l'ambiguïté et l'imprécision de la notion, cependant que le processus de désagrégation de la Fédération yougoslave a mis en exergue la volonté des membres de ces groupes de vivre ensemble et leur volonté d'indépendance, et donc leur dimension nationale. La situation rwandaise est tout autant révélatrice de l'inadaptation d'une définition objective des groupes protégés.

La structure « ethnique » de la population du Rwanda au moment des massacres de 1994 semble davantage reposer sur l'artifice ou une détermination arbitraire que sur de véritables considérations objectives. Le qualificatif « ethnique » associé au groupe tutsi résulte de l'influence combinée du colonisateur allemand puis belge et de thèses anthropologiques discutées mais ne traduit pas une réalité sociologique. La société rwandaise est par tradition une société agricole. Elle se compose de trois groupes principaux : les Tutsis, les Hutus et les Twas. Ceux-ci correspondaient initialement à des castes sociales. Ainsi, les premiers étaient éleveurs, les seconds cultivateurs et les derniers, minoritaires, étaient potiers. Dès lors que la source de richesse était la valeur vache, la ligne de démarcation entre le groupe hutu et le groupe tutsi était mouvante, on pouvait passer de l'un à l'autre selon qu'on était devenu riche ou pauvre en acquérant ou perdant des bêtes, ou encore par mariage. Mais d'une manière générale, les trois groupes démographiques possédaient la même langue et la même culture. Par ailleurs, certaines théories anthropologiques occidentales importées un temps au Rwanda selon lesquelles les Tutsis seraient une race étrangère « hamite » venue d'Abyssinie ont été démenties par les ethnologues.

Le Rwanda fut colonisé à partir de 1897 par l'Allemagne. Puis la Belgique, en 1917, se vit confier par la SDN un mandat pour administrer le territoire. Cette occupation accentua la distinction entre les groupes et constitue sans nul

---

920 Voir Introduction.

921 Le Professeur Georges Castellan précise dans son ouvrage *Histoire des Balkans* que les Slaves, originaires des plaines entre l'Oder et Dniepr qui franchirent les Carpates pour venir s'installer dans les Balkans à partir du VIe siècle de notre ère, étaient des « agriculteurs, exploitant le sol par leurs communautés familiales (*zadruga*) regroupées en clans et tribus, ils formèrent des « slavinies » qui surent se rendre indépendantes des puissances voisines ». Pour l'auteur, les Serbes, les Croates, les Slovènes et les Bulgares étaient initialement des tribus. *Histoire des Balkans*, op.cit., p. 22.

doute la source lointaine des événements tragiques survenus. Les colons procédèrent en effet à une érection des Tutsis en élite, leur accordant un accès privilégié à l'éducation et à l'enseignement et leur réservant les principaux postes de direction et d'administration. Ce mouvement s'accompagnait d'une évangélisation massive à laquelle les Tutsis se plièrent, ce qui leur accorda les grâces des missionnaires catholiques. La communautarisation fut officialisée quand le pouvoir colonial belge décida d'établir, au début des années trente, une distinction permanente, fondée sur la classification de la population en trois groupes dits « ethniques » : les Hutus, représentant environ 84% de la population, les Tutsis, en représentant plus ou moins 15%, et les Twas, constituant environ 1% de la population[922]. A cet effet, pour chaque Rwandais, une carte d'identité mentionnant son appartenance « ethnique » fut délivrée. Vers la fin de la période coloniale, les Tutsis dominaient la société rwandaise et une conscience politique se développa au sein de la majorité Hutu. La marche vers l'indépendance cristallisera les antagonismes au Rwanda, devenu territoire sous tutelle belge, entre une minorité tutsi soucieuse de préserver son rôle privilégié et son monarque et la majorité hutu consciente de son poids politique et de la discrimination dont elle était victime. Face à la volonté des Tutsis d'accéder au plus vite à l'indépendance vis-à-vis des autorités belges changèrent de politique et encouragèrent l'émergence des Hutus sur la scène politique et la restauration d'une égalité au sein de cette société, soucieuses de se ménager des liens avec le futur Etat. L'opposition entre Tutsis et Hutus se retrouvera dans l'émergence des premières formations politiques, fondées sur des bases communautaires plutôt qu'idéologiques et conduira à des premières vagues de violences à l'occasion des consultations populaires organisées à la fin des années 50 et en 1960. Cet antagonisme sera permanent de l'indépendance en 1962 aux événements d'avril 1994. Les *groupes ethniques* hutu et tutsi ne correspondant pas aux groupes ethniques prévus par la définition du génocide. Malgré cela, il s'avéra nécessaire de dépasser la conception restrictive de celle-ci afin d'apporter aux exactions commises une qualification juridique en adéquation avec leur gravité.

Nombreux sont les auteurs qui critiquent la seule détermination objective des groupes protégés sur la base des critères classiques retenus par la Convention sur le génocide. Pour beaucoup, c'est surtout la perception des victimes par leurs bourreaux qui devrait être déterminante et l'énoncé de critères objectifs n'est, dès lors, plus pertinent. MM. Kurt Jonassohn et Franck Chalk préfèrent ainsi percevoir le génocide comme « une forme de destruction unilatérale de masse dans laquelle un Etat ou une autre autorité vise à détruire un groupe (humain), tels que ce groupe et le fait d'en être membre sont définis par le

922 Chiffres mentionnés par la Chambre de Première instance dans le Jugement Akayesu, op.cit., § 77, celle-ci note à la suite « que la mention de l'identité ethnique sur la carte d'identité sera maintenue même après l'indépendance du Rwanda et ne sera finalement abolie qu'après les événements tragiques qu'a connus ce pays en 1994 ».

destructeur »[923]. Pour M. Pieter N. Drost, le génocide est plus généralement « the deliberate destruction of physical life of individual human beings by reason of their membership of any human collectivity as such »[924]. Plusieurs législations internes ont suivi ce raisonnement. Par exemple, l'article 211-1 du Code pénal français dispose que : « Constitue un génocide le fait, en exécution d'un plan concerté tendant à la destruction totale ou partielle d'un groupe national, ethnique, racial ou religieux, ou d'un groupe déterminé à partir de tout autre critère arbitraire, de commettre ou de faire commettre, à l'encontre de membres de ce groupe, l'un des actes suivants (…) »[925]. La formule « tout autre critère arbitraire » permet ainsi d'inclure la détermination subjective du groupe par ses bourreaux. L'article 118§1 du Code pénal polonais précédemment évoqué reprend un énoncé ouvert similaire. Les juges des TPI se sont progressivement engagés sur cette voie.

§2. L'apport des TPI à la définition des groupes protégés : la détermination subjective

Guidés par le souci d'apporter aux victimes une protection efficace, les juges de La Haye et d'Arusha entreprirent de privilégier une détermination subjective des groupes et d'élargir ainsi la portée de la définition du génocide. L'existence d'un groupe protégé ne s'authentifie plus nécessairement sur une base objective, correspondant aux critères exposés, mais aussi sur la perception qu'en ont les auteurs des exactions : le groupe existe en raison de ce que les auteurs *estiment être* des caractéristiques nationales, ethniques, raciales ou religieuses propres. Cette démarche tend à rendre la définition du groupe secondaire au profit de la volonté de destruction. C'est à propos de l'élément discriminatoire du crime contre l'humanité que la méthode fut initiée (A). Elle fut ensuite transposée au génocide et malgré les hésitations premières du TPIR, est aujourd'hui solidement ancrée dans la jurisprudence des deux Tribunaux (B).

A. Une approche subjective de l'élément discriminatoire du crime contre l'humanité

L'affaire *Nikolic* amena la Chambre de Première Instance I du TPIY à préciser la définition du crime contre l'humanité. Si la généralisation de l'élément discriminatoire à laquelle procédèrent les juges fut contestée[926], c'est

---

[923] Cité dans Issiaka-Prosper Lalèyé, « Comment meurent les cultures ? Interrogations philosophico-anthropologiques sur le concept de génocide culturel », dans Katia Boustany et Daniel Dormoy (Dir.), *Génocide(s),* op.cit., p. 270.

[924] Pieter Nicolaas Drost, *The Crime of State : Penal Protection for Fundamental Freedoms of Persons and Peoples*, A.W.Sythoff, Leyden, 1959, p. 125.

[925] Nous soulignons.

[926] Comme évoqué *supra* les juges du TPIY ont, dans un premier temps, entendu généraliser l'élément discriminatoire comme condition aux crimes contre l'humanité alors que celui-ci n'est requis par l'article 5 de son Statut que pour les actes de persécution. La Chambre entendait ainsi se calquer sur le Statut du TPIR dont l'article 3 énonce clairement ce critère comme condition à tous les crimes contre l'humanité. Mais la Chambre d'Appel, par son arrêt rendu le 15 juillet 1999

la manière de l'apprécier qui doit retenir l'attention. « Les actes criminels doivent avoir pour objet une population civile spécifiquement identifiée comme un groupe par les auteurs de ces actes »[927]. Dès lors, si l'appartenance à un groupe national, racial, ethnique, religieux ou politique n'est pas objectivement vérifiable, cela n'affectera pas l'intention discriminatoire qui pourra être déduite du fait que les auteurs croyaient à cette appartenance. Cette perception suffira à établir l'existence d'un groupe protégé.

Le TPIR est allé dans ce sens. Alors que devant lui l'élément discriminatoire est systématiquement requis pour l'établissement d'un crime contre l'humanité, la Chambre de première instance établissait dans l'affaire *Akayesu* qu' « il ressort du Statut que les actes inhumains commis contre la population civile doivent avoir visé les victimes « en raison de leur appartenance nationale, politique, ethnique, raciale ou religieuse ». La discrimination pratiquée en raison de l'idéologie politique d'une personne satisfait aux critères de l'appartenance « politique » tels qu'envisagés par l'article 3 du Statut (...). Les actes inhumains perpétrés contre des personnes ne répondant pas à la définition des catégories protégées pourraient constituer des crimes contre l'humanité si l'intention de leurs auteurs était de diriger ces attaques contre le groupe faisant l'objet d'une discrimination pour l'une quelconque des raisons mentionnées à l'article 3 du Statut. L'intention requise pour qu'il y ait commission de crimes contre l'humanité doit être constatée chez l'auteur »[928]. Cette méthode de détermination fut par la suite étendue au génocide.

B. Une application en matière de génocide

Le TPIY a été le premier à transposer la détermination subjective en matière de génocide. Peu après la décision rendue dans l'affaire *Nikolic*, la Chambre de Première Instance I, statuant dans l'affaire *Karadzic-Mladic*, invitait à prendre en compte ce que les auteurs des actes *considéraient* comme les fondements d'un groupe[929]. Mais c'est véritablement le jugement rendu le 11 décembre 1999 dans l'affaire *Jelisic* qui va consacrer cette démarche de détermination d'un groupe protégé au travers de la perception de ses bourreaux. « Si la détermination objective d'un groupe religieux est encore possible, tenter aujourd'hui de définir un groupe national, ethnique ou racial à partir de critères objectifs et scientifiquement non contestables serait un exercice à la fois

---

dans l'affaire *Tadic* a stoppé ce mouvement jurisprudentiel en rappelant, qu'au regard du droit coutumier, la nécessité de prouver la discrimination était strictement limitée aux cas de persécutions.

[927] TPIY, Chambre de première instance I, *Le Procureur contre Dragan Nikolic*, Examen de l'acte d'accusation dans le cadre de l'article 61 du Règlement de procédure et de preuve, Décision du 20 octobre 1995, § 26.

[928] *Le Procureur contre Jean-Paul Akayesu*, Jugement du 2 septembre 1998, op.cit., § 579 et 580.

[929] TPIY, Chambre de Première Instance I, *Le Procureur contre Radovan Karadzic et Ratko Mladic*, Examen de l'acte d'accusation dans le cadre de l'article 61 du Règlement de procédure et de preuve, Décision du 11 juillet 1996, § 94.

périlleux et dont le résultat ne correspondrait pas nécessairement à la perception des personnes concernées par cette catégorisation. Aussi est-il plus approprié d'apprécier la qualité de groupe national, ethnique ou racial du point de vue de la perception qu'en ont les personnes qui veulent distinguer ce groupe du reste de la collectivité. La Chambre choisit donc d'apprécier l'appartenance à un groupe national, racial ou ethnique à partir d'un critère subjectif : c'est la stigmatisation, par la collectivité, du groupe en tant qu'entité ethnique, raciale ou nationale distincte, qui permettra de déterminer si la population visée constitue, pour les auteurs présumés de l'acte, un groupe ethnique, racial ou national. Cette position correspond à celle adoptée par cette Chambre dans la décision relative à l'examen de l'acte d'accusation déposé contre Dragan Nikolic dans le cadre de l'article 61 »[930].

Cela dit, si devant les juges de La Haye le principe est clairement admis, les juges d'Arusha furent plus réticents à s'engager dans cette voie. Dans un premier temps, le TPIR demeura attaché à une conception objective du groupe. Pour la Chambre de Première Instance, il apparaissait à la lecture des travaux préparatoires de la Convention sur le génocide « que le crime de génocide aurait été conçu comme ne pouvant viser que des groupes « stables », constitués de façon permanente et auxquels on appartient par naissance, à l'exclusion des groupes plus « mouvants », qu'on rejoint par un engagement volontaire individuel, tels les groupes politiques et économiques. Ainsi, un critère commun aux quatre ordres de groupe protégés par la Convention sur le génocide est que l'appartenance à de tels groupes semblerait ne pouvoir être normalement remise en cause par ses membres, qui y appartiennent d'office, par naissance, de façon continue et souvent irrémédiable »[931]. Il est cependant remarquable que le Tribunal se soit appuyé sur des éléments subjectifs pour établir l'existence du groupe tutsi. En effet, les juges se sont attachés à démontrer que le groupe tutsi était un groupe ethnique, donc fondé et identifié sur la base d'un critère objectif, en analysant comment les Tutsis étaient perçus au sein de la population rwandaise ! Dans l'affaire *Rutaganda*, la Chambre de Première Instance concède que « la population tutsie n'a pas une langue qui lui est propre ou une culture distincte du reste de la population du Rwanda »[932], ce qui écarte d'emblée la qualification de groupe ethnique. Mais elle prend cependant en considération des indices permettant d'établir l'identité distincte des Tutsis : « Avant 1994, tous les citoyens rwandais étaient tenus de porter une carte d'identité qui mentionnait le groupe ethnique auquel ils appartenaient, à savoir, hutu, tutsi ou twa[933]. La Constitution du Rwanda et les lois en vigueur en 1994 identifiaient également les Rwandais en se référant à leur groupe ethnique.

---

[930] *Le Procureur contre Goran Jelisic*, Jugement du 14 décembre 1999, op.cit., § 70.
[931] *Le Procureur contre Jean-Paul Akayesu*, Jugement du 2 septembre 1998, op.cit., § 511.
[932] *Le Procureur contre Georges Andersen Nderubumwe Rutaganda*, Jugement du 6 décembre 1999, op.cit., § 374.
[933] Mesure dont la superficialité a été précédemment évoquée.

En outre, il existait au Rwanda un droit coutumier qui régissait la détermination du groupe ethnique sur la base du patriarcat. L'identification des individus en fonction de leur appartenance à un groupe hutu, tutsi ou twa est un phénomène fortement enraciné dans la culture rwandaise »[934]. C'est sur la base de ces éléments que la stabilité et la permanence du groupe tutsi ont été établies. Dès lors, des éléments subjectifs d'identification ont-ils été utilisés pour affirmer l'existence objective du groupe à protéger. Il est regrettable que les juges aient ainsi hésité à utiliser franchement l'approche subjective. Pourtant, dans l'affaire *Kayishema-Ruzindana* le Tribunal pour le Rwanda avait manifesté un intérêt pour la détermination subjective. Ainsi un groupe ethnique y est-il défini « comme un groupe dont les membres ont en commun une langue et une culture ; ou un groupe qui se distingue comme tel (auto-identification) ; ou un groupe reconnu comme tel par d'autres, y compris les auteurs des crimes (identification par des tiers) »[935]. Toutefois, l'apport semble ici à relativiser puisque seuls les groupes ethniques étaient concernés et que dans la suite du jugement la formation s'appuiera à nouveau sur la coutume rwandaise n'exploitant pas pleinement cette voie subjective. Finalement, les juges du TPIR accepteront pleinement la détermination subjective du groupe. Ainsi, dans l'affaire *Bagilishema,* la formation de jugement considère, quant aux notions de nation, d'ethnie, de race et de religion, que « chacune de ces notions doit s'apprécier au regard du contexte politique, social, historique et culturel donné. Même si la composition du groupe visé doit être une caractéristique objective de la société en question, il existe également une dimension subjective. Il se peut qu'un groupe ne soit pas défini avec précision et qu'il soit difficile de déterminer avec certitude si une victime était membre ou non d'un groupe protégé. Au surplus, les auteurs de génocide peuvent définir le groupe visé d'une façon qui ne correspond pas tout à fait à l'idée que l'on se fait généralement du groupe ou à celle que s'en font d'autres couches de la société. Cela étant, la Chambre est d'avis, que si, au vu des éléments de preuve présentés, la victime est regardée par l'auteur du crime comme appartenant à un groupe protégé, la Chambre devrait la considérer comme membre d'un groupe protégé, aux fins du crime de génocide »[936].

---

[934] *Le Procureur contre Georges Andersen Nderubumwe Rutaganda*, Jugement du 6 décembre 1999, op.cit., § 374.

[935] TPIR, Chambre de Première Instance, *Le Procureur contre Clément Kayishema et Obed Ruzindana*, Jugement du 21 mai 1999, § 98.

[936] TPIR, Chambre de Première Instance I, *Le Procureur contre Ignace Bagilishema,* Jugement du 7 juin 2001, § 65. Voir aussi, par exemple, les jugements rendus dans les affaires *Musema* (Chambre de Première Instance I, *Le Procureur contre Alfred Musema,* Jugement du 27 janvier 2000, § 161 , *Semanza* (Chambre de Première Instance III, *Le Procureur contre Laurent Semanza*, Jugement du 15 mai 2003, § 317) ou encore *Kamuhanda* (Chambre de Première Instance II, *Le Procureur contre Jean de Dieu Kamuhanda*, Jugement du 22 janvier 2004, § 630) qui illustrent cette position favorable des juges d'Arusha face à la détermination subjective du groupe.

Cette conception extensive du groupe protégé adoptée par les TPI est une avancée mesurée. Les juges ont, en effet, pris soin de rester dans le cadre des critères classiques. La méthode sert à contourner les difficultés de vérification de la qualité nationale, raciale, religieuse ou ethnique d'un groupe victime mais ne permet pas d'étendre la qualification de groupe protégé à d'autres groupes comme les groupes politiques. La démarche s'avère, malgré tout, en parfaite adéquation avec la spécificité de l'intention génocidaire. Celle-ci correspond en effet à une volonté de détruire un groupe pour ce qu'il est, il est donc logique que ce soit la perception qu'en ont ses bourreaux qui soit déterminante.

Section 2. La volonté de destruction du groupe en tant que tel

C'est cette animosité caractérisée envers le groupe identifié qui fait la spécificité du génocide, il repose sur une réelle intention de destruction du groupe pour ce qu'il est. Partant, le nettoyage ethnique semble correspondre à une intention particulière puisque les éliminations physiques qu'il pourra impliquer se justifieront davantage par la non-appartenance des victimes au « groupe référence », autrement dit pour ce qu'ils ne sont pas. Il sera discuté ici de cette hypothèse de distinction entre la stigmatisation positive du génocide et la stigmatisation négative du nettoyage ethnique. Il conviendra, en premier lieu, de préciser l'intention génocidaire (§1), puis de la confronter au but du nettoyage ethnique. Toutefois, cette distinction théorique appellera des tempéraments dans la réalité des faits, la première intention pourra logiquement servir la seconde, confortant le caractère « englobant » du nettoyage ethnique (§2).

§1. La stigmatisation positive du génocide

Après l'avoir explicitée (A), il sera intéressant de discuter des difficultés qu'elle présente quant à son établissement, poussant le juge à recourir à un faisceau d'indices pour l'authentifier (B).

A. La destruction du groupe en tant que tel

Cette intention spéciale fait du génocide ce qu'il est, fonde son exceptionnelle gravité. Quelle que soit l'atrocité de l'acte, même s'il figure au nombre de ceux énumérés par la définition, s'il n'est pas animé par cette volonté spécifique, il ne pourra être qualifié de génocide[937]. Le crime doit être inspiré par l'intention de détruire un groupe de personnes possédant une identité collective particulière. La volonté des auteurs doit être de porter atteinte à

---

[937] Le Projet de Convention sur le génocide présenté par le Secrétaire général précisait que « certains actes qui peuvent avoir pour résultat la destruction tout au moins partielle d'un groupe humain, se trouvent exclus en principe de la notion de génocide, à savoir : la guerre internationale et la guerre civile, les violences individuelles n'ayant pas pour but la destruction d'un groupe humain, la politique d'assimilation forcée d'un élément matériel, le déplacement en masse de la population », Doc.off.UN CES E/447 du 26 juin 1947, p. 27.

l'existence même du groupe en raison de ce qu'il est. Le Tribunal pénal international d'Arusha a caractérisé cette intention dans l'affaire *Akayesu* : « Concrètement, pour que l'un quelconque des actes incriminés au paragraphe (2) de l'article 2 du Statut soit constitutif de génocide, il doit avoir été commis à l'encontre d'un ou de plusieurs individus, parce que cet ou ces individus étaient membres d'un groupe spécifique et en raison même de leur appartenance à ce groupe. Aussi, la victime de l'acte est choisie non pas en fonction de son identité individuelle, mais bien en raison de son appartenance nationale, ethnique, raciale ou religieuse. La victime de l'acte est donc un membre du groupe, choisi en tant que tel, ce qui signifie finalement que la victime du crime de génocide est le groupe lui-même et non pas seulement l'individu »[938]. Il s'agit donc bien là d'une stigmatisation positive : la victime est désignée par l'auteur parce qu'elle possède telle caractéristique. Cette intention est exacerbée lorsque le Tribunal pénal de La Haye la fait primer sur le résultat même : « Il résulte de cette définition que le génocide requiert que des actes soient perpétrés contre un groupe, avec une intention criminelle caractérisée, celle de détruire le groupe, en tout ou en partie. L'effectivité de la destruction partielle ou totale du groupe n'est pas nécessaire pour conclure à l'existence du génocide ; il suffit que l'un des actes énumérés dans la définition soit perpétré dans une intention spécifique »[939].

C'est cet élément intentionnel qui va distinguer le génocide du crime contre l'humanité. Le second, malgré l'ampleur des exactions qu'il pourra occasionner ne tendra qu'à atteindre un ou plusieurs individus sans chercher la destruction à proprement parler d'une collectivité humaine. Des auteurs ont ainsi considéré que le génocide serait une forme « aggravée ou qualifiée de crimes contre l'humanité (...) qui s'explique précisément par l'intention renforcée qui caractérise le génocide ».

La destruction visée peut être « en tout ou en partie ». Il n'est dès lors pas nécessaire que l'auteur ait voulu détruire le groupe dans son intégralité. Toutefois, la portée de l'expression « en partie » est floue. Il n'existe en tout cas pas de seuil quantitatif permettant de l'apprécier. L'absence de précision autoriserait à penser qu'un seul meurtre, dès lors qu'il est commis avec l'intention spécifique, constitue un génocide : la victime étant considérée comme une partie du groupe. Pour les Professeurs Raphaelle Maison et Hervé Ascencio « ceci n'est guère envisageable au vu de la définition des actes en question qui comprend elle-même un renvoi à une pluralité de victime »[940]. De l'avis général l'expression « en partie » renvoie à une destruction substantielle du groupe. La CDI précisait ainsi que « l'intention ne doit pas être

---

[938] *Le Procureur contre Jean-Paul Akayesu*, Jugement du 2 septembre 1998, § 521.

[939]TPIY, Chambre de première instance, *Le Procureur contre Radovan Karadzic,* Examen des actes d'accusation dans le cadre de l'article 61 du Règlement de procédure, op.cit., § 92.

[940] Raphaelle Maison et Hervé Ascencio, « L'activité des tribunaux pénaux internationaux (Ex-Yougoslavie et Rwanda) », chronique dans *AFDI*, 1997, pp. 368-402, spéc. p. 395.

nécessairement l'anéantissement complet du groupe, dans le monde entier. Néanmoins, le crime de génocide, de par sa nature même, implique l'intention de détruire au moins une partie substantielle du groupe visé »[941].

Le TPIR considérait en ce sens dans l'affaire *Bagilishema* que : « bien que la destruction recherchée ne vise pas nécessairement chaque membre du groupe ciblé, la Chambre considère que l'intention de détruire doit viser au moins une partie substantielle du groupe »[942]. Quant à l'appréciation de cette partie substantielle, le TPIY a retenu dans l'affaire *Krstic* que « cette exigence reflète tant le caractère massif du génocide que la préoccupation exprimée dans la Convention quant à l'impact que la destruction de la partie visée du groupe aurait sur la survie du groupe tout entier »[943]. La partie visée du groupe doit être suffisamment importante pour que l'ensemble du groupe soit affecté[944]. Dès lors, « un certain nombre de facteurs peuvent entrer en ligne de compte pour déterminer si la partie du groupe visée est suffisamment importante pour que cette condition soit remplie. S'il faut tenir compte au premier chef de l'importance numérique du groupe visé, on ne saurait s'arrêter là. Le nombre de personnes visées doit être considéré dans l'absolu mais aussi par rapport à la taille du groupe dans son ensemble. Il peut être utile de tenir compte non seulement de l'importance numérique de la fraction du groupe visée mais aussi de sa place au sein du groupe tout entier. Si une portion donnée du groupe est représentative de l'ensemble du groupe, ou essentielle à sa survie, on peut en conclure qu'elle est substantielle au sens de l'article 4 du Statut »[945].

---

941 Commentaire du projet de Code des crimes contre la paix et la sécurité de l'humanité, op.cit., p. 109. Le juge Lauterpacht considère qu'« un meurtre unique ou un autre acte horrible ne peut constituer un génocide. Seule une série ou une accumulation de tels actes, si elle révèle collectivement l'intention nécessaire et est dirigée contre un groupe identifiable de la manière prévue par l'article II de la Convention sera considérée comme constituant un génocide », Opinion individuelle exprimée dans l'*Affaire relative à l'Application de la Convention pour la prévention et la répression du crime de génocide (Yougoslavie contre Bosnie Herzégovine)*, Ordonnance du 17 décembre 1997, Demandes reconventionnelles, § 13.
Il est utile de mentionner au surplus que le gouvernement américain envisagea de joindre une déclaration interprétative à son instrument de ratification de la Convention de 1948 précisant que : « The US government understands and construes the words intent to destroy in whole or in part, a national, ethnical, racial or religious group, as such, appearing in article II to mean the intent to destroy (...) in such a manner as to affect a substancial part of the group concerned », l'expression substancial part signifiant « a part of a group of such numerical significance that the destruction or loss of that part would cause the destruction of the group as a viable entity », citée dans Joe Verhoeven, « Le crime de génocide : originalité et ambiguité », *RBDI*, 1991/1, pp. 5-26, spéc. p. 18.

942 *Le Procureur contre Ignace Bagilishema,* Jugement du 7 juin 2001, op.cit., § 64.

943 TPIY, Chambre d'Appel, *Le Procureur contre Radislav Krstic*, Arrêt du 19 avril 2004, § 8.

944 Voir en ce sens l'arrêt rendu par la CIJ le 26 février 2007 dans l'*Affaire de l'Application de la convention pour la prévention et la répression du crime de génocide* (Bosnie-Herzégovine c. Serbie-et-Monténégro) § 198.

945 *Le Procureur contre Radislav Krstic*, Arrêt du 19 avril 2004, op.cit., § 12.

Ainsi, dans l'affaire *Krstic*, les juges de La Haye ont estimé que le massacre de près de 7 000 hommes musulmans de Bosnie dans l'enclave de Srebrenica par les forces serbes conjugué au transfert forcé des femmes, des enfants et des personnes âgées entraîneraient inévitablement la disparition physique de la population musulmane de Bosnie à Srebrenica. Or, la population musulmane de Srebrenica était une partie du groupe des Musulmans de Bosnie. Pour apprécier si une telle entreprise avait affecté une partie substantielle du groupe la Chambre d'appel considéra plusieurs éléments. Elle releva ainsi « qu'avant la prise de la ville par les forces de la VRS en 1995, Srebrenica comptait environ 40 000 Musulmans de Bosnie chiffre comprenant non seulement les habitants musulmans de la municipalité de Srebrenica mais aussi de nombreux réfugiés musulmans de la région (...) La prise de Srebrenica et le nettoyage ethnique de la ville auraient donc rendu en grande partie vains les efforts militaires déployés par les Musulmans de Bosnie pour assurer la viabilité de leur État, conséquence dont leurs dirigeants avaient pris pleinement conscience et qu'ils tentaient de conjurer (...) La plupart des habitants musulmans de la région ayant, en 1995, trouvé refuge dans l'enclave de Srebrenica, l'élimination de cette enclave aurait permis de débarrasser la région toute entière de sa population musulmane »[946]. Elle relevait, au surplus, que l'intérêt que les Musulmans de Bosnie et la Communauté internationale portaient à l'enclave de Srebrenica, en tant que zone de sécurité, ajoutait à son importance et que son élimination aurait fait prendre conscience aux Musulmans de Bosnie de leur impuissance face aux Serbes et du sort qui les attendait. Considérant ces facteurs, la Chambre d'appel confirma le raisonnement de la Chambre de première instance et estima qu'il y avait bien eu génocide à Srebrenica sur la base d'une volonté de destruction d'une partie substantielle du groupe musulman bosniaque.

De plus, l'intention peut généralement être appréhendée dans une dimension géographique. L'élimination intégrale d'un groupe apparaît difficilement envisageable dès lors que ses membres ont migré et sont éparpillés à la surface du globe. Le génocide ne portera alors que sur la portion du groupe au pouvoir de ses auteurs, portion définie territorialement. L'intention de détruire le groupe tutsi était limitée aux frontières rwandaises de même que la « solution finale » hitlérienne visait l'élimination du groupe juif sur les territoires dominés par les nazis. Par la Résolution 37/123D du 16 décembre 1982, l'AGNU qualifia de génocide le massacre de 800 Arabes palestiniens dans le camp de Sabra et Shatila. Dans l'affaire *Jelisic,* la Chambre de première instance du TPIY a accueilli la délimitation géographique de l'intention, et donc de la partie du groupe considérée. Elle releva « que la coutume internationale reconnaît la qualification de génocide même lorsque la volonté d'extermination ne touche qu'une zone géographique réduite »[947].

---

[946] *Idem,* § 15-16-17.

[947] *Le Procureur contre Goran Jelisic,* Jugement du 14 décembre 1999, op.cit., § 83.

Par ailleurs, il faut envisager que l'élimination des membres qui constituent ses fondements essentiels puisse entraîner la destruction du groupe.

Enfin, il doit être rappelé que les mobiles, au sens de raisons qui ont poussé l'individu à commettre une infraction, sont indifférents à l'appréciation de l'intention spécifique requise pour établir un génocide. En cela, les auteurs de la Convention de 1948 se sont inspirés des nombreux Etats qui n'incluent pas dans leur droit interne les mobiles à la définition des infractions. On a d'ailleurs pu penser qu'une telle inclusion permettrait aux coupables de génocide d'échapper à ce chef d'accusation en excipant d'autres mobiles que ceux prévus[948]. En tout état de cause, ceux-ci n'affectent en rien la détermination du *dolus specialis*. Toutefois, l'exigence de cet élément moral si particulier n'est pas sans poser de problème, surtout au moment de l'établissement de la preuve.

B. Le difficile établissement de l'intention

L'intention est un élément psychologique qu'il est très difficile d'établir. Il semble aisé, pour ceux qui en sont accusés, d'affirmer que leurs agissements ne répondaient pas à une volonté de destruction. C'est ainsi, par exemple, que le Paraguay échappa aux accusations de génocide quant il entreprit le massacre du groupe ethnique des Guayakis (Achés) en 1974. L'intention est un facteur d'ordre psychologique qu'il est quasiment impossible de prouver[949]. Il faudra alors pour le juge recourir à un faisceau d'éléments de fait qui attesteront ou pas d'une volonté destructrice. « La *mens rea* peut se déduire des agissements de l'auteur présumé du crime ou, à défaut d'aveux ou autres types de reconnaissance des faits, d'autres facteurs tels que l'ampleur des atrocités commises, leur caractère généralisé, dans une région ou un pays, ou le fait de délibérément et systématiquement choisir les victimes en fonction de leur appartenance à un groupe particulier, tout en excluant les membres des autres groupes »[950].

Outre le caractère massif des exactions, qui peut constituer un indice, tout comme le choix systématiquement discriminatoire des victimes, c'est dans le contexte et les circonstances qu'il faut apprécier la réalité de l'intention. La Chambre de Première Instance I du TPIY estimait ainsi dans l'affaire *Karadzic/Mladic* que l'intention spécifique « peut être inférée d'un certains nombres d'éléments, tels la doctrine générale du projet politique inspirant les

---

[948] *Rapport Ruhashyankiko*, op.cit., p. 27.

[949] Le Professeur Cassese considérait ainsi à propos de la Convention sur le génocide que « ses véritables limites sont au nombre de deux. La première consiste à requérir toujours le dol, c'est-à-dire l'« intention de détruire un groupe » comme élément essentiel du génocide. Ceci offre une échappatoire commode pour les Etats : ils nient avoir commis des actes de génocide (…) », « La Communauté internationale et le génocide », dans *Le droit international au service de la paix, de la justice et du développement*, Mélanges Michel Virally, Pédone, Paris, 2001, pp. 183-194, spéc. p. 184.

[950] TPIR, Chambre de Première Instance III, *Le Procureur contre André Ntagerura, Emmanuel Bagambiki et Samuel Imanishimwe*, Jugement du 25 février 2004, § 663.

actes susceptibles de relever de la définition (du génocide) ou la répétition d'actes de destruction discriminatoires. L'intention peut également se déduire de la perpétration d'actes portant atteinte au fondement du groupe, ou à ce que les auteurs des actes considèrent comme tels, actes qui ne relèveraient pas nécessairement eux-mêmes de l'énumération (du paragraphe (4) de l'article 2), mais qui sont commis dans le cadre de la même ligne de conduite »[951]. Les juges de La Haye ont ainsi considéré qu'en l'espèce cette intention ressortait de « l'effet conjugué des discours ou projets préparant ou justifiant ces actes, de la massivité de leur effets destructeurs ainsi que de la nature spécifique, visant à miner ce qui est considéré comme les fondements du groupe »[952]. D'une manière générale, les juges de La Haye et d'Arusha se sont attachés à démontrer l'existence d'une politique génocidaire[953] sur l'ensemble du territoire considéré et à apprécier si tels ou tels comportements individuels pouvaient y être rattachés. Cette appréciation demeure cependant délicate et éminemment circonstanciée.

A titre d'exemple, dans l'affaire *Gacumbitsi*, la Chambre de Première Instance du TPIR a fait état des propos et actes de l'Accusé à travers lesquels se manifeste sa volonté destructrice. « Ainsi à la réunion du 9 avril, il a dit aux conseillers de secteur d'inciter les Hutu à tuer les Tutsi ; de même dans la matinée du 13 avril au marché de Nyakarambi, et le 14 avril aux centres commerciaux de Rwanteru et de Kanyinya, il a tenu des propos similaires à la population. L'Accusé, le 17 avril, a incité au viol des femmes et filles Tutsi. De plus, il a lui-même tué Murefu, un Tutsi »[954]. Le TPIR a déduit l'intention génocidaire chez l'accusé.

En revanche, il est intéressant de souligner que les exactions perpétrées dans le cadre du conflit qui éclata au Darfour à la fin 2002 et au début 2003 n'ont pas été qualifiées de génocide par la Commission internationale d'enquête sur le Darfour. On rappellera que, suite à la révolte menée par le Mouvement de libération du Soudan et le Mouvement pour la justice et l'égalité, les forces

[951] *Le Procureur contre Radovan Karadzic et Ratko Mladic*, Examen de l'acte d'accusation dans le cadre de la procédure de l'article 61 du Règlement de procédure et de preuve, op.cit., § 94.
[952] *Idem*, § 95.
[953] Dans le Jugement Akayesu déjà cité, la Chambre considérait qu'il ne faisait aucun doute que, « de par leur ampleur incontestable, leur caractère systématique et leur atrocité, les massacres visaient l'extermination du groupe qui était ciblé. Beaucoup de faits attestent que le dessein des auteurs de ces tueries était de faire disparaître à jamais le groupe tutsi ». (§ 113 et 114). Elle relève ainsi un certain nombre de facteurs tels que les slogans/discours/chansons, le fait que les tutsis aient eu les tendons coupés ce qui démontre, de l'avis de la Chambre, la volonté des auteurs de ces massacres de n'épargner aucun d'entre eux. Le massacre des nouveaux nés et des femmes enceintes et le fait de jeter les corps des victimes dans le Nil pour les renvoyer à leurs origines : les faire retourner en Abyssinie. Tous ces éléments concordent à caractériser une politique génocidaire généralisée sur le territoire rwandais.
[954] TPIR, Chambre de Première Instance 1, *Le procureur contre Sylvestre Gacumbitsi*, Jugement du 20 juin 2001, § 31.

gouvernementales, aidées de milices, ont mené une sanglante contre-insurrection qui occasionna d'importants déplacements de population. Les attaques des troupes de Khartoum et des milices « janjaouid » visaient essentiellement les membres des tribus Four, Massalit et Zaghawa qui soutenaient les rebelles. Il semble que le gouvernement soudanais avait l'intention de chasser ces populations de la région principalement à des fins anti-insurrectionnelles. La Commission internationale d'enquête relevait ainsi dans son rapport que l'intention des forces gouvernementales et des milices « était de tuer tous les hommes qu'ils considéraient être des rebelles, ainsi que d'expulser par la force toute la population de façon à vider les villages et à empêcher des rebelles de se cacher parmi la population locale ou d'obtenir d'elle un soutien »[955]. Plus loin, la Commission concluait : « il semblerait que ceux qui ont planifié et organisé les attaques contre les villages l'aient fait dans l'intention d'en chasser les habitants, principalement aux fins de répression de la rébellion »[956]. Mais la Commission n'a pas retenu d'intention génocidaire. Les premières décisions au fond de la CPI dans les affaires relatives aux événements du Soudan s'annoncent, sur cette question, particulièrement intéressantes. Analysés sous l'angle du nettoyage ethnique, les événements du Darfour manifestent par ailleurs que l'homogénéisation démographique d'un territoire peut être entreprise à d'autres fins que la réalisation d'un Etat-nation (au demeurant ce concept trouverait difficilement à s'appliquer au Soudan si on considère l'extrême diversité de la population qui compose cet Etat). Ici, en l'occurrence, l'éviction des populations réputées « africaines » du territoire du Darfour visait à priver les rebelles de soutien.

Les difficultés d'établissement du *dolus specialis* du génocide ont conduit certains auteurs à remettre en cause sa nécessité. Le Professeur Verhoeven relevait qu'une « opinion répandue préfère en effet considérer qu'il y a génocide dès qu'il y a extermination massive, sans qu'il faille avoir égard à la finalité poursuivie »[957]. Une telle hypothèse priverait cependant le concept de toute pertinence et mènerait à un double emploi avec le crime contre l'humanité de persécution au moyen de l'extermination notamment.

Les auteurs d'une politique de nettoyage ethnique sont davantage guidés par une négation de la différence. Aussi, ce type de politique n'est-il pas tant fondé sur une stigmatisation positive.

§2. La stigmatisation négative du nettoyage ethnique

Le nettoyage ethnique vise à rendre une population homogène. Les victimes seront donc désignées parce qu'elles ne répondent pas à tel ou tel critère. Alors

---

[955] Rapport de la Commission internationale d'enquête sur la Darfour au Secrétaire général, Rapport établi en application de la résolution 1564 (2004) du Conseil de sécurité, Doc.off.UN S/2005/60, § 514.

[956] *Idem*, § 640.

[957] Joe Verhoeven, « Le crime de génocide : originalité et ambiguité », op.cit., p. 23.

que l'intention génocidaire vise un groupe pour ce qu'il est, le nettoyage ethnique peut entraîner la destruction d'individus, pour ce qu'ils ne sont pas, c'est sur ce point que se dissocient les deux notions. En effet, c'est le choix des victimes sur une base positive qui va déterminer l'intention de destruction et partant, la jurisprudence a exclu toute définition négative du groupe victime de génocide (A). Cette dissociation entre les notions devra être néanmoins relativisée puisque la destruction d'un groupe en tant que tel pourra servir une campagne de « nettoyage » : dans ce cadre l'intention génocidaire sera une finalité intermédiaire, le but premier étant la réalisation de l'homogénéité démographique (B).

A. Une définition négative des victimes

La détermination négative des victimes a été définie par la Chambre de première instance du TPIY alors qu'elle devait apprécier si le groupe « non serbe » constituait un groupe protégé au titre de la définition du génocide. Cette approche consiste à « identifier des individus comme ne faisant pas partie du groupe auquel les auteurs du crime considèrent appartenir et qui présente selon eux des caractéristiques nationales, ethniques, raciales ou religieuses propres, l'ensemble des individus ainsi rejetés constituant, par exclusion, un groupe distinct. La Chambre (...) estime qu'il est conforme à l'objet et au but de la Convention de considérer que ses dispositions protègent aussi les groupes définis par exclusion, si c'est ainsi qu'ils sont stigmatisés par les auteurs de l'acte »[958]. Les juges ont ici poussé à l'extrême la définition subjective du groupe.

C'est ce raisonnement par exclusion qui détermine les victimes d'un nettoyage ethnique. En effet, si on prend l'exemple des exactions commises par les Serbes de Bosnie, celles-ci visaient les « non-Serbes ». Il s'agissait de mettre fin à toute présence inopportune sur le territoire contrôlé par la *Republika Srspska* dans l'optique de réaliser une Grande Serbie ethniquement pure. Si les Musulmans furent les principales victimes puisqu'ils étaient largement établis sur les territoires convoités, ils ne furent pas les seules et les Croates comme les Roms ou les Tziganes pâtirent des exactions serbes. En 1992, Radoslav Brdanin, Président de la cellule de crise de la Région autonome serbe de Banja Luka, déclarait que 2 % était le pourcentage maximum de non-Serbes qu'il était possible de tolérer dans cette région. Il préconisait de se débarrasser des non-Serbes de la région en trois étapes : « 1) par la création de conditions de vie impossibles qui les inciteraient à partir de leur propre chef, notamment par la pression et par la terreur ; 2) par la déportation et le bannissement et 3) par la liquidation des non-Serbes restants qui ne correspondraient pas à ses vues pour la région »[959]. Un autre dirigeant de la même région autonome, Radislav Vukic, détaillait dans les médias sa décision d'interdire à toutes les femmes non serbes

---

[958] *Le Procureur contre Goran Jelisic,* Jugement du 14 décembre, op.cit., § 71.
[959] *Le Procureur contre Dusko Tadic,* Jugement du 7 mai 1997, op.cit., § 89.

d'accoucher à l'hôpital de Banja Luka. « Il affirmait également que tous les couples mixtes devaient divorcer ou que tous les mariages mixtes devaient être annulés, et que les enfants qui en étaient issus « n'étaient bons qu'à faire du savon » »[960]. Il s'agissait bien de choisir les victimes non pour ce qu'elles étaient, mais pour ce qu'elles n'étaient pas.

Or, si dans l'affaire *Jelisic* la définition négative du groupe victime de génocide semblait devoir être acceptée, cette position fut par la suite récusée par les juges du Tribunal dans les affaires *Stakic*[961] et *Brdjanin*[962] notamment. La Chambre d'Appel dans l'affaire *Stakic* relevait que dans la définition du génocide, l'expression « comme tel » était très importante. « Elle indique que le génocide suppose une intention de détruire un groupe de personnes ayant une identité distincte. Or, lorsqu'une personne s'en prend à d'autres parce qu'elles n'ont pas certaines caractéristiques nationales, ethniques, raciales ou religieuses, son intention n'est pas de détruire un groupe ayant une identité distincte, mais simplement des personnes à qui certaines caractéristiques (...) font défaut »[963]. La Chambre s'est appuyée sur les travaux du Professeur Lemkin et sur l'historique de la rédaction de la Convention pour appuyer cette conclusion, « puisque les groupes définis négativement n'ont pas de caractères propres, ce serait méconnaître l'intention des rédacteurs de la Convention sur le génocide que de définir ainsi un groupe »[964]. La CIJ est allée dans ce sens en relevant que « l'intention est essentiellement de détruire le groupe protégé, en tout ou en partie, comme tel. Ce groupe doit présenter des caractéristiques positives particulières (...) et non pas une absence de telles caractéristiques »[965]. Le génocide implique donc qu'un groupe soit défini positivement, c'est-à-dire sur la base d'une identité qui lui est propre. C'est sur cette identité propre, caractéristique, que portera la volonté de destruction. La définition du groupe conditionne l'intention.

Partant, il semble que le nettoyage ethnique ne puisse être considéré comme une forme de génocide puisque la détermination des victimes exclut, en principe, le *dolus specialis* qui est l'élément substantiel du second. L'appartenance à un groupe particulier n'est pas l'élément déterminant en matière de nettoyage ethnique. C'est la non-appartenance à un « groupe-référence » qui l'est. La notion de « groupe » est d'ailleurs moins utile à définir

---

[960] *Idem*, § 147.

[961] TPIY, Chambre de première instance, *Le Procureur contre Milomir Stakic*, Jugement du 31 juillet 2003, § 512.

[962] TPIY, Chambre de première instance, *Le Procureur contre Radoslav Brdjanin*, Jugement du 1er septembre 2004, § 685 et 686.

[963] TPIY, Chambre d'Appel, *Le Procureur contre Milomir Stakic*, Arrêt du 22 mars 2006, § 20.

[964] *Idem*, § 22.

[965] CIJ, Arrêt du 26 février 2007 rendu dans l'Affaire *relative à l'application de la Convention pour la prévention et la répression du crime de génocide* (Bosnie-Herzégovine c. Serbie et Monténégro), op.cit., § 193.

les victimes que le modèle référent. Si les Musulmans furent pris pour cible par les Serbes, ce n'est pas tant parce qu'ils constituaient un groupe à l'identité particulière qu'il convenait de détruire pour ce qu'il était. Les Musulmans ont, avant tout, été pris pour cible parce qu'ils n'étaient pas Serbes. Si les victimes avaient été d'une autre confession que musulmane, elles auraient aussi été visées, l'élément déterminant étant de ne pas être serbe[966]. Par ailleurs, comme il a été vu précédemment, le nettoyage ethnique peut aussi impliquer un déplacement forcé de population, ce qui n'entraînera pas nécessairement la destruction d'un groupe, et qui atteste que là n'est pas le but recherché.

Mais cette conclusion mérite cependant d'être relativisée puisque si les intentions sont, en principe distinctes, il n'est pas exclu qu'une campagne de nettoyage ethnique entraîne des actes génocidaires.

B. Une intention englobante

Le nettoyage ethnique vise l'homogénéité d'une population sur un territoire, le génocide la destruction d'un groupe en tant que tel. Si les deux objectifs sont différents, ils ne semblent pas s'exclure absolument. Le premier est large, le second est précis et ciblé. Il est alors envisageable que le second serve le premier.

Globalement, les victimes du nettoyage ethnique sont déterminées par exclusion par rapport à un groupe référence. Mais l'ensemble des éléments indésirables pourra regrouper différents groupes, qui peuvent être perçus comme tels par leurs bourreaux. En effet, le groupe est une incarnation collective de la différence et c'est à ce titre qu'il sera ciblé. Ses attributs l'excluent du groupe référence.

Aussi, des étapes du plan de réalisation de l'homogénéité démographique pourront constituer des épisodes génocidaires quand les auteurs percevront leurs victimes par rapport à leurs caractéristiques particulières, et que, conscients de

---

[966] Dans l'affaire *Sikirica*, la Chambre de Première Instance III du TPIY relevait à propos de l'intention de détruire un groupe en tant que tel que « c'est ce facteur qui distingue le génocide de la plupart des cas de nettoyage ethnique. En pratique, toutes les affaires portées devant le Tribunal international impliquaient le nettoyage ethnique, dans le cadre duquel des groupes particuliers ont été spécifiquement la cible de divers sévices et mauvais traitements, y compris de meurtre et de détention. Il convient toutefois de noter que l'Accusation n'a invoqué le génocide dans aucune des autres affaires impliquant la détention de personnes dans des camps dans la municipalité de Prijedor (comme dans l'affaire qui nous concerne). En soi, bien entendu, cela n'invalide pas les allégations spécifiques de génocide en l'espèce, et ne décharge pas la Chambre de son obligation de rechercher si les éléments juridiques constitutifs du génocide y ont été démontrés. Cependant, la Chambre ne perçoit pas de différence fondamentale entre l'espèce et les autres procès concernant le nettoyage ethnique dans la municipalité de Prijedor. Aucun élément n'a été présenté tendant à montrer une intention spécifique de viser les Musulmans et les Croates de Bosnie, en tant que tels, c'est-à-dire en tant que groupe, indépendamment des individus qui le composent », voir *Le procureur contre Dusko Sikirica*, Jugement relatif aux requêtes à fin d'acquittement présentées par la défense, 3 septembre 2001, § 89.

l'indésirabilité de ces attributs, ils entreprendront d'éliminer le groupe. Mais cette première intention est une phase intellectuelle intermédiaire qui sert un dessein plus vaste. Ainsi, en territoire bosniaque, parmi l'ensemble constitué par les non-Serbes, pouvait être identifié un groupe musulman et un groupe croate. L'attaque de l'enclave de Srebrenica par les forces serbes a été considérée comme animée d'une intention génocidaire envers les Musulmans de Bosnie. Cette tragédie a révélé une volonté de détruire les Musulmans de Bosnie de l'enclave, destruction qui a servi l'homogénéisation du territoire sous contrôle serbe en éliminant la présence de non-Serbes et en dissuadant les autres membres du groupe de rester sur ce territoire.

Par ailleurs, l'intention du nettoyage ethnique induit une dimension territoriale. L'homogénéité sera recherchée sur un espace géographique donné et les victimes seront ciblées en fonction de leur localisation sur cet espace. L'intention génocidaire, comme évoqué précédemment, pourra être spatialement délimitée puisque l'intention est de détruire un groupe en tout ou *en partie*.

Il peut donc y avoir intention génocidaire dans des actes de nettoyage ethnique. Les finalités de chaque concept n'y font pas obstacle. Dans l'affaire *Niyitegaka*, la Chambre d'Appel du TPIR a d'ailleurs confirmé que la formule « comme tel » de la définition du génocide signifiait que « les actes proscrits doivent avoir été commis contre les victimes *en raison* de leur appartenance au groupe protégé, et non *tout simplement* pour ce motif »[967]. L'auteur peut donc être animé d'une autre intention en plus de celle de détruire un groupe en tant que tel.

Dans un sens contraire, Mme La Rosa et M. Villalpando considèrent pour leur part que « l'intention inspirant la purification ethnique semble être une hypothèse particulière de l'intention génocidaire. Son but est en effet celui d'« éliminer un groupe ethnique d'un territoire donné », lequel est entièrement inclus dans « l'intention de détruire en tout ou en partie » caractérisant le crime de génocide. L'intention de la purification ethnique est cependant caractérisée par sa localisation territoriale – qui n'est pas reprise dans la définition de génocide – et par sa cible, qui est uniquement « le groupe ethnique » se trouvant sur le territoire »[968]. Il suffit de relever que le nettoyage ethnique peut procéder d'un déplacement de populations pour réfuter en partie cette position. Un groupe pourra continuer à exister même s'il est déplacé. Le génocide vise à détruire, le nettoyage ethnique à faire disparaître d'une zone. La nuance entre les expressions est évidente ! M. William A.Shabas retient que dans la mesure où l'intention est le déplacement et non pas la destruction d'un groupe, la

---

[967] TPIR, Chambre d'appel, *Le Procureur contre Eliezer Niyitegeka*, Arrêt du 9 juillet 2004, § 53.

[968] Anne Marie La Rosa et Santiago Villalpando, « Le crime de génocide revisité Nouveau regard sur la définition de la Convention de 1948 à l'heure de son cinquantième anniversaire tentative d'appréhension théorique des éléments constitutifs du crime », op.cit., p. 70.

concordance de l'épuration ethnique avec le texte de la Convention (sur le génocide) n'est pas évidente »[969]. Il est sans doute réducteur de résumer le nettoyage ethnique au seul déplacement forcé mais il l'est tout autant de le limiter à une forme de génocide[970].

En conclusion, le régime juridique du génocide pourra offrir une protection face au nettoyage ethnique dans la mesure où celui-ci consistera en l'élimination physique d'individus, perçus par leurs bourreaux comme constituant un groupe positivement identifié, et visés à ce titre. Mais seuls certains comportements strictement délimités sont constitutifs de génocide. La protection s'en trouvera, de fait, étroitement circonscrite. Malgré cela, l'analyse des éléments matériels du génocide révélera la pertinence de la notion au-delà de la pure destruction physique d'individus.

---

[969] William A.Shabas, « Le génocide », dans Hervé Ascensio, Emmanuel Decaux et Alain Pellet (Dir.), *Droit international pénal*, pp. 319-332, spéc. p. 323.

[970] La Commission d'experts pour l'ex-Yougoslavie relevait dans son rapport intérimaire du 26 janvier 1993 que : « D'après le nombreux rapports décrivant la politique et les pratiques appliquées dans l'ex-Yougoslavie, le nettoyage ethnique se réalise par le meurtre, la torture, l'arrestation et la détention arbitraires, les exécutions extrajudiciaires, le viol et les violences sexuelles, le cantonnement de la population civile dans les ghettos, les déplacements, transferts et déportations de populations civiles contre leur gré, les attaques ou menaces d'attaques délibérées contre des civils dans des zones civiles et la destruction aveugle de biens. Ces pratiques constituent des crimes contre l'humanité et peuvent être assimilées à des crimes de guerre bien définis. Qui plus est, elles pourraient également relever de la Convention sur le génocide ». (Doc.off.UN S/25374, p. 16) La tournure de cette dernière phrase et l'usage du conditionnel confirment bien qu'il ne s'agit que d'une possibilité et que la correspondance entre nettoyage ethnique et génocide n'est pas automatique.

Chapitre 2 : L'élément matériel du génocide au service du nettoyage ethnique

La définition du génocide posée par l'article 2 de la Convention de 1948 énumère quels sont les actes constitutifs de ce crime. Il peut être souligné que cette liste initiale n'a pas été modifiée depuis lors et fut reprise, telle quelle, dans les Statuts des juridictions pénales internationales contemporaines, contrairement à celle des crimes contre l'humanité par exemple. Il est caractéristique, ici encore, que les instruments juridiques internationaux pertinents énoncent des actes mais ne les définissent pas.

Comme évoqué *supra*, ces actes sont commis en vue de détruire un groupe en tant que tel. Une première difficulté réside dans la manière d'appréhender la notion de « destruction » d'un groupe protégé. Elle ne signifie pas tant la destruction des individus qui le composent que celle du groupe en tant qu'entité distincte. La Chambre de Première Instance III du TPIY retenait à ce propos dans l'affaire *Sikirica* que, « quand bien même ce sont les personnes qui sont la victime de la plupart des crimes, la victime ultime du génocide est le groupe, dont la destruction exige nécessairement que des crimes soient commis contre ses membres »[971]. Si le groupe, entité abstraite, ne peut être atteint que par l'intermédiaire de ses membres, le terme détruire doit être entendu dans un sens large qui inclurait « les actes dont la commission n'a pas entraîné la mort de la victime »[972]. Il faut considérer avec la Chambre de Première Instance du TPIY que « la destruction physique ou biologique d'un groupe n'implique pas nécessairement la mort de ses membres. Si le massacre d'un nombre important de membres du groupe peut être le moyen le plus direct de détruire celui-ci, d'autres actes ou séries d'actes peuvent aussi conduire au même résultat »[973]. C'est sur la base de ce postulat qu'il convient de considérer les différents actes constitutifs du génocide.

Durant les travaux préparatoires de la Convention[974], trois formes de génocide ont été évoquées. La première est le génocide physique, qui consiste

---

[971] *Le procureur contre Dusko Sikirica*, Jugement relatif aux requêtes à fin d'acquittement présentées par la défense, 3 septembre 2001, op.cit, § 89.

[972] TPIR, Chambre de Première Instance II, *Le Procureur contre Clément Kayishema et Obed Ruzindana*, Jugement du 21 mai 1999, op.cit., § 95.

[973] TPIY, Chambre de Première Instance I, l*e Procureur contre Vidoje Blagojevic et Dragan Jokic*, Jugement du 17 janvier 2005, § 666. Les juges de La Haye se référaient dans cette affaire à une décision de la Cour constitutionnelle fédérale allemande du 12 décembre 2000, *Le ministère public contre Nikola Jorgic*, dans laquelle les juges allemands affirmaient que « la définition juridique du génocide défend l'idée d'une protection juridique qui, par delà l'individu, s'étend à l'existence sociale du groupe (...) », cité dans le jugement, § 664.

[974] Il est intéressant de mentionner qu'avant même d'avoir inventé le terme de génocide, le Professeur Raphael Lemkin avait proposé que certains actes visant à détruire une collectivité humaine soient incriminés comme délits du droit des gens. Dans un rapport présenté à la Cinquième Conférence pour l'unification du droit pénal international, tenue à Madrid du 14 au 20

en la destruction du groupe par l'élimination de ses membres. La seconde est le génocide biologique, « constitué par des mesures visant à l'extinction du groupe « en mettant systématiquement obstacle aux naissances », c'est-à-dire par des actes visant à empêcher le groupe de se perpétuer »[975]. Enfin, le génocide culturel consiste à détruire les caractéristiques identitaires du groupe qui font sa spécificité.

Finalement, les actes retenus se limitent à la dimension physique ou biologique du crime et excluent la destruction culturelle du groupe. Aussi les règles internationales relatives au génocide n'offriront-elles une protection contre le nettoyage ethnique que dans la mesure où celui-ci se réalisera au moyen des actes énumérés par l'article 2 de la Convention de 1948 et s'ils sont animés d'une volonté de destruction du groupe en tant que tel. La concordance entre les notions est ainsi étroitement conditionnée. Afin de préciser son étendue, les actes constitutifs de génocide seront explicités dans une première section. Puis, il sera intéressant de revenir sur la question du génocide culturel et les raisons de son exclusion de la définition dans une seconde section.

Section 1. Les actes constitutifs du génocide

La Convention pour la prévention et la répression du crime de génocide retient une liste limitative[976] de cinq actes constitutifs de génocide. M. Nicodème Ruhashyankiko justifiait ce choix restreint par la volonté de respecter

---

octobre 1933, il proposait deux infractions : le vandalisme et la barbarie. La première consistait dans la destruction des valeurs culturelles d'une collectivité par « a) le transfert d'enfants dans un autre groupe humain ; b) l'éloignement forcé et systématique d'éléments représentatifs de la culture du groupe ; c) l'interdiction d'employer la langue nationale même dans les rapports privés ; d) la destruction systématique des livres imprimés dans la langue nationale, des ouvrages religieux, des musées, des écoles, monuments historiques, lieux de culte ou autres institutions et objets culturels du groupe, ou l'interdiction d'en faire usage ». La barbarie comprenait « les attentats contre la personne physique ou l'existence économique des membres de la collectivité ». Cité dans *Rapport Ruhashyankiko*, op.cit., p. 4.

[975] Anne-Marie La Rosa et Santiago Villalpando, « Le crime de génocide revisité Nouveau regard sur la définition de la Convention de 1948 à l'heure de son cinquantième anniversaire tentative d'appréhension théorique des éléments constitutifs du crime », op.cit., p. 73.

[976] Ce qui n'empêche pas les Etats d'adopter, dans leur droit interne, des actes matériels constitutifs supplémentaires. Ainsi, par exemple, la Bolivie a introduit dans son code pénal « le transfert forcé d'adultes d'un groupe à un autre ». L'Espagne a ajouté à la liste les « violences sexuelles », l'Italie « la déportation ». Dans la législation paraguayenne les « traitements inhumains » ainsi que « le transfert forcé d'adultes d'un groupe à un autre » sont constitutifs de génocide. L'Estonie a considérablement enrichi l'énumération de la Convention en y ajoutant « la torture », « la déportation de la population indigène », « la privation de leurs droits économiques, politiques et sociaux ou la restriction de leurs droits » et « l'exil forcé après une invasion armée ou une annexion ». Le Code pénal russe inclut parmi les actes de génocide le « transfert forcé de population ». Enfin, la Côte d'Ivoire a introduit dans son Code pénal « la disparition forcée de population ou d'enfants » ainsi que « le déplacement ». Ces exemples sont relevés dans la thèse de Mme Marie-Aude Tavoso, op.cit., p. 118. Il est intéressant de souligner que plusieurs Etats ont introduit le déplacement forcé de populations parmi les actes constitutifs de génocide.

le principe *nulla poena sine lege*[977]. L'instrument ne fait qu'énumérer ces actes mais n'en donne aucune définition. Les différents textes internationaux contraignants lui ayant succédé n'ont pas davantage posé de bases d'interprétation. Il faudra, alors, se tourner vers les travaux préparatoires, la jurisprudence et la doctrine pour traquer des éléments utiles à préciser ces actes. L'activité des TPI s'est révélée, sur ce point, particulièrement éclairante (§1). La commission de ces actes génocidaires constituera un crime international impliquant la répression des individus auteurs. Mais aux termes de l'article III de la Convention de 1948, d'autres modalités de participation à l'entreprise de destruction d'un groupe en tant que tel seront sanctionnées. L'inclusion de ces comportements dans la définition du crime de génocide renforce la protection contre cette pratique en décourageant toute volonté de s'y associer. Il semble opportun de revenir sur ces actes dont la prohibition participe de la protection contre le nettoyage ethnique dès lors qu'il emprunte des éléments génocidaires (§2).

§1. Définition des actes constitutifs

Les cinq actes constitutifs énoncés à l'article II de la Convention de 1948 peuvent être distingués selon qu'ils visent à la destruction physique ou biologique du groupe. Les premiers sont : le meurtre (A), les atteintes graves à l'intégrité physique ou mentale de membres du groupe (B) et la soumission intentionnelle du groupe à des conditions d'existence devant entraîner sa destruction physique totale ou partielle (C). Les seconds sont les mesures visant à entraver les naissances au sein du groupe (D) et les transferts forcés d'enfants du groupe à un autre (E).

A. « Le meurtre »

Le meurtre est l'acte constitutif le plus clair. Il ne pose pas de réelle difficulté d'interprétation même si la préférence, dans la version anglaise du texte, du terme « killing » à celui de « murder » pour correspondre au terme français a pu être source d'ambigüité. Le premier est, en effet, plus large que le second et inclut les homicides non-intentionnels. La Chambre de première instance du TPIR a estimé que « la notion de « killing », retenue en anglais, paraît trop générale (...), puisqu'elle pourrait comprendre aussi bien les homicides intentionnels que les homicides non intentionnels, alors que le

977 Rapport op.cit., p. 14. La Rapporteur Spécial relève aussi, que durant les travaux préparatoires, avait été envisagée une définition large du génocide. Ainsi, une proposition avait été faite de le définir comme « une atteinte à la vie qui vise un groupe humain ou un individu, en tant que membre d'un groupe humain, notamment du fait de sa nationalité, de sa race, de sa religion ou de ses opinions » (Doc.off. A/C.6/224), cité p. 13 du Rapport. Cette option fut écartée pour risque d'équivoque. En outre, une définition large laissait aux Etats le soin de décider quels auraient été les actes constitutifs de génocide. Ainsi, des actes qui auraient été considérés comme actes de génocide dans certains ne l'auraient pas été dans d'autres. Finalement, la solution d'une énumération fut logiquement retenue.

« meurtre », retenu dans la version française, est plus précis. Il est admis que le meurtre est réalisé dès lors qu'on a donné la mort avec l'intention de la donner, comme d'ailleurs le prévoit le Code pénal rwandais, qui dispose, dans son article 311, que « l'homicide commis avec l'intention de donner la mort est qualifié de meurtre » »[978]. Cet élément constitutif implique donc la conscience et la volonté de porter atteinte à la vie de la victime. D'ailleurs, comme le notent Mme Anne-Marie La Rosa et M. Santiago Villalpando « une telle interprétation s'impose dans la logique même de la définition »[979]. En effet, dans la mesure où le génocide consiste à détruire un groupe, les actes commis à cette fin sont nécessairement volontaires.

Le meurtre comprend les massacres collectifs ainsi que les exécutions individuelles. Il est, de plus, généralement considéré que le meurtre d'un seul membre d'un groupe est un génocide s'il s'inscrit dans une série d'actes analogues visant tous la destruction du groupe.

Le second acte constitutif de génocide est moins clair et appelle de plus amples précisions.

B. « Les atteintes graves à l'intégrité physique ou mentale des membres du groupe »

Cette composante est vague et pose, de fait, plusieurs difficultés d'interprétation. Entrent dans cette catégorie les actes violents qui causent un sérieux préjudice à la santé et donc à la vie des individus. M. Planzer rappelait, à propos de ces actes, que « la notion de génocide physique n'est pas limitée à la *capitis diminutio maxima*, à la mort physique ; on s'est efforcé de rendre punissables non seulement les actes dans leur dernier stade, mais déjà dans leur phase préliminaire »[980]. Deux types d'atteintes pouvant être portées à un individu sont ici envisagées : « l'atteinte à son intégrité physique, qui suppose une forme ou une autre de dommage corporel, et l'atteinte à son intégrité mentale, qui suppose une forme ou une autre d'altération des facultés mentales »[981]. Les travaux de la CDI n'apportent que peu d'éclaircissements sur la nature de ces atteintes. La formule semble devoir inclure un large spectre d'exactions.

Les atteintes à l'intégrité mentale ont été ajoutées sur proposition de la Chine durant les débats de la sixième Commission. Il est difficile d'identifier avec précision en quoi elles consistent. Les délégués chinois se référaient à l'administration de narcotiques par les soldats japonais durant la seconde guerre mondiale. La proposition initiale visait l'injection de stupéfiants « en vue

---

978 *Le procureur contre Jean Paul Akayesu*, Jugement du 2 septembre 1998, op.cit., § 496.

979 Anne-Marie La Rosa et Santiago Villalpando, « Le crime de génocide revisité Nouveau regard sur la définition de la Convention de 1948 à l'heure de son cinquantième anniversaire tentative d'appréhension théorique des éléments constitutifs du crime », op.cit., p. 75.

980 Antonio Planzer, *Le crime de génocide*, thèse op cit., p. 86.

981 CDI, Projet de code des crimes contre la paix et la sécurité de l'humanité, op.cit., p. 112.

d'altérer la santé mentale », ce qui semblait exclure l'administration de doses mortelles. La dernière hypothèse se serait, du reste, davantage rapprochée du meurtre.

Le TPIR a considéré, dans l'affaire *Akayesu,* qu' « une atteinte grave à l'intégrité physique ou mentale de membres du groupe ne nécessite pas (...) que l'atteinte soit permanente et irrémédiable »[982]. *A contrario,* les Etats-Unis ont joint à leur instrument de ratification de la Convention pour la prévention et la répression du crime de génocide une déclaration interprétative précisant que l'expression « atteintes à l'intégrité mentale » signifiait « permanent impairment of mental faculties through drugs, torture or similar techniques »[983]. La portée de cet acte unilatéral est, bien sûr, à relativiser puisqu'il n'engage que l'Etat américain, mais cette position, relative aux atteintes à l'intégrité mentale, fut reprise pendant les travaux préparatoires du Statut de la CPI. Le Comité préparatoire retint en effet qu' « une atteinte à l'intégrité mentale devait s'entendre d'une détérioration grave et permanente des facultés mentales »[984]. Toutefois, cette exigence de permanence, qui ne ressort pas des travaux d'élaboration de la Convention de 1948, ne figure pas dans le texte du Statut de Rome qui a été finalement adopté. On ne la trouve pas non plus dans le Texte final du projet d'éléments des crimes élaboré par la Commission préparatoire de la CPI. Aussi peut-on donc conclure que cette condition n'est pas requise par le droit international.

La jurisprudence des TPI apporte plusieurs précisions quant à la nature des « atteintes graves à l'intégrité physique et mentale » constitutives de génocide. Ainsi, le TPIR retenait qu' « aux fins de l'interprétation de l'article 2(2)b) du Statut, la Chambre entend, par atteinte grave à l'intégrité physique ou mentale, sans s'y limiter, les actes de torture, que cette dernière soit physique ou mentale, les traitements inhumains ou dégradants, le viol, les violences sexuelles, la persécution »[985].

Il est intéressant de noter que les violences sexuelles massives seront ainsi considérées comme acte constitutif de génocide alors qu'elles n'ont pas été retenues dans la définition établie en 1948, ce qui était source de vives contestations en doctrine. Cette catégorie « englobante » peut donc être

---

982 *Le procureur contre Jean Paul Akayesu*, Jugement du 2 septembre 1998, op.cit., § 498.

983 Nations Unies, Recueil des Traités, vol. 1518, A-1021, p. 345.

984 Cité dans William A.Schabas, « L'affaire Akayesu et ses enseignements sur le droit du génocide », dans Katia Boustany et Daniel Dormoy (Dir.), *Génocide(s)*, op.cit., p. 121.

985 *Le procureur contre Jean Paul Akayesu*, Jugement du 2 septembre 1998, op.cit., § 504. La Chambre se réfère, notamment, au jugement rendu par la Cour de district de Jerusalem le 12 décembre 1961 dans l'affaire *Adolf Eichmann* qui précise que les atteintes graves à l'intégrité physique ou mentale de membres du groupe peuvent être causées : « by the enslavement, starvation, deportation and persecution (...) and by their detention in ghettos, transit camps and concentration camps in condition which were designed to cause their degradation, deprivation of their rights as human beings, and to suppress them and cause them inhumane suffering and torture » (cité par la Chambre de première instance).

exploitée pour compléter la définition initiale et ainsi l'adapter aux évolutions des circonstances génocidaires. Le TPIY a pu ajouter à ces actes la déportation[986], bien que celle-ci semble davantage assimilable à une soumission du groupe à des conditions d'existence devant entraîner sa destruction.

Une incertitude réside dans le degré de gravité nécessaire pour que l'atteinte à l'intégrité mentale ou physique entre dans le champ de la définition du génocide. Pour la CDI, il s'agit « d'une gravité telle qu'elle menace de détruire en tout ou en partie le groupe » Cette question devra finalement être tranchée au cas par cas.

Les différentes manifestations relevées semblent, *in fine*, correspondre aux actes inhumains énumérés dans les différentes définitions des crimes contre l'humanité. Ces exactions, qui n'entraînent pas la mort, seront donc constitutives d'actes de génocide, à condition d'être animés du *dolus specialis* de celui-ci. Mais il faut considérer avec M. Antonio Planzer que « la raison pour laquelle la Convention déclare punissables les actes de l'alinéa b réside dans le souci et l'intention de réprimer tous les actes de génocide déjà à leur stade préliminaire »[987].

L'inclusion dans cette catégorie des persécutions et de la déportation renforce l'analogie matérielle entre nettoyage ethnique et génocide. Toutefois, pour être sanctionnés en tant qu'actes de génocide, ces moyens de nettoyage ethnique devront être animés d'une volonté de destruction du groupe et non d'une simple volonté d'éloignement de celui-ci du territoire considéré. Dans la première hypothèse ils procéderont aussi de la soumission intentionnelle du groupe à des conditions d'existence devant entraîner sa destruction physique.

C. « La soumission intentionnelle du groupe à des conditions d'existence devant entraîner sa destruction physique totale ou partielle »

En réaction à l'expérience abominable des camps de concentration, le Secrétariat général proposa dans son projet de Convention sur le génocide que « la soumission à des conditions de vie telles que, faute de logement, d'habillement, de nourriture convenables, d'hygiène et de soins médicaux, ou par l'effet de travail ou d'exercices physiques excessifs, les individus sont voués à dépérir ou à mourir »[988] constitue un acte de génocide. L'hypothèse fut reprise dans la définition adoptée en 1948. Elle couvre les différents actes visant à établir des conditions de vie intolérables qui mèneront à la mort lente des membres du groupe. Le TPIR a précisé que l'auteur de tels actes « ne cherche pas nécessairement à tuer immédiatement les membres du groupe, mais, à

---

[986] *Le Procureur contre Radovan Karadzic et Ratko Mladic*, Examen des actes d'accusation dans le cadre de l'article 61du Règlement de procédure et de preuve, Décision du 11 juillet 1996, op.cit., § 93.

[987] Antonio Planzer, *Le crime de génocide*, thèse, op.cit., p. 87.

[988] « Projet de convention sur le génocide » présenté par le Secrétaire général au Conseil Economique et Social (CES) du 26 juin 1947, Doc.off.UN CES E/447, p. 29.

terme, vise leur destruction physique »[989]. La Chambre a pu relever à ce propos que « les moyens d'une soumission intentionnelle du groupe à des conditions d'existence devant entraîner sa destruction physique totale ou partielle, comprennent, sans s'y limiter, la soumission d'un groupe de personnes à un régime alimentaire de subsistance, l'expulsion systématique des logements, la réduction des services médicaux nécessaires en deçà du minimum »[990].

La formulation employée réitère l'élément intentionnel. Le contexte invivable doit avoir été constitué pour que le groupe disparaisse progressivement. Partant, des actes tels que l'internement dans des camps de concentration, l'imposition du travail forcé ou encore le siège de villes commis lors d'une campagne de nettoyage ethnique ne constitueront des actes de génocide qu'à la condition de poursuivre la destruction, à terme, du groupe en tant que tel.

Il faut souligner qu'à l'occasion d'un déplacement forcé de populations, celles-ci pourront être soumises à des conditions d'existence entraînant leur mort. Dans un tel cas de figure, le nettoyage ethnique au moyen du déplacement forcé pourra correspondre à l'élément matériel du génocide. M. Planzer évoque « les transports de personnes dans des conditions inhumaines »[991]. Le massacre arménien s'inscrit, en partie, dans ce cas de figure. Durant la première guerre mondiale, la progression militaire russe fit craindre au gouvernement ottoman un soulèvement des Arméniens d'Anatolie orientale. La Porte ordonna leur déplacement en mai 1915. Les opérations se déroulèrent dans des conditions atroces et les déportés, qui se dirigeaient vers la Syrie et la Mésopotamie, furent progressivement décimés. Une fois arrivés dans les déserts de Syrie et de Mésopotamie, les colonnes arméniennes étaient placées dans des camps de transit et des camps de concentration par la Sous-direction des déportés d'Alep, structure spécialement créée pour gérer « le sort » des Arméniens. Ceux qui y trouvèrent la mort, de la famine ou des épidémies, se comptent par centaines de milliers. Mais il ne suffit pas que les personnes déplacées le soient dans des conditions qui entraînent leur mort pour emporter la qualification de génocide. Il faudra que cette destruction physique ait été le but poursuivi par les instigateurs du déplacement qui auront, à cette fin, mis en place ces conditions. Cet élément intentionnel est, d'ailleurs, la principale pomme de discorde quant à la qualification du « génocide arménien ». Pour une majorité d'historiens, le régime jeune-turc était animé à l'époque par une volonté d'exterminer le peuple arménien faisant obstacle à l'unification de l'Empire. Pour les Turcs, les circonstances de la guerre ont contraint les autorités ottomanes à déplacer cette population : les Arméniens s'armaient et s'apprêtaient à se joindre aux

---

989 *Le procureur contre Jean Paul Akayesu*, Jugement du 2 septembre 1998, op.cit., § 505.
990 *Idem.*
991 Antonio Planzer, thèse, op.cit., p. 88.

Russes[992]. La qualification de génocide dépend ici de cette question : « s'agit-il de la liquidation ordonnée de sang froid d'un peuple à fins de purification ethnique ou une mesure d'affolement d'un pouvoir aux abois devant la pénétration des forces russes en Anatolie ? »[993].

D'autre part, c'est « la soumission intentionnelle du groupe » et non la soumission intentionnelle *des membres du groupe* à des conditions d'existence devant entraîner sa destruction qui est condamnée. La formule invite à donner au terme « détruire » un sens large. La destruction physique du groupe peut être réalisée autrement que par la mort de tous ses membres.

Cette hypothèse pourrait être accomplie par le déplacement forcé. Mme Anne-Marie la Rosa et M. Santiago Villalpando pensent, à ce propos, qu' « on pourrait inclure dans la lettre c) des cas où les déplacements en masse seraient exécutés d'une manière telle qu'ils entraîneraient la destruction physique du groupe, sans qu'il ne soit porté gravement atteinte à l'intégrité physique de ses membres : par exemple, en déportant les hommes et les femmes dans des lieux séparés ou en imposant une dispersion des membres du groupe. Une telle interprétation permet de donner un sens spécifique et utile à cette disposition »[994]. Cette théorie a trouvé un écho favorable auprès du TPIY. Dans l'affaire *Blagogevic-Jokic* la Chambre de première instance a mis en lumière ce lien potentiel entre destruction du groupe et déplacement forcé. Ainsi, « un groupe est défini non seulement par ses membres, mais aussi par son histoire, ses coutumes, par le lien unissant ses membres et celui qu'ils entretiennent avec leur terre et avec d'autres groupes. La Chambre de première instance considère que la destruction physique ou biologique d'un groupe est la conséquence probable de son transfert forcé lorsque celui-ci s'effectue de telle façon que le groupe ne peut se reconstituer, en particulier en cas de dispersion de ses membres. Dans ces circonstances, la Chambre de première instance estime que

---

992 Des documents historiques infirment cet argument sécuritaire. Ainsi, M. Raymond H.Kévorkian citait une note confidentielle adressée le 31 novembre 1915 par l'ambassadeur austro-hongrois à Constantinople, Johann von Pallavicini à son ministre des Affaires étrangères, Stephan Burian : « Noury bey, ex-secrétaire général de la Mahsoussé, actuellement membre dans les commissions d'enquête sur les affaires arméniennes, m'a dit : « il a été créé une direction générale d'émigration à Alep, dont la charge consistera à s'occuper de l'expédition de tous les Arméniens vers la Mésopotamie (...). De tous les points de Turquie les Arméniens doivent être dirigés sur le sandjak de Zor et en Mésopotamie. (...) Après en avoir fini avec les Arméniens, nous commencerons l'expulsion en masse des Grecs » », cité dans « La Sous-direction des déportés d'Alep et l'extermination des Arméniens en Syrie-Mésopotamie (1915-1916) ou l'alibi de la sécurité intérieure », dans Katia Boustany et Daniel Dormoy (Dir.), *Génocide(s)*, op.cit., p. 324. Il est par ailleurs notable que les zones touchées par les déportations se trouvaient parfois à des centaines de kilomètres du front.

993 Vincent Cloarec et Henry Laurens, *Le Moyen-Orient au 20e siècle*, Armand Colin, Paris, 2000, p. 30.

994 Anne-Marie La Rosa et Santiago Villalpando, « Le crime de génocide revisité Nouveau regard sur la définition de la Convention de 1948 à l'heure de son cinquantième anniversaire tentative d'appréhension théorique des éléments constitutifs du crime », op.cit., p. 77.

le transfert forcé peut conduire à la destruction matérielle du groupe, dans la mesure où celui-ci cesse d'exister en tant que groupe ou, du moins, en l'état »[995]. Pour recevoir la qualification de génocide, ce type de déplacement destructeur devra avoir été guidé par la volonté de détruire le groupe en tant que tel. Dans l'affaire *Blagogevic-Jokic,* les juges de La Haye s'estimèrent convaincus que les exactions commises par les forces serbes de Bosnie contre les Musulmans de l'enclave de Srebrenica, notamment dans le cadre de l'opération « Krivaja 95 »[996], avaient pour objectif final l'élimination de l'enclave et « en conséquence la communauté musulmane qui y vivait »[997]. Le *dolus specialis* s'inférait en l'espèce des conditions d'existence imposées à ce groupe par les Serbes. La Chambre relevait qu'à Potocari, « les forces serbes de Bosnie ont séparé les hommes valides et les autres membres du groupe et capturé les hommes de la colonne qui fuyait en direction de Tuzla, qu'ils soient militaires ou civils. Leur séparation du reste du groupe révèle une intention de démembrer la communauté et de détruire, au bout du compte, les Musulmans de Srebrenica »[998]. Le reste de la population de l'enclave, notamment les femmes, les enfants et les personnes âgées, a été transféré de force en territoire sous contrôle musulman. Finalement, la Chambre estime que « les forces serbes de Bosnie non seulement savaient que les massacres d'hommes musulmans, conjugués au transfert forcé des femmes, des enfants et des personnes âgées, entraîneraient inévitablement la disparition de la population musulmane de Srebrenica, mais entendaient manifestement par ces actes détruire physiquement le groupe »[999].

Si la soumission du groupe à des conditions d'existence devant entraîner sa destruction est un moyen « physique » de destruction, la définition posée par la Convention de 1948 retient aussi deux moyens « biologiques ». Le plus significatif est assurément d'empêcher la procréation au sein du groupe.

D. « Les mesures visant à entraver les naissances au sein du groupe »

Les actes entrant dans cette catégorie visent l'extinction progressive du groupe en empêchant ses membres de se perpétuer[1000]. Les mesures visées sont

---

[995] Le *Procureur contre Vidoje Blagojevic et Dragan Jokic*, Jugement du 17 janvier 2005, op.cit., § 666. Les juges de La Haye précisèrent bien qu'il ne s'agissait nullement ici d'une reconnaissance du génocide culturel.

[996] Ce plan d'attaque de l'enclave de Srebrenica a été mis à exécution par les forces de la VRS du corps de la Drina sur ordre du Général Zivanovic daté du 2 juillet 1995.

[997] Le *Procureur contre Vidoje Blagojevic et Dragan Jokic*, Jugement du 17 janvier 2005, op.cit., § 674.

[998] *Idem.*

[999] *Ibidem,* § 677.

[1000] Hitler évoquait cette méthode de génocide biologique dans un discours : « Nous devons poursuivre une politique de dépopulation systématique. L'expression dépopulation signifie destruction complète de groupes et de races entières. Par sa nature, cette affaire est cruelle, de sorte que nous sommes obligés d'agir avec cruauté. Si j'envoie la fleur de la jeunesse allemande dans l'enfer de la guerre sans ménager le sang précieux allemand versé, j'ai bien le droit de faire

diverses. Le TPIR considère que « par mesures visant à entraver les naissances au sein du groupe, il faut comprendre la mutilation sexuelle, la pratique de la stérilisation, l'utilisation forcée de moyens contraceptifs, la séparation des sexes, l'interdiction des mariages »[1001]. L'hypothèse du déplacement forcé qui entraîne la séparation des hommes et des femmes du groupe est aussi pertinente. Des mesures à caractère social telles que l'interdiction du mariage aux membres du groupe peuvent aussi entrer dans cette catégorie. Il est intéressant de relever que les juges d'Arusha y incluent les violences sexuelles massives et principalement les viols. Ces derniers constituent tant des entraves physiques que mentales à la pérennité du groupe. Ainsi, « dans le contexte de sociétés patriarcales, où l'appartenance au groupe est dictée par l'identité du père, un exemple de mesure visant à entraver les naissances au sein d'un groupe est celle du cas où, durant un viol, une femme dudit groupe est délibérément ensemencée par un homme d'un autre groupe, dans l'intention de l'amener à donner naissance à un enfant, qui n'appartiendra alors pas au groupe de sa mère »[1002]. De plus, « le viol peut être une mesure visant à entraver les naissances lorsque la personne violée refuse subséquemment de procréer, de même que les membres d'un groupe peuvent être amenés par menaces ou traumatismes infligés à ne plus procréer »[1003].

Cet élément matériel constitue un point de convergence entre le génocide et le nettoyage ethnique. Hormis le viol, qui pourra aussi être pratiqué dans le but de répandre la terreur au sein d'une population indésirable pour la contraindre au départ, les mesures destinées à entraver les naissances au sein d'un groupe répondront quasi-nécessairement à une volonté de destruction de celui-ci. Il s'agit d'actes qu'on ne peut commettre sans avoir connaissance de leurs conséquences. L'hypothèse extrême des mutilations gratuites mises à part, les avortements forcés ou autres stérilisations d'individus ne seront utiles qu'à empêcher la procréation. L'intention de destruction est difficilement détachable de ces actes. Aussi, de telles mesures, entreprises afin d'homogénéiser une

---

disparaître des milliers de membres d'une race inférieure qui se reproduit comme les mouches. Il ne sera pas du tout nécessaire d'exterminer, je prendrai les mesures nécessaires pour amoindrir leur fertilité naturelle. Par exemple, je ferai séparer les hommes des femmes pendant des années. Vous vous souvenez de la diminution des naissances due à la guerre mondiale. Pourquoi ne pas provoquer artificiellement un état de chose qui à ce moment-là n'était que la conséquence inévitable de la guerre ? », dans Rauschning, « *The Voice of Destruction* », p. 137-138, New York, 1942. Cité dans Antonio Planzer, *Le crime de génocide*, thèse op.cit., p. 89, note de bas de page 39.

[1001] *Le procureur contre Jean Paul Akayesu*, Jugement du 2 septembre 1998, op.cit., § 507.

[1002] *Idem*. Lire également, à propos des conséquences des viols massifs perpétrés durant le conflit yougoslave Todd. A. Salzman, « Rape Camps as a Means of Ethnic Cleansing : Religious, Cultural, and Ethical Responses to Rape Victims in the Former Yugoslavia », *Human Rights Quarterly*, vol. 20 1998, pp. 348-378.

[1003] *Ibidem*.

population[1004], recevront plus aisément la qualification d'actes de génocide. La correspondance n'est toutefois pas automatique. C'est seulement dans la mesure où les actes visant à entraver les naissances au sein d'un groupe seront guidés par l'animosité caractéristique de l'intention génocidaire, qu'elles entreront dans le champ du régime juridique du génocide.

E. « Le transfert forcé d'enfants du groupe à un autre groupe »

Cette hypothèse s'apparente davantage à la question du génocide culturel puisque le transfert entraînera la disparition des traits identitaires du groupe dans les générations futures. Mais la catégorie a été retenue dans la définition parce que les mesures de transfert forcé ont aussi des effets physiques et biologiques. En effet, elles consistent à imposer à de jeunes êtres des conditions d'existence qui pourraient leur occasionner un préjudice grave ou même la mort. En outre, pour le TPIR, « Il ne s'agit pas seulement de sanctionner un acte direct de transfert forcé physiquement, mais aussi de sanctionner les actes de menaces ou traumatismes infligés qui aboutiraient à forcer le transfert d'enfants d'un groupe à un autre »[1005].

Il est difficile de voir dans des actes de transfert forcé des mesures de destruction biologiques. Peut-être faut-il considérer que la perspective de voir leur progéniture enlevée dissuade les membres du groupe d'enfanter, mais cette hypothèse serait davantage à rapprocher des mesures visant à entraver les naissances. Cette catégorie demeure emprunte d'un flou bien délicat à dissiper.

La perpétration des différents actes énumérés entraînera une sanction internationale des individus auteurs. Mais d'autres modalités de participation à l'entreprise de destruction seront réprimées au même titre que la commission elle-même.

§2. La répression internationale des actes génocidaires

L'obligation de prévenir la commission d'actes de génocide signifie que les Etats « sont tenus de mettre en œuvre les moyens dont ils disposent afin d'empêcher des personnes ou des groupes de personnes qui ne relèvent pas directement de leur autorité de commettre un acte de génocide ou l'un quelconque des autres actes mentionnés à l'article III »[1006] de la Convention. Cette obligation implique logiquement l'interdiction pour l'Etat de commettre un génocide. La violation de cette obligation constituera un fait

---

1004 Dans l'affaire *Brdjanin,* la Chambre de première instance du TPIY releva que le viol comptait parmi les instruments de nettoyage ethnique : « S'agissant de l'intention requise, la Chambre de première instance note que les violeurs utilisaient des termes péjoratifs à profusion. L'un d'eux ne cachait pas qu'il voulait qu'une Musulmane donne naissance à un petit Serbe », *Le procureur contre Radoslav Brdjanin,* Jugement du 1er septembre 2004, op.cit., § 1011.

1005 *Le procureur contre Jean Paul Akayesu*, Jugement du 2 septembre 1998, op.cit., § 509.

1006 CIJ, Arrêt du 26 février 2007 rendu dans *l'Affaire relative à l'application de la Convention pour la prévention et la répression du crime de génocide* (Bosnie-Herzégovine c. Serbie et Monténégro), op.cit., § 166.

internationalement illicite[1007] susceptible d'engager sa responsabilité internationale. Par ailleurs, la commission d'actes de génocide constituera aussi un crime international impliquant une répression des individus auteurs sur laquelle il conviendra de revenir (A). Mais en vertu de l'article III de la Convention de 1948, hormis la commission des actes constitutifs précédemment évoqués, d'autres comportements entreront dans la définition du crime de génocide et appelleront une sanction à ce titre. Il s'agira de l'incitation directe et publique à commettre le génocide (B) et de la complicité, de l'entente et de la tentative (C).

A. La sanction des individus auteurs d'actes de génocide

Le crime de génocide revêt cinq modalités qui sont énumérées par l'article III de la Convention de 1948. La définition posée par cet instrument a valeur coutumière et c'est logiquement que les Statuts des TPIY et TPIR reprennent ces comportements, respectivement à leurs articles 4§3 et 2§3. L'article 6 du Statut de la CPI relatif au génocide n'en fait pas mention, mais les modalités de participation font l'objet d'un article 25§3 spécifique applicable à toutes les infractions relevant de la compétence de la Cour.

La première modalité énoncée par l'article III a) de la Convention est la commission du génocide. Il est, à ce propos, regrettable que le génocide par omission n'ait pas été retenu dans la définition du crime. En effet, l'acte constitutif de « soumission intentionnelle du groupe à des conditions d'existence devant entraîner sa destruction physique totale ou partielle » pourrait très bien procéder d'une abstention délibérée des autorités responsables de fournir aux membres du groupe les éléments essentiels à leur subsistance tels que les provisions, l'eau, les médicaments ou encore les soins. Le Rapporteur spécial Ruhashyankiko relève un autre exemple d'omission qui serait « le fait d'une autorité qui, en raison de ses fonctions, devait et pouvait le savoir, mais, cependant, laisse ses subordonnés massacrer et torturer des personnes en prétendant ignorer les faits »[1008]. Mais cette dernière hypothèse se rapprocherait davantage de la complicité que de la réalisation du génocide à proprement parler.

La commission du crime de génocide appelle une répression qui sera, soit le fait de juridictions internes, soit celui de juridictions internationales. L'article VI de la Convention pour la prévention et la répression du crime de génocide organise la sanction en ces termes : « Les personnes accusées de génocide ou de l'un quelconque des autres actes énumérés à l'article III seront traduites devant les tribunaux compétents de l'Etat sur le territoire duquel l'acte a été commis ». Cette formule réserve la compétence en matière de poursuites aux tribunaux de l'Etat sur le territoire duquel le crime a été commis. La compétence universelle

---

[1007] Il s'agira dans ce cas d'une « violation grave d'une norme impérative du droit international ».
[1008] *Rapport Ruhashyankiko*, op.cit., p. 28.

semble, de fait, exclue en la matière. L'analyse des travaux préparatoires de la Convention révèle que la question fit l'objet d'âpres discussions[1009] entre les partisans et les opposants de la répression universelle. L'opposition farouche de plusieurs délégations a, finalement, mené à la solution de la compétence territoriale[1010]. Par ailleurs, il faut rappeler qu'à l'époque était prévu l'établissement d'une cour criminelle internationale qui aurait pallié l'absence d'une répression universelle.

Mais, depuis lors, plusieurs éléments autorisent à soulever l'hypothèse d'une compétence universelle en matière de répression du crime de génocide qui se serait développée sur une base coutumière. C'est d'abord ce qu'a considéré la Cour de district de Jérusalem en 1961 dans l'affaire *Eichman* alors que l'accusé invoquait l'article VI de la Convention. La CIJ est allée clairement dans ce sens. En 1996, la Cour de La Haye considérait que « les droits et obligations consacrés par la Convention sont des droits et des obligations *erga omnes.* La Cour constate que l'obligation qu'a ainsi chaque Etat de prévenir et de réprimer le crime de génocide n'est pas limitée territorialement par la Convention »[1011]. En outre, dans sa Résolution 50/200 du 11 mars 1996, l'AGNU réaffirmait que « toutes les personnes qui commettent ou autorisent des actes de génocide ou d'autres violations graves du droit international humanitaire et celles qui sont coupables de violations graves des droits de l'homme sont individuellement responsables de ces violations et doivent en rendre compte ». L'Organe a prié les Etats « de prendre sans retard toutes les mesures voulues, y compris l'arrestation et la détention, pour traduire en justice les responsables conformément aux principes internationaux de respect de la légalité, ainsi que de s'acquitter des obligations que leur impose à cet égard le droit international,

---

[1009] Le projet de Convention préparé par le Secrétaire général prévoyait que : « Les Hautes parties contractantes s'engagent à punir les auteurs d'actes visés par la présente Convention se trouvant sur un territoire soumis à leur contrôle quel que soit leur nationalité ou le lieu où le crime a été commis » (Doc.off.UN E.447 p. 11, cité dans le Rapport Ruhashyankiko op.cit., p. 48).

[1010] Plusieurs Etats parties à la Convention ont ainsi formulé des déclarations et réserves excluant toute éventualité d'une compétence universelle. A titre d'exemple, la République algérienne a déclaré qu'« aucune disposition de l'article VI de ladite Convention ne sera interprétée comme visant à soustraire à la compétence de ses juridictions les affaires de génocide ou autres actes énumérés à l'article III qui auront été commis sur son territoire ou à conférer cette compétence à des juridictions étrangères ». (L'Algérie a adhéré à la Convention le 31 octobre 1963). Le Myanmar a formulé la réserve suivante : « Aucune disposition dudit article ne sera interprétée comme visant à soustraire à la compétence des cours et tribunaux de l'Union les affaires de génocide ou autres actes énumérés à l'article III qui auront été commis sur le territoire de l'Union, ou à conférer cette compétence à des cours ou tribunaux étrangers ». (La Birmanie a signé la Convention le 30 décembre 1949 et l'a ratifiée le 14 mars 1956). Le Maroc a déclaré qu'« en ce qui concerne l'article VI, le Gouvernement de Sa Majesté le Roi considère que seuls les cours ou les tribunaux marocains sont compétents à l'égard des actes de génocide commis à l'intérieur du territoire du Royaume du Maroc. (Le Maroc a adhéré à la Convention le 24 janvier 1958).

[1011] CIJ, *Application de la Convention pour la prévention et la répression du crime de génocide (Bosnie-Herzégovine contre Serbie et Monténégro)*, Arrêt du 11 juillet 1996 sur les exceptions préliminaires, § 31, Recueil 1996, p. 616.

en particulier en vertu de la Convention pour la prévention et la répression du crime de génocide »[1012].

Le Conseil de sécurité « soulignait » dans la Résolution 1265 du 17 décembre 1999 qu'« il incombe aux États de mettre fin à l'impunité et de poursuivre les personnes qui sont responsables de génocide, de crimes contre l'humanité et de violations graves du droit international humanitaire »[1013]. Il n'est pas fait mention ici à la compétence territoriale. Il convient également de relever que les juridictions internes agissent en parallèle avec les TPI pour sanctionner les auteurs d'actes de génocide commis en ex-Yougoslavie et au Rwanda. Même si cette compétence est fondée sur des décisions du Conseil de sécurité plutôt que sur une base coutumière à proprement parler, elle traduit la volonté de l'organe restreint de dépasser le strict cadre de la compétence territoriale en la matière.

En considérant ces éléments, il serait possible de postuler l'existence d'une compétence universelle[1014], recueillant une *opinio juris* généralisée, pour la répression du crime de génocide. Une telle hypothèse semble, du reste, conforme à l'esprit de la Convention sur le génocide qui dispose que « les Parties contractantes confirment que le génocide (...) est un crime du droit des gens qu'elles s'engagent à prévenir et à réprimer ».

Le TPIY semble considérer que, d'une manière générale, la compétence universelle découle de la valeur de *jus cogens* d'une norme. Comme évoqué *supra*, il a notamment suivi ce raisonnement dans l'affaire *Furundjiza* à propos de la torture.

La répression des actes de génocide pourra, aussi, être le fait de juridictions internationales. L'article VI de la Convention de 1948 prévoit que les personnes coupables de génocide pourront aussi être traduites « devant la cour criminelle internationale qui sera compétente à l'égard de celles des Parties contractantes qui en auront reconnu la juridiction ». Il fallut, finalement, attendre le 1er janvier 2002 et l'entrée en vigueur du Statut de Rome pour qu'une juridiction pénale internationale permanente voie le jour. La CPI peut connaître du crime de génocide en vertu de l'article 6 de son Statut. En outre, le TPIY et le TPIR peuvent, aussi, juger les auteurs de crimes de génocide commis sur le territoire

---

1012 Doc.off.UN A/RES/50/200, § 6 et 7. Pour le Professeur David, il ressort de cette Résolution que « la Convention sur le génocide n'est plus qu'une source, parmi d'autres, de l'obligation de réprimer ce fait et l'AGNU reste muette sur la compétence réservée par la Convention à l'Etat sur le territoire duquel les faits de génocide ont été commis. La généralité des expressions utilisées par l'AG quant à l'obligation de répression, combinée avec ce silence sur la territorialité de la Convention, conduit à penser que pour des faits de génocide, tous les Etats peuvent et doivent exercer une compétence universelle », dans *Principes du droit des conflits armés*, op.cit., p. 768.

1013 Doc.off.UN S/RES/1265 (1999), § 6.

1014 Voir par exemple en ce sens, Ben Saul, « Was the Conflict in East Timor Genocide and Why does it Matter ? », *Melbourne Journal of International Law*, 2001, vol. 2, pp. 477-522, spéc. p.481.

de l'ex-Yougoslavie depuis 1991 pour le premier ou sur le territoire rwandais et sur le territoire d'États voisins entre le 1er janvier et le 31 décembre 1994 pour le second. Enfin, la répression pourra également être le fait de juridictions pénales internationalisées.

Le crime de génocide englobe d'autres comportements que la commission à proprement parler des actes génocidaires qui appellent également une répression au même titre.

B. L'incitation directe et publique au génocide

La Convention sur le génocide prévoit la répression de l'incitation à commettre un génocide, et ce, indépendamment du résultat. Il s'agit là d'une particularité puisqu'en règle générale, « l'incitation constitue un genre de complicité et est punissable à ce titre lorsque le crime principal est commis »[1015]. L'incitation, qui tend à pousser quelqu'un à entreprendre quelque chose, pour être sanctionnée, doit être directe et publique.

Durant les travaux préparatoires de la Convention, un amendement fut proposé, visant à inclure dans le texte de l'article III un alinéa punissant, comme acte de génocide, « toutes les formes de propagande publique (presse, radio, cinéma, etc.) visant à attiser les haines ou les inimitiés raciales, nationales ou religieuses, ou ayant pour but de pousser à l'exécution du crime de génocide »[1016]. Celui-ci ne fut pas accepté. Il est, en effet, difficile de ne pas voir dans de tels actes « ayant pour but de pousser à l'exécution du crime de génocide » une incitation à commettre le génocide. Une telle disposition aurait certainement conduit à un double emploi. Par ailleurs, la propagande qui tend à influencer l'opinion publique en vue de développer des haines raciales, nationales ou religieuses ne correspond pas à l'intention de destruction d'un groupe déterminé qui est l'élément essentiel du génocide.

L'incitation doit être directe et publique. Le premier attribut implique un appel à l'action immédiate, l'incitation doit viser à « stimuler la décision et non seulement à l'encourager »[1017]. En outre, l'incitation doit être adressée au public, au moyen de discours ou des médias par exemple. La Chambre de Première Instance III du TPIR précisait en ce sens que : « The public element of incitement to commit genocide may be appreciated by looking at the circumstances of the incitement, such as the place where the incitement occurred and whether or not the audience was selective or limited. Incitement is 'public' when conducted through speeches, shouting or threats uttered in public places or at public gatherings, or through the sale or dissemination, offer for sale or display of written material or printed matter in public places or at public

[1015] William.A.Schabas, « *Le génocide* », op.cit., p. 326.
[1016] Doc off. UN A/C.6/215/Rev.1), cité dans *Rapport Ruhashyankiko* op.cit., p.30.
[1017] Antonio Planzer, *Le crime de génocide*, thèse op.cit., p. 112.

gatherings, or through the public display of placards or posters, or through any other means of audiovisual communication »[1018].

On a pu avancer que punir l'incitation était une atteinte à la liberté de la presse et la liberté d'opinion. Il existe cependant des limites dans l'exercice de certaines libertés et il est des opinions qui méritent d'être tues. Aurait-il fallu laisser un Goebbels ou un Streicher, qui, sur la base d'un tel raisonnement n'auraient fait qu'exercer leur droit à l'expression, à l'abri de toute poursuite ? Un tel argument paraît pour le moins indécent.

En plus de la commission et de l'incitation, la définition du génocide retient encore trois modalités de participation au crime.

C. La complicité, l'entente et la tentative

La complicité est une modalité du crime de génocide au sens de l'article III (e) de la Convention de 1948. Cette disposition purement énonciative ne donne aucune indication quant au sens à donner au terme « complicité ». D'une manière générale, la complicité c'est l'aide accessoire, secondaire, ou tout simplement utile, prêtée à l'auteur d'un délit »[1019]. En vertu du Statut de la CPI, une personne est complice si elle « ordonne, sollicite ou encourage la commission d'un tel crime, dès lors qu'il y a commission ou tentative de commission de ce crime »[1020]. Pour le Professeur Schabas, la notion de complicité est « d'une importance capitale en matière de génocide et de crimes semblables parce que, souvent, le véritable délinquant est le dirigeant, le commandant ou l'organisateur et donc une personne demeurant à l'écart du feu de l'action et dont la responsabilité selon la terminologie traditionnelle, n'est que « secondaire » »[1021].

Une autre participation au crime de génocide condamnée par la Convention est l'entente en vue de commettre un génocide. Celle-ci équivaut en réalité à la notion de complot en droit anglo-saxon[1022]. Le terme est issu du vocable anglais « conspiracy ». Il signifie, en droit pénal anglo-saxon, l'accord de deux ou plusieurs personnes en vue de commettre un acte illégal »[1023]. L'entente, ou le complot, relèvent du domaine subjectif. C'est une volonté collective de commettre un crime, un accord préalable. Il sera sanctionné même si aucun acte précis ne résulte de cette concertation. Cette notion permet, à l'instar de la complicité, de sanctionner les organisateurs, les auteurs intellectuels du génocide qui ne participent pas à son exécution.

[1018] TPIR, Chambre de première instance III, *Le Procureur contre Tharcisse Muvunyi*, Jugement du 11 février 2010, § 27.
[1019] *Idem,* p.114.
[1020] Statut de Rome de la CPI article 25§3-b et c.
[1021] William.A.Schabas, « *Le génocide* », op.cit., p. 325.
[1022] La notion a un sens différent dans le droit romano-germanique où le complot consiste à préparer et organiser un attentat contre la sûreté de l'Etat.
[1023] Antonio Planzer, *Le crime de génocide*, thèse op.cit., p. 109.

Enfin, la dernière modalité du crime de génocide est la tentative. Là encore, la Convention est muette quant au sens à donner à cette expression. Le Statut de la CPI précise que la tentative consiste en « des actes qui, par leur caractère substantiel, constituent un commencement d'exécution mais sans que le crime soit accompli en raison de circonstances indépendantes de la volonté » de l'auteur.

Il est possible de rattacher à la tentative les actes préparatoires du génocide. Durant les négociations de la Convention de 1948, une proposition avait été présentée visant à inclure dans l'article III un nouvel alinéa ainsi formulé : « Les actes préparatoires à l'accomplissement du génocide tels que : les études et les recherches tendent à l'élaboration d'une technique du génocide ; la création d'installations ainsi que la fabrication, l'acquisition, l'entreposage ou la fourniture de matières ou de produits dont on sait qu'ils sont destinés à l'exécution du génocide ; le fait de donner des instructions ou des ordres, de confier des missions et de répartir des tâches en vue de l'exécution du génocide »[1024]. Nul doute qu'une telle disposition aurait encore renforcé la prévention mais l'amendement ne fut pas retenu. La notion de tentative apparaît suffisamment large pour englober ces actes préparatoires dès lors que l'acte génocidaire n'a pas été effectivement perpétré. Ils attestent de l'intention de perpétrer le génocide.

La sanction de ces différentes participations au génocide traduit qu'au-delà de la destruction effective du groupe, c'est la volonté, le profond sentiment d'animosité, qu'il convient de combattre et de réprimer. Dans cette logique, il apparaît regrettable que l'élimination d'un groupe par la destruction de sa culture n'ait pas été inclus dans la définition du génocide.

Section 2. L'exclusion du génocide culturel

Le nettoyage ethnique constitue une négation de la différence et l'homogénéisation d'une population pourra procéder d'une politique d'assimilation. Un dictionnaire de langue française définit l'assimilation comme « l'action de rendre semblable par intégration »[1025]. Partant, imposer aux membres d'un groupe, qui se définit par ses caractéristiques identitaires, d'abandonner leur culture et d'en adopter une autre entraînera la destruction de ce groupe. Malheureusement, le régime juridique du génocide n'apportera, en principe, pas de protection face à un tel processus d'acculturation forcée[1026]. Effectivement, la destruction culturelle d'un groupe ne constitue pas un acte de génocide au sens de la définition élaborée en 1948. Il sera, ici, utile d'effectuer

---

[1024] Doc.off.UN A/C.6/215/Rev.1, cité dans *Rapport Ruhashyankiko*, p. 29.

[1025] *Le nouveau Petit Robert de la langue fançaise*, op.cit., p. 158.

[1026] L'acculturation se définit comme le « processus par lequel un groupe humain assimile tout ou partie des valeurs culturelles d'un autre groupe humain », *Le nouveau Petit Robert de la langue fançaise*, op.cit., p.21.

un bref rappel de l'élaboration de la Convention de manière à comprendre pourquoi le génocide culturel n'y figure pas. Pour compenser son exclusion du champ de la définition du génocide, la doctrine a érigé la destruction culturelle d'un groupe en concept autonome et complémentaire : l'« ethnocide ». Celui-ci n'a cependant qu'une valeur théorique et, finalement, il faudra se tourner vers les instruments de protection des droits de l'homme et des minorités pour trouver des règles efficaces à garantir l'identité d'un groupe (§1). Toutefois, il est possible de se demander si la conception extensive des actes constitutifs de génocide consacrée par la jurisprudence internationale récente ne laisserait pas une place aux mesures visant l'élimination du groupe par la destruction de ses traits identitaires (§2).

§1. Le rejet du génocide culturel

Le Professeur Lemkin considérait que le génocide pouvait être culturel[1027]. L'auteur relevait ainsi dans son ouvrage *Axis Rule in Occupied Europe* que le génocide « ne signifie pas nécessairement la destruction immédiate d'une nation, sauf quand il est accompli par un massacre de tous ses membres. Il signifie plutôt la mise en œuvre de différentes actions coordonnées qui visent la destruction des fondements essentiels de la vie de groupes nationaux, en vue de leur anéantissement. Une telle politique a pour objectif la désintégration de leurs institutions politiques et sociales, de leur culture, de leur langue, de leur conscience nationale de leur religion (…) »[1028]. Le projet de Convention préparé par le Secrétaire général suivit cette idée[1029]. Il proposait une série d'actes de génocide constituant le génocide culturel : « a) transfert forcé d'enfants dans un autre groupe humain ; b) éloignement forcé et systématique des éléments représentatifs de la culture d'un groupe ; c) interdiction d'employer la langue nationale même dans les rapports privés ; d) destruction systématique des livres imprimés dans la langue nationale ou destruction des ouvrages religieux ou d'en faire paraître de nouveaux ; e) destruction automatique ou désaffection des monuments historiques et des édifices du culte ; f) destruction ou dispersion de documents et souvenirs historiques, artistiques ou des lieux et des objets destinés au culte »[1030]. Le Comité spécial du génocide estimait également que la destruction d'un groupe puisse être culturelle. Son projet de Convention contenait un article III ainsi formulé : « Dans la présente Convention, le génocide s'entend également de tout acte prémédité commis dans l'intention de

---

1027 Il avait déjà conceptualisé le délit de vandalisme comme mode de destruction d'un groupement humain.

1028 Rafael Lemkin, « *Qu'est ce qu'un génocide ?* », traduction d'*Axis Rule in Occupied Europe*, Editions du Rocher, Paris, 2008, p. 215.

1029 On peut relever qu'à cette époque, plusieurs tribunaux nationaux avaient pu condamner des criminels de guerre nazis sur la base, entre autres, du génocide culturel. Lire à ce propos Syméon Karagiannis, « La place du génocide culturel dans la Convention sur le génocide de 1948 », *Annales de l'école doctorale de l'Université de Lille II*, n° 2, 1994, pp. 9-41, spéc. pp. 19-20.

1030 Doc.off.UN CES E/447, p. 21, 27 et 28.

détruire la langue, la religion ou la culture d'un groupe national, racial ou religieux en raison de l'origine nationale ou raciale ou des croyances religieuses de ses membres, actes tels que : 1- L'interdiction d'employer la langue du groupe dans les rapports quotidiens ou dans les écoles, ou l'interdiction d'imprimer et de répandre des publications rédigées dans la langue du groupe ; 2- La destruction des bibliothèques, musées, écoles, monuments historiques, lieux du culte ou autres institutions et objets culturels du groupe ou l'interdiction d'en faire usage »[1031]. Malgré ces éléments, qui laissent à penser que la question rencontrait une opinion favorable en doctrine, plusieurs voix se sont élevées au sein de la Sixième Commission de l'Assemblée générale contre l'inclusion du génocide culturel dans la Convention. Celles-ci l'emportèrent au moment du vote[1032].

Plusieurs arguments furent avancés par les opposants du génocide culturel mais le plus déterminant reposait sur le fait que la notion était vague et ne se prêtait guère à une définition précise. En l'absence de délimitation, le concept aurait pu donner lieu à des utilisations abusives de la qualification de génocide et l'aurait finalement privée de sa pertinence. La Convention se serait transformée « en un instrument de propagande politique au lieu d'une loi internationale »[1033]. Une autre justification au refus du génocide culturel est d'ordre politique : son inclusion dans le texte de la Convention aurait été un obstacle à sa ratification par certains Etats[1034]. Il a été considéré que la matière relevait davantage de la protection des droits de l'homme et des minorités.

D'autre part, la perception affective du phénomène peut aussi expliquer le rejet du génocide culturel. L'élaboration de la Convention est une réaction au caractère exceptionnel des horreurs commises durant la seconde guerre mondiale. C'est la destruction d'un groupe par l'élimination physique de ses membres qui a révolté l'opinion publique internationale. Le génocide culturel présente un degré moindre dans l'abomination, ce qui explique qu'il ait pu apparaître plus éloigné du crime que ne le sont la destruction physique et biologique d'un groupe. Il est en effet difficile, sur le plan émotionnel, de considérer comme équivalents le massacre de milliers de personnes et la fermeture de bibliothèques. Même si les deux pratiques participent à la destruction d'un groupe. Dans cet ordre d'idée, certains auteurs soulignent les dangers qu'il y aurait à percevoir le génocide de manière trop large, en y

1031 Doc off. UN CES E/794, pp. 6-7.

1032 L'article III du projet du Comité spécial a été supprimé par 25 voix contre 16 avec 4 abstentions. 13 délégations étaient absentes au moment du vote.

1033 *Rapport Ruhashyankiko* op.cit., p. 124.

1034 D'autant qu'à l'époque, le régime d'acceptation des réserves était encore particulièrement rigoureux. L'objection d'un seul Etat partie à la réserve excluant de son engagement le génocide culturel aurait empêché l'Etat réservataire de devenir partie. (Même à considérer que le régime contemporain de validité des réserves ait été applicable, une telle réserve apparaît peu compatible avec l'objet et le but de la Convention sur le génocide.)

incluant notamment le génocide culturel. Ainsi, pour le Professeur Burgorgue-Larsen, « appliquer la notion de génocide à chaque fois « que l'on veut dénoncer une pratique susceptible de porter atteinte à l'intégrité d'un groupe », entraînerait automatiquement un *mésusage* du concept, qui participerait activement à son *inflation*, et partant à sa *banalisation*. D'un concept précis et circonscrit aux violations les plus flagrantes et intolérables de l'intégrité physique de la personne humaine, on se dirigerait vers un concept globalisant, « attrape-tout » où meurtres, tortures, viols, d'une part, et d'autre part, apprentissage d'une autre langue et d'autres traditions, endoctrinement idéologique, se côtoieraient. Cet amalgame, en plus d'être particulièrement choquant - peut-on décemment mettre au même niveau torture et endoctrinement idéologique ? - prive en outre le concept traditionnel de génocide de sa « singularité » »[1035]. Cette position rejoint les arguments avancés en 1948 contre le génocide culturel.

Pour comprendre le rejet du génocide culturel, il faut aussi prendre en compte le contexte politique de l'époque. Alors que les discussions au sein de la VIe Commission de l'Assemblée générale furent marquées par la rivalité entre les Etats des deux blocs de la guerre froide, l'abandon de l'article III du projet du Comité spécial était une revanche des Etats occidentaux sur les Etats socialistes. En effet, ces derniers, qui avaient obtenu durant les négociations que les groupes politiques soient exclus de la liste des groupes protégés, étaient favorables au maintien dans la convention des actes visant la destruction culturelle du groupe.

L'exclusion du génocide culturel de la Convention de 1948 a conduit une partie de la doctrine à l'envisager comme un concept juridique à part entière, distinct du génocide physique ou biologique. Pour le Professeur Burgorgue-Larsen, cette façon d'appréhender le concept est opportune, « non seulement pour ne pas affaiblir celui de génocide, mais aussi pour mettre en exergue les spécificités de la mort délibérée des cultures »[1036]. Dans cette logique de singularisation, le génocide culturel a même été rebaptisé « ethnocide ». Le Professeur Israël Charny a défini l'ethnocide comme « la destruction intentionnelle de la culture d'un autre peuple qui ne comporte pas nécessairement la destruction des membres actuellement vivants de ce peuple »[1037]. M. Issiaka-Prosper Lalèyé préfère le néologisme « culturacide ». Pour cet auteur, en effet, « la référence à l'ethnie pour penser la mort de la culture comporte l'énorme inconvénient d'induire à penser la mort de l'ethnie comme la cause nécessaire bien que non-suffisante de la mort de la culture. Or,

---

[1035] Laurence Burgorgue-Larsen, « Le génocide ignoré du Timor oriental », dans Katia Boustany et Daniel Dormoy (Dir.), *Génocide(s)*, op.cit., pp. 213-250, spéc. p. 248.

[1036] *Idem.*

[1037] Israel.W.Charny, « Toward a generic definition of genocide », dans G.J Andreopoulos, *Genocide : Conceptual And Historical Dimensions*, University of Pensylvania Press, Philadelphia, 1994, pp. 64-94, spéc. p. 85

une ethnie peut être considérablement détruite sans que la vie de la culture relative à cette ethnie soit objectivement détruite ni même menacée »[1038]. Malgré la divergence sémantique, le concept visé est le même : la destruction d'un groupe par la destruction de son identité culturelle. L'ethnocide est une notion destinée à compenser la conception purement physique (et biologique) du génocide consacrée en 1948. C'est un concept complémentaire. Il est à ce propos notable que plusieurs gouvernements aient émis un avis favorable à l'élaboration d'instruments additionnels à la Convention sur le génocide voire à réviser celle-ci pour y inclure le « génocide culturel »[1039]. Le Rapporteur spécial Benjamin Whitaker avait également suggéré l'élaboration d'un protocole additionnel sur cette question[1040].

Cependant, la pertinence d'une dissociation entre les concepts de génocide culturel et de génocide physique et biologique semble devoir être relativisée.

§2. Une interprétation des actes constitutifs de génocide n'excluant pas la destruction culturelle du groupe

La définition du génocide ne semble pas être totalement hermétique à la destruction culturelle du groupe. La notion tend progressivement à se libérer d'une partie de cette charge émotionnelle qui la focalisait sur les atteintes insupportables à l'intégrité physique d'individus. C'est bien le groupe qui est au coeur du génocide et celui-ci peut être détruit sans que ne soit affectée l'intégrité de ses membres. La catégorie d'acte constitutif de génocide qu'est la soumission intentionnelle des membres du groupe à des conditions d'existence devant entraîner sa destruction totale ou partielle semble suffisamment large pour englober des mesures visant la destruction de l'identité culturelle du groupe telles que l'interdiction de pratiquer une langue, un culte, d'adopter un mode de vie traditionnel. Ces mesures déboucheront à terme sur la mort de la culture et donc du groupe. Il s'agit d'un phénomène progressif à l'instar des « mesures visant à entraver les naissances au sein du groupe ». Le processus de destruction pourrait être accéléré par le « transfert forcé d'enfants du groupe à un autre groupe ». Ceux-ci garantissent la perpétuation de l'identité culturelle du groupe, dès lors qu'ils adopteront une autre culture, le groupe sera condamné à disparaître. La définition du génocide semble donc pouvoir, potentiellement, englober des mesures de destruction culturelle d'un groupe.

Dans ce sens, le Professeur Karagiannis a mis en exergue la pertinence des actes constitutifs b) et e) de l'article II de la Convention de 1948. Ainsi, pour

---

1038 Issiaka-Prosper Lalèyé, « Comment meurent les cultures ? Interrogations philosophico-anthropologiques sur le concept de génocide culturel », op.cit., p. 292.

1039 Voir notamment les positions de l'Autriche et du Saint-Siège dans *Rapport Ruhashyankiko*, op.cit., pp. 124-126.

1040 *Version révisée et mise à jour de l'Etude sur la question de la prévention et de la répression du crime de génocide*, établie par M.Benjamin Whitaker, op.cit., Doc.off.UN E/CN.4/Sub.2/1985/6, p. 20.

l'éminent professeur strasbourgeois, les atteintes graves à l'intégrité mentale de membres du groupe peuvent recouvrir « l'imposition subite et brutale d'une langue étrangère aux membres d'un groupe humain, combinée, le plus souvent, avec un changement fondamental des références culturelles »[1041]. Si l'on considère en effet la place fondamentale qu'occupe la langue dans la culture et l'identité d'un groupe, interdire son usage peut provoquer d'importants traumatismes chez ses locuteurs. Pour l'auteur, cette hypothèse générerait toutefois deux objections. La première est que les troubles psychiques occasionnés par une telle situation n'affecteraient pas tous les membres du groupe mais seulement les plus fragiles, en particulier les personnes âgées. Or, le génocide vise à détruire un groupe en tout *ou en partie*. En outre, lorsqu'on raisonne en termes de culture, il faut généralement considérer les personnes les plus âgées et les plus expérimentées comme les piliers du groupe. De fait, les atteintes qui leur sont portées doivent être considérées comme des atteintes portées à une partie substantielle du groupe considéré. La seconde objection que suscite la référence aux atteintes graves à l'intégrité mentale des membres du groupe est que les atteintes de nature « culturelles » seraient limitées dans le temps : « Le temps d'apprendre la langue étrangère imposée ou, le cas échéant, de se fondre dans le nouveau moule culturel qui leur est offert »[1042]. Or, on l'a vu, il n'est pas exigé par la définition du génocide que les atteintes à l'intégrité mentale soient permanentes. Dès lors, cette objection doit également être réfutée.

Ensuite, comme le relevait le Professeur Karagiannis, il est difficile de ne pas voir dans le transfert forcé d'enfants du groupe à un autre groupe un moyen de destruction du groupe par l'effacement de sa culture et de son identité. Cet acte n'affecte pas physiquement ou biologiquement les membres du groupe. Il n'est, en outre, pas exigé par la formule employée que le transfert soit purement physique. Elle est assez large pour englober la « déculturation » des enfants d'un groupe donné, « celle-ci pouvant être accomplie par le dénigrement des traditions, de l'histoire, des croyances du groupe auquel les enfants appartiennent par leur naissance, mais une autre forme de déculturation est sans doute la scolarisation des enfants dans une langue qui n'est pas la leur, ce qui peut aboutir au désapprentissage complet de la langue maternelle de la part de l'enfant »[1043]. Ces mesures imposées opéreront un transfert des enfants visés vers un nouveau groupe par l'assimilation forcée de sa culture.

Ainsi, finalement, la définition du génocide établie en 1948 semble, potentiellement, pouvoir être exploitée pour sanctionner le génocide culturel.

1041 Syméon Karagiannis, « La place du génocide culturel dans la Convention sur le génocide de 1948 », op.cit., p. 25

1042 *Idem*, p. 26.

1043 *Ibidem*, p. 34.

Cette possibilité n'a, cependant, pas encore été exploitée par le juge international.

Toutefois, si ce dernier ne considère pas les actes tendant à détruire la culture d'un groupe comme des actes de génocide à proprement parler, il les sanctionne indirectement sur cette base puisqu'il les utilise pour démontrer l'existence de l'intention génocidaire. Dans l'affaire *Karadzic-Mladic*, le TPIY a retenu que « la destruction des mosquées ou des églises catholiques vise à l'anéantissement de la présence séculaire du ou des groupes ; la destruction des bibliothèques à l'annihilation d'une culture enrichie de la participation des diverses composantes nationales de la population »[1044]. Les juges ont exploité ces éléments pour déterminer l'existence du *dolus specialis*. Dès lors, les actes visant la destruction d'un groupe par l'élimination de sa culture pourront être sanctionnés en tant qu'actes de génocide lorsqu'ils seront perpétrés en relation avec des actes de destruction physique ou biologique du groupe. Le Professeur Shabas écrivait en ce sens que : « In light of the travaux préparatoires of the Genocide Convention, it seems impossible to consider acts of cultural genocide as punishable crimes if they are unrelated to physical or biological genocide »[1045].

La négation du génocide culturel constitue une lacune importante de la protection des groupes en droit international. Le but poursuivi est bien l'annihilation d'un groupe, et si les moyens d'y parvenir sont moins choquants que l'extermination en masse d'individus, il n'en demeure pas moins révélateur d'une animosité particulière envers une collectivité pour ce qu'elle représente. De plus, considérer que le droit des minorités est suffisant à pallier ce manque, et à préserver efficacement l'identité des groupes est une erreur. Comme nous allons le voir, ce droit ne pose pas d'obligations suffisamment précises et strictes à la charge des Etats. Il est, surtout, dépourvu de toute dimension pénale et, dès lors, manque d'un important caractère dissuasif.

[1044] *Le Procureur contre Radovan Karadzic et Ratko Mladic*, Examen des actes d'accusation dans le cadre de l'article 61du Règlement de procédure et de preuve, Décision du 11 juillet 1996, op.cit., § 95.

[1045] William A.Shabas, *Genocide in International Law*, Cambridge University Press, Cambridge, 2000, p. 187. Voir également Barry Sautman, « Cultural Genocide And Tibet », *Texas International Law Journal*, 2003, vol. 38, pp. 173-248, spéc. pp. 184-186.

TITRE 2 : LE DROIT DES MINORITES FACE AU NETTOYAGE ETHNIQUE

Les premiers instruments juridiques internationaux de protection des minorités sont apparus dès le XVIIe siècle. Il s'agissait de traités bilatéraux, surtout des accords de transfert de territoire, dans lesquels étaient insérées des clauses visant à protéger les minorités religieuses des persécutions[1046]. Par la suite, au XIXe siècle, des clauses garantissant d'autres droits que religieux, au bénéfice d'autres groupes que les minorités religieuses, seront incluses dans des conventions multilatérales[1047]. Cette première ébauche de protection s'est révélée assez limitée. Elle n'était que fragmentaire et dépourvue de tout système de garantie.

Au début du XXe siècle sera mis en place un mécanisme plus élaboré sous l'empire de la SDN. Au terme des discussions menées durant la Conférence de la paix de 1919, il fut décidé de ne pas inclure dans le Pacte de dispositions relatives à la protection des minorités et de régler la question par voie de traités spécifiques. Plusieurs accords portant sur la question ont alors été conclus[1048]. Les instruments élaborés constituaient une avancée significative, autant dans le domaine des droits de l'homme en général, que dans la reconnaissance aux minorités d'une certaine identité culturelle et le droit de la préserver. En outre, un mécanisme de garantie fut instauré[1049]. Finalement, le système mis en place

---

1046 Par exemple, le Traité de Vienne, conclu en 1606 entre le Roi de Hongrie et le Prince de Transylvanie, reconnaissait à la minorité protestante de cette région le droit d'exercer librement son culte. Le Traité de Nimègue, signé en 1678 entre la France et la Hollande, a garanti la liberté du culte à la minorité catholique résidant sans les territoires cédés par la France à la seconde.

1047 Il est intéressant de lire à ce propos l'« aperçu historique de la question de la protection des minorités » établi par le Rapporteur Spécial Francesco Capotorti dans son *Etude des droits des personnes appartenant aux minorités ethniques, religieuses et linguistiques*, op.cit., pp.1 à 4. Voir également Patrick Thornberry, *International Law and the Rights of Minorities*, Clarendon Press, Oxford, 1991, spéc .pp. 25-54, et Joe Verhoeven, « Les principales étapes de la protection internationale des minorités », *RTDH*, 1997, pp. 177-203, spéc. p. 180. Il faut ajouter aux instruments qui ont pu être adoptés les différentes interventions d'humanité organisées par les Puissances européennes, surtout dans l'Empire ottoman pour protéger les populations chrétiennes opprimées. Lire sur ce sujet André Mandelstam, « La protection des minorités », *RCADI*, 1923, Tome 1, pp. 363-519, spéc. pp. 373-382.

1048 Le Professeur Verhoeven a classé en trois catégories les différents engagements pris dans ce domaine :

a. Les traités portant spécifiquement sur les minorités qui ont été conclu entre les Puissances alliées et la Pologne, le Royaume des Serbes, des Croates et des Slovènes, la Tchécoslovaquie, la Roumanie et la Grèce ;

b. Les Traités de paix conclus avec l'Autriche, la Bulgarie, la Hongrie et la Turquie ;

c. Les Traités plurilatéraux comme la Convention gréco-bulgare de Neuilly sur Seine du 27 novembre 1919 sur l'émigration réciproque.

Il est utile de relever que plusieurs Etats ont accepté, par voie d'actes unilatéraux, d'appliquer les règles contenues dans ces traités, ce fut le cas par exemple de la Finlande ou des Etats baltes. (« Les principales étapes de la protection internationale des minorités », op.cit., p. 184).

1049 Le Conseil de l'Organisation mondiale pouvait être saisi, directement par les Etats membres de violations aux règles protectrices des minorités, indirectement par les Etats non-membres et les

sous la SDN s'est révélé être un échec. L'inefficacité du mécanisme de garantie, la protection limitée aux seuls Etats contractants et plus généralement la faillite de l'Organisation conduisirent à l'abandon de la protection des minorités. Au sortir de la seconde guerre mondiale, la question minoritaire tombera un temps dans l'oubli. La Charte de San Francisco ne contient aucune disposition y relative. Elle privilégie une nouvelle conception individualiste des droits de l'homme, reposant notamment sur la non-discrimination fondée sur la race, la religion ou encore la langue. Par ailleurs, l'expérience d'avant-guerre a entraîné une méfiance à l'égard du phénomène minoritaire[1050]. Les Traités conclus sous la SDN sont caducs[1051]. Toutefois, l'Organisation ne s'est jamais totalement désintéressée de la question des minorités. Un projet visant à inclure dans la Déclaration Universelle de 1948 un article relatif à la protection des minorités avait été discuté devant l'AGNU. Il fut finalement rejeté mais il amorce un renouveau de la protection des minorités dans la pratique internationale qui connaîtra son véritable point de départ en 1966 avec l'adoption de l'article 27 du PIDCP.

La question de la protection des minorités s'inscrit dans le cadre des droits de l'homme et renvoie, de manière incontournable, à l'opposition entre droits individuels et collectifs. Classiquement, on considère que les premiers sont les droits qui ont pour titulaire les individus tandis que les seconds ont pour bénéficiaire les groupements auxquels ils appartiennent[1052]. Toutefois, cette dichotomie ne rend pas exactement compte de la réalité des droits de l'homme. En effet, comme le notait M. Vandernoot, il existe une troisième catégorie, « située quelque peu à cheval entre les droits individuels et les droits collectifs : il s'agit des droits reconnus éventuellement aux individus mais s'exerçant généralement en groupe »[1053]. Ces droits sont par exemple, la liberté

---

minorités elles-mêmes par voie de pétitions adressées au Secrétaire général de la SDN. Le Conseil formulait des instructions à destination des Etats, par voie de recommandations, et pouvait solliciter l'avis de la CPJI qui disposait d'une juridiction obligatoire en matière de protection des minorités.

[1050] Voir notamment la question des Sudètes.

[1051] En effet, « tout le régime de protection des minorités était en 1919 partie intégrante du système établi pour régler les suites de la première guerre mondiale et créer une organisation internationale, la Société des Nations. Un principe de ce système était que certains Etats (...) devaient être assujettis à des obligations et à un contrôle international en matière de minorités.(...) En considérant le tableau d'ensemble, on est donc amené à conclure que de 1939 à 1947, l'ensemble des circonstances a changé dans une telle mesure que le système d'une façon générale, doit être considéré comme ayant cessé d'être en vigueur », dans *Etude sur la validité juridique des engagements relatifs aux minorités*, préparée par le Secrétaire général à la demande du Conseil Economique et Social, 1950, Doc. E/CN.4/367, chapitre XIV, p. 82.

[1052] Lire à ce propos, Pierre-Marie Dupuy et Yann Kerbrat, *Droit international public*, op.cit., p. 246.

[1053] Pierre Vandernoot, « Les aspects juridiques du droit des minorités », *RTDH*, 1997, pp. 309-369, spéc. p. 338. C'est ce que relèvent également les Professeur Dupuy et Kerbrat : « Pour autant, plusieurs d'entre eux, notamment parmi les droits politiques et économiques, supposent une certaine organisation sociale, et possèdent de ce fait une dimension collective. Ils demeurent

d'association, de réunion, la liberté syndicale. Le Professeur Sudre remplace le diptyque initial en un triptyque particulièrement clair : L'auteur distingue ainsi les droits individuels ayant pour titulaires les individus des droits collectifs qui sont des droits individuels qui doivent être exercés collectivement. En marge de ceux-ci, une troisième catégorie correspond aux droits de groupe dont le titulaire est un groupe en tant que tel, en tant qu'entité à part entière[1054]. A titre d'exemple, des groupes sont titulaires du droit à la protection contre le génocide ou le crime d'apartheid, ou encore du droit des peuples à disposer d'eux-mêmes. Les droits des minorités s'insèrent dans cette distinction de manière ambiguë. Les différents instruments internationaux en vigueur reconnaissent surtout des droits au profit des individus appartenant à des minorités. Ils constitueraient, *a priori*, des droits individuels. Néanmoins, ces droits sont spéciaux et ne leur sont accordés que parce qu'ils sont membres d'une minorité. Ils sont conçus pour protéger un intérêt collectif et sont supposés être exercés en commun avec les autres membres de la minorité. Ces considérations relativisent leur nature individuelle[1055]. D'une manière globale, les droits des minorités s'inscrivent mal dans l'une ou l'autre catégorie, ils apparaissent comme « hybrides » et il faudra apprécier leur nature par rapport à l'instrument qui les énonce.

Face au nettoyage ethnique, le droit des minorités présente une double pertinence. Il apporte une protection contre l'assimilation forcée en garantissant la préservation de leur identité aux individus appartenant à des minorités (Chapitre 1). Mais la question minoritaire est aussi appréhendée dans une optique sécuritaire, notamment par l'Organisation pour la Coopération et la Sécurité en Europe (OSCE) et l'UE[1056]. En effet, les revendications des

---

cependant tous centrés sur l'individu, qui doit pouvoir s'en prévaloir face à l'Etat », dans *Droit international public*, op.cit., p. 246.

1054 Le Professeur Sudre les appelle aussi « droits des collectivités ». Voir *Droit européen et international des droits de l'homme*, op.cit., p. 95. Voir également Geneviève Koubi, « Penser les minorités en droit », dans Alain Fenet (Dir.), Geneviève Koubi et Isabelle Schulte-Tenckhoff, *Le droit et les minorités_Analyses et textes*, 2e édition, Bruylant, Bruxelles, 2000, pp. 385-468, spéc. pp. 433. Lire également sur la distinction entre droits individuels, droits collectifs et droits de groupe, Douglas Sanders, « Collective Rights », *Human Rights Quarterly,* vol. 13, n° 3, 1991, pp. 368-386, spéc. pp. 368-370. L'auteur considère que les droits de groupe constituent la somme des droits des individus qui les composent.

1055 Les Professeurs Dupuy et Kerbrat écrivent en ce sens que « l'idée centrale est celle de maintien des droits des minorités dans le cadre d'exercice des droits reconnus à chaque individu, même si beaucoup parmi ces droits sont exercés collectivement », dans *Droit international public*, op.cit., p. 250.

1056 Il importe de préciser ici qu'à l'échelle européenne, le Conseil de l'Europe, l'OSCE et l'UE contribuent conjointement à la protection des minorités. Chaque organisation y participe dans la mesure de ses compétences et des missions qui lui sont assignées. Or, il est difficile de définir pour chacune une approche claire et distincte de la question. Elles sont toutes trois mues d'une idéologie commune fondée sur la démocratie, l'Etat de droit et les droits de l'homme. La stabilité, la sécurité et la diversité culturelle comptent, plus ou moins directement, parmi leurs objectifs. Ces différents thèmes sont interdépendants. De fait, leurs domaines de compétences sont-ils

minorités peuvent être source d'instabilité dans certains Etats, aussi leur protection sera-t-elle le moyen de désamorcer les crises et devancer les exactions qu'elles pourraient occasionner (Chapitre 2).

amenés à se chevaucher. Aussi, dans un souci de clarté, l'activité du Conseil de l'Europe sera appréhendée comme tendant principalement à la préservation de l'identité minoritaire tandis que celles de l'OSCE et de l'UE seront analysées sous l'angle de la sécurité et de la stabilité. Cette orientation ne devra toutefois pas induire en erreur : l'œuvre de l'OSCE et de l'UE sert, aussi, la conservation de l'identité minoritaire tout comme celle de l'Organisation de Strasbourg sert incidemment la stabilité en Europe.

Chapitre 1 : L'objet du droit des minorités : la préservation de l'identité minoritaire

La CPJI a défini en 1935 dans l'affaire des *Ecoles minoritaires en Albanie* l'idée qui est la base du droit des minorités. Elle est de leur assurer une coexistence pacifique avec le reste de la population tout en gardant leurs spécificités. Il faut pour cela : « Tout d'abord, assurer que les ressortissants appartenant à des minorités de race, de religion ou de langue se trouvent, à tous les points de vue, sur un pied de parfaite égalité avec les autres ressortissants des Etats. En second lieu, assurer aux groupes minoritaires des moyens appropriés pour la conservation des caractères ethniques, des traditions et de la physionomie nationales »[1057]. Ces deux éléments sont intimement liés. En effet, « il n'y aurait pas de véritable égalité entre majorité et minorité si celle-ci était privée de ses propres institutions et, partant, obligée de renoncer à ce qui constitue l'essence même de sa vie en tant que minorité »[1058]. Ce n'est pas tant une égalité en droit qui est poursuivie par le droit des minorités qu'une égalité en fait. Celle-ci se réalise par le droit à l'identité.

Un dictionnaire de la langue française définit l'identité comme « le caractère permanent et fondamental d'une personne, d'un groupe »[1059]. La préservation de ce caractère spécifique du groupe peut requérir l'adoption de mesures spéciales en sa faveur qui constitueront une « discrimination positive ». La discrimination positive est « l'action de traiter de manière différente (accorder un traitement plus favorable que celui prévu par un régime juridique commun) des personnes ou des situations, sur la base d'un ou plusieurs critères en vue de redresser une situation jugée discriminatoire »[1060]. Madame Bernadette Renauld a identifié

[1057] CPJI, Avis consultatif du 6 avril 1935, *affaire des Ecoles minoritaires en Albanie*, série A/B, n° 64, 1935, p. 17.

[1058] *Idem.*

[1059] Le Petit Larousse Illustré, Larousse, Paris, 2007, p. 561.

[1060] Jean Salmon (Dir.), *Dictionnaire de droit international public*, op.cit., p. 345. Pour Madame Bernadette Renauld, la discrimination positive est « la préférence dans l'attribution d'une place ou d'un avantage accordée à une personne en raison de son appartenance à un groupe défavorisé » dans « Les discriminations positives », *RTDH*, 1997, pp. 425-460, spéc. p. 426. La CPJI a confirmé la validité de la discrimination positive dans l'affaire *Oscar Chinn* en déclarant que : « L'égalité en droit exclut toute discrimination ; l'égalité en fait peut, en revanche, rendre nécessaires des traitements différents en vue d'arriver à un résultat qui établisse l'équilibre entre des situations différentes », CPJI, Arrêt du 13 décembre 1938, op.cit., p. 87. La Convention sur l'interdiction de toutes les formes de discrimination raciale de 1965 autorise expressément la discrimination positive. Son article 1§4 dispose ainsi que : « Les mesures spéciales prises à seule fin d'assurer comme il convient le progrès de certains groupes raciaux ou ethniques ou d'individus ayant besoin de la protection qui peut être nécessaire pour leur garantir la jouissance et l'exercice des droits de l'homme et des libertés fondamentales dans des conditions d'égalité ne sont pas considérées comme des mesures de discrimination raciale, à condition toutefois qu'elles n'aient pas pour effet le maintien de droits distincts pour des groupes raciaux différents et qu'elles ne soient pas maintenues en vigueur une fois atteints les objectifs auxquels elles répondaient ». Voir également l'article 2§2 du même instrument.

trois éléments permettant d'identifier une discrimination positive : un groupe d'individus suffisamment défini, une discrimination structurelle dont les membres de ce groupe sont victimes, et enfin un plan établissant des objectifs et définissant des moyens à mettre en œuvre visant à corriger la discrimination envisagée »[1061]. La discrimination positive tend ainsi à remédier à une situation défavorable vécue par un groupe particulier. Dans le cas des minorités, c'est la position non dominante au sein d'une population donnée qui menace leur identité et qui appelle des correctifs. Ainsi, « l'application du principe de la discrimination positive n'a d'autre objet que d'harmoniser le principe générique d'égalité avec la reconnaissance juridique du fait minoritaire »[1062].

Cependant, toutes les minorités n'ont pas besoin de cette protection spécifique. En effet, certains groupes, tout en étant numériquement inférieurs au reste de la population, en constituent l'élément dominant et leur identité ne sera, dès lors, pas menacée. D'autres souhaiteront une assimilation complète avec le reste de la population.

Afin d'analyser les garanties offertes par le droit international à l'identité minoritaire, il convient avant toute chose d'identifier quels seront leurs bénéficiaires et conséquemment quelle est cette identité à protéger. Or, la notion de minorité n'est pas définie en droit. « Mouvant et complexe, le concept de minorité ne dispose pas de fondements scientifiques ni de bases juridiques. Formulé dans l'ordre juridique international, il est un concept dogmatique de nature transactionnelle qui rassemble les compromis politiques réalisés autour de textes juridiques diversifiés »[1063]. Il est toutefois possible de cerner le phénomène par l'association de plusieurs éléments qui le caractérisent (Section 1)[1064]. L'indétermination de la notion n'a, heureusement, pas constitué

[1061] Bernadette Renauld, « Les discriminations positives », op.cit., p. 427.

[1062] Norbert Rouland (Dir.), Stéphane Pierré-Caps et Jacques Poumarède, *Droit des minorités et des peuples autochtones*, PUF, Paris, 1996, p. 245.

[1063] Geneviève Koubi, « Penser les minorités en droit », dans Alain Fenet (Dir.), Geneviève Koubi et Isabelle Schulte-Tenckhoff, *Le droit et les minorités_Analyses et textes*, op.cit., p. 387.

[1064] Il ne sera pas consacré de développement spécifique à la notion de « peuple autochtone ». M. Martinez Cobo a défini la notion dans son *Etude du problème de la discrimination à l'encontre des populations autochtones* de la manière suivante : « Par communautés, populations ou nations autochtones, il faut entendre celles qui, liées par une continuité historique avec les sociétés antérieures à l'invasion et avec les sociétés précoloniales qui se sont développées sur leurs territoires, se jugent distinctes des autres éléments des sociétés qui dominent à présent sur leurs territoires ou parties de ces territoires. Ce sont à présent des éléments non dominants de la société et elles sont déterminées à conserver, développer et transmettre aux générations futures les territoires de leurs ancêtres et leur identité ethnique qui constituent la base de la continuité de leur existence en tant que peuple, conformément à leurs propres modèles culturels, à leurs institutions sociales et à leurs systèmes juridiques » (*Etude du problème de la discrimination à l'encontre des populations autochtones*, Doc.off.UN E/CN.4/Sub.2/1986/7/Add.4, § 379). Il ne s'agit là que d'une définition de travail et, comme pour les minorités, il n'existe pas de définition juridiquement opposable des peuples autochtones. Ceux-ci sont le fruit de la colonisation. La notion de peuple autochtone sous-tend un rapport de subjugation. Les peuples autochtones

un obstacle à l'élaboration d'instruments internationaux de protection qui tendent à préserver les minorités des politiques d'assimilation (Section 2). Ces outils s'ajoutent aux droits de l'homme dont chaque minoritaire bénéficie à titre individuel. Ils complètent, en outre, la protection offerte par la Convention pour la prévention et la répression du crime de génocide, qui elle, préserve les minorités, en tant que groupes, de la destruction physique.

Section 1. Les différents paramètres concourrant à la définition des minorités

En droit international, une définition est affaire de consensus entre les Etats. Or, jusqu'à présent, aucune définition du terme « minorité » n'a recueilli une adhésion universelle. La CPJI a proposé une première interprétation du vocable dans son avis consultatif rendu le 31 juillet 1930 dans l'affaire de *l'émigration des communautés gréco-bulgares*. Ainsi, se fondant sur la Convention du 27 novembre 1919 sur l'émigration conclue entre la Bulgarie et la Grèce, elle retint que « le *criterium* de la notion de communauté au sens des articles de la Convention (...) est l'existence d'une collectivité de personnes vivant dans un pays ou une localité donnés, ayant une race, une langue et des traditions qui lui sont propres et unies par l'identité de cette race, de cette religion, de cette langue et de ces traditions dans un sentiment de solidarité, à l'effet de conserver leurs traditions, de maintenir leur culte, d'assurer l'instruction et l'éducation de leurs enfants conformément au génie de leur race et de s'assister mutuellement »[1065]. Si ces termes concernent, formellement, les « communautés » au sens du Traité gréco-bulgare, ils sont, d'un avis général, réputés être pertinents pour la définition des minorités[1066]. Différents experts se sont par la suite essayés à définir la notion, en appelant souvent à la collaboration des Etats, sans que leurs travaux ne dépassent la simple valeur

---

résultent de l'échec des politiques d'assimilation menée par les colonisateurs. Leur particularisme fondamental, qui les caractérise des minorités et leur lien avec le territoire. Toutefois, il n'est pas exclu que des minorités soient qualifiées d'autochtones au regard de leur origine historique. M. François Rigaux citait ainsi l'exemple des Basques qu'il considère comme autochtones et qui se sont transformés en minorité « pour avoir résisté à l'acculturation devant laquelle les autres peuples autochtones, Ibères, Ligures ou Celtes ont cédé » (Dans François Rigaux, « Mission impossible : la définition des minorités », *RTDH*, 1997, pp. 156-178, spéc. pp. 170-171). En l'absence d'un régime juridique qui leur soit propre, les peuples autochtones relèveront, pour l'essentiel, de celui applicable aux minorités. Voir Isabelle Schulte-Thenckoff, « Les minorités en droit international », dans Alain Fenet (Dir.), Geneviève Koubi et Isabelle Schulte-Tenckhoff, *Le droit et les minorités_Analyses et textes*, op.cit., pp. 17-113, spéc. pp. 24-32.

1065 CPJI, Avis consultatif du 31 juillet 1930, *Affaire des « Communautés » gréco-bulgares*, Série B, n° 17, p. 33.

1066 D'ailleurs, la Cour notait que « tout conduit à considérer que la convention a envisagé la notion de « communauté » sous cet aspect exclusivement minoritaire qu'elle a eu depuis des siècles en Orient », *idem*. Voir à ce propos, Joe Verhoeven, « *Les principales étapes de la protection internationale des minorités* », op cit, p. 185.

doctrinale[1067]. Toutefois, il est possible de dégager de ces différentes entreprises des facteurs récurrents qui, combinés, serviraient à cerner le concept juridique de minorité. Ces éléments sont : l'élément numérique (§1) ; l'élément objectif, soit l'ensemble des caractéristiques objectives propres aux minorités, et l'élément subjectif qu'est le sentiment d'appartenance (§2) ; la nationalité de leurs membres et la question de la reconnaissance officielle par les Etats (§3). Enfin, il conviendra de se demander si les minorités ont vocation à l'autodétermination (§4).

§1. L'élément numérique

Dans le langage courant, le terme « minorité » s'entend par opposition avec celui de majorité. Rapporté à un groupement humain il traduira un état d'infériorité numérique par rapport à une majorité. Ce rapport quantitatif avec l'ensemble de la population est source d'indécision. Elle se cristallise, à la fois autour du caractère essentiel de cette dimension numérique pour la définition juridique de minorité, et sur le nombre minimal d'individus qui serait nécessaire à la constituer.

Quant au caractère essentiel de l'élément quantitatif, il semble en réalité être un faux problème tant il est évident que, dans le sens littéral, une minorité ne s'entend que par rapport à une majorité. Préciser qu'une minorité est un groupe numériquement inférieur à un groupe majoritaire dominant apparaît comme une tautologie. Et, dans les Etats où coexistent des groupes d'importance numérique à peu près égale, la situation de tous les groupes devra être prise en compte. Chaque groupe pris isolément sera inférieur par rapport à la totalité de la population. Le facteur numérique détermine le besoin de protection. C'est la faiblesse de la position du groupe dans le cadre de l'Etat qui en fait une minorité. Néanmoins, l'UNESCO a contesté que « l'expression « groupe numériquement inférieur au reste de la population » constitue une définition adéquate ». Invitée par le Rapporteur spécial Francesco Capotorti à formuler ses

[1067] Une définition du terme « minorité » recueille un assentiment majoritaire en doctrine. Il s'agit de celle proposée par M.Francesco Caportorti dans son *Etude des droits des personnes appartenant aux minorités ethniques, religieuses et linguistiques* selon laquelle : « Une minorité est un groupe numériquement inférieur au reste de la population d'un Etat, en position non dominante, dont les membres _ressortissants de l'Etat_ possèdent du point de vue ethnique, religieux, linguistique des caractéristiques qui diffèrent de celles du reste de la population et manifestent même de façon implicite, un sentiment de solidarité, à l'effet de préserver leur culture, leurs traditions, leur religion ou leur langue », Doc.off.UN E/CN.4/Sub.2/384, op.cit., p. 102. Celle-ci, élaborée à propos de l'article 27 du PIDCP, constitue l'oeuvre d'interprétation la plus satisfaisante aujourd'hui encore. En 1985, un autre Rapporteur spécial, M. Jules Deschênes, suggéra une définition qui, finalement, vient confirmer l'approche préconisée en 1979 : « Une minorité est un groupe de citoyens d'un Etat, minorité numérique et en position non dominante dans cet Etat, dotés de caractéristiques ethniques, religieuses ou linguistiques qui diffèrent de celles de la majorité de la population, solidaires les uns des autres, animés, fût-ce implicitement, d'une volonté collective de survie et visant à l'égalité en fait et en droit avec la majorité », Voir Doc.off.UN E/CN.4/Sub.2/1985/31, § 181.

observations à ce propos, l'Organisation a déclaré : « Dans certains cas, la population majoritaire est en fait une minorité sociologique, et il peut être utile de tenir compte de la structure du pouvoir et de se demander qui peut octroyer quoi lorsqu'on cherche à déterminer « les droits de minorités » »[1068]. Répondant à la même sollicitation, le gouvernement grec avait estimé que pour qu'un groupe mérite l'appellation de minorité, « il doit être suffisamment important numériquement (...) Cependant, il ne semble pas que l'infériorité numérique d'un groupe donné par rapport au reste de la population constitue un critère véritablement adéquat pour la définition du terme minorité »[1069]. Le critère numérique semblerait, alors, devoir être effacé par le besoin de protection. Un groupe, majoritaire sur le plan numérique, mais non dominant sur le plan sociologique, qui serait victime d'un régime discriminatoire et/ou dont l'identité serait menacée, devrait alors pouvoir bénéficier du statut juridique de minorité. Cette conclusion semble, de prime abord, en concordance avec l'objet du droit des minorités. Mais dans une telle hypothèse, le groupe majoritaire opprimé disposera de droits qui dépasseront largement la simple préservation de son identité et pourra notamment prétendre au bénéfice du droit des peuples à disposer d'eux-mêmes. Dès lors, le droit des minorités semble peu pertinent face à de tels cas, qui de plus, sont très rares.

Pour le reste, le débat est ouvert quant à la nécessité et la détermination d'un seuil quantitatif. Dans son mémorandum intitulé *Définition et classification des minorités*, le Secrétaire général observait qu'en pratique, on ne désigne sous le nom de minorités que les groupes qui représentent « une proportion appréciable de la population d'un Etat »[1070]. Invité à formuler ses observations sur la question, le gouvernement néerlandais a estimé, en toute logique, que le terme minorité « doit se référer uniquement à un groupe qui est numériquement inférieur au reste de la population de l'Etat auquel il appartient. Toutefois, on peut supposer qu'un nombre minimum est envisagé dans la mesure où il faut qu'un groupe existe, ce qui signifie qu'un seul individu ne peut former une minorité »[1071]. La Suède a, pour sa part, déclaré que le groupe en question devait être composé d'une centaine de personnes au moins. D'autres Etats ont, au contraire, dénié toute pertinence à la fixation d'un seuil minimal. Il faudra considérer, *in fine*, que l'infériorité numérique est inhérente à la notion de minorité, mais qu'en l'absence d'une position unanime sur la fixation d'un seuil quantitatif minimal, celui-ci ne sera requis que dans les Etats qui le jugent nécessaire.

[1068] *Etude sur la validité juridique des engagements relatifs aux minorités*, op cit, p. 10.
[1069] *Idem*, p. 9.
[1070] *Définition et classification des minorités*, Mémorandum présenté par le Secrétaire général, Nations Unies, Commission des droits de l'homme, Sous-Commission de la lutte contre les mesures discriminatoires et de la protection des minorités, Lake Success, New York, 1950, p. 4.
[1071] *Etude sur la validité juridique des engagements relatifs aux minorités*, op.cit., p. 9.

Par ailleurs, l'existence d'une minorité semble devoir n'être appréciée qu'à l'échelle étatique. Les subdivisions administratives, entités fédérées ou régions géographiques ne sont pas des bases de détermination pertinentes. Il n'existe pas de minorités régionales. C'est du moins ce qu'a considéré le Comité des droits de l'homme dans l'affaire *Ballantyne/Davidson et Mc Intyre contre Canada*. L'organe de contrôle a refusé le bénéfice de l'article 27 du PIDCP au groupe anglophone, minoritaire au Québec, mais majoritaire au plan national. « L'article 50 du Pacte précise que ses dispositions s'appliquent, sans limitation ni exception aucune, à toutes les unités constitutives des Etats fédératifs. Par conséquent, les minorités visées à l'article 27 sont les groupes minoritaires à l'échelle de l'Etat, qui est ainsi défini, et non pas des minorités dans une province. Un groupe peut être majoritaire dans une province mais néanmoins constituer une minorité dans l'Etat, et par conséquent être protégé par l'article 27. Les citoyens canadiens anglophones ne peuvent être considérés comme une minorité linguistique »[1072]. Il est important de souligner que quatre membres du Comité ont réservé leur position quant à cette solution. Affirmant ne pas partager le point de vue selon lequel des personnes sont nécessairement exclues de la protection visée à l'article 27 lorsque leur groupe constitue une minorité ethnique, linguistique ou culturelle dans une province autonome d'un Etat, sans être à proprement parler une minorité numérique au sein de l'Etat lui-même. Il s'agit d'une question qui ne doit pas être réglée « une fois pour toutes dans le cadre de la présente affaire, et elles gagneraient à être examinées lorsque les circonstances s'y prêteront »[1073]. M.Gaetano Pentassuglia soutient, quant à lui, qu'« une hypothèse largement répandue veut que les majorités ne deviennent pas des minorités lorsqu'elles sont numériquement inférieures dans une région, de même que les minorités d'un Etat ne perdent pas leur statut dès lors qu'elles acquièrent une majorité numérique dans une région particulière »[1074]. Des auteurs contestent cette conclusion. Pour M. Sébastien Ramu, « étant donné le but de préservation des caractéristiques identitaires d'un groupe assigné à la protection des minorités et le risque d'assimilation involontaire, il est nécessaire de prendre en compte les facteurs propres à exercer de telles pressions, comme par exemple le pouvoir politique et administratif ; or, ce dernier peut appartenir à des sous-sections d'un Etat »[1075]. Sur ce point encore, le problème est ouvert,

[1072] Comité des droits de l'homme, Communications n° 359/1989 et 385/1989 *John Ballantyne, Elizabeth Davidson et Gordon Mc Intyre contre Canada,* Constatations du 31 mars 1993, Doc.off.UN CCPR/C/47/D/385/1989, § 11.2.

[1073] Opinion individuelle de Mme Elizabeth Evatt et de MM. Nisuke Ando, Marco Tulio Bruni Celli et Vojin Dimitrijevic, jointe à la communication précitée.

[1074] Gaetano Pentassuglia, *Minorités en droit international-une étude introductive*, Editions du Conseil de l'Europe, Strasbourg, 2004, p. 70.

[1075] Sébastien Ramu, « Le statut des minorités au regard du Pacte international relatif aux droits civils et politiques », *RTDH*, 2002, pp. 587-626, spéc. p. 593.

et la conclusion du Comité des droits de l'homme n'est valable qu'au regard de l'article 27 du PIDCP[1076].

Par ailleurs, les minorités se définissent sur la base de caractéristiques propres à leurs membres qui génèrent un sentiment d'appartenance.

§2. La combinaison de caractères objectifs et d'un sentiment d'appartenance

A défaut d'être clairement définies par le droit international, les minorités sont classifiées. Plusieurs épithètes sont employés qui renvoient à différentes caractéristiques. L'étude des instruments internationaux pertinents révèle quatre qualificatifs. Les minorités seront ainsi nationales, ethniques, religieuses ou linguistiques.

Il est, tout d'abord, intéressant de relever que les minorités raciales ne figurent pas dans cette énumération. L'expression, pourtant couramment employée par le passé, tant dans la jurisprudence de la CPJI que par la suite dans les travaux des organes de l'ONU d'avant 1950, a été abandonnée au profit de la formule plus large de « minorités ethniques ». Le terme race renvoie, au sens courant, à des individus se différenciant par certaines caractéristiques physiques, l'exemple classique est la couleur de la peau. Il a été jugé trop restrictif et abandonné en matière de protection des minorités. Il paraît en effet difficile de concevoir une identité reposant sur des facteurs génétiques et de déterminer des droits dont l'exercice permettrait de la préserver. Les membres des groupes raciaux bénéficieront cependant de la protection générale contre la discrimination et donc de la jouissance de tous les droits de l'homme, et les groupes raciaux en tant que tels d'une protection contre le génocide. Mais un groupe racial ne possède pas « une nature interpersonnelle susceptible d'être affectée »[1077] à l'instar de la langue, la religion ou la culture. C'est pourquoi l'expression « minorité ethnique » fut privilégiée. Elle se rapporte à des caractéristiques biologiques, culturelles et historiques. Cette acception plus large englobe l'élément racial.

L'expression de « minorité ethnique » peut entrer en concurrence avec celle de « minorité nationale ». Ainsi l'article 27 du PIDCP ne mentionne-t-il pas les minorités nationales. Cette omission semble devoir être justifiée par le fait qu'à l'époque on ait considéré que la catégorie des minorités ethniques était la plus

---

1076 A cet égard, il est intéressant de mentionner la Recommandation 1201 de l'Assemblée parlementaire du Conseil de l'Europe. Celle-ci contient une proposition de protocole additionnel à la Convention européenne des droits de l'homme concernant les personnes appartenant à des minorités nationales qui définit l'expression « minorité nationale » comme : « un groupe de personnes qui dans un Etat (...) sont suffisamment représentatives, tout en étant moins nombreuses que le reste de la population de cet État *ou d'une région de cet État* » (article 1-d, Recommandation 1201 adoptée le 1er février 1993) Nous soulignons. Cette résolution atteste bien que la position est loin d'être unanime sur la question des minorités régionales.

1077 Sébastien Ramu, « Le statut des minorités au regard du Pacte international relatif aux droits civils et politiques », op.cit., p. 599.

large et englobait, de fait, les minorités raciales et nationales[1078]. Toutefois, l'usage concomitant des deux expressions dans les instruments de protection des minorités qui seront adoptés par la suite récuse cette position. Il semble plutôt que les minorités aient, presque toujours, un caractère national. Elles sont des collectivités qui présentent des particularismes culturels, linguistiques ou religieux et dont les membres ont le sentiment et la volonté de constituer un groupe du fait de ces particularismes. Dans son mémorandum, le Secrétaire général précisait que les individus formant une nation ont la volonté de vivre ensemble afin de « poursuivre des actions qui leur paraissent répondre au destin historique du groupe auquel ils appartiennent »[1079]. Plus loin il concluait que le terme minorité « désigne les collectivités présentant certaines caractéristiques (ethniques, linguistiques, culturelles, religieuses, etc.) et, presque toujours, des collectivités ayant un caractère national. Les membres d'une minorité ainsi définie ont le sentiment qu'ils constituent un groupe ou un sous-groupe national qui diffère de l'élément dominant »[1080]. Ainsi, dans la plupart des cas, une minorité nationale est aussi une minorité ethnique, linguistique ou religieuse.

Les caractéristiques objectives minoritaires sont, en fin de compte, d'ordres culturel, religieux et linguistique. Il convient de ne pas s'étendre sur ces critères, déjà évoqués en introduction et dans la première partie de cette étude, mais encore de formuler quelques observations.

Au sens d'un dictionnaire de la langue française, la culture est « un ensemble de convictions partagées et de comportements qui caractérisent un groupe »[1081]. Elle regroupe « tout ce qui est socialement hérité ou transmis »[1082]. L'expression est très large et susceptible de regrouper de nombreuses composantes telles que la connaissance, la croyance, les rituels, la littérature, la musique, la cuisine ou encore le mode d'habitation voire le mode vestimentaire ou les activités économiques. La religion et la langue, qui dans le domaine du droit des minorités ont été distingués de la culture, pourront cependant dans d'autres contextes en être des éléments constitutifs.

Le critère religieux est source d'indétermination en l'absence d'une définition claire de « religion ». Si les grandes croyances bien établies ne posent pas de véritables problèmes d'identification, il en va différemment pour une multitude de cultes qui se sont progressivement développés. Le facteur temps semble pouvoir être un élément pertinent d'identification, il conduirait à ne

---

[1078] Pour certains auteurs, la notion de minorité nationale serait plus étroite que celle de minorité ethnique puisqu'elle exigerait un degré relativement élevé de conscience commune et de volonté d'indépendance. Voir ainsi Sébastien Ramu, « Le statut des minorités au regard du Pacte international relatif aux droits civils et politiques », op.cit., p. 600.

[1079] *Définition et classification des minorités,* op.cit., p. 5.

[1080] *Idem,* p. 10.

[1081] Le Petit Larousse Illustré, op.cit., p. 321.

[1082] Michel Leiris, *Race et civilisation*, Paris, UNESCO, 1951, p.21, cité dans *Etude des droits des personnes appartenant aux minorités ethniques, religieuses et linguistiques,* op.cit., p. 39.

reconnaître comme religion que les croyances durablement établies. Il reviendra finalement aux Etats de reconnaître le caractère religieux de telle ou telle croyance.

Le critère linguistique est, lui aussi, sujet à discussion. La langue est « un système de signes verbaux propre à une communauté d'individus ». Elle possède des déclinaisons régionales que sont les dialectes. Le problème soulevé par le critère linguistique est le sort à réserver à ces derniers. Il a été observé par des membres de la Sous-commission de la lutte contre les mesures discriminatoires et de la protection des minorités que devant les problèmes complexes posés par les dialectes dans certains pays, il était indispensable d'établir des critères numériques selon lesquels un groupe pourrait revendiquer le droit à la protection de sa langue ou de son dialecte[1083]. Ce serait, dès lors, le nombre de locuteurs qui déterminerait la qualité de minorité du groupe. Le seuil numérique deviendrait alors essentiel.

Ces éléments objectifs reflètent le particularisme du groupe par rapport au reste de la population. Ils se combinent avec un élément subjectif, qui est la conscience de sa propre identité par le groupe, conscience qu'il va revendiquer. Une minorité est ainsi fondée sur la solidarité de ses membres. Conscients de leurs caractéristiques culturelles, religieuses ou linguistiques particulières, dans un ensemble national dit « dominant », ils développent un sentiment d'appartenance à un groupe[1084]. Ce sentiment ne se limite pas à un simple affect, il induit un engagement pour la préservation de l'identité du groupe. Le Professeur Koubi le présente comme « le désir de différenciation identificatoire individuelle » qui, extériorisé collectivement, tend à devenir un « désir de différenciation identitaire culturelle »[1085]. Toutefois, le sentiment d'appartenance répond à une volonté d'identité, individuelle ou collective, plutôt qu'à un désir « de différenciation communautaire »[1086]. De fait, pour l'auteur, c'est l'expression de ce sentiment qui conférera à la minorité une existence juridique[1087].

Cet élément subjectif trouvera sa manifestation concrète dès lors qu'il faudra apprécier l'appartenance d'un individu à une minorité. Celle-ci repose, en

---

1083 *Idem,* p. 10.

1084 « Les membres d'une minorité ont le sentiment qu'ils constituent un groupe ou un sous-groupe national qui diffère de l'élément prédominant », *Définition et classification des minorités,* op.cit., p. 10.

1085 Geneviève Koubi, « *L'entre-deux des droits de l'homme et des droits des minorités : « un concept d'appartenance »* », op.cit., p. 189.

1086 *Idem.*

1087 M. Francesco Capotorti notait à ce propos que « le simple fait qu'un groupe minoritaire ait continué à exister dénote généralement de la part des membres de cette minorité un désir de conserver les caractéristiques et les traditions qui leur sont propres », dans *Etude des droits des personnes appartenant aux minorités ethniques, religieuses et linguistiques,* op.cit., p. 103.

principe, sur un choix personnel de l'individu qui se traduira par une déclaration d'appartenance[1088].

La CPJI a cependant précisé que le simple désir ne suffisait pas et que l'appartenance devait reposer sur des éléments objectifs. Dans l'affaire *des droits des minorités en Haute-Silésie (Ecoles minoritaires),* la Cour eut à trancher un différend opposant l'Allemagne à la Pologne suite à l'annulation par ce dernier Etat de nombreuses inscriptions dans des écoles minoritaires. Ces mesures avaient été prises après que les autorités polonaises aient ordonné une enquête administrative en vue de constater l'authenticité des demandes d'inscription et vérifier si elles émanaient de personnes habilitées à les présenter. Cette enquête visait ainsi à vérifier l'appartenance des enfants à une minorité de langue. Or, l'Allemagne contesta cette mesure en invoquant l'article 74 de la Convention germano-polonaise, relative à la Haute Silésie, signée à Genève le 15 mai 1922. Il accordait « à toute personne la liberté de déclarer sans restriction, selon sa propre conscience et sous sa propre responsabilité personnelle, qu'elle appartient ou non à une minorité de race, de langue ou de religion, sans devoir se soumettre sous quelque forme que ce soit, à une vérification, contestation, pression ou entrave de la part des autorités ». La Cour sur cette base eut à apprécier la portée juridique de la déclaration d'appartenance. Elle estima que « la question de savoir si une personne appartient à une minorité de race, de langue ou de religion, et, partant, est en droit de réclamer le bénéfice des règles que le Traité contient sur la protection des minorités, est une question de fait et non de pure volonté »[1089]. « Cette déclaration doit être la constatation d'un fait et non l'expression d'un désir ou d'une volonté, ce qui signifie que la déclaration tout en étant inattaquable et on humaineble doit reposer sur une réalité »[1090]. Selon les juges, l'article 74 ne dispose pas que « cette déclaration doive être une déclaration de pure volonté et non une déclaration établissant ce que la personne considère comme étant la situation de fait ». Elle justifie, par ailleurs, l'absence de contrôle par des raisons pratiques : Au vu de la situation particulière en Haute-Silésie, où dans une multitude de cas l'appartenance ne ressort pas clairement des faits, il est peu probable qu'un contrôle aboutisse à un résultat conforme à la réalité.

[1088] M. Bokatola considère que le critère subjectif de libre déclaration de l'individu paraît être un critère adéquat à la constatation et à l'existence d'une minorité car « il est difficile de concevoir comment quiconque d'autre que la personne qui possède les caractéristiques distinctives et le désir de les conserver pourrait décider de son appartenance ou non à une minorité. Et comment pourrait-on prouver l'existence de cette minorité si ce n'est par une déclaration pure et simple des intéressés eux-mêmes ? Accepter une thèse différente reviendrait à réduire les cas d'existence des minorités et à vouloir appliquer la notion de minorités à des cas limités et isolés, choisis arbitrairement », Isse Omanga Bokatola, *L'Organisation des Nations Unies et la protection des minorités*, Bruylant, Bruxelles, 1992, p. 23.

[1089] CPJI, Arrêt du 26 avril 1928, *Droits de minorités en Haute-Silésie (Ecoles minoritaires)*, Série A, n° 15, p. 32.

[1090] *Idem.*

En définitive, la déclaration d'appartenance est bien une manifestation d'un sentiment d'appartenance mais qui doit reposer sur des bases objectives et doit refléter un fait et pas seulement une volonté[1091]. Cette conclusion concorde avec la substance du lien national.

A l'inverse, il n'est pas possible d'établir l'appartenance en se fondant uniquement sur des considérations objectives. A titre d'exemple, il serait bien difficile de déterminer sur cet unique fondement si un individu bilingue appartient à la minorité linguistique dont il maîtrise la langue ou à la majorité qui emploie l'autre. De même que le membre d'une minorité linguistique sera amené à user de la langue de la majorité dans ses rapports extérieurs à la collectivité. En outre, il est possible qu'à l'intérieur d'une minorité, des individus préfèrent être assimilés à la majorité de la population. Aussi, les percevoir comme membre de la minorité serait contraire à leur liberté de choix.

L'appartenance doit être *in fine* le résultat combiné de la volonté et des caractères objectifs. On peut ensuite se demander si le statut de membre d'une minorité est réservé aux nationaux de l'Etat.

§3. Le rattachement à l'Etat

La question de savoir si des étrangers peuvent constituer une minorité au sein d'un Etat n'est pas clairement tranchée.

Classiquement, le statut de minoritaire était réservé aux seuls nationaux de l'Etat. M.Capotorti a ainsi retenu dans son étude que la notion de minorité nationale excluait « les étrangers qui résident dans un pays »[1092]. En effet, la notion de minorité suppose un élément de stabilité et l'existence de liens solides

---

1091 C'est ce qu'a confirmé, de manière indirecte, le Comité des droits de l'homme en se demandant « si le fait de ne pas tenir compte de critères objectifs pour définir l'appartenance à une minorité » n'était pas « abusif ». Comité des droits de l'homme, Communication 197/1985 *Ivan Kitok contre Suède*, Constatations du 27 juillet 1988, Doc.off.UN CCPR/C/33/D/197/1985, spéc. § 9.7. Un citoyen suédois d'origine sami avait perdu, en application de la législation suédoise, la qualité de membre du village sami et les droits qui y sont attachés, notamment le droit d'élever des rennes et de chasser et pêcher sur les terres de la communauté sami. L'auteur de la communication considérait que cette législation, qui l'avait exclu de la minorité sami, l'empêchait d'exercer son droit à l'élevage de rennes et violait par conséquent son droit à la vie culturelle sami.

Le Comité des droits de l'homme considère cependant que la volonté d'appartenance peut compenser la déficience ou l'absence temporaire des éléments objectifs. Dans l'affaire *Lovelace contre Canada*, il a retenu que la requérante, qui avait perdu son statut d'Indien au regard de la législation canadienne après avoir épousé un « non-Indien », appartenait bien à la minorité indienne Malisseet. Ainsi, « les personnes nées et élevées dans une réserve, qui ont gardé des liens avec leur communauté et souhaitent conserver ces liens, doivent normalement être considérées comme appartenant à une minorité (...) ». Comité des droits de l'homme, Communication 24/1977 *Sandra Lovelace contre Canada*, Constatations du 30 juillet 1981, Doc.off.UN CCPR/C/13/D/24/1977, § 14.

1092 Voir également le mémorandum du Secrétaire général op.cit., pp. 12-13.

et durables avec l'Etat[1093]. Ainsi, l'éminent juriste italien a défini la minorité comme « un groupe numériquement inférieur au reste de la population d'un Etat, en position non dominante, dont les membres – *ressortissants de l'Etat* – possèdent du point de vue ethnique, religieux, linguistique des caractéristiques qui diffèrent de celles du reste de la population (…) ». Un peu plus tard, M. Jules Deschênes interprétait la minorité comme « un groupe de citoyens d'un Etat ». Cette conception traditionnelle tend à resserrer la notion qui exclut les étrangers, les travailleurs migrants ou les réfugiés. Ces groupes bénéficieront cependant d'une protection particulière offerte par le droit international coutumier et des conventions spécifiques[1094].

Le Comité des droits de l'homme a pris le contre-pied de cette approche classique en déclarant qu'il ressort des termes de l'article 27 du PIDCP que : « les individus que l'on entend protéger ne doivent pas être forcément des ressortissants de l'Etat partie. A cet égard, les obligations découlant du paragraphe 1 de l'article 2 sont également pertinentes, car, conformément à cet article, les Etats parties sont tenus de veiller à ce que tous les droits énoncés dans le Pacte puissent être exercés par tous les individus se trouvant sur leur territoire et relevant de leur compétence, à l'exception des droits qui sont expressément réservés aux citoyens, par exemple les droits politiques énoncés à l'article 25. En conséquence, les Etats parties ne peuvent pas réserver l'exercice des droits énoncés à l'article 27 à leurs seuls ressortissants »[1095].

La question de savoir si un groupe d'étrangers peut constituer une minorité divise aujourd'hui la doctrine dont une partie considère que le concept de minorité suppose une condition de stabilité que pourraient remplir des immigrants installés de longue date dans l'Etat. Mme Akermark écrivait ainsi : « I find convincing the argument (…) that the concept of minority presupposes an element of stability and, consequently, long-established immigrant groups may fulfil the criteria of minority »[1096]. La question est

---

[1093] La position défendue par les Etats sud-américains durant les travaux préparatoires de l'article 27 du PIDCP illustre idéalement cette conception, comme il sera vu plus loin.

[1094] M. Capotorti notait que « le cas des étrangers et différent de celui des personnes qui possèdent la nationalité du pays dans lequel elles vivent. Tant qu'un individu conserve son statut d'étranger, il a le droit de jouir de la protection accordée par le droit international coutumier aux personnes se trouvant dans des pays autres que le leur ainsi que de tous autres droits spéciaux qui peuvent lui être conférés par traités ou autres accords spéciaux », dans *Etude des droits des personnes appartenant aux minorités ethniques, religieuses et linguistiques*, op.cit., p. 37.

[1095] Comité des droits de l'homme, Observation générale n° 23, Article 27 : Protection des minorités, 8 avril 1994, Doc.off.UN CCPR/C/21/Rev.1/Add.5, § 5.1.

[1096] Athanasia Spiliopoulou Akermark, *Justification of Minority Protection in International Law*, Kluwer Law International, London/The Hague/Boston, 1997, p. 96. On peut lire chez M. Sébastien Ramu que ce courant va dans le bon sens, « compte tenu du but assigné au régime de protection des minorités, à savoir la préservation des caractéristiques propres d'un groupe donné. Cette dernière ne doit en effet pas dépendre d'une relation de droit (la nationalité) mais d'une relation de fait, par exemple la résidence durable d'une partie de la population d'un Etat sur son territoire ». *Contra*, lire le long argumentaire contre cet élargissement de la notion de minorité

aujourd'hui ouverte. Cependant, beaucoup d'Etats sont déjà rétifs à accorder le statut de minorité à leurs nationaux au vu des obligations qu'une telle reconnaissance met à leur charge, il est alors douteux qu'ils octroient en plus ce statut à des groupes d'étrangers.

Cette dernière observation soulève un autre problème : celui de savoir si l'existence juridique des minorités est subordonnée à une reconnaissance par l'Etat sur le territoire duquel elles se trouvent. L'attitude des Etats devant le phénomène minoritaire est variable. Certains reconnaîtront la présence de minorités sur leur territoire tandis que d'autres la nieront. Dans un même Etat, certains groupes seront considérés comme minorités et d'autres non. Il serait donc aléatoire de subordonner l'existence, et par conséquent, la protection des minorités à leur reconnaissance officielle. Des considérations telles que la stabilité politique ou juridique, l'unité de la population, les charges financières et les complications dans le fonctionnement de l'administration et de la justice qu'entraînerait l'adoption de mesures spéciales sont autant de facteurs qui dissuaderont l'Etat de reconnaître des groupes qui, pourtant, réuniront les conditions objectives et subjectives propres à constituer une minorité.

C'est pourquoi, en théorie, « la présence d'éléments suffisants pour constater qu'une minorité existe suffit à rendre applicables les règles internationales en la matière »[1097]. Mais en pratique, ce seront les Etats qui appliqueront ces règles, et, en l'absence d'une définition juridique des minorités qui leur soit opposable, la protection dépendra finalement de leur bon vouloir. C'est là le paradoxe du droit des minorités qui sera mis en exergue plus loin : il offre une protection contre les politiques d'assimilation mais les Etats peuvent s'y soustraire en niant l'existence de minorités sur leur territoire.

Il est intéressant de souligner qu'en la matière, la pratique n'est pas homogène. Ainsi, M.Francesco Capotorti a dégagé que la pratique des Etats revêtait finalement quatre formes : i) la reconnaissance constitutionnelle de l'existence de minorités et d'un droit de jouir d'une protection spéciale ; ii) la reconnaissance de certaines minorités et de leur droit à une protection spéciale sur la base d'instruments juridiques internationaux ; iii) la reconnaissance

---

développé par M.Gaetano Pentassuglia dans *Minorités en droit international,* op.cit., pp. 61-66. Le Professeur Fenet écrivait pour sa part : « on laissera de côté la question des populations étrangères immigrées, dans la mesure où, traditionnellement, le minoritaire a le statut de national ». Plus loin, l'auteur relativisait ce postulat : « Il faut cependant marquer pour ne plus y revenir que l'installation à demeure de ces populations amène les Etats à les traiter de diverses façons comme des minorités et que, de ce fait, un certain flou commence à affecter les catégories juridiques dans leur ordre interne mais aussi sur le plan européen et sur le plan international général », dans « Le droit européen des minorités », dans Alain Fenet (Dir.), Geneviève Koubi et Isabelle Schulte-Tenckhoff, *Le droit et les minorités – Analyses et textes*, op.cit., p. 217. Voir aussi François Rigaux, « Mission impossible : La définition des minorités », op.cit., p. 156, note 3.

[1097] *Etude des droits des personnes appartenant aux minorités ethniques, religieuses et linguistiques,* op.cit., p. 14.

implicite moyennant l'adoption de lois ou de réglementations relatives au développement de la culture de certains groupes ; iv) la non-reconnaissance des minorités dans l'ordre juridique interne[1098].

Enfin, il convient de se demander si les minorités ont vocation à l'autodétermination.

§4. La question d'un droit à l'autodétermination au profit des minorités

Les Etats voient dans le phénomène minoritaire une menace potentielle pour leur unité nationale et leur intégrité territoriale, aussi sont-il rétifs à reconnaître des droits de groupe au profit des minorités en tant que telles.

Le droit à l'autodétermination renvoie, classiquement, au « droit des peuples à disposer d'eux-mêmes ». Ce droit est l'apanage de certains groupes humains considérés comme « peuples soumis à une subjugation, à une domination et à une exploitation étrangère »[1099]. Certains éléments peuvent être avancés afin de préciser cette notion : « le caractère géographiquement séparé et ethniquement et culturellement distinct d'un territoire » ainsi que « l'existence d'un régime politique, juridique ou culturel discriminatoire »[1100]. Le peuple est défini sur la base de son éloignement géographique par rapport à la puissance dominante, c'est la « théorie de l'eau salée »[1101]. De fait, une minorité sise sur le territoire d'un Etat ne répondra pas à ce critère. On ajoutera qu'un peuple occupé, comme le peuple palestinien ou les peuples opprimés, comme ont pu l'être certaines populations du fait de la politique d'apartheid menée en Afrique australe ont pu se voir reconnaître le droit à l'autodétermination. Mais c'est finalement l'AGNU qui déterminera cette qualité. L'indépendance est une issue pour ces peuples qui peuvent aussi se prononcer en faveur du rattachement à la puissance coloniale ou encore pour une association avec elle.

Pour le reste, le principe de respect de l'intégrité territoriale des Etats qui découle de la souveraineté exclut que des minorités puissent se constituer en Etat. De telles velléités indépendantistes seraient qualifiées de sécessionnistes et condamnées, en principe, par le droit international. Des auteurs soutiennent, en outre, que là n'est pas le dessein minoritaire. Le Professeur Koubi définit ainsi la minorité comme le « produit d'une association de plusieurs logiques dépourvues de liens avec le thème « du droit à l'autodétermination des

1098 *Idem*, p. 102.

1099 AGNU, Résolution 1514 (XV) du 14 décembre 1960 dite *Déclaration sur l'octroi de l'indépendance aux pays et aux peuples coloniaux*, Doc.off.UN A/RES/1514 (XV), §1.

1100 Nguyen Quoc Dinh, Patrick Daillier, Mathias Forteau et Alain Pellet, *Droit international public*, op.cit., p. 521.

1101 Voir Théodore Christakis, *Le droit à l'autodétermination en dehors des situations de décolonisation*, La Documentation française, Paris, 1999, spéc. pp. 53-57.

peuples »[1102]. Il pourrait être opposé à ce postulat que, depuis la fin de la guerre froide, les revendications indépendantistes de minorités se sont multipliées. Mais elles semblent reposer davantage sur un désir de rattachement à leur collectivité d'origine[1103], souvent pour échapper à un traitement qui menace leur identité, que sur une réelle volonté d'indépendance politique. Le droit au respect de l'identité des minorités nationales apparaît comme la contrepartie du fait qu'elles n'aient pas un droit à l'indépendance.

Il est intéressant de relever que, pour la Commission d'arbitrage de la Conférence pour la paix en Yougoslavie[1104], le principe d'autodétermination contient en réalité deux volets : un volet externe, mais aussi un volet interne. L'autodétermination pourrait ainsi s'exercer à l'intérieur d'un Etat dans le respect de ses frontières. Elle permettrait aux minorités de revendiquer et de défendre leur identité collective. Ainsi, pour reprendre les propos du Professeur Stéphane Pierré-Caps, le droit à l'autodétermination « n'apparaît plus exclusivement comme un principe de création de l'Etat au nom d'un droit à l'indépendance qui ne s'exercerait qu'une seule fois ; il figure, au contraire, un principe de constitution de l'Etat et, comme tel, entend protéger les identités nationales par un statut adéquat »[1105]. Cette interprétation novatrice, pour louable qu'elle soit, semble pouvoir difficilement recueillir l'assentiment des Etats attachés à leur caractère unitaire, d'autant qu'elle implique d'importants bouleversements constitutionnels.

En définitive, l'extrême diversité du phénomène minoritaire et sa perception fluctuante au sein de la communauté des Etats rendent quasiment illusoire toute probabilité d'une définition juridiquement opposable. Dans cette perspective, les composantes fondamentales évoquées trouvent toute leur pertinence, d'autant plus que les Etats ont participé activement à leur identification. Aussi faudra-t-il considérer avec M. Bokatola que « si une définition abstraite de la notion de minorité peut être d'une grande utilité, il ne faut pas la considérer comme un préalable à l'établissement d'une protection des minorités. Il existe

---

1102 Geneviève Koubi, « L'entre-deux des droits de l'homme et des droits des minorités : « un concept d'appartenance » », *RTDH*, 1994, pp. 177-194, spéc. p. 181. Le Professeur Ruiz-Fabri relevait pour sa part que : « si les minorités nationales peuvent invoquer le droit à l'autodétermination, ce ne peut être comme fondement d'un droit à l'indépendance. La meilleure preuve en est la volonté de leur garantir internationalement des droits. L'élaboration de règles internationales relatives aux droits des minorités signifie corrélativement le désir de les voir rester des minorités et ne peut servir de cadre à l'aspiration à devenir éventuellement majoritaire dans un cadre étatique renouvelé, donc à un droit à la sécession », dans Hélène Ruiz-Fabri, « Genèse et disparition de l'Etat à l'époque contemporaine », *AFDI*, 1992, pp. 153-178, spéc. p. 160.

1103 A titre d'exemple, les Ossètes du Sud souhaitent leur rattachement à l'Ossétie du Nord. La minorité russophone de Transniestrie souhaite son rattachement à la Fédération de Russie.

1104 Sur cet organe, voir *infra* Chapitre 2.

1105 Stéphane Pierré-Caps, « Peut-on parler actuellement d'un droit européen des minorités ? », *AFDI*, 1994, pp. 72-105, spéc. pp. 82-83.

de nombreux cas d'application de règles en droit international sans existence d'un consensus sur la signification exacte des termes utilisés »[1106].

Section 2. Les instruments de protection de l'identité minoritaire

Plusieurs instruments multilatéraux de protection des minorités ont été adoptés sur les plans universel (§1) et régional, principalement dans le cadre du Conseil de l'Europe (§2). Si ces textes constituent un progrès considérable en faveur de l'identité minoritaire, leur efficacité reste cependant limitée. Les minorités trouveront également une protection intéressante dans des accords bilatéraux (§3).

§1. Les instruments universels de protection des minorités

La prise de conscience au sein de l'ONU de la nécessité d'apporter une protection spécifique aux minorités s'est traduite dès 1947 par la création d'un organe subsidiaire spécifique : la Sous-Commission de la lutte contre les mesures discriminatoires et de la protection des minorités[1107]. Elle s'attela à l'élaboration d'une norme qui sera intégrée dans le PIDCP en son article 27 et constituera la première règle à portée universelle de protection des minorités (A). Le libellé équivoque retenu appelait toutefois des éclaircissements. A l'initiative de M.Francesco Capotorti, fut entreprise la rédaction d'une déclaration qui préciserait les implications exactes des dispositions du Pacte relatives aux droits des minorités. Cet instrument a été adopté le 18 décembre 1992 sous le nom de « Déclaration sur les droits des personnes appartenant à des minorités nationales ou ethniques, religieuses et linguistiques »[1108] (B).

[1106] Isse Omanga Bokatola, « La Déclaration des Nations Unies sur les droits des personnes appartenant à des minorités nationales ou ethniques, religieuses et linguistiques », *RGDIP*, 1993/3, pp. 745-765, spéc. p.750. L'auteur cite à l'appui de ce constat M.Francesco Capotorti. Le juriste italien relevait effectivement que « la Commission des droits de l'homme n'a pas estimé qu'il fallait définir le terme de « minorité » avant de créer la Sous-Commission de la lutte contre les mesures discriminatoires et de la protection des minorités... » tout comme l'Assemblée Générale des Nations Unies n'a pas attendu « une définition exhaustive et universelle du droit des peuples à disposer d'eux-mêmes » pour proclamer l'application dudit principe, dans *Etude des droits des personnes appartenant aux minorités ethniques, religieuses et linguistiques,* op.cit., p. 101.

[1107] En 1948, durant la troisième session de l'AGNU, le Danemark, l'URSS et la Yougoslavie proposèrent l'inclusion dans la Déclaration Universelle des droits de l'homme d'une disposition relative aux minorités. L'organe plénier, par une Résolution 217 C (III) du 10 décembre 1948 intitulée « Sort des minorités », décida de ne pas « traiter par une disposition spécifique dans le corps de la Déclaration la question des minorités ». L'Assemblée renvoya au Conseil Economique et Social les textes proposés par les délégations danoise, soviétique et yougoslave en le priant d'inviter la Commission des droits de l'homme et la Sous-Commission de la lutte contre les mesures discriminatoires et de la protection des minorités « à procéder à un examen approfondi du problème des minorités afin que les Nations Unies puissent adopter des mesures efficaces de protection des minorités raciales, nationales, religieuses ou linguistiques » (Doc.off.UN A/RES/217III).

[1108] Résolution 47/135 adoptée par l'AGNU le 18 décembre 1992 (Doc.off.UN A/RES/47/135).

A. La protection offerte par l'article 27 du PIDCP

L'article 27 du Pacte protège l'identité des individus minoritaires en ces termes : « Dans les Etats où il existe des minorités ethniques, religieuses ou linguistiques, les personnes appartenant à ces minorités ne peuvent être privées du droit d'avoir, en commun avec les autres membres de leur groupe, leur propre vie culturelle, de professer et de pratiquer leur propre religion, ou d'employer leur propre langue ». Bien que cet article constitue encore aujourd'hui la principale garantie internationale de l'identité minoritaire, la formule employée présente plusieurs ambiguïtés susceptibles d'altérer l'efficacité de la règle posée.

En premier lieu, les dispositions de l'article 27 ne concernent que « les Etats où il existe des minorités (...) ». Cette clause, qui trouve son origine dans un amendement chilien[1109], constitue un frein considérable à la protection de l'article 27. Elle offre en effet une échappatoire aux Etats puisque l'article n'est applicable qu'à ceux qui reconnaissent l'existence des minorités sur leur territoire. Pour le Professeur Thornberry, ce membre de phrase « almost invites States to declare that they have no minorities on their territory, and some have responded to the « invitation » »[1110].

La France a joint une déclaration à son instrument de ratification du Pacte libellée comme suit : « le Gouvernement français déclare, compte tenu de l'article 2 de la Constitution de la République française, que l'article 27 n'a pas lieu de s'appliquer en ce qui concerne la République »[1111]. Attachée à l'unité de sa population, la France nie le phénomène minoritaire. Or, si l'article 27 ne s'applique qu'aux « Etats où existent des minorités », une telle déclaration semble inutile ou à tout le moins surérogatoire. On pourrait alors tenter de

---

[1109] La première version du texte de l'article 27 débutait ainsi : « Dans les Etats où des minorités ethniques, religieuses et linguistiques stables et bien définies se sont établies de longue date... ». Devant les difficultés posées notamment par la notion d'établissement de longue date, un amendement fut présenté par la délégation chilienne qui a finalement été retenu. Celui-ci reflétait la conception des Etats latino-américains face à la question minoritaire. Pour ces Etats qui prônaient le *melting-pot*, il s'agissait d'un problème essentiellement européen et asiatique et par conséquent ils souhaitaient ne pas se voir opposer les dispositions du futur article 27. Ces Etats craignaient surtout de devoir octroyer des droits à des groupes issus de l'immigration susceptibles d'affecter leur unité nationale et incidemment leur sécurité. Il est d'ailleurs intéressant de souligner que l'Uruguay a déposé à l'époque un autre amendement qui confirme cette thèse. Il précisait que : « Ces droits ne peuvent être interprétés comme permettant à aucun groupe installé sur le territoire d'un Etat, spécialement en vertu de ses lois d'immigration, de former au sein de cet Etat des communautés distinctes qui pourraient porter atteinte à son unité nationale ou à sa sécurité». La proposition fut rejetée à 7 voix contre 5 avec 4 abstentions.

[1110] Patrick Thornberry, « Minority Rights », dans *Collected Courses of the Academy of European Law*, 1995, vol. VI-2, pp. 317-389, spéc. p. 333.

[1111] Il est utile de rappeler les dispositions de l'article 2 de la Constitution de 1958 selon lesquelles « La France est une république indivisible, laïque, démocratique et sociale. Elle assure l'égalité devant la loi de tous les citoyens sans distinction d'origine, de race ou de religion. Elle respecte toutes les croyances ».

déterminer l'opposabilité de l'article 27 en se fondant sur la nature de cette déclaration. Si elle s'avère être une réserve, qui, au sens de la Convention de Vienne de 1969, « vise à exclure ou à modifier l'effet juridique de certaines dispositions du traité dans leur application »[1112] à l'Etat réservataire, alors la France aurait entendu exclure de son engagement les dispositions relatives aux minorités. Elle aurait donc considéré, qu'à défaut, l'article 27 lui aurait été opposable. Si la déclaration française s'avère être une simple déclaration interprétative[1113], alors cet Etat n'a fait que confirmer le sens réel à donner à la clause, soit qu'elle laisse la faculté aux Etats d'appliquer l'article 27 selon qu'ils considèrent ou non que des minorités existent sur leur territoire. La question de la nature de la déclaration française a été soulevée devant le Comité des droits de l'homme qui a retenu qu'il s'agissait bien d'une réserve[1114]. Ainsi qualifiée, cette déclaration de l'Etat français pourrait, finalement, être interprétée comme un aveu de la nécessité d'exclure l'article 27 du champ de son engagement qui sinon lui aurait été opposable. L'« existence » d'une minorité ne serait alors pas le fait d'une reconnaissance de l'Etat mais effectivement une réalité objective. La portée de cette démonstration est évidemment relative et ne concerne que la position française[1115] au regard de la formule sibylline de l'article 27. Mais elle met en exergue l'ambiguïté de cette clause qui entretient l'indécision sur l'opposabilité réelle des obligations de l'article[1116].

[1112] Convention de Vienne sur le droit des traités du 23 mai 1969, article 2§1-d.

[1113] Qui est une « prise de position sur le sens à donner, selon l'une des parties à un acte juridique international, à l'une des dispositions de cet acte sans pour autant limiter la portée de l'engagement conventionnel », Jean Salmon (Dir.), *Dictionnaire de droit international public*, op.cit., p. 303.

[1114] Voir affaire *T.K contre France*, Communication n° 222/1987, Constatations du 8 novembre 1989, spéc. § 8.6. Le Comité a retenu en l'espèce que : « La déclaration faite par le Gouvernement français lors de son adhésion au Pacte est claire : elle vise à exclure l'application de l'article 27 à la France, ce qui est souligné dans le libellé par les mots « n'a pas lieu de s'appliquer ». L'objet de la déclaration étant sans équivoque, elle doit être considérée comme excluant la compétence du Comité, malgré le terme employé pour la désigner. En outre, dans ses observations du 15 janvier 1989, l'Etat partie évoque également une « réserve » de la France concernant l'article 27. Le Comité se considère donc incompétent pour examiner les plaintes contre la France faisant état de violations de l'article 27 du Pacte ». La France avait également prétendu devant cet organe que sa déclaration était une réserve.

[1115] Il est intéressant de relever que seul cet Etat a formulé une réserve à l'article 27. Si les autres Etats parties au Pacte niant le phénomène minoritaire ne l'ont pas suivi sur cette voie, c'est qu'*a contrario* ils ne s'estimaient pas concerné par l'article 27. La déclaration française apparaîtrait alors comme une simple mesure de précaution ...

[1116] Le même problème se pose en ce qui concerne l'article 30 de la Convention des Nations Unies relative aux droits de l'enfant du 2 septembre 1990. Cet article qui concerne les droits des enfants autochtones ou appartenant à des minorités est rédigé dans une formule presque identique à celle de l'article 27 du PIDCP. Il débute ainsi par la formule : « Dans les Etats où il existe des minorités ethniques, religieuses ou linguistiques... ». On relèvera que la France a formulé la même déclaration concernant cet article que celle qu'elle a formulée à l'article 27 du PIDCP.

Il faut relever d'autre part que seules les minorités ethniques, religieuses et linguistiques sont envisagées par ces dispositions. Comme il a été évoqué précédemment, il n'est pas fait mention des minorités nationales.

Une autre difficulté découlant de la formule évasive de l'article 27 est de ne pas pouvoir identifier clairement quelles sont les obligations qu'il met à la charge des Etats. *A priori*, les droits qu'il reconnaît aux personnes appartenant à des minorités impliquent une attitude passive des autorités, un devoir de « laisser faire » comme le suggère la formule « ne peuvent être privées ». Les travaux préparatoires étayent d'ailleurs cette conclusion puisque toutes les propositions visant à introduire des obligations positives furent rejetées[1117].

Toutefois, comme il a déjà été évoqué dans cette étude, la conception classique des droits de l'homme tend à être remise en cause. Ainsi, notamment en ce qui concerne les droits-libertés, la simple abstention ne suffit plus pour qu'un Etat remplisse correctement ses obligations en la matière, il doit en outre prendre des mesures positives pour permettre l'exercice de ces droits. M. Francesco Capotorti a interprété la norme de l'article 27 suivant cette approche. Il a retenu que : « Pour que le but de cet article soit atteint, l'adoption de mesures législatives et administratives de la part des Etats est indispensable. On n'imagine guère que la culture et la langue d'un groupe puissent être préservées sans un aménagement spécial du système éducatif du pays, par exemple. Le droit qui a été accordé aux membres des minorités serait de toute évidence purement théorique sans l'établissement d'institutions culturelles adéquates »[1118]. Cette approche téléologique semble la plus pertinente. L'inclusion de l'article 27 répond à un besoin spécial de préserver l'identité minoritaire. En déduire une simple obligation de non-obstruction reviendrait à le priver de tout effet utile[1119]. Pour M. Sébastien Ramu, la base du constat qui aboutit à la reconnaissance de la nécessité d'établir un régime juridique propre aux minorités, ou à ses membres, est fondamentalement celle du danger

---

[1117] L'Union soviétique avait proposé le projet d'article suivant : « L'Etat a le devoir d'assurer aux minorités nationales le droit d'employer leur langue maternelle et le droit de posséder leurs propres écoles, bibliothèques, musées et autres institutions culturelles et éducatives nationales ». La proposition fut rejetée à 8 voix contre 4, avec 4 abstentions. La Yougoslavie avait proposé un autre projet ainsi libellé : « Toute personne a le droit de manifester librement son appartenance à un groupe ethnique et linguistique, de se servir sans obstacles du nom de son groupe, d'apprendre la langue de ce groupe et de s'en servir dans la vie publique et privée, à l'enseignement assuré à cette langue, ainsi que le droit au développement culturel en commun avec les autres membres de ce groupe sans être pour cela soumise à des mesures discriminatoires quelconques et notamment à celles qui sont susceptibles de la priver de la jouissance des droits des autres citoyens du même Etat ». Cette proposition fut rejetée à 5 voix contre 3, avec 8 abstentions. Source : *Etude des droits de personnes appartenant aux minorités ethniques, religieuses et linguistiques*, op.cit., § 173-174.

[1118] Francesco Capotorti, *Etude des droits de personnes appartenant aux minorités ethniques, religieuses et linguistiques*, op.cit., § 217.

[1119] En effet, l'article 26 du Pacte pose déjà un principe de non-discrimination. Imposer en sus aux Etats un devoir de « tolérance » apparaît, de fait, peu opportun.

d'assimilation involontaire de ceux-ci par la culture, la langue ou la religion de la majorité.(...) Or, la résistance à une telle forme d'assimilation (...) requiert une action soutenue et efficace que seul l'Etat peut assurer, dans la limite de ses ressources et dans le respect du principe de proportionnalité »[1120]. M. Cholewinski a également déduit que des obligations positives découlaient de l'article 27 en analysant les rapports transmis par les Etats au Comité des droits de l'homme ainsi que les positions exprimées par les membres du Comité. L'auteur écrivait ainsi : « A considerable number of states now believe that the realization of minority rights under Article 27 can only be achieved through the provision of positive measures »[1121].

Le Comité des droits de l'homme a confirmé cette conception en précisant que « les Etats devront également parfois prendre des mesures positives pour protéger l'identité des minorités et les droits des membres des minorités de préserver leur culture et leur langue et de pratiquer leur religion, en commun avec les autres membres de leur groupe »[1122]. L'utilisation de l'adverbe « parfois » relativise cette exigence : Elle n'est pas automatique et ne serait que ponctuelle, soit quand une simple attitude passive ne suffirait plus à la pérennité de l'identité minoritaire. La version anglaise du texte va dans ce sens en utilisant le modal de : « positive measures by States may also be necessary ». On peut en déduire que l'article 27 n'impose pas aux Etats parties d'adopter systématiquement des mesures positives mais seulement lorsque celles-ci s'avèrent nécessaires et aussi longtemps que nécessaire ce qui, du reste, s'avère en conformité avec la notion de discrimination positive. Il faut souligner à ce propos que si l'article 27 impose aux Etats de protéger l'identité minoritaire, cela implique de veiller à ce que cette identité ne soit pas menacée par des personnes privées. Le Comité des droits de l'homme a en effet précisé

[1120] Sébastien Ramu, « Le statut des minorités au regard du Pacte International des Droits Civils et Politiques », op.cit., p. 612. Dans le même sens, M. Bokatola considère que : « Pour que soit atteint le résultat poursuivi (préservation de la culture, utilisation de la langue, pratique de la religion), une attitude passive des Etats ne suffit pas, leur intervention active et soutenue est indispensable, notamment pas l'octroi de subventions publiques », dans *L'Organisation des Nations Unies et la protection des minorités*, op.cit., p. 213. Le Professeur Thornberry voit dans l'article 27 une dimension programmatoire : « In the same way in which general affirmations of a right to work, to culture or to education ring hollow without active and sustained state intervention toward achieving these objectives, so also the special rights of members of minorities to their own culture, language and religion are deprived of substantive content without a level of active support equivalent to that provided to the majority of the population. This interpretation suggests that article 27 contains a programmatic element », dans « Is There a Phoenix in the Ashes ? International Law and Minority Rights », *Texas International Law Journal,* vol.15, 1980, pp. 421-458, spéc. p. 449-450.

[1121] Ryszard Cholewinski, « State Duty Towards Ethnic Minorities : Positive or Negative ? », *Human Rights Quarterly,* vol. 10, n° 3, 1988, pp. 344-371, et plus spécialement pp. 348-360.

[1122] Comité des droits de l'homme, Observation générale n° 23, Article 27 : Protection des minorités, op.cit., § 6.2. Pour une confirmation de cette position, voir affaire *Apirana Mahuika et consorts contre Nouvelle-Zélande,* Communication n° 547/1993, Constatations du 27 novembre 2000, Doc.off.UN CCPR/C/70/D/547/1993, spéc. § 9.5.

que : « L'article 27, même s'il est formulé en termes négatifs, reconnaît l'existence d'un droit et interdit de dénier celui-ci. (...) C'est pourquoi, il faut prendre des mesures positives de protection, non seulement contre les actes commis par l'Etat partie lui-même, par l'entremise de ses autorités législatives, judiciaires ou administratives, mais également contre les actes commis par d'autres personnes se trouvant sur le territoire de l'Etat partie »[1123]. La responsabilité des Etats de veiller à ce que les droits des minorités soient respectés dans les rapports horizontaux suppose une attitude positive et notamment l'adoption d'une réglementation destinée à garantir ce respect.

Le Comité des droits de l'homme a validé l'adoption de mesures positives spécifiques en faveur des minorités : « Si ces mesures visent à remédier à une situation empêchant ou entravant l'exercice des droits garantis à l'article 27, les Etats peuvent légitimement établir une distinction conformément au Pacte, à condition de se fonder sur des critères raisonnables et objectifs »[1124]. La discrimination positive se trouve ainsi légitimée au regard du Pacte en tant que simple « distinction ».

L'article 27 garantit des droits collectifs dans le sens où ils sont reconnus aux individus appartenant à des minorités pour qu'ils les exercent ensemble, comme le révèle la formule « en commun avec les autres membres de leur groupe »[1125]. Celle-ci semble, par ailleurs, cloisonner l'exercice des droits reconnus à l'intérieur de la communauté minoritaire. Les Etats ne seront pas tenus de tolérer, ou de faciliter, cet exercice dans les rapports publics.

Les dispositions de l'article 27 du Pacte reconnaissent principalement trois droits aux individus appartenant à des minorités.

Le premier est le droit d'avoir sa propre vie culturelle. Ce droit soulève l'enjeu de la nature des obligations mises à la charge des Etats par l'article 27. En effet, une simple attitude passive pourra ne pas être suffisante à une jouissance réelle de ce droit et une aide publique, telle que le financement de musées, de bibliothèques ou d'écoles, s'avérera nécessaire[1126]. M. Ramu soulignait à ce propos l'importance de l'éducation comme facteur de pérennité d'une culture. L'auteur écrit logiquement que « toute jouissance d'une quelconque culture, ainsi que tout risque d'assimilation, passent en effet par la

---

[1123] *Idem,* §6.1.

[1124] Comité des droits de l'homme, Observation générale n° 23, Article 27 : Protection des minorités, op.cit., § 6.2.

[1125] En protégeant l'identité des individus minoritaires, l'article 27 protège incidemment le groupe minoritaire en tant que tel.

[1126] « Depending on the particular circumstances, needs and desires of minorities, such a programme would include intervention to support schools, libraries and museums, the means by which the culture of one generation is transmitted to another », Patrick Thornberry, « Is There a Phoenix in the Ashes ? International Law and Minority Rights », op.cit., p. 499.

transmission du savoir et de la connaissance »[1127]. Dès lors les Etats pourront-ils être amenés à faciliter l'enseignement de la culture minoritaire soit en subventionnant des établissements privés, soit en aménageant des cours spécifiques dans l'enseignement public. Enfin, il est intéressant de relever que le Comité des droits de l'homme inclut dans la notion de culture des éléments économiques « traditionnels ». Le Comité fait ainsi observer que « la culture peut revêtir de nombreuses formes et s'exprimer notamment par un certain mode de vie associé à l'utilisation des ressources naturelles, en particulier dans le cas des populations autochtones. Ces droits peuvent porter sur l'exercice d'activités traditionnelles telles que la pêche ou la chasse et sur la vie dans des réserves protégées »[1128]. Dès lors, « l'exercice de ces droits peut exiger des mesures positives de protection prescrites par la loi »[1129].

Le second droit reconnu aux minoritaires par l'article 27 est celui de pratiquer et de professer leur propre religion. Son inclusion dans ces dispositions présente un intérêt discutable. Elle peut du moins constituer une redondance. L'article 18 du Pacte garantit déjà à chacun le droit à la liberté de confession et de la manifester sans contrainte[1130]. En outre, l'article 26 interdit la discrimination. Ces deux dispositions combinées semblent suffisantes à préserver l'identité religieuse d'un groupe. Or, imposer aux Etats plus qu'un devoir de non-obstruction dans ce domaine pourrait s'avérer contraire au principe de laïcité[1131]. D'ailleurs, ainsi, dans un Etat laïc, la religion minoritaire serait protégée alors que celle, majoritaire, ne le serait pas… Une intervention étatique ne serait alors justifiée que si l'identité religieuse du groupe était menacée.

Le troisième droit reconnu aux minoritaires est celui d'employer leur propre langue. Celle-ci est une importante composante de leur identité, voire « un élément fondamental de définition »[1132] pour reprendre le Professeur Vandernoot. Ce droit implique le pouvoir de parler avec d'autres locuteurs,

---

1127 Sébastien Ramu, « Le statut des minorités au regard du Pacte International des Droits Civils et Politiques », op.cit., p. 615.

1128 Comité des droits de l'homme, Observation générale n° 23, Article 27 : Protection des minorités, op.cit., § 7.

1129 *Idem.*

1130 Cet article 18 dispose en effet que : « 1. Toute personne a droit à la liberté de pensée, de conscience et de religion; ce droit implique la liberté d'avoir ou d'adopter une religion ou une conviction de son choix, ainsi que la liberté de manifester sa religion ou sa conviction, individuellement ou en commun, tant en public qu'en privé, par le culte et l'accomplissement des rites, les pratiques et l'enseignement. 2. Nul ne subira de contrainte pouvant porter atteinte à sa liberté d'avoir ou d'adopter une religion ou une conviction de son choix ».

1131 Voir en ce sens l'article du Professeur Karagiannis, « La protection des langues minoritaires au titre de l'article 27 du Pacte International des Droits Civils et Politiques », *RTDH*, 1994, pp. 195-222, spéc. p. 201. *Contra*, lire Sébastien Ramu, « *Le statut des minorités au regard du Pacte International des Droits Civils et Politiques* », op.cit., p. 609.

1132 Pierre Vandernoot, « Les aspects linguistiques du droit des minorités », *RTDH*, 1997, op.cit., spéc. p. 309.

d'écrire dans cette langue ou d'en user dans les médias, par exemple. Comme évoqué *supra,* l'exercice de ce droit est circonscrit à la communauté linguistique minoritaire et n'implique pas de pouvoir en user en dehors du groupe, dans les rapports avec les administrations notamment et dans la vie publique de manière plus générale[1133]. Dès lors, la question des obligations de l'Etat en la matière se pose à nouveau. Pour le Professeur Karagiannis, le choix du terme « employer » entretient le doute sur leur nature car, *a priori*, le droit d'employer une langue à l'intérieur d'un groupe n'implique pas une obligation positive de la part des autorités. L'auteur relève, en outre, deux arguments qui pourraient s'opposer à ce que de telles obligations soient mises à la charge des Etats, l'un financier et l'autre politique. Ainsi, « la préservation des droits culturels d'une minorité ne présente pas le même coût budgétaire pour l'Etat que la préservation globale d'une langue minoritaire en perte de vitesse » et le financement d'activités culturelles pèsera sur le budget étatique « beaucoup moins lourd que l'entretien d'écoles de langue minoritaire, les subventions à la presse et aux maisons d'édition minoritaires ». Imposer des obligations positives en la matière risque effectivement de soulever des difficultés pratiques. Les Etats plurilinguistiques seront souvent des Etats en voie de développement ne pouvant faire face à un tel coût financier. Par ailleurs, « la langue commune est un facteur de prise d'identité pour une minorité autrement plus puissant que telle ou telle manifestation culturelle qui, privée *ex hypothesi* du support linguistique, sera tôt ou tard cantonnée dans la sphère du folklorique devenant ainsi sans réel danger pour l'unité de l'Etat »[1134]. Ce dernier sera, dès lors, peu enclin à favoriser une cohésion dangereuse pour son unité.

Ce qui est incontestable, *in fine*, c'est que l'article 27 milite pour la survivance de l'identité minoritaire et contre les politiques nationales d'acculturation et d'assimilation. Toutefois, s'il s'en dégage globalement une interdiction d'homogénéiser la population par cette voie, ses dispositions sont empruntes de beaucoup d'ambiguïtés qui limitent l'efficacité de la protection[1135]. Il est dès lors apparu nécessaire d'apporter une formulation plus

---

[1133] Il appartient, bien sûr, aux Etats, d'adopter des mesures plus favorables dans leur droit interne s'ils le souhaitent.

[1134] Syméon Karagiannis, « La protection des langues minoritaires au titre de l'article 27 du Pacte International des Droits Civils et Politique », op.cit., p. 202. *Contra*, voir Pierre Vandernoot, « Les aspects linguistiques du droit des minorités », *RTDH*, 1997, op.cit., spéc. p. 358.

[1135] Il est alors curieux de retrouver dans la Charte arabe des droits de l'homme actualisée en 2004 un libellé très proche de celui de l'article 27. Ainsi, l'article 25 de la Charte dispose que : « Les personnes appartenant à des minorités ne peuvent être privées du droit de jouir de leur culture, d'utiliser leur langue et de pratiquer les préceptes de leur religion ; la loi réglemente l'exercice de ces droits ». Non seulement la formule est extrêmement vague mais il n'est fait aucune référence à la possibilité d'exercer ces droits « en commun avec les autres membres du groupe ». Par ailleurs, une limitation supplémentaire est ajoutée avec le renvoi à la loi. Comme le relevait le Comité international de juristes dans ses commentaires, « assujettir l'exercice et la jouissance d'un droit à la réglementation interne d'un Etat revient à consacrer la possibilité pour l'Etat d'en

claire des droits devant être accordés aux minorités et par conséquent des obligations incombant aux Etats. C'est dans ce but que fut adoptée par l'AGNU la Résolution 47/135 le 18 décembre 1992.

B. L'éclaircissement apporté par la Déclaration des droits des personnes appartenant à des minorités nationales, ethniques, religieuses et linguistiques

La Déclaration des droits des personnes appartenant à des minorités nationales, ethniques, religieuses et linguistiques, adoptée par l'AGNU le 18 décembre 1992[1136], vise à préciser les droits reconnus aux minorités dans le cadre des principes énoncés par l'article 27 du Pacte. Si la Résolution dispose d'une existence autonome, elle s'inspire « des dispositions de l'article 27 du Pacte international relatif aux droits civils et politiques concernant les droits des personnes appartenant à des minorités ethniques, religieuses ou linguistiques »[1137]. Cette précision autorise à l'appréhender comme un prolongement de l'article.

La Déclaration apparaît d'emblée comme un instrument pertinent face au nettoyage ethnique puisqu'en vertu de son article 1er : « Les Etats protègent l'existence et l'identité nationale ou ethnique, culturelle, religieuse ou linguistique des minorités, sur leurs territoires respectifs, et favorisent l'instauration des conditions propres à promouvoir cette identité ». Protéger l'existence des minorités implique l'interdiction des politiques d'assimilation ou d'acculturation[1138] mais pas seulement. Ces dispositions supposent également une condamnation du génocide ou du déplacement forcé puisque les Etats protégent l'existence des minorités « sur leurs territoires respectifs ».

La Résolution reprend la démarche préconisée par la CPJI dans l'affaire des écoles minoritaires en Albanie. D'une part, elle rappelle que les individus appartenant à des minorités ne doivent pas faire l'objet de discriminations dans la jouissance de tous les droits de l'homme et de toutes les libertés

---

entraver l'exercice ».Voir commentaires op.cit., p. 13. (source : www.aidh.org, consulté le 30 mai 2012).

[1136] Elle résulte d'une entreprise amorcée dès 1977 sur la base d'un avant-projet présenté par la Yougoslavie. En 1978, un Groupe de travail à composition non limitée fut créé par la Commission des droits de l'homme pour préparer un projet de « Déclaration sur les droits des personnes appartenant à des minorités nationales, ethniques, religieuses et linguistiques ». Sur l'origine de la Déclaration, lire Isse Omanga Bokatola, « La Déclaration des Nations Unies sur les droits des personnes appartenant à des minorités nationales ou ethniques, religieuses et linguistiques », op.cit., spéc. pp. 746-749.

[1137] Déclaration des droits des personnes appartenant à des minorités nationales ou ethniques, religieuses et linguistiques, adoptée par l'AGNU dans sa résolution 47/135 du 18 décembre 1992, §4 du Préambule.

[1138] La Déclaration propose ainsi une protection face au génocide culturel ou ethnocide qui, comme évoqué précédemment, n'est pas couvert par le régime de la Convention de 1948.

fondamentales[1139]. D'autre part, elle leur octroie une protection spécifique, reposant sur l'idée de la discrimination positive, en vue de préserver leur identité. L'article 2§1 reprend en substance les mêmes droits que ceux accordés par le Pacte : « Les personnes appartenant à des minorités nationales ou ethniques, religieuses et linguistiques (ci-après dénommées personnes appartenant à des minorités) ont le droit de jouir de leur propre culture, de professer et de pratiquer leur propre religion et d'utiliser leur propre langue, en privé et en public, librement et sans ingérence ni discrimination quelconque ». Outre le fait qu'une nouvelle catégorie de minorité, les minorités nationales, ait été ajoutée, ces dispositions appellent deux remarques par rapport à l'article 27.

La première est que la jouissance des droits s'effectue « en privé et en public ». Il s'agit là d'un progrès considérable alors que l'article 27 ne semblait garantir aux individus minoritaires que des droits exercés en commun avec « les autres membres de leur groupe ». La formule retenue pouvait être interprétée comme limitant la jouissance des droits reconnus au strict cadre communautaire. La Déclaration lève tout doute à ce propos comme le confirment les paragraphes 2 et 3 de l'article 2 qui prévoient la participation des individus appartenant à des minorités à la vie sociale, économique et publique et le droit de prendre une part effective aux décisions qui les concernent tant au niveau national que régional. On relèvera, en outre, que « Les personnes appartenant à des minorités ont le droit d'établir et de maintenir, sans aucune discrimination, des contacts libres et pacifiques avec d'autres membres de leur groupe et avec des personnes appartenant à d'autres minorités, ainsi que des contacts au-delà des frontières avec des citoyens d'autres Etats auxquels elles sont liées par leur origine nationale ou ethnique ou par leur appartenance religieuse ou linguistique »[1140]. Le droit d'entretenir des liens avec les autres membres du groupe national est important puisqu'il permet aux individus minoritaires de partager leurs caractéristiques identitaires, de les développer et ainsi de pérenniser leur identité.

La seconde remarque est que la Déclaration pose expressément des obligations positives à la charge des Etats. D'une manière générale, l'article 1§2 impose aux Etats « d'adopter les mesures législatives ou autres qui sont nécessaires pour parvenir à ces fins (protection de l'existence et de l'identité des minorités et promotion de cette identité) ». L'article 4 est, à ce propos, particulièrement intéressant. Il dispose que :

« (...)

1139 Son article 4§1 dispose en effet que : « Les Etats prennent, le cas échéant, des mesures pour que les personnes appartenant à des minorités puissent exercer intégralement et effectivement tous les droits de l'homme et toutes les libertés fondamentales, sans aucune discrimination et dans des conditions de pleine égalité devant la loi ».

1140 Déclaration des droits des personnes appartenant à des minorités nationales ou ethniques, religieuses et linguistiques, article 2§5.

2. Les Etats prennent des mesures pour créer des conditions propres à permettre aux personnes appartenant à des minorités d'exprimer leurs propres particularités et de développer leur culture, leur langue, leurs traditions et leurs coutumes, sauf dans le cas de pratiques spécifiques qui constituent une infraction à la législation nationale et sont contraires aux normes internationales.

3. Les Etats devraient prendre des mesures appropriées pour que, dans la mesure du possible, les personnes appartenant à des minorités aient la possibilité d'apprendre leur langue maternelle ou de recevoir une instruction dans leur langue maternelle.

4. Les Etats devraient, le cas échéant, prendre des mesures dans le domaine de l'éducation afin d'encourager la connaissance de l'histoire, des traditions, de la langue et de la culture des minorités qui vivent sur leurs territoires. Les personnes appartenant à des minorités devraient avoir la possibilité d'apprendre à connaître la société dans son ensemble.

5. Les Etats devraient envisager des mesures appropriées pour que les personnes appartenant à des minorités puissent participer pleinement au progrès et au développement économiques de leur pays ».

Il n'est plus attendu des Etats une simple abstention mais aussi une prise de mesures afin de garantir aux mieux la perpétuation de l'identité minoritaire[1141]. Cet apport est toutefois à relativiser puisque les obligations posées ne sont que des obligations de comportement : « prennent des mesures pour créer des conditions propres.. » et ont davantage un caractère incitatif qu'impératif au vu de l'emploi du conditionnel : « les Etats devraient prendre... ». Ces dispositions semblent difficilement invocables à l'appui d'un recours individuel devant un organe de contrôle à plus forte raison que la Déclaration n'est qu'un instrument politique.

Par ailleurs, il faut constater la disparition de la clause problématique de l'article 27 : « dans les Etats où il existe des minorités.. ». Elle a été remplacée tout simplement par « les Etats ». Ce premier élément a le mérite de lever toute ambiguïté sur la portée de l'instrument : il a vocation à s'adresser à tous les Etats. Pour le Professeur Karagiannis « cela prouve *a contrario* que la clause de l'article 27 n'était pas si innocente »[1142]. Toutefois, là encore les Etats peuvent échapper à ces dispositions en arguant qu'elles ne les concernent pas puisqu'aucune minorité n'est présente sur leur sol.

[1141] La Déclaration prend bien soin de légitimer de telles mesures de discrimination positive en ces termes : « Les mesures prises par les Etats afin de garantir la jouissance effective des droits énoncés dans la présente Déclaration ne doivent pas a priori être considérées comme contraires au principe de l'égalité contenu dans la Déclaration universelle des droits de l'homme ». (article 8§3)
[1142] Syméon Karagiannis, « La protection des langues minoritaires au titre de l'article 27 du Pacte International des Droits Civils et Politique », op.cit., p. 217.

En dépit des avancées réalisées, la Déclaration contient un frein important à la protection : son article 8§4. Ainsi, « aucune des dispositions de la présente Déclaration ne peut être interprétée comme autorisant une quelconque activité contraire aux buts et principes des Nations Unies, y compris à l'égalité souveraine, à l'intégrité territoriale et à l'indépendance politique des Etats ». Les intérêts souverains pourront justifier des entorses à la protection des minorités qu'il sera aisé d'écarter sous prétexte de rivalités communautaires ou de risques d'atteintes aux frontières.

Mais, finalement, c'est son caractère non-contraignant qui constitue la principale limite de la Résolution. Il ne pourra être reproché aux Etats membres de l'ONU de ne pas s'y conformer. Elle constitue avant tout une base de référence pour les travaux à venir sur la question. Pour Madame Akermark, la Déclaration a servi à ancrer les principes qu'elle énonce dans le droit international : « The Declaration was adopted two years after the CSCE Copenhagen Document. Many of the new elements included in the UN Declaration can be found already in the CSCE Copenhagen Document, e.g. the right to effective participation, and the right to contacts with other minorities over State borders. Therefore, it is possible to argue that the Declaration largely affirme already existing principles of international law and gives them global application »[1143]. Le Professeur Thornberry soulignait la valeur particulière de l'instrument : « Resolutions of the General Assembly of the United Nations contribute to the developments of international law when they declare rather than propose legal standards, and the Declaration is supported by consensus or a vote without opposition, which remains the case with the Declaration »[1144]. Pour le Professeur Karagiannis, le contenu de la Déclaration témoigne d'une certaine *opinio juris* des Etats qui l'ont adoptée par consensus et peut conduire, à l'avenir à une consécration coutumière de la protection des minorités »[1145].

L'instrument peut, en outre, servir à l'interprétation des textes existants. A ce propos, la Déclaration précise que « les institutions spécialisées et autres organismes des Nations Unies contribuent à la pleine réalisation des droits et des principes énoncés dans la présente Déclaration, dans leurs domaines de compétence respectifs »[1146]. Le Comité des droits de l'homme, chargé de veiller

1143 Athanasia Spiliopoulou Akermark, *Justification of Minority Protection in International Law*, op.cit., p. 181.

1144 Patrick Thornberry, « The UN Declaration on the Rights of Persons Belonging to National or Ethnic, Religious and Linguistic Minorities : Background, Analysis, Observation and an Update », dans Alan Phillips and Allan Rosas (Ed.), *Universal Minority Rights*, Abo Akademi University Institute for Human Rights, Abo, 1998, pp. 13-76, spéc. p. 28.

1145 Syméon Karagiannis, « La protection des langues minoritaires au titre de l'article 27 du Pacte International des Droits Civils et Politique », op.cit, spéc. pp. 219-220. Voir également Pierre Vandernoot, « Les aspects linguistiques du droit des minorités », op.cit., p. 316.

1146 Déclaration des droits des personnes appartenant à des minorités nationales ou ethniques, religieuses et linguistiques, adoptée par l'AGNU dans sa résolution 47/135 du 18 décembre 1992, article 9.

au respect du Pacte, semble logiquement destinataire de ces dispositions. Par ailleurs, certains Etats ont pu reconnaître aux dispositions de la Déclaration une valeur contraignante : A titre d'exemple, le traité sur les relations de bon voisinage et sur la coopération amicale conclu entre la République de Hongrie et la République slovaque à Paris le 19 mars 1995 dispose en son article 15§4-b que « les Parties contractantes érigeront en obligations juridiques les normes et les obligations politiques fixées dans les documents suivants : (...) 2- Déclaration de l'Assemblée générale de l'ONU sur les droits des personnes appartenant aux minorités nationales ou ethniques, religieuses et linguistiques du 18 décembre 1992 ». On trouvera d'autres règles utiles à préserver l'identité minoritaire dans des instruments adoptés au sein du Conseil de l'Europe.

§2. La protection de l'identité minoritaire par le Conseil de l'Europe

Le vieux continent est la terre de prédilection du phénomène minoritaire. Le jeu combiné de son extrême diversité démographique et du concept d'Etat-nation a entraîné un mouvement de « production » de minorités, alimenté par l'effondrement d'empires pluriethniques. Les recompositions territoriales opérées, notamment à la suite de conflits, ont révélé le besoin d'un traitement juridique de la question pour les Etats qui cédaient des sujets, désireux de les voir conserver leur identité collective. Aussi, comme évoqué *supra*, la protection des minorités en Europe s'est d'abord constituée sur la base de traités bilatéraux. Mais elle ne concernait, du temps de la SDN, que les minorités d'Europe centrale et orientale. La question fut ensuite gelée durant la guerre froide pour connaître un regain d'intérêt avec l'effondrement du bloc de l'Est. Des organisations régionales, dont la vocation première n'était pas la protection des minorités, entreprirent d'élaborer un droit y relatif. L'œuvre du Conseil de l'Europe en la matière est particulièrement significative, tant par la richesse de sa production normative que par son application aux anciens Etats communistes, spécialement concernés par la thématique minoritaire, auxquels l'Organisation de Strasbourg a ouvert ses portes.

La Convention européenne des droits de l'homme n'offre qu'une protection limitée aux minorités. Si elle garantit à leurs membres la non-discrimination dans la jouissance des droits de l'homme, elle ne contient pas de règles protégeant explicitement leur identité collective et les organes de contrôle de la Convention semblent peu enclins à exploiter l'instrument dans ce sens si tant est qu'il puisse l'être (A). C'est pourquoi il fut entrepris de lui apporter des compléments conventionnels. La voie du protocole additionnel, un temps envisagée, a finalement été abandonnée au profit d'une convention indépendante : la Convention cadre pour la protection des minorités (C). Avant cela, une Charte des langues régionales ou minoritaires avait été adoptée. Si elle n'a pas été élaborée en tant qu'instrument de protection des minorités à proprement parler, elle contribue à la sauvegarde de l'identité linguistique minoritaire (B). Ces conventions, d'une grande souplesse, traduisent une approche prudente et progressive de la question minoritaire. D'ailleurs, le fait qu'elles soient des instruments autonomes dans le *corpus* juridique de l'Organisation, échappant ainsi au contrôle de la Cour européenne des droits de l'homme, n'est pas anodin.

A. La protection limitée offerte par la Convention Européenne des Droits de l'Homme

> *« Juges de Strasbourg, encore un effort si vous voulez devenir des défenseurs de l'identité minoritaire ! »*[1147]

La Convention Européenne des Droits de l'Homme est imprégnée d'une conception fondamentalement individualiste des droits qu'elle reconnaît. « L'homme protégé par la Convention n'est que très rarement un homme situé, il reste l'individu défini le plus souvent sans références au corps social ou aux groupes dans lesquels il est pourtant amené à se mouvoir »[1148]. Elle n'offre *a priori* pas de garanties particulières aux individus appartenant à des minorités et encore moins aux minorités.

Il convient néanmoins de rappeler que c'est avec la plus grande célérité que les promoteurs du texte ont entendu mener le projet à terme, s'autorisant une marge d'incomplétude[1149]. Celle-ci fut corrigée progressivement par l'adoption de Protocoles et par une jurisprudence constructive de la Cour de Strasbourg pour constituer *in fine* un ensemble dynamique et évolutif. Ce postulat ne semble pas exclure que la Convention puisse servir à la protection des minorités[1150]. L'adoption du Protocole 4 le 16 septembre 1963 est un exemple qui affermit cette idée puisqu'il vise à protéger contre les expulsions collectives. Les minorités peuvent raisonnablement être incluses dans la définition de ce type d'expulsion de l'arrêt *Conka* déjà citée.

1147 Michel Levinet, « Juges de Strasbourg, encore un effort si vous voulez devenir des défenseurs de l'identité minoritaire ! note sous les arrêts *Chapman, Beard, Coster, Jane Smith et Lee*, rendus par la Cour EDH, 18 janv 2001 », *L'Europe des libertés*, mai 2001, n° 5, pp. 2-5, spéc. p. 2.

1148 Jean-Manuel Larralde, « La Convention Européenne des Droits de l'Homme et la protection des groupes particuliers », *RTDH*, 2003, pp. 1247-1274, spéc. p. 1249.

1149 Le Professeur Pierre-Henri Teitgen déclarait ainsi dans son rapport introductif devant l'Assemblée parlementaire de Strasbourg le 8 août 1949 : « il convient de se limiter à une liste de libertés fondamentales et indiscutables en sachant qu'elle ne sera pas complète », cité par Jean-Manuel Larralde dans « La Convention Européenne des Droits de l'Homme et la protection des groupes particuliers », op.cit., p. 1248.

1150 Il est d'ailleurs notable que l'article 34 de la Convention ouvre le prétoire de la Cour de Strasbourg « à tout groupe de particuliers qui se prétend victime d'une violation par l'une des Hautes Parties contractantes des droits reconnus dans la Convention ou ses Protocoles ». Les groupes, parmi lesquels les minorités, dès lors qu'ils bénéficient d'un intérêt à agir, disposent d'un droit de recours. Il ne manque plus que des droits à défendre...

D'autre part, la Convention garantit un certain nombre de droits qui peuvent être exploités par les individus minoritaires pour préserver leur identité. Il faut relever particulièrement la liberté de pensée, de conscience et de religion protégée par l'article 9, la liberté d'expression protégée par l'article 10 ou la liberté d'association protégée par l'article 11. On ajoutera l'article 2 du Protocole additionnel 1 qui garantit le droit des parents d'assurer l'éducation des enfants conformément à leurs convictions religieuses et philosophiques. Comme le soulignait le Professeur Benoit-Rohmer, ces libertés permettent aux minorités « de développer leur culture et de préserver ces éléments essentiels de leur identité que sont leur religion, leur langue, leurs traditions et leur patrimoine culturel »[1151].

La Convention européenne des droits de l'homme répond efficacement à la première dimension de la protection des minorités puisqu'elle assure l'égalité de traitement entre les individus appartenant à des minorités et les autres membres de la population. L'article 14 garantit « la jouissance des droits et libertés reconnus dans la Convention sans distinction fondée (…) sur l'appartenance à une minorité nationale » et l'article 1 du Protocole 12 garantit que « la jouissance de tout droit prévu par la loi doit être assurée, sans discrimination aucune, fondée notamment sur (...) l'appartenance à une minorité nationale ». Il faut rappeler ici que l'article 14 de la Convention ne dispose pas d'une portée générale et ne garantit que l'égalité devant la Convention.

Dans une affaire *G. et E. contre Norvège*, la Commission européenne des droits de l'homme s'était appuyée sur l'article 14 de la Convention pour affirmer le droit des Lapons à ne pas être l'objet de discriminations. Cependant, les organes de contrôle de la Convention se sont jusqu'à présent montrés très prudent vis-à-vis de la question minoritaire, thématique sensible s'il en est[1152].

[1151] Florence Benoit-Rohmer, « La Cour Européenne des droits de l'homme et la défense des droits des minorités nationales », *RTDH*, 2002, pp. 564-586, spéc. p.564.

[1152] L'affaire *Gorzelik contre Pologne* est significative de la réserve de la Cour vis-à-vis de la question minoritaire puisqu'elle a considéré qu'il ne lui appartenait pas de se prononcer sur la question de savoir si les Silésiens de Pologne constituaient ou non une minorité nationale. Elle a ainsi déclaré que : « Pour ce qui est de l'argument des requérants selon lequel le droit polonais ne définit pas la notion de « minorité nationale », la Cour observe d'abord, comme la chambre l'a souligné à juste titre, qu'il serait très difficile de formuler une telle définition. En particulier, aucun traité international, pas même la Convention-cadre du Conseil de l'Europe, ne définit la notion (…). De même, la pratique concernant la reconnaissance officielle par les Etats de minorités nationales, ethniques ou autres au sein de leur population varie d'un pays à l'autre, voire à l'intérieur d'un même pays. Le choix quant aux modalités d'une telle reconnaissance et le point de savoir si elle doit se concrétiser dans des traités internationaux ou des accords bilatéraux ou encore être incorporée dans la Constitution ou dans une loi spéciale doivent, par la force des choses, être dans une large mesure laissés à l'Etat concerné, puisqu'ils dépendent du contexte national considéré » (Arrêt du 17 février 2004, (req.44158/98), § 68). Cette solution soulève à nouveau le problème de l'absence d'une définition des minorités en droit international. A supposer qu'une protection de l'identité minoritaire puisse être dégagée de la Convention européenne des droits de l'homme, dans la mesure où celle-ci ne définit pas la notion de minorité,

Ils se sont ainsi cantonnés à assurer la non-discrimination à l'égard des individus minoritaires en refusant de leur reconnaître clairement le droit à une protection spécifique. Ainsi, dans sa décision rendue le 3 octobre 1983 dans l'affaire des Lapons de Norvège précitée, la Commission a rappelé que « la Convention ne garantit pas de droits spécifiques aux minorités. Les droits et libertés énoncés dans la Convention sont, aux termes de l'article 1 de la Convention, garantis à « toute personne » relevant de la juridiction d'une Haute Partie Contractante. La jouissance des droits et libertés reconnus dans la Convention doit, selon l'article 14, être assuré sans distinction aucune, fondée notamment sur l'appartenance à une minorité nationale »[1153]. Mais il est intéressant de noter dans cette affaire que pour la Commission, « un groupe minoritaire est théoriquement fondé à revendiquer le droit au respect de son mode de vie propre, puisqu'il s'agit de « vie privée », de « vie familiale » ou de « domicile » »[1154]. Cette potentialité ne recevra toutefois pas d'application concrète en l'espèce.

Dans d'autres affaires, les organes de contrôle de la Convention ont refusé d'accorder des droits spécifiques aux minorités linguistiques. Dans l'affaire *linguistique belge*, la Cour a déclaré que la Convention « ne garantissait nullement le droit d'être instruit dans la langue des parents par les soins ou avec l'aide des pouvoirs publics »[1155]. Plus tard, dans l'affaire *X contre Autriche*, la Commission rappellera que « la Convention ne reconnaît pas de droit à une minorité linguistique en tant que telle et la protection des membres de cette minorité se limite à ne pas faire l'objet d'une discrimination dans la jouissance des droits reconnus par la Convention »[1156].

L'approche de la question minoritaire sous le seul angle du principe de non-discrimination a révélé ses limites dans l'affaire *linguistique belge*. La solution retenue par la Cour en l'espèce a été considérée en doctrine comme un échec pour les minorités linguistiques. En effet, si l'on aborde cette affaire sous l'angle du droit des minorités, les juges de Strasbourg ont considéré que la

---

se posera le problème de la détermination des bénéficiaires de cette protection. La Cour s'en remet, « par la force des choses », à l'appréciation des Etats, ou plutôt à leur bon vouloir.

1153 Commission européenne des droits de l'homme, Décision sur la recevabilité du 3 novembre 1983, *G. et E. contre Norvège* (req.9278/81 et 9415/81).

1154 *Idem.* Si la Commission a, ici, déclaré la requête irrecevable, cette dernière affirmation ne restera pas lettre morte comme il sera vu plus loin.

1155 Arrêt du 23 juillet 1968, op.cit., § 7. La Cour confirmera cette position dans l'affaire *Chypre contre Turquie*, voir arrêt du 10 mai 2001, op.cit., spéc. § 277.

1156 Commission européenne des droits de l'homme, Décision du 10 octobre 1979, *X contre Autriche* (req.8142/78). Il est également intéressant de se reporter à l'affaire *Bideault contre France* dans laquelle la Commission a décidé que « l'article 6§3-d de la Convention ne garantit pas le droit à ce que les témoins s'expriment dans une langue de leur choix », Décision du 6 octobre 1986, *Bideault contre France* (req.11261/84) Dans cette affaire, le requérant, qui faisait l'objet de poursuites pénales, avait invoqué une violation des articles 6§3-d et 14 de la Convention du fait du refus des juridictions françaises d'entendre un témoin souhaitant s'exprimer en breton.

législation belge qui imposait l'enseignement en néerlandais dans les établissements publics de la région unilingue néerlandophone au détriment des enfants francophones n'était pas discriminatoire car elle poursuivait un but légitime : « réaliser l'unité linguistique à l'intérieur des deux grandes régions de la Belgique, dans lesquelles une large majorité de la population ne parle que l'une des deux langues nationales »[1157]. Les intérêts de la minorité francophone ont ainsi été sacrifiés au profit de la majorité. Pour le Professeur Fenet, « la Cour a ainsi entériné l'habillage juridique de toutes les politiques d'assimilation. Sans doute pouvait-elle difficilement faire autrement, puisqu'en l'occurrence cette politique avait été clairement voulue par le législateur dans une société démocratique. Mais c'est justement cette conception-là du pouvoir majoritaire que met en cause la protection des minorités »[1158].

Pourtant, au fil de sa jurisprudence, la Cour européenne des droits de l'homme a posé les bases qui lui permettraient de reconnaître des droits spécifiques aux individus appartenant à des minorités. Ainsi, dans l'affaire *linguistique belge* elle a donné une définition de la discrimination qui autorise à appliquer un traitement différent à des individus se trouvant dans des situations différentes. Il convient d'ailleurs de rappeler qu'elle a retenu la responsabilité de l'Etat grec pour n'avoir pas appliqué un traitement différent au requérant dans l'affaire *Thlimmenos* alors que celui-ci se trouvait dans une situation particulière par rapport aux autres personnes reconnues coupables d'un crime. Par ailleurs, dans l'affaire *Young, James et Webster*, les juges de Strasbourg ont reconnu la nécessité de préserver le pluralisme dans une société démocratique : « Bien qu'il faille subordonner les intérêts de l'individu à ceux d'un groupe, la démocratie ne se ramène pas à la suprématie constante de l'opinion d'une majorité ; elle commande un équilibre qui assure aux minorités un juste traitement et qui évite tout abus d'une position dominante »[1159]. Ce qui a été affirmé dans le contexte particulier de cette affaire[1160] est valable pour tout groupe social, y compris les minorités nationales. Dès lors, le maintien du pluralisme démocratique peut légitimer l'octroi de droits spécifiques aux individus minoritaires afin qu'ils préservent leurs différences.

La Cour a finalement réalisé un premier pas, timide, vers la reconnaissance d'une protection spécifique au profit des minorités dans l'affaire *Chapman*

[1157] *Idem.*

[1158] Alain Fenet, « Le droit européen des minorités », dans Alain Fenet, Geneviève Koubi et Isabelle Schulte-Tenckhoff (Dir.), *Le droit et les minorités_Analyses et textes*, op.cit., spéc. p. 145.

[1159] Cour européenne des droits de l'homme, Arrêt du 13 août 1981, *Young, James et Webster contre Royaume-Uni* (req.7601/76 ; 7806/77), § 63.

[1160] Il s'agissait en l'espèce d'employés de la Société des chemins de fer britanniques qui avaient refusé d'adhérer à un syndicat suite à la conclusion de closed-shops par leur employeur et qui avaient été licenciés. Ceux-ci se trouvaient dans une situation minoritaire puisque très peu d'employés de ladite Société avaient opposé un tel refus.

contre Royaume-Uni en se fondant sur l'article 8 de la Convention. En l'espèce, la requérante, d'origine tsigane, avait fait l'acquisition d'un terrain se trouvant dans « une ceinture verte métropolitaine » en vertu de la législation britannique, soit une zone agricole prioritaire et de haute valeur paysagère. Désireuse de s'y installer définitivement et d'y vivre en famille, elle demanda au Conseil de district la délivrance d'un permis d'aménagement pour y installer ses caravanes. Se voyant opposer un refus, elle est contrainte de quitter son terrain. Puis, elle y retournera avec sa famille et fera l'objet de mesures d'exécution. La requérante allégua notamment devant la Cour la violation de l'article 8 de la Convention. Elle estimait en outre faire l'objet de mesures discriminatoires parce qu'elle était Tsigane. Dans son arrêt rendu le 18 janvier 2001 la Cour a considéré que « la vie en caravane fait partie intégrante de l'identité tsigane de la requérante car cela s'inscrit dans la longue tradition du voyage suivie par la minorité à laquelle elle appartient. (...) Des mesures portant sur le stationnement des caravanes de la requérante n'ont donc pas seulement des conséquences sur son droit au respect de son domicile, mais influent aussi sur sa faculté de conserver son identité tsigane et de mener une vie privée et familiale conforme à cette tradition »[1161]. En l'espèce, les juges ont considéré que le droit de Madame Chapman au respect de sa vie privée, familiale et de son domicile était bien concerné. La Cour a ainsi déduit[1162] un nouveau droit de l'article 8 de la Convention : le droit au respect du mode de vie traditionnel d'une minorité.

La Cour a, par ailleurs, entendu préciser les obligations correspondant à ce nouveau droit reconnu et protégé par la Convention. Il implique déjà que les Etats ne fassent pas obstacle à ce que les individus appartenant à des minorités suivent le mode de vie qui correspond le mieux à leurs traditions. Mais l'arrêt va plus loin puisqu'à ce devoir de non-ingérence il ajoute une obligation positive. « L'article 8 impose donc aux Etats contractants l'obligation positive de permettre aux Tsiganes de suivre leur mode de vie »[1163]. En effet, leur

---

[1161] Cour européenne des droits de l'homme, Arrêt du 18 janvier 2001, *Chapman contre Royaume-Uni* (req.27238/95), § 73.

[1162] Quelques années auparavant, elle avait été saisie d'une affaire quasiment similaire présentée par une requérante tsigane et avait esquivé la dimension « minoritaire » du débat. Pourtant, la Commission avait estimé dans cette affaire que le mode de vie traditionnel des membres d'une minorité pouvait relever de la protection de l'article 8 et avait constaté une violation de cet article. La position réductrice de la Cour avait fait débat à l'époque. Voir l'arrêt du 25 septembre 1996 rendu dans l'affaire *Buckley contre Royaume-Uni* (req.20348/92).

[1163] Arrêt *Chapman* op.cit., § 96. Cette position est ainsi justifiée par les juges : « La Cour observe que l'on peut dire qu'un consensus international se fait jour au sein des Etats contractants du Conseil de l'Europe pour reconnaître les besoins particuliers des minorités et l'obligation de protéger leur sécurité, leur identité et leur mode de vie (voir les paragraphes 55-59 ci-dessus et notamment la convention-cadre), non seulement dans le but de protéger les intérêts des minorités elles-mêmes mais aussi pour préserver la diversité culturelle qui est bénéfique à la société dans son ensemble » (§93). Il est intéressant, ici, de relever la référence explicite à la Convention-cadre utilisée comme base de travail. Certains auteurs doutent qu'un consensus sur l'obligation de protéger l'identité minoritaire, que la Cour s'est prudemment limitée à « observer que l'on peut

vulnérabilité, « du fait qu'ils constituent une minorité, implique d'accorder une attention spéciale à leurs besoins et à leur mode de vie propre tant dans le cadre réglementaire valable en matière d'aménagement que lors de la prise de décision dans des cas particuliers »[1164]. Apparaît toutefois, à la lecture de cet extrait, la portée limitée de cette consécration : elle ne pose ici qu'une obligation procédurale d'« accorder une attention particulière » dans un domaine donné : « le cadre réglementaire valable en matière d'aménagement et la prise de décision dans des cas particuliers ». La Cour s'est gardée de délimiter le contenu de l'obligation positive qu'elle a dégagée[1165] et se contente de l'adapter au cas d'espèce. D'ailleurs, elle réduit encore sa consistance en estimant que l'article 8 n'impose pas au Royaume-Uni, ni aux autres Etats contractants, l'obligation de mettre à la disposition de la communauté tsigane un nombre adéquat de sites convenablement équipés. Cette fois-ci, le consensus est insuffisant en ce qui concerne une telle obligation.

Le dernier élément qui achève de relativiser l'apport de l'arrêt *Chapman* est le refus de reconnaître la validité d'éventuelles discriminations positives. La Cour a considéré que « traiter différemment un Tsigane qui a illégalement stationné ses caravanes à un endroit donné, des non-Tsiganes qui y ont établi un site caravanier et toute personne qui y a fait construire une maison soulèverait des problèmes substantiels au regard de l'article 14 de la Convention ». C'est nier la possibilité d'appliquer aux Tsiganes un traitement plus favorable en matière de stationnement caravanier alors qu'il a été reconnu peu avant que le mode de vie itinérant « faisait partie intégrante de l'identité tsigane » ! Cette position pour le moins frileuse paraît difficilement compatible avec l'obligation dégagée de permettre aux Tsiganes de conserver leur mode de vie[1166].

---

dire » qu'il existe, reflète une évolution du droit positif. Le Professeur Benoît-Rohmer relevait qu'« en effet, si les Etats sont nombreux à avoir signé la Convention-cadre, la Cour semble négliger le fait qu'un bon nombre d'Etats membres du Conseil de l'Europe n'ont pas encore ratifié celle-ci, alors que d'autres, et non des moindres, ont carrément refusé de signer la Convention-cadre, indiquant par là qu'ils ne partageaient pas la conception qui la sous-tend ». L'auteur relevait en outre qu' « à l'époque où la Cour rendait l'arrêt Chapman, l'Assemblée parlementaire du Conseil de l'Europe dans sa Recommandation 1492 (2001) remarquait d'ailleurs que « cette situation réduit l'effet véritable de la Convention-cadre sur l'ensemble du continent » », Florence Benoît-Rohmer, « La Cour de Strasbourg et la protection de l'intérêt minoritaire : une avancée décisive sur le plan des principes ? (En marge de l'arrêt Chapman) », *RTDH*, 2001, pp. 999-1015, spéc. pp. 1006-1007.

1164 *Idem.*

1165 Se réfugiant derrière le consensus évoqué, la Cour déclare ne pas être « convaincue que ce consensus soit suffisamment concret pour qu'elle puisse en tirer des indications quant au comportement ou aux normes que les Etats contractants considèrent comme souhaitables dans une situation donnée », § 94 de l'arrêt.

1166 C'est d'ailleurs ce qu'ont relevé plusieurs juges de la Cour dans leur opinion dissidente commune : « nous ne saurions penser avec la majorité que le fait d'accorder la protection de l'article 8 à une Tsigane habitant illégalement dans une caravane sur son terrain soulèverait, par rapport aux autres personnes, des problèmes au regard de l'article 14 dans la mesure où les lois sur l'urbanisme continuent de leur interdire de construire une maison sur leur terrain dans la même

Finalement, il est regrettable que la Cour n'ait pas appliqué ce nouveau droit qu'elle a reconnu et se soit contentée de traiter la requête sur la base du droit au domicile ! C'est priver l'avancée réalisée de tout effet utile.

En définitive, une pertinence de la Convention européenne des droits de l'homme pour la préservation de l'identité minoritaire n'a pas encore été révélée et ne le sera peut-être pas[1167]. Il convient alors de rechercher cette protection dans d'autres instruments spécifiques.

B. Une protection indirecte par la Charte des langues régionales et minoritaires

La Charte des langues régionales ou minoritaires, adoptée le 25 juin 1992[1168] par le Conseil des Ministres du Conseil de l'Europe, n'a pas été conçue spécifiquement pour protéger les minorités linguistiques[1169]. L'objet de cet instrument est la protection et la promotion du multilinguisme en général. Aussi ne vise-t-il pas tant à conférer des droits individuels ou collectifs à leurs locuteurs[1170], qu'à garantir la survivance de langues régionales ou minoritaires historiques d'Europe, de telle manière que soit maintenue la diversité culturelle sur le vieux continent. Néanmoins, les obligations assumées par les Etats parties

---

zone (paragraphe 95 de l'arrêt). Cette façon de voir néglige le fait, pourtant reconnu précédemment par la majorité, que le mode de vie suivi en l'espèce par la requérante, celui des Tsiganes, élargit la portée de l'article 8, ce qui ne serait pas nécessairement le cas pour une personne vivant dans une maison classique, mode de logement sur lequel pèsent moins de contraintes. Ces situations ne sauraient être analogues. Au contraire, il peut y avoir discrimination lorsque, sans justification objective et raisonnable, les Etats n'appliquent pas un traitement différent à des personnes dont les situations sont sensiblement différentes », Opinion dissidente commune de M.Pastor Ridruejo, M.Bonello, Mlle Tulkens, Mme Straznicka, M.Lorenzen, M.Fishback et M.Casadevall jointe à l'arrêt, § 8.

1167 Pour M. Pentassuglia, « il convient de ne pas trop présumer des innovations que les organes de Strasbourg pourraient insérer dans leur jurisprudence pertinente : la confirmation récente par la Cour dans les affaires tsiganes que son « propre rôle se borne strictement à exercer un contrôle » semble rappeler opportunément que tout activisme judiciaire semble exclu tant que des progrès parallèles supplémentaires en matière de normes applicables aux minorités n'auront pas été enregistrés au sein du Conseil de l'Europe », Gaetano Pentassuglia, *Minorités en droit international*, op.cit., p. 135.

1168 L'instrument est entré en vigueur le 1er mars 1998 après cinq ratifications (Croatie, Finlande, Hongrie, Liechtenstein, Norvège et Pays-Bas).

1169 Comme le rappelle d'ailleurs le Rapport explicatif joint à l'instrument : « La charte vise à protéger et à promouvoir les langues régionales ou minoritaires, non les minorités linguistiques » (§11). (Source : site du Conseil de l'Europe op.cit.). La Déclaration formulée par la France au moment où elle a signé la Charte est sur ce point particulièrement éloquente : « Dans la mesure où elle ne vise pas à la reconnaissance et la protection de minorités, mais à promouvoir le patrimoine linguistique européen, et que l'emploi du terme de « groupes » de locuteurs ne confère pas de droits collectifs pour les locuteurs des langues régionales ou minoritaires, le Gouvernement de la République interprète la Charte dans un sens compatible avec le Préambule de la Constitution, qui assure l'égalité de tous les citoyens devant la loi et ne connaît que le peuple français, composé de tous les citoyens sans distinction d'origine, de race ou de religion ».

1170 Le Préambule de la Charte rappelle cependant que « le droit de pratiquer une langue régionale ou minoritaire dans la vie privée et publique constitue un droit imprescriptible ».

au titre de cette convention auront incidemment des effets sur les communautés intéressées. Dans la mesure où la langue constitue un élément distinctif fort pour certaines minorités et une composante essentielle de leur identité, l'instrument qui tend à la préserver participera à leur protection.

Les langues régionales ou minoritaires visées par la Charte sont les langues : «

- i) pratiquées traditionnellement sur un territoire d'un Etat par des ressortissants de cet Etat qui constituent un groupe numériquement inférieur au reste de la population de l'Etat ;

- ii) et, différentes de la (des) langue(s) officielle(s) de cet Etat »[1171].

La définition n'inclut « ni les dialectes de la (des) langue(s) officielle(s) de l'Etat ni les langues des migrants ». Est ainsi posée une définition claire des langues protégées, opposable aux Etats. Le Professeur Fenet constatait que « cette approche nouvelle des questions minoritaires affranchit la Charte des problèmes de définition des droits et l'identité de leurs titulaires. Elle suit une démarche objective, faisant l'économie de définitions à portée rhétorique, renvoyant aux données de fait plutôt qu'aux notions juridiques »[1172].

La Charte prévoit deux séries d'obligations à la charge des Etats :

Tout d'abord, sa Partie II, composée d'un seul article, l'article 7 fixe « les objectifs et principes poursuivis ». Les Parties devront ainsi fonder leurs politique et réglementation à l'égard des langues protégées sur leur reconnaissance comme expression de la richesse culturelle. Elles s'engagent à les promouvoir, à faciliter leur usage dans la vie publique comme dans la vie privée ainsi que leur apprentissage et leur transmission par voie d'échanges transnationaux. En outre, les Etats s'engagent à prendre en considération les besoins et les vœux exprimés par les groupes pratiquant ces langues. Il faut souligner qu'en vertu de l'article 1er de la Charte, une langue régionale ou minoritaire correspond à une assise géographique[1173]. Celle-ci devra être respectée par les Etats de telle sorte que « les divisions administratives existant déjà ou nouvelles ne constituent pas un obstacle à la promotion de cette langue régionale ou minoritaire »[1174]. Par ailleurs, si certaines langues sont dépourvues de tout territoire, dans le sens où, pratiquées par des ressortissants de l'Etat et différentes des langues pratiquées par le reste de sa population elles ne peuvent

---

1171 Charte européenne des langues régionales ou minoritaires du 25 juin 1992, article 1-a.

1172 Alain Fenet, « Le droit européen des minorités », dans *Le droit et les minorités_Analyses et textes,* op cit, p. 207.

1173 En effet, par « territoire dans lequel une langue régionale ou minoritaire est pratiquée », on entend l'aire géographique dans laquelle cette langue est le mode d'expression d'un nombre de personnes justifiant l'adoption des différentes mesures de protection et de promotion prévues par la présente Charte ».

1174 Article 7-1-b de la Charte

pas être rattachées à une aire géographique particulière de celui-ci[1175], elles n'échapperont pas nécessairement à toute protection. En effet, parmi les principes énoncés à l'article 7, « les Parties s'engagent à appliquer, *mutatis mutandis*, les principes énumérés aux paragraphes 1 à 4 ci-dessus aux langues dépourvues de territoire »[1176]. Toutefois, « la nature et la portée des mesures à prendre pour donner effet à la présente Charte seront déterminées de manière souple, en tenant compte des besoins et des vœux, et en respectant les traditions et les caractéristiques des groupes qui pratiquent les langues en question »[1177].

La Partie III de la Charte est beaucoup plus précise. Elle fixe une série de mesures concrètes que pourront adopter les parties dans les domaines de l'enseignement, de la justice, de l'administration et des services publics, des médias, des activités et équipements culturels, de la vie économique et sociale et des échanges transfrontaliers. Mais l'article 2§2 de la Charte laisse aux Etats le soin de déterminer, si et dans quelle mesure, ils seront liés par ces dispositions. Effectivement, au moment de la ratification ou de l'adhésion, chaque Partie contractante indiquera quelle langue protégée est pratiquée sur son territoire. Partant, elle devra appliquer un minimum de 35 paragraphes choisis parmi les dispositions de la Partie III[1178]. Un Etat partie pourrait échapper à ces obligations en ne déclarant aucune langue. Cela ne signifie pas qu'il pourra nier l'existence de langues régionales ou minoritaires sur son territoire. En effet, la définition posée par l'article 1 est objective et lui est opposable même si, dans la pratique, aucune entité ne pourra le remplacer pour vérifier qu'elle s'applique bien. Cependant, le rapport explicatif relève « que les motifs qui peuvent conduire un Etat à exclure entièrement une langue, reconnue comme langue régionale ou minoritaire, du bénéfice de la partie III doivent être des motifs compatibles avec l'esprit, les objectifs et les principes de la charte »[1179]. Ce qui soulève un autre problème : celui de l'autorité compétente pour apprécier cette conformité.

La Charte propose aux Etats des obligations « à la carte ». En plus de décider si tel ou tel idiome est ou non une langue protégée, si cette langue est ou non sise sur un territoire, chaque Partie appréciera la formule qui convient le mieux au regard de l'état de développement de chaque langue, des interventions qu'elle jugera nécessaire, du coût financier qu'elle pourra supporter. La latitude

[1175] On pensera aux langues tsiganes et au yiddish, voir § 36 du Rapport explicatif.
[1176] Article 7-5 de la Charte
[1177] *Idem.* A titre d'exemple, la République de Chypre a déclaré qu'elle : « s'engage à appliquer la Partie II de la Charte conformément à l'article 2, paragraphe 1, à la langue arménienne en tant que langue « dépourvue de territoire » telle que définie à l'article 1c de la Charte. (Déclaration consignée dans une lettre du Chargé d'Affaires a.i. de la Représentation Permanente de Chypre, en date du 3 août 2005, enregistrée au Secrétariat Général du Conseil de l'Europe le 4 août 2005).
[1178] Dont au moins trois seront choisis dans chacun des articles 8 et 12 et un dans chacun des articles 9, 10, 11 et 13.
[1179] Rapport explicatif, op.cit., § 42.

laissée aux Etats est encore illustrée par le fait que c'est à eux de déterminer le nombre de locuteurs nécessaires à l'adoption de mesures protectrices. A titre d'exemple, dans le domaine de la justice, objet de l'article 9 de la Charte, les Parties ne prendront des mesures que dans « les circonscriptions des autorités judiciaires dans lesquelles réside un nombre de personnes pratiquant les langues régionales ou minoritaires qui justifie les mesures spécifiées ci-après (…) ». En réalité, cette liberté de choix consiste à exploiter au mieux l'instrument face au contexte particulier de chaque langue régionale ou minoritaire. Malgré tout, l'égalité entre les locuteurs des différentes langues pratiquées sur le territoire d'un Etat partie sera préservée. L'article 7§2 du traité réitère ainsi le principe de non-discrimination et va même plus loin en légitimant l'adoption de mesures spéciales[1180].

Ces engagements à « géométrie variable » relativisent l'efficacité de la protection offerte par la Charte[1181]. Celle-ci est d'autant plus limitée que l'instrument ne prévoit pas de véritable procédure de contrôle. Seul un système de rapports périodiques a été prévu[1182]. Aux termes de la Partie IV de la Charte, les Parties présenteront au Secrétaire Général du Conseil de l'Europe un rapport sur la politique suivie, et sur les mesures prises en application des dispositions de la partie III qu'elles ont acceptées. Le premier rapport devra être présenté dans l'année qui suit l'entrée en vigueur de la Charte pour la Partie en question, les autres rapports à des intervalles de trois ans après le premier rapport. C'est

---

1180 Ainsi, « les Parties s'engagent à éliminer, si elles ne l'ont pas encore fait, toute distinction, exclusion, restriction ou préférence injustifiées portant sur la pratique d'une langue régionale ou minoritaire et ayant pour but de décourager ou de mettre en danger le maintien ou le développement de celle-ci. L'adoption de mesures spéciales en faveur des langues régionales ou minoritaires, destinées à promouvoir une égalité entre les locuteurs de ces langues et le reste de la population ou visant à tenir compte de leurs situations particulières, n'est pas considérée comme un acte de discrimination envers les locuteurs des langues plus répandues ».

1181 M.Peter Kovacs a établi une graduation des options laissées aux Etats parties par la Charte qui met en évidence l'extrême souplesse de l'instrument :
- *primo* : l'Etat accède à la Charte ;
- *secundo* : l'Etat spécifie toutes les langues pratiquées sur son territoire qui répondent aux critères de la définition. La Partie II s'appliquera à toutes ces langues, soit sur tout le territoire national, soit dans les zones linguistiques spécifiques ;
- *tertio* : l'Etat décide quelles seront les langues vis-à-vis desquelles il est prêt à assumer les obligations résultant de la Partie III de la Charte ;
- *quarto* : l'Etat prend la décision d'assurer un régime unique ou diversifié pour chaque langue. Il choisit les dispositions parmi les alternatives offertes par la Charte ;
- *quinto* : eu égard au fait que la Charte ne contient pas de normes directement applicables, l'Etat prend les dispositions nécessaires en droit interne pour faire valoir les obligations contractées ». Peter Kovacs, « La protection des langues des minorités ou la nouvelle approche de la protection des minorités ? », *RGDIP*, 1993/2, pp. 411-418, spéc. p.415.

1182 Le Professeur nantais considère toutefois que « puisqu'elle ne confère pas de droits, la Charte est libérée du contrôle nécessaire mais toujours difficile de l'effectivité de ceux-ci. Sans perdre de sa crédibilité, elle peut se satisfaire d'un mécanisme léger de contrôle d'application (…) », *idem*.

un Comité d'experts[1183], composé d'un national de chaque Partie, qui examinera ces rapports qui lui auront été transmis par le Secrétaire général. Il élaborera un rapport qui sera transmis au Comité des ministres, accompagné des observations formulées par les gouvernements. Ce rapport pourra contenir des propositions de recommandations qui pourront être adressées aux Etats par l'organe destinataire. En outre, le Secrétaire général adresse un rapport bi-annuel sur l'application de la Charte à l'Assemblée parlementaire. Aux termes du rapport explicatif, ce mécanisme vise surtout « à disposer d'une information objective sur la situation des langues régionales ou minoritaires » même s'il permet un contrôle du respect par les Etats de leurs obligations. « Il ne s'agit pas d'une procédure de contestation quasi-juridictionnelle. Le Comité d'experts est chargé uniquement de suivre la mise en œuvre de la Charte et de recueillir des informations à cette fin »[1184]. Il aura ainsi la faculté de vérifier toutes informations reçues auprès des Etats concernés. Il est regrettable que les différents rapports produits ne soient pas automatiquement rendus publics. La décision de les publier reviendra au Comité des ministres. Le poids politique du mécanisme s'en trouve de fait diminué.

La participation à la Charte est modeste. Au 30 mai 2012, 25 Etats membres du Conseil de l'Europe en étaient parties. Il est intéressant de relever qu'elle ne tolère les réserves que de manière très restrictive. Seules celles formulées aux paragraphes 2 à 5 de l'article 7 seront admises[1185].

En conclusion, il faut considérer avec le Professeur Fenet que la marge de manœuvre laissée aux Parties par la Charte repose sur le principe de la bonne foi, et ne devraient donc la ratifier que « ceux raisonnablement prêts à honorer leurs engagements et disposés à en débattre publiquement dans le cadre de la procédure de contrôle »[1186].

Suite à l'adoption de la Charte, le Conseil de l'Europe entreprit de contribuer plus directement à la protection des minorités en élaborant un autre texte contraignant, général, y relatif[1187]. Deux voies s'offraient à cette fin : soit une

---

[1183] Cet organe a tenu sa première réunion constitutive en juin 1998.

[1184] Rapport explicatif op.cit. § 129.

[1185] Trois Etats ont ainsi formulé des réserves à la Charte :

- La République de Croatie a déclaré qu' : « En application de l'article 21 de la Charte européenne des langues régionales ou minoritaires, les dispositions de l'article 7, paragraphe 5, de la Charte ne sont pas applicables en ce qui concerne la République de Croatie ».
- La Serbie et le Monténégro ont formulé une réserve identique : « s'agissant de l'article 1.b de la Charte, la Serbie-Monténégro déclare que les termes « territoire dans lequel une langue régionale ou minoritaire est pratiquée » se réfèrent aux régions dans lesquelles l'usage des langues régionales et minoritaires est officiel en accord avec la législation nationale » (source site du Conseil de l'Europe op.cit).

[1186] Alain Fenet, *Le droit européen des minorités* op.cit., p. 211.

[1187] Le projet n'était cependant pas nouveau puisque, dès 1991, la Commission européenne pour la démocratie par le droit (Commission de Venise), organe consultatif du Conseil de l'Europe sur les questions constitutionnelles, avait élaboré un « Projet de Convention pour la protection des

convention spécifique, soit un protocole additionnel à la Convention Européenne des Droits de l'Homme. Le 1er février 1993, l'Assemblée parlementaire de l'Organisation adopta une Recommandation 1201 soumettant au Comité des ministres un projet de Protocole. Mais, à la veille du Sommet de Vienne tenu la même année, les représentants des gouvernements rejetèrent l'idée d'un protocole général sur les droits des minorités et privilégièrent une double approche de la question : l'adoption d'une convention-cadre et d'un protocole additionnel limité à des droits individuels intéressant les personnes appartenant à des minorités[1188]. Le 4 novembre 1993, le Comité des ministres créa un Comité *ad hoc,* le CAHMIN[1189], qui reçut mandat pour la préparation des deux instruments en privilégiant la Convention-cadre. Le texte fut finalement adopté le 10 novembre 1994 par le Comité des ministres et ouvert à la signature le 1er février 1995.

C. La Convention-cadre pour la protection des minorités nationales

La Convention-cadre constitue « le premier instrument multilatéral juridiquement contraignant consacré à la protection des minorités nationales en général ». Elle poursuit un objectif qui révèle toute sa pertinence face au nettoyage ethnique : protéger l'existence des minorités nationales sur le territoire des Etats parties. Il est intéressant de relever que cet instrument envisage la question minoritaire dans sa globalité. La protection de l'existence des minorités se trouve justifiée à la fois sur le terrain des droits de l'homme, de la démocratie et du pluralisme mais aussi par sa dimension sécuritaire : « les bouleversements de l'histoire européenne ont montré que la protection des minorités nationales est essentielle à la stabilité, à la sécurité démocratique et à la paix du continent »[1190].

Le contenu de l'instrument ne semble pas à la mesure d'un tel objectif. En effet, comme le note le Professeur Fenet, « le caractère absolu du résultat recherché, la préservation des minorités existant dans les Etats membres, semblerait appeler un régime élaboré et contraignant de protection, par le biais d'obligations précises et diversifiées »[1191]. Or, l'instrument se caractérise plutôt par son extrême souplesse.

Tout d'abord, la Convention-cadre est un instrument d'une nature juridique particulière. Il n'existe pas de définition universellement acceptée de ce type

---

minorités », adopté le 8 février 1991. Il sera d'ailleurs transmis au Comité d'experts chargé de l'élaboration de la Convention-cadre. Voir à ce propos, Giorgio Malinverni, « Le Projet de Convention pour la protection des minorités élaboré par la Commission européenne pour la démocratie par le droit », *RUDH*, 1991, vol. 3, n° 5, pp. 157 à 165.

[1188] Cette solution fut formalisée en annexe II de la Déclaration de Vienne du 9 octobre 1993. (Texte reproduit dans la RTDH 1993, p. 293).

[1189] Le Comité *ad hoc* pour la protection des minorités nationales.

[1190] Sixième paragraphe du Préambule de la Convention-cadre. Le Préambule fait clairement référence aux documents de la CSCE qui seront analysés plus loin.

[1191] Alain Fenet, *Le droit européen des minorités* op.cit., p. 269.

d'acte. Pour le Dictionnaire du droit international public, un traité cadre est un « traité définissant les lignes générales d'un régime juridique, destiné à être complété et précisé par des accords ultérieurs »[1192]. La Convention-cadre sur la protection des minorités nationales fixe un cadre à remplir : les Etats parties sont astreints à des dispositions programmatoires mais sont libres de choisir par quels moyens ils atteindront les objectifs fixés[1193]. Dès lors, la plupart des règles posées sont vagues et ne possèdent pas de caractère self-executing. Elles ménagent d'importantes « échappatoires » aux Parties et excluent en tout état de cause qu'un individu appartenant à une minorité puisse directement s'en prévaloir devant un juge ou un organe de contrôle. Il est à ce propos caractéristique que la Convention mette davantage des obligations à la charge des Etats qu'elle ne consacre réellement des droits aux minoritaires[1194].

D'un autre côté, l'expérience a révélé qu'il fallait aborder la question minoritaire de manière prudente et la souplesse de l'instrument permet de ménager les susceptibilités souveraines. Elle laisse aux Etats la possibilité de progresser à leur rythme. Par ailleurs, au vu de l'extrême diversité du phénomène minoritaire, sans doute convenait-il de ne pas établir une approche

---

[1192] Jean Salmon (Dir.), Dictionnaire du droit international public, op.cit., p. 1089. Lire sur les traités-cadres Alexandre Kiss, « Les Traités-cadres : une technique juridique caractéristique du droit de l'environnement », *AFDI*, 1993, pp. 792-797.

[1193] L'instrument contraint néanmoins les Etats puisque « les Parties s'engagent à respecter et à mettre en œuvre les principes contenus dans la présente Convention-cadre en y apportant, si nécessaire, les seules limitations, restrictions ou dérogations prévues dans les instruments juridiques internationaux, notamment dans la Convention de sauvegarde des Droits de l'Homme et des Libertés fondamentales et ses Protocoles, dans la mesure où elles sont pertinentes pour les droits et libertés qui découlent desdits principes ».(article 19 de la Convention-cadre). Un auteur précisait que : « The specific character of the FCNM as a framework convention is reflected in Section II, its main operative part. It contains those provisions on principles which States parties are obliged to implement by means of domestic legislation and policies, and through bi-and multilateral treaties. In other words, this section mostly consists of programmatic provisions, meaning that member states are under a legally binding obligation to ensure the compatibility of their domestic legislation and its practical application with the principles enshrined in the FCNM », Rainer Hofmann, Introduction dans Marc Weller (Ed.), *The Rights of Minorities - A Commentary on the European Framework Convention for the Protection of National Minorities*, Oxford University Press, New York, 2005, pp. 1-24, spéc. p. 5.

[1194] Seules les dispositions de l'article 3 confèrent directement des droits à l'individu minoritaire. Ainsi, « Toute personne appartenant à une minorité nationale a le droit de choisir librement d'être traitée ou ne pas être traitée comme telle et aucun désavantage ne doit résulter de ce choix ou de l'exercice des droits qui y sont liés. Les personnes appartenant à des minorités nationales peuvent individuellement ainsi qu'en commun avec d'autres exercer les droits et libertés découlant des principes énoncés dans la présente Convention-cadre ». L'individu sera aussi directement destinataire de l'article 20, mais celui-ci met à sa charge des obligations : « Dans l'exercice des droits et des libertés découlant des principes énoncés dans la présente Convention-cadre, les personnes appartenant à des minorités nationales respectent la législation nationale et les droits d'autrui, en particulier ceux des personnes appartenant à la majorité ou aux autres minorités nationales ». Pour le reste, les dispositions de l'instrument concerneront les Etats, comme l'atteste l'usage récurrent de formules telles que : « les Parties s'engagent ».

trop rigide et de privilégier un régime malléable adaptable à chaque situation. L'orientation choisie est conforme à la logique des instruments de protection des minorités qui reposent essentiellement sur la bonne volonté des Etats parties.

Ce postulat est encore vérifié par le fait que la Convention laisse en suspens l'épineux problème de la définition des minorités[1195]. Le rapport explicatif justifie cette carence par le fait qu'il a été décidé « d'adopter une approche pragmatique, fondée sur le constat qu'il n'est pas possible au stade actuel de parvenir à une définition susceptible de recueillir le soutien global de tous les Etats membres du Conseil de l'Europe »[1196]. C'est là un obstacle de taille à l'efficacité de l'instrument. S'il est possible de dégager du texte quelques précisions utiles à cerner la notion de minorité, cette démarche demeure insuffisante. M. Heinrich Klebes considérait que « nonobstant l'absence de définition, on trouve dès le préambule (...) des éléments constitutifs d'une définition des minorités »[1197]. Il relève ainsi la référence à « l'identité ethnique, culturelle, linguistique et religieuse » de toute personne appartenant à une minorité. Ces critères sont repris par l'article 6 de la Convention et doivent aider à appréhender les minorités visées par le texte. On peut ajouter l'article 3§1 qui consacre le sentiment d'appartenance : « Toute personne appartenant à une minorité nationale a le droit de choisir librement d'être traitée ou ne pas être traitée comme telle et aucun désavantage ne doit résulter de ce choix ou de l'exercice des droits qui y sont liés ». Mais l'auteur constate, qu'encore une fois, en l'absence de véritable définition, il appartiendra aux Etats de déterminer discrétionnairement ce qu'ils considèrent être une minorité nationale au sens de la Convention et pourront de fait limiter sa portée[1198].

[1195] Alors qu'à ce sujet, le Projet de Convention élaboré par la Commission de Venise s'était montré plus audacieux puisque son article 2-1 proposait la définition suivante des minorités : « Aux fins de la présente Convention, le terme « minorité » désigne un groupe numériquement inférieur au reste de la population d'un Etat, dont les membres, qui ont la nationalité de cet Etat, possèdent des caractéristiques ethniques, religieuses ou linguistiques différentes de celles du reste de la population et sont animés de la volonté de préserver leur culture, leurs traditions, leur religion ou leur langue ». Texte disponible dans la *RUDH*, 1991, vol. 3, n° 5.

[1196] Rapport explicatif, § 12. Document disponible sur le site du Conseil de l'Europe, op.cit.

[1197] Heinrich Klebes, « La Convention-cadre du Conseil de l'Europe pour la protection des minorités, deux ans après son ouverture à la ratification des Etats », *RTDH*, 1997, pp. 205-226, spéc. p. 216.

[1198] Plusieurs Etats ont ainsi formulé des déclarations selon lesquelles ils considéraient que leurs obligations au titre de la Convention se limitaient aux minorités « anciennes » ou « traditionnelles ». La déclaration du Luxembourg est à ce propos remarquable : « Le Grand-Duché de Luxembourg entend par « minorité nationale » au sens de la Convention-cadre, un groupe de personnes installées depuis de nombreuses générations sur son territoire, qui ont la nationalité luxembourgeoise et qui ont conservé des caractéristiques distinctes du point de vue ethnique et linguistique. Sur la base de cette définition, le Grand-Duché de Luxembourg est

Plusieurs Etats parties à la Convention-cadre ont ainsi formulé des déclarations précisant que, dans la mesure où la Convention ne définissait pas la notion de minorité nationale, il leur revenait de déterminer son champ d'application. M. Hans-Joachim Heintz a classé ces différentes déclarations en trois catégories. La première englobe les déclarations qui définissent les minorités nationales sur la base de critères abstraits tirés des droits nationaux. Ainsi, par exemple, l'Autriche a déclaré que « le terme « minorités nationales » au sens de la Convention-cadre pour la protection des minorités nationales doit être compris comme désignant ces groupes qui entrent dans le champ d'application de la Loi sur les groupes ethniques (*Volksgruppengesetz*, Bulletin des lois fédérales n° 396/1976) et qui vivent et ont eu traditionnellement leur domicile dans des régions du territoire de la République d'Autriche et qui sont composés de citoyens autrichiens de langue maternelle autre qu'allemande ayant leurs propres cultures ethniques »[1199]. La seconde catégorie englobe les déclarations dans lesquelles les Etats ont dressé la liste des minorités nationales se trouvant sur leur territoire. Ainsi, la Suède a déclaré que : « Les minorités nationales en Suède sont les Sami, les Finlandais-suédois, les Tornedalers, les Roms et les Juifs » ; de même que pour l'ex-République Yougoslave de Macédoine : « Le terme « minorités nationales » utilisé dans la Convention-cadre et les dispositions de la même Convention s'applique aux citoyens de la République de Macédoine, qui vivent à l'intérieur de ses frontières et qui font partie du peuple albanais, turc, valach, serbe, rom et bosniaque »[1200]. Enfin, la troisième catégorie regroupe les déclarations des Etats qui nient l'existence de minorités nationales sur leur territoire. Le Liechtenstein, le Luxembourg et Malte ont considéré qu'il n'existait pas sur leur territoire de minorités nationales au sens où ces Etats percevaient la notion. Malte a bien précisé que sa ratification était un « acte de solidarité en vue des objectifs de la Convention ». En revanche, il est intéressant de souligner la position de la Russie qui « considère qu'aucun n'est habilité à introduire unilatéralement dans les réserves et déclarations faites lors de la signature ou de la ratification de la Convention-cadre pour la protection des minorités nationales une définition du terme « minorité nationale », qui ne figure pas dans la Convention-cadre ». Ces déclarations manifestent idéalement les divergences de vue entre les Etats concernant la définition des minorités nationales. Elles révèlent tant la nécessité d'une définition opposable à tous que la quasi-impossibilité d'obtenir un consensus sur la question.

Il faut relever que le Comité consultatif établi pour assister le Comité des Ministres dans sa mission de contrôle du respect de la Convention-cadre a, à

---

amené à constater qu'il n'existe pas de « minorité nationale » sur son territoire » (Source : site du Conseil de l'Europe op.cit.).

1199 Source : site du Conseil de l'Europe op.cit., consulté le 30 mai 2012. Voir également les déclarations de l'Estonie, du Luxembourg, de la Pologne et de la Suisse.

1200 Voir aussi les déclarations de l'Allemagne, du Danemark et de la Slovénie.

plusieurs reprises, attiré l'attention d'Etats parties sur le fait que certains groupes exclus par eux du champ d'application de la Convention pourraient constituer des minorités nationales. En effet, le Comité considère qu'en l'absence d'une définition des minorités nationales par la Convention, il revient logiquement aux Etats d'apprécier le champ d'application de celle-ci. Cela signifie d'un côté qu'ils disposent une importante marge d'appréciation en la matière. D'un autre côté, les Etats ne doivent pas priver arbitrairement des groupes du bénéfice de la Convention. Ils demeurent soumis aux règles générales du droit international ainsi qu'à l'article 3§1 de la Convention-cadre[1201]. Le Comité consultatif a ainsi suggéré aux Etats en cause de consulter les groupes concernés. A titre d'exemple, dans son avis sur la Roumanie adopté le 6 avril 2001, le Comité a suggéré que les Csangos soient reconnus comme une minorité nationale par les autorités de Bucarest. Ainsi, « il apparaît qu'en l'absence de dispositions législatives énonçant les conditions mises à la reconnaissance d'une minorité en droit roumain, certaines autorités considèrent que les Csangos ne constituent pas une minorité, partant qu'ils ne peuvent bénéficier des mêmes droits que les minorités énumérées plus haut. Lors de sa visite en Roumanie et au vu des différentes informations qui lui sont parvenues, le Comité consultatif a pu constater un vif intérêt, de la part de certains représentants de la communauté csango, pour les mesures prises par l'Etat en faveur des minorités. Le Comité consultatif est d'avis que, au vu de la présence historique des Csangos en Roumanie et des éléments spécifiques de leur identité, les autorités roumaines devraient considérer favorablement l'extension de la Convention-cadre aux personnes déclarant appartenir à cette communauté et examiner cette question en consultation avec les représentants des Csangos »[1202]. Ces « suggestions » du Comité consultatif ne sont que de simples opinions adressées aux Etats qui ne les lient en aucune façon. Mais en l'état actuel du droit des minorités, l'initiative est remarquable. Il est en effet souhaitable que l'identification d'une minorité soit le fait d'un organe d'experts indépendants[1203]. Toutefois, un tel organe ne peut légitimement œuvrer que sur

---

[1201] « Si le Comité consultatif note, d'une part, que les Etats parties disposent d'une marge d'appréciation à cet égard pour prendre en compte les conditions propres à leur pays, il constate d'autre part que cette marge d'appréciation doit s'exercer en conformité avec les principes généraux du droit international et les principes fondamentaux énoncés à l'article 3. Il souligne notamment que la mise en œuvre de la Convention-cadre ne devrait pas être à l'origine de distinctions arbitraires ou injustifiées », Avis sur la Roumanie adopté le 6 avril 2001, Doc. CM(2001)91, § 15, disponible sur le site du Conseil de l'Europe.

[1202] *Idem,* § 18. Pour un autre exemple, voir l'Avis sur la République Tchèque adopté le 26 septembre 2001 dans lequel le Comité consultatif « constate l'existence en République tchèque d'autres groupes que le gouvernement ne considère pas à ce stade comme étant protégés par la Convention-cadre », Doc. CM(2001)91, § 23.

[1203] Pour M. Alfredsson : « States should (...) not be able, by way of unilateral declarations or reservations which seem to go against the very object and purpose of the exercise, to withhold protection by denying the existence of a minority », dans G.Alfredsson, « A framework with an Incomplete Picture: Comparison of the Framework Convention for the Protection of National

la base d'une définition opposable aux Etats. En l'absence d'une telle base, son interprétation pourra sembler arbitraire et ne s'imposera pas aux Etats.

La Convention-cadre envisage les deux dimensions de la protection des minorités. Son article 4 protège les individus appartenant à des minorités nationales contre la discrimination (§1)[1204] et préconise l'adoption de mesures spéciales afin d'aider ces individus à préserver leur identité (§2)[1205]. Le Rapport explicatif confirme cette interprétation : « Le paragraphe 2 souligne que la promotion de l'égalité pleine et effective entre les personnes appartenant à une minorité nationale et celles appartenant à la majorité peut exiger l'adoption, par les Parties, de mesures spéciales qui tiennent compte des conditions spécifiques des intéressés. Ces mesures doivent être adéquates, c'est-à-dire conformes au principe de proportionnalité, pour éviter tant la violation des droits d'autrui que la discrimination à l'égard des autres personnes. Ce principe exige notamment que ces mesures n'aient pas une durée plus longue ou une portée plus large qu'il n'est nécessaire pour atteindre l'objectif de l'égalité pleine et effective »[1206]. L'article 5 complète ces dispositions en exigeant des Etats Parties qu'ils promeuvent les conditions propres à permettre aux personnes appartenant à des minorités nationales de conserver et développer leur culture, ainsi que de préserver les éléments essentiels de leur identité. Cette exigence peut donc impliquer l'adoption de mesures spéciales si nécessaire.

Les articles suivants énoncent les droits dont les Etats devront assurer la jouissance aux minoritaires afin qu'ils perpétuent leur identité. On relèvera des droits classiques tels que la liberté de réunion pacifique, la liberté d'association, la liberté de pensée, de conscience et de religion (article 7), le droit de manifester sa religion (article 8) ou la liberté d'expression (article 9). D'autres droits sont plus spécifiques à la perpétuation des traits identitaires minoritaires. En matière linguistique, la Convention reconnaît aux minoritaires le droit de s'exprimer dans leur langue en privé comme en public, elle prévoit même le droit pour certains minoritaires de s'exprimer dans leur langue dans leurs rapports avec l'administration dans les régions où ils sont traditionnellement présents en nombre substantiel (article 11). La Convention reconnaît à tout individu appartenant à une minorité nationale le droit d'apprendre sa langue. Ce droit

---

Minorities with International Standards and Monitoring Procedures », *International Journal of Minority and Group Rights*, 7 (2000), pp. 291-304, spéc. p. 296.

[1204] Le premier paragraphe de l'article 4 dispose que : « Les Parties s'engagent à garantir à toute personne appartenant à une minorité nationale le droit à l'égalité devant la loi et à une égale protection de la loi. A cet égard, toute discrimination fondée sur l'appartenance à une minorité nationale est interdite ».

[1205] Le second paragraphe de l'article 4 énonce ainsi que : « Les Parties s'engagent à adopter, s'il y a lieu, des mesures adéquates en vue de promouvoir, dans tous les domaines de la vie économique, sociale, politique et culturelle, une égalité pleine et effective entre les personnes appartenant à une minorité nationale et celles appartenant à la majorité. Elles tiennent dûment compte, à cet égard, des conditions spécifiques des personnes appartenant à des minorités nationales ».

[1206] Rapport explicatif, § 39.

n'implique pas, en principe, un droit à recevoir un enseignement dans sa langue dans les établissements publics. Toutefois, dans les régions où ils sont présents en nombre substantiels, les minoritaires pourront bénéficier d'un tel droit, si la demande est suffisante et « dans la mesure du possible » (article 14). En matière culturelle, la Convention impose aux Etats parties de diffuser la connaissance des traits identitaires minoritaires dans le domaine de l'éducation et de la recherche (article 12). Les individus appartenant à des minorités peuvent créer et gérer leurs propres établissements privés d'éducation, mais l'exercice de ce droit n'implique aucune obligation financière pour les Etats (article 13). Il faut par ailleurs relever le droit à la participation effective des personnes appartenant à des minorités nationales à la vie culturelle, sociale et économique, ainsi qu'aux affaires publiques, en particulier celles les concernant. Ce droit doit, bien sûr, être exercé dans le respect des principes généraux du droit international et notamment du respect de l'intégrité territoriale des Etats.

Ainsi les Etats sont-ils tenus de réaliser la jouissance effective des droits énumérés par la Convention pour les individus appartenant à des minorités nationales et ce, en appliquant les moyens qu'ils jugeront les plus adéquats.

En outre, il faut souligner que le second paragraphe de l'article 5 prohibe expressément l'assimilation forcée : « Sans préjudice des mesures prises dans le cadre de leur politique générale d'intégration, les Parties s'abstiennent de toute politique ou pratique tendant à une assimilation contre leur volonté des personnes appartenant à des minorités nationales et protègent ces personnes contre toute action destinée à une telle assimilation ». Si ces dispositions sont remarquables, elles souffrent encore une fois du silence de l'instrument sur la notion de minorité qui permet aux Etats de récuser toute accusation d'assimilation en niant l'existence de minorités.

Enfin, la Convention ne prévoit qu'un mécanisme de contrôle de type « politique » qui vient encore affaiblir son effectivité. Les articles 24 à 26 de l'instrument organisent un suivi par le Comité des ministres de sa mise en œuvre par les Etats. Est ainsi prévue, dans un délai d'un an à compter de l'entrée en vigueur de la Convention[1207], la transmission, par l'intermédiaire du Secrétaire Général de l'Organisation, d'un rapport contenant « les informations complètes sur les mesures législatives et autres (...) prises pour donner effet aux principes énoncés »[1208]. Puis, une transmission périodique de rapports similaires est prévue, ainsi qu'à chaque fois que le Comité en fera la demande. Le Comité des Ministres se fait aider par un Comité consultatif composé de membres possédant une compétence reconnue dans le domaine de la protection des minorités. Celui-ci reçoit les rapports, qui sont rendus publics dès réception par le Secrétaire général. Il peut demander des informations complémentaires à l'Etat auteur du rapport et utiliser d'autres sources. Le Comité consultatif

---

[1207] La Convention-cadre est entrée en vigueur le 1er février 1998.

[1208] Article 25 de la Convention-cadre.

transmet son avis au Comité des Ministres qui adopte ses conclusions concernant l'adéquation des mesures prises par l'Etat pour donner effet aux principes de la Convention-cadre. Il pourra également formuler des recommandations à l'égard de la Partie concernée et fixer une date limite pour la soumission d'informations relatives à leur mise en œuvre. Les conclusions et les recommandations adoptées par le Comité sont rendues publiques.

Le système apparaît bien peu contraignant et laisse le soin du contrôle à un organe intergouvernemental au sein duquel les Etats « ont normalement tendance à ne pas se rendre mutuellement la vie difficile, à moins que leurs propres intérêts majeurs ne soient en cause »[1209]. D'ailleurs, l'Assemblée parlementaire du Conseil de l'Europe déplorait que « le mécanisme de contrôle ne soit pas très ferme et on court le risque, en effet, que les modalités de contrôle soient entièrement laissées au soin des gouvernements »[1210].

La Convention liait 39 Etats au 30 mai 2012.

Tout compte fait, les instruments qui viennent d'être évoqués laissent une telle latitude aux Etats dans leur mise en œuvre qu'ils ne s'adressent qu'à ceux qui souhaitent véritablement protéger les minorités présentes sur leur sol. Pour les autres, ils ne sont en réalité pas bien astreignants. « Plus prosaïquement, si tous les Etats souscrivent à l'idée de protection, c'est plus en pensant aux minorités des autres qu'à celles qui sont chez eux, quand ils en reconnaissent l'existence »[1211].

Dans cet ordre d'idées, des Etats de bonne volonté ont pu toutefois conclure des accords bilatéraux visant à apporter une protection particulière à certaines minorités.

§3. Une protection des minorités par la voie d'accords bilatéraux : L'exemple des accords conclus par la Hongrie avec ses voisins

Les accords bilatéraux de protection des minorités ont quasiment disparu après 1945[1212] mais connurent un regain d'intérêt après 1990. Ce type de traité présente plusieurs avantages sur les instruments multilatéraux précédemment évoqués. Tout d'abord, ils sont conclus en faveur de certaines minorités dont les Etats parties ont admis l'existence sur leur territoire en exprimant leur consentement à être lié. Il n'est dès lors pas possible pour ces Etats d'échapper à

1209 Heinrich Klebes, « La Convention-cadre du Conseil de l'Europe pour la protection des minorités, deux ans après son ouverture à la ratification des Etats », op.cit, p. 223

1210 Recommandation 1255 (1995) relative à la protection des minorités nationales, § 7.

1211 Alain Fenet, *Le droit européen des minorités* op.cit.

1212 Sauf quelques rares exceptions telles que, par exemple, l'accord conclu le 4 septembre 1946 entre l'Italie et l'Autriche relatif aux Tyroliens du Sud (autrement connu comme l'Accord Gruber de Gasperi, qui sera annexé au Traité de paix entre les Alliés et l'Italie du 10 février 1947). Ce traité visait à améliorer la situation des quelques 280 000 Tyroliens du Sud qui étaient devenus citoyens italiens avec l'annexion du Tyrol du Sud par l'Italie suite au Traité de Saint-Germain en Laye de 1919. Cette minorité n'avait jusqu'alors bénéficié d'aucune protection.

leurs obligations conventionnelles en niant la présence de ces minorités. En outre, le fait que ces traités soient spécifiquement consacrés à telle ou telle minorité permet l'adoption de règles précises et détaillées en adéquation avec la situation particulière de chacune d'entre elles. Ces règles traduisent encore la détermination des Etats contractants à s'engager activement dans une action de préservation. Enfin, le champ d'application *ratione personae* limité de ces accords permet d'associer les minorités concernées à leur supervision et à la redéfinition de leur contenu.

A titre d'illustration, il est intéressant de se pencher sur les accords conclus par la Hongrie avec ses voisins. La Hongrie, qui appartenait au camp des vaincus, fut amputée de larges portions de territoire et d'une part importante de sa population lors du redécoupage des frontières opéré en Europe centrale par les vainqueurs de la Grande guerre. On estime que sur 9 345 000 Hongrois, 3 095 000 furent rattachés aux Etats voisins[1213] dans lesquels ils constituèrent des minorités. Du temps de la SDN, ces minorités hongroises bénéficièrent d'une relative protection du fait des accords bilatéraux en vigueur, mais au sortir de la seconde guerre mondiale, elles subirent les politiques d'assimilation d'Etats méfiants à l'égard du phénomène minoritaire et soucieux de se consolider en tant qu'Etats nationaux. Le Professeur Herczegh énumérait entre autres exactions que subirent ces minorités : les déportations, la négation de leur existence (les Hongrois de Tchécoslovaquie furent privés de leur citoyenneté en 1945, ils ne pouvaient la récupérer qu'à condition de se déclarer Slovaques), la réorganisation des unités administratives en vue de diminuer la proportion des minorités vivant dans ces unités ou encore l'abolition des institutions d'enseignement des minorités ou dans la langue des minorités[1214]. La période de la guerre froide mit en suspens la question minoritaire qui revint au goût du jour après 1989.

Comme le notait le Professeur Herczegh, « les nations ne peuvent rester indifférentes au sort de leurs membres vivant dans un autre pays. Toute oppression d'une minorité nationale renforce la solidarité entre les membres de la nation-mère et les personnes appartenant à la minorité opprimée »[1215]. La Hongrie, fidèle à cette conception, a entrepris dans le milieu des années 1990 de veiller à ce que soient respectées les minorités hongroises présentes sur le sol de ses voisins[1216]. Elle a ainsi conclu plusieurs accords bilatéraux, soit

---

[1213] Chiffres énoncés par le Professeur Herczegh dans « Les accords récents conclus entre la Hongrie et ses voisins, stabilité territoriale et protection des minorités », *AFDI*, 1996, pp. 255-272, spéc. p. 258.

[1214] *Idem*, p. 260.

[1215] *Ibidem*, p. 262.

[1216] Cette démarche trouve d'ailleurs son fondement dans la Constitution hongroise, dont l'article 6§3 stipule que : « La République de Hongrie se considère responsable du sort des Hongrois vivant en dehors de ses frontières et favorise le maintien de leurs relations avec la Hongrie ». D'autres constitutions d'Etats d'Europe centrale envisagent la protection des membres de la

spécifiquement consacrés à la protection réciproque de minorités, soit des accords de relations amicales et de coopération dans lesquels sont incluses des garanties au profit des minorités.

On peut ainsi évoquer la Convention conclue à Osijek le 5 avril 1995 par la Hongrie avec la République croate sur la protection des droits de la minorité croate vivant dans la République de Hongrie et de la minorité hongroise vivant dans la République croate. Cet accord illustre à quel point une protection élaborée des minorités peut être mise en place par la voie bilatérale. La Convention, qui contient 18 articles[1217], vise à « assurer à la minorité hongroise vivant en République de Croatie et à la minorité croate vivant en République de Hongrie le niveau le plus élevé de protection juridique, ainsi que le maintien et le développement de leurs identités nationales respectives ».

Il faut tout d'abord relever que la Convention ne pose aucune définition des minorités hongroise et croate. Sans doute cela n'est-il pas apparu nécessaire dans la mesure où les deux Parties ont admis, en ratifiant le traité, que ces minorités existaient sur leurs territoires respectifs[1218].

La Convention consacre en substance les mêmes droits que ceux énoncés par les instruments multilatéraux précédemment évoqués. Si certaines dispositions sont rédigées en termes généraux, laissant aux Etats contractants une relative marge d'appréciation dans le choix de moyens à mettre en œuvre pour atteindre les objectifs fixés, d'autres énoncent au contraire des obligations détaillées. Par

---

nation constituant des minorités dans d'autres Etats. Ainsi, l'article 49 de la Constitution de l'Ex-république yougoslave de Macédoine dispose que : « La République veille à la situation et aux droits des membres du peuple macédonien dans les Etats voisins et des expatriés macédoniens, aide leur développement culturel et se charge de la promotion des rapports avec eux ». L'article 7a de la Constitution slovaque énonce que : « La Slovaquie soutient la sensibilisation nationale et l'identité culturelle des Slovaques vivant à l'étranger ainsi que leurs relations avec elle et soutient les institutions qui oeuvrent en ce sens ». Source : *Rapport sur le traitement préférentiel des minorités nationales par leur Etat-parent de la Commission de Venise*, adopté à Strasbourg le 22 octobre 2001, p. 2. Le rapport est annexé au Rapport de la Commission des questions juridiques et des droits de l'homme de l'Assemblée parlementaire du Conseil de l'Europe sur le *Traitement préférentiel des minorités nationales par l'Etat-parent : le cas de la loi hongroise du 19 juin 2001 concernant les hongrois vivant dans les pays voisins*, Doc. 9744 rév., 13 mai 2003, voir Annexe 4.

1217 Le texte de la Convention est consultable, dans sa version française, sur le site de l'ONU dans la rubrique « Collection des traités des Nations Unies » (http://untreaty.un.org/unts/144078_158780/12/6/4711.pdf, consulté le 30 mai 2012).

1218 En comparaison, le Traité sur les relations de bon voisinage et de coopération amicale conclu entre l'Allemagne et la Pologne le 17 juin 1991 définit les membres des minorités allemandes et polonaises. Ainsi, en vertu de l'article 20§2 de cet instrument, les membres de la minorité allemande dans la République de Pologne sont « les personnes de nationalité polonaise qui sont de descendance allemande ou qui adhèrent à la langue, la culture ou la tradition allemande ». La minorité polonaise d'Allemagne étant entendue dans le même sens comme regroupant « les personnes d'origine polonaise ou ayant opté pour la langue, la culture ou la tradition polonaise qui vivent en Allemagne ». Cité dans Stéphane Pierré-Caps, « Peut-on parler actuellement d'un droit européen des minorités ? », op.cit., p. 90.

exemple, en matière culturelle, l'article 3 dispose que les Parties encouragent l'établissement de centres culturels et éducatifs ainsi que le fonctionnement des associations et organisations existantes notamment en fournissant « à titre gracieux et hors taxe, des livres, magazines, supports de diffusion de l'image et du son à ces institutions et fondations à des fins non commerciales, les activités d'édition des minorités, les tournées de groupes professionnels et amateurs de folklore et l'organisation de manifestations culturelles et artistiques de nature à contribuer à la culture et à l'identité des minorités dans les deux pays ». En matière linguistique, les membres des minorités hongroise et croate doivent bénéficier du droit d'user de leur langue « dans les sphères publiques et privées ». Les Parties contractantes sont ainsi tenues de veiller, « sur les territoires où vivent les minorités et conformément à leurs règlements internes, à l'utilisation appropriée des deux langues, notamment en ce qui concerne les noms géographiques et les panneaux de signalisation publics, ainsi que les communications écrites et orales avec les pouvoirs locaux, les autorités administratives et judiciaires et autres institutions publiques » (Article 4). L'article 5 reconnaît en outre le droit des minorités de recevoir l'information dans leur langue maternelle tant par la presse écrite, que par la radio ou la télévision L'article 2 impose aux Etats parties d'appuyer les établissements d'enseignement dans lesquels est dispensé un enseignement dans la langue minoritaire et d'aider à l'établissement de nouvelles structures éducatives. Il faut lire ces dispositions en conjonction avec l'article 13 qui dispose que : « Pour remplir leurs obligations en vertu de la présente Convention, les Parties contractantes fournissent le soutien matériel ou autre approprié ». Les Etats parties se sont donc engagés à fournir financements et équipements aux établissements privés qui dispensent un enseignement dans la langue minoritaire. De même qu'en vertu de l'article 2 ils doivent aussi « encourager dans les établissements scolaires de la nation majoritaire, l'apprentissage de la langue, de la culture et de l'histoire de la minorité et de la nation à laquelle elle appartient ».

La Convention détaille ainsi avec force précisions une série de mesures destinées à préserver les spécificités culturelle, linguistique et religieuse des minorités hongroise et croate. Il est clairement attendu des Etats une participation matérielle à cette fin. La Convention aménage, en outre, la possibilité pour les membres des minorités de participer à la prise de décision les concernant et d'entretenir des liens avec leur Etat d'origine tout en précisant que l'intégrité territoriale des Parties doit être préservée.

La Convention établit un organe de supervision : une commission mixte intergouvernementale. Celle-ci, qui compte parmi ses membres des personnalités appartenant aux minorités, se réunit en tant que de besoin et au moins une fois par an pour débattre des questions intéressant les deux minorités, évaluer l'accomplissement des obligations en vertu de la Convention, formuler des recommandations sur l'application de celle-ci ou sur sa modification. La

Commission ne produit que des recommandations à destination des deux gouvernements toutefois son action sert à prévenir d'éventuelles violations de la Convention et elle fait office de forum de règlement diplomatique des différends relatifs à la Convention.

La Hongrie a, en outre, conclu plusieurs traités d'amitié et de coopération avec ses voisins dans lesquels sont insérées des garanties au profit des minorités. On peut ainsi mentionner le Traité sur les relations de bon voisinage et sur la coopération conclu avec la République slovaque à Paris le 19 mars 1995. Cet accord, qui résulte d'un processus de négociations organisé sous l'égide de l'Union européenne[1219], énumère différents domaines de coopération entre les deux Etats. Il contient également des dispositions relatives aux frontières et aux minorités. Ainsi, l'article 3 énonce que : « Les Parties contractantes déclarent, en harmonie avec les principes fondamentaux et les normes du droit international, qu'elles respectent l'inviolabilité de leur frontière d'Etat commune et l'intégrité territoriale réciproque. Elles confirment ne pas avoir de revendication territoriale l'une contre l'autre, ni n'en poser à l'avenir ». Les Etats contractants renoncent ainsi à tout irrédentisme et s'engagent par la suite à protéger les minorités présentes sur leur territoire.

En vertu de l'article 15 du Traité, « Les Parties contractantes confirment que la protection des minorités nationales et la défense des droits et des libertés des personnes qui y appartiennent font partie intégrante de la protection internationale des droits de l'Homme et rentrent comme telles dans le cadre de la coopération internationale, ne relevant pas, dans ce sens des affaires intérieures exclusives des Etats mais faisant aussi l'objet d'une attention légitime de la Communauté internationale. Les parties contractantes reconnaissent que leur coopération dans ce domaine contribue à renforcer les relations de bon voisinage, la compréhension réciproque, l'amitié et la confiance entre leurs pays et à la fois à consolider la sécurité internationale et la stabilité, l'intégration européenne »[1220]. La suite de l'article détaille ainsi une série de mesures que les deux cocontractants s'engagent à prendre pour permettre aux minoritaires de préserver leur langue, leur culture, leur histoire et leurs traditions.

Pour finir, il faut souligner qu'en marge de tels accords bilatéraux, certaines « nations-mères »[1221] ont entrepris d'apporter un soutien à leurs membres constituant des minorités dans les Etats voisins au moyen de leur législation nationale. La Hongrie compte parmi ces Etats. Les autorités de Budapest ont ainsi adopté une Loi LXII (2001) le 19 juin 2001 qui réglemente l'octroi d'avantages aux membres de minorités hungarophones vivant dans des Etats

---

[1219] Sur la question des Pactes de stabilité en Europe, voir plus loin, Chapitre 2.

[1220] Cité dans Geza Herczegh dans « Les accords récents conclus entre la Hongrie et ses voisins, stabilité territoriale et protection des minorités », op.cit., pp. 266-267.

[1221] La Commission de Venise utilise l'expression « Etats-parents ».

voisins, à savoir en Croatie, en RFY, en Roumanie, en Slovénie, en Slovaquie et en Ukraine. Si la plupart des préférences, de nature essentiellement culturelle[1222], étaient applicables sur le territoire hongrois, la législation en cause prévoyait également des mesures qui débordaient les frontières de la Hongrie, telles que le versement d'aides spécifiques de scolarisation des enfants dans les établissements hungarophones des Etats voisins. Ce type de loi a logiquement suscité les protestations d'Etats voisins qui ont critiqué notamment sa dimension extraterritoriale et ses effets discriminatoires[1223]. La Commission de Venise a été sollicitée pour rendre un avis sur la validité de pareille législation[1224]. Plus précisément, le mandat qui lui a été confié par le Comité des Ministres était « entreprendre une étude sur le traitement préférentiel par un Etat de ses minorités à l'étranger, en se fondant sur la législation et la pratique dans certains pays membres du Conseil de l'Europe. L'objectif de cette étude est de voir si les traitements préférentiels étaient compatibles avec les normes du Conseil de l'Europe et les principes du droit international ». La Commission a rendu un rapport intitulé « Rapport sur le traitement préférentiel des minorités nationales par leur Etat-parent » le 22 octobre 2001. Elle y a noté que les initiatives nouvelles des Etats-parents en faveur des minorités présentes sur d'autres Etats étaient positives mais qu'elles devaient respecter les grands principes que sont la souveraineté territoriale des Etats, la règle *pacta sunt servanda*, les relations amicales entre Etats et les droits de l'homme et les libertés fondamentales, en particulier l'interdiction de la discrimination[1225].

1222 Il s'agissait par exemple de réductions sur les prix d'entrée des musées ou autres établissements culturels, d'accès gratuits aux bibliothèques, de facilités d'accès aux établissements d'enseignement supérieur, ou dans un autre domaine, de réductions sur le tarif des services publics de transport. D'autres dispositions prévoient une facilité d'accès au marché de l'emploi. Le texte de cette loi est annexé au Rapport de la Commission des questions juridiques et des droits de l'homme de l'Assemblée parlementaire du Conseil de l'Europe sur le *Traitement préférentiel des minorités nationales par l'Etat-parent : le cas de la loi hongroise du 19 juin 2001 concernant les hongrois vivant dans les pays voisins* , op.cit., Annexe 1.

1223 Dans une déclaration du 26 octobre 2001, le Haut-commissaire pour les minorités nationales de l'OSCE avait fait part des préoccupations que lui inspiraient des lois comme la loi hongroise, notamment au regard du traitement discriminatoire qu'elles introduisaient.

1224 La Roumanie a ainsi vivement contesté l'application de cette loi et a d'abord demandé à la Commission d'examiner sa compatibilité avec les normes européennes et les normes et principes du droit international public. La Hongrie a par la suite demandé à la Commission d'effectuer une étude comparative des tendances récentes des législations européennes prévoyant ce type de traitement préférentiel. Lire à ce propos Peter Kovacs, « A propos de la légitimité des relations directes entre l'Etat-parent et la minorité voisine », *Miskolc Journal of International Law*, Vol.5 (2008), n° 1, pp. 1-9, spéc. p. 2.

1225 Pour la Commission, le respect de ces principes implique le respect des points suivants :

- « Un Etat peut promulguer des lois concernant des citoyens étrangers, dans la mesure où elles n'ont d'effet qu'à l'intérieur de ses frontières ;
- Lorsque ces lois concernent spécifiquement des citoyens étrangers à l'étranger dans des domaines qui ne sont pas couverts par des traités ou une coutume internationale permettant à l'Etat-parent de supposer le consentement des Etats de résidence concernés, ce consentement doit être demandé avant l'application de toute mesure ;

Finalement, il en ressort que l'application de toute mesure en faveur des membres de minorités appartenant à d'autres Etats doit être précédée du consentement de ces Etats. En outre, de tels avantages ne peuvent être accordés, sauf cas exceptionnel, que dans les domaines de la culture et de l'éducation, et à condition de poursuive un but légitime et d'être proportionnés, soit d'être en conformité avec le principe de non-discrimination. Il est à noter que la Hongrie a conclu avec la Roumanie un accord bilatéral, le 22 décembre 2001, définissant les conditions d'applications de la Loi LXII (2001) du 19 juin 2001 aux citoyens roumains de telle manière qu'elles soient conformes aux conclusions dégagées par la Commission de Venise[1226]. Un accord similaire a été signé avec la Slovaquie le 12 décembre 2003.

On signalera, pour terminer, que la Hongrie avait également envisagé en 2004 d'attribuer automatiquement sa nationalité à tous les Hongrois de l'étranger. Cette mesure avait suscité des protestations de la part de la Roumanie notamment qui devait entrer dans l'UE après la Hongrie. L'attribution de la nationalité hongroise aux Hongrois de Roumanie aurait ainsi entrainé un déséquilibre au sein de la population roumaine entre les bénéficiaires de cette mesure, qui aurait joui des avantages liés à la qualité de citoyen européen, et le reste de la population roumaine. Finalement, la loi

---

- Aucune fonction quasi-officielle ne peut être assignée par un Etat à une association non-gouvernementale déclarée dans un autre Etat ». Toute forme de certificat doit être fournie, sur place, par les autorités consulaires dans le cadre de leurs compétences (Il faut préciser que les avantages prévus par la loi hongroise en cause étaient accordés aux détenteurs d'un certificat attestant la qualité de Magyar. Or, la procédure de délivrance d'un tel certificat associait à la prise de décision les associations de Magyars des minorités établies dans les Etats voisins. Celles-ci devenaient ainsi des agents de l'Etat hongrois en violation de la souveraineté de leur Etat de résidence) ;
- « Les mesures unilatérales relatives au traitement préférentiel des minorités ne doivent pas concerner des domaines couverts par des traités bilatéraux, sans le consentement formel ou implicite de l'Etat de résidence ;
- Un document administratif délivré par l'Etat-parent ne peut certifier que le droit pour son titulaire de bénéficier des avantages offerts par les lois et réglementations applicables ;
- Un traitement préférentiel peut être accordé à des personnes appartenant à des minorités nationales dans les domaines de l'éducation et de la culture dans la mesure où il poursuit un but légitime et proportionné ;
- Le traitement préférentiel ne peut pas être accordé dans les autres domaines, sauf dans des cas exceptionnels et s'il contribue à un but légitime et est proportionné ». Voir Rapport op.cit., paragraphe E, conclusions.

[1226] Cet accord qui a été remplacé par un autre du 23 septembre 2003 garantissait par exemple à tous les citoyens roumains, indépendamment de leur origine ethnique, le même traitement et les mêmes conditions dans le domaine de l'emploi, les avantages réservés aux membres de la minorité hongroise étant limités aux domaines de la culture et de l'éducation (article 2). Il prévoyait encore que l'ensemble de la procédure menant à la délivrance des certificats « hongrois » devrait se dérouler sur le territoire hongrois et devant les autorités publiques hongroises (article 4). Par ailleurs, la Hongrie s'engageait en vertu de cet accord à n'apporter aucun soutien aux organisations politiques hongroises en Roumanie à moins d'en avoir préalablement informé les autorités roumaines et d'avoir obtenu leur consentement (article 10).

hongroise qui prévoyait cette mesure n'a pas été adoptée suite à l'échec du référendum organisé sur cette question le 5 décembre 2004. Ce projet n'a toutefois pas été définitivement abandonné puisqu'il a été repris dans le programme du parti d'opposition conservateur Fidesz[1227].

Finalement, le droit des minorités présente d'importantes lacunes qui rendent son application tributaire de la bonne volonté des Etats, ce qui limite considérablement son efficacité. En laissant aux Etats la faculté de nier le phénomène minoritaire[1228], il permet l'assimilation, alors qu'il a été élaboré pour lutter contre cette pratique. En outre, la trop grande méfiance des Etats envers les minorités et leur attachement à leur caractère unitaire freine considérablement la production normative dans ce domaine.

Il faut peut-être considérer l'approche diplomatique de la question, pratiquée au sein de l'OSCE et par l'UE notamment, comme plus appropriée.

[1227] Notons par ailleurs que la Roumanie, à son tour, a décidé récemment la simplification des procédures d'octroi de la nationalité roumaine aux Roumains d'origine vivant en Moldavie.

[1228] Le Professeur Pierré-Caps écrivait ainsi que : « Si un consensus n'a pu se réaliser en droit positif sur une définition univoque, cela tient plus au refus de certains Etats de reconnaître en soi ce qu'ils considèrent comme des nations à part entière – surtout lorsque la minorité nationale participe d'une nation majoritaire dans l'Etat voisin – et, partant, d'un système de protection afférent », dans « Peut-on parler actuellement d'un droit d'un droit européen des minorités ? », op.cit., p. 89.

Chapitre 2 : La protection des minorités nationales, un enjeu sécuritaire

« Le conflit dans l'ex-Yougoslavie révèle depuis plus de dix-huit mois combien le brûlot des conflits ethniques et des minorités nationales représente un défi majeur pour la sécurité européenne de l'après-guerre froide »[1229].

L'OSCE est une organisation internationale régionale qui a pour but d'assurer la sécurité sur une aire géographique regroupant 56 Etats et qui s'étend de Vancouver à Vladivostock. Elle s'est constituée de manière empirique par l'institutionnalisation progressive de la Conférence sur la Sécurité et la Coopération en Europe (plus loin CSCE). Celle-ci est née en 1973 dans le contexte de la guerre froide[1230] et avait pour objectif de favoriser le dialogue et la coopération entre les Etats des deux blocs. Elle était initialement conçue comme un « instrument politique de la détente »[1231].

Au terme du premier Sommet de la Conférence tenu à Helsinki du 3 juillet 1973 au 1er août 1975[1232] fut signé l'Acte final d'Helsinki, document fondateur du processus de la CSCE. Celui-ci se décompose en chapitres, ou « corbeilles », contenant des engagements auxquels ont souscrit les Etats participants. Les

---

1229 Eric Remacle, « La CSCE et les droits des minorités nationales », *Politique étrangère* 1993, vol. 58, pp. 141-155, spéc. p. 141.

1230 Voir sur les origines de la CSCE : Aleth Manin, *La Conférence sur la Sécurité et la Coopération en Europe*, La documentation française, n° 4271-4272, 15 mars 1976, spéc. pp. 7 à 24. Lire également Jane Wright, « The OSCE and the Protection of Minority Rights », *Human Rights Quarterly*, vol. 18, n° 1, février 1996, pp. 190-205, spéc. p. 191.

1231 Frédéric Sudre, *Droit international et européen des droits de l'homme*, op.cit., p.162. Pour reprendre le Professeur Ghebali, l'Acte final d'Helsinki assignait à la Conférence une double mission : une mission formelle, axée sur le présent immédiat, qui était « le développement d'une coopération diversifiée et approfondie entre pays dits « à système politique, économique, et social différent » ; et une mission implicite, visant un futur lointain, qui consistait au « *dépassement de la division artificielle de l'Europe sur la base des valeurs occidentales* » (Victor-Yves Ghebali, *L'OSCE dans l'Europe post-communiste, 1990-1996*, Bruylant, Bruxelles, 1996, p.1). La première mission fut remplie en 1990 avec l'effondrement du bloc de l'est et dès lors, la CSCE se transforma en « creuset de la réconciliation pan-européenne » (Eric Remacle, « La CSCE et les droits des minorités nationales », op.cit., p. 142). Les Etats participants adoptèrent la Charte de Paris pour une nouvelle Europe, acte refondateur de la Conférence qui définissait son nouveau rôle dans l'ère post-communiste.

1232 La Conférence s'est déroulée en trois phases. La première s'est tenue au niveau des ministres des Affaires étrangères du 3 au 7 juillet 193 à Helsinki. Elle consistait à « lancer » la Conférence. La seconde s'est déroulée à Genève du 18 septembre 1973 au 21 juillet 1975. Durant cette réunion, les différentes « corbeilles » ont été discutées. La dernière phase fut la signature solennelle de l'Acte final d'Helsinki, le 1er août 1975 au terme d'un sommet de trois jours par les différents Chefs d'Etat, de gouvernement ou de parti des 35 Etats participants.

différentes corbeilles constituent les bases de la sécurité en Europe. La première, intitulée « Déclaration sur les principes régissant les relations mutuelles des Etats participants », établit un code des relations entre Etat. Le respect des principes énoncés éliminera les causes de tension entre eux. La seconde corbeille est consacrée à « la coopération dans les domaines de l'économie, de la science, de la technique et de l'environnement ». La troisième corbeille envisage « la coopération dans les domaines humanitaires et autres ». Le quatrième chapitre est consacré aux suites à donner à la Conférence[1233].

Dans le cadre de la CSCE, la protection des droits de l'homme était surtout envisagée comme un moyen d'assurer la sécurité, elle figure à ce titre parmi les dix principes énoncés par le premier chapitre de l'Acte final, aussi appelé « décalogue ». Le principe 7 est ainsi rédigé : « Les Etats participants respectent les droits de l'homme et les libertés fondamentales, y compris la liberté de pensée, de conscience, de religion ou de conviction pour tous, sans distinction de race, de sexe, de langue ou de religion. Ils favorisent et encouragent l'exercice effectif des droits civils, politiques, économiques, sociaux et culturels et autres qui découlent tous de la dignité inhérente à la personne humaine et qui sont essentiels à son épanouissement libre et intégral ». En outre, la troisième corbeille préconise la coopération dans quatre grands domaines : « les contacts entre les personnes », l'information, la culture et l'éducation, qui touchent à la problématique des droits de l'homme, dans le but de « contribuer au renforcement de la paix et de la compréhension entre les peuples ». « L'histoire récente prouve la validité du concept de l'OSCE selon lequel une société libre, qui permet à tout le monde de participer à la vie publique, est un rempart contre les conflits et l'instabilité. Par exemple, l'exclusion d'individus issus de certains groupes au sein de la société, parfois sur des critères ethniques, provoque des tensions et a parfois mené au conflit armé. L'impact en termes de sécurité des crises impliquant un déplacement de réfugiés, qui sont souvent le résultat d'un abus massif des droits de l'homme, en est un autre »[1234]. Suivant cette logique, la protection des minorités, en tant que composante de la protection des droits de l'homme, participe naturellement du maintien de la sécurité. Les relations entre Etats et minorités nationales sont potentiellement conflictuelles. La discrimination et la négation de leurs spécificités peuvent conduire ces dernières à la révolte. Le document adopté à l'issue de la réunion de Copenhague sur la dimension humaine le 29 juin 1990 énonce en ce sens que : « Le respect des droits des personnes appartenant à des minorités nationales, considérés comme des droits de l'homme reconnus universellement, est un facteur essentiel de la

[1233] Le texte de l'Acte final d'Helsinki est reproduit dans Aleth Manin, *La Conférence sur la Sécurité et la Coopération en Europe*, op.cit., pp. 48-80.

[1234] OSCE, *Les engagements de la dimension humaine de l'OSCE*, Volume 1, Recueil de textes thématiques, Seconde édition, édité par le Bureau des institutions démocratiques et des droits de l'homme de l'OSCE, Varsovie, 2007, p. 16.

paix, de la justice, de la stabilité et de la démocratie dans les Etats participants »[1235].

Partant, des engagements en faveur des minorités nationales ont été adoptés dans le cadre de la CSCE/OSCE. On peut alors de se demander s'ils peuvent offrir une protection efficace contre l'assimilation forcée.

Plusieurs engagements ont été pris par les Etats participants à la CSCE qui tendent à la préservation de l'identité minoritaire. Ces engagements n'étant pas juridiquement contraignants, il conviendra de s'interroger sur leur effectivité réelle (Section 1). Par ailleurs, il importera de présenter l'institution du Haut-Commissaire aux minorités nationales de l'OSCE. Celui-ci a pour mission de désamorcer les tensions liées à des problèmes de minorités nationales et par conséquent, sera appelé à encourager le respect de leur identité (Section 2). Enfin, il faudra évoquer l'action de l'UE en faveur des minorités nationales. L'Union envisage également la protection des minorités comme un facteur de stabilité et de sécurité en Europe et a mené des initiatives en coopération avec l'OSCE dans ce domaine (Section 3).

Section 1. La protection des minorités nationales, composante de la « dimension humaine » de la sécurité

Avant la troisième réunion de suivi de la Conférence, tenue à Vienne en 1989, la question des minorités nationales n'avait reçu que peu d'attention dans le cadre de la CSCE (§1). Durant le sommet tenu dans la capitale autrichienne a été établi le concept de la dimension humaine et plusieurs conférences spécifiquement consacrées aux droits de l'homme ont par la suite été organisées. Celles-ci ont débouché sur l'adoption d'importants engagements en faveur des minorités nationales (§2).

§1. La considération limitée apportée à la question minoritaire avant le Sommet de Vienne de 1989

L'Acte final d'Helsinki du 1er août 1975 contient quelques dispositions laconiques relatives aux minorités nationales. La partie du document intitulée « Déclaration sur les principes régissant les relations mutuelles des Etats participants » contient un principe VII relatif au respect des droits de l'homme et des libertés fondamentales. Celui-ci énonce en son paragraphe 4 que : « Les Etats participants sur le territoire desquels existent des minorités nationales respectent le droit des personnes appartenant à ces minorités à l'égalité devant la loi, leur donnent l'entière possibilité de jouir effectivement des droits de l'homme et des libertés fondamentales et, de cette manière, protègent leurs intérêts légitimes dans ce domaine ». La formule est vague et ne reconnaît

[1235] Document de la Conférence sur la dimension humaine de la CSCE de Copenhague, 29 juin 1990, §30. (Source : site de l'OSCE : www.osce.org, consulté le 30 mai 2012).

finalement qu'un droit à la non-discrimination au profit des personnes appartenant à des minorités nationales.

Deux autres références aux minorités nationales peuvent être trouvées dans la « troisième corbeille » intitulée « Coopération dans les domaines humanitaires et autres ». Deux paragraphes rédigés de manière quasiment identique clôturent ainsi les sections relatives à la coopération et les échanges dans le domaine de la culture et dans celui de l'éducation. Ils disposent que : « Les Etats participants, reconnaissant la contribution que les minorités nationales ou cultures régionales peuvent apporter à la coopération entre eux dans différents domaines de la culture (ou de l'éducation) se proposent, lorsqu'existent sur leur territoire de telles minorités ou cultures, et en tenant compte des intérêts légitimes de leurs membres, de faciliter cette contribution ». Le libellé de ces deux paragraphes permet, là encore, aux Etats de nier leur applicabilité en arguant qu'il n'existe pas de minorités sur leur sol. Par ailleurs, ces dispositions n'apportent aucune garantie à la préservation de l'identité minoritaire ou de la culture régionale, elles se limitent à encourager la diffusion de la culture minoritaire dans les échanges, si tant est qu'elle soit reconnue par l'Etat.

Ensuite, aucune avancée en faveur des minorités nationales ne sera réalisée dans les onze ans qui suivront la signature de l'Acte final d'Helsinki. Les participants à la CSCE avaient prévu la tenue de réunions de suivi périodiques, officiellement dénommées : « réunions des représentants des Etats ayant participé à la CSCE, tenues conformément aux dispositions de l'Acte final relatives aux suites de la Conférence »[1236].

La première réunion tenue à Belgrade entre 1977 et 1978, à une période où les tensions reprenaient entre les blocs, fut un échec. Le consensus n'a pu se réaliser entre les participants et aucune avancée ne fut réalisée dans le domaine des droits de l'homme. L'Union soviétique a refusé notamment de dresser un bilan des droits de l'homme contrairement aux demandes occidentales, invoquant le principe de non-intervention dans les affaires des Etats. La seconde réunion s'est déroulée à Madrid entre 1980 et 1983 dans un climat de guerre froide et déboucha, là encore, sur un échec[1237].

[1236] Ces réunions étaient un compromis entre la position de l'Union soviétique qui souhaitait l'institutionnalisation de la CSCE et la position des Etats occidentaux qui souhaitaient qu'un contrôle de l'application des engagements de l'Acte final soit établi sans passer par une « structure lourde », voir Emmanuel Decaux, *La Conférence sur le Sécurité et la Coopération en Europe*, PUF, Paris, 1992, p. 17.

[1237] Il faut cependant souligner dans le document de clôture une mention au « droit qu'ont les travailleurs de créer librement des syndicats », il s'agit là d'un point important au regard du contexte de l'époque en Pologne où la loi martiale avait été déclarée. Le document énonce, en outre, que les Etats participants : « reconnaîtront et respecteront et, de plus, s'accordent à prendre les mesures nécessaires pour garantir la liberté qu'a l'individu de professer et pratiquer, seul ou en commun, une religion ou une conviction en agissant selon les impératifs de sa propre

Il faudra attendre la troisième réunion de suivi de Vienne pour que soit véritablement envisagée, dans le cadre de la dimension humaine, la protection de l'identité minoritaire.

§2. Les engagements pris en faveur de l'identité des minorités nationales dans le cadre de la « dimension humaine »

Durant le Sommet de Vienne, plusieurs problèmes portant sur les droits des minorités nationales furent portés à l'attention des Etats participants. Aussi quelques engagements dans ce domaine furent inscrits dans le document de clôture de la réunion (A). Ces dispositions n'offraient cependant qu'une protection limitée et il faudra attendre le document de la Conférence de Copenhague sur la dimension humaine pour qu'un véritable saut qualitatif soit réalisé en la matière (B). Les documents de la CSCE sur la dimension humaine ne constituent pas des traités internationaux, ni même des décisions d'organisation internationale, et ne lient pas juridiquement les Etats. Il faudra dès lors s'interroger sur l'efficacité des engagements qu'ils contiennent (C).

A. Le Sommet de Vienne et le concept de la « dimension humaine »

La Réunion de Vienne constitue le véritable point de départ de l'action de la CSCE en faveur des minorités.

Tout d'abord, c'est durant ce sommet qu'a été définie et consacrée la dimension humaine de la Conférence. Dans la terminologie de l'OSCE, l'expression « dimension humaine » désigne « un ensemble de normes et d'activités relatives aux droits de l'homme, à la démocratie et à l'Etat de droit, qui est considéré au sein de l'OSCE comme une des trois dimensions principales de la sécurité – les deux autres étant la dimension politico-militaire et économique et les question environnementales »[1238]. Le concept de la dimension humaine imprime « une nouvelle dynamique »[1239] au traitement des droits de l'homme au sein de la CSCE. Il vise d'abord à rapprocher le principe 7 de l'Acte final d'Helsinki avec la troisième corbeille de manière à ce qu'ils forment un tout et ensuite à développer les engagements des Etats participants en la matière. On peut lire dans le préambule de la Décision sur la dimension humaine de la CSCE du 19 janvier 1989 : « Rappelant les engagements qu'ils ont contractés dans l'Acte final et dans d'autres documents de la CSCE en ce qui concerne le respect de tous les droits de l'homme et de toutes les libertés

---

conscience ». Ces dispositions garantissent aux minorités religieuses de pouvoir continuer à exercer librement leur culte, Document de clôture de la réunion de Madrid sur les suites de la CSCE du 6 septembre 1983, source : site de l'OSCE op.cit.

1238 OSCE, *Les engagements de la dimension humaine de l'OSCE*, op.cit., p. 16.

1239 Emmanuel Decaux, *La Conférence sur le Sécurité et la Coopération en Europe*, op.cit., p. 92. Lire sur la dimension humaine, Marcel Trémeau, « La dimension humaine de la CSCE », dans Hubert Thierry et Emmanuel Decaux, *Droit international et droits de l'homme*, Actes du colloque des 12 et 13 octobre 1989, Cinquièmes journées d'actualité internationale organisées par le CEDIN, Montchrestien, Paris, 1990, pp. 50-60.

fondamentales, les contacts entre les personnes et d'autres questions d'ordre humanitaire connexes ; Reconnaissant la nécessité d'améliorer la mise en œuvre de leurs engagements au titre de la CSCE et leur coopération dans ces domaines, désignés ci-après par l'expression « dimension humaine » de la CSCE »[1240]. Une Conférence sur la dimension humaine de la CSCE a été spécifiquement consacrée à cette question et s'est déclinée en trois réunions tenues à Paris en 1989, à Copenhague en 1990 et à Moscou en 1991.

Durant la réunion de Vienne, plusieurs problèmes portant sur les droits des minorités nationales furent portés à l'attention des participants. L'Autriche évoqua ainsi l'épineuse question des minorités hongroises et allemandes en Roumanie. Les représentants de Bucarest, se réfugiant derrière le principe de non-intervention dans les affaires intérieures d'un Etat, refusèrent la discussion sur ce point. La condition de la minorité turcophone en Bulgarie fut également critiquée par les Etats occidentaux. Plusieurs ONG militèrent également durant le Sommet pour les droits des minorités, certaines s'exposant même à des poursuites pénales dans leur pays d'origine[1241].

Deux importantes dispositions consacrées aux minorités nationales furent incluses dans le document adopté à l'issue du Sommet de Vienne[1242]. Celles-ci envisagent les deux dimensions de la protection des minorités : la lutte contre la discrimination et la préservation de l'identité minoritaire, là où les documents précédents ne traitaient que de la première.

Le paragraphe 18 énonce ainsi que : « Les Etats participants feront des efforts soutenus pour mettre en œuvre les dispositions de l'Acte final et du Document de clôture de Madrid relatives aux minorités nationales. Ils prendront toutes les mesures nécessaires sur les plans législatif, administratif, judiciaire et autres, et appliqueront les instruments internationaux pertinents par lesquels ils peuvent être liés, pour assurer la protection des droits de l'homme et des libertés fondamentales en faveur des personnes appartenant à des minorités nationales sur leur territoire. Ils s'abstiendront de toute discrimination à l'encontre de ces personnes et favoriseront leurs intérêts et aspirations légitimes dans le domaine des droits de l'homme et des libertés fondamentales ».

D'autre part, le paragraphe 19 du Document dispose qu' : « Ils (les Etats participants) protégeront les identités ethnique, culturelle, linguistique et religieuse des minorités nationales sur leur territoire et créeront des conditions

[1240] Décision sur la dimension humaine de la CSCE, 19 janvier 1989, source : site de l'OSCE op.cit.

[1241] Par exemple, des poursuites avaient été engagées par les autorités italiennes contre les représentants de l'ONG « Sudtiroler Heimstbundes » qui luttait pour les droits de la minorité germanophone au Tyrol du Sud.

[1242] On relèvera également un long article 16 qui développe une série de mesures destinées à permettre le libre exercice d'une religion ou d'une confession. Ces dispositions permettent ainsi aux individus appartenant à des minorités religieuses de préserver leur identité et donc à ces minorités de continuer à exister.

propices à la promotion de ces identités. Ils respecteront le libre exercice par les personnes appartenant à ces minorités de leurs droits et feront en sorte qu'elles jouissent d'une pleine égalité avec les autres ». Ces dispositions préconisent donc la préservation de l'identité minoritaire. Il s'agit d'une évolution remarquable, bien que la formule soit large et n'entraîne pas d'implications précises, qui sera prolongée avec le Document de Copenhague.

B. Les apports du Document de Copenhague

Le document adopté au terme de la deuxième Conférence sur la dimension humaine tenue à Copenhague du 5 au 29 juin 1990 constitue une avancée considérable en faveur des minorités nationales. Le contexte de l'époque, caractérisé par l'effondrement progressif du communisme dans les pays d'Europe centrale et orientale, l'avènement du multipartisme et le renouveau des conflits dus à des questions de minorités dans ces Etats, était propice à l'examen de la question. Il est d'ailleurs significatif que l'un des quatre groupes de travail constitués à l'occasion de cette réunion fut spécialement consacré à la question des minorités[1243]. Il faut encore souligner qu'il s'agit du premier instrument international à envisager de manière détaillée la protection devant être apportée aux minorités nationales.

Durant les débats, deux groupes d'Etats se sont opposés. D'un côté, la « pentagonale », composée de l'Autriche, de la Hongrie, de l'Italie, de la Tchécoslovaquie et de la Yougoslavie, était favorable à ce que d'importantes garanties en matière d'autonomie et d'identité soient reconnues aux minorités[1244]. D'un autre côté, la France, la Bulgarie, la Grèce et la Roumanie souhaitaient limiter les droits reconnus aux minorités et leurs engagements en la matière. Dans ces conditions, il faut considérer les dispositions adoptées comme un succès.

La Partie IV du Document de Copenhague est entièrement consacrée à la question des minorités nationales. Ses dispositions, détaillées, envisagent les deux dimensions de la protection des minorités[1245].

Il faut premièrement souligner l'évolution opérée par le paragraphe 32 de ce document qui dispose que « l'appartenance à une minorité nationale est une

1243 Quatre groupes de travail ont été constitués, composés chacun de représentants des 35 Etats participants et présidés par un Chairman co-ordinator. Le premier groupe travaillait sur le thème de l'Etat de droit et de la démocratie et était présidé par la Suisse, le second, présidé par la Finlande, travaillait sur les droits de l'homme et les libertés fondamentales, le troisième consacré aux minorités nationales était présidé par l'Autriche et le quatrième sur le mécanisme de la dimension humaine était présidé par la Hongrie. Voir Jean-Daniel Vigny, « Le Document de la Réunion de Copenhague de la Conférence sur la dimension humaine de la CSCE/Introduction et commentaires », *RUDH*, 1990, vol. 2, n° 9, pp. 305-313, spéc. p. 305.

1244 Ces Etats avaient ainsi proposé qu'une « Charte des droits » des minorités nationales soit adoptée.

1245 Ainsi, le paragraphe 31 réitère le principe de non-discrimination à l'égard des membres des minorités nationales.

question relevant d'un choix personnel, et aucun désavantage ne peut résulter d'un tel choix ». Autrement dit, il n'appartient pas aux Etats de décider si des minorités existent sur leur sol, ce sont les individus qui s'en réclament qui déterminent leur existence. Cette conception a pu être saluée en doctrine comme permettant « d'éviter la question très controversée de la définition des minorités nationales et de conserver un critère d'appartenance individuelle »[1246].

La suite du même paragraphe 32 est particulièrement intéressante face au nettoyage ethnique. Elle précise ainsi que : « Les personnes appartenant à des minorités nationales ont le droit d'exprimer, de préserver et de développer en toute liberté leur identité ethnique, culturelle, linguistique ou religieuse et de maintenir et de développer leur culture sous toutes ses formes, à l'abri de toutes tentatives d'assimilation contre leur volonté ». La formule est sans équivoque, elle vise clairement à protéger de l'assimilation forcée. Plusieurs droits permettant cette perpétuation de l'identité minoritaire sont ensuite énoncés de manière détaillée. Les personnes appartenant à des minorités nationales pourront ainsi : utiliser librement leur langue maternelle tant en privé qu'en public (§ 32-1) ; créer et maintenir leurs propres institutions, organisations ou associations éducatives, culturelles et religieuses (§ 32-2) ; professer et pratiquer leur religion, y compris se procurer, posséder et utiliser des objets religieux et dispenser un enseignement religieux dans leur langue maternelle (§ 32-3) ; établir et maintenir des contacts avec des citoyens d'autres Etats ayant la même origine nationale (§ 32-4) ; diffuser et échanger des informations dans leur langue maternelle et avoir accès à ces informations (§ 32-5) ; créer et maintenir des organisations ou associations et participer aux activités d'organisation non gouvernementales (§ 32-6).

Il est intéressant de relever que tous ces droits ont un double caractère, individuel et collectif, puisque les personnes appartenant à des minorités nationales peuvent les exercer « individuellement ainsi qu'en commun avec d'autres membres de leur groupe »[1247].

Les paragraphes 33 à 39 du Document de Copenhague énoncent les mesures que doivent prendre les Etats pour rendre effectifs les droits reconnus. Tout d'abord, il est rappelé d'une manière générale que : « les Etats participants protégeront l'identité ethnique, culturelle, linguistique et religieuse des minorités nationales sur leur territoire et créeront des conditions propres à promouvoir cette identité » (§ 33). Ils devront ainsi permettre l'apprentissage et l'usage des langues minoritaires. A noter que, si les Etats sont encouragés à

[1246] Eric Remacle, « La CSCE et les droits des minorités nationales », op.cit., p. 145. Le Professeur Fenet notait à ce propos que : « La mise en œuvre effective de ces principes permettrait de résoudre le problème irritant de savoir quand il y a minorité, puisque celle-ci résulterait de l'accumulation des droits faits par les individus. Les Etats ne pourraient plus décider si des minorités existent chez eux ; ils n'auraient plus qu'à les reconnaître », dans « Le droit européen des minorités », op.cit., p. 172.

[1247] Voir paragraphe 32-6 du Document.

permettre l'usage de ces langues dans les rapports avec l'administration, le Document de Copenhague n'énonce pas un engagement en la matière. En effet, les personnes appartenant à des minorités nationales auront la possibilité de les utiliser « si c'est possible et nécessaire ». En outre, l'histoire et la culture des minorités devront être enseignées. Les membres des minorités nationales devront participer aux affaires publiques, notamment en ce qui concerne la protection et la promotion de leur identité (§ 35). Dans le même sens, les Etats devront mettre en place des administrations locales ou autonomes appropriées de manière à assurer la promotion de l'identité minoritaire (§ 35).

Le Document de Copenhague rappelle la dimension sécuritaire de la protection des minorités. Ainsi encourage-t-il la coopération entre les Etats participants en ce qui concerne les questions relatives aux minorités nationales de telle manière que soient garanties : « la compréhension, la confiance mutuelle, des relations amicales et de bon voisinage, la paix, la sécurité et la justice internationales » (§ 36). La sécurité à l'intérieur des Etats participants est également prise en compte puisqu'en vertu du même paragraphe 36, ils « favoriseront l'instauration d'un climat propice à la compréhension, et au respect mutuel, à la coopération et à la solidarité entre tous les citoyens résidant sur leur territoire ». Un climat d'acceptation de la différence est une condition nécessaire à la perpétuation de l'identité minoritaire.

Les dernières dispositions de la Partie IV du Document de Copenhague (paragraphes 40 à 40-7) sont consacrées à la lutte contre la discrimination. Sont ainsi condamnées « clairement et sans équivoque le totalitarisme, la haine raciale et ethnique, l'antisémitisme, la xénophobie et toute discrimination contre quiconque, ainsi que toute persécution pour des raisons religieuses et idéologiques. Dans ce contexte, ils reconnaissant en outre les problèmes spécifiques des Roms »[1248]. Le Document de Copenhague ne se limite pas à proscrire la discrimination, il énonce également une série de mesures destinées à diffuser l'acceptation de la différence. On relèvera notamment le fait de favoriser la compréhension et la tolérance, particulièrement dans les domaines de l'enseignement, de la culture, de l'information (§ 40-3) ; de garantir que l'enseignement mette l'accent sur le problème de la haine et des préjugés raciaux et sur le respect des différentes civilisations et cultures (§ 40-4).

En définitive, le Document de Copenhague réalise une avancée remarquable dans la protection de l'identité minoritaire. Il a particulièrement influencé les textes relatifs aux minorités qui seront adoptés par la suite. Les principes qu'il énonce en la matière seront réaffirmés dans la Charte de Paris pour une nouvelle Europe[1249] qui proclame à nouveau dans sa déclaration liminaire

[1248] Document de Copenhague, op.cit., § 40.

[1249] La Charte de Paris est le document adopté au terme du Sommet du 19-21 novembre 1990 tenu dans la capitale française. Elle est considérée comme l'acte refondateur de la Conférence. En effet, elle prend acte du nouveau paysage européen après l'effondrement du bloc de l'Est (la

que : « L'identité ethnique, culturelle, linguistique et religieuse des minorités nationales sera protégée et que les personnes appartenant à ces minorités ont le droit d'exprimer, de préserver et de développer cette identité sans aucune discrimination et en toute égalité devant la loi ».

Bien que non contraignantes sur le plan juridique, ces dispositions de la « dimension humaine » relatives aux minorités nationales sont couvertes par des procédures de contrôle qui constituent le « mécanisme de la dimension humaine ». Elles y trouveront une relative effectivité.

C. L'effectivité des engagements relatifs aux minorités nationales et le « mécanisme de la dimension humaine »

Après avoir traité de la valeur des engagements CSCS/OSCE (1), il conviendra de revenir sur « le mécanisme de la dimension humaine » (2).

1. La valeur des engagements de la dimension humaine

L'Acte final d'Helsinki n'est qu'un instrument politique. Il constitue pour certains auteurs un « code de bonne conduite »[1250], pour d'autres une « formulation de bonnes intentions »[1251], mais ne lie pas juridiquement les Etats[1252]. Cette valeur juridiquement non contraignante caractérise les différents documents adoptés dans le cadre de la CSCE/OSCE qui reposent sur un consensus politique entre les Etats.

Il ne faut toutefois pas dénier toute autorité à ces instruments. L'OSCE évoque ainsi « des engagements politiques qui responsabilisent les Etats ». L'Organisation concède que « les engagements de l'OSCE ne peuvent être appliqués devant un tribunal ». Cependant, « il ne faut pas faire l'erreur de penser que ces engagements manquent de force contractuelle. La distinction réside entre le juridique et le politique, non entre le contractuel et le non contractuel. Cela veut dire que les engagements de l'OSCE sont plus qu'une simple déclaration de volonté ou de bonnes intentions ; ils sont en fait une promesse politique d'obéir à ces normes »[1253]. Dans le même sens, le Professeur Van Dijk relevait que : « The conclusion that the Final Act is not a legally binding agreement does not mean that the matters agreed upon between the

---

première partie du document est ainsi intitulée « Une nouvelle ère de démocratie, de paix et d'unité ») et détermine les nouvelles orientations de la Conférence. Ce sommet marque, en outre, le début du processus d'institutionnalisation qui aboutira à l'OSCE.

[1250] C'est ainsi que l'a qualifié le Président Valéry Giscard d'Estaing au sortir du Sommet d'Helsinki. Voir également Emmanuel Decaux, *La Conférence sur le Sécurité et la Coopération en Europe*, op.cit., p.59.

[1251] Emmanuel Roucounas, « Remarques sur la portée juridique des engagements CSCE concernant la dimension humaine », dans Emmanuel Decaux et Linos-Alexandre Sicilianos (Dir.), *La CSCE : Dimension humaine et règlement des différends,* Actes du colloque des 29 et 30 janvier 1993, Montchretien, Paris, 1993, pp. 89-113, spéc. p. 96.

[1252] Lire à ce sujet Emmanuel Roucounas, « Remarques sur la portée juridique des engagements CSCE concernant la dimension humaine », op.cit.

[1253] OSCE, *Les engagements de la dimension humaine de l'OSCE*, op.cit., p. 18.

participating states, and laid down in the Final Act, should not be binding. A commitment does not have to be legally binding in order to have binding force ; the distinction between legal and non-legal binding force resides in the legal consequences attached to the binding force »[1254]. En outre, le Professeur Benoît-Rohmer faisait remarquer, à propos du Document de Copenhague, « qu'il stabilise un certain nombre de principes protecteurs des minorités sur lesquels un consensus politique s'est réalisé entre les 34 Etats signataires ». On a pu voir précédemment à quel point il est difficile d'obtenir l'accord des Etats sur des règles de droit touchant à des domaines sensibles tels que la question minoritaire. Partant, la voie diplomatique apparaît comme une alternative pertinente tant la pression politique est efficace à déterminer la conduite d'un Etat. En outre, le fait que les engagements soient adoptés par consensus renforce leur autorité puisqu'ils emportent l'accord de tous les Etats participants.

La valeur des engagements CSCE est d'autant plus exacerbée que de nombreux instruments conventionnels s'y réfèrent. Même la Cour européenne des droits de l'homme les utilise pour appuyer ses solutions. Dans l'affaire *Sidiropoulos contre Grèce*, les requérants, se prétendant d'origine ethnique macédonienne, avait constitué une association dénommée « Maison de la civilisation macédonienne » qui visait à la préservation et à la diffusion de la culture populaire de la région de Florina. Les autorités grecques avaient refusé d'enregistrer ladite association au motif que ses fondateurs entendaient en réalité contester l'identité grecque de la Macédoine et ainsi porter atteinte à l'intégrité territoriale de la Grèce. Les requérants ont notamment invoqué devant la Cour une violation de l'article 11 de la Convention européenne des droits de l'homme qui protège la liberté d'association. La Cour, ayant constaté qu'il y avait bien eu ingérence dans le droit à la liberté d'association des requérants, conclut qu'elle n'était pas justifiée et retint une violation de l'article 11. Dans cette affaire, la Cour n'a pas pris en compte la spécificité minoritaire dont se prévalaient les requérants pour fonder sa solution. Comme il a été dit plus haut, la Convention ne reconnaît pas de droits spécifiques aux membres des minorités nationales et la Grèce ne reconnaît pas de minorité macédonienne sur son territoire. Toutefois, la Cour n'a pas complètement refusé la discussion sur le terrain de la question minoritaire et a relevé qu' : « A supposer même que les fondateurs d'une association comme celle de l'espèce se prévalent d'une conscience minoritaire, le Document de la Réunion de Copenhague de la Conférence sur la dimension humaine de la CSCE (chapitre IV) du 29 juin 1990 et la Charte de Paris pour une nouvelle Europe du 21 novembre 1990 – que la Grèce a signés du reste – autorisent ceux-ci à créer des associations pour

1254 Peter Van Dijk, « The Final Act of Helsinki - Basis for a Pan-European system ? », *Netherlands Yearbook of International Law*, 1980, vol. XI, pp. 97-124, spéc. p. 110.

protéger leur patrimoine culturel et spirituel »[1255]. Cette référence aux engagements CSCE de la part de la Cour de Strasbourg prête à discussion : En effet, les engagements CSCE ne font pas partie du droit applicable par la Cour et ne sont pas juridiquement contraignants. Toutefois, la Cour n'a pas tiré d'implications de cette référence qui peut s'analyser tout compte fait en un simple rappel à la Grèce de ses engagements CSCE.

Enfin, il faut relever que certains Etats ont transformé les engagements CSCE en véritables règles de droit. A titre d'exemple, l'article 17 du Traité sur les relations de bon voisinage et sur la coopération conclu entre la Hongrie et la République slovaque le 19 mars 1995 dispose que : « Les Parties contractantes s'accordent pour convenir que les standards décrits dans les rencontres de l'OSCE à Copenhague le 29 juin 1990 ainsi que dans les autres documents de l'OSCE élaborés pour la protection des minorités nationales ont une force juridique obligatoire »[1256].

On pourrait voir dans les engagements CSCE les bases de futures normes coutumières européennes relatives aux minorités nationales.

Il existe un mécanisme destiné à assurer le suivi des engagements des Etats participants dans le cadre de la dimension humaine. Bien qu'il soit peu exploité, il contribue, dans une certaine mesure, à renforcer l'effectivité de ces engagements.

2. L'autorité des engagements de la dimension humaine relativement renforcée par le « mécanisme de la dimension humaine »

Un suivi du respect par les Etats participants de leurs engagements en matière de droits de l'homme avait déjà été prévu dans le Document de clôture de la réunion de Madrid adopté le 9 septembre 1983. Le principe 16 de ce texte dispose ainsi que les Etats participants sont convenus : « D'envisager avec faveur la pratique de tables rondes bilatérales, se réunissant à titre volontaire, entre des délégations dont la composition est déterminée par chaque Etat participant, pour traiter de questions touchant les droits de l'homme et les libertés fondamentales, selon un ordre du jour établi d'un commun accord et dans un esprit de respect mutuel et ce, pour renforcer davantage la compréhension et la coopération selon les dispositions de l'Acte final ». Ces tables rondes, dont la réunion ne pouvait être que volontaire, ne présentaient qu'un intérêt limité. Elles augurèrent cependant du futur mécanisme de la dimension humaine. Celui-ci fut institué par le Document de clôture de la réunion de Vienne alors même que l'expression « mécanisme de la dimension humaine » n'y figure pas (a). Le système initial, reposant essentiellement sur le

---

[1255] Cour européenne des droits de l'homme, Arrêt du 10 juillet 1998, *Sidiropoulos contre Grèce* (req.57/1997/841/1047), § 44.

[1256] Cité dans Geza Herczegh dans « Les accords récents conclus entre la Hongrie et ses voisins, stabilité territoriale et protection des minorités », op.cit., p. 265.

dialogue entre Etats, présentait des insuffisances et il fut envisagé de le compléter par de nouvelles procédures dès le Sommet de Paris de 1990. Celles-ci furent effectivement adoptées durant la troisième réunion de la Conférence sur la dimension humaine tenue à Moscou en 1991 (b) et constituent une « objectivisation » du contrôle.

a. Le mécanisme initial fondé sur le dialogue entre Etats

Le mécanisme de la dimension humaine instauré par le Document de Vienne peut être mis en œuvre pour contrôler tout engagement entrant dans le cadre de la dimension humaine. Il se décompose en quatre phases suivant une gradation dans le poids politique du contrôle. Il faut préciser que les Etats seront libres d'opter pour telle ou telle phase sans nécessairement devoir suivre l'ordre graduel.

Tout d'abord, les Etats participants pourront « échanger des informations et répondre aux demandes d'informations et aux représentations qui leur sont faites par d'autres Etats participants sur des questions relatives à la dimension humaine de la CSCE. Ces communications peuvent être transmises par la voie diplomatique ou être adressées à tout service désigné à cette fin »[1257]. Ainsi, lorsqu'un Etat suspectera l'un des autres participants de ne pas respecter ses engagements, il pourra lui demander de se justifier en lui demandant des informations ou par la voie de représentations. Cette première phase a été mise en œuvre pour la première fois par les Pays-Bas contre la Tchécoslovaquie suite à l'arrestation de Vaclav Havel[1258]. Cependant, ces dispositions ne supposent pas nécessairement une méconnaissance des engagements souscrits et les Etats participants pourront également décider d'échanger des informations afin d'adapter ou d'harmoniser leurs législations en matière de droits de l'homme.

Ensuite, la seconde phase consiste en la tenue de « réunions bilatérales avec d'autres Etats participants qui le demandent, afin d'examiner des questions relatives à la dimension humaine de la CSCE, y compris des situations et des cas spécifiques, en vue de les résoudre. La date et le lieu de ces réunions seront fixés d'un commun accord par la voie diplomatique »[1259]. La formule est laconique et laisse toute latitude aux Etats pour déterminer les conditions d'organisation de telles réunions. Cette phase présente un caractère plus « formel » que la première. Cette second phase a été l'objet de dérives puisque les débats s'étendaient souvent à des sujets autres que ceux évoqués par l'Etat ayant déclenché le mécanisme. Durant la réunion de Copenhague de juin 1990 il

1257 Décision sur la dimension humaine de la CSCE (Vienne, 19 janvier 1989), § 1. (Source : site de l'OSCE op.cit., consulté le 30 mai 2012).

1258 Voir Linos-Alexandre Sicilianos, « Le mécanisme de la dimension humaine » dans Emmanuel Decaux et Linos-Alexandre Sicilianos (Dir.), *La CSCE : Dimension humaine et règlement des différends*, op.cit., pp. 159-187, spéc. p. 164.

1259 Décision sur la dimension humaine de la CSCE, op.cit., § 2.

a été entrepris de corriger cette dérive. Le Document de clôture de la réunion énonce ainsi que les Etats participants décident : «

La troisième phase prévoit que : « Tout Etat participant qui le juge nécessaire peut porter des situations et des cas relevant de la dimension humaine de la CSCE, y compris ceux qui ont été soulevés aux réunions bilatérales visées au paragraphe 2, à l'attention d'autres Etats participants par la voie diplomatique »[1260]. En impliquant d'autres Etats participants, cette phase propose une pression politique accrue sur l'Etat suspecté d'avoir manqué à ses engagements dans le domaine de la dimension humaine.

Enfin, la quatrième phase offre à tout Etat participant la possibilité de « communiquer des données sur les échanges d'informations et sur les réponses à ses demandes d'informations et aux représentations qu'il a faites (paragraphe 1), ainsi que sur les résultats des réunions bilatérales (paragraphe 2), y compris des données sur des situations et des cas spécifiques, lors des réunions de suivi organisées dans le cadre de la CSCE et consacrées à la dimension humaine, et lors des réunions principales tenues dans le cadre des Suites de la CSCE »[1261]. Cette dernière phase propose finalement une multilatéralisation du débat.

Le mécanisme institué présente le défaut d'être exclusivement politique. Il ne débouche que sur des observations ou des recommandations des autres Etats participants qui n'obligent pas l'Etat mis en cause. On pourrait même supposer que ce dernier puisse refuser de ce soumettre au contrôle dans la mesure où les dispositions qui l'organisent ne lient pas les Etats participants. Ainsi un Etat soupçonné de manquement à ses engagements par un autre pourrait-il refuser de répondre à ses demandes d'informations ou rejeter une proposition de réunion bilatérale sur la question. Il pourra cependant difficilement échapper à la discussion dans le cadre de la quatrième phase. C'est notamment ce qui s'était passé avec la Roumanie durant la première réunion de la Conférence sur la dimension humaine tenue à Paris du 30 mai au 23 juin 1989. Les autorités de Bucarest avaient formulé des réserves sur le principe même du mécanisme et avait rejeté une demande d'informations relative à des destructions de village présentée par les membres de la CE. Les autorités de Bucarest durent cependant « subir », pour reprendre l'expression de M.Trémeau, la discussion à Paris.

Il faut ainsi garder présent à l'esprit que le système de la CSCE est tout entier basé sur la diplomatie, de fait « le mécanisme de Vienne repose davantage sur la sensibilité politique des Etats participants que sur une logique « sanctionnatrice » »[1262]. Ainsi, le mécanisme n'est pas dénué de toute efficacité, mais celle-ci dépendra « des aléas des négociations et des pressions diplomatiques exercées au cours des différentes phases »[1263]. Mais en l'absence

---

[1260] *Idem*, § 3.
[1261] *Ibidem*, § 4.
[1262] Linos-Alexandre Sicilianos, « *Le mécanisme de la dimension humaine* », op.cit., p. 169.
[1263] *Idem*.

d'une procédure de clôture, la procédure peut tout à fait demeurer « une procédure « open ended » qui pourrait à la limite recommencer juste après avoir atteint sa quatrième phase »[1264].

Un autre reproche qui a pu être formulé contre ce mécanisme initial et qui peut être rattaché à son absence de portée contraignante est sa confidentialité. En effet, les affaires et les questions débattues dans le cadre de ce système ne sont pas rendues publiques. On peut penser que la diffusion des échanges et des débats dans le cadre, notamment, des deux premières phases pourrait accroître la pression politique sur l'Etat mis en cause[1265].

Enfin, des défauts d'ordre procédural, relatifs à l'absence de réglementation des délais, seront corrigés par la suite[1266].

Un renforcement du mécanisme de la dimension humaine a été décidé en 1990. La Charte de Paris pour une nouvelle Europe énonce ainsi que : « Le mécanisme de la dimension humaine a fait ses preuves et nous sommes donc résolus à le développer afin d'y inclure de nouvelles procédures comprenant, entre autres, les services d'experts ou un collège de personnalités éminentes ayant l'expérience des questions relatives aux droits de l'homme qui pourraient être soulevées dans le cadre du mécanisme ». Ces dispositions annoncent clairement une « objectivisation » du mécanisme, pour reprendre les termes de M. Sicilianos, soit l'intervention d'experts indépendants dans le suivi du respect des engagements liés à la dimension humaine. Celle-ci sera concrétisée dès la réunion de Moscou tenue en 1991. Il faut préciser que ces nouveaux procédés complètent mais ne remplacent pas les procédures initiales.

b. L'implication d'autorités indépendantes dans le suivi de la dimension humaine

Deux nouvelles procédures de contrôle vont venir enrichir le mécanisme de la dimension humaine : les missions d'experts et les missions de rapporteurs.

1264 *Ibidem*, p. 168.

1265 M. Sicilianos relevait au surplus que cette pratique s'accordait mal avec les dispositions du Document d'Helsinki II de 1992 qui consacrait « l'accroissement de la transparence des activités de la CSCE, la promotion et la compréhension du rôle de la CSCE et l'élargissement du rôle des ONG », dans « Le mécanisme de la dimension humaine », op.cit., p. 170.

1266 Le Document de Copenhague de 1990 prévoit ainsi que les Etats participants doivent « répondre par écrit, le plus rapidement possible et au plus tard dans un délai de quatre semaines, aux demandes d'informations et aux représentations qui leur sont faites par écrit par d'autres participants », en outre, « les réunions bilatérales auront lieu « dès que possible, en règle générale dans les trois semaines qui suivront la demande » (voir Document de la Réunion de Copenhague section V, § 42.1 et 2). Ces engagements seront « renforcés » par le Document de Moscou adopté le 4 octobre 1991 au terme de la troisième conférence sur la dimension humaine qui précise que : « les Etats participants (…) adresseront dans le plus court délai possible, au maximum dans les 10 jours, une réponse écrite aux demandes d'information et aux représentations qui leur auront été adressées par écrit par d'autres Etats participants (…) des réunions bilatérales se tiendront dès que possible et, en règle générale, dans un délai d'une semaine à compter de la date de demande ». (Document de Moscou, § 2, source : site de l'OSCE op.cit., consulté le 30 mai 2012).

La pratique des missions d'experts a été instaurée par le Document adopté à l'issue de la troisième conférence sur la dimension humaine tenue à Moscou en 1991. Le paragraphe 4 de cet instrument dispose, tout d'abord, qu'un Etat participant « peut demander l'assistance d'une mission de la CSCE constituée d'un nombre d'experts pouvant aller jusqu'à trois pour examiner ou contribuer à résoudre sur son territoire des questions relatives à la dimension humaine de la CSCE ». Les experts en question sont choisis dans une liste sur laquelle les Etats participants ont inscrit jusqu'à trois personnalités. La Mission d'experts ne peut pas compter de ressortissants ou de résidents de l'Etat participant, ni plus d'un ressortissant ou résident d'un même Etat. A noter que les Etats sollicitant une telle assistance doivent en informer l'« Institution » de la CSCE qui en informera les autres Etats participants. L'institution en question est le Bureau de Varsovie[1267]. Le but de ce type de mission est défini de manière vague : « résoudre une question ou un problème relevant de la dimension humaine »[1268]. C'est l'Etat concerné qui convient avec la mission de son mandat. Elle pourra recueillir des informations, exercer ses bons offices ou sa médiation entre les parties ainsi que mener des enquêtes ou fournir des services facultatifs. L'Etat qui demande l'assistance d'une mission d'experts devra collaborer avec elle. Ainsi, en vertu du paragraphe 6 du Document de Moscou : « l'Etat invitant (...) lui accordera tous les moyens nécessaires pour qu'elle puisse exercer ses fonctions de manière indépendante. Il lui permettra notamment, pour pouvoir accomplir sa tâche, d'entrer sur son territoire sans délai, d'y avoir des entretiens et de s'y déplacer librement, de rencontrer librement des représentants officiels, des organisations non gouvernementales,

---

[1267] Le Bureau des institutions démocratiques et des droits de l'homme, ou Bureau de Varsovie, coordonne le fonctionnement du mécanisme.
Cette institution a été initialement mise en place par la Charte de Paris (paragraphe 1 de la section G du Document complémentaire) en tant que Bureau des élections libres (BEL). Elle avait pour but de faciliter les contacts et l'échange d'informations sur les élections dans les Etats participants pour la mise en œuvre des paragraphes 6 à 8 du Document de Copenhague de 1990. Ces dispositions engagent en effet les Etats participants à respecter la volonté du peuple par l'organisation d'élections libres et prévoient la possibilité d'inviter des représentants des Etats participants et de toute autre institution et organisation privée compétente à suivre le déroulement des processus électoraux. Peu de temps après son entrée en fonction officielle (qui eut lieu en avril 1991), il fut suggéré d'élargir son mandat de telle manière qu'il aide au renforcement des institutions démocratiques dans les Etats participants. Après quelques discussions (la France notamment s'opposa à l'idée), le projet fut adopté et le Document de clôture de la Conférence de Prague sur « le développement ultérieur des institutions et structures de la CSCE », adopté le 30 janvier 1992, a entériné la transformation du BEL en Bureau pour les institutions démocratiques et les droits de l'homme. Au fil du temps, le BIDDH s'est vu confier de nouvelles attributions.
C'est l'article 14 du Document de Prague qui confie au Bureau de Varsovie son rôle dans le cadre du mécanisme de la dimension humaine. Dans ce cadre, il constitue un intermédiaire par lequel transitent les informations relatives à la constitution des missions, la désignation de leurs membres (il gère d'ailleurs la liste des experts), les observations des missions et les commentaires des Etats.

[1268] Document de Moscou du 4 octobre 1991, op.cit., § 3.

ainsi que tout individu ou groupe desquels elle souhaitera obtenir des informations. La mission pourra également obtenir de manière confidentielle de la part de tout individu, groupe ou organisation des informations sur des questions dont elle est saisie ». Il est intéressant de relever que le Document tient compte de la sécurité des personnes approchées par la mission d'experts. Ainsi, « les Etats participants ne prendront aucune mesure à l'encontre de personnes, d'organisations ou d'institutions pour avoir eu contact avec la mission d'experts ou lui avoir communiqué des informations relevant du domaine public »[1269].

Un délai de trois semaines est imparti à la mission d'experts pour rendre ses observations. L'Etat invitant devra les transmettre, accompagnées d'un exposé des mesures adoptées en conséquence, aux autres Etats participants par l'intermédiaire de l'Institution dans les trois semaines suivant le rendu des conclusions. Il pourra y joindre ses observations et commentaires. Le Comité des hauts fonctionnaires pourra discuter de ces remarques et formuler des observations sur la question. Il est à noter que le dossier reste confidentiel tant qu'il n'a pas été transmis à ce comité. La mission d'experts ne rend que des observations qui ne sont pas juridiquement contraignantes. Leur valeur n'est que politique.

La procédure de la mission d'experts peut également être initiée par un Etat participant ayant eu recours à l'une des deux premières phases du mécanisme de la dimension humaine. Il pourra « prier l'Institution de la CSCE de demander à un autre Etat participant si ce dernier accepterait d'inviter une mission d'experts chargée d'étudier sur son territoire une question particulière, expressément définie, ayant trait à la dimension humaine »[1270]. La mise en oeuvre de cette procédure peut sembler hypothétique à première vue puisque c'est l'Etat mis en cause qui décide ou refuse d'inviter la mission sur son sol. En réalité, il sera tenu de procéder à cette invitation s'il veut échapper à la procédure relative à la mission de rapporteurs.

A titre d'exemple on peut évoquer la deuxième mission d'experts qui a été constituée à l'invitation de la Moldavie, confrontée à des problèmes avec sa minorité russophone, le 6 janvier 1993. Celle-ci avait le mandat d'étudier la législation en vigueur en Moldavie, l'application des droits des minorités et les relations inter ethniques dans le contexte de la sécession de la Transnistrie. La mission se déroula du 30 janvier au 4 février 1993. Elle reconnut que la situation des minorités en Moldavie s'améliorait mais préconisait d'adopter de nouvelles mesures comme, notamment, l'institution de l'*ombudsman* pour prévenir les discriminations contre les minorités, assouplir le régime de la nationalité ou encore conférer une certaine autonomie aux régions englobant des

[1269] *Idem*, § 6.
[1270] Document de Moscou, op.cit., § 8.

minorités concentrées. Cette dernière recommandation a été avancée comme solution au problème de la sécession de la Transnistrie.

Il faut souligner que ce type de mission n'a été que très rarement sollicité.

Par ailleurs, si l'Etat mis en cause n'a pas invité une mission d'experts dans un délai de dix jours après la demande d'un autre Etat, ce dernier pourra, avec le soutien d'au moins cinq Etats participants, demander la constitution d'une mission de rapporteurs de la CSCE[1271]. La décision est communiquée à l'Institution qui en informera l'Etat concerné et les autres Etats participants. Une fois la mission constituée[1272], celle-ci aura pour mandat d'établir les faits et pourra formuler un avis sur les solutions possibles à la question soulevée. Le rapport de la mission devra être remis aux Etats concernés et à l'Institution (à moins que tous les Etats concernés n'en conviennent autrement) dans les trois semaines à compter de la désignation du dernier rapporteur. Ensuite, à l'instar des observations formulées par une mission d'experts, le rapport, accompagné des éventuelles observations formulées par les Etats concernés, sera communiqué aux autres Etats participants par l'Institution. Il pourra également être transmis au Comité des hauts fonctionnaires qui décidera des suites éventuelles à y donner. Là encore, le dossier demeure confidentiel tant que le Comité ne l'aura pas examiné.

Il est intéressant de relever que cette procédure est mise en œuvre sans que ne soit requis le consentement de l'Etat mis en cause. Ainsi, une mission de rapporteurs sera dépêchée sur son territoire sans qu'elle n'y ait été invitée. Se pose alors la question de la validité d'une telle pratique au regard du principe de non-ingérence dans les affaires intérieures d'un Etat. En effet, le document qui l'organise n'est pas juridiquement contraignant et, dès lors, les Etats participants n'ont pas consenti à se plier à ce type de contrôle. L'envoi d'une mission de rapporteurs sur le territoire d'un Etat pourrait alors s'analyser en une violation de sa souveraineté.

Ce type de mission, à l'instar des missions d'experts, n'a été que très peu exploité. On peut relever qu'en 1992 une mission de rapporteurs a été chargée

---

[1271] Un Etat participant peut également demander la constitution d'une mission de rapporteurs s'il « estime que la mission d'experts n'a pas permis de résoudre la question » (§ 9 du Document de Moscou).

[1272] En vertu de l'article 10 du Document de Moscou, « Le ou les Etats requérants peuvent choisir sur la liste un rapporteur de la CSCE. L'Etat requis peut, s'il le désire, désigner un autre rapporteur sur la liste dans les six jours suivant la notification par l'Institution de la CSCE de la désignation du rapporteur. Dans ce cas, les deux rapporteurs désignés, qui ne peuvent être ressortissants ni résidents de l'un des Etats concernés, ni avoir été inscrits sur la liste par un de ces Etats, désignent d'un commun accord et sans retard un troisième rapporteur sur la liste. Dans le cas où ils ne parviennent pas à un accord dans un délai de huit jours, un troisième rapporteur, qui ne peut être ni ressortissant ni résident de l'un des Etats concernés, ni être une personne inscrite sur la liste par un de ces Etats, sera choisi sur la liste par le membre du rang le plus élevé de l'organe de la CSCE désigné par le Conseil. Les dispositions de la deuxième partie du paragraphe 4 et de la totalité du paragraphe 6 s'appliquent également à une mission de rapporteurs ».

d'enquêter sur les informations faisant état d'atrocités en Bosnie-Herzégovine et en Croatie ainsi que de formuler des recommandations sur l'imputabilité de ces actes. Cette mission constituée sur demande du Royaume-Uni, soutenu par les Etats-Unis et la plupart des membres de l'UE, a vu finalement son mandat limité au territoire de la Croatie. Elle enquêta du 30 septembre au 5 octobre 1992 et confirma dans son rapport les exactions alléguées[1273]. Il est intéressant de relever que, parmi les recommandations formulées par la mission de rapporteurs, figure l'institution d'un tribunal international compétent pour juger les auteurs des crimes perpétrés.

Par ailleurs, un organe spécifiquement consacré à la question des minorités nationales a été mis en place.

Section 2. La contribution du Haut-Commissaire pour les minorités nationales de l'OSCE à la protection de l'identité minoritaire

Ce sont les Pays-Bas qui proposèrent la création d'un poste de Haut-Commissaire pour les minorités nationales durant la Conférence d'examen d'Helsinki tenue en mars 1992[1274]. La proposition reçut un accueil mitigé de la part des Etats participants qui craignaient que la mise en place d'une telle institution ne les oblige à reconnaître l'existence de minorités sur leur sol et à leur octroyer un traitement spécial. Au terme des négociations, les partisans de l'idée néerlandaise durent faire d'importantes concessions et c'est ainsi que l'accord se fit sur un mandat « conçu dans une optique minimaliste et restrictive »[1275] pour reprendre la formule du Professeur Ghebali. M.Max Van Der Stoel fut nommé officiellement à ce poste lors du Conseil des Ministres de Stockholm du 15 décembre 1992[1276].

1273 Voir Victor-Yves Ghebali, *L'OSCE dans l'Europe post-communiste, 1990-1996,* pp. 470-471.

1274 L'idée avait déjà été avancée par la Suède, durant la réunion de Copenhague de la Conférence sur la dimension humaine de 1990, de créer un « représentant de la CSCE pour les minorités nationales » qui aurait été chargé d'étudier la situation des minorités nationales qui pouvaient menacer la sécurité en Europe. La proposition ne fut pas discutée. (voir Emmanuel Decaux, « Le Haut-commissaire de la CSCE pour les minorités nationales », dans Linos-Alexandre Sicilianos (Ed.), *Nouvelles formes de discrimination,* Actes du séminaire international d'experts sur la prévention des discriminations à l'égard des immigrés, des réfugiés et des personnes appartenant à des minorités, organisé par l'UNESCO et la FMDH à Olympie les 13 et 14 mai 1994, Pédone, Paris, 1994, pp. 269-279, spéc. p.270). Les Pays-Bas ont ensuite envisagé la création d'une telle institution dans le cadre communautaire. Ils avaient fait une proposition dans ce sens durant le second semestre de l'année 1991, époque à laquelle ils exerçaient la présidence de l'Union européenne. Mais devant les réticences de la France et de la Grande-Bretagne, le projet n'avait pas abouti. Voir Victor-Yves Ghebali, *L'OSCE dans l'Europe post-communiste, 1990-1996,* op.cit., p. 522-523.

1275 *Idem*, p. 523.

1276 Il occupa ce poste de 1992 à 2001, lui succéda M.Rolf Ekéus (de 2001 à 2007), l'actuel Haut-Commissaire pour les minorités nationales est M. Knut Volleback.

Il faut insister sur le fait que le Haut-Commissaire pour les minorités nationales n'a pas tant été institué dans le but de protéger les intérêts des minorités que pour prévenir les conflits liés à des questions de minorités. C'est d'ailleurs ce que révèle le choix de l'intitulé anglais « High Commissioner *on* National Minorities » plutôt que « High Commissiner *for* National Minorities ». La version française « Haut-Commissaire *pour* les minorités » n'est donc pas significative et pourrait être perçue comme une erreur de traduction. De plus, le projet initial présenté par les Pays-Bas prévoyait que le Haut-Commissaire pour les minorités nationales puisse recevoir des pétitions concernant des faits relatifs à des personnes appartenant à des minorités nationales. L'idée fut écartée durant les débats. Il est d'ailleurs bien précisé dans le Document d'Helsinki que : « Le Haut-Commissaire ne connaîtra pas non plus des cas individuels dans lesquels des personnes appartenant à une minorité nationale sont victimes de violations des engagements de la CSCE » [1277].

Le Haut-Commissaire pour les minorités nationales intervient « lorsque des tensions liées à des problèmes de minorités nationales sont susceptibles de dégénérer en conflit dans la zone de la CSCE, menaçant la paix, la stabilité ou les relations entre les Etats participants »[1278] dans le but de les désamorcer. Les tensions peuvent être intraétatiques ou interétatiques. Il dispose à cette fin de plusieurs moyens d'action en fonction de la gravité des situations. Ainsi, la doctrine a pu identifier deux types de tensions implicitement envisagés par le Mandat du Haut-Commissaire : les « tensions naissantes » et les « conflits imminents »[1279]. Le Haut-Commissaire apprécie librement la gravité d'une situation. Il convient de souligner qu'il n'est pas totalement indépendant puisqu'il agit « sous l'égide » du Comité des Hauts Fonctionnaires.

Tout d'abord, il peut recueillir et recevoir des informations sur des problèmes de minorités nationales. Celles-ci proviennent de différentes sources énumérées aux paragraphes 23 et 25 du Mandat et lui permettront d'évaluer au plus vite « le rôle des parties directement en cause, la nature des tensions et des événements qui s'y rapportent et, si possible, les conséquences éventuelles pour la paix et la stabilité dans la zone de la CSCE »[1280].

Ensuite, le Haut-Commissaire pourra se rendre sur le territoire concerné et prendre contact directement avec les parties en cause de manière à recueillir des

---

1277 Décisions d'Helsinki adoptées le 10 juillet 1992, Chapitre II, § 5c. Madame Jane Wright écrivait que « the HCNM is, first and foremost, a security instrument rather than another vehicle through which human rights violations may be addressed », dans « *The OSCE and the Protection of Minority Rights* », op.cit., p. 200.

1278 Décisions d'Helsinki, op.cit., Chapitre II, § 3.

1279 Voir Victor-Yves Ghebali, *L'OSCE dans l'Europe post-communiste, 1990-1996*, op.cit., p. 526. Voir également Gareth Evans, *Cooperating for Peace. The Global Agenda for the 1990s and Beyond*, Allen and Unwin, London, 1993, spéc. p. 65. L'auteur dissocie « early prevention » et « late prevention ».

1280 Décisions d'Helsinki, op.cit., Chapitre II, § 11b.

informations. A cette occasion, il pourra s'entretenir avec les parties et « promouvoir le dialogue, la confiance et la coopération entre elles »[1281]. Il sera ainsi amené à proposer ses bons offices ou à jouer un rôle de médiateur. Dans le cadre de ses visites, le Haut-Commissaire pourra être accompagné d'un groupe d'experts à des fins de recherches spécialisées et d'avis confidentiels[1282]. Avant de se rendre sur le territoire d'un Etat participant, le Haut-Commissaire doit consulter le Président en exercice de l'OSCE qui consultera l'Etat concerné de manière confidentielle. Après sa visite, le Haut-Commissaire doit rendre un rapport au Président de l'OSCE énonçant ses conclusions et les progrès de son action.

De même, à la fin de son action sur un problème particulier, il doit élaborer un rapport contenant ses constatations, les résultats de son action et ses conclusions qu'il remet au Président de l'OSCE. Ce dernier engagera des consultations confidentielles avec l'Etat concerné sur la base du rapport qui sera transmis ensuite au Comité des Hauts Fonctionnaires.

Aux termes du mandat, les Etats participants s'engagent, en principe, à permettre au Haut-Commissaire d'entrer sur leur territoire et de s'y déplacer et d'y communiquer librement. Cependant, une faculté de refus est aménagée. Ainsi, si l'Etat concerné « n'autorise pas le Haut-commissaire à entrer sur son territoire, à s'y déplacer et à y communiquer librement, le Haut-commissaire en informera le Comité des Hauts Fonctionnaires »[1283].

Toutefois, un tel refus laissera planer un doute sur la bonne foi de l'Etat concerné et l'exposera à la pression politique des autres Etats participants réunis au sein du Comité des Hauts Fonctionnaires.

Il faut noter que les activités du Haut-Commissaire sont strictement confidentielles. Cette garantie a été voulue par les Etats qui craignaient qu'une intervention publique de celui-ci n'alimente les tensions. M. Rob Zaagman notait ainsi que : « The condition of confidentiality resulting in a low HCMN profile was meant to reconcile the need to establish the High Commissioner and the requirement avoiding possible escalation caused by HCMN's involvement »[1284]. Toutefois, cette confidentialité peut s'avérer positive pour établir un rapport de confiance avec les gouvernements concernés.

Si le Haut-Commissaire constate un risque « *prima facie* » de conflit potentiel ou s'il estime que « ses possibilités d'action sont épuisées »[1285], alors il

---

[1281] *Idem*, § 11c.
[1282] *Ibidem*, § 31 à 36.
[1283] *Ibidem*, § 28.
[1284] Rob Zaagman, « The CSCE High Commissioner on National Minorities : An Analysis of The Mandate and the Institutionnal Context », dans Arie Bloed (Ed.), *The Challenges of Change. The Helsinki Summit of the CSCE and its Aftermath*, Martinus Nijhoff Publishers, Dordrecht, 1994, pp. 113-175, spéc. p. 121.
[1285] Décisions d'Helsinki, op.cit., Chapitre II, § 20.

devra déclencher une « alerte rapide » [1286]. On passe alors à une prévention au stade du conflit imminent. L'alerte rapide entraîne l'inscription de la question à l'ordre du jour du Comité des Hauts Fonctionnaires. Le Haut-Commissaire exposera alors les raisons du déclenchement de l'alerte rapide à cet organe et ne pourra plus agir sans son autorisation.

Il pourra toutefois recommander qu'on l'autorise à procéder à une « action rapide », c'est-à-dire à reprendre contact avec les parties et à effectuer des consultations plus poussées pour trouver une solution. Cependant, une « action rapide » ne pourra être mise en œuvre que si le Comité des Hauts Fonctionnaires l'autorise, et seulement dans le cadre d'un mandat défini par cet organe en vertu du paragraphe 16 du Mandat du Haut-Commissaire. Le Professeur Ghébali soulignait le défaut de cette procédure qui requiert le consensus préalable d'une cinquantaine de gouvernements pour pouvoir être engagée[1287]. L'action rapide doit, comme son nom l'indique, pouvoir être mise en œuvre le plus rapidement possible. Cette exigence s'accorde mal avec les lenteurs de la procédure à laquelle elle est subordonnée.

Si le rôle du Haut-Commissaire aux minorités nationales est la prévention des conflits, il sera naturellement amené, dans le cadre de cette mission, à rappeler les Etats participants à leurs engagements en matière de protection des minorités nationales. Ainsi qu'il a été vu précédemment, la non-discrimination et la préservation de l'identité minoritaire participent du maintien de la sécurité. Dès lors le Haut-Commissaire sera-t-il appelé à promouvoir le respect de l'identité minoritaire comme moyen d'apaisement des tensions[1288].

Quelques exemples d'actions menées par le Haut-Commissaire pour les minorités nationales dans ce sens peuvent être mentionnés.

Les premières interventions du Haut-Commissaire se déroulèrent dans les Etats de l'ex-URSS. D'importantes minorités russophones se sont trouvées

---

[1286] Le paragraphe 3 du Mandat dispose ainsi que : « Le Haut-Commissaire déclenchera le plus tôt possible une « alerte rapide » et, si besoin est, engagera une « action rapide » lorsque des tensions liées à des problèmes de minorités nationales n'auront pas encore dépassé le stade de l'alerte rapide mais seront, selon le Haut-Commissaire, susceptibles de dégénérer en conflit dans la zone de la CSCE, menaçant la paix, la stabilité ou les relations entre les Etats participants et requérant l'attention du Conseil des ministres de la CSCE ou du CHF et une action de leur part », Document d'Helsinki op.cit.

[1287] Voir Victor-Yves Ghebali, *L'OSCE dans l'Europe post-communiste, 1990-1996*, op.cit., p.527.

[1288] A ce propos, il faut souligner particulièrement cette célèbre phrase de M. Max van der Stoel, première personnalité à avoir occupé ce poste : « even though I may not have a definition of what constitute a minority, I would dare to say that I know a minority when I saw one ».(Texte de l'intervention du Haut-commissaire pour les minorités nationales du 24 mai 1993 au séminaire de Varsovie sur les Roms, p.2, texte disponible sur le site de l'OSCE, op.cit.). Le Haut-Commissaire affirmait par là, que pour mener à bien sa mission, il entendait s'affranchir des difficultés posées par l'absence d'une définition des minorités en droit international ainsi que des négations du phénomène minoritaire qui en découlaient.

éparpillées dans les anciennes Républiques soviétiques devenues indépendantes. Celles-ci pâtirent du renouveau national dans ces Etats. Ainsi, par exemple, les législations adoptées par l'Estonie et la Lettonie en matière de nationalité avaient eu pour effet de transformer les membres des minorités russophones en étrangers ou en apatrides, ce qui avaient provoqué de vives tensions dans ces Etats[1289] et nécessité l'intervention du Haut-Commissaire. On a pu y voir une volonté délibérée de refuser la nationalité à certaines minorités de telles manières qu'elles soient maintenues en l'état d'étrangers ou d'apatrides pour éviter d'avoir à les reconnaître[1290].

En 1994, celui-ci intervint au Kazakhstan. Les autorités d'Almaty avaient entrepris de restaurer de manière intensive la culture et la langue kazakhe au détriment de la population russophone qui constituait 36% de la population de l'Etat. Le Haut-Commissaire recommanda aux autorités kazakhes d'assurer aux membres de cette minorité la possibilité de s'exprimer en russe devant les administrations et les tribunaux. Il recommanda en outre qu'un équilibre « ethnique » soit assuré dans les administrations publiques. Le Haut-Commissaire suggéra également la mise en place d'une autorité chargée de recevoir les plaintes relatives à des discriminations dans le monde du travail ou de l'éducation. Enfin, d'une manière plus générale, il fut recommandé aux autorités kazakhes d'assurer la stabilité dans les relations inter-ethniques de telle manière que les membres des minorités russophone et germanophone n'aient plus à quitter le territoire de l'Etat par crainte d'un avenir incertain[1291].

Un autre exemple pouvant être cité est l'intervention du Haut-Commissaire dans l'Ex-République Yougoslave de Macédoine (plus loin ERYM) à partir d'octobre 1993. La minorité albanaise représentait 23% de la population de cet Etat (soit environ 400 000 personnes) et réclamait sa reconnaissance comme nation constitutive, la promotion de l'albanais en tant que seconde langue officielle ainsi que l'amélioration de sa situation sur les plans politique, économique, social, culturel et éducatif. Le Haut-Commissaire recommanda aux autorités de Skopje d'établir un dialogue avec leurs minorités, de leur permettre de recevoir une éducation dans leur langue ainsi que de pouvoir participer effectivement aux affaires publiques. Il évoqua également la question d'un gouvernement local disposant d'une relative autonomie[1292].

1289 Les tensions étaient aussi internationales puisque la Russie accusait les deux Etats de « violations massives des droits de l'homme ». L'ire de Moscou laissait planer un doute sur le retrait des forces russes encore stationnées dans les deux Etats.

1290 Voir Stéphane Pierré-Caps, « Peut-on parler aujourd'hui d'un droit européen des minorités ? », op.cit., p. 88.

1291 Voir CSCE, Communication n° 26 du 14 juin 1994. Lire à ce propos, Ludivine Feral, « *Le bilan de l'action du Haut-Commissaire pour les minorités nationales de l'OSCE* », Mémoire de DEA, Paris II, Année universitaire 1999/2000, pp. 28-30.

1292 Voir CSCE Communication n° 305 du 29 novembre 1993.

Un peu plus tard, en février 1995, un groupe d'intellectuels albanais crée au Tetovo (province de l'ERYM majoritairement albanaise) une université publique albanaise et ce, sans avoir sollicité l'accord du gouvernement. Des tensions éclatent requérant l'intervention du Haut-Commissaire. Celui-ci rencontrera le Président macédonien et les leaders de la minorité albanaise. Il rappellera que le droit international reconnaît aux minorités nationales le droit de créer leurs propres institutions éducatives mais que ce droit doit être exercé en conformité avec la législation nationale. Par la suite, le Haut-Commissaire effectuera des visites régulières en ERYM de manière à suivre l'évolution des relations entre les autorités et la minorité albanaise et à travailler sur les moyens de permettre aux membres de la communauté albanophone de suivre un enseignement secondaire et supérieur dans leur langue.

Enfin, il est intéressant d'évoquer la voie originale empruntée pour résoudre la question des minorités hongroises en Slovaquie, génératrice de tensions entre les deux Etats. En 1993, 600 000 personnes d'origine hongroise vivaient en Slovaquie, représentant 11% de la population totale, qui subissaient la vague nationaliste consécutive à l'indépendance du nouvel Etat. Le Comité des Hauts Fonctionnaires de l'OSCE décida, sur recommandations du Haut-commissaire pour les minorités nationales, la constitution d'un mécanisme *ad hoc*, soit un groupe d'experts ayant pour mandat « d'analyser la situation de la minorité nationale hongroise en Slovaquie et celle de la minorité nationale slovaque en Hongrie ». Plusieurs visites ont été effectuées à cette fin à l'issue desquelles les experts ont adressé des avis et des recommandations au Haut-Commissaire. Ce n'est donc pas le Haut-Commissaire lui-même qui procéda aux investigations même si un de ses représentants accompagnait les experts. La mission, créée en mai 1993 pour une période initiale de deux ans sera prorogée jusqu'en mai 1996. Cette opération reçut le soutien de l'Union européenne puisque les deux Etats participèrent au processus de négociation ayant mené au Pacte de stabilité[1293]. En abordant la question sous l'angle de la réciprocité, cette intervention incita les deux Etats à conclure le Traité de bon voisinage et de coopération amicale du 19 mars 1995 précédemment évoqué.

L'efficacité de l'action du Haut-Commissaire repose sur la diplomatie et l'établissement de relations de confiance avec les gouvernements.

Au terme de son premier mandat, M.Max Van der Stoel a dégagé trois principes clés dans la gestion de tensions liées à des minorités. Le premier est la communication, soit le dialogue entre les autorités et les minorités en cause. Il est alors nécessaire d'établir un organe spécifique au niveau national chargé d'assurer ce dialogue. Le second principe est la participation des représentants des minorités nationales aux affaires publiques. Celle-ci évite que les minorités usent de la violence pour défendre leurs intérêts. Cette participation doit être effective. Enfin le troisième principe est le respect de l'identité minoritaire. Les

[1293] Voir *infra*, Section 3.

Etats doivent mener une politique d'intégration de leurs minorités et pas une politique d'assimilation.

Pour terminer, il faut noter qu'en plus de ses interventions ponctuelles dans certains Etats, le Haut-Commissaire pour les minorités nationales de l'OSCE a également formulé des recommandations, visant à préciser les dispositions du Document de Copenhague et à encourager leur mise en œuvre, à l'adresse de tous les Etats participants. Ainsi, peuvent être mentionnées, notamment, les recommandations adoptées à La Haye en octobre 1996 qui traitent du droit des minorités à l'éducation, celles adoptées à Oslo en février 1998 relatives aux droits linguistiques des minorités ou encore celles, adoptées à Lund en septembre 1999, portant sur la participation des minorités à la vie publique. Encore une fois il ne s'agit que d'instruments politiques mais qui interprètent le contenu des engagements auxquels ils se rapportent et dont l'observation s'impose au même titre[1294].

L'UE œuvre également pour la préservation de l'identité minoritaire dans une optique sécuritaire en exploitant son attractivité économique et politique.

Section 3. L'action de la CE/UE en faveur des minorités nationales

Il n'existe pas de législation communautaire spécifiquement consacrée à la protection des minorités au sein de l'Union. La CE/UE a surtout œuvré en faveur des minorités nationales dans le cadre de ses relations extérieures. Soucieuse de contribuer à la stabilité et à la sécurité sur le Vieux continent, elle a fait du respect des minorités une condition de ses rapports avec les Etats d'Europe centrale et orientale. Il s'est agi là d'une pression considérable si l'on considère les enjeux économiques et politiques en cause. Les douze Etats membres de la Communauté ont tout d'abord posé en 1992 les bases d'une reconnaissance conditionnée des nouveaux Etats en Europe centrale et orientale dans laquelle figure la protection des minorités (§1). Puis, l'UE a fait du respect des minorités une condition à l'adhésion pour les Etats candidats en organisant l'élaboration de deux Pactes de stabilité en Europe (§2).

§1. Une reconnaissance conditionnée au respect des minorités

Si la reconnaissance n'est pas, en théorie, une condition nécessaire à l'existence d'un Etat, elle constitue néanmoins un enjeu essentiel pour son développement et sa prospérité puisqu'elle détermine l'établissement de relations avec les autres Etats sur la scène internationale. Ce postulat révèle toute l'importance de la Déclaration adoptée le 16 décembre 1991 par le Conseil des Ministres de la CE sur « les lignes directrices sur la reconnaissance

---

[1294] Lire à ce propos Baptiste Chatré, *La question minoritaire en Europe centrale et orientale. Effectivité du Régime européen de protection des minorités sur la dynamique conflictuelle entre Magyars et Roumains en Transylvanie 1989-2005*, Thèse, Paris II, 2005, pp. 217-218. Le texte de ces recommandations et disponible sur le site de l'OSCE.

des nouveaux Etats en Europe orientale et en Union soviétique ». Par cet instrument, les douze membres de la CE ont posé une série de conditions à leur reconnaissance des nouveaux Etats issus de l'effondrement du bloc de l'Est. La reconnaissance, acte par définition unilatéral et discrétionnaire, est devenue alors conjointe[1295]et conditionnée. Parmi les exigences énumérées par la Déclaration figurent : « Le respect des dispositions de la Charte des Nations Unies et des engagements souscrits dans l'Acte final d'Helsinki et la Charte de Paris, notamment en ce qui concerne l'Etat de droit, la démocratie et les droits de l'homme » ainsi que « la garantie des droits des groupes ethniques et nationaux et des minorités conformément aux engagements souscrits dans le cadre de la CSCE »[1296]. Le renvoi aux engagements CSCE est intéressant à plusieurs titres. Premièrement, il démontre que les différentes initiatives des organisations européennes en faveur des minorités nationales ne sont pas indépendantes et se recoupent pour former un seul ensemble cohérent. Ensuite, il permet de déterminer précisément le contenu des exigences des Douze en la matière. Enfin, ce renvoi renforce l'opposabilité des engagements CSCE pour les Etats prétendant à la reconnaissance qui seront alors tenus de s'y conformer.

En outre, dans le contexte particulier de l'éclatement de la Fédération yougoslave, la tâche d'apprécier si les anciennes Républiques fédérées satisfaisaient aux conditions posées par les Etats de la CE a été dévolue à une Commission d'arbitrage[1297]. Cette procédure a été établie par la seconde Déclaration sur la Yougoslavie, adoptée par le Conseil des Ministres de la CE le 16 décembre 1991, qui invitait les Républiques yougoslaves à déclarer avant le 23 décembre 1991 si elles souhaitaient être reconnues en tant qu'Etats indépendants et si elles acceptaient les engagements contenus dans les lignes directrices susmentionnées[1298].

Afin de juguler la crise yougoslave, les Etats membres de la Communauté ont mis en place la Conférence européenne pour la paix en Yougoslavie[1299]. Il

---

[1295] Il faut prendre soin de distinguer la reconnaissance collective, effectuée par un groupe d'Etats par le biais d'un acte unique, de la reconnaissance concertée ou conjointe effectuée sur la base d'une position commune mais dont chaque Etat conserve la compétence. Voir en ce sens, Jean Charpentier, « La Déclaration des douze sur la reconnaissance des nouveaux Etats », *RGDIP*, 1992/2, pp. 343-355, spéc. pp. 345-346.

[1296] La Déclaration sur les « lignes directrices sur la reconnaissance des nouveaux Etats en Europe orientale et en Union Soviétique » est reproduite dans la RGDIP, 1992/1, pp. 261-262.

[1297] L'Allemagne n'a pourtant pas attendu l'avis de la Commission d'arbitrage pour reconnaître la Croatie le 23 décembre 1991. Voir Jean Charpentier, « La Déclaration des douze sur la reconnaissance des nouveaux Etats », op.cit., p. 349.

[1298] La Déclaration sur la Yougoslavie du 16 décembre 1991 est reproduite dans la RGDIP, 1992/1, p. 263.

[1299] Une Déclaration sur la Yougoslavie a été adoptée par une réunion ministérielle extraordinaire réunie à Bruxelles le 27 août 1991 dans laquelle la Communauté et ses Etats membres ont décidé notamment, la mise en place d'un mécanisme institutionnel en vue de faire face à cette crise. Lire sur cette question Alain Pellet, « Note sur la Commission d'Arbitrage de la Conférence européenne pour la paix en Yougoslavie », *AFDI*, 1991, pp. 329-348, spéc. p. 330.

fut, en outre, décidé d'instituer une Commission d'arbitrage dans le cadre de cette conférence. L'origine juridique de cet organe est la première Déclaration sur la Yougoslavie du 27 août 1991 qui prévoit que : « Dans le cadre de la Conférence de Paix, la procédure d'arbitrage sera mise en œuvre comme suit : les autorités responsables soumettront leurs différends à l'arbitrage d'une Commission de cinq membres choisis parmi les Présidents des Cours constitutionnelles existant dans la Communauté ». Est ensuite précisée la composition de la Commission. Ces dispositions, qui ne possèdent pas de force contraignante, sont extrêmement vagues sur le mandat de ladite Commission. Elle, qui fut instituée en tant qu'organe arbitral, ne rendra finalement que des avis consultatifs. Dans ce cadre, elle rendit quatre avis le 11 janvier 1992 portant sur la conformité des demandes de reconnaissance formulées par quatre Républiques avec les lignes directrices sur la reconnaissance.

La Commission a ainsi rendu les avis 4, 5, 6, 7 respectivement relatifs à la Bosnie-Herzégovine, à la Croatie, à la Macédoine et à la Slovénie. Elle a considéré que les deux dernières remplissaient les conditions à la reconnaissance. En revanche, elle a réservé sa position sur les situations de la Bosnie-Herzégovine et de la Croatie. Dans son avis n° 4, la Commission a déclaré que la Bosnie-Herzégovine ne pourrait pas être reconnue tant que l'ensemble de sa population ne se serait pas prononcée sur la question de l'indépendance, ce qui impliquait l'organisation d'un référendum auquel seraient associés les Serbes de Bosnie[1300]. En ce qui concerne la Croatie, la Commission a considéré dans son avis n° 5 que la Constitution croate ne contenait pas de dispositions suffisantes en matière de protection des minorités nationales[1301].

Il faut souligner que la Commission d'arbitrage a considéré, dans le cadre de cette fonction consultative, que les droits des minorités nationales relevaient du *jus cogens*. Dans son avis n° 1 du 29 novembre 1991 elle a ainsi déclaré que : « les normes impératives du droit international général et, en particulier le respect des droits fondamentaux de la personne humaine et des droits des peuples et des minorités, s'imposent à toutes les parties prenantes à la succession »[1302]. La Commission a confirmé cette position, notamment dans son avis n° 2 du 11 janvier 1992, en retenant qu' « en vertu de normes, maintenant impératives, du droit international général, il appartient aux Etats d'assurer le respect des droits des minorités »[1303]. Cette position de la Commission, qui n'engage qu'elle-même, apparaît discutable. Tout d'abord, le contenu des droits en cause n'est pas clairement défini. En outre, la question de la protection des droits des minorités est loin de recueillir une *opinio juris* généralisée. Peut-être

---

[1300] Texte reproduit dans la RGDIP, 1993/2, pp. 564-567.

[1301] *Idem*, pp. 568-570.

[1302] Texte reproduit dans la RGDIP, 1992/1, voir pp. 264-266.

[1303] *Idem*, voir pp. 266-267.

qu'à l'échelle européenne le consensus se réalise sur le principe de leur protection, mais tous les Etats ne semblent pas disposés à l'appliquer. Il faut cependant considérer avec le Professeur Pellet que cette position de la Commission d'arbitrage traduit le fait que la protection des minorités soit « aujourd'hui devenu un souci fondamental »[1304].

Par ailleurs, il faut ajouter que si le respect des minorités est une condition à la reconnaissance par les Etats membres de la CE, il est *a fortiori* une condition pour l'adhésion à l'UE[1305].

§2. Les Pactes de stabilité en Europe

L'Union européenne a, dans le cadre de la PESC, organisé un premier processus de négociations entre Pays d'Europe Centrale et Orientale (plus loin PECO) afin que ces Etats règlent, par voie d'accords bilatéraux, leurs problèmes de frontières et de minorités[1306]. Il s'agissait d'un « exercice de diplomatie préventive »[1307] pour reprendre l'expression du Professeur Charpentier. Cette initiative s'adressait aux Etats candidats à l'adhésion[1308]. L'Union entendait ainsi préserver la stabilité en son sein en exigeant des nouveaux Etats qu'ils soient libérés des problèmes liés à ces questions. En même temps, l'Union affirmait son rôle d'acteur de la stabilité en Europe. « L'objet ainsi offert à cette première manifestation de la PESC était particulièrement bien choisi car l'Europe, qui s'était montrée incapable de résorber, à chaud, les tensions ethniques qui avaient dégénéré dans le drame yougoslave, pouvait espérer rencontrer plus de succès en apaisant à titre préventif les causes latentes d'autres conflits »[1309].

Un premier cycle de négociations s'ouvrit les 26 et 27 mai 1994 : Deux tables rondes régionales de négociations furent mises en place : l'une pour les PECO, l'autre pour les Etats baltes. Participèrent aux négociations l'UE, les Etats concernés (Etats candidats à l'adhésion et leurs voisins) ainsi que les Etats et les OI (notamment l'OSCE) intéressés par la question de la stabilité en Europe. Au terme d'un an de négociations, un Pacte de stabilité a été signé le 21 mars 1995.

Cet instrument composite qui met en place une zone de bon voisinage en Europe centrale et orientale est constitué d'une Déclaration, d'une série

---

[1304] Alain Pellet, « Note sur la Commission d'Arbitrage de la Conférence européenne pour la paix en Yougoslavie », op.cit., p. 339.

[1305] Lire à ce propos, Sabine Riedel, « Minorités nationales en Europe et protection des droits de l'homme : un enjeu pour l'élargissement », *Politique étrangère* 3/2002, pp. 647-664.

[1306] La paternité de cette initiative revient à M. Edouard Balladur alors Premier ministre.

[1307] Jean Charpentier, « Le Pacte de stabilité en Europe », *AFDI*, 1995, pp. 199-206, spéc. p. 199.

[1308] Il est utile de rappeler ici que « le respect des minorités et leur protection » figurent parmi les conditions à l'adhésion énoncées par la présidence de l'Union à l'issue du Conseil européen de Copenhague tenu les 21 et 22 juin 1993. Voir Conclusions de la présidence – Copenhague, 21-22 juin 1993, p. 26 (source : www.consilium.europa.eu, consulté le 30 mai 2012).

[1309] *Idem*, p. 200.

d'accords bilatéraux de bon voisinage et de coopération ainsi que d'une liste de mesures prises ou prévues par l'UE pour contribuer à la réalisation des objectifs du Pacte. La Déclaration ne possède aucune valeur juridique, elle ne sert qu'à donner une unité à l'ensemble hétéroclite d'accords que contient le Pacte. S'il contient une centaine d'accords, beaucoup sont antérieurs à l'ouverture des négociations et finalement très peu résultent des tables rondes organisées. Le Professeur Charpentier relevait que seuls les traités d'amitié entre la Biélorussie et la Lituanie du 6 février 1995, ceux conclus entre la Turquie d'une part, la Lituanie, la Lettonie et la Hongrie d'autre part le 11 juillet 1994 (avec cette réserve qu'ils soient antérieurs à la première réunion des Tables rondes) et surtout le Traité du 19 mars 1995 entre la Hongrie et la Slovaquie sont le fruit du processus[1310]. Le fait que la Hongrie n'ait pas conclu un traité similaire avec la Roumanie était un grand regret du processus. Mais les deux Etats se sont rapprochés depuis[1311]. Enfin, les mesures d'accompagnement correspondent en grande partie à une promesse d'un soutien financier de l'UE pour la mise en œuvre des accords.

Il faut souligner que le Pacte a été transféré dès sa signature à l'OSCE pour qu'elle en assure le suivi dans le cadre de réunions périodiques et qu'elle use de son influence sur les Etats qui n'ont pas réussi à mener à terme leurs négociations. Cela illustre encore la coopération entre les différentes organisations du continent en matière de sécurité et de stabilité.

Après la guerre du Kosovo, l'UE a lancé un second processus de stabilisation visant la région des Balkans. Ainsi, à l'initiative de l'Allemagne[1312], un Pacte de stabilité de l'Europe du Sud-Est a été signé à Cologne le 10 juin 1999 entre les Etats de l'UE, les Etats non européens du G8 (Etats-Unis, Canada, Japon), la Russie, la Norvège et les Etats de la région : Albanie, Bulgarie, Bosnie-Herzégovine, Croatie, Hongrie, ERYM, Roumanie, Slovénie, Turquie) et 19 Organisations internationales[1313]. Cet instrument propose aux Etats de la région, touchés depuis 1991 par les crises (Albanie, Bosnie-Herzégovine/Croatie/ERYM et RFY[1314]), un rapprochement

[1310] *Ibidem*, p. 205.

[1311] Les deux Etats ont conclu un Traité d'entente, de coopération et de bon voisinage à Timisoara (Roumanie) le 16 septembre 1999. Lire à ce propos, Antonella Cappelle-Pogacean, « Hongrie/Roumanie : rivalités et synergies dans la marche vers l'Europe », *Politique étrangère*, 1996, n° 4, pp. 853-866.

[1312] Le 8 avril 1999, le Ministre des affaires étrangères allemand, M. Joachka Fischer, a présenté à ses homologues européens un projet de Pacte de stabilité pour les Balkans durant la réunion du Conseil affaires générales de l'UE au Luxembourg.

[1313] Voir Béatrice Majza, « Un Pacte de stabilité pour l'Europe du Sud-Est : Vers l'« européanisation » des Balkans ? », *Annuaire français de relations internationales*, 2000, pp. 243-255, spéc. p. 245.

[1314] A l'origine, la Serbie avait été exclue du processus en raison, notamment, des événements du Kosovo, du mauvais traitement qu'elle réservait à ses minorités et de la situation tendue avec ses voisins. En revanche, le Monténégro avait bénéficié dès le début d'un statut d'observateur. Voir

avec l'Union avec la perspective finale d'une adhésion. Pour cela, ils s'engagent à œuvrer pour le rétablissement de la paix et de la stabilité dans les Balkans en se conformant aux engagements OSCE ainsi qu'aux conventions pertinentes du Conseil de l'Europe. Le respect de ces textes implique, notamment, que soient observés : « les droits des personnes appartenant à des minorités nationales, la préservation de la diversité nationale et ethnique des pays de la région, la protection des minorités, la prévention des déplacements forcés de populations et le retour des réfugiés et des personnes déplacées »[1315].

Concrètement, trois tables rondes de travail ont été mises en place : l'une, consacrée à la démocratie et aux droits de l'homme, inclut également les droits des minorités, une autre est consacrée à la reconstruction, au développement et à la coopération économique et la troisième est dédiée à la sécurité. Celles-ci constituent des forums de négociation en vue de la conclusion d'accords dans ces domaines, y participent les Etats concernés, les Etats voisins et les Organisations internationales intéressées. Une table ronde régionale a été mise en place pour coordonner les activités des tables de travail. Le Pacte offre également un cadre pour la distribution d'une aide financière à la reconstruction et au développement des Etats de la région dévastés par la guerre[1316]. Une situation économique prospère est en effet un facteur à la stabilité et à la coexistence pacifique des populations. Le Pacte conjugue une approche régionale et une approche individualisée par pays. En effet, en fonction des progrès réalisés par chaque Etat dans les domaines des tables rondes et au regard des critères à l'adhésion définis lors du Conseil européen de Copenhague, l'Union acceptera de conclure avec les Etats concernés des accords de stabilisation et de coopération. Ceux-ci incluent « la mise en place d'un dialogue politique, la libéralisation progressive des échanges commerciaux, la coopération économique, financière, douanière, administrative »[1317]. Ils constituent un enjeu important pour les Etats de la région en tant que premiers pas vers l'adhésion qui les incite assurément à satisfaire aux conditions politiques posées à leur conclusion et notamment le respect des droits des minorités tels qu'énoncés par les instruments européens pertinents.

L'OSCE a également été associée à ce second Pacte de stabilité qui a été placé sous ses auspices. L'Organisation a accepté de mettre ses institutions et ses instruments à disposition des Etats participants pour les accompagner dans la réalisation de leurs objectifs. En outre, l'OSCE participait aux tables rondes.

Béatrice Majza, « Un Pacte de stabilité pour l'Europe du Sud-Est : Vers l'« européanisation » des Balkans ? », op.cit., p. 245.

1315 Pacte de stabilité pour l'Europe du Sud-Est, Cologne, 10 juin 1999, § 10.

1316 Le Chancelier allemand Gerhard Schröder avait qualifié de volet financier du Pacte de « Plan Marshall pour les Balkans ».

1317 Béatrice Majza, « Un Pacte de stabilité pour l'Europe du Sud-Est : Vers l'« européanisation » des Balkans ? », op.cit., pp. 254-255.

Toutefois, l'UE a conservé un rôle majeur dans la gestion et la coordination des travaux réalisés dans le cadre de ce Pacte[1318].

Finalement l'approche diplomatique adoptée par l'UE pour faire respecter les droits de minorités constitue une formule intéressante. Les enjeux que représente l'adhésion à l'Union constituent une motivation efficace.

En définitive, la protection de l'identité minoritaire apparaît insuffisante dans la mesure où elle demeure, en grande partie, soumise au bon-vouloir des Etats. L'absence de définition juridique du phénomène minoritaire offre une échappatoire aux Etats qui pourront nier la présence de telles collectivités sur leur territoire. La destruction de l'identité minoritaire est une voie douce d'homogénéisation démographique qu'il est ainsi difficile de contrôler. Elle constitue, en outre, une menace pour la sécurité internationale puisqu'elle fait courir le risque d'un soulèvement des minoritaires victimes d'une politique d'assimilation. De fait, à une homogénéisation douce pourra succéder une homogénéisation violente réalisée dans le sang. L'incomplétude du droit des minorités est un problème important qui apparaît encore aujourd'hui difficile à résoudre tant il est délicat de réaliser un consensus entre les Etats sur cette question.

[1318] Le Pacte de stabilité pour l'Europe du Sud-Est a été récemment remplacé par le Conseil de Coopération régionale qui ouvre un nouveau cadre à la coopération régionale (Le Conseil de Coopération régionale a été officiellement lancé le 27 février 2008). Le champ des négociations a été élargi à de nouvelles thématiques et celles-ci sont affranchies de l'approche « paternaliste » originelle du Pacte de stabilité. C'est désormais aux Etats des Balkans que revient la tâche d'organiser la coopération entre eux et la gestion de la région de manière plus « autonome ». L'assistance de l'Union devra être sollicitée.

CONCLUSION

Au terme de cette analyse, le nettoyage ethnique apparaît comme une notion englobante dont on pourrait proposer l'interprétation suivante : le nettoyage ethnique est une politique qui a pour objet de réaliser l'homogénéité de la population sur un territoire donné en la débarrassant des éléments qui ne présentent pas les caractéristiques identitaires requises à cette fin en procédant, soit à l'éloignement de ces éléments du territoire considéré, soit à leur élimination physique, soit à l'effacement de leurs caractéristiques identitaires inopportunes par une politique d'assimilation.

Le droit international propose un large éventail de règles susceptibles de faire obstacle aux différentes manifestations de cette politique d'homogénéisation démographique. Cependant, la protection offerte par ce dispositif n'est pas optimale puisqu'une partie des règles pertinentes souffrent encore d'un manque d'effectivité. Cette limite découlera, notamment, de mécanismes de supervision insuffisants à décourager leur transgression, ou d'une trop grande souplesse ou d'une opposabilité limitée, qui sont les faiblesses des règles protectrices des minorités. Le régime international existant n'en offre pas moins d'importantes garanties contre l'homogénéisation démographique. Aussi la protection la plus efficace contre cette pratique ne résidera pas nécessairement dans l'élaboration d'une nouvelle norme spécifique mais aussi dans un renforcement des normes pertinentes existantes de sorte qu'elles soient mieux observées par leurs destinataires.

On pourrait raisonnablement objecter que la condamnation du nettoyage ethnique par le biais des règles existantes, qui n'ont pas cette vocation particulière, ne rend pas exactement compte de la réprobation par la Communauté internationale de cette pratique et de l'idéologie qui l'inspire. Force est cependant de constater qu'elles font aujourd'hui l'objet, en tant que telles, d'une condamnation généralisée sur la scène internationale comme le traduisent de nombreux actes politiques, spécialement ceux adoptés par l'AGNU. Ce postulat autorise à supposer qu'une interdiction spécifique du nettoyage ethnique relève, aujourd'hui, du domaine du « soft law ». Pour les partisans de ce concept, une règle de soft law serait susceptible d'aboutir, par l'accumulation convergente des prétentions normatives, à la constitution d'une norme nouvelle juridiquement obligatoire. En accord avec cette théorie, la règle relative au nettoyage ethnique s'inscrirait dans un processus à finalité normative. Quel que soit le crédit devant être accordé à cette doctrine, la règle en cause ne serait pour l'heure qu'une norme en gestation, dépourvue du caractère obligatoire propre à la règle de droit. Encore une fois, il n'est pas certain que l'éclosion d'une telle norme ne soit pas superfétatoire.

Dès lors que l'on considère que la règle juridique répond à une nécessité sociale et à pour objet d'encadrer le comportement des sujets de droit, si les normes existantes suffisent à interdire un comportement jugé indésirable, alors l'intérêt de leur ajouter une règle nouvelle posant le même encadrement semble limité. D'autre part, il semble difficile de réaliser un consensus sur une définition juridique susceptible de circonscrire efficacement le concept de nettoyage ethnique. De fait, l'application circonstanciée d'une pluralité de normes apparaît comme la meilleure réponse face à la diversité du phénomène.

Par ailleurs, le nettoyage ethnique est une pratique éminemment discriminatoire. Le principe de non-discrimination, on l'a vu, implique de traiter de manière identique les individus se trouvant dans une situation analogue. On pourrait également déduire de ce principe une obligation positive généralisée d'établir au sein des populations un climat de respect et d'acceptation de la différence. La Convention sur l'interdiction de toutes les formes de discrimination raciale de 1965 apparaît ainsi comme un modèle intéressant en ce qu'elle engage les Etats partie à prendre des mesures dans les domaines de l'éducation, de la culture et de l'information pour lutter contre les préjugés et favoriser l'amitié et la compréhension entre les nations. L'enjeu du principe de non-discrimination est, *in fine*, la réalisation d'une société unie et tolérante, ouverte à la différence et non divisée par les particularismes communautaires. Dans une telle société, sûrement encore utopique, le nettoyage ethnique se trouverait privé de tout fondement.

Aujourd'hui, la fin des événements tragiques survenus en ex-Yougoslavie et la condamnation de leurs principaux instigateurs ne doit pas faire oublier que le nettoyage ethnique demeure une menace latente dans le monde de l'après-guerre froide. De nombreuses tensions communautaires sont encore à déplorer, particulièrement en Afrique ou dans les Etats européens apparus après l'effondrement du bloc de l'Est. L'ex-URSS demeure ainsi un important foyer d'insécurité du fait, notamment, des revendications des minorités russes en Ossétie du Sud, en Abkhazie ou en Transniestrie. La rivalité entre l'Arménie et l'Azerbaïdjan concernant le Haut Karabakh est loin d'être apaisée. Des heurts fréquents entre Albanais et Serbes sont encore à déplorer au Kosovo. La liste des foyers potentiels d'embrasement est ainsi très longue dès lors que le découpage des frontières a séparé un groupe de sa collectivité d'origine et/ou a enserré dans les mêmes limites des communautés antagonistes. Les enjeux territoriaux qu'impliquent les revendications de collectivités dont l'identité n'est pas respectée constituent un des éléments déclencheurs du nettoyage ethnique. La pertinence et l'actualité du concept de la dimension humaine de la sécurité développé dans le cadre de la CSCE/OSCE ont été largement éprouvées. Un autre facteur déterminant du rejet de la différence est la conjoncture économique. Dans un monde en crise, l'histoire a malheureusement démontré que les difficultés économiques conduisent, bien souvent, au nationalisme et au rejet de la différence.

BIBLIOGRAPHIE

I. Ouvrages juridiques

ABI-SAAB (R.), *Droit humanitaire et conflits internes*, Institut Henri Dunant, Pédone, Paris, 1986 ;

AKERMARK (A.S.), *Justification of Minority Protection in International Law*, Kluwer Law International, London/The Hague/Boston, 1997 ;

ALFREDSSON (G.) and EIDE (A.), *The Universal Declaration of Human Rights, A Common Standard of Achievement*, Martinus Nijhoff Publishers, La Haye/Boston/Londres, 1999 ;

ALLAND (D.) et TEITGEN-COLLY (C.), *Traité du droit de l'asile*, PUF, Paris, 2002 ;

AMNESTY INTERNATIONAL, *Protéger les droits humains, Outils et mécanismes juridiques internationaux*, Litec, Paris, 2003 ;

ANDREAPOULOS (G.A.) (Ed.), *Genocide : Conceptual and Historical Dimensions*. University of Pennsylvania Press, Philadelphia, 1994 ;

ASCENSIO (H.), DECAUX (E.) et PELLET (A.) (Dir.), *Droit International Pénal*, Pédone, Paris, 2000 ;

BARUTCISKI (M.), *Les dilemmes de la protection internationale des réfugiés - Analyse de l'action du HCR*, Thèse, Paris II, 2004 ;

BASSIOUNI (C.), *Crimes Against Humanity in International Criminal Law*, Second Revised Edition, Kluwer Law international, La Haye, 1999 ;

BASSIOUNI (C.), *Introduction au droit pénal international*, Bruylant, Bruxelles, 2002 ;

BAYEFSKY (A.F.) and FITZPATRICK (J.) (Ed.), *Human Rights and Forced Displacement*, Martinus Nijhoff, The Hague, 2000 ;

BETTATI (M.), *Droit humanitaire : Textes introduits et commentés*, Seuil, collection « Points essais », Paris, 2000 ;

BETTATI (M.) et KOUCHNER (B.) (Dir.), *Le devoir d'ingérence*, Denoël, Paris, 1987 ;

BERKOVICZ (G.), La *place de la CPI dans la société des Etats*, L'Harmattan, Paris, 2005 ;

BIAD (A.), *Droit international humanitaire*, 2e édition, Ellipses, Paris, 2006 ;

BLAGOYEVITCH (V.), *Le principe des nationalités et son application dans les Traités de Paix de Versailles et de Saint-Germain*, Thèse, Paris, 1922 ;

BLOED (A.) (Ed.), *The Challenges of Change. The Helsinki Summit of the CSCE and its Aftermath*, Martinus Nijhoff Publishers, Dordrecht, 1994 ;

BLUMANN (C.) et DUBOUIS (L.), *Droit institutionnel de l'Union européenne*, 3e édition, Litec, 2007 ;

BOEV (I.), *Introduction au droit européen des minorités*, L'Harmattan, Paris, 2008 ;

BOKATOLA (I.O.), *L'Organisation des Nations Unies et la protection des minorités*, Bruylant, Bruxelles, 1992 ;

BOHN (A.), *Essai sur la notion de nationalité dans le principe des nationalités*, thèse, Université de Nancy, 1923 ;

BORIES (C.), *Les bombardements serbes sur la ville de Dubrovnik : la protection internationale des biens culturels*, Editions Pédone, 2005, Paris ;

BOURDON (W.), *La Cour Pénale Internationale, Le Statut de Rome introduit et commenté*, Editions du Seuil, Paris, 2000 ;

BOUSTANY (K.) et DORMOY (D.) (Dir.), *Perspectives humanitaires entre conflits, droits et action*, Bruylant, Bruxelles, 2002 ;

BOUSTANY (K.) et DORMOY (D.) (Dir.), *Génocide(s)*, Bruylant, Bruxelles, 1999 ;

BOUZIRI (N.), *La protection des droits civils et politiques par l'ONU, l'œuvre du Comité des droits de l'homme*, L'Harmattan, Paris, 2003 ;

BUIRETTE (P.), *Le droit international humanitaire*, La découverte, collection « Repères », Paris, 1996 ;

BURGORGUE-LARSEN (L.), *Libertés fondamentales*, Montchrestien, Paris, 2003 ;

BURGORGUE-LARSEN (L.), LEVADE (A.) et PICOD (F.) (Dir.), *Traité établissant une Constitution pour l'Europe, Commentaire article par article*, Partie II, La Charte des droits fondamentaux de l'Union, Tome 2, Bruylant, Bruxelles, 2005 ;

BURGORGUE-LARSEN (L.) et UBEDA DE TORRES (A.), *Les grandes décisions de la Cour interaméricaine des droits de l'homme*, Bruylant, Bruxelles, 2008 ;

BUGNON (F.), Le *Comité International de la Croix Rouge et la protection des victimes de la guerre*, CICR, 2e édition, Genève, 2000 ;

BUZZI (A.), *L'intervention armée de l'OTAN en République Fédérale de Yougoslavie*, Pédone, Paris, 2001 ;

CABRILLAC (R.), FRISON-ROCHE (M.A) et REVET (T.), *Libertés et droits fondamentaux*, 14e édition, Dalloz, Paris, 2008 ;

CASSESE (A.) et DELMAS MARTY (M.) (Dir.), *Juridictions nationales et crimes internationaux*, PUF, Paris, 2002 ;

CHATRE (B.), *La question minoritaire en Europe centrale et orientale. Effectivité du Régime européen de protection des minorités sur la dynamique conflictuelle entre Magyars et Roumains en Transylvanie 1989-2005*, Thèse, Paris, 2005 ;

CHETAIL (V.) (Dir.), *La Convention de Genève du 28 juillet 1951 relative au statut des réfugiés 50 ans après : Bilan et perspectives*, Bruylant, Bruxelles, 2001 ;

CHRISTAKIS (T.), *Le droit à l'autodétermination en dehors des situations de décolonisation*, La Documentation française, Paris, 1999 ;

CICR, *Commentaire des protocoles additionnels du 8 juin 1977 aux Conventions de Genève de 1949*, CICR, Genève, 1986 ;

COHEN-JONATHAN (G.), *Aspects européens des droits fondamentaux*, 3e édition, Montchrestien, Paris, 2002 ;

COMBACAU (J.) et SUR (S.), *Droit International Public*, 8e édition, Montchrestien, Paris, 2008 ;

CONSEIL DE L'EUROPE, Droits *de l'homme en droit international : Textes de base*, 2e édition, Editions du Conseil de l'Europe, Strasbourg , 2002 ;

CURRAT (P.), *Les crimes contre l'humanité dans le Statut de la Cour pénale internationale*, Schulthess, Genève-Zurich-Bâle, 2006 ;

DAVID (E.), *Principes de droit des conflits armés*, 4e édition, Bruylant, Bruxelles, 2008 ;

DECAUX (E.), *La Conférence sur le Sécurité et la Coopération en Europe,* PUF, Paris, 1992 ;

DECAUX (E.) et SICILIANOS (L.A.) (Dir.), *La CSCE : Dimension humaine et règlement des différends,* Actes du colloque des 29 et 30 janvier 1993, Montchretien, Paris, 1993 ;

DECAUX (E.) (Dir.), *Les Nations Unies et les droits de l'homme : enjeux et défis d'une réforme,* Actes du colloque organisé par le Centre de recherche sur les droits de l'homme et le droit humanitaire de l'Université Panthéon-Assas Paris II, Pédone, Paris, 2006 ;

DELMAS-MARTY (M.), FRONZA (E.) et LAMBERT-ABDEGAWAD (E.) (Dir.), *Les sources du droit international pénal*, Société de législation comparée, Paris, 2004 ;

DE ZAYAS (A.), *Nemesis at Potsdam. The Anglo-Americans and the Expulsion of the Germans, Background, Execution, consequences,* Routledge and Kegan Paul, London, Henley and Boston, 1972 ;

DONG HI (K.), *La Convention internationale sur l'élimination de toutes les formes de discrimination raciale*, Thèse, Paris II, 1971 ;

DORMANN (K.), DOSWALD-BECK (L.) et KALB (R.), *Elements of War Crimes under the Rome Statute of the International Criminal Court, Sources and Commentary*, Cambridge University Press, Cambridge, 2002 ;

DROIT ET DEMOCRATIE, La Cour Pénale Internationale, Actes de la journée d'éteude organisée le 20 octobre 1998 par Droit et Démocratie, La Documentation française, Paris, 1999 ;

DROST (P.N.), *The Crime of State : Penal Protection for Fundamental Freedoms of Persons and Peoples*, A.W.Sythoff, Leyden, 1959 ;

DUBOUT (E.), *L'article 13 du traité CE – La clause communautaire de lutte contre les discriminations*, Bruylant, Bruxelles, 2006 ;

DUPUY (P.M.) et KERBRAT (Y.), *Droit International Public*, 10e édition, Dalloz, Paris, 2010 ;

DUPUY (P.M), *Les grands textes de droit international public*, 6e édition, Dalloz, Paris, 2008 ;

ERGEC (R.), *Protection européenne et internationale de droits de l'homme*, Bruylant, Bruxelles, 2004 ;

EVANS (M.D.) and MURRAY (R.) (Ed.), *The African Charter on Human and People's Rights, The System in Practice, 1986-2000*, Cambridge University Press, Cambridge, 2002 ;

EVANS (G.), *Cooperating for Peace. The Global Agenda for the 1990s and Beyond*, Allen and Unwin, London, 1993 ;

FAUCHILLE (P.), *Traité de droit international public, Tome II Guerre et neutralité*, Librairie Arthur Rousseau, Paris, 1921 ;

FENET (A.), *La question du Tyrol du Sud, un problème de droit international*, LGDJ, Paris, 1968 ;

FENET (A.), KOUBI (G.) et SCHULTE-TENCKHOFF (I.) (Dir.), *Le droit et les minorités_Analyses et textes*, 2e édition, Bruylant, Bruxelles, 2000 ;

FELLER (E.), TURK (V.) et NICHOLSON (F.) (Dir.), *La protection des réfugiés en droit international*, UNHCR, Editions Larcier, Bruxelles, 2008 ;

FERAL (L.), « *Le bilan de l'action du Haut-commissaire pour les minorités nationales de l'OSCE* », Mémoire de DEA, Paris II, Année universitaire 1999/2000 ;

FLAUSS (J.F.) (Dir.), Les *nouvelles frontières du droit international humanitaire*, Actes du colloque du 12 avril 2002 organisé par l'Institut d'études de droit international de l'université de Lausanne, Bruylant, Bruxelles, 2003 ;

FLECK (D.), *The Handbook of Humanitarian Law in Armed Conflicts*, Oxford University Press, Oxford, 1995 ;

FONTANAUD (D.) (Dir.), *La justice pénale internationale*, La documentation française, collection problèmes politiques et sociaux, n° 826, 27 août 1999 ;

FRONZA (E.) et MANACORDA (S.) (Dir.), *La justice pénale internationale dans les décisions des tribunaux ad hoc, Etudes des Law Clinics en droit pénal international*, A.Giuffrè Editore, Milan, 2003 ;

GHEBALI (V.Y), *L'OSCE dans l'Europe post-communiste, 1990-1996*, Bruylant, Bruxelles, 1996 ;

GHOSH (B.) (Ed.), *Managing Migration,* Oxford University Press, Oxford, 2000 ;

GLASER (S.), *Droit international pénal conventionnel*, Bruylant, Bruxelles, 1970 ;

GOODWIN-GILL (G.), *International Law and the Movement of Persons Between States*, Clarendon Press, Oxford, 1978 ;

GOODWIN-GILL (G.) and Mc ADAM (J.), *The Refugee in International Law*, Third Edition, Oxford University Press, Oxford, 2007 ;

GRAHL-MADSEN (A.), *The Status of Refugees in International Law, Volume II, Asylum, Entry and Sojourn*, A.W.Sijthoff, Leiden, 1972 ;

GRAHL-MADSEN (A.), *Commentary of the Refugee Convention 1951*, Published by the Division of International Protection of the United Nations High Commissioner for Refugees, 1997 ;

GUTMAN (R.) et RIEFF (D.) (Dir.), *Crimes de guerre : ce que nous devons savoir*, Editions Autrement, Paris, 2002 ;

HAROUEL BURELOUP (V.), *Traité de doit humanitaire*, PUF, Paris, 2005 ;

HAUSER (H.), *Le Principe des Nationalités – Ses Origines historiques*, Librairie Félix Alcan, Paris, 1916 ;

HENCKAERTS (J.M.) et DOSWALD-BECK (L.), *Droit international humanitaire coutumier, Volume 1 : Règles*, Bruylant, Bruxelles, 2006 ;

HENCKAERTS (J.M.), *Mass Expulsion in Modern International Law Practice*, Martinus Nijhoff Publishers, La Haye, Boston, Londres, 1995 ;

HENNEBEL (L.), *La Convention américaine des droits de l'homme, mécanisme de protection et étendue des droits et libertés*, Bruylant, Bruxelles, 2007 ;

HUET (A.) et KOERING-JOULIN (R.), *Droit pénal international*, 3e édition, PUF, Paris, 2005 ;

Institut des droits de l'homme des avocats européens, *La protection du droit de propriété par la Cour Européenne des Droits de l'Homme*, Bruylant, Bruxelles, 2005 ;

JESSUP (P.P.), *A Modern Law of Nations*, Mac Millan, New York, 1958 ;

JULIEN-LAFERRIERE (F.), *Droit des étrangers*, PUF, Paris, 2000 ;

JURISTES SANS FRONTIERES (ouvrage collectif), *Le Tribunal Pénal International pour l'ex-Yougoslavie, le droit à l'épreuve de la purification ethnique*, L'Harmattan, Paris, 2000 ;

JUROVICS (Y.), *Réflexions sur la spécificité du crime contre l'humanité*, LGDJ, Paris, 2002 ;

JONES R .W .D (J.), POWLES (S.), *International Criminal Practice*, Oxford University Press, Oxford, 2003 ;

KOLB (R.), *Ius in bello – Le droit international des conflits armés*, 2ème édition, Helbing Lichtenhahn Bâle, Bruylant, Bruxelles 2009 ;

KOVACS (P.), *La protection internationale des minorités nationales aux alentours du millénaire*, Pédone, Paris, 2005 ;

LADAS (S.P.), *The Exchange of Minorities - Bulgaria, Greece and Turkey*, MacMillan, New York, 1932 ;

LAMBERT (P.) et PETTITI (C.), *Les mesures relatives aux étrangers à l'épreuve de la Convention européenne des droits de l'homme*, Actes du séminaire du 21 mars 2003, organisé par les Instituts des droits de l'homme du barreau de Bruxelles et du barreau de Paris, Bruylant, Bruxelles, 2003 ;

LAUTERPACHT (H.), *The Function of Law in the International Community*, Oxford, Clarendon Press, 1933 ;

LEBRETON (G.), *Libertés publiques et droits de l'homme*, 8e édition, Sirey, Paris, 2008 ;

LEPAGE (D.) et KULLASHI (M.) (Dir.), *Ex-Yougoslavie : une Europe du Sud Est en construction*, Actes du colloque « Demain les Balkans » déroulé à Nancy du 3 au 8 mai 2000, l'Harmattan, Paris, 2002 ;

LERNER (N.), *The UN Convention on the Eliminatory of all Forms of Racial Discrimination*, A.W.Sijthoff, Leyden, 1970 ;

LEMKIN (R.), *Qu'est ce qu'un génocide ?* , Editions du Rocher, Paris, 2008 ;

MANIN (A.), *La Conférence sur la Sécurité et la Coopération en Europe*, La documentation française, n° 4271-4272, 15 mars 1976 ;

MBAYE (K.), *Les droits de l'homme en Afrique*, 2e édition, Pédone, Paris, 2002 ;

OSCE, *Les engagements de la dimension humaine de l'OSCE*, Volume 1, Recueil de textes thématiques, Seconde édition, édité par le Bureau des institutions démocratiques et des droits de l'homme de l'OSCE, Varsovie, 2007 ;

MC KEAN (W.), *Equality and Discrimination under International Law*, Oxford Clarendon Press, Oxford, 1983 ;

MERON (T.), *Human Rights and Humanitarian Norms as Customary Law*, Clarendon Press, Oxford University, 1991 ;

MONTI (L.), *La Convention européenne des droits de l'homme et le droit de propriété*, Thèse Université de Nice Sophia-Antipolis, 2001 ;

NATIONS UNIES, *Droits de l'homme, recueil d'instruments internationaux, vol.1 instruments universels*, New York et Genève, 2002 ;

NGUYEN (Q.D.), DAILLIER (P.), FORTEAU (M.) et PELLET (A.), *Droit International Public*, 8e édition, LGDJ, Paris, 2009 ;

OSCE, *Les engagements de la dimension humaine de l'OSCE*, Volume 1, Recueil de textes thématiques, Seconde édition, édité par le Bureau des institutions démocratiques et des droits de l'homme de l'OSCE, Varsovie, 2007 ;

OUGUERGOUZ (F.), *La Charte africaine des droits de l'homme et des peuples, Une approche juridique des droits de l'homme entre tradition et modernité,* PUF, Paris, 1993 ;

PAZARTZIS (P.), *La répression pénale des crimes internationaux*, Pédone, Paris, 2007 ;

PENTASSUGLIA (G.), *Minorités en droit international*, Editions du Conseil de l'Europe, Strasbourg, 2004 ;

PETITI (L.E), DECAUX (E.) et IMBERT (P.H.) (Dir.), *La Convention européenne des droits de l'homme, Commentaire article par article,* 2e édition, Economica, Paris, 1999 ;

PLANZER (A.), *Le crime de génocide*, Thèse, Université de Fribourg, 1956 ;

PICHERAL (C.), *Droit institutionnel de l'Union européenne*, Ellipses, Paris, 2006 ;

PICTET Jean, *Développement et principes du Droit International Humanitaire : cours donné en juillet 1982 à l'Université de Strasbourg dans le cadre de la session d'enseignement organisée par l'Institut international des droits de l'Homme*, Pédone, Paris, 1983 ;

PICTET (J.), *Commentaire des Conventions de Genève*, 4 volumes, CICR, Bruxelles, 1952-1956 ;

PHILLIPS (A.) and ROSAS (A.) (Ed.), *Universal Minority Rights*, Abo Akademi University Institute for Human Rights, Abo, 1998 ;

RAMCHARAN (B.), *Concept and Present Status of the International Protection of Human Rights : Forty Years After the Universal Declaration*, Martinus Nijhoff Publishers, Dordrecht/Boston/London, 1989 ;

REDSLOB (R.), *Le principe des nationalités*, Librairie du Recueil Sirey, Paris, 1930 ;

RENNER (K.), *La nation, mythe et réalité*, traduit de l'allemand par Stéphane Pierré-Caps et Claude Tixador, Presse universitaire de Nancy, Nancy, 1998 ;

RENOUT (H.), *Droit pénal général*, Paradigme, Orléans, 2006 ;

RENUCCI (J.F), *Traité de droit européen des droits de l'homme*, LGDJ, Paris, 2007 ;

ROBINSON (N.), *The Genocide Convention : A Commentary,* Institute of Jewish Affairs, World Jewish Congress, New York, 1960 ;

ROQUETTE-BUISSON (P.), *Du principe des nationalités, étude de droit international public*, Thèse, Université de Bordeaux, 1895 ;

ROULAND (N.) (Dir.), PIERRE-CAPS (S.) et POUMAREDE (J.), *Droit des minorités et des peuples autochtones*, PUF, Paris, 1996 ;

ROUSSEAU (C.), *Droit international public, tome I, Introduction, sources*, Sirey, Paris, 1970 ;

ROUSSEAU (C.), *Droit international public, tome II, Les sujets*, Sirey, Paris, 1974 ;

ROUSSEAU (C.), *Droit international public,* tome III, *Les compétences*, Sirey, Paris, 1977 ;

ROUSSEAU (C.), *Droit international public, tome IV, Les relations internationales*, Sirey, Paris, 1980 ;

ROUSSEAU (C.), *Le Droit des Conflits Armés*, Pédone, Paris, 1983 ;

SCHINDLER (D.) et TORNAN (J.), *Droit des conflits armés : recueil des conventions, résolutions et autres documents*, CICR, Genève, 1996 ;

SERMET (L.), *La Convention européenne des Droits de l'Homme et le droit de propriété*, Dossiers sur les droits de l'homme n° 11, Les éditions du Conseil de l'Europe, 1991 ;

SFDI, *Droit d'asile et des réfugiés*, Actes du XXXe Colloque de la Société Française pour le Droit International (SFDI) tenu à l'Université de Caen les 30, 31 mai et 1er juin 1996, Pedone, Paris, 1997 ;

SHABAS (W.A.), *Genocide in International Law*, Cambridge University Press, Cambridge, 2000 ;

SIOTIS (J.), *Droit de la guerre et des conflits armés d'un caractère non international*, LGDJ, Paris, 1958 ;

STEFANI (G.), LEVASSEUR (G.) et BOULOC (B.), *Droit pénal général*, 19e édition, Dalloz, Paris, 2005 ;

SOREL (J.M.) et FOUCHARD (I.) (Dir.), *Les tiers aux conflits armés et la protection des personnes civiles*, Pédone, Paris, 2010 ;

SORENSEN (M.), *Manual of Public International Law*, Londres, Melbourne, Toronto, MacMillan, 1968 ;

SUDRE (F.), *Droit international et européen des droits de l'homme*, 9e édition revue et commentée, PUF, Paris, 2008 ;

SUDRE (F.) (Dir.), *La protection des droits de l'homme par le Comité des droits de l'homme des Nations Unies – Les communications individuelles*, Actes du colloque de Montpellier organisé par l'IDEDH les 6-7 mars 1995, IDEH, Montpellier, 1995 ;

SUDRE (F.), MARGUENAUD (J.P), ANDRIANTSIMBAZOVINA (J.), GOUTTENOIRE (A.) et LEVINET (M.), *Les grands arrêts de la Cour européenne des Droits de l'Homme*, 5e édition mise à jour, PUF, Paris, 2009 ;

SWINARSKI (C.) (Rédacteur), *Etudes et essais sur le droit international humanitaire et sur les principes de la Croix Rouge en l'honneur de Jean Pictet*, ouvrage collectif, Martinus Nijhoff Publishers, Genève, 1984 ;

TAVERNIER (P.) et BURGORGUE-LARSEN (L.) (Dir), *Un siècle de droit international humanitaire : centenaire des Conventions de La Haye et cinquantenaire des Conventions de Genève*, Actes du colloque du CREDHO, Bruylant, Bruxelles, 2001 ;

TAVERNIER (P.) (Dir.), *Actualité de la jurisprudence internationale à l'heure de la mise en place de la Cour pénale internationale*, Actes du colloque tenu à Evry le 24 octobre 2003, organisé par l'Université d'Evry-Val d'Essonne et le CREDHO-Paris Sud ;

TAVOSO (M.A.), *La définition des éléments constitutifs des crimes contre l'humanité, du génocide et des crimes de guerre*, Thèse droit, Aix-Marseille III, 2004 ;

TIGROUDJA (H.) et PANOUSSIS (I.K.), *La Cour interaméricaine des droits de l'homme Analyse de la jurisprudence consultative et contentieuse*, Bruylant, Bruxelles, 2003 ;

THIERRY (H.) et DECAUX (E.), *Droit international et droits de l'homme*, Actes du colloque des 12 et 13 octobre 1989, Cinquièmes journées d'actualité internationale organisées par le CEDIN, Montchrestien, Paris, 1990 ;

THORNBERRY (P.), *International Law and the Rights of Minorities*, Clarendon Press, Oxford, 1991 ;

TOMAN (J.), *La protection des biens culturels en cas de conflit armé, Commentaire de la Convention et du Protocole de La Haye de 1954 pour la protection des biens culturels en cas de conflit armé ainsi que d'autres instruments de droit international relatifs à cette protection*, Editions UNESCO, Paris, 1994 ;

TORRELI (M.), *Le droit international humanitaire*, 2ème édition, PUF, collection « Que sais- je ? », Paris, 1989 ;

UNION des AVOCATS EUROPEENS, *Les nouveaux droits de l'homme en Europe*, XIe Congrès 29, 30, 31 Mai 1997, Bruylant, Bruxelles, 1999 ;

VAN DER HEIJDEN (B.) and TAHZIB-LIE (B.) (Ed.), *Reflections on the Universal Declaration of Human Rights – A Fiefteth Anniversary Anthology*, Martinus Nijhoff Publishers, The Hague/Boston/London, 1999 ;

VILLEY (M.), *Le droit et les droits de l'homme*, PUF, Paris, 2008 ;

WELLER (M.) (Ed.), *The Rights of Minorities - A Commentary on the European Framework Convention for the Protection of National Minorities*, Oxford University Press, New York, 2005 ;

YEMET (V.E.), *La Charte Africaine des Droits de l'Homme et des Peuples*, L'Harmattan, Paris, 1996 ;

ZAPPALA (S.), *La justice pénale internationale*, Montchrestien, Paris, 2007 ;

II. Dictionnaires juridiques

BEMBA (J.), *Dictionnaire de la Justice internationale, de la Paix et du Développement*, L'Harmattan, collection Justice Internationale, Paris, 2004 ;

BERNHARDT (R.) (Dir.), *Encyclopedia of Public International Law*, published under the auspices of the Max Planckt Institute for Comparative Public Law and International Law, North Holland, Amsterdam, 1992 (4 tomes) ;

BEZIZ AYACHE (A.), *Dictionnaire de droit pénal général et procédure pénale*, 3e édition, Ellipses, Paris, 2005 ;

BOUCHET-SAULNIER, *Dictionnaire pratique du droit humanitaire*, La découverte, Paris, 1998 ;

FOX (J.R.), *Dictionnary of International and Comparative Law*, Oxford University Press, New-York, 2003 ;

LA ROSA (A.M.), *Dictionnaire de droit international pénal : morceaux choisis*, PUF, Paris, 1998 ;

SALMON (J.) (Dir.), *Dictionnaire de droit international public*, Bruylant, Bruxelles, 2001 ;

III. Ouvrages non juridiques

BOSETTI (G.), *De Trieste à Dubrovnik, une ligne de fracture de l'Europe*, Ellug, Université Stendhal de Grenoble, 2006 ;

BOUGAREL (X.), *Bosnie : anatomie d'un conflit*, La Découverte, collection les dossiers de l'état du monde, Paris, 1996 ;

CARON (J.C.) et VERNUS (M.), *L'Europe au XIXe siècle, Des nations au nationalisme 1815-1914*, Armand Colin, Paris, 1996 ;

CASTELLAN (G.), *Histoire des Balkans*, Fayard, Paris, 1991 ;

CLOAREC (V.) et LAURENS (H.), *Le Moyen-Orient au 20e siècle*, Armand Colin, Paris, 2000 ;

GARDE (P.), *Le discours balkanique, des mots et des hommes*, Fayard, Paris, 2004 ;

GARDE (P.), *Vie et mort de la Yougoslavie*, Edition augmentée, Flammarion, Paris, 1992 ;

GELLNER (E.), *Nations and Nationalisme* (traduit de l'anglais *Nations and Nationalism*), Payot, Paris, 1989 ;

GIRAULT (R.), *Peuples et nations d'Europe au XIXe siècle*, Hachette, Paris, 1996 ;

GRMEK (M.), Gjidara (M.), Neven (S.), *Le nettoyage ethnique, documents historiques sur une idéologie serbe*, Points, collection histoire, Fayard, Paris, 2002 ;

HOBSBAWN (E.), *Nations et nationalisme depuis 1780*, Gallimard, Paris, 1992 ;

KRULIC (J.), *Histoire de la Yougoslavie*, Editions Complexe, Bruxelles, 1993 ;

LEPAGE (D.) et KULLASHI (M.) (Dir.), *Ex-Yougoslavie : Une Europe du Sud-est en construction*, L'Harmattan, Paris, 2002 ;

LUKEN ROZE (D.), Dominique Luken Roze, *Cambodge Vers de nouvelles tragédies ? Actualité du génocide,* L'Harmattan, Paris, 2005 ;

RUPNIK (J.), *Le déchirement des nations*, Editions du seuil, Paris 1995 ;

RUPNIK (J.) (Dir.), *De Sarajevo à Sarajevo*, Editions Complexe, Paris, 1992 ;

SEMELIN (J.), *Purifier et détruire*, Le Seuil, Paris, 2005 ;

SLIWNINSKI (M.), *Le génocide khmer rouge une analyse démographique*, Paris, l'Harmattan, 1995 ;

IV. Articles de doctrine et cours

ABI-SAAB (G.), « Les mécanismes de mise en œuvre du droit humanitaire », *RGDIP*, 1978/1, pp. 103-129 ;

ADAM (H.T), « Le droit de propriété dans la Convention européenne des droits de l'homme et des libertés fondamentales », *RDP*, 1953, pp. 317-366 ;

ALDRICH (G.H.), « Réflexions sur les Protocoles de Genève », *RICR*, octobre 1997, vol.79, n° 827, pp. 544-547 ;

ALEDO (L.A.), « La perte du statut de réfugié en droit international public », *RGDIP*, 1994/2, pp. 369-404 ;

ALFREDSSON (G.), « A framework with an Incomplete Picture : Comparison of the Framework Convention for the Protection of National Minorities with International Standards and Monitoring Procedures », *International Journal of Minority and Group Rights*, 7 (2000), pp. 291-304 ;

ALGASE (R.R), « Protection of Civilian Lives in Warfare : a Comparaison Between Ismalic Law and Modern International Law Concerning the Conduct of Hostilities », *Revue de droit pénal militaire et du droit de la guerre*, 1977, pp. 245-261 ;

APTEL (C.), « A propos du Tribunal Pénal International pour le Rwanda », *RICR*, décembre 1997, vol.79, n° 828, pp. 721-730 ;

ASCENSIO (H.), MAISON (R.) et PELLET (A.), chronique annuelle parue dans l'AFDI sur l'activité des tribunaux pénaux internationaux. La chronique est parue dans les numéros de l'AFDI de 1995 à 2002 et de 2004 à 2007. La première chronique parue en 1995 a été écrite par les Professeurs Ascencio et Pellet et les suivantes par les Professeurs Ascensio et Maison ;

ASCENSIO (H.), « La responsabilité selon la Cour internationale de Justice dans l'affaire du génocide bosniaque », *RGDIP*, 2007/2, pp. 285-304 ;

AZARI (H.), « Regards croisés sur l'intention génocidaire. A propos de l'arrêt de la Cour internationale de justice en l'affaire relative à l'application de la Convention pour la prévention et la répression du crime de génocide (Bosnie-Herzégovine c/ Serbie et Monténégro) », *Revue de science criminelle et de droit pénal comparé*, n° 4, octobre/décembre 2007, pp. 739-764 ;

BARTELS (R.), « La délimitation des conflits dans une perspective historique : évolution de la distinction juridique entre conflits armés internationaux et conflits armés non internationaux », *RICR*, mars 2009, vol.91, n° 873, pp. 35-67 ;

BENOIT-ROHMER (F.), « La Cour de Strasbourg et la protection de l'intérêt minoritaire : une avancée décisive sur le plan des principes ? », *RTDH*, 2001, pp. 999-1015 ;

BENOIT-ROHMER (F.), « La Cour Européenne des droits de l'homme et la défense des droits des minorités nationales », *RTDH*, 2002, pp. 564-586 ;

BENZIMMRA-HAZAN (J.), « En marge de l'arrêt Timurtas contre la Turquie : Vers l'homogénéisation des approches du phénomène des disparitions forcées de personnes », *RTDH*, 1991, pp. 983-997 ;

BENZIMMRA-HAZAN (J.), « Disparitions forcées de personnes et protection du droit à l'intégrité : la méthodologie de la Cour interaméricaine des droits de l'homme », *RTDH*, 2001, pp.765-797 ;

BETTATI (M.), « Intervention, ingérence ou assistance », *RTDH*, 1994, pp. 307-358 ;

BETTATI (M.), « Un droit d'ingérence ? », *RGDIP*, 1991/3, pp. 639-670 ;

BOKATOLA (I.O.), « La Déclaration des Nations Unies sur les droits des personnes appartenant à des minorités nationales ou ethniques, religieuses et linguistiques », *RGDIP*, 1993/3, pp.745-765 ;

BOELAERT SUOMINEN (S.), « The international Criminal Tribunal for the former Yugoslavia and the Kosovo conflict », *RICR*, mars 2000, vol.82, n° 837, pp. 217- 252 ;

BONNEAU (H.), « Le retrait de la nationalité en droit des gens », *RGDIP*, n° 1-2, 1948, pp. 50-81 ;

BOTHE (M.), « Conflits armés internes et droit international humanitaire », *RGDIP*, 1978/1, pp. 82-101 ;

BOUCHIE DE BELLE (S.), « Enchainés aux canons ou une cible sur leur T-shirt : les boucliers humains en droit international humanitaire », *RICR*, décembre 2008, vol.90, n° 872, pp. 852-883 ;

BOUMGHAR (M.), « Les déboires du concept de sécurité de l'OSCE » dans *Sécurité Mondiale* n° 26 (IQHEI, Université Laval), disponible sur le site de l'Institut Québecois des Hautes Etudes Internationales http://www.iqhei.ulaval.ca/ (consulté le 30 mai 2012) ;

BOUVIER (A.), « La protection de l'environnement naturel en période de conflit armé », *RICR*, décembre 1991, vol.73, n° 792, pp. 599-611 ;

BOYLE (D.), « Y a-t-il génocide au Kosovo ? », *Actualité et Droit international*, juin 1999 ;

BRETTON (P.), « Le problème des « méthodes et moyens de guerre ou de combat » dans les Protocoles additionnels aux Conventions de Genève du 12 août 1949 », *RGDIP*, 1978/1, pp. 32-81 ;

BRETTON (P.), « Remarques générales sur les travaux de la Conférence de Genève sur la réaffirmation et le développement du droit international humanitaire applicable dans les conflits armés », *AFDI*, 1977, pp. 197-220 ;

BROWN BARTRAM (S.), « Nationality and Internationality in International Humanitarian Law », *Stanford Journal of International Law*, 1998, pp. 347-406 ;

BUGNION (F.), « Droit de Genève et Droit de La Haye », *RICR*, décembre 2001, vol.83, n° 844, pp. 901- 922 ;

BUGNION (F.), « La genèse de la protection juridique des biens culturels en cas de conflit armé », *RICR*, juin 2004, vol.86, n° 854, pp. 313-324 ;

BURGER (A.J.), « International Humanitarian Law and the Kosovo Crisis : lessons Learned or to Be Learned », *RICR*, mars 2000, vol.82, n° 837, pp. 129-145 ;

BURGORGUE-LARSEN (L.), « De l'autonomie de la protection du droit communautaire par rapport à la Convention européenne des droits de l'homme… », *AJDA* 2009, pp. 1321-1326 ;

CAMPBELL (C.), « Peace and the laws of war : the role of international humanitarian law in the post-conflict environment », *RICR*, septembre 2000, vol.82, n° 839, pp. 627-651 ;

CANCADO TRINDADE (A.A.), « Le système interaméricain de protection des droits de l'homme : état actuel et perspectives d'évolution à l'aube du XXIe siècle », *AFDI*, 2000, pp. 548-577 ;

CANCADO TRINDADE (A.A.), « International Law for Humankind : Towards a New Jus Gentium », *RCADI* 2005/IV, vol.317, pp. 9-312 ;

CAPPELLE-POGACEAN (A.), « Hongrie/Roumanie : rivalités et synergies dans la marche vers l'Europe », *Politique étrangère*, 1996, n° 4, pp. 853-866 ;

CARPENTIER (C.), « Le principe mythique des nationalités : tentative de dénonciation d'un prétendu principe », *RBDI*, 1992/2, pp. 351-389 ;

CASSESE (A.), « La Communauté internationale et le génocide dans Le droit international au service de la paix, de la justice et du développement », *Mélanges Virally*, Paris, Pédone, 1991, pp. 183-194 ;

CASSESE (A.), « Ex iniuria ius oritur : are we moving towards international legitimation of forcible humanitarian countermeasures in the world community ? », *EJIL*, vol.10, 1999, pp. 23-30 ;

CASSIN (R.), « La Déclaration universelle et la mise en œuvre des droits de l'homme », *RCADI* 1951 II, n° 79, pp. 241-367 ;

CASTREN (E.), « La protection juridique de la population civile dans la guerre moderne : remarques et suggestions », *RGDIP*, 1955/1, pp. 121-136 ;

CHAN (J.M.), « The Right to a Nationality as a Human Right : The Current Trend Towards Recognition », *HRLJ*, 1991, vol.12, n° 1-2, pp. 1-14 ;

CHARPENTIER (J.), « La Déclaration des douze sur la reconnaissance des nouveaux Etats », *RGDIP*, 1992/2, pp. 343-355 ;

CHARPENTIER (J.), « Le Pacte de stabilité en Europe », *AFDI*, 1995, pp. 199-206 ;

CHETAIL (V.), « The Contribution of the International Court of Justice to International Humanitarian Law », *RICR*, juin 2003, vol.85, n° 850, pp. 235-260 ;

CICR, « Le droit international humanitaire et les défis poses par les conflits armés contemporains, Extrait du Rapport préparé par le Comité international de la Croix-Rouge pour la 28e Conférence internationale de la Croix-Rouge et du Croissant-Rouge - Genève, décembre 2003 », *RICR*, mars 2004, vol.86, n° 853, pp. 213-244 ;

CLARANCE (W.D.), W.D. Clarance, « Open Relief Centres : A Pragmatic Approach to Emergency Relief and Monitoring during Conflict in a Country of Origin », *International Journal of Refugee Law*, vol.3, n° 3, 1991, pp. 320-328 ;

COLEWINSKI (R.) « State Duty Towards Ethnic Minorities : Positive or Negative ? », *Human Rights Quarterly*, vol.10, n° 3, 1988, pp. 344-371 ;

CICR, « Personnes déplacées à l'intérieur de leur pays : mandat et rôle du Comité international de la Croix-Rouge », *RICR*, juin 2000, vol.82, n° 838, pp. 479-490 ;

COHEN (R.), « Recents Trads in Protection and Assistance for Internal Displaced People », dans Janie Hampton, *Internal Displaced People – A Global Survey*, Eartscan, London, 1998, pp. 3-9 ;

COHEN-JONATHAN (G.), « L'affaire Loizidou devant la Cour Européenne des droits de l'homme : quelques observations », *RGDIP*, 1998/1, pp. 123-144 ;

COHEN-JONATHAN (G.), « Les réserves dans les traités relatifs aux Droits de l'Homme. Nouveaux aspects européens et internationaux », *RGDIP*, 1996/4, pp. 915-950 ;

COLEMAN (N.), « Non-Refoulement Revised – Renewed Review of the Status of the Principle of Non-Refoulement as Customary International Law », *European Journal of Migration and Law,* vol.5, 2003, pp. 23-68 ;

CONDORELLI (L.), « La Commission internationale humanitaire d'établissement des faits : un outil obsolète ou un moyen utile de mise en oeuvre du droit international humanitaire ? », *RICR*, juin 2001, vol.83, n° 842, pp. 393-406 ;

CONDORELLI (L.), « La CPI un pas de géant (pourvu qu'il soit accompli...) », *RGDIP*, 1999/1, pp.7-21 ;

CONDORELLI (L.), « La Cour Internationale de Justice sous le poids des armes nucléaires : jura non novit curia ? », *RICR*, janvier-février 1997, vol.79, n° 823, pp. 9-21 ;

COOK (J.R.), « Applicable Law in International Arbitration : The Iran-U.S. Claims Tribunal Experience », *American Journal of International Law*, Vol.83, n° 2, 1989, pp. 278-317 ;

CORTEN (O), « Un renouveau du droit d'intervention humanitaire, vrais problèmes, fausse solution », *RTDH*, 2000, pp. 695-708 ;

COURSIER (H.), « Définition du droit humanitaire », *AFDI*, 1955, pp. 223-227 ;

CRAWFORD (J.), BODEAU (P.) et PEEL (J.), « La seconde lecture du projet d'articles sur la responsabilité des Etats de la Commission du Droit International », *RGDIP*, 2000/3, pp. 911-938 ;

CUADRA LACAYO (J.), « International Humanitarian Law and Irregular Warfare : lessons Learned in Latin America », *RICR*, décembre 2000, vol.82, n° 840, pp. 941-951 ;

CZAPLINSKI (W.) et STURMA (P.), « La responsabilité des Etats pour les flux de réfugiés provoqués par eux », *AFDI*, 1994, pp. 156-169 ;

DAVID (E.), « L'avis de la Cour internationale de Justice sur la licéité de l'emploi des armes nucléaires », *RICR*, janvier-février 1997, vol.79, n° 823, pp. 22-36 ;

D'ARGENT (P.), « Le droit de la responsabilité internationale complété ? Examen des Principes fondamentaux et directives concernant le droit à un recours et à réparation des victimes de violations flagrantes du droit international des droits de l'Homme et de violations graves du droit international humanitaire », *AFDI*, 2005, pp. 25-55 ;

DECAUX (E.), « La Chambre des droits de l'homme pour la Bosnie-Herzégovine », *RTDH*, 2000, pp.709-728 ;

DECAUX (E.), « La ratification par la France du Premier Protocole Additionnel aux Conventions de Genève de 1949 », *RTDH*, 2002, pp. 321-334 ;

DE BOECK (C.), « L'expulsion et les difficultés internationales qu'en soulève la pratique », *RCADI*, 1927, Tome 18, pp. 447-650 ;

DE GOUTTES (R.), « La Convention internationale et le Comité des Nations Unies sur l'élimination de la discrimination raciale », *RTDH*, 1996, pp. 515-539 ;

DE HEMPTINE (J.), « La définition du crime contre l'humanité par le Tribunal Pénal International pour l'ex-Yougoslavie », *RTDH*, 1998, pp. 763-779 ;

DE LA PRADELLE (P.), « Le droit humanitaire des conflits armés », *RGDIP*, 1978/1, pp. 9-31 ;

DE LA PRADELLE (P.), « Le contrôle de l'application des conventions humanitaires en cas de conflit armé », *AFDI*, 1956, pp. 343-352 ;

DE PREUX (J.), « Les protocoles additionnels aux Conventions de Genève », *RICR,* octobre 1997, vol.79, n° 827, pp. 507-515 ;

DE ZAYAS (A.), « International Law and Mass Population Transfers », *Harvard International Law Journal,* vol.16, n° 1, Winter 1975, pp. 207-258 ;

DESCHEEMAEKER (J.), « Le Tribunal Militaire International des grands criminels de guerre », *RGDIP*, 1946/2, pp. 210-311 ;

DINSTEIN (Y.), « Commentaires au sujet du Protocole I », *RICR*, octobre 1997, vol.79, n° 827, pp. 552-556 ;

DHOMMEAUX (J.), « Les communautés autochtones et tribales dans la jurisprudence de la Cour interaméricaine des droits de l'homme », dans HENNEBEL (L.) et TIGROUDJA (H.) (dir.), *Le particularisme interaméricain des droits de l'homme*, Paris, Pedone, 2009, pp. 183 – 213 ;

DOMESTICI- MET (M.J.), « Cent ans après La Haye, cinquante ans après Genève : le droit international humanitaire au temps de la guerre civile », *RICR*, juin 1999, vol.81, n° 834, pp. 277-301 ;

DOMESTICI-MET (M.J.), « Aspects juridiques récents de l'assistance humanitaire », *AFDI*, 1989, pp. 117-148 ;

DONNEDIEU DE VABRES (H.), « Le procès de Nuremberg devant les principes modernes du droit pénal international », *RCADI*, 1947/I, vol.70, pp. 481-583 ;

DOSWALD BECK (L.), « Le droit international humanitaire et l'avis consultatif de la Cour Internationale de Justice sur la licéité de la menace ou de l'emploi d'armes nucléaires », *RICR*, janvier-février 1997, vol.79, n° 823, pp. 37-59 ;

DUPUY (P.M.), « Crime sans châtiment ou mission accomplie ? », *RGDIP*, 2007/02, pp. 243-258 ;

DUPUY (P.M.), « *Quarante ans de codification du droit de la responsabilité internationale des Etats* », *RGDIP*, 2003/2, pp. 305-343 ;

EINARSEN (T.), « Discrimination and Consequences for the Position of Aliens », *Nordic Journal of International Law*, vol.64, 1995, pp. 429-455 ;

EISENMANN (P.M.), « Devoir d'ingérence et non intervention : de la nécessité de remettre les pendules à l'heure », *Relations internationales et stratégiques*, 1991-3, pp. 67-70 ;

EGOROV (S.A.), « The Kosovo Crisis and the Law of Armed Conflicts », *RICR*, mars 2000, vol.82, n° 837, pp. 183-192 ;

FORSYTHE (D.), « 1949 and 1999 : Making the Geneva Conventions Relevant After the Cold War », *RICR*, juin 1999, vol.81, n° 834, p. 277-301 ;

FUJITA (H.), « Au sujet de l'avis consultatif de la Cour internationale de Justice rendu sur la licéité des armes nucléaires », *RICR*, janvier-février 1997, vol.79, n° 823, pp. 60-69 ;

FUX (P.Y.) et ZAMBELLI (M.), « Mise en œuvre de la Quatrième Convention de Genève dans les territoires palestiniens occupés : historique d'un processus multilatéral (1997-2001) », *RICR*, Septembre 2002, vol. 84, n° 847, p. 661-695 ;

GAETA (P.), « Génocide d'Etat et responsabilité pénale individuelle », *RGDIP*, 2007/02, pp. 272-284 ;

GAJA (G.), « Expulsion of Aliens : Some Old and New Issues in International Law », dans *Cours Euro-Méditerranéens Bancaja de Droit International*, 1999, vol.3, pp. 289-311 ;

GAUDREAU (J.), « Les réserves aux Protocoles additionnels aux Conventions de Genève pour la protection des victimes de la guerre », *RICR*, mars 2003, vol.85, n° 849, pp. 143-184 ;

GIRAUD (E.), « Le droit des nationalités – sa valeur, son application », *RGDIP*, 1924, pp. 17-71 ;

GOLDMAN (R.K.), « Codification des règles internationales relatives aux personnes déplacées à l'intérieur de leur pays », *RICR*, septembre 1998, vol.80, n° 831, pp. 497-501 ;

GRAVEN (J.), « Les crimes contre l'humanité », *RCADI* 1950/I, Vol.76, pp. 433-607 ;

GOODWIN-GILL (G.S.), « The Limits of the Power of Expulsion in Public International Law », *British Yearbook of International Law*, 1974-1975, pp. 55-156 ;

GREENWOOD (C.), « L'avis consultatif sur les armes nucléaires et la contribution de la Cour internationale de Justice au droit international humanitaire », *RICR*, janvier-février 1997, vol.79, n° 823, pp. 70-81 ;

GRYNFOGEL (C.), « Le concept de crime contre l'humanité. Hier, aujourd'hui et demain », *Revue de droit pénal et de criminologie*, 1994, pp. 13-51 ;

HADDEN (T.) et HARBEY (C.), « The Law of Internal Crisis and Conflict », *RICR*, mars 1999, vol.81, n° 833, pp. 119-133 ;

HAJEK (J.), « La « dimension humaine » de la Conférence sur la Sécurité et la Coopération en Europe (CSCE) », *RTDH*, 1992, pp. 123-130 ;

HAKATA (K.), « Vers une protection plus effective des « personnes déplacées à l'intérieur de leur propre pays » », *RGDIP*, 2002/ 3, pp. 619-644 ;

HANSUGULE (M.), « The African Charter on Human and Peoples Rights : A Critical Review », *African Yearbook of International Law*, vol.8, 2000 ;

HENCKAERTS (J.M.), « Etude sur le droit international humanitaire coutumier, une contribution à la comprehension et au respect du droit des conflits armés », *RICR*, juin 2005, vol.87, n° 858, pp. 289-330 ;

HERCZEGH (G.), « Les accords récents conclus entre la Hongrie et ses voisins, stabilité territoriale et protection des minorités », *AFDI*, 1996, pp. 255-272 ;

HERZOG (J.B.), « Contribution à l'étude de la définition du crime contre l'humanité », *Revue internationale de droit pénal*, 1947, pp. 155-170 ;

HIGGINS (R.), « The Taking of Property by the State : Recent Developments in International Law », *RCADI* 1982, vol.3, Tome 176, pp. 263-391 ;

JACKSON (I.C.), « The 1951 Convention relating to the Status of Refugees : A Universal Basis for Protection », *International Journal of Refugee Law*, vol.3, n° 3, 1991, pp. 403-434 ;

JACKSON PREECE (J.), « Ethnic Cleansing as an instrument of nation State Creation : Changing State practices and Evolving Legal Norms », *Human Rights Quarterly*, vol.20, 1998, pp. 815-841 ;

JAEGER (G.), « On the History of the International Protection of Refugees », *RICR*, 2001, vol.83, n° 843, pp. 727-737 ;

JENNINGS (R.Y.), « Some International Law Aspects of the Refugee Question », *British Yearbook of International Law*, vol.20, 1939, pp. 98-114 ;

KALIN (W.), « La lutte contre la torture », *RICR*, septembre 1998, vol.80, n° 831, pp. 463-475 ;

KARAGIANNIS (S.), « Des traités d'échange de populations au nettoyage ethnique », *Miskolc Journal of International Law*, volume 1, n° 8, pp. 198-237 ;

KARAGIANNIS (S.), « La place du génocide culturel dans la Convention sur le génocide de 1948 », *Annales de l'école doctorale de l'Université de Lille II*, n° 2, 1994, pp. 9-41 ;

KARAGIANNIS (S.), « La protection des langues minoritaires au titre de l'article 27 du Pacte Relatif aux Droits Civils et Politiques », *RTDH*, 1994, pp. 195-222 ;

KARAGIANNIS (S.), « Expulsion des étrangers et mauvais traitements imputables à l'Etat de destination ou à des particuliers - Vers une évolution de la jurisprudence européenne ? », *RTDH*, 1999, pp. 33-88 ;

KISS (A.), « Les Traités-cadres : une technique juridique caractéristique du droit de l'Environnement », *AFDI*, 1993, pp. 792-797 ;

KLEBES (H.), « La Convention cadre du Conseil de l'Europe pour la protection des minorités nationales », *RTDH*, 1997, pp. 205-226 ;

KRAHENBUL (P.), « Conflict in the Balkans : Human tragedies and the challenge to independent humanitarian action », *RICR*, mars 2000, vol.82, n° 837, pp. 11-29 ;

KOH (H.H.), « Reflections on Refoulement and Haitian Centers Council », *Harvard International Law Journal,* vol.35, n° 1, 1994, pp. 1-47 ;

KOVACS (P.), « Intervention armée des forces de l'OTAN au Kosovo : Fondement de l'obligation de respecter le droit international humanitaire », *RICR*, mars 2000, vol.82, n° 837, pp. 103-128 ;

KOVACS (P.), « La protection des langues des minorités ou la nouvelle approche de la protection des minorités », *RGDIP*, 1993/2, pp. 412-417 ;

KOVACS (P.), « A propos de la légitimité des relations directes entre l'Etat-parent et la minorité voisine », *Miskolc Journal of International Law*, Vol.5 (2008), n° 1, pp. 1-9 ;

KOVAR (R.), « Droit de propriété », dans *Encyclopédie Dalloz du droit communautaire*, 20 p. ;

KOLB (R.), « Relations entre le droit international humanitaire et les droits de l'homme », *RICR*, septembre 1998, vol.80, n° 831, pp. 437-447 ;

KOSIRNIK (R.), « Les Protocoles de 1977- Une étape cruciale dans le développement du droit international humanitaire », *RICR*, octobre 1997, vol.79, n° 827, pp. 517- 541 ;

KOUBI (G.), « Brèves réflexions sur les paradoxes et ambiguités des stratégies socio-juridiques des minorités », *RTDH*, 1997, pp. 407-423 ;

KOUBI (G.), « L'entre- deux des droits de l'homme et des droits des minorités : « un concept d'appartenance », *RTDH,* 1994, pp. 177-194 ;

LALY-CHEVALIER (C.), DA POIAN (F.) et TIGROUDJA (H.), « Chronique de la jurisprudence de la Cour interaméricaine des droits de l'homme (2002-2004*)* », *RTDH*, 2005, pp. 459-498 ;

LAMBERT (P.), « La protection des droits intangibles dans des situations de conflit armé », *RTDH*, 2000, pp. 241-259 ;

LANZ (D.), « Subversion or Reinvention ? Dilemmas and Debates in the Context of UNHCR's Increasing Involvement with IDPs », *Journal of Refugee Studies*, vol.21, n° 2, pp. 192-209 ;

LAPIDOTH (R.), « The Expulsion of Civilians from Areas which came under Israeli Control in 1967 : Some Legal Issues », *EJIL* 1991, vol.2, pp. 97-109 ;

LARRALDE (J.M.), « La Convention européenne des droits de l'homme et la protection des groupes particuliers », *RTDH,* 2003, pp. 1247-1274 ;

LAVOYER (J.P.), « Principes directeurs relatifs au déplacement de personnes à l'intérieur de leur propre pays - Commentaires », *RICR*, septembre 1998, vol.80, n° 831, pp. 503-516 ;

LEBLANC (L.J.), « The United Nations Genocide Convention and Political Groups : Should the United States Propose an Amendment ? », *The Yale Journal of International Law*, vol.13, n° 2, Summer 1988, pp. 268-295 ;

LEDUC (F.), « L'asile territorial et Conférence des Nations Unies de Genève janvier 1977 », *AFDI*, 1977, pp. 221-267 ;

LEMKIN (R.), « Le Génocide », *Revue Internationale de Droit Pénal*, 1946, n° 1, pp. 371-386 ;

LEVASSEUR (G.), « Les crimes contre l'humanité et le problème de leur prescription », *Journal du droit international*, 1966, pp. 259-284 ;

LEVINET (M.), « Juges de Strasbourg, encore un effort si vous voulez devenir des défenseurs de l'identité minoritaire ! note sous les arrêts Chapman, Beard, Coster, Jane Smith et Lee, rendus par la Cour EDH, 18 janv 2001 », *L'Europe des libertés*, mai 2001, n° 5, pp. 2-5 ;

LINTON (S.), « Prosecuting Atrocities at the District Court of Dili », *Melbourne Journal of International Law*, vol.2, 2001, pp. 415-458 ;

MAINETTI (V.), « De nouvelles perspectives pour la protection des biens culturels en cas de conflit armé : l'entrée en vigueur du Deuxième Protocole relatif à la Convention de La Haye de 1954 », *RICR*, juin 2004, vol.86, n° 854, pp. 337-366 ;

MAJZA (B.) « Un Pacte de stabilité pour l'Europe du Sud-Est : Vers l'« européanisation » des Balkans ? », *AFRI*, 2000, pp. 243-255 ;

MALINVERNI (G.), « Le projet de Convention pour la protection des minorités élaboré par la Commission européenne pour la démocratie par le droit », *RUDH*, 1991, vol.3, n° 5, pp. 157-165 ;

MALWE (C.), « La protection du droit de propriété par la Cour interaméricaine des droits de l'homme », *RTDH*, 2009, pp. 569-605 ;

MANDELSTAM (A.), « La protection des minorités », *RCADI*, 1923/1, Vol.1, pp. 363-519 ;

MANGALA MUNUMA (J.), « Prévention des déplacements forcés de population -possibilités et limites », *RICR*, décembre 2001, vol.83, n° 844, pp. 1067-1095 ;

MARCUS-HELMONS (S.), « Le droit de propriété est-il un droit fondamental au sens de la Convention européenne des droits de l'homme ? », dans Union des Avocats Européens, *Les nouveaux droits de l'homme en Europe*, XIe Congrès 29, 30, 31 Mai 1997, Bruylant, Bruxelles, 1999, pp. 193-208 ;

MARTIN (F.), « Application du droit international humanitaire par la Cour interaméricaine des droits de l'homme », *RICR*, décembre 2001, vol.83, n° 844, pp. 1037- 1066 ;

MAYNARD (J.A.), « Crimes et criminels de guerre problème étudié par un groupe de juristes aux Etats-Unis », *Revue Internationale de droit pénal*, 1946, n° 1, pp.333-342 ;

Mc CORMACK (T.L.H.), « Un non liquet sur les armes nucléaires - La Cour internationale de Justice élude l'application des principes généraux du droit international humanitaire », *RICR*, janvier-février 1997, vol.79, n° 823, pp. 82-98 ;

Mc KEAN (W.), « The Meaning of Discrimination in International and Municipal Law », *The British YearBook of International Law*, vol. 44, 1970, pp. 175-192 ;

Mc NEILL (J.H.), « L'avis consultatif de la Cour Internationale de Justice en l'affaire des armes nucléaires- Première évaluation », *RICR*, janvier-février 1997, vol.79, n° 823, pp. 110-126 ;

MIRIMANOFF CHILIKINE (J.), « La restauration du statut juridique de la population civile en période de conflit armé », *RGDIP*, 1974/4, pp. 1046-1095 ;

MOHR (M.), « Avis consultatif de la Cour Internationale de Justice sur la licéité de l'emploi d'armes nucléaires - Quelques réflexions sur ses points forts et ses points faibles », *RICR*, janvier-février 1997, vol.79, n° 823, pp. 99-109 ;

MOMTAZ (D.), « L'intervention d'humanité de l'OTAN au Kosovo et la règle de non recours à la force », *RICR*, mars 2000, vol.82, n° 837, pp. 89-101 ;

MOURJEON (J.), « Les Pactes Internationaux relatifs aux droits de l'homme », *AFDI*, 1967, pp. 326-363 ;

MOURJEON (J.), « L'entrée en vigueur des pactes internationaux relatifs aux droits de l'homme », *AFDI*, 1976, pp. 290-304 ;

MOUTON (J.D.), « La crise rwandaise de 1994 et les Nations Unies », *AFDI*, 1994, pp. 214-242 ;

NAHLIK (S.E.), « Droit dit « de Genève » et droit dit « de La Haye » : unicité ou dualité ? », *AFDI*, 1978, pp. 9-27 ;

NAHLIK (S.E.), « Le problème des représailles à la lumière des travaux de la Conférence diplomatique sur le droit humanitaire », *RGDIP*, 1978/1, pp. 130-169 ;

NAHLIK (S.E.), « La protection internationale des biens culturels en cas de conflit armé », *RCADI*, 1967-I, tome 120, pp. 65-161 ;

OBRADOVIC (K.), « International Humanitarian Law and Kosovo Crisis », *RICR*, septembre 2000, vol.82, n° 839, pp. 699-731 ;

ODA (S.), « The Individual in International Law », in Max Sorensen (éd.), *Manual of Public International Law*, Londres, Melbourne, Toronto, MacMillan, 1968, pp. 469-531 ;

OGREN (K.), « Le droit humanitaire dans les Articles de guerre décrétés en 1621 par le roi Gustave II Adolphe de Suède », *RICR*, août 1996, vol.78, n° 820, pp. 475-479 ;

OUGUERGOUZ (F.), « La tragédie rwandaise du printemps 1994 : quelques considérations sur les premières réactions de l'Organisation des Nations Unies », *RGDIP*, 1996/1, pp. 149-178 ;

OUGUERGOUZ (F.), « La Cour africaine des droits de l'homme et des peuples - Gros plan sur le premier organe judiciaire africain à vocation continentale », *AFDI*, 2006, pp. 213-240 ;

PAZARTZIS (P.), « Le statut des minorités en Grèce », *AFDI*, 1992, pp. 377-392 ;

PALMISANO (G.), « Les causes d'aggravation de la responsabilité des Etats et la distinction entre crimes et délits internationaux », *RGDIP*, 1994/3, pp. 629-674 ;

PAOLI (J.), « Contributions à l'étude des crimes de guerre et des crimes contre l'humanité en droit pénal international », *RGDIP*, 1940-1945, pp. 129-165 ;

PIERRE CAPS (S.), « Peut-on parler actuellement d'un droit européen des minorités ? », *AFDI*, 1994, pp.72-105 ;

PELLET (A.), « Note sur la Commission d'Arbitrage de la Conférence européenne pour la paix en Yougoslavie », *AFDI*, 1991, pp. 329-348 ;

PELLET (A.), « Remarques sur une révolution inachevée le projet d'articles de la CDI sur la responsabilité des Etats », *AFDI*, 1996, pp. 7-33 ;

PERRUCHOUD (R.), « L'expulsion en masse d'étrangers », *AFDI*, 1988, pp. 677-693 ;

PETROVIC (D.), « Ethnic Cleansing-An Attempt at Methodology », *EJIL*, vol.5, n° 3, 1994, pp. 342-359 ;

PIERRE-CAPS (S.), « Peut-on parler actuellement d'un droit européen des minorités ? », *AFDI* , 1994, pp. 72-105 ;

PLATTNER (D.), « La protection des personnes déplacées lors d'un conflit armé non international », *RICR*, novembre-décembre 1992, vol.74, n° 798, pp. 592-606 ;

PINTO (R.), « Les problèmes de nationalité devant le juge international / à propos de l'affaire Flegenheimer », *AFDI*, 1963, pp. 361-375 ;

POLITIS (N.), « Le problème des limitations de la souveraineté et la théorie de l'abus des droits dans les rapports internationaux », *RCADI*, 1925/I, Vol.6, pp. 5-121 ;

POUSTOGAROV (V.V.), « Un humaniste des temps modernes : Fiodor Fiodorovich Martens (1845-1909) », *RICR*, juin 1996, vol.78, n° 819, pp. 322-338 ;

QUEGUINER (J.F.), « Dix ans après la création du TPIY : évaluation de l'apport de sa jurisprudence au droit international humanitaire », *RICR*, juin 2003, vol.85, n° 850, pp. 271- 311 ;

RAMU (S.), « Le statut des minorités au regard du Pacte International relatif aux Droits Civils et Politiques », *RTDH*, 2002, pp. 587-626 ;

REMACLE (E.), « La CSCE et les droits des minorités nationales », *Politique Etrangère* 1993, vol. 58, pp. 141-155 ;

RENAULD (B.), « Les discriminations positives », *RTDH*, 1997, pp. 425-460 ;

REYES (H.), « Les pires cicatrices ne sont pas toujours physiques : la torture psychologique », *RICR*, septembre 2007, vol.89, n° 867, pp. 591-618 ;

REZEK (J.F.), « Le droit international de la nationalité », *RCADI*, 1986/III, Vol.198, pp. 333-400 ;

RIEDEL (S.), « Minorités nationales en Europe et protection des droits de l'homme : un enjeu pour l'élargissement », *Politique étrangère*, 3/2002, pp. 647-664 ;

RIGAUD (F.), « Mission impossible : la définition des minorités », *RTDH*, 1997, pp. 156-178 ;

ROBERGE (M.C.), « Compétence des Tribunaux ad hoc pour l'ex-Yougoslavie et le Rwanda concernant les crimes contre l'humanité et le crime de génocide », *RICR*, décembre 1997, vol.79, n° 828, pp. 695-710 ;

ROWE (P.), « Kosovo 1999 : The Air Campaign Have the Provisions of Additional Protocol I Withstood the Test ? », *RICR*, mars 2000, vol.82, n° 837, pp. 147- 164 ;

RUIZ-FABRI (H.), « Genèse et disparition de l'Etat à l'époque contemporaine », *AFDI*, 1992, pp. 153-178 ;

SALZMAN (T.A.), « Rape Camps as a Means of Ethnic Cleansing : Religious, Cultural, and Ethical Responses to Rape Victims in the Former Yugoslavia », *Human Rights Quarterly*, vol. 20, n° 2, 1998, pp. 348-378 ;

SANDERS (D.), « Collective Rights », *Human Rights Quarterly,* vol.13, n° 3, 1991, pp. 368-386 ;

SANDOZ (Y.), « Appel du CICR dans le cadre du conflit entre l'Iran et l'Irak », *AFDI*, 1983, pp. 161-174 ;

SANDOZ (Y.), « Droit ou devoir d'ingérence, droit à l'assistance : de quoi parle-t-on ? », *RICR*, mai-juin 1992, vol.74, n° 795, mai-juin 1992, pp. 225-237 ;

SANDOZ (Y.), « Le demi-siècle des Conventions de Genève », *RICR*, juin 1999, vol.81, n° 834, pp. 241-263 ;

SASSOLI (M.), « La première décision de la Chambre d'appel du TPIY : Tadic (compétence) », *RGDIP*, 1996/1, pp. 101-134 ;

SASSOLI (M.), « The judgement of the ICTY Appeals Chamber on the Merits in the Tadic Case », *RICR*, septembre 2000, vol.82, n° 839, pp. 733-769 ;

SALZMAN (T.A.), « Rape Camps as a Means of Ethnic Cleansing : Religious, Cultural, and Ethical Responses to Rape Victims in the Former Yugoslavia », *Human Rights Quarterly* vol.20, 1998, pp. 348-378 ;

SAUL (B.), « Was the Conflict in East Timor Genocide and Why does it Matter ? », *Melbourne Journal of International Law*, 2001, vol.2, pp. 477-522 ;

SAUTMAN (B.), « Cultural Genocide And Tibet », *Texas International Law Journal*, 2003, vol.38, pp. 173-248 ;

SCHECHTMANN (J.), « The Option Clause in the Reich's Treaties on the Transfer of Population », *American Journal of International Law*, 1944, vol.38, pp. 356-376 ;

SCHEFTEL (J.), « L'apatridie des réfugiés russes », *Journal du Droit International*, Tome 61, janvier-février 1934, p. 36-69 ;

SEFERIADES (S.), « L'échange des populations », *RCADI* 1928/IV, Vol.24, pp. 307-439 ;

SICILIANOS (L.A.), « L'actualité et les potentialités de la Convention sur l'élimination de la discrimination raciale », *RTDH*, 2005, pp. 869-921 ;

SNIDER (T.), « To Resolve the Ukrainian Problem Once and for All : The Ethnic Cleansing of Ukrainians in Poland, 1943-1947 », *Journal of Cold War Studies*, 1.2 (1999), pp. 86-120 ;

SOHN (L.), Louis Sohn, « The New International Law : Protection of the Rights of Individuals rather than States », *American University Law Review*, 1982, article disponible sur le site : www.lexisnexis.com (consulté le 30 mai 2012) ;

SOREL (J.M.), « Les multiples lectures d'un arrêt : entre sentiment d'impunité et sentiment de cohérence, une décision à relativiser », *RGDIP,* 2007/02, pp. 259-271 ;

SOUTOU (G.H.), « Les grandes puissances et la question des nationalités en Europe centrale et orientale pendant et après la Première Guerre mondiale : actualité du passé ? », *Politique étrangère,* 1993/3, pp. 697-711 ;

SPIRY (E.), « Interventions humanitaires et intervention d'humanité : la pratique française face au droit international », *RGDIP*, 1998/2, pp. 407-434 ;

STERN (B.), « Le droit de propriété, l'expropriation et la nationalisation dans la Convention européenne des droits de l'homme », *DPCI*, 1991, Tome 17, n° 3, pp. 394-425 ;

STEWART (J.G.), « Towards a Single Definition of Armed Conflict in International Humanitarian Law : A Critique of Internationalized Armed Conflict », *RICR*, juin 2003, vol.85, n° 850, pp. 313- 345 ;

STRAVOPOULOU (M.), « Displacement and Human Rights : Reflections on UN practice », *Human Rights Quarterly*, vol.20, 1998, pp. 515-553 ;

TAVERNIER (P.), « A propos de la Convention cadre du Conseil de l'Europe pour la protection des minorités nationales », *RGDIP*, 1995/2, pp. 385-402 ;

TAVERNIER (P.), « En marge de l'arrêt Chypre contre Turquie : L'affaire chypriote et les droits de l'homme devant la Cour de Strasbourg », *RTDH*, 2002, pp. 807-835 ;

TENEKIDES (G.), « Le statut des minorités et l'échange obligatoire des populations greco-turque », *RGDIP*, 1924, pp. 72-86 ;

TICEHURST (R.), « La clause de Martens et le droit des conflits armés », *RICR*, avril 1997, vol.79, n° 824, pp. 133-142 ;

TIGROUDJA (H.), « La Cour interaméricaine des droits de l'homme au service de l'« humanisation du droit international public ». Propos autour des récents arrêts et avis », *AFDI*, 2006, pp. 617-640 ;

TIGROUDJA (H.), « Chronique des décisions rendues par la Cour interaméricaine des droits de l'homme (2005) », *RTDH*, 2006, pp. 277-328 ;

THORNBERRY (P.), « Is There a Phoenix in the Ashes ? International Law and Minority Rights », *Texas International Law Journal*, vol.15, 1980, pp. 421-458 ;

THORNBERRY (P.), « Minority Rights », dans *Collected Courses of the Academy of European Law*, 1995, vol.VI-2, pp. 317-389 ;

THORNBERRY (P.), « Self-Determination, Minorities, Human Rights : A Review of International Instruments », *International and Comparative Law Quarterly*, vol.38, octobre 1989, pp. 867-889 ;

TOUZE (S.), « La « quasi-nationalité », réflexions générales sur une notion hybride », *RGDIP* 2011/1, pp. 5-38 ;

TRAININE (A.N.), « Le Tribunal Militaire International et le procès de Nuremberg », *Revue Internationale de Droit Pénal*, 1946, n° 1, pp. 263-276 ;

URBINA (J.J.), « La protection des personnes civiles au pouvoir de l'ennemi et l'établissement d'une juridiction pénale internationale », *RICR*, décembre 2000, vol.82, n° 840, pp. 857-885 ;

VANDERNOOT (P.), « Les aspects juridiques du droit des minorités », *RTDH*, 1997, pp. 309-369 ;

VAN DER WILT (H.M.), « The international Criminal Court and Domestic Jurisdictions : Competition or Concerted Action ? », in COOMANS (F.) et al. (eds.), *Rendering Justice to the Vulnerable, Liber Amicorum for Theo van Boven*, Kluwer Law International, London/The Hague/Boston, 2000, pp. 323-338 ;

VAN DIJK (P.), « The Final Act of Helsinki - Basis for a Pan-European system ? », *Netherlands Yearbook of International Law*, 1980, vol.XI, pp. 97-124 ;

VAN SCHAACK (B.), « The Crime of Political Genocide : Repairing the Genocide Convention's Blind Spot », *The Yale Law Journal*, vol.106, n° 7, mai 1997, pp. 2259-2291 ;

VERHOEVEN (J.), « Le crime de génocide : originalité et ambiguité », *RBDI*, 1991, pp. 5-26 ;

VERHOEVEN (J.), « Les principales étapes de la protection internationale des minorités », *RTDH*, 1997, pp. 177-203 ;

VIGNY (J.D.), « Le Document de la Réunion de Copenhague de la Conférence sur la dimension humaine de la CSCE/Introduction et commentaires », *RUDH*, 1990, vol.2, n° 9, pp. 305-313 ;

VILLA (S.M.), « Philosophie du droit international : Suarez, Grotius et épigones », *RICR*, octobre 1997, vol.79, n° 827, pp. 577-591 ;

WATERS (T.V.), « On the Legal Construction of Ethnic Cleansing », *Bepress Legal Series* (The Berkeley Electronic Press), Year 2006, Paper 951, 89p. ;

WECKEL (P.), « L'Arrêt sur le génocide : le souffle de l'Avis de 1951 n'a pas transporté la Cour », *RGDIP*, 2007/02, pp. 305-328 ;

WRIGHT (J.), « The OSCE and the Protection of Minority Rights », *Human Rights Quarterly*, vol.18, n° 1, février 1996, pp. 190-205 ;

VIGNY (J.D.) et THOMPSO (C.), « Standards fondamentaux d'humanité : quel avenir ? », *RICR*, décembre 2000, vol.82, n° 840, pp. 917-939 ;

ZAKR (N.), « Approche analytique du crime contre l'humanité en droit international », *RGDIP*, 2001/2, pp. 282-306 ;

ZEGVELD (L.), « Commission interaméricaine des droits de l'homme et droit international humanitaire : commentaire sur l'affaire de la Tablada », *RICR*, n° 831, pp. 543-550 ;

ZEMMALI (A.), « La protection de l'eau en période de conflit armé », *RICR*, septembre-octobre 1995, vol.77, n° 815, pp. 601-615 ;

V. Etudes et Rapports officiels (classés par ordre chronologique)

Formes et causes principales de la discrimination, Mémorandum préparé par le Secrétaire général, Nations Unies, Commission des droits de l'homme, Sous-commission de la lutte contre les mesures discriminatoires et de la protection des minorités, Lake Success, New York, 1949 ;

Définition et classification des minorités, Mémorandum présenté par le Secrétaire général, Nations Unies, Commission des droits de l'homme, Sous-Commission de la lutte contre les mesures discriminatoires et de la protection des minorités, Lake Success, New York, 1950 ;

Etude sur la validité juridique des engagements relatifs aux minorités, préparée par le Secrétaire général à la demande du Conseil Economique et Social, 1950, Doc. E/CN.4/367 ;

Les cas de perte ou de déchéance de la nationalité dans les législations nationales, Mémoire présenté par M. Ivan S. Kerno à la CDI le 6 avril 1953 (Doc.off. UN A/CN.4/66) ;

Etude du droit en vertu duquel nul ne peut être arbitrairement arrêté, détenu ou exilé, Nations Unies, New York, 1964 (Doc Off. UN E/CN.4/826/Rev.1) ;

HCR, *Guide des procédures et critères à appliquer pour déterminer le statut de réfugié au regard de la Convention de 1951 et du Protocole de 1967 relatifs au statut des réfugiés*, Doc.off.UN HCR/1P/4/FRE/Rev.1 ;

Etude sur la question de la prévention et la répression du crime de génocide, Etude préparée par M. Nicodème RUHASHYANKIKO, Rapporteur spécial, Nations Unies, Conseil Economique et Social, Commission des droits de l'homme, Sous-commission de la lutte contre les mesures discriminatoires et de la protection des minorités, 31e session, 4 juillet 1978, Doc off. UN E/CN.4/Sub.2/416 ;

Etude des droits des personnes appartenant aux minorités ethniques, religieuses et linguistiques, Francesco Capotorti, New York, 1979, Doc.off.UN E/CN.4/Sub.2/384 ;

Les droits de l'homme et les exodes massifs, Etude établie par Sadruddin Aga Khan, Rapporteur spécial, 17 février 1982, Doc.off.UN E/CN.4/1503 ;

Proposition concernant une définition du terme minorité, rapport établi par M. Jules Deschênes, 14 mai 1985, Doc.off.UN E/CN.4/Sub.2/1985/31 ;

Version révisée et mise à jour de l'Etude sur la question de la prévention et de la répression du crime de génocide, établie par M. Benjamin Whitaker, Nations Unies, Conseil Economique et Social, Commission des droits de l'homme, sous-commission de la lutte contre les mesures discriminatoires et de la protection des minorités, 38e session, 2 juillet 1985, Doc off. UN E/CN.4/Sub.2/1985/6 ;

Etude du problème de la discrimination à l'encontre des populations autochtones, José R. Martinez Cobo, mars 1987, Doc.off.UN E/CN.4/Sub.2/1986/7/Add.4 ;

Rapports sur la situation des droits de l'homme dans le territoire de l'ex-Yougoslavie, soumis par M.Tadeusz Mazowiecki, Rapporteur spécial de la Commission des droits de l'homme en application de la résolution 1992/S-1/1 de la Commission en date du 14 août 1992, trois rapports soumis à la Commission des droits de l'homme les 28 août 1992 (Doc.off.UN E/CN.4/1992/s-1/9), 27 octobre 1992 (Doc.off.UN E/CN.4/1992/s-1/10) et 10 février 1993, (Doc.off. UN E/CN.4/1993/50) ;

Note sur la protection internationale présentée par le Haut-Commissaire du 25 août 1992, Doc.off UN A/AC.96/799 ;

Rapport sur la situation des droits de l'homme dans le territoire de l'ex-Yougoslavie soumis par M.Tadeusz Mazowiecki, Rapporteur spécial de la Commission des droits de l'homme en application de la résolution 1992/S-1/1 de la Commission en date du 14 août 1992, à l'AGNU le 17 novembre 1992, Doc.off.UN A/47/666 ou S/24809 ;

Rapport intérimaire de la Commission d'experts constituée conformément à la Résolution 780 (1992) du Conseil de sécurité, 10 février 1993, Doc.off.UN S/25274 ;

Rapports périodiques sur la situation des droits de l'homme dans le territoire de l'ex-Yougoslavie, soumis par M.Tadeusz Mazowiecki, Rapporteur spécial de la Commission des droits de l'homme, en application du paragraphe 32 de la résolution 1993/7 de la Commission en date du 23 février 1993, six rapports périodiques (Doc.off.UN E/CN.4/1994/3 (5 mai 1993), 4 (19 mai 1993), 6 (26 août 1993), 8 (6 septembre 1993), 47 (17 novembre 1993), et E/CN.4/1994/110 (21 février 1994) ;

Les transferts de populations, y compris l'implantation de colons et de colonies, considérés sous l'angle des droits de l'homme, Rapport préliminaire établi par MM. Awn Shawkat Al-Khasawneh et Ribot Hatano, Commission des droits de l'homme, Sous-Commission de la lutte contre les mesures discriminatoires et de la protection des minorités, 6 juillet 1993, Doc.off. UN E/CN.4/Sub.2/1993/17 ;

Deuxième rapport intérimaire de la Commission d'experts constituée conformément à la Résolution 780 (1992) du Conseil de sécurité, 6 octobre 1993, Doc.off.UN S/26545 ;

Rapport final de la Commission d'experts constituée conformément à la Résolution 780 (1992) du Conseil de sécurité, 27 mai 1994, Doc.off. UN S/1994/674 ;

Reconnaissance du caractère crime international des violations flagrantes et massives des droits de l'homme commises sur ordre d'un gouvernement ou avec sa sanction, Document de travail détaillé présenté par M.Stanislav Chernichenko en application de la décision 1996/116 de la Sous-Commission de la lutte contre les mesures discriminatoires et de la protection des minorités en date du 29 août 1996, 28 mai 1997, Doc.off.UN E/CN.4/Sub.2/1997/29 ;

Droits de l'homme et transferts de population : Rapport final du Rapporteur spécial M.Al-Khasawneh, 27 juin 1997, Doc.off.UN E/CN.4/Sub.2/1997/23 ;

Rapport présenté par le Secrétaire général en application de la résolution 53/35 de l'Assemblée générale, *Chute de Srebrenica,* 15 novembre 1999, Doc.off.UN A/54/549 ;

Rapport de la Commission préparatoire de la Cour pénale internationale, Additif, Partie II Texte final du projet d'éléments des crimes, Commission préparatoire de la Cour pénale internationale, 13-31 mars 2000, 12-30 juin 2000, Doc. off. UN PCNICC/2000/1/Add.2 ;

Le déplacement forcé de population comme nouvelle dimension de sécurité : Rôle et responsabilités de l'OTAN, Rapport de recherche soumis à l'OTAN par Jack M. Mangala, Août 2001, source : site de l'OTAN : www.nato.int/acad/fellow/99-01/munuma.pdf (consulté le 30 mai 2012) ;

Rapport de la Commission des questions juridiques et des droits de l'homme de l'Assemblée parlementaire du Conseil de l'Europe sur le *Traitement préférentiel des minorités nationales par l'Etat-parent : le cas de la loi hongroise du 19 juin 2001 concernant les hongrois vivant dans les pays voisins,* Doc.9744 rév., 13 mai 2003 ;

Rapport du Rapporteur spécial de la Commission des droits de l'homme, M. John Dugard, sur la situation des droits de l'homme dans les territoires palestiniens occupés par Israël depuis 1967, soumis conformément à la Résolution 1993/27 de la Commission, 8 septembre 2003, Doc.off.UN E/CN.4/2004/6 ;

Rapport préliminaire sur l'expulsion des étrangers, présenté par M. Maurice Kamto, Rapporteur spécial, 4 avril 2005, Doc.off. UN A/CN.4/554 ;

Deuxième rapport sur l'expulsion des étrangers présenté par M. Maurice Kamto, Rapporteur spécial, CDI, 20 juillet 2006, Doc.off.UN A/CN.4/573 ;

Etude du Secrétariat sur l'expulsion des étrangers du 10 juillet 2006, Doc.off.UN A/CN.4/565 ;

Troisième rapport sur l'expulsion des étrangers, présenté par M. Maurice Kamto, Rapporteur spécial, 19 avril 2007, Doc.off. UN A/CN.4/581 ;

VI. Jurisprudence citée (Décisions, avis consultatifs, sentences arbitrales et constatations classés par ordre chronologique)

Cour Permanente de Justice Internationale

CPJI, Arrêt du 26 avril 1928, affaire des *Droits de minorités en Haute-Silésie (Ecoles minoritaires)*, Série A, n° 15 ;

CPJI, Arrêt du 13 septembre 1928, affaire *de l'usine de Chorzow*, série A, n° 17 ;

CPJI, Avis consultatif du 31 juillet 1930, affaire *des Communautés gréco-bulgares*, Série B, n° 17 ;

CPJI, Arrêt du 12 décembre 1934, affaire *Oscar Chinn*, série A/B, n° 63 ;

CPJI, Avis consultatif du 6 avril 1935, affaire des *Ecoles minoritaires en Albanie*, séries A/B, n° 64 ;

Cour Internationale de Justice

CIJ, Arrêt du 9 avril 1949 rendu dans l'affaire *du Détroit de Corfou,* Recueil 1949, p.4 ;

CIJ, Arrêt du 6 avril 1955, *Nottebohm*, Recueil 1955, p.4 ;

CIJ, Arrêt du 18 juillet 1966 rendu par la CIJ *dans l'affaire du Sud-Ouest africain (Ethiopie contre Afrique du sud / Libéria contre Afrique du sud) deuxième phase*, Recueil 1966, p.3 ;

CIJ, Arrêt du 5 février 1970 rendu dans l'*affaire de la Barcelona Traction, Light and Power Company, Limited*, Recueil 1970, p.3 ;

CIJ, Avis consultatif du 21 juin 1971 *relatif aux Conséquences juridiques pour les Etats de la présence continue de l'Afrique du sud en Namibie (Sud-ouest africain*), Recueil 1971, p.3 ;

CIJ, Arrêt 27 juin 1986, *Affaire des activités militaires et paramilitaires au Nicaragua et contre celui*-ci (Nicaragua c. Etats-Unis d'Amérique), Recueil 1986, p.14 ;

CIJ, Avis consultatif du 8 juillet 1996, *Licéité de la menace ou de l'emploi d'armes nucléaires*, Recueil 1996, p.226 ;

CIJ, Ordonnance du 17 décembre 1997, Demandes reconventionnelles, rendue dans l'A*ffaire relative à l'Application de la Convention pour la prévention et la répression du crime de génocide (Yougoslavie contre Bosnie Herzégovine)*, Recueil 1997, p.243 ;

CIJ, Arrêt du 27 juin 2001, Affaire *LaGrand*, Recueil 2001, p.466 ;

CIJ, Arrêt du 14 février 2002, Affaire du *Mandat d'arrêt du 11 avril 2000 (République démocratique du Congo contre Belgique*), p.3 ;

CIJ, Avis consultatif du 9 juillet 2004, *Conséquences juridiques de l'édification d'un mur dans le territoire palestinien occupé*, Recueil 2004, p.136 ;

CIJ, Arrêt du 26 février 2007 rendu dans *l'Affaire relative à l'application de la Convention pour la prévention et la répression du crime de génocide (Bosnie-Herzégovine c./ Serbie-et-Monténégro)*;

CIJ, *Application de la convention internationale sur l'élimination de toutes les formes de discrimination raciale (Géorgie c. Fédération de Russie),* Ordonnance du 15 octobre 2008 ;

Tribunal International Pénal pour l'ex-Yougoslavie

TPIY, Chambre d'Appel, *Le procureur contre Dusko Tadic*, Arrêt relatif à l'appel de la défense concernant l'exception préjudicielle d'incompétence rendu le 2 octobre 1995, Recueil 1994-1995, Tome 1, p.352 ;

TPIY, Chambre de première instance I, *Le Procureur contre Dragan Nikolic*, Examen de l'acte d'accusation dans le cadre de l'article 61 du Règlement de procédure et de preuve, Décision du 20 octobre 1995, Recueil 1994-1995, Tome 1, p.738 ;

TPIY, Chambre de Première Instance I, *Le Procureur contre Radovan Karadzic et Ratko Mladic*, Examen de l'acte d'accusation dans le cadre de l'article 61 du Règlement de procédure et de preuve, Décision du 11 juillet 1996, Recueil 1996, Tome 1, p.376 ;

TPIY, Chambre de Première Instance I, *Le Procureur contre Drazen Erdemovic*, Jugement du 29 novembre 1996, Recueil 1996, Tome 2, p.1572 ;

TPIY, Chambre de Première Instance II, *Le procureur contre Dusko Tadic*, Jugement rendu le 7 mai 1997, Recueil 1997, Tome 1, p.2 ;

TPIY, Chambre d'Appel, *Le Procureur contre Tihomir Blaskic*, Arrêt relatif à la requête de la République de Croatie aux fins d'examen de la décision de la Chambre de Première Instance II rendue le 8 juillet 1997 rendu le 29 octobre 1997, Recueil 1997, Tome 1, p.1098 ;

TPIY, Chambre de Première Instance II, *Le procureur contre Zejnil Delalic, Zdravko Mucic, Hazim Delic et Ezad Landzo*, Jugement du 16 novembre 1998, Recueil 1998, Tome 2, p.950 ;

TPIY, Chambre de Première Instance II, *Le Procureur contre Anto Furundjiza*, Jugement du 10 décembre 1998, Recueil 1998 Tome 1, p.466 ;

TPIY, Chambre d'Appel, Le Procureur contre Dusko Tadic, Arrêt rendu le 15 juillet 1999 ;

TPIY, Chambre de Première Instance II, *Le Procureur contre Kupreskic et consorts*, Jugement du 14 janvier 2000, Recueil 2000, Tome 2, p.1398 ;

TPIY, Chambre de Première Instance I, *Le Procureur contre Tihomir Blaskic*, Jugement rendu le 3 mars 2000, Recueil 2000, Tome 1, p.556 ;

TPIY, Chambre d'Appel, *Le Procureur contre Goran Jelisic*, Arrêt du 5 juillet 2001 ;

TPIY, Chambre de Première Instance II, *Le Procureur contre Dragoljub Kunarac, Radomir Kovac et Zoran Vukovic*, Jugement du 22 février 2001 ;

TPIY, Chambre de Première Instance I, *Le Procureur contre Dario Kordic et Mario Cerkez,* Jugement du 26 février 2001 ;

TPIY, Chambre de Première Instance I, *Le Procureur contre Radislav Krstic*, Jugement du 2 août 2001 ;

TPIY, Chambre de première instance III, *Le procureur contre Dusko Sikirica*, Jugement relatif aux requêtes à fin d'acquittement présentées par la défense, 3 septembre 2001 ;

TPIY, Chambre de Première Instance II, *Le Procureur contre Milorad Krnojelac*, Jugement du 15 mars 2002 ;

TPIY, Chambre d'Appel, *Le Procureur contre Dragoljub Kunarac*, Arrêt du 12 juin 2002 ;

TPIY, Chambre de première instance, *Le Procureur contre Milomir Stakic*, Jugement du 31 juillet 2003 ;

TPIY, Chambre de Première Instance I, *Le Procureur contre Mladen Natelitic et Vinko Martinovic*, Jugement du 31 mars 2003 ;

TPIY Chambre de première instance I, *Le Procureur contre Stanislav Galic*, Jugement du 5 décembre 2003 ;

TPIY, Chambre d'Appel, *Le Procureur contre Radislav Krstic*, Arrêt du 19 avril 2004 ;

TPIY, Chambre de première instance, *Le Procureur contre Radoslav Brdjanin*, Jugement du 1er septembre 2004 ;

TPIY, Chambre de Première Instance I, le *Procureur contre Vidoje Blagojevic et Dragan Jokic*, Jugement du 17 janvier 2005 ;

TPIY, Chambre de Première Instance II, *Le Procureur contre Pavle Strugar*, Jugement du 31 janvier 2005 ;

TPIY, Chambre d'Appel, *Le Procureur contre Milomir Stakic,* Arrêt du 22 mars 2006 ;

TPIY, Chambre de première instance I, *Le Procureur contre Momcilo Krajisnik,* Jugement rendu le 27 septembre 2006 ;

TPIY, Chambre de Première Instance I, *Le Procureur contre Ramush Haradinaj, Idriz Balaj et Lahi Brahimaj*, Jugement du 3 avril 2008 ;

TPIY, Chambre de Première Instance I, *Le Procureur contre Ljube Boskoski et Johan Tarkulovski*, Jugement du 10 juillet 2008 ;

TPIY, Chambre d'Appel, *Le Procureur contre Ljube Boskoski et Johan Tarkulovski*, Arrêt du 19 mai 2010 ;

TPIY, Chambre d'Appel, Le Procureur contre Ante Gotovina et Mladen Markac, Arrêt du 16 novembre 2012 ;

TPIY, Chambre de Première Instance III, Le Procureur contre Zdravki Tolimir, Jugement du 12 décembre 2012 ;

Tribunal International Pénal pour le Rwanda

TPIR, Chambre de Première Instance I, *Le Procureur contre Jean-Paul Akayesu,* Jugement du 2 septembre 1998, Recueil 1998, Tome 1, p.44 ;

TPIR, Chambre de Première Instance II, *Le Procureur contre Clément Kayishema et Obed Ruzindana*, Jugement du 21 mai 1999, Recueil 1998, Tome 2, p.824 ;

TPIR, Chambre de Première Instance I, *Le Procureur contre Georges Andersen Nderubumwe Rutaganda*, Jugement du 6 décembre 1999, Recueil 1999, Tome 2, p.1704 ;

TPIR, Chambre de Première Instance I, *Le Procureur contre Alfred Musema,* Jugement du 27 janvier 2000, Recueil 2000, Tome 2, p.1512 ;

TPIR, Chambre de Première Instance I, *Le Procureur contre Ignace Bagilishema,* Jugement du 7 juin 2001, Recueil 2001, Tome 1, p.398 ;

TPIR, Chambre de Première Instance III, *Le Procureur contre Laurent Semanza*, Jugement du 15 mai 2003, Recueil 2003, Tome 3, p.3622 ;

TPIR, Chambre d'Appel, *Le Procureur contre Georges Andersen Nderubumwe Rutaganda*, Arrêt du 26 mai 2003, Recueil 2003, Tome 3, p.3180 ;

TPIR, Chambre de Première Instance II, *Le Procureur contre Jean de Dieu Kamuhanda*, Jugement du 22 janvier 2004 ;

TPIR, Chambre de Première Instance III, *Le Procureur contre André Ntagerura, Emmanuel Bagambiki et Samuel Imanishimwe*, Jugement du 25 février 2004 ;

TPIR, Chambre d'Appel, *Le Procureur contre Eliezer Niyitegeka*, Arrêt du 9 juillet 2004 ;

TPIR, Chambre de première instance III, *Le Procureur contre Tharcisse Muvunyi*, Jugement du 11 février 2010 ;

Comité des droits de l'homme

CDH, Communication 34/1978 *Landinelli silva contre Uruguay*, Constatations du 8 avril 1981, Doc.off.UN CCPRC/C/12/D/34/1978 ;

CDH, Communication 24/177 *Sandra Lovelace contre Canada*, Constatations du 30 juillet 1981, Doc.off. UN CCPR/C/13/D/24/1977 ;

CDH, Communication n° 172/1984 *S.W.M Broeks contre Pays Bas,* Constatations du 9 avril 1987, Doc.off.UN CCPR/C/29/D/172/1984 ;

CDH, Communication 197/1985 *Ivan Kitok contre Suède*, Constatations du 27 juillet 1988, Doc.off.UN CCPR/C/33/D/197/1985 ;

CDH, Communication 196/1985 *Ibrahima Gueye et autres contre France*, Constatations du 6 avril 1989, Doc.off.UN CCPR/C/35/D/196/1985 ;

CDH, Communication n° 222/1987 *T.K contre France*, Constatations du 8 novembre 1989, voir Doc.off.UN CCPR/C/OP/3, pp.26-30 ;

CDH, Communication n° 195/1985 *William Eduardo Delgado Páez* contre *Colombie*, Constatations du 23 août 1990, Doc.off. UN CCPR/C/39/D/195/1985 ;

CDH, Communications n° 359/1989 et 385/1989 *John Ballantyne, Elizabeth Davidson et Gordon Mc Intyre contre Canada,* Constatations du 31 mars 1993, Doc.off.UN CCPR/C/47/D/385/1989 ;

CDH, Communication n° 520/1992 *E et A K contre Hongrie*, Constatations du 7 avril 1994, voir Doc.off.UN A/49/40 ;

CDH, Communication n° 456/1991 *Ismet Celepli contre Suède*, Constatations du 18 juillet 1994, Doc.off.UN CCPR/C/51/D/456/1991 ;

CDH, Communication 504/1992 *Denzil Roberts contre Barbade*, Décision d'irrecevabilité du 19 juillet 1994, Doc.off.UN CCPR/C/51/D/504/1992 ;

CDH, Communication 328/1988 *Roberto Zelaya Blanco contre Nicaragua*, Constatations du 18 octobre 1995, Doc.off.UN CCPR/C/44/D/328/1988 ;

CDH, Communication n° 538/1993 *Charles E. Stewart contre Canada*, Constatations du 1er novembre 1996, Doc.off.UN CCPR/C/58/D/538/1993 ;

CDH, Communication n° 711/1996 *Carlos Dias contre Angola*, Constatations du 18 avril 2000, Doc.off.UN CCPR/C/68/D/711/1996 ;

CDH, Communication n° 547/1993 *Apirana Mahuika et consorts contre Nouvelle-Zélande*, Constatations du 27 novembre 2000, Doc.off.UN CCPR/C/70/D/547/1993 ;

CDH, Communication n° 833/1998 *Karker contre France*, Constatations du 30 octobre 2000, Doc.off. UN CCPR/C/70/D/833/1998 ;

CDH, Communication n° 859/1999 *Luis Asdrúbal Jiménez Vaca contre Colombie*, Constatations du 15 avril 2002, Doc.off.UN CCPR/C/74/D/859/1999 ;

CDH, Communication n° 941/2000 *Mr Edward Young contre Australie*, Constatations du 18 septembre 2003, Doc.off. UN CCPR/C/78/D/941/2000 ;

CDH, Communication n° 1011/2001 *Madafferi contre Australie*, Constatations du 26 août 2004, Doc.off.UN CCPR/C/81/D/1011/2001 ;

CDH, Communication n° 1495/2006 *Zohra Madoui contre Algérie*, Constatations du 28 octobre 2008, § 7.7, Doc.off.UN CCPR/C/94/D/1495/2006 ;

Cour européenne des droits de l'homme

Cour européenne des droits de l'homme, Arrêt du 23 juillet 1968, *Affaire relative à certains aspects du régime linguistique de l'enseignement en Belgique* (req. 1474/62; 1677/62; 1691/62; 1769/63; 1994/63; 2126/64), Recueil vol.8 ;

Cour européenne des droits de l'homme, Arrêt du 7 décembre 1976, *Handyside contre Royaume Uni* (req.5493/72) ; Recueil vol.24 ;

Cour européenne des droits de l'homme, Arrêt du 13 juin 1979, Marckx contre Belgique (req.6833/74), Recueil vol.31 ;

Cour européenne des droits de l'homme, Arrêt du 13 août 1981, *Young, James et Webster contre Royaume-Uni* (req. 7601/76; 7806/77) ; Recueil vol.44 ;

Cour européenne des droits de l'homme, Arrêt du 23 septembre 1982, *Sporrong et Lönnroth contre Suède* (req. 7151/75; 7152/75), Recueil vol.52 ;

Cour européenne des droits de l'homme, Arrêt du 23 novembre 1983, *Van der Mussele contre Belgique* (req. 8919/80), Recueil vol.70 ;

Cour européenne des droits de l'homme, Arrêt du 28 novembre 1984, Rasmussen contre Danemark (req.8777/79), Recueil vol.87 ;

Cour européenne des droits de l'homme, Arrêt du 21 février 1986, James et al. contre Royaume-Uni (req.8793/79), Recueil vol.98 ;

Cour européenne des droits de l'homme, Arrêt du 26 juin 1986, *Van Marle et autres contre Pays Bas* (req. 8543/79; 8674/79; 8675/79; 8685/79), Recueil vol.101 ;

Cour européenne des droits de l'homme, Arrêt du 8 juillet 1986, *Lithgow contre Royaume Uni* (req. 9006/80, 9262/81, 9263/81, 9266/81, 9313/81, 9405/81), Recueil vol.102 ;

Cour européenne des droits de l'homme, Arrêt du 24 octobre 1986, *Agosi contre Royaume-Uni* (req.9118/80), Recueil vol.108 ;

Cour européenne des droits de l'homme, Arrêt du 24 novembre 1986, *Gillow contre Royaume Uni* (req. 9063/80), Recueil vol.109 ;

Cour européenne des droits de l'homme, Arrêt du 7 juillet 1989, *Soering contre Royaume-Uni* (req.14038/88), Recueil vol.161 ;

Cour européenne des droits de l'homme, Arrêt du 7 juillet 1989, Tre *Traktorer Aktielobag contre Suède* (req.10873/87), Recueil vol.159 ;

Cour européenne des droits de l'homme, Arrêt du 18 février 1991, *Moustaquim contre Belgique* (req. 12313/86), Recueil vol.193 ;

Cour européenne des droits de l'homme, Arrêt du 29 novembre 1991, *Pine Valley contre Irlande* (req.12742/87), Recueil vol.193 ;

Cour européenne des droits de l'homme, Arrêt du 30 octobre 1991, *Vilvarajah contre Royaume-Uni* (req. 13163/87; 13164/87; 13165/87; 13447/87; 13448/87), Recueil vol.215 ;

Cour européenne des droits de l'homme, Arrêt du 9 décembre 1994, *Raffineries grecques Stran et Stratis Andreadis* (req. 13427/87), Recueil vol.301/B ;

Cour européenne des droits de l'homme, Arrêt du 20 novembre 1995, *Pressos Compania Naviera SA contre Belgique* (req.17849/91), Recueil vol.332 ;

Cour européenne des droits de l'homme, Arrêt du 7 août 1996, Chorfi contre Belgique (req.21794/93), Recueil 1996, n° 12, p.915 ;

Cour européenne des droits de l'homme, Arrêt du 6 septembre 1996, *Gaygusuz contre Autriche* (req.17371/90), Recueil 1996, n° 14, p.1129 ;

Cour européenne des droits de l'homme, Arrêt du 16 septembre 1996, *Akdivar et autres contre Turquie* (req.21893/93), Recueil 1996, n° 15, p.1192 ;

Cour européenne des droits de l'homme, Arrêt du 25 septembre 1996, *Buckley contre Royaume-Uni* (req.20348/92), Recueil 1996, n° 16, p.1271 ;

Cour européenne des droits de l'homme, Arrêt du 18 décembre 1996, *Loizidou et autres contre Turquie* (req.15318/89), Recueil 1996, n° 26, p.2216 ;

Cour européenne des droits de l'homme, Arrêt du 25 mai 1998, *Kurt contre Turquie*, (req.24276/94), Recueil 1996, n° 74, p.1152 ;

Cour européenne des droits de l'homme, Arrêt du 10 juillet 1998, *Sidiropoulos contre Grèce* (req. 57/1997/841/1047), Recueil 1998, n° 79, p.1594 ;

Cour européenne des droits de l'homme, Arrêt du 23 février 1999, *Andric contre Suède* (req.45917/99), non publié ;

Cour européenne des droits de l'homme, Arrêt du 29 avril 1999, *Chassagnou et al. contre France* (req. 25088/94, 28331/95 et 28443/95), Recueil 1999-III, p.123 ;

Cour européenne des droits de l'homme, Arrêt du 13 juin 2000, *Timurtas contre Turquie* (req.23531/94), Recueil 2000-VI, p.91 ;

Cour européenne des droits de l'homme, Arrêt du 18 janvier 2001, *Chapman contre Royaume-Uni* (req.27238/95), Recueil 2001-I, p.91 ;

Cour européenne des droits de l'homme, Arrêt du 10 mai 2001, *Chypre contre Turquie,* (req.25781/94), Recueil 2001-IV, p.237 ;

Cour européenne des droits de l'homme, Arrêt du 23 mai 2001, *Denizci et autres contre Chypre* (req. 25316-2531/94 et 27207/95), Recueil 2001-V, p.323 ;

Cour européenne des droits de l'homme, Arrêt du 5 février 2002, *Conka contre Belgique* (req.51564/99), Recueil 2002-I p.47 ;

Cour européenne des droits de l'homme, Arrêt du 26 février 2002, *Fretté contre France* (req. 36515/97), Recueil 2002-I, p.303 ;

Cour européenne des droits de l'homme, Arrêt du 11 avril 2002, *Lallement contre France* (req.46044/99), non publié ;

Cour européenne des droits de l'homme, Arrêt du 28 avril 2002, *Calkan contre Turquie* (req.19272/92), non publié ;

Cour européenne des droits de l'homme, Arrêt du 26 novembre 2002, *Buchen contre République Tchèque* (req.36541/97), non publié ;

Cour européenne des droits de l'homme, Arrêt du 9 octobre 2003, *Slivenko contre Lettonie* (req. 48321/99), Recueil 2003-X, p.289 ;

Cour européenne des droits de l'homme, Arrêt du 17 février 2004 *Gorzelik contre Pologne* (req.44158/98), Recueil 2004-I, p.273 ;

Cour européenne des droits de l'homme, Arrêt du 29 juin 2004, *Dogan contre Turquie* (req.8803-8811/02, 8813/02 et 8815-8819/02) ; recueil 2004-VI ;

Cour européenne des droits de l'homme, Arrêt du 28 septembre 2004, *Kopecky contre Slovaquie* (req. 44912/98) ; Recueil 2004-IX, p.157 ;

Cour européenne des droits de l'homme, Arrêt du 30 novembre 2004, *Oneryildiz contre Turquie* (req.48939/99), Recueil 2004-XII, p.1 ;

Cour européenne des droits de l'homme, Arrêt du 30 juin 2005 *Bosphorus Airways contre Irlande*, (req.45036/98), Recueil 2005-VI, p.173 ;

Cour européenne des droits de l'homme, Arrêt du 25 octobre 2005, *Okpisz contre Allemagne* (req.59140/00), non publié ;

Cour européenne des droits de l'homme, Arrêt du 15 décembre 2005, *Giacobbe contre Italie* (req.16041/02), non publié ;

Cour européenne des droits de l'homme, Arrêt du 27 juillet 2006, *Bazorkina contre Russie* (req.69481/01) ;

Cour européenne des droits de l'homme, Arrêt du 5 octobre 2006, *Bolat contre Russie* (req.14139/03) ;

Cour européenne des droits de l'homme, Arrêt du 9 mars 2011, *Savez Crkava « Rijec Života » et autres contre Croatie*, (req.7798/08) ;

Commission européenne des droits de l'homme

Commission européenne des droits de l'homme, Décision du 15 décembre 1969, *X contre République Fédérale d'Allemagne (*req. 3745/68), Recueil 1969-1970, Tome 31, p.107 ;

Commission européenne des droits de l'homme, Décision sur la recevabilité du 3 octobre 1975, *Henning Becker contre Danemark* (req.7011/75), Recueil 1975, Tome 4, p.215 ;

Commission européenne des droits de l'homme, Décision du 10 octobre 1979, *X contre Autriche* (req.8142/78), Recueil 1979, Tome 18, p.88 ;

Commission européenne des droits de l'homme, Décision sur la recevabilité du 3 novembre 1983, *G. et E. contre Norvège* (req.9278/81 et 9415/81), Recueil 1983, Tome 35, p.30 ;

Commission européenne des droits de l'homme, Décision du 6 octobre 1986, *Bideault contre France* (req.11261/84), Recueil 1986, Tome 48, p.232 ;

Commission européenne des droits de l'homme, Décision sur la recevabilité du 14 décembre 1989, *Habsburg-Lothringen contre Autriche* (req.15344/89), Recueil 1989, Tome 64, p.210 ;

Cour interaméricaine des droits de l'homme

CIADH, Avis consultatif n° 4 du 19 janvier 1984, *Proposed Amendments of the Naturalization Provisions of the Constitution of Costa Rica*, Série A, n° 4 ;

CIADH, Arrêt du 29 juillet 1988, *Velasquez Rodriguez c/ Honduras*, Série C, n° 4 ;

CIADH, Arrêt du 29 janvier 1989, *Godinez Cruz c/ Honduras*, Série C, n 5 ;

CIADH, Avis consultatif n° 10 du 14 juillet 1989, *Interpretation of the American Declaration of The Rights and Duties of Man within the framework of article 64 of the American Convention on Human Rights requested by the government of the Republic of Colombia*, Série A, n° 10 ;

CIADH, Arrêt du 24 janvier 1998, *Blake c/ Guatemala*, Série C, n° 36 ;

CIADH, Arrêt du 29 septembre 1999, *Cesti Hurtado c/ Pérou*, Série C, n 62 ;

CIADH, Arrêt du 25 décembre 2000, *Bamaca Velasquez c/ Guatemala*, Série C, n° 170 ;

CIADH, Arrêt du 6 février 2001, *Ivcher Bronstein c/ Pérou*, Série C, n° 74 ;

CIADH, Arrêt du 31 août 2001, *Mayagna (Sumo) Community of Awas Tingni contre Nicaragua,* Série C, n° 79 ;

CIADH, Avis consultatif n 17 du 28 août 2002, *Juridical Condition and Human Rights of the Child*, Série A, n° 17 ;

CIADH, Avis consultatif n° 18 du 17 septembre 2003, *Juridical Condition and Rights of the Undocumented Migrants*, Série A, n° 18 ;

CIADH, Arrêt du 28 février 2003, *Cinco pensionistas c/ Pérou,* Série C, n 98 ;

CIADH, Arrêt du 15 juillet 2005, *Case of the Moiwana Community c/ Suriname*, Série C, n° 124 ;

CIADH, Arrêt du 8 septembre 2005, *Yean and Bosico c/ République dominicaine,* Série C, n° 130 ;

CIADH, Arrêt du 15 septembre 2005, *Case of the Mapiripán Massacre c/ Colombia*, Série C, n° 134 ;

CIADH, Arrêt du 22 novembre 2005, *Palamara-Iribarne c/ Chili*, Série C, n° 135 ;

CIADH, Arrêt du 22 septembre 2006, *Goiburu c/ Paraguay*, Série C, n 153 ;

CIADH, Arrêt du 6 mai 2008, *Salvador-Chiriboga c/ Equateur*, Série C, n° 179 ;

Commission interaméricaine des droits de l'homme

Commission interaméricaine des droits de l'homme, Affaire *Baby Boy contre Etats Unis*, 6 mars 1981, Rapport n 23/81 ;

Commission interaméricaine des droits de l'homme, Affaire *Juan Carlos Abella contre Argentine*, 18 novembre 1997, Rapport n° 55/97 ;

Commission interaméricaine des droits de l'homme, Affaire *Mevopal S.A. contre Argentine*, 11 mars 1999, Rapport n° 39/99 ;

Commission africaine des droits de l'homme et des peuples

Commission africaine des droits de l'homme et des peuples, Communication n° 159/96- *Union Interafricaine des Droits de l'Homme, Fédération Internationale des Droits de l'Homme, Rencontre Africaine des Droits de l'Homme, Organisation Nationale des Droits de l'Homme au Sénégal et Association Malienne des Droits de l'Homme contre Angola*, Constatations adoptées lors de la 22e session ordinaire tenue à Banjul le 11 novembre 1997 ;

Commission africaine des droits de l'homme et des peuples, Communication 97/93 *M. John K. Modise contre Botswana*, Décision rendue à la 28e session ordinaire à Cotonou, Bénin, le 6 novembre 2000 ;

Commission africaine des droits de l'homme et des peuples, Communication n° 211/98 *Legal Resources Foundation contre Zambie*, Décision adoptée à la 29e session ordinaire tenue à Tripoli le 7 Mai 2001 ;

Cour de Justice des Communautés Européennes/Cour de Justice de l'Union Européenne

CJCE, Arrêt du 14 mai 1974, *Nold contre Commission*, Recueil 1974, p. 491 ;

CJCE, Arrêt du 19 décembre 1979, *Liselotte Hauer contre Land Rheinland-Pfalz*, Recueil 1979, p. 3727 ;

CJCE, Arrêt du 19 juin 1980, *Testa, Maggio, Vitale contre Bundesanstalt für Arbeit*, Recueil 1980, p. 1979 ;

CJCE, Arrêt du 8 octobre 1980, *Uberschar contre Bundesversicherungsanstalt für Angestelte* ; Recueil 1980, p. 2747 ;

CJCE, Arrêt du 30 mai 1989, *Commission contre République hellénique*, Recueil 1989, p. 1473 ;

CJCE, Arrêt du 13 juillet 1989, *Wachauf contre Bundesamt für Ernahrung und für Forst Wirtschaft*, Recueil 1989, p. 2633 ;

CJCE, Arrêt du 18 juin 1991, *Elliniki Radiophonia Tileorassi Anonimi Etairia (ERT AE) contre Dimotiki Etaira Pliroforissis (DEP) et Sotirios Kouvelas*, Recueil 1991, p. I-2951 ;

CJCE, Arrêt du 5 octobre 1994, *RFA contre Conseil*, non publié ;

CJCE, Arrêt du 10 juin 1999, *Jutta Johannes contre Hartmut Johannes*, non publié ;

CJCE, Arrêt du 12 mai 2005, *Regione autonoma Friuli-Venezia Giula et ERSA*, Recueil 2005, p. I-3785 ;

CJCE, Arrêt du 12 juillet 2005, *Alliance for Natural Health E.A.*, Recueil 2005, p. I-6451 ;

CJCE, Arrêt du 17 février 2009, *Epoux Elgafaj contre Staatssecretaris van Justitie*, aff. C-465/07 ;

CJUE, Ordonnance du 12 nov. 2010, *Estov, Ivanova et Kemko International EAD contre Ministerski savet na Republika Bulgaria,* aff. C-339/10 ;

Sentences arbitrales

Affaire *Zerman*, Etats-Unis contre Mexique, Sentence arbitrale du 4 juillet 1868 ;

Affaire *Ben Tillett*, Belgique contre Grande-Bretagne, Sentence arbitrale du 26 décembre 1898 ;

Affaire *Boffolo*, Italie contre Venezuela, Sentence arbitrale du 14 février 1903, RSA, 1903, vol.X, p.528 ;

Affaire *Paquet*, Belgique contre Venezuela, Sentence arbitrale du 7 mars 1903, RSA, 1903, vol.IX, p.323 ;

Affaire des *Réclamations britanniques dans la zone espagnole au Maroc*, Royaume-Uni contre Espagne, Sentence arbitrale du 23 octobre 1924 ;

Affaire de *l'Ile des Palmes,* Etats-Unis contre Pays-Bas, Sentence arbitrale du 4 avril 1928, RSA, 1928, vol.II, p.839 ;

Commission des réclamations Ethiopie-Erythrée, *Civilians Claims, Eritreas Claims 15, 16, 23 et 27-32*, Sentence arbitrale du 17 décembre 2004 ;

Commission des réclamations Ethiopie-Erythrée, *Civilians Claims, Ethiopia's Claim 5,* Sentence arbitrale du 17 décembre 2004 ;

Juridictions françaises

Conseil Constitutionnel, Décision n° 81-132 DC, 16 janvier 1982, *Loi de nationalisation*, Recueil des décisions du Conseil constitutionnel 1981-1982, p. 18 ;

Conseil Constitutionnel, Décision n° 93-325 DC, 13 août 1993, *Loi relative à la maîtrise de l'immigration et aux conditions d'entrée, d'accueil et de séjour des étrangers en France*, Recueil des décisions du Conseil constitutionnel 1993, p. 224 ;

Tribunal civil de Nice, Jugement du 6 janvier 1893 (Ministère public contre Marie Maino), Dalloz périodique, 1893, volume 2, Partie 2, p. 345 ;

Cour de Chambéry, Arrêt du 21 mai 1908 rendu dans l'affaire *Solari*, Texte reproduit dans Alexis Martini, L'expulsion des étrangers, thèse Paris, 1909, p. 28 ;

Cour de Cassation, Chambre criminelle, Arrêt du 13 mars 2001 rendu dans l'affaire *Khadafi* ;

Conseil d'Etat Arrêt du 19 avril 1991, *Belgacem*, (req. 107470), Recueil Lebon 1991, p. 152 ;

Conseil d'Etat, Arrêt du 19 avril 1991, *Madame Babas*, (req. 117680), Recueil Lebon 1991, p. 152 ;

Conseil d'Etat, Arrêt du 13 décembre 1991, *Préfet de l'Hérault contre M. D*, (req. 119996), Recueil Lebon 1991, p. 441 ;

Conseil d'Etat, Ordonnance en référé du 2 mai 2001, *Ministre de l'intérieur contre Dziri*, (req. 232997), Recueil Lebon 2001, p. 227 ;

Conseil d'Etat, Arrêt du 30 novembre 2001, *Ministère de la défense contre Diop* (req. 212179), Recueil Lebon 2001, p. 605.

VII. Traités internationaux cités (par ordre chronologique)

Traité de paix de Vienne conclu le 23 septembre 1606 entre le Roi de Hongrie et le Prince de Transylvanie ;

Traité de capitulation de la ville d'Arras signé à Saint-Laurent Blangy le 9 août 1640 ;

Le Traité de Nimègue signé le 10 août 1678 entre la France et la Hollande ;

Traité de paix de Kutchuk Kainardji entre la Russie et la Sublime Porte le 21 juillet 1774 ;

Traité de paix d'Andrinople du 14 septembre 1829 entre l'Empire ottoman et la Russie ;

Traité de paix de Paris du 30 mars 1856 conclu entre les sept Puissances impliquées dans la guerre de Crimée (Russie, Turquie, France, Angleterre, Sardaigne, Prusse et aussi Autriche) ;

Traité de Londres du 3 février 1830 sur l'indépendance de la Grèce conclu entre la France, la Russie et la Grande-Bretagne ;

Convention de Genève du 22 août 1864 pour l'amélioration du sort des militaires blessés dans les armées en campagne ;

Convention (IV) concernant les lois et coutumes de la guerre sur terre et son Annexe : Règlement concernant les lois et coutumes de la guerre sur terre. La Haye, 18 octobre 1907 ;

Traité de paix de Constantinople des 16-29 septembre 1913 entre la Bulgarie et la Turquie ;

Accord des 2-15 novembre 1913 entre la Bulgarie et la Turquie dit des « réfugiés de Thrace » ;

Traité de paix d'Athènes du 1-14 novembre 1913 entre la Grèce et la Turquie ;

Accord du 5 juillet 1914 entre la Grèce et la Turquie ;

Convention de Neuilly-sur-Seine du 27 novembre 1919 entre les Alliés et associés et la Bulgarie ;

Convention germano-polonaise relative à la Haute Silésie, signée à Genève le 15 mai 1922 ;

VIe Convention de Lausanne conclue entre la Grèce et la Turquie le 30 janvier 1923 ;

Pacte de renonciation générale à la guerre (Pacte Briand-Kellog), signé à Paris le 27 août 1928 ;

Convention de Genève du 28 octobre 1933 relative au statut international des réfugiés ;

Convention de Genève du 10 février 1938 relative au statut international des réfugiés ;

Traité du 21 octobre 1939 entre l'Allemagne et l'Italie sur le transfert obligatoire des *Reichsdeutsche* et le transfert volontaire des *Volksdeutschen* du Sud-Tyrol vers le Reich ;

Protocole du 15 octobre 1939 entre l'Allemagne et l'Estonie concernant la réinstallation en Allemagne de la population d'origine allemande ;

Traité du 30 octobre 1939 entre l'Allemagne et la Lettonie concernant la réinstallation en Allemagne de ressortissants lettons de nationalité allemande;

Traité germano-soviétique du 3 novembre 1939 ;

Accord du 5 septembre 1940 entre l'URSS et l'Allemagne sur le rapatriement des Allemands de souche de la Bukovine du Nord et de la Bessarabie vers le Reich ;

Accord du 10 janvier 1941 entre l'Allemagne et l'URSS sur le rapatriement des Allemands de souche vivant en Lituanie ainsi que de ceux restés en Estonie et en Lettonie après les accords d'octobre 1939 ;

Protocole de la Conférence de Potsdam signé à Berlin le 1er août 1945 entre les Etats-Unis, la Grande-Bretagne et l'URSS ;

Accord concernant la poursuite et le châtiment des grands criminels de guerre des Puissances européennes de l'Axe et statut du tribunal international militaire. Londres, 8 août 1945 ;

Charte de San Francisco de l'ONU du 26 juin 1945 ;

Convention pour la prévention et la répression du crime de génocide du 9 décembre 1948 ;

Convention (I) de Genève pour l'amélioration du sort des blessés et des malades dans les forces armées en campagne, 12 août 1949 ;

Convention (II) de Genève pour l'amélioration du sort des blessés, des malades et des naufragés des forces armées sur mer, 12 août 1949 ;

Convention (III) de Genève relative au traitement des prisonniers de guerre, 12 août 1949 ;

Convention (IV) de Genève du 12 août 1949 relative à la protection des personnes civiles en temps de guerre ;

Convention de sauvegarde des Droits de l'Homme et des Libertés fondamentales signée à Rome le 4 novembre 1950 ;

Convention de Genève du 28 juillet 1951 relative au statut des réfugiés ;

Protocole additionnel à la Convention de sauvegarde des Droits de l'Homme et des Libertés fondamentales signé à Paris le 20 mars 1952 ;

Convention de La Haye du 14 mai 1954 pour la protection des biens culturels en cas de conflit armé ;

Protocole I à la Convention de La Haye pour la protection des biens culturels en cas de conflit armé du 14 mai 1954 ;

Convention n° 111 de l'OIT du 25 juin 1956 concernant la discrimination en matière d'emploi et de profession ;

Traité instituant la Communauté européenne signé à Rome le 25 mars 1957 ;

Convention de l'UNESCO concernant la lutte contre la discrimination dans le domaine de l'enseignement adoptée à Paris le 14 décembre 1960 ;

Convention des Nations Unies sur la réduction des cas d'apatridie du 28 août 1961 ;

Protocole n° 4 à la Convention de sauvegarde des Droits de l'Homme et des Libertés fondamentales, reconnaissant certains droits et libertés autres que ceux figurant déjà dans la Convention et dans le premier Protocole additionnel à la Convention signé à Strasbourg le 16 septembre 1963 ;

Convention internationale sur l'élimination de toutes les formes de discrimination raciale du 21 décembre 1965 ;

Protocole additionnel du 31 janvier 1967 à la Convention de Genève du 28 juillet 1951 relative au statut des réfugiés ;

Convention régissant les aspects propres aux problèmes des réfugiés en Afrique du 10 septembre 1969 ;

Convention américaine relative aux droits de l'homme adoptée à San José, Costa Rica, le 22 novembre 1969 ;

Convention de l'UNESCO du 16 novembre 1972 concernant la protection du patrimoine mondial, culturel et naturel ;

Convention internationale sur l'élimination et la répression du crime d'apartheid adoptée par l'AGNU le 30 novembre 1973 ;

Convention n° 143 de l'OIT du 23 juin 1975 au bénéfice des travailleurs migrants ;

Convention des Nations Unies du 10 octobre 1976 sur l'interdiction d'utiliser des techniques de modification de l'environnement à des fins militaires ou toutes autres fins hostiles (Convention ENMOD) ;

Protocole additionnel I du 8 juin 1977 aux Conventions de Genève du 12 août 1949 ;

Protocole additionnel II du 8 juin 1977 aux Conventions de Genève du 12 août 1949 ;

Protocole sur l'interdiction ou la limitation de l'emploi des armes incendiaires (Protocole III) signé à Genève le 10 octobre 1980 ;

Charte africaine des droits de l'homme et des peuples, adoptée à Nairobi le 27 juin 1981 ;

Protocole n° 7 à la Convention de sauvegarde des Droits de l'Homme et des Libertés fondamentales signé à Strasbourg le 22 novembre 1984 ;

Convention des Nations Unies relative aux droits de l'enfant du 2 septembre 1990 ;

Convention des Nations Unies sur la protection des droits des travailleurs migrants et de leur famille du 18 décembre 1990 ;

Traité sur les relations de bon voisinage et de coopération amicale conclu entre l'Allemagne et la Pologne le 17 juin 1991 ;

Charte des langues régionales ou minoritaires adoptée le 25 juin 1992 par le Conseil des Ministres du Conseil de l'Europe ;

Accord quadripartite sur le retour librement consenti des réfugiés et des personnes déplacées durant le conflit entre la Géorgie et l'Abkhazie du 4 avril 1994 ;

Convention interaméricaine sur la disparition forcée des personnes du 9 juin 1994 ;

Traité d'amitié conclu entre la Turquie d'une part, la Lituanie, la Lettonie et la Hongrie d'autre part le 11 juillet 1994 ;

Convention-cadre du Conseil de l'Europe pour la protection des minorités nationales du 1er février 1995 ;

Traité d'amitié conclu entre la Biélorussie et la Lituanie le 6 février 1995 ;

Traité sur les relations de bon voisinage et sur la coopération conclu entre la Hongrie et la République slovaque à Paris le 19 mars 1995 ;

Pacte de stabilité en Europe du 21 mars 1995 ;

Convention conclue à Osijek le 5 avril 1995 par la Hongrie avec la République croate sur la protection des droits de la minorité croate vivant dans la République de Hongrie et de la minorité hongroise vivant dans la République croate ;

Accord général de Dayton-Paris pour la paix en Bosnie-Herzégovine du 21 novembre 1995 ;

Traité d'Amsterdam modifiant le Traité sur l'Union européenne, les Traités instituant les Communautés européennes et certains actes connexes du 25 mars 1997 ;

Statut de Rome de la Cour Pénale Internationale du 17 juillet 1998 ;

Pacte de stabilité de l'Europe du Sud-Est a été signé à Cologne le 10 juin 1999 ;

Charte des droits fondamentaux de l'Union européenne du 7 décembre 2000 ;

Protocole 12 à la Convention européenne des droits de l'homme du 4 novembre 2000 ;

Traité de Nice modifiant le Traité sur l'Union européenne, les Traités instituant les Communautés européennes et certains actes connexes du 26 février 2001 ;

Accord bilatéral du 16 janvier 2002 entre le Secrétaire général de l'ONU et le gouvernement sierra-léonais sur la création d'un Tribunal Spécial pour la Sierra Leone ;

Accord du 6 juin 2003 conclu entre le Royaume du Cambodge et le Secrétaire général de l'ONU sur la création de chambres extraordinaires pour juger les criminels khmers rouges ;

Charte arabe des droits de l'homme, adoptée en mai 2004 à Tunis ;

Convention des Nations Unies du 20 décembre 2006 pour la protection de toutes les personnes contre les disparitions forcées ;

VIII. Résolutions de l'Organisation des Nations Unies citées (par ordre chronologique)

Conseil de sécurité

Résolution 83 du 27 juin 1950, Doc.off. UN S/RES/83 ;
Résolution 217 du 20 novembre 1965, Doc.off. UN S/RES/217 ;
Résolution 221 du 9 avril 1966, Doc.off. UN S/RES/221 ;
Résolution 232 du 16 décembre 1966, Doc.off. UN S/RES/232 ;
Résolution 277 du 18 mars 1970, Doc.off. UN S/RES/277 ;
Résolution 361 du 30 août 1974, Doc.off. UN S/RES/361 ;
Résolution 392 du 19 juillet 1976, Doc.off. UN S/RES/392 ;
Résolution 417 du 31 octobre 1977, Doc.off. UN S/RES/417 ;
Résolution 418 du 4 novembre 1977, Doc.off. UN S/RES/418 ;
Résolution 446 du 22 mars 1979, Doc.off. UN S/RES/446 ;
Résolution 465 du 1er mars 1980, Doc.off. UN S/RES/465 ;
Résolution 556 du 23 octobre 1984, Doc.off.UN S/RES/556 ;
Résolution 678 du 29 novembre 1990, Doc.off UN S/RES/678 ;
Résolution 687 du 4 avril 1991, Doc.off. UN S/RES/687 ;
Résolution 688 du 5 avril 1991, Doc.off. UN S/RES/688 ;
Résolution 743 du 21 février 1992 Doc.off. UN S/RES/743 ;
Résolution 752 du 15 mai 1992, Doc.off. UN S/RES/752 ;
Résolution 757 du 30 mai 1992, Doc.off. UN S/RES/757 ;
Résolution 758 du 8 juin 1992, Doc.off. UN S/RES/758 ;
Résolution 761 du 29 juin 1992, Doc.off. UN S/RES/761 ;
Résolution 764 du 13 juillet 1992, Doc.off. UN S/RES/764 ;
Résolution 770 du 13 août 1992, Doc.off. UN S/RES/770 ;
Résolution 779 du 6 octobre 1992, Doc.off. UN S/RES/779 ;
Résolution 788 du 19 novembre 1992, Doc.off. UN S/RES/788 ;
Résolution 794 du 3 décembre 1992, Doc.off. UN S/RES/794 ;
Résolution 808 du 22 février 1993, Doc.off. UN S/RES/808 ;
Résolution 819 du 16 avril 1993, Doc.off. UN S/RES/819 ;
Résolution 824 du 6 mai 1993, Doc.off. UN S/RES/824 ;
Résolution 827 du 25 mai 1993, Doc.off. UN S/RES/827 ;
Résolution 836 du 4 juin 1993, Doc.off. UN S/RES/836 ;
Résolution 929 du 22 juin 1994, Doc.off. UN S/RES/929 ;
Résolution 947 du 30 septembre 1994, Doc.off. UN S/RES/947 ;
Résolution 955 du 8 novembre 1994, Doc.off. UN S/RES/955 ;
Résolution 999 du 16 juin 1995, Doc.off. UN S/RES/999 ;

Résolution 1019 du 9 novembre 1995, Doc.off. UN S/RES/1019 ;
Résolution 1034 du 21 décembre 1995, Doc.off. UN S/RES/1034 ;
Résolution 1265 du 17 décembre 1999, Doc off. UN S/RES/1265 ;

Assemblée générale

Résolution 62 (I) du 5 décembre 1946, Doc.off. UN A/RES/62 (I) ;
Résolution 96 (I) du 11 décembre 1946, Doc.off. UN A/RES/96(I) ;
Résolution 194 (III) du 11 décembre 1948, Doc.off. UN A/RES/194 (III) ;
Résolution 319 (IV) du 3 décembre 1949, Doc.off. UN A/RES/319 (IV) ;
Résolution 428 (V) du 14 décembre 1950, Doc.off. UN A/RES/428 (V) ;
Résolution 998 du 4 novembre 1956, Doc.off. UN A/RES/988 ;
Résolution 1514 (XV) du 14 décembre 1960, Doc.off. UN A/RES/1514 (XV) ;
Résolution 1672 (XVI) du 18 décembre 1961, Doc.off UN A/RES/1672 (XVI) ;
Résolution 2202 (XXI) du 16 décembre 1966, Doc.off. UN A/RES/2202 (XXI) ;
Résolution 31/6 du 26 octobre 1976, Doc.off. UN A/RES/31/6 ;
Résolution 43/131 du 8 décembre 1988, Doc.off. UN A/RES/43/131 ;
Résolution 37/123D du 16 décembre 1982, Doc.off. UN A/RES/37/123D ;
Résolution 45/100 du 14 décembre 1990, Doc.off. UN A/RES/45/100 ;
Résolution 47/135 du 18 décembre 1992, Doc.off.UN A/RES/47/135 ;
Résolution 46/242 du 25 août 1992, Doc.off. UN A/RES/46/242 ;
Résolution 47/105 du 16 décembre 1992, Doc.off. UN A/RES/47/105 ;
Résolution 47/121 du 18 décembre 1992, Doc off. UN A/RES/47/121 ;
Résolution 47/133 du 12 février 1993, Doc.off. UN A/RES/47/133 ;
Résolution 48/116 du 20 décembre 1993, Doc.off. UN A/RES/48/116 ;
Résolution 48/153 du 7 février 1994, Doc.off. UN A/RES/48/153 ;
Résolution 50/193 du 11 mars 1996, Doc.off. UN A/RES/50/193 ;
Résolution 50/200 du 11 mars 1996, Doc off. UN A/RES/50/200 ;
Résolution 55/125 du 8 décembre 2000, Doc.off. UN A/RES/55/125 ;
Résolution 60/147 du 16 décembre 2005, Doc.off. UN A/RES/60/147 ;

IX. Actes unilatéraux adoptés par la Communauté Européenne

Règlement CE 1612/68 du Conseil du 15 octobre 1968 relatif à la libre circulation des travailleurs à l'intérieur de la Communauté ;

Directive 2001/55/CE du Conseil du 20 juillet 2001 relative à des normes minimales pour l'octroi d'une protection temporaire en cas d'afflux massif de personnes déplacées ;

Directive 2000/43 du Conseil du 29 juin 2000 relative à la mise en œuvre du principe de l'égalité de traitement entre les personnes sans distinction de race ou d'origine ethnique ;

Directive 2004/38/CE du Parlement européen et du Conseil du 29 avril 2004 relative au droit des citoyens de l'Union et des membres de leurs familles de circuler et de séjourner librement sur le territoire des États membres ;

Directive 2004/83/CE du Conseil du 29 avril 2004 concernant les normes minimales relatives aux conditions que doivent remplir les ressortissants des pays tiers ou les apatrides pour pouvoir prétendre au statut de réfugié ou les personnes qui, pour d'autres raisons, ont besoin d'une protection internationale, et relatives au contenu de ces statuts ;

X. Actes unilatéraux adoptés par le Conseil de l'Europe

Recommandation 1201 adoptée par l'Assemblée parlementaire du Conseil de l'Europe le 1er février 1993 ;

Recommandation 1255 adoptée par l'Assemblée parlementaire du Conseil de l'Europe relative à la protection des minorités nationales (1995) ;

Résolution 1416 adoptée par l'Assemblée parlementaire du Conseil de l'Europe le 25 janvier 2005 ;

INDEX

A

B

C

D

TABLE DES MATIERES

L'HARMATTAN ITALIA
Via Degli Artisti 15; 10124 Torino

L'HARMATTAN HONGRIE
Könyvesbolt ; Kossuth L. u. 14-16
1053 Budapest

L'HARMATTAN KINSHASA
185, avenue Nyangwe
Commune de Lingwala
Kinshasa, R.D. Congo
(00243) 998697603 ou (00243) 999229662

L'HARMATTAN CONGO
67, av. E. P. Lumumba
Bât. – Congo Pharmacie (Bib. Nat.)
BP2874 Brazzaville
harmattan.congo@yahoo.fr

L'HARMATTAN GUINÉE
Almamya Rue KA 028, en face du restaurant Le Cèdre
OKB agency BP 3470 Conakry
(00224) 60 20 85 08
harmattanguinee@yahoo.fr

L'HARMATTAN CAMEROUN
BP 11486
Face à la SNI, immeuble Don Bosco
Yaoundé
(00237) 99 76 61 66
harmattancam@yahoo.fr

L'HARMATTAN CÔTE D'IVOIRE
Résidence Karl / cité des arts
Abidjan-Cocody 03 BP 1588 Abidjan 03
(00225) 05 77 87 31
etien_nda@yahoo.fr

L'HARMATTAN MAURITANIE
Espace El Kettab du livre francophone
N° 472 avenue du Palais des Congrès
BP 316 Nouakchott
(00222) 63 25 980

L'HARMATTAN SÉNÉGAL
« Villa Rose », rue de Diourbel X G, Point E
BP 45034 Dakar FANN
(00221) 33 825 98 58 / 77 242 25 08
senharmattan@gmail.com

L'HARMATTAN TOGO
1771, Bd du 13 janvier
BP 414 Lomé
Tél : 00 228 2201792
gerry@taama.net

www.ingramcontent.com/pod-product-compliance
Lightning Source LLC
LaVergne TN
LVHW021134061026
849535LV00002B/232
9782343000329